KRISTINA PETERS

EXIT GASLIGHTING

WEGE AUS DEM NEBEL DER PSYCHISCHEN MANIPULATION

https://www.exit-gaslighting.com
https://www.psySOULogy.com

KRISTINA PETERS

EXIT

GASLIGHTING

WEGE AUS DEM NEBEL DER PSYCHISCHEN MANIPULATION

Erstausgabe 2022
Copyright © 2022 by Kristina Peters & psySOULogy LLC

https://www.exit-gaslighting.com

EXIT GASLIGHTING

WEGE AUS DEM NEBEL DER PSYCHISCHEN MANIPULATION

KRISTINA PETERS

Label: psysoulogy LLC
Web: https://www.psySOULogy.com
Mail: evolve@psysoulogy.com

ISBN Softcover Farbe: 978-3-384-18568-6
ISBN Hardcover Farbe: 978-3-384-18567-9
ISBN E-Book: 978-3-384-18569-3

Druck und Distribution im Auftrag der Autorin:
tredition GmbH, Halenreie 40-44, 22359 Hamburg, Germany

Texte, Abbildungen, Modelle, Illustrationen, Satz und Gestaltung von Kristina Peters

Bildnachweise

Cover: Jorm S/Shutterstock.com
Gasflamme, S. 8: Kristina Peters
Astronaut im All, S. 60: pio3/Shutterstock.com
„Batz!" Cartoon, S. 89: Hauck & Bauer[12] (mit freundlicher Genehmigung)
Kung-Fu, S. 315: Vagengeim/Shutterstock.com
Illustration Globus: https://www.maxpixel.net/World-Planet-Land-School-Stationery-Globe-Study-4105736
Sattelit: https://commons.wikimedia.org/wiki/File:Soyuz_TMA-7_spacecraft2.jpg
(mit freundlicher, schriftlicher Genehmigung des NASA Headquarters, Office of Communications, Digital Services, Washington, DC)

Besuchen Sie uns auf: https://www.exit-gaslighting.com

Widmung

Dieses Buch ist Deinem selbstbestimmten Leben, Deiner Wahrheit, Wahrhaftigkeit und Ehrlichkeit gewidmet. Es ist für jenen Teil in Dir, der genau weiß, was er denkt, wahrnimmt und fühlt. Diese Zeilen sind an Dein authentisches, verwundbares und einzigartiges Wesen gerichtet, das - jenseits aller erworbenen Muster und Glaubenssätze - an ein Leben außerhalb des gedanklichen Käfigs leidvoller Konditionierungen glaubt und in dieses Leben wachsen möchte. Möge Deine Klarheit, Herzenswärme, verrückte Einzigartigkeit und Schöpferkraft sich in Dein Leben entfalten. Es ist DEIN LEBEN! Hol es Dir zurück! Ich glaube an Dich!

Danksagung

Dieses Buch ist ein Gesamtkunstwerk! Ohne die Hilfe und Unterstützung einiger, lieber Mitmenschen wäre es niemals in dieser Form entstanden.

Der allergrößte Dank gilt dem Göttlichen, der geistigen Welt in all ihrer Vielfalt und den Lakota. Mit dieser Verbindung, die still und leise - durch viele Prozesse hindurch - in den letzten Jahren in mein Leben gewachsen ist, hat sich ein Vertrauen in eine göttliche Führung und Liebe entfalten können, wie ich es mir niemals hätte vorstellen können. Die Erstellung dieses Buches war hiervon und von einem aufkeimenden Vertrauen in meine Gaben getragen. Mein Herz gehört Euch!

Heidi Michaela Debatin und Markus Heiner Kammüller danke ich von Herzen für die Verbundenheit, Freundschaft und liebevolle Begleitung, ohne die ich nicht wüsste, wo ich heute wäre. Danke für Euer einzigartiges Sein und Wirken! Mitakuje o'jasin!

Bei Sarah Lorenz und Steffen Luithle bedanke ich mich für das Geschenk des tiefen Vertrauens und der Freundschaft, das mich - auf den Wellen des durchgeknallten Humors - mit durch diese Zeit getragen hat. Auch für Eure kreativen Ideen, Anregungen und Eure konkrete Hilfe in so vielen Bereichen möchte ich mich von Herzen bedanken! Ich liebe Euch!

Von Herzen danken möchte ich Dan Eckhardt und Fräulein Suzette Federer für stützende Worte, den wohlwollenden Zuspruch und unsere bereichernde, seit Jahrzehnten tragende, verrückte Freundschaft.

Ganz besonderer Dank geht an die wunderbare Christa Schmidt-Wiederhake, die mir nicht nur unter Wasser eine treue Begleiterin war, sondern auch mehrmals dafür gesorgt hat, dass ich mit dem „Kopf über Wasser" bleibe. In einer sehr fordernden Zeit war sie mir eine echte Freundin und auch bei nervenaufreibenden Details immer bereit, inhaltlich „mitzugehen", mich mit tiefgründigen Fragen zum Nachdenken anzuregen und beim vollständigen Lektorat des Buches entscheidende, wichtige und hilfreiche Veränderungsvorschläge einzubringen. Ohne Dich, liebe Christa, wäre dieses Buch nicht so, wie es jetzt ist: Lesbar und gut verdaulich. Danke von Herzen!

Während des Schreibens erhielt ich immer wieder enorm hilfreiche, ermutigende und konstruktive Rückmeldungen und Anregungen von Christine Brantzen. Bei ihr möchte mich ganz besonders bedanken.

Weiterer Dank geht an Cathleen Heimes und Anke Schuster, die ebenfalls mit bestärkenden Rückmeldungen und Anregungen dazu beigetragen haben, dem Werk eine „Richtung zu geben".

Von Herzen danken möchte ich auch dem treuen und inspirierten Geist im Hintergrund, der mich seit Jahren planerisch, gestalterisch und in der Umsetzung meiner Projekte zuverlässig begleitet: Christian Wedel von Soulsites.

Ich bedanke mich bei all den Menschen, die mir in den letzten 15 Monaten mit Geduld, Rücksicht und Verständnis für meinen straffen Terminplan begegnet sind, die mich bestärkt und immer dann an mich geglaubt haben, wenn meine Zuversicht nicht greifbar war.

Es sei auch all den Menschen gedankt, denen ich begegnen musste, um durch meine eigenen Prozesse gehen und letztlich dieses Buch schreiben zu können. Dank all jenen Sendern von Gaslighting, die mich durch die persönliche Begegnung überhaupt erst in die Lage versetzt haben, in der Tiefe zu verstehen, was im Rahmen einer Gaslighting-Dynamik geschieht und mich dazu motiviert haben, aus meinem eigenen gedanklichen Käfig in die Freiheit zu wachsen.

Und ich bedanke mich bei all den Menschen, die mich in den letzten Jahren als Begleiterin auf ihrem Weg gewählt, mir vertraut und mich dadurch motiviert haben, mein erfahrenes Wissen in Form eines Buches zu teilen.

Herzlichen Dank an Dich - an all die Leser dieses Buches - für Dein Vertrauen und das Privileg, mich mit diesen Zeilen in Dein Leben einzuladen. Ohne Dich - ohne Euch - wäre dieses Buch niemals entstanden.

Inhaltsverzeichnis

Haftungsausschluss und Urheberrecht

Dieses Buch stellt eine ergänzende Hilfe für Menschen dar, die mit psychischer Manipulation (*Gaslighting*) zu tun hatten oder haben. Es kann und möchte keinesfalls eine professionelle psychotherapeutische Behandlung ersetzen. Menschen mit Diagnose einer psychischen Erkrankung wird unbedingt geraten, erst nach Rücksprache mit ihren professionellen Begleitern (und deren Einverständnis) an diesem Thema zu arbeiten. Die Umsetzung der Empfehlungen und Übungen dieses Buches liegt vollumfänglich in der Eigenverantwortung des Lesers/der Leserin und geschieht auf eigenes Risiko. Eine Haftung der psySOULogy LLC (und der Autorin) für etwaige durch die Nutzung des Buches entstehende Schäden ist unter allen Umständen ausgeschlossen.

Die in diesem Buch ausgearbeiteten Modelle und Theorien sind wissenschaftlich nicht überprüft, sind geistiges Eigentum der Autorin und der psySOULogy LLC und unterliegen dem Urheberrecht. Jegliche Nennung, Vervielfältigung, Verbreitung und Nutzung der Inhalte dieses Buches ohne ausdrückliche, schriftliche Zustimmung der Autorin und der psySOULogy LLC ist untersagt.

Vorwort und Einleitung

Wie schreibt man ein Buch über das komplexe Phänomen *Gaslighting*, das **Wissen** vermittelt, tiefe **Erkenntnisse** ermöglicht, zu **Bewusstsein** verhilft, während es gleichzeitig **Handwerkszeug** zum Exit dieser toxischen Dynamik bietet und Betroffene so berühren kann, dass diese sich an ihre **eigene Schöpferkraft** erinnern?

Diese Frage hat mich bei der gesamten Arbeit an diesem Buch begleitet. Die Antwort darauf hältst Du in Deinen Händen.

Gaslighting ist ein vielschichtiges und bis heute nicht klar definiertes Phänomen. Man spricht in diesem Zusammenhang auch von einem „Orchideenbegriff", der vielfach und uneinheitlich verwendet wird. Mit der Zeit haben sich zahlreiche subjektive Bewertungen und Bedeutungen in die Begriffsverwendung gemischt. Nicht immer zum Vorteil von Betroffenen.

Jeder, der sich in einer solchen Dynamik befand und befindet, weiß, wie schwer es ist, einem Außenstehenden *Gaslighting* verständlich zu machen. Weshalb und wie *Gaslighting* so viel Leid und Erschütterung nach sich zieht, können sich Betroffene oft noch nicht einmal selbst erklären.

Das ist kein Wunder, denn - die hier stattfindenden Mechanismen greifen subtil auf verschiedenen Ebenen ineinander. Am Ende ergibt sich ein schwer zu beschreibendes Phänomen, das wir dann als *Gaslighting* bezeichnen.

Gaslighting ist kein abgrenzbares Einzelereignis. Vielmehr handelt es sich dabei um einen **Prozess**, der durch die Dynamik zwischen mindestens zwei Personen bedingt ist: Durch die Aktion eines **Senders** und die Re-Aktion eines **Empfängers**.

Dieses Buch beschäftigt sich v.a. mit den sogenannten **Makro-prozessen** von *Gaslighting.* Damit sind jene aufeinander aufbauenden Prozesse gemeint, die übergeordnet stattfinden und für den **Ausstieg aus einer *Gaslighting*-Dynamik** von immenser Bedeutung sind.

Betroffene verfangen sich zu leicht in den Details von *Gaslighting* - den sogenannten **Mikroprozessen** - und verlieren so den Überblick über die systematischen Zusammenhänge. Dabei ist es jene Metaebene der Makroprozesse, die für einen erfolgreichen Ausstieg aus *Gaslighting* notwendig ist. Dafür ein Bewusstsein zu schaffen, ist eine zentrale Intention dieses Buches.

Ein komplettes Werk über Makro- und Mikroprozesse inklusive Self-Coaching-Tools zu verfassen, hätte den Rahmen des Buches bei weitem gesprengt. Das Thema ist komplex. Die bei *Gaslighting* stattfindenden Mikroprozesse werden dennoch immer wieder mit einfließen.

Im ersten Kapitel widmen wir uns der wichtigen Frage: *„Was ist Gaslighting?"*
Unzählige Male wurde ich gefragt, ob ein Sender von *Gaslighting* immer **bewusst** ist und **absichtsvoll** handelt. Auch auf diese Frage werden wir im ersten Kapitel eingehen und zu antworten versuchen.
Anschließend steigen wir in den Hauptteil - das *Gaslighting-Universum* - ein. Dort lernen wir die **Makroprozesse** kennen.
Im Self-Empowerment-Kapitel habe ich Dir die wichtigsten Tools für das Entwickeln einer **Resistenz** und Deine **Immunisierung gegenüber psychischer Manipulation** durch *Gaslighting* zusammen-getragen. Dieser letzte Abschnitt ist Deiner Schöpferkraft und Eigenmacht gewidmet. Das wahre Leben findet jenseits von *Gaslighting* statt! Diese Tools sind auf einen nachhaltigen Ausstieg aus *Gaslighting* zugeschnitten und können Dich auf Deinem Weg in ein selbstbestimmtes und freieres Leben unterstützen.

Als psychologische Psychotherapeutin, Coach und Betroffene durfte ich *Gaslighting* mit all seinen gravierenden Folgen sehr genau kennenlernen: Selbstentfremdung, Unsicherheit und eine Defor-mation des Selbst- und Weltbilds.
Mit der Zeit entsteht durch *Gaslighting* eine Nebelwand aus Verwirrung und Unsicherheit, die sich wie ein Schleier auf das eigene **Bewusstsein** legt. Betroffene sehen nicht mehr klar. Ihre Gedanken drehen sich - von Unruhe und Angst begleitet - immer wieder um dieselben, destruktiven Themen. Sie **misstrauen** ihrer **Wahrnehmung** und ihren Mitmenschen.
Gaslighting kann einen lebensverneinenden Zustand nach sich ziehen, in dem Lebensfreude, Lebendigkeit und das **Vertrauen ins Leben** nicht mehr greifbar scheinen.

Viele Betroffene, mit denen ich sprechen durfte, litten enorm. Einige hatten sich einen **Überblick** über die Ereignisse bewahrt. Sie erkannten, was geschah und konnten klar formulieren, dass sie aus der *Gaslighting-Dynamik* aussteigen wollten. Sie waren zwar verletzt, verwirrt, verunsichert, erlebten Schuldgefühle, Scham und Wut - doch sie wussten, **weshalb** sie sich so fühlten. Sie waren sich der stattfindenden *Gaslighting*-**Prozesse bewusst**. Mit konkreten Zielen, wie *„mehr Selbstvertrauen und Selbstbewusstsein gewinnen"*, konnten wir arbeiten.

Andere hatten den Überblick über die stattfindenden Prozesse gänzlich verloren. In einer über Jahre dauernden *Gaslighting*-**Dynamik** war die Geschichte des Senders, unter wachsenden Selbstzweifeln, zu ihrer eigenen geworden.

Sie hatten das Vertrauen und den Zugang zu ihrer eigenen **Wahrnehmung** verloren, sich von sich selbst entfremdet. In den Gesprächen zeigte sich immer wieder eine **starke Ambivalenz**. Sie litten unter *Gaslighting,* konnten ihre Wahrnehmung schildern, Gefühlen Ausdruck verleihen, nur um kurze Zeit später ihre eigenen Aussagen anzuzweifeln, das eigene Erleben und ihre Ziele **in Frage** zu stellen.

Sie wurden zwischen ihrer eigenen Wahrnehmung und der geschluckten **Perspektive des Senders** von *Gaslighting* hin- und hergewirbelt. Ihre eigene Sicht auf die Dinge wurde immer wieder durch die verinnerlichte **Alternativrealität** des Senders abgelöst.

Bevor hier eine Zielsetzung möglich war, mussten die Betroffenen erst einmal erkennen, was mit ihnen geschah. Erst als die Makroprozesse erkannt und verstanden wurden, war diesen Betroffenen ein dauerhaftes **Commitment** zu ihrer eigenen Wahrnehmung und ihren Veränderungswünschen möglich.

Ihr Bewusstsein war über die Zeit so durch *Gaslighting* **infiltriert** worden, dass die Realität des Senders zu ihrer eigenen geworden war. Diesen Makroprozess, den ich als *Auto-Gaslighting* bezeichne, ist in wichtiges und unterschätztes Phänomen, wirst Du im *Gaslighting*-**Universum** ebenfalls kennenlernen.

Die „Hauptstraße" dieses Buches bildet die vielschichtigen Abläufe der **Makroprozesse von** *Gaslighting* ab. Um Dir einen möglichst vollständigen Überblick über *Gaslighting* zu ermöglichen, wurden auch wichtige, abzweigende „Seitenstraßen" integriert. Durch diese Exkurse in berührende Themenfelder von *Gaslighting,* stellt dieses Werk Dir eine neue, vollständigere **Systematik** zur Verfügung, mit der Du Deinen Exit aus *Gaslighting* individuell gestalten kannst. Einige „Seitenstraßen" sind dabei vielleicht wichtiger für Dich, als andere.

Immer wieder werden Dir konkrete **Self-Coaching-Tools** für die jeweiligen Abschnitte angeboten, die Wege zum Ausstieg aus der *Gaslighting*-**Dynamik** aufzeigen werden.

Dieses Buch will und kann keine Psychotherapie ersetzen! Falls Du zur Arbeit an gewissen Themenfeldern eine professionelle Begleitung in Anspruch nehmen möchtest, kann ich dem nur zusprechen! Exit Gaslighting kann Dich inspirieren und Impulse setzen, doch für einige der angeschnittenen Themen bedarf es gegebenenfalls einer professionellen Begleitung durch einen Psychotherapeuten.

Meine Motivation für dieses Buch ist fachlicher und persönlicher Natur. Mehrmals steckte ich selbst in einer *Gaslighting*-**Dynamik** fest. Das Ausmaß des emotionalen Leids, die tiefen Verletzungen und Verwirrungen sind mir ebenso vertraut, wie die Fallstricke, die einen Ausstieg aus *Gaslighting* sabotieren können.

Weder mein Diplom in Psychologie, noch meine Ausbildung zur Verhaltenstherapeutin oder die Jahre lange Arbeit in einer psychiatrischen Klinik konnten mich vor Erfahrungen mit *Gaslighting* bewahren. Wissen allein schützt also nicht vor einer derartigen Erfahrung!

Während ich viele Menschen erfolgreich beim Ausstieg aus toxischen Beziehungen begleitet habe, gelang mir ein nachhaltiger Ausstieg aus *Gaslighting* erst nach drei schmerzhaften Beziehungen. Irgendwie paradox, nicht wahr?

Obwohl *Gaslighting* stattfand und ich mir dessen zunehmend bewusst wurde, schaffte ich den Absprung nicht. Wiederholt trat ich in eine von vier Stolperfallen der *Gaslighting*-**Dynamik**, die nach meiner Erfahrung alle Empfänger betreffen.

Erste Stolperfalle - **(unbewusste) Überheblichkeit**: Bei mir selbst war es eine Spur akademischer Selbstüberschätzung - getreu dem Motto: *„Was ich kenne, kann mir nichts anhaben. Damit komme ich schon klar.“*

Zweite Stolperfalle - **unbewusste Akzeptanz einer vertrauten toxischen Atmosphäre**: Das Verwirrspiel des *Gaslighting* hatte mich durch meine Kindheit bis ins Erwachsenenalter begleitet. Das gelernte toxische Milieu alarmierte mich nicht, weil es mir aufgrund meiner Geschichte vertraut war.

Dritte, am stärksten wirkende Stolperfalle - **Einseitigkeit des liebenden Herzens**: Ich hatte all diese Menschen wirklich geliebt. Hinter jeder manipulativen Fassade schlägt ein lebendiges Herz. Die Stolperfalle war und ist **niemals** die Liebe selbst! Vielmehr eine innere

Fehlprogrammierung, die uns Glauben machen möchte, dass der durch psychische Manipulation erlebte **Schmerz um der Liebe willen erduldet werden muss.** Das markiert den Moment, an dem **die Liebe uns selbst nicht mehr mit einschließt.** Bei vielen Betroffenen wird dies durch die Hoffnung aufrechterhalten, *„dass es besser wird, wenn..."*

Vierter, übergeordneter Stolperstein - **fehlendes Bewusstsein:** Der **Verlust der Makroperspektive** über das, was wirklich stattfindet. *Gaslighting* führt fast zwangsweise dazu, dass man den Überblick über die Prozesse verliert.

In Mitgefühl und Verbundenheit lade ich Dich mit den Seiten dieses Buches auf eine Reise ein. Eine Reise, auf der es hoffentlich einige Male „klick" bei Dir machen wird und die in der Verbundenheit mit Dir selbst enden darf.

Ich teile hier jene Elemente an **Wissen, Erkenntnis, Bewusstsein** und auf **Herzensebene** mit Dir, die mir selbst und meinen Klienten nachhaltig geholfen haben, die destruktive *Gaslighting*-Schleife zu verlassen und das wahre Leben dahinter zurückzuerobern.

Auf dieser Reise können Dir Deine eigenen Fehlprogrammierungen, festgezurrte, ungeprüfte Glaubenssätze, **Schattenseiten** und vielleicht auch schmerzhafte Erkenntnisse begegnen. Vielleicht werden sich **Widerstand** und **Ablehnung** in Dir regen.

Dieses Buch ist ein individuelles Prozess-Buch. Du wirst es sicher mehrmals aufschlagen und vielleicht auch mal einige Zeit liegen lassen. Lass Dir bitte Zeit für Deinen Prozess! Habe nicht den Anspruch, alles unmittelbar verstehen, annehmen und umsetzen zu müssen! Es genügt völlig, wenn Du eingangs an **einem** für Dich wichtigen Thema bleibst.

In meiner persönlichen Auseinandersetzung mit *Gaslighting* waren **Ehrlichkeit** mir selbst gegenüber, die **liebevolle Annahme** und **geduldige Arbeit** an Glaubenssätzen, Fehlprogrammierungen und Schattenseiten **der** zentrale Schlüssel! Nach und nach öffneten sich Türen. Ich durfte aus destruktiven, toxischen Beziehungen und Mustern in ein neues, bewussteres Leben wachsen, das heute durch gesunde und immer authentischere Beziehungen gesegnet ist. Zu anderen Menschen und zu mir selbst.

Ich bitte Dich daher von Herzen: Begegne Dir selbst und allem, was sich während Deiner Arbeit mit diesem Buch zeigt, mit Wohlwollen,

Annahme, Geduld und Verständnis. Diese Haltung öffnet genau die Türen, die Du vielleicht schon sehr lange gesucht hast. Deine Selbst-Annahme kann den Zugang zu **einer Wahrheit in Dir** öffnen, die Du vielleicht bis heute immer wieder im Außen gesucht hast: **Dass Du angenommen und wertvoll bist.** Beginne damit, genau diese Haltung Dir selbst gegenüber einzunehmen! Immer wieder.

Hier spreche ich nicht als Psychologin, Psychotherapeutin oder Coach, sondern ganz auf der Herzensebene als Mensch und Vertraute zu Dir.

Mach dieses Buch zu Deiner ganz persönlichen Reise in ein neues Bewusstsein. Lege Dir ein Notizbuch zu, in welchem Du für Dich wichtige Erkenntnisse und Empfindungen festhältst. Halte auch Dir klein erscheinende Veränderungen bewusst fest und wertschätze Dich dafür! Individualisiere Deinen Arbeitsprozess, in dem Du das für Dich jetzt wichtigste **Self-Coaching-Tool** auswählst und regelmäßig damit übst. Gehe Deine Themenfelder nach und nach durch.

Der ganzheitliche Ansatz dieses Buchs liefert Dir theoretisch fundiertes, psychologisches Fachwissen, konkrete Fallbeispiele und eigens für dieses Buch von mir entwickelte Modellannahmen. Auch spirituell-energetische Erkenntnisse sind eingeflossen.

Thematische Wiederholungen waren aufgrund der komplex verschachtelten Systematik von *Gaslighting* unvermeidbar und sind aufgrund der hartnäckigen Haftung auf Empfängerseite auch beabsichtigt.

Vereinfachend werden im Buch die Begriffe „(der) Sender" und „(der) Empfänger" verwendet. Damit sind sowohl männliche, als auch weibliche Initiatoren und Betroffene von *Gaslighting* gemeint. Da Prozesse von *Gaslighting* meiner Meinung nach nicht nur zwischen Einzelpersonen wirken, können die Mechanismen, sowie die Begriffe „Sender" und „Empfänger" auch für größere Gruppierungen und Systeme herangezogen werden.

Erlaube es den Inhalten des Buches, sich in Dir zu einem **neuen Verständnis** von *Gaslighting* zusammenzufügen zu dürfen.

Nutze die Inhalte in Deinem eigenen Tempo auf Deine individuelle Art und Weise. Nimm Dir Zeit zur Innenschau, wenn Dich etwas besonders berührt.

Es wäre mir eine große Ehre, wenn ich Dich mit diesem Buch in ein neues **Bewusstsein** und **(Selbst-)Mitgefühl** begleiten könnte.

Ich lade Dich ein, Dich behutsam auf eine **neue, vertrauensvolle Beziehung zu Dir selbst** einzulassen, die auf der Kraft Deiner inneren **Klarheit, gesunder Grenzen** und **selbstbestimmter Entscheidungen** beruht.

Wir sind **multidimensionale** und komplexe Wesen mit einem **liebenden Herzen**, das berühr- und **verwundbar** ist. Erst das macht uns menschlich.
Die Wunden tiefer Verletzungen sitzen oft tief und brauchen ihre Zeit, um zu heilen. So wie es Zeit benötigt, um **Vertrauen** wachsen zu lassen: In Deine ureigene Wahrheit, Deine Intuition und Weisheit - in Dich selbst und das Leben.

Ich wünsche Dir, dass nach und nach Frieden, Verständnis und Verbundenheit in **Deine wunderbare, vielschichtige Innenwelt** einziehen darf. Jenseits von *Gaslighting* ist das möglich. Bewusstsein und Erkenntnis können diesen **undurchsichtigen Nebel** der *Gaslighting*-**Prozesse** allmählich auflösen.

Sobald Du Deine **ureigene Wahrheit** erkennst, Dich zu Deiner Wahrnehmung bekennst, können Vertrauen, Freude, Verbundenheit und Liebe wieder Einzug in Dein Leben halten. Nichts wünsche ich Dir mehr.

Alles Liebe für Dich!

Deine

was ist GASLIGHTING?

„Wenn die Begriffe sich verwirren,
ist die Welt in Unordnung."
- Konfuzius -

I

Auf der Suche nach einer Definition für Gaslighting

Wie in der Einleitung erwähnt, gibt es für den Begriff *Gaslighting* bis heute keine klare, einheitliche oder gar wissenschaftliche **Definition**. Bevor wir uns in dieses Themenfeld begeben, sollten wir also erst einmal wissen, womit wir es zu tun haben. Wenn wir in der Tiefe verstehen und erkennen wollen, braucht es einen gemeinsamen Ausgangspunkt, eine für dieses Buch gültige Definition.

Impulsivität beispielsweise kann im klinischen Kontext anhand von Verhaltensweisen und emotionalen Zustandsbildern erkannt werden: Werfen von Gegenständen, spontane Aggression, riskantes oder rücksichtsloses Verhalten, sowie wiederholte Regelverstöße und emotionale Durchbrüche können auf *Impulsivität* hindeuten.

Ein Diagnostiker überprüft dann in Zusammenschau mit anderen Kriterien, ob ein Syndrom (eine definierte Gruppe von Symptomen) vorliegt. Letztlich wird auf Basis der vorliegenden Informationen geprüft, ob eine Diagnose anhand der gängigen Klassifikationssysteme (ICD-10[1] oder DSM-V[2]) erfolgen kann.

Auf Basis dieser Systematik werden alle psychischen Störungen erfasst. *Gaslighting* als Begriff taucht innerhalb dieser Systeme nicht einmal auf.

Der Begriff *Gaslighting* entstand - im Gegensatz zu den meisten psychologischen Phänomenen - nicht durch klinische Beobachtung und Definition, sondern wurde aus einem Theaterstück des britischen Autoren Patrick Hamilton[3] (Orginaltitel: „*Gas Light*") übernommen. Ingrid Bergmann erhielt für die weibliche Hauptrolle in der wirklich sehenswerten Hollywood-Verfilmung „*Das Haus der Lady Alquist*"[4] aus dem Jahre 1944 einen Oskar.

Im Film hat es der von Charles Boyer gespielte, männliche Protagonist (Gregory) auf die Juwelen seiner ahnungslosen Frau abgesehen. Dieses eigennützige Ziel bestimmt sein gesamtes, durchweg strategisches Verhalten.

Nachdem er ihr den Hof gemacht hat, verbringt das Paar eine romantische Honeymoon-Phase. Sie heiraten und er überzeugt seine Frau (Paula), in das von ihrer Tante geerbte Haus in London einzuziehen, wo sich die Juwelen der verstorbenen Tante befinden. Paula ahnt von alledem nichts.

Gregory's Bemühen dreht sich ausschließlich darum, seine Frau **psychisch so zu deformieren**, dass sie dem **Wahnsinn** anheim fällt und sich schließlich **freiwillig in Behandlung begibt**. Sein Ziel: Freie Bahn im Haus zu haben, um ungestört nach den Juwelen zu suchen.

Hier zeichnet sich das erste Problem bereits ab. Folgen wir der Definition der wahren **Quelle dieses Begriffs** (dem Film) konsequent, dann würde *Gaslighting* im realen Leben kaum vorkommen.

Es mag zwar durchaus einige Ehemänner und -frauen geben, die *Gaslighting* einsetzen, um ihre bessere Hälfte psychisch zugrunde zu richten und sie materiell zu übervorteilen, doch sie dürften eher die Ausnahme bilden.

Zudem lässt sich in den wenigsten Fällen eine so klare und egozentrische Absicht **nachweisen**. Allenfalls werden derartige Absichten vermutet oder unterstellt, was die Frage aufwirft, inwiefern Projektionen hierbei auch eine Rolle spielen könnten. In den wenigsten Fällen lassen sich Beweise für eine solch klare Absicht finden, wie wir sie im Film vorfinden.

Das originäre Begriffsverständnis von *Gaslighting* meint ein eindeutiges, **manipulatives Verhalten**, das **psychische Gewalt** beinhaltet und bewusst **absichtsvoll** eingesetzt wird, um ein bestimmtes, **eigennütziges Ziel** zu erreichen.

Wir werden noch sehen, dass es diese Fälle durchaus gibt! In den persönlichen Beziehungen sind es diejenigen, welche den Betroffenen das schwerste Leid zufügen und am meisten Angst machen. Eine solche Erfahrung hinterlässt den Nachklang eines tiefsitzenden Schocks und existentieller Verwirrung. Das komplette Menschen- und Weltbild kann in seinem Urgrund erschüttert werden. Auch lange Zeit nach einer solchen Begegnung können Betroffene unter einem generellen Misstrauen gegenüber Menschen leiden. Die einfachsten Äußerungen können sofortige Alarmbereitschaft auslösen, an Manipulation denken lassen und in den Rückzug treiben (z.B. wenn ein Freund sagt: *„Du siehst heute krank aus...“*).

Doch es gibt auch jene Betroffenen von *Gaslighting* (= **Empfänger**), die beim Initiator von *Gaslighting* (= **Sender**) weder Bewusstsein, noch eine böse Absicht feststellen oder erkennen können.

Diese Betroffenen spüren immer wieder ein **lebendiges Herz** und das **fehlende Bewusstsein** des Senders. Wenngleich der Sender hier nicht absichtsvoll handeln mag, werden sie dennoch durch *Gaslighting* verunsichert, in ihrer Selbstwahrnehmung attackiert und erleben auch sonst dieselben negativen Folgen durch *Gaslighting*.

Eine eng am Film angelehnte Definition würde einen Großteil dieser Menschen ausschließen! Sie würden durch das Raster fallen, weil es in ihrem Fall kein *Gaslighting* wäre. Weder könnte man ihnen sagen und erklären, was ihnen da widerfährt, noch konkrete Unterstützung anbieten.

Seitdem sich *Gaslighting* als Begriff in der (populär)psychologischen Landschaft etabliert hat, haben sich aufgrund der bis heute unscharfen Definition und einer unzureichend wissenschaftlichen Anerkennung, viele Probleme und Missverständnisse eingeschlichen. Diese bringen mehr Schaden als Nutzen.

In zahlreichen Internetforen, Zeitungsartikeln und Büchern wird das Phänomen *Gaslighting* mittlerweile aufgegriffen. Diese zunehmende Aufmerksamkeit ist einerseits zu begrüßen, doch aufgrund der unklaren Begriffsdefinition ergeben sich weitere Probleme: Unterschiedliche, oft **subjektive Bedeutungen,** Bewertungen und Vorstellungen werden beigemischt, wodurch das Phänomen an Objektivität verliert, in seiner Begrifflichkeit immer schwammiger und weniger fassbar wird.

Aus der Arbeit mit meinen Klienten weiß ich, dass ein „sich selbst erkennen" in Artikeln, Büchern und Beiträgen sehr erleichternd sein kann. Viele Klienten äußerten, sich endlich verstanden und entlastet gefühlt zu haben. Ein bisher nebulöses Geschehen hatte endlich einen Namen.
Es gab aber auch von *Gaslighting* Betroffene, die sich durch einige Veröffentlichungen verwirrt, verängstigt oder verärgert zeigten. Gerade in der jüngeren Vergangenheit sind aufgrund der unscharfen Definition von *Gaslighting* und einige Sichtweisen entstanden, die **jedem Sender** Absicht und Böswilligkeit unterstellen. Manchmal reichen Berichte so weit, dass Sendern jegliche menschliche Regung **abgesprochen** wird. Diese pauschalen, oftmals von unverarbeitetem Schmerz angetriebenen Pauschalisierungen sind weder hilfreich noch zutreffend.

Für Betroffene, die keine derart böswillige Absicht bei ihrem Sender feststellen konnten, hatte das ungute Konsequenzen: Einige suchten verängstigt und fieberhaft nach Anzeichen für eine **böse Absicht.**

Für sie ergaben sich daraus oft weitere Komplikationen: Vorwürfe, Missverständnisse, Streitgespräche und selbst gezüchtete Ängste. Manche Betroffene **unterstellten** auch einfach eine Absicht, ohne Anhaltspunkte dafür zu haben. Die Folge: Sie rutschten in ein typisches Täter/Opfer-Denken, das sie der Heilungs- und Weiterentwicklungschancen beraubte.

Der aktuelle Definitionsstand des Begriffs *Gaslighting* trägt nicht zu Klärung und Bewusstsein bei, sondern zu noch mehr Verwirrung und Leid. Konfuzius sagt: *„Wenn sich die Begriffe verwirren, ist die Welt in Unordnung."*

Im nachfolgenden Abschnitt versuchen wir, „die Welt wieder in Ordnung bringen".

Dazu betrachten wir einige Definitionsversuche und klären anschließend die Frage, ob *Gaslighting* immer bewusst und absichtsvoll eingesetzt wird. Wir lassen die Antworten in eine neuartige, neutrale und für dieses Buch hilfreiche Definition einfließen. Du kannst dann einen Transfer der Definition auf Deine individuellen Erfahrungen vollziehen.

A. Definitionen von Gaslighting

1 Definition nach Kutcher[5]

1982 veröffentlichte der Psychiater *Prof. Stanley P. Kutcher* im *Canadian Journal of Psychiatry* eine wissenschaftliche Arbeit mit dem Titel *The Gaslight Syndrome*[5]. Sein Versuch einer wissenschaftlichen Definition:

*„The Gaslight Syndrome, a scenario in which **one partner of a conjugal unit** attempts to have the other **labelled insane** and **institutionalized**, is probably more prevalent than is commonly realized. The essential features are: the **presence of a sado-masochistic marital relationship**, underlying themes of **sexual jealousies** and the **deliberate attempt** by the aggressive partner to*

*terminate the relationship by having the spouse **declared mentally ill and hospitalized** [...]*⁵

Frei ins Deutsche übersetzt:

*„Das Gaslight-Syndrom, ein Szenario, in dem ein Partner einer **ehelichen Gemeinschaft** versucht, den anderen **für verrückt erklären und [in ein Krankenhaus] einweisen zu lassen**, tritt vermutlich häufiger auf, als allgemein angenommen.*
*Die wesentlichen Merkmale sind: Das Vorhandensein einer **sado-masochistischen ehelichen Beziehung**, zugrundeliegende **Motive sexueller Eifersucht** und der **absichtliche** [oder bewusste!] Versuch des aggressiven Partners, **die Beziehung zu beenden**, indem der Ehepartner für **psychisch krank erklärt und ins Krankenhaus eingeliefert wird** [...]“*

Nach dieser Definition müssten folgende Voraussetzungen erfüllt sein, dass wir von *Gaslighting* sprechen dürften:

(1) sado-masochistische, auf sexueller Eifersucht beruhende, **eheliche Gemeinschaft.**

(2) Ein **aggressiver, absichtsvoll**, also bewusst handelnder Partner, der

(3) das Ziel anstrebt, den Partner für **verrückt erklären** und **einweisen zu lassen**, um so

(4) die **Beziehung zu beenden.**

Auf den ersten Blick erkennen wir die Nähe zum Plot des Films *„Das Haus der Lady Alquist“*. Hielten wir uns an diese Definition, würde das bedeuten, dass *Gaslighting* **ausgeschlossen** wäre, wenn...

- Phänomene **außerhalb ehelicher, sado-masochistischer Beziehungen** (z.B. Freundschaften, Arbeitsbeziehungen, Eltern-Kind-Beziehungen, gesellschaftlichen oder politischen Konstellationen etc.) vorlägen.

- **andere Motive als das der sexuellen Eifersucht** bedeutsam wären (z.B. Bedürfnis nach Kontrolle, Regulierung eigener Ängste etc.)

- **andere Ziele, als die Beendigung der Beziehung** bestünden (z.B. Fortführung der Beziehung, um Macht und Kontrolle zu erleben, Selbstwerterhöhung).

- **keine Absicht** vorhanden wäre, den Partner für **verrückt** erklären und **einweisen** zu lassen.

Diese Definition ist eng und sehr unscharf gefasst. Wir wissen nach dieser Definition nicht, was bei *Gaslighting* eigentlich passiert. Welche Verhaltensweisen werden gezeigt und weshalb? Gleichzeitig lässt die Definition kaum Spielraum für Variationen, was Absichten, Ziele, Motive und die Art der Beziehung angeht.

Während meiner 10-jährigen beruflichen Laufbahn sind mir viele Betroffene begegnet, die über Jahrzehnte *Gaslighting* in der Herkunftsfamilie erlebt haben. Sie litten unter nachhaltigen und komplexen Fehlprogrammierungen, die sich in ihr System gebrannt hatten. Viele fanden sich wiederholt in Paarbeziehungen, in denen *Gaslighting* stattfand.

Nach der Definition von Kutcher hätten all diese Menschen **kein** *Gaslighting* erlebt. Aber sie alle waren definitiv *Gaslighting*-**Prozessen** ausgesetzt gewesen! Nur nicht primär in einer Paarbeziehung. Nach Kutcher hätte man all diesen Menschen sagen müssen: *„Sorry, das war kein Gaslighting!"*

Die frühere Definition (1982) von Kutcher scheint für eine allgemeine Definition daher eher ungeeignet zu sein.

2 Definition nach Stern[6]

Die US-amerikanische Autorin und Psychoanalytikern *Dr. Robin Stern* definiert *Gaslighting* (frei übersetzt) - als

Dr. Stern legt in ihrem Buch *The gaslight effect*[7] einen klaren Fokus auf Paarbeziehungen, schließt *Gaslighting* in anderen Beziehungsformen (Arbeit, Herkunftsfamilie, Freunde) aber nicht aus. Mit ihrer Definition leistet sie einen wertvollen Beitrag für die Anerkennung des Phänomens aller Betroffenen! Dazu finden wir auch eine grobe Beschreibung des Verhaltens bei *Gaslighting*: **Emotionaler Missbrauch** und **Manipulation**.

Welche exakten Verhaltensweisen und Prozesse damit gemeint sind, bleibt weiter offen.

Dr. Stern stimmt mit *Kutcher* bezüglich einer bewussten Absicht des aktiven Parts bei *Gaslighting* überein. Beim „Gaslighter" wird durch das Wort „heimtückisch" sogar eine **bösartige, nach außen verborgene Absicht** hinter seinem Verhalten angenommen. Das bedeutet, dass es „unabsichtliches" oder „unbewusstes" *Gaslighting* auf Sender-Seite, weder bei *Kutcher*, noch bei *Stern* geben kann.

Wir erfahren von *Dr. Stern* weiter, welche entscheidenden Zugkräfte einen Ausstieg aus der *Gaslighting*-**Dynamik** erschweren: Das Spiel mit den schlimmsten Befürchtungen und den tiefsten (menschlichen) Bedürfnissen.

Dr. Stern bezeichnet den aktiven Part hierbei als *Gaslighter* und den passiven als *Gaslightee*. Wir verwenden hier analog die Bezeichnungen **Sender** (aktiv) und **Empfänger** (passiv-reaktiv).

Weder *Kutcher* noch *Stern* liefern eine **detaillierte Beschreibung** der Prozesse, die auf Sender- und Empfängerseite bei *Gaslighting* stattfinden. Deswegen ziehen wir abschließend noch eine weitere Quelle heran, die uns einen grob gemischten Überblick geben soll.

3 Definitionssammlung nach Wikipedia[8]:

Wikipedia[8] bezieht vielfältige Quellen zur Beschreibung von *Gaslighting* mit ein: Autoren, Journalisten, Wissenschaftler und Psychiater. Einige Quellen orientieren sich an wissenschaftlichen Standards, andere Aussagen entstammen subjektiven Erlebnisberichten ehemals betroffener Autoren.

Viele dieser Aussagen sind wertvoll, weil sie die Empfängerseite von *Gaslighting* besser verstehen helfen können. Einen wissenschaftlichen, allgemein gültigen Standard können wir in diesen Fällen aber nicht unterstellen. Auf eine gesonderte Deklarierung der einzelnen Quellen habe ich an dieser Stelle verzichtet.

Nach der Definitionssammlung von Wikipedia wird *Gaslighting* folgendermaßen beschrieben:

1. „[...] eine Form von *psychischer Gewalt* bzw. *Missbrauch* [...], mit der Opfer *gezielt desorientiert, manipuliert* und *zutiefst verunsichert* werden und ihr *Realitäts-* und *Selbstbewusstsein* allmählich *deformiert* bzw. *zerstört wird* [...].“

2. „[...] verwendet, um *Bemühungen* zu beschreiben, jemandes *Wahrnehmung der Realität zu manipulieren.* [...]“

3. „[...] Die *Wahrnehmung der Realität wird beim Opfer in Frage gestellt* [...] nicht permanent, aber *wiederholt* und über einen *langen Zeitraum* [...] durch *Verleugnung von real existierenden Dingen,* *Verhaltensweisen* oder *Ereignissen* [...] *bewusste Inszenierung* [...].“

4. „[...] Grundvoraussetzung, dass [...] *das Opfer dem Täter und seinen manipulierenden Aussagen vertraut* [...].“

5. „[...] Mit der Zeit beginnen die Opfer, an ihrem *Gedächtnis, ihrer Wahrnehmung und an ihrem Verstand zu zweifeln* [...].“

6. „[...] Besonders perfide ist es, wenn Täter auch *Menschen aus dem sozialen Umfeld des Opfers manipulieren* und dazu *missbrauchen,* dass sie den *Standpunkt* oder die Aussagen *des Täters bestätigen* oder ebenfalls die Wahrnehmungen des Opfers anzweifeln und so *unbewusst in der „Inszenierung“ des Täters mitwirken* [...].“

7. „[...] *Nicht allen Tätern sind die Mechanismen* der Methode und deren Bezeichnung als *Gaslighting bewusst* [...] Jenseits von [...] Erkrankungen *wird in den meisten Fällen von einer gezielten Anwendung ausgegangen. Das Motiv der Täter ist eine Machtausübung über das Opfer* [...].“

Auch wenn wir hier von keiner vollkommen fundierten Sichtweise ausgehen können, erhalten wir ein **konkretes Bild**, wie *Gaslighting* konkret ablaufen könnte. Hieraus können wir folgende Punkte für eine mögliche Definition von *Gaslighting* bündeln:

- **(1) Psychische Gewalt**, die **(2) gezielt** zur **(3) Manipulation der Selbst- und Realitätswahrnehmung** eines Menschen eingesetzt wird.

- Voraussetzung ist, dass der **(4) Empfänger dem Sender und seinen Informationen vertraut.**

- **(5) Motiv des Senders: Machtausübung** über den Empfänger.

- **(6) Wiederholte Darbietung** von **(7) Informationen, die der Wahrnehmung des Empfängers widersprechen** und **diese in Frage stellen.**

16

- Mögliche Varianten:

- (a) **Passives Verleugnen** oder **Ignorieren** von **Fakten**
- (b) **Aktives oder passives Übergehen der Wahrnehmung des Empfängers**
- (c) **Schaffen von Fakten** (= Inszenierung), welche die **Wahrnehmung des Senders Recht** untermauern (und die des Empfängers „widerlegen")
- (d) **Beeinflusste Dritte** vertreten (oft unbewusst) **stellvertretend** die Wahrnehmung desSenders, **zweifeln die des Empfängers an**

- Der **(8) Empfänger zweifelt zunehmend am eigenen Verstand**
- Unsicherheit und fehlende Orientierung können **(9) Realitäts- und Selbstbewusstsein des Empfängers mit der Zeit deformieren** oder zerstören.
- Der **(10) Sender muss sich nicht über die Vorgänge bewusst sein**, doch **es wird von einer gezielten Anwendung ausgegangen** (!).

Die Informationen aus der Wikipedia-Sammlung sind aufschlussreich, weil sie uns zeigen, dass *Gaslighting* nur funktioniert, wenn der **Empfänger dem Sender und seinen Informationen vertraut (4)**. Das ist insofern stimmig, weil die angebotenen Informationen des Senders ohne Vertrauen gar nicht erst ins System des Empfängers dringen und folglich auch kein Chaos darin anrichten könnten. **Vertrauen ist die Tür**, durch die *Gaslighting* Einlass beim Empfänger findet und zu wirken beginnt!

Die Punkte **(6)** und **(7)** beschreiben den eigentlichen Prozess: Der Sender **widerspricht der Wahrnehmung des Empfängers wiederholt über einen längeren Zeitraum**. Das kann sich in verschiedenen Varianten ausdrücken. Wie vielschichtig und vielfältig diese Varianten sein können, werden wir im Verlauf entdecken.

Die Punkte **(6)** und **(7)** bewirken auf Dauer eine **(3) Manipulation der Selbst- und Realitätswahrnehmung** beim Empfänger. Je länger *Gaslighting* auf diese Weise ungehindert fortdauert, umso häufiger und ernsthafter **(8) zweifelt der Empfänger verunsichert an seinem Verstand**. Hieraus kann eine **(9) Deformation des Realitäts- und Selbstbewusstsein** hervorgehen.

Jeder Mensch, der *Gaslighting* erlebt hat, dürfte sich in diesen Aussagen wiederfinden. Diese Punkte entsprechen einer Art **Grundgerüst**, das ich bei nahezu jedem meiner Klienten feststellen konnte.

Doch wie verhält es sich mit den Punkten (**5**), (**10**), (**1**) und (**2**)? Punkt (5) ist sicher in vielen Fällen zutreffend, da *Gaslighting* immer eine **Verschiebung des Machtgefälles** zur Folge hat. Doch ist dieses Motiv immer vorhanden und falls ja, ist es dem Sender immer bewusst? Diese Frage möchte ich bis zum nächsten Abschnitt offen lassen.

Am aufschlussreichsten finde ich die Betrachtung von Punkt (**10**). Hier finden wir einen interessanten Widerspruch: Einerseits **muss der Sender sich nicht zwangsweise bewusst sein**, aber es **wird (in den meisten Fällen) von einer gezielten Anwendung ausgegangen**. Was nun?

*„Handelt der Sender von **Gaslighting absichtsvoll** und **bewusst**? Ist es die Intention eines jeden Senders, **gezielt** Schaden zuzufügen?"*

Gekoppelt an diese Fragen sind die Aussagen von Punkt (**1**) und (**2**), nach denen **gezielt psychische Gewalt** eingesetzt wird. Gezielte psychische Gewalt setzt Bewusstsein voraus, oder?
Anhand dieser widersprüchlichen Information kann man gut erkennen, wie **ungeklärt** die Frage nach **Absicht** und **Bewusstsein** des Senders bis heute ist.
Das hat Auswirkungen auf eine weiterhin unklare Definition und lässt Betroffene oft verzweifelt und ratlos zurück. Denn sie suchen genau diese Antworten. In Gesprächen mit meinen Klienten lauteten die zentralsten Fragen:

„Macht der Sender das absichtlich?
„Ist es dem Sender überhaupt klar, wie weh das tut?"
„Wozu macht der Sender das? Welchen Nutzen hat der Sender davon?"
„Will der Sender mich fertig machen oder leiden sehen?"
„Ist es der Sender völlig egal, wie sich das auf mich auswirkt?"

Das ist mehr als verständlich. Für die von *Gaslighting* Betroffenen bleibt durch die offenen Fragen nämlich etwas wesentliches unklar: *„Wer ist dieser Mensch?"* und *„Was ist diesem Menschen zuzutrauen?"*

Diese Fragen beeinflussen nicht nur die Verarbeitung einer *Gaslighting*-Erfahrung, sondern sie berühren unser Menschenbild. Der Schock vieler Betroffener nach einer solchen Erfahrung ist darin begründet, dass der Sender nicht in ihr bisheriges **Welt-** und **Menschenbild** passt. Das ist durch dieses Erlebnis aus den Fugen geraten und sie suchen nach Orientierung. Was sollen sie glauben?

Betroffene sehnen sich nach **Klarheit** darüber, was exakt passiert ist und wo sie jetzt stehen. Die Verarbeitung des Erlebten und ein wirklicher Abschluss sind dann weitaus einfacher. Meistens wird diese Klarheit nicht vollständig erreicht. Es ist ein Glücksfall, wenn ein Sender seine Absichten **glaubwürdig** offenlegt. In allen anderen Fällen bleiben offene Fragen zurück und erschweren einen wirklichen Ausstieg.

Eine Beziehung kann lange vorbei sein und trotzdem kann sie durch offene Fragen immer wieder präsent sein und so künstlich am Leben gehalten werden. Offene Fragen wirken wie Einladungen an den Verstand, sich weiter mit dieser Sache zu beschäftigen. Das „Beschäftigtsein" lässt einen wirklichen Abschluss schwer gelingen.

Die Frage nach **Intention, Bewusstsein** und **Absicht** des Senders von *Gaslighting* ist nicht nur für eine klare Definition wichtig, sondern ganz konkret für Betroffene, die einen erfolgreichen Ausstieg aus dem destruktiven *Gaslighting*-**Prozess** anstreben.

Was an dieser Stelle gesagt werden kann: Es wird niemals so sein, dass Du auf alle Fragen eine **allgemeingültige Antwort** erhalten wirst. Und das ist auch gar nicht notwendig. Viel wichtiger ist, dass Du Dich **innerlich für Deine intuitiven Antworten** öffnest.

Wenn wir uns nun durch den nachfolgenden Abschnitt arbeiten, darfst Du gerne darauf achten, wie Du **innerlich** auf die Beispiele **reagierst,** was in Dir angestoßen wird. So stärkst Du den **Kontakt zur Quelle Deiner Intuition** und ermöglichst es den Informationen im folgenden Abschnitt, in Dir zu wirken.

Es wird beim Durcharbeiten des Buches zum Thema *Gaslighting* automatisch in Dir arbeiten. Lass es zu, dass die Inhalte sich in Dir sortieren und ankommen dürfen.

B. *Bewusstsein, Absicht und Intention bei Gaslighting*

Wie zu Beginn beschrieben, stammt der Begriff *Gaslighting* aus dem Film *„Das Haus der Lady Alquist"*. Die sich daraus ergebenden Probleme haben wir eingehend beleuchtet (keine klare Definition, fehlende Klarheit für Betroffene, Menschenbild).

Laut Wikipedia muss sich der Sender nicht zwangsweise bewusst sein, aber es wird (in den meisten Fällen) von einer gezielten Anwendung ausgegangen. Dieser Satz wirft mehr Fragen auf, als er beantwortet. Wir wissen noch immer nicht:

> Handelt der Sender von *Gaslighting* **im vollen Bewusstsein**, also **gezielt** und **absichtlich** (2)?

> Ist der Sender (1) **bewusst psychisch gewalttätig** gegenüber dem Partner, Freund, Kind oder Angestellten?

> Ist der Sender sich der **Vorgänge** in sich und Anderen **bewusst** (10)?

> Ist das einzige Motiv wirklich ausschließlich, (5) Macht über seine Mitmenschen zu erhalten?

Alle bisherigen Definitionen unterstellen eine gezielte (mitunter „heimtückische") Absicht beim Sender von *Gaslighting*. Doch es gibt zahlreiche Fälle, die dagegen sprechen.

Aus meiner beruflichen Erfahrung konnte ich den Eindruck gewinnen, dass der **Grad** an **Intention, Bewusstsein** und **Absicht** auf Sender-Seite **zu variieren scheint.** Das hat mich dazu veranlasst, diese Variationen anhand von Beispielen in verschiedene **Bewusstseins-Stufen** eines Stufenmodells zu überführen.

Das *Stufenmodell zu Bewusstsein, Absicht und Intention des Senders* ist eine Eigenkreation (Urheberrecht bei der Autorin), das **keiner wissenschaftlichen Überprüfung** unterzogen wurde. In der Arbeit mit meinen Klienten war das Stufenmodell sehr hilfreich, da sich die **Augenhöhe** in einer bestehenden Beziehung damit extrem gut testen ließ.

Durch eine näherungsweise Klarheit fiel meinen Klienten das selbstbestimmte Treffen von **Entscheidungen** deutlich leichter.

Entscheide einfach selbst, ob das **Stufenmodell** Dir ein hilfreiches Werkzeug sein kann.

1 Stufenmodell zu Bewusstsein, Absicht und Intention des Senders©

Vereinfacht werden im Stufenmodell **drei Stufen** angenommen.

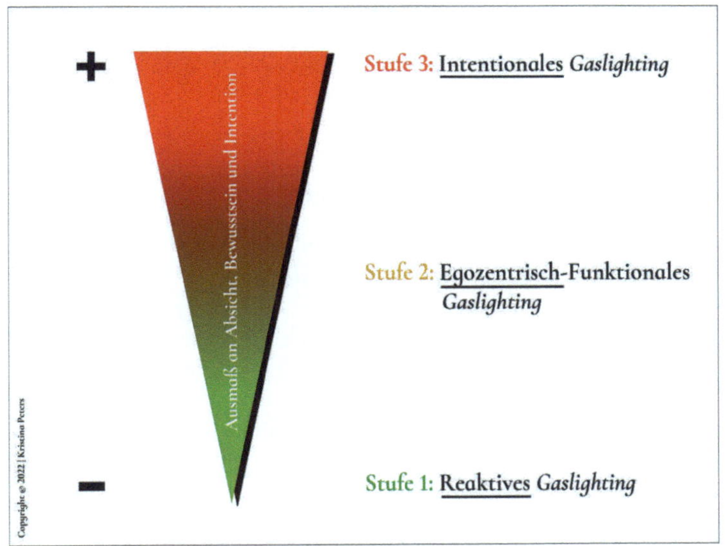

Abb. 1: Das Stufenmodell zu Bewusstsein, Absicht und Intention des Senders

Stufe 1: Reaktives *Gaslighting* - fehlendes Bewusstsein, keine Absicht

Die niedrigste Stufe bildet **fehlendes Bewusstsein, keine Absicht** oder **Intention** ab. Diese Form von *Gaslighting* kommt zum Tragen, wenn der **Sender** durch einen äußeren oder inneren Reiz in ein „Notfallprogramm" oder **unbewusstes, manipulatives Muster** rutscht.

Etwas drückt den inneren Knopf des Senders, der mit *Gaslighting* als Strategie reagiert, um seinem inneren Zustand zu entkommen.
Der Sender handelt hier **unbewusst** oder maximal **semi-bewusst**. Es wird allenfalls realisiert, dass etwas als Reaktion ausgelöst wird.
Gaslighting ist dann Bestandteil einer **automatischen, emotionalen Reaktion.** Daher die Bezeichnung **reaktives *Gaslighting*.**
Gaslighting zielt in dieser Form **nicht** auf bewusste Schädigung des Empfängers ab, sondern dient subjektiv der **emotionalen Regulation des Senders.** Potentieller Schaden für Dritte wird nicht bewusst wahrgenommen, da das Augenmerk zu sehr auf den eigenen Schutz ausgerichtet ist. Das Verhalten ist dennoch identisch!

Gaslighting ist auch auf dieser Bewusstseinsstufe für Empfänger eine schmerzhafte und verwirrende Angelegenheit!

Auf **Stufe 1** werden **Intention, Bewusstsein** und **Absicht** des Senders als **gering** eingeschätzt. Juristisch könnte man auch sagen, dass es sich hier um *Gaslighting* **im Affekt** handelt und demnach **kein Vorsatz** besteht.

Stufe 2: Egozentrisch-funktionales *Gaslighting* - moderates Bewusstsein, fragliche Absicht

Auf **Stufe 2** weiß der Sender zumindest teilweise, dass sein Verhalten dem Empfänger schadet. *Gaslighting* wird hier **funktional** eingesetzt, um ein **egozentrisches Ziel** zu erreichen. Dieses ist dem Sender **wichtiger**, als der **potentielle Schaden** der beim Empfänger durch das Verhalten entsteht. Der Vorteil für den Sender steht im Vordergrund. Der entstehende Schaden eines Dritten **muss nicht beabsichtigt sein**, wird auf Stufe 2 aber **billigend in Kauf genommen**.

Wiederum könnte man hier juristisch von **fahrlässigem Verhalten** sprechen.

Der Sender muss sich **nicht unbedingt** über die Folgenschwere seines Verhaltens für den Empfänger bewusst sein, aber er kann darum wissen oder hätte die Möglichkeit, sich dessen Gewahr zu werden.

Bewusstsein, Absicht und Intention sind als **moderat** einzustufen.

Das Verhalten ist zumindest **nicht primär auf Schädigung**, sondern auf die Erreichung egozentrischer Ziele ausgerichtet.

Wie bereits auf Stufe 1 sind die Folgen für Empfänger ohne Frage nicht weniger leidvoll!

Stufe 3: Intentionales *Gaslighting* - volles Bewusstsein, gezielte Absicht

Auf **Stufe 3** finden wir die **gezielte Absicht, dem Empfänger Schaden zuzufügen**, um einen persönlichen Vorteil zu erreichen. Der Sender profitiert vom **(psychischen) Schaden** des Empfängers direkt oder indirekt. Das Verhalten des Senders ist **strategisch** darauf ausgerichtet, **Verwirrung** und **Schaden** herbeiführen. Es besteht ein **maximales Bewusstsein** über die Vorgänge.

Juristisch gesprochen, führt der Sender den Empfänger **vorsätzlich in die Irre** und erwirkt dessen Schaden, weil diese Strategie ihm einen Zugewinn an **Macht** und **Einfluss** bringt.

Während bei Sendern auf Stufe 1 und Stufe 2 ein **Wohlwollen** und **Interesse am Wohlbefinden** des Empfängers vorhanden sein kann, schließt **intentionales** *Gaslighting* auf **Stufe 3** dies aus.

2 Empfänger von *Gaslighting* im Stufenmodell

Das Stufenmodell nähert sich der Realität sehr gut an. Nachfolgend habe ich Dir drei exemplarische Falldarstellungen mitgebracht, welche die **praktische Anwendung des Stufenmodells** auf **Empfängerseite** zeigen.

Alle Betroffenen stimmten einer Verwendung ihrer Geschichten in anonymisierter Form zu. Die Namen sind fiktiv, der Kontext wurde ausreichend modifiziert, um die Anonymität der Betroffenen zu gewährleisten.

Nutze die nachfolgenden Beispiele als **Trainingssequenz**, indem Du während des Lesens einzuschätzen versuchst, um **welche Stufe** des **Stufenmodells** es sich bei dem jeweiligen Beispiel handelt. Frage Dich gern auch, **wie Du zu Deiner Einschätzung kommst, woran Du das fest machst.** Damit bekommst Du ein Gefühl dafür, wie absichtlich und bewusst ein Verhalten dem Sender in *Gaslighting*-Konstellationen sein könnte.

Die Auflösung gebe ich Dir samt Erläuterung jeweils am Ende des Beispiels.

Laura (46 J.) ist erfolgreiche Unternehmerin und Mitinhaberin eines großen Massagestudios. Sie berichtete u.a. über *Gaslighting* in einer freundschaftlichen Arbeitsbeziehung:

„Jürgen ist Mitinhaber unseres Studios, ein Mentor und alter Freund. Wir kennen uns seit über 20 Jahren, er ist 15 Jahre älter als ich. Vor 8 Jahren haben wir mit einem weiteren Freund unser Studio gegründet. Als Managerin koordiniere und entscheide ich das meiste: Abläufe, Bestellungen, Dienstpläne, Bedürfnisse der Angestellten. Das ist viel. Manchmal arbeite ich 16 Stunden am Tag. Das Studio sichert meine finanzielle Existenz. Ich liebe meine Arbeit. Jürgen kennt sich gut mit Geld aus und ist für die Finanzen zuständig. Er ist wohlhabend und auf die Einnahmen des Studios nicht angewiesen. Dennoch bekommt er sein Gehalt. Hauptsächlich arbeitet er von zuhause aus.

Schon seit Jahren läuft es nicht gut mit uns: Er ignoriert konkrete Anfragen per Mail, erledigt seine Aufgaben nicht. Für mich bedeutet das massiven Stress, weil ich mich dann selbst darum kümmern muss. Ich war immer nachsichtig, weil er mir anvertraute, dass es ihm nicht gut gehe und er depressiv sei. Schließlich sind wir ja befreundet.

Mehrmals habe ich ihn gefragt, ob eine stille Teilhaberschaft nicht besser für ihn wäre. Das wäre eine Entlastung für ihn gewesen und der Posten hätte neu vergeben werden können. Er hat dazu nie etwas gesagt, sondern ist immer ausgewichen.

Vor kurzem erhielten wir eine dritte Mahnung von einem Lieferanten und wir lagen mit der Tilgung eines Kredits bei der Bank zwei Monate im Rückstand. Er hatte sich einfach nicht darum gekümmert! Da wurde es echt eng. Ich war stinksauer und wollte ihn konfrontieren. Doch er **ignorierte meine Anrufe** und in seinen Mails ging er nicht auf meine wichtigen Fragen ein..

Er meinte nur, dass er merke, **dass ich aktuell sehr unter Druck stünde** und dass dies wahrscheinlich der Grund für **meinen „Ton" in der E-Mail wäre.** Dann beklagte er, **wie schlecht es ihm gehe** und wie froh er sei, dass ich als Entscheidungsträgerin die Inhaberschaft leite. Da sei **eine „knallharte und klare Geschäftsfrau"** genau richtig. Er hoffe, dass ich bei allem **nicht die menschliche Seite und unsere Freundschaft aus den Augen verlieren würde.**

Er war **mit keinem Wort auf meine konkrete Terminanfrage eingegangen,** noch auf die zu erledigenden Aufgaben. **Ich kochte vor Wut, war aber auch verunsichert.** War ich wirklich so „knallhart" wie er sagte? Verhielt ich mich ihm gegenüber unfair und rücksichtslos?

Ich entschuldigte mich schließlich für den „Ton" und bat ihn, mir im Rahmen seiner Möglichkeiten zeitnah die erforderlichen Unterlagen zukommen zu lassen, so dass ich mich selbst darum kümmern konnte. **Er wich erneut aus, betonte, dass ich mich in den letzten Jahren „wirklich gemacht" hätte, aber noch etwas an meiner Gelassenheit arbeiten müsste.** Es brauchte weitere zwei Mails von mir, bis er endlich auf meine Anfrage einging. Dieses Hin und Her stresste mich ungemein. Ich wurde immer wütender auf ihn. Warum verließ er das Unternehmen nicht einfach?

Ich schwankte immer zwischen Unsicherheit und Wut. Unsere Freundschaft dauert schon so lange und wir haben schon so viel gemeinsam erlebt. Es war mir immer wichtig, ihm als meinem ehemaligen Mentor **mit Respekt zu begegnen.** Wenn er mir sagte, dass er stolz darauf sei, was aus mir geworden war, fühlte sich das schon gut an. Doch wie er mich sah - „knallhart und klar", an der Grenze zur Unmenschlichkeit - das tat auch weh. Ich bin ein wirklich sozialer Mensch und nehme Rücksicht auf die Bedürfnisse meiner Angestellten und Freunde. *So wie Jürgen mich sah, wollte ich nicht gesehen werden. Immer wenn ich zur Ruhe kam, beschlichen mich Selbstzweifel und ich fragte mich, ob er nicht vielleicht Recht hatte.*

Heute glaube ich, dass er sich schwer damit tat, das Unternehmen zu verlassen. Das hätte an seinem Stolz genagt. Er wollte sich von mir vermutlich nichts sagen lassen. Schließlich war er ja mein Mentor gewesen.

Ja, er hat diese Spiele gespielt. Ist ausgewichen und hat mir Eigenschaften unterstellt. Er wollte die Kontrolle behalten.

Dass er mir als Mensch schaden wollte, glaube ich nicht. Er hat mich immer gefördert, aber er wollte keine Veränderungen, sondern die Oberhand behalten. Also hat er mich gegen eine Wand laufen lassen und mir Dinge zugeschrieben, die mich verunsichert haben. So habe ich das Ziel aus den Augen verloren und ihm gegenüber nachgegeben.

Durch sein Verhalten hat er bekommen, was er wollte. Es war nicht seine Absicht, mir zu schaden. Aber er hat es in Kauf genommen, um seine Ruhe zu haben und weiter die Zügel in der Hand zu halten."

Laura kam in unseren Gesprächen immer mehr zu dem Schluss, dass ihr Freund Jürgen völlig **egozentrische Motive** für sein Verhalten hatte. Seine **Absicht** bestand darin, seine **Machtstellung** zu behaupten, sowie stressbehafteten Aufgaben aus dem Weg zu gehen.

Obwohl Laura all das verstand, litt sie sehr unter der Situation. Sie schwankte zwischen Wut auf Jürgen und Schuldgefühlen. Nächte lang grübelte sie, weil Jürgens Untätigkeit sie belastete. Seine **Zuschreibungen** verunsicherten sie zudem. Ihr schlechtes Gewissen wuchs und sie machte sich Vorwürfe bezüglich der Freundschaft zu ihm. Gegen Ende **zweifelte** sie sogar die Wichtigkeit der zu erledigenden Aufgaben an.

Jürgen sendete sehr viele **indirekte Informationen**. Er vermittelte Laura ein alternatives Bild von ihr und der Situation. Auch schickte er **widersprüchliche, verwirrende Doppelbotschaften** (Double-bind):

Einerseits behauptete er, froh über Laura's Position als Managerin zu sein (verbal), konkret entzog er sich aber ihrer Entscheidungs-gewalt (passiv-aggressives Verhalten). Durch **Ignoranz ihrer Anfragen** erkannte er sie faktisch nicht als Managerin an.

Er lobte und missachtete sie. Gesagtes und Verhalten passten nicht zusammen.

Derartig verwirrende **Double-bind-Botschaften** sind häufig eine subtile Spielart von *Gaslighting*.

Jürgen ließ nicht mit sich über diesen Widerspruch reden: Thematisierte Laura die (tatsächliche und) wahrgenommene **Missachtung**, klammerte er sein **Verhalten** aus und wiederholte das Gesagte, um Laura zu widerlegen: *„Ich habe dir doch mehrfach meine Wertschätzung ausgesprochen!"*
Lange Zeit war Laura hierdurch verwirrt, denn das stimmte ja. Irgendwann erkannte sie die Doppelbotschaft von Jürgen und konnte aus diesem Spiel aussteigen.

Vielleicht bist Du bereits zu einer Einschätzung gelangt, **welche Stufe** des Stufenmodells zu Absicht, Bewusstsein und Intention vorliegt? Sonst nutze die Chance jetzt vor der Auflösung.
Jürgen hatte **egozentrische Motive** und es ging ihm um **Macht**. Dass sein Verhalten darauf abzielte, Laura **absichtlich psychische Gewalt** anzutun, ist eher **unwahrscheinlich**.
Das würde voraussetzen, dass Jürgen sich der **Auswirkungen** seines Verhaltens auf Laura bewusst war. Wir würden unterstellen, dass Jürgen **strategisch** gegen Laura ins Feld zog - im vollen Bewusstsein, welche Prozesse er nutzen kann, um Laura damit Schaden zuzufügen.

Obwohl Jürgen das nur selbst beantworten könnte, deuten die Fakten und Eindrücke von Laura nicht darauf hin. Sie selbst beschrieb ihr Verhältnis außerhalb der Arbeitsbeziehung als **glaubwürdig wohlwollend** und freundschaftlich.

Mit Sicherheit können wir sagen, dass Jürgens Wohlbefinden ihm wichtiger war, als das von Laura.
Folglich nahm Jürgen **billigend in Kauf**, dass Laura unter seinem Verhalten litt. Die zusätzliche Arbeit, seine passive Aggression und seine Zuschreibungen stellten massive Nachteile für Laura dar. Falls Jürgens Empathievermögen vorhanden gewesen war, wogen Laura's Nachteile für ihn nicht so schwer, wie seine eigenen, egozentrischen Interessen und Bedürfnisse.

Auflösung:
Folgen wir dem Stufenmodell, würden wir Laura's Beispiel auf **Stufe 2** einordnen. **Egozentrisch-funktionales Gaslighting bei moderatem Bewusstsein und fraglicher Absicht** (S. 22).

Miriam (57 J.) nahm Kontakt zu mir auf, weil sie mit den Problemen in ihrer partnerschaftlichen Situation nicht mehr zurechtkam. Sie war sehr verunsichert, zweifelte an sich und ihrer Wahrnehmung, fühlte sich niedergeschlagen und verwirrt.

Wir schauten uns ihre Situation an:

„Vor 16 Monaten ist Horst (60 J.) ins Nachbarhaus gezogen. Er war so witzig, freundlich und offen. Ich habe ihn gleich gemocht.

Es fing mit kleinen Nachbarschaftshilfen an: Zur Hand gehen beim Regalaufbau, sich eine Tasse Zucker borgen, Schnee aus der Einfahrt schippen.

Wir haben uns festgequatscht und die Zeit total vergessen. Er hat mich immer sehr intensiv angesehen und mir Komplimente gemacht. Wir kamen uns näher. Körperlich war es magisch mit ihm! Ich habe sowas noch nie erlebt!

*Meine Kreativität und Empfindsamkeit haben ihm besonders gefallen. Er lobte meine gemalten Bilder wegen der **Verträumtheit**, die er darin sah.*

Bei einem Wochenende auf einer Berghütte sagte er: „So wünsch ich mir mein Leben - du, viel Natur, ein warmes Feuer und ein voller Bauch!"

Drei Monate lang dachte ich wirklich, ich heirate vielleicht nochmal. Immer wieder meinte er, dass er „angekommen" sei. Auf meine Frage, was das mit uns für ihn sei, antwortete er: „Etwas noch nie Dagewesenes!"

*Kurze Zeit später veränderte es sich. **Eines Morgens war er einfach verschwunden** - keine Nachricht. Erst dachte ich, ihm sei etwas passiert. Er war nicht in seiner Wohnung und Kano (sein Hund) war auch weg. Auf Anrufe reagierte er nicht. Drei Tage später fuhr er in den Hof. Ich war unglaublich **erleichtert**, aber auch **wütend**.*

*Ich fragte ihn aufgebracht, wo er war, doch er sagte nur: „Daran musst du dich gewöhnen! **Ein Mann braucht seine Freiheit.**"*

*Genervt gab er Dinge von sich, die mich wirklich verletzten: Ich sei **einengend**. Ja, **wie eine Klette** und ein **Klammeraffe**. Ich war wütend, aber das traf mich! Als ich zu weinen begann, meinte er nur: „Sei doch nicht **so empfindlich!**"*

*Unter Schock fragte ich ihn, weshalb er einfach abhaue und nun so anders sei. Verwundert entgegnete er, dass **gar nichts anders sei** - außer dass **ich eine Szene machen würde**. Er könne nicht verstehen, dass **ich jetzt die Stimmung verderben müsse**. Er sei ein freier Mann und **habe mir gesagt, dass er drei Tage zum Jagen weg sei. Ob ich mich daran nicht erinnern könne?***

Er hatte nichts gesagt, da war ich sicher. Dann wurde er sauer: „Abgesehen davon, **dass du hier so eine Szene machst**, unterstellst du mir jetzt auch noch, **ich würde lügen?"**

Mein Gedächtnis funktioniere wohl nicht mehr so. Vorigen Montag beim Spaziergang **habe er mir das gesagt**, aber vielleicht sei **ich zu beschäftigt damit gewesen, mich in der 'Schönheit der Wolken zu verlieren'.**

Er war sarkastisch und das verletzte mich. In einem sehr intimen Moment hatte ich ihm anvertraut, dass ich mich in der Schönheit der Natur verlieren kann.

Was war nur los mit ihm? Ich hatte doch auch keine Gedächtnislücken! Oder hatte er es mir gesagt? Ich war **verwirrt, unsicher**, bekam **Angst** und begann, mich **schuldig** zu fühlen.

Keinesfalls wollte ich ihn einengen oder ihm seine Freiheit nehmen. Verhielt er sich so, weil ich es vergessen hatte? Lag es an mir? Machte ich wirklich eine Szene? Falls ja, war seine Reaktion verständlich. Meine Wut verrauchte.

Er ließ mich einfach stehen: „Werde erstmal **klar im Kopf!**" Dann ging er. Diese Nacht war die Hölle für mich. Mein Kopf rotierte hin und her, ich weinte und fragte mich permanent, **ob ich mich in mir oder ihm täuschte** und hatte wahnsinnige Angst, ihn zu verlieren.

Morgens entschuldigte ich mich, weil nicht sicher war, ob er es mir gesagt hatte. **Etwas in mir sträubte sich** wegen all der Dinge, die er gesagt hatte. Es tat weh, aber ich vermisste ihn auch so sehr.

Als er mich in den Arm nahm, entspannte ich mich. Dann sagte er: „**Mein verträumtes Klammeräffchen erinnert sich wieder?"**

Für einen Wimpernschlag **bäumte sich etwas was in mir auf**, aber ich **wollte diesen Moment voll auskosten.**

Die Versöhnung und die Zeit danach waren wunderschön. Horst schien wieder der Alte zu sein. Vielleicht hatte ich ihm wirklich unrecht getan? Das Einzige, was mich störte war, dass er immer wieder meine **Fantasie** und **Anhänglichkeit** ins Spiel brachte. Wenn ich malte, Musik hörte oder in der Sonne lag, ließ er immer wieder Kommentare fallen, wie: „Na, mein Herzblatt? **In welcher Sphäre bist du wieder unterwegs?"**

Es fühlte sich irgendwie „schlecht" an - auch wenn sein **Tonfall** liebevoll war. Manchmal, wenn ich ihn umarmte, sagte er: „**Du kleines Klammeräffchen...**"

Eines Morgens sah ich vom Fenster aus eine Frau um die Vierzig an seiner Wohnungstür klingeln. Er öffnete die Tür und umarmte sie zur Begrüßung.

Was das seine Tochter? Er ging nicht an sein Telefon und die Frau fuhr nach drei Stunden wieder weg.

Als ich ihn fragte, wer das gewesen sei, starrte er mich fassungslos an: „**Das habe ich dir doch gestern erzählt, dass Eva zu Besuch kommt.**"
Er hatte mir davon nichts erzählt! Oder doch? Dieselbe **Unsicherheit** kroch wieder in mir hoch, **Panik** gesellte sich dazu. Verlor ich den Verstand? Dennoch fragte ich: „Wer ist Eva?"
Seine Stirn legte sich in Falten und er fasste meinen Arm: „Miri, **so langsam mache ich mir echt Sorgen!**"
Ich schwieg und fragte ihn nochmal, wer Eva sei. Er meinte, dass das eine Freundin sei, die er immer mal wieder treffe. Eva sei eben Eva.

Ich mache es kurz: Eva war eine von vielen Frauen, mit denen er Sex hatte. Das erfuhr ich nach und nach. Er gab mir **selten konkrete Antworten**, aber ich fand eindeutige Nachrichten auf seinem Handy. Zuerst **rastete er komplett aus**, als ich ihn damit konfrontierte.
An seinem Handy hätte ich gar nichts verloren. Und **ich würde mir da was einbilden**. Er dürfe ja schließlich treffen, wen er wolle.
Ich sei enorm **besitzergreifend** und würde allmählich meine **eifersüchtige Fantasie** nicht mehr von der Realität unterscheiden können.
Verrückt daran ist, dass ich ihm tatsächlich trotzdem auch da noch geglaubt habe. Ich dachte, **ich interpretiere da vielleicht wirklich was hinein.**
Er war so **glaubwürdig** und wirkte echt **gekränkt**, als ich ihm das unterstellte!
Vor sechs Wochen bin ich ihm abends nachgefahren und habe ihn Händchen haltend mit einer jüngeren, brünetten Frau gesehen. Sie saßen in einem Restaurant, ich habe es durchs Fenster gesehen. Als sie herauskamen, hat er sie leidenschaftlich geküsst.

Unter Tränen habe ich ihn am nächsten Tag damit konfrontiert. Er war eiskalt: Es sei völlig **arm**, dass ich ihm nachspioniere. **Wie ich nur auf die Idee kommen würde, dass ich die einzige Frau in seinem Leben wäre? Das sei ja absurd.** Ich könne ihn nicht für mich alleine beanspruchen. Das sei **egoistisch** und **naiv**. Er habe immer betont, dass er ein freier Mann sei. **Das sei doch von vorneherein klar gewesen.**

Ich war so geschockt, dass ich kaum sprechen konnte. Wer war dieser Mann? Er hatte doch gesagt, dass es zwischen uns etwas „noch nie Dagewesenes" sei. Horst lachte darauf nur: „**Das hab ich so nie gesagt! Deine Prinzessinnen-Fantasie wieder!** Glaubst du ernsthaft, ein Mann verschreibt sich einer **so besitzergreifenden** und **eifersüchtigen** Frau! Das hält ja keiner aus!"

*Das war zuviel - ich schmiss ihn raus. Horst hatte mich getäuscht, belogen und hintergangen. Dennoch saß ich die ganze Nacht wach und fragte mich, **ob ich zu besitzergreifend war**. Hatte ich mir da ein Märchen zusammen fantasiert, so wie er sagte? Er war ja auch ein toller Mann! Traf ihn am Ende doch keine Schuld, weil er ja ehrlich gewesen war?*

*Mir war übel und schwindelig von diesen **zwei Wahrheiten**, die unermüdlich in mir arbeiteten. Seine Worte wirkten wie Gift!*

*Nach einer Woche bin ich **doch wieder zu ihm gegangen**. Heute schäme ich mich dafür, aber ich konnte nicht anders.*

*Er sagte, dass es schön sei, dass ich mich **mit der Realität nun anfreunde**. Er war sehr zärtlich und liebevoll. Ich konnte ihm nicht widerstehen. Seine anderen Frauen sah er weiterhin. Ich duldete das, **litt Qualen** und **konnte es doch nicht beenden**.*

*Letzte Woche habe ich mich endgültig getrennt. Ich konnte nicht mehr. Aber ich bin ehrlich: Ich muss hart an mir arbeiten, um nicht einzubrechen. Immer wieder bin ich so **durcheinander**. Mal denke ich, **dass er mit allem Recht hat**, dann wieder bin ich so wütend darüber, wie er mich behandelt hat. Ich sehne mich nach ihm, gleichzeitig schäme ich mich und habe Angst davor.*

Was soll ich nur tun?"

Miriam war eingangs sehr durcheinander, schwankte zwischen Wut, Trauer und Schuldgefühlen. Es war unvorstellbar für sie, dass Horst ihr alles nur vorgespielt haben sollte. Was war mit diesen wunderschönen Momenten? So weit konnte sie ihren Gefühlen doch trauen. Oder etwa nicht?

Sie wurde von zwei Wahrheiten hin- und hergerissen. Entweder Horst hatte sie **bewusst getäuscht**, belogen und hintergangen (dann wurde sie wütend und traurig) oder es lag an ihr (dann führte es zu Schuldgefühlen): An ihrer **ausgeprägten Fantasie**, den **unrealistischen Wünschen** und ihrem **einnehmenden Wesen**.

Horst hatte **vertrauliche Informationen**, die ihm in einem **intimen Moment** zugetragen wurden, **entwertet** und gegen Miriam eingesetzt. Seine Worte **dockten** bei ihr an.

Horst hatte eine **alternative Realität** geschaffen, die ihm **für seine Zwecke dienlich** war. Bei Konflikten nahm er Miriam den Wind aus den Segeln, indem er eine andere Ausgangssituation behauptete (er habe sie informiert, sie habe Äußerungen falsch verstanden, mache eine „Szene" usw.). Er **schaffte neue Fakten** und **Verknüpfungen.**

Dazu verleugnete er eigene Aussagen (*„Das hab ich so nie gesagt!"*) und attackierte so wiederholt Miriams **Wahrnehmung.**

Er verlagerte die Gründe für sein Verhalten nach außen (Externalisierung) und entledigte sich so jeglicher Verantwortung. Seine zahlreichen Affären begründete er mit **Miriam's Besitzansprüchen** und **Eifersucht,** obwohl er diese schon gepflegt hatte, als er Miriam noch gar nicht kannte. Miriam begann so, ihre natürlichen Eigenschaften als **„fehlerhaften Makel"** zu betrachten und sich **selbst abzulehnen.**

Horst hatte diese „Makel" über die Zeit strategisch wachsen lassen, indem er **zuvor wünschenswerte Eigenschaften** mit **Mikroentwertungen** bombardierte und in einen neuen, **negativen Bezugsrahmen** setzte (Reframing)!

Eine einst **positive Hervorhebung** (*„Meine Kreativität und Empfindsamkeit haben ihm besonders gefallen"*) wurde im Rahmen von Konflikten zuerst mehr und mehr belächelt und später auf arrogant-verachtende Weise als offensichtliche Ursache für Probleme herangezogen (*„Meine verträumtes Klammeräffchen erinnert sich wieder? "*).

Besonders perfide sind abwertende Aussagen in Momenten der intimen Nähe - wiederum eine Art Double-bind-Situation. In Momenten eines an sich schönen Erlebens werden latente Feindseligkeiten ausgesprochen: **Zwei nicht zueinander passende Botschaften** in **einer** Situation.

Eine **abfällige Bemerkung** in **liebevollem Ton** in dem Moment, als Miriam sich nach dem Konflikt in Horst's Armen **sicher** wog. Die emotionale Doppelbotschaft betonte den „Makel" erneut.

Diese kleinen, perfiden Attacken, fließen in einem offenen, **widerstandslosen Moment des Vertrauens** als **Zuschreibung** ungefiltert und direkt ins System des Empfängers.

Ein Widerstand von Miriam hätte die herbeigesehnte Situation (Versöhnung) beendet. Sie **unterließ den Widerstand,** überhörte das Gesagte und stimmte so unbewusst der Zuschreibung von Horst zu.

In Konflikten nutzte Horst diesen geschaffenen „Makel", um seine Argumente zu untermauern und die **Realität zu seinen Gunsten umzugestalten.** Immer wieder mischte er Abwertungen bei (z.B. *„Prinzessinnen-Fantasie"*), die den strategisch etablierten „Makel" stützten.

Spätestens jetzt darfst Du zu Deiner persönlichen Einschätzung kommen: Welche **Stufe** des **Bewusstseins,** der **Absicht** und **Intention** liegt hier nach dem Stufenmodell vor?

Wir resümieren: Die gemeinsame Zeit war so lange konfliktfrei, wie Miriam tat, was Horst wollte. Wir können klar erkennen, dass es Horst **vor allem um sich selbst ging.** Darum, sein Ding durchzuziehen.
Weder ging er auf Miriam's Befinden ein, noch schien es ihn zu stören, dass sie litt.

Es lässt sich hier **strategisches** und **absichtsvolles Handeln** unterstellen, weil ihm die Verwirrung, das Leid und die Angst von Miriam nutzten. Er setzte *Gaslighting* **bewusst** ein. Der psychische Schaden von Miriam war für Horst ein Vehikel zur **vollen Macht** und **Kontrolle** in der Beziehung. Mitgefühl oder Wohlwollen für Miriam suchen wir hier vergebens.

Auflösung:
Nach dem Stufenmodell können wir hier **Stufe 3** annehmen: **Intentionales *Gaslighting* bei vollem Bewusstsein und gezielter Absicht** (S. 22).

Nadine (33 J.) meldete sich bei mir, weil sie in diversen Internetforen auf den Begriff *Gaslighting* gestoßen war. Die Berichte Betroffener trafen sie ins Mark. Sie glaubte, eine Erklärung für ihre partnerschaftlichen Probleme in ihrer mittlerweile dreijährigen Beziehung mit Moritz (35 J.) gefunden zu haben:

„Moritz ist misstrauisch und oft unsicher. Er würde das nie zugeben, doch er öffnet sich anderen Menschen nur ungern. Er betont auch immer, dass es etwas Besonderes zwischen uns ist - weil er mir vertraut. Das glaube ich ihm wirklich.

Wir erleben meistens eine echt gute Zeit zusammen, teilen viele Interessen, machen Unternehmungen, treiben Sport. Für Fotografie und Kunst können wir uns auch beide begeistern. In zweisamen Momenten spüre ich seine Liebe zu mir besonders. Wir lassen uns da sehr aufeinander ein und sind uns nah.
Deswegen treffen mich seine wiederholten Attacken auch so sehr. Ich kann dann kaum glauben, dass das derselbe Mensch ist. Meistens bin ich so geschockt, dass ich gar nicht unmittelbar reagieren kann.

Der letzte Auslöser war, dass ich bei einem gemeinsamen Essen mit Freunden ausgelassen mit Nico und Fabienne gescherzt und gelacht habe. Moritz wurde da schon **auffallend mürrisch** und hat sich später **demonstrativ** weiter weg von mir zu Sina gesetzt. Sina war bisher nur ein paar Mal beim Klettern dabei und ist ganz nett. Moritz hat den ganzen Abend fast nur mit ihr über Kletterrouten geredet. Er hat sie **öfter an der Schulter berührt**, gelacht, sich nah zu ihr geneigt. Als ich ihn nach dem Wasser fragte, **reagierte er knapp, kalt** und **ablehnend**. Auch unseren Freunden entging das nicht. Sie sahen mich verwundert an.

Ich war echt sauer und verletzt. Meine Freude war dahin. Als alle weg waren, hat er mich **weiter ignoriert** und ist mir aus dem Weg gegangen. Ich habe ihn dann darauf angesprochen. Er war richtig geladen:

„Was los ist? Das ist ein schlechter Witz, Nadine! **Du biederst dich an!** Sobald andere Leute dabei sind, **bist du nicht wieder zu erkennen! Brauchst du die Aufmerksamkeit und Bestätigung Anderer so sehr?** Du hast zwar diese Pigmentstörung, aber das ist noch **kein Grund, sich so zu verhalten!** Und jetzt fragst du mich, was los ist?"

Das ging dann so weiter. Ich wäre „gefallsüchtig" und würde mich „verstellen". Dass er nicht mit einer Frau zusammen sein wolle, die ein so **geringes Selbstwertgefühl** habe. Mit einer, die sich Anderen „anbieten" und **Männern an den Hals werfen müsse.** Er war außer sich!
Ich kam gar nicht dazu, **sein Verhalten** anzusprechen. In dem Moment war das einfach weg, so **geschockt** war ich. Erst später kam es mir dann, dass **er ja so offensiv mit Sina geflirtet** hat.

Gefühlt war er meilenweit weg und hat **von mir schon mal gar nichts gelten lassen.** Als ich ihm sagte, dass ich mir dabei nichts denke, sondern einfach gelöst, kontaktfreudig und offen bin, hat er nur **abschätzig die Augenbrauen hochgezogen** und gesagt: „Kontaktfreudig, hmm?"

Moritz war so überzeugend, dass ich anfing, **mein Verhalten zu hinterfragen.** Hatte er vielleicht doch Recht? Bin ich unterbewusst so unsicher, dass ich deswegen mein Verhalten gravierend verändere und **es selbst nicht merke?** Dass es ihm auffällt und mir nicht? **Habe ich Selbstwertprobleme** wegen meiner Pigmentstörung? Eigentlich belastet mich das nicht. Nicht mehr. Aber vielleicht ja doch? **Bin ich deswegen so offen und freundlich zu anderen Menschen?** Weil ich möchte, dass die mich mögen?

Mein Hirn ratterte wie verrückt: „Es klingt logisch, was er sagt."

Irgendwann sagte ich sowas wie: „Vielleicht hast du Recht."
Je mehr ich mich auf **seine Sicht eingelassen habe, umso näher** fühlte sich Moritz wieder an. Ich **entschuldigte** mich sogar! Damit ging es mir einerseits gut, aber andererseits auch schlecht. Denn eigentlich hatte ich ja nichts getan!

Als wir uns wieder nah waren, betonte er, wie wichtig es ihm sei, dass ich mich **„nicht unter Wert verkaufe"**. Weil er mich ja liebt. Und dann habe ich mich erleichtert wieder fallen lassen, weil er wieder „da" war.
Seither habe ich wirklich gedacht, **er hat vielleicht irgendwie Recht**. Ich spürte zwar keine Selbstwertprobleme, wollte aber trotzdem daran arbeiten. Absurd eigentlich.

Bei Begegnungen mit anderen Menschen, meinen Freunden wurde ich ab da **verkrampft** und **vorsichtig**. Das fühlte sich falsch an und mir ging es damit richtig schlecht. **Ständig hinterfragte ich mich** selbst und **beobachtete mich von außen**. Verhielt ich mich schon wieder so? Mir fehlte die Leichtigkeit und Freude. Aber solche tagelangen Sequenzen mit Moritz wollte ich auch nicht mehr erleben. Es ist wirklich schlimm, wenn er so kalt ist.

Im Internet habe ich dann viel zu **Gaslighting** und **Narzissmus** gelesen und gedacht, mich trifft der Schlag! Das war genau das, was ich erlebte. Nur dass er mir **absichtlich wehtun** möchte, das hat nicht gepasst.
Vor kurzem habe ich ihn in einem ruhigen Moment damit konfrontiert. Ich gab ihm einige Artikel zu lesen und sagte: „Genau das machst du mit mir!"
Es gab dann ein langes Gespräch, in dem ich ihm sagte, dass ich ihn sehr liebe, das aber nicht mehr mitmache. **Dass ich meine Freiheit in der Beziehung brauche und mich nicht von ihm verbiegen lassen will.**
Das hat ihn schwer beschäftigt. Er war ganz still und kleinlaut.

Irgendwann nachts hat er dann meine Hand genommen und gesagt, dass er darüber nachdenken müsse. **Dass es ihm leid tue** und dass er glaubt, dass er vielleicht mehr Angst habe, als ihm bewusst sei. Bei ihm laufe da wirklich ein „Film" ab. Aber das merke er in dem Moment nicht. Er wolle nicht fies zu mir sein.

Das war echt, das habe ich ihm geglaubt. Aber es ist schon oft vorgekommen und es tut mir jedes Mal unglaublich weh. Wer weiß, ob seine Einsicht hält? Ob er da wirklich dran arbeiten kann und will. Ich für mich möchte sicher sein, **dass ich mich da nicht wieder hineinziehen lasse.**

Nadine litt - wie die meisten Empfänger von *Gaslighting* - sehr unter der emotionalen Distanz, die zwischen ihr und Moritz entstand. Mehrmals weinte sie im Gespräch.

Nachdem sie *Gaslighting* verstanden hatte, konnte sie klar sagen, dass sie sich bei Kontakten mit anderen Menschen natürlich verhielt und keine Hintergedanken hatte. Davor hatten die „emotionalen Ausbrüche", Verdrehungen und Zuschreibungen von Moritz sie massiv **verunsichert**. Denn **in seiner Wut** hatte er **glaubwürdig** gewirkt.

Anschließend fühlte sie sich verlassen und **schuldig**. Bestraft, ohne zu wissen, wofür. Unbewusst sehnte sie sich nach „ihrem Moritz", doch ihre Worte erreichten ihn nicht. Immer wenn sie begann, **sich selbst in Frage zu stellen** (sich für seine alternative Realität zu öffnen), wurde er wieder zugänglicher. Der Verbindung und Harmonie wegen, **gab sie ihm Recht** und entschuldigte sich schließlich. Dadurch kehrte wieder Ruhe ein.

Hier finden wir einen für *Gaslighting* sehr bedeutsamen, Verstärkungsmechanismus, der subtil auf der Beziehungsebene wirkt. Erst durch **Zustimmung zur alternativen Realität des Senders** wird eine unangenehme Bestrafung (hier: Distanz) beendet. Diesen Mechanismus schauen wir uns später genau an (S. 180 f.).

Doch kommen wir zu Deiner Einschätzung bezüglich **Bewusstsein, Absicht und Intention** von Moritz. Was glaubst Du, **welche Stufe** in diesem Beispiel nach dem Stufenmodell vorliegt?

Können wir bei Moritz vermuten, dass er Nadine **bewusst** und **absichtlich psychische Gewalt** antun wollte? Setzte er *Gaslighting* **gezielt** und **strategisch** gegenüber Nadine ein? Sein Verhalten könnte darauf hindeuten.

Nadine's Beschreibungen ließen vermuten, dass Moritz emotional in eine Art Ausnahmezustand geriet. Ein „Film", wie er es im Verlauf nannte. Ein unbewusstes **Notfallprogramm**, für das es nach Nadine's Beobachtung auch spezifische Auslöser gab: Wenn seine Partnerin im Kontakt mit anderen Menschen (v.a. Männern) Freude erlebte und gelöst war.

Wir wissen nicht genau, was in Moritz vorging. Wir können vermuten: Er könnte eifersüchtig gewesen sein oder die Abnahme von Nadine's Aufmerksamkeit gespürt haben. Möglicherweise sah er sie in einem leichten und gelösten Zustand und fühlte sich ausgeschlossen und zurückgewiesen. Oder er erlebte sich als in Frage gestellt, klein und unbedeutend.

Für ein Notfallprogramm dieser Art spricht seine Aussage nach Nadine's Konfrontation: Dass er **Angst** habe und sie um Entschuldigung bat. Zumindest in diesem Moment können wir sein Wohlwollen erkennen.

Nach der Konfrontation war er bereit, auf sich und sein Verhalten zu schauen. In ihm arbeitete es. Er räumte eine **Beteiligung** an dem Szenario ein. Seine Nachdenklichkeit deutet darauf hin, dass er seinen „Film" zu verstehen und sich zu reflektieren versuchte.

Das bedeutet nicht zwangsläufig, dass er wirklich an seinem Muster arbeiten will und wird, denn in einigen Fällen können derartige Erkenntnisse schnell wieder in der Versenkung verschwinden (oder geäußert werden, um den Empfänger „ruhig zu stellen"). Es wäre also abzuwarten, ob den Worten Taten folgen.

Außerhalb seines Notfallprogramms war Moritz bereit, sich sein Verhaltensmuster anzusehen. Er wurde sich darüber bewusst, dass er seine Partnerin verletzt und vielleicht manipuliert hatte.

Wir können also annehmen, dass Moritz' **bewusste Absicht nicht darin bestand, Nadine zu schaden.**

Vielmehr projizierte er durch *Gaslighting* eine Realität nach außen, die er innerlich konstruiert hatte und selbst glaubte. Eine alternative Realität, in der seine Gefühle Sinn ergaben. Er fühlte sich im Recht und schlug um sich, um sich selbst vor seinen inneren Dämonen (Ängsten) zu schützen.

Auflösung:
Nach dem Stufenmodell können wir für dieses Beispiel **Stufe1** annehmen: **Reaktives Gaslighting bei fehlendem Bewusstsein ohne Absicht.**

Wir müssen den exakten inneren Auslöser für Moritz' Notfallprogramm nicht kennen. Möglich ist alles von der Angst vor dem Verlassenwerden über die Angst vor Verrat/Verletzung bis zur Sorge, nicht gut genug zu sein.

Für Nadine war entscheidend, dass Moritz sich seines Verhaltensmusters **bewusst** blieb und daran zu arbeiten bereit war.

Die Coachings mit Nadine zielten darauf ab, die **Beziehung zu ihrer eigenen Wahrnehmung zu stärken** und den Fokus auf ihren eigenen Gefühlen und Bedürfnissen zu halten, für Moritz als Mensch **offen zu bleiben**, aber gegenüber seinem Verhaltensmuster klare Worte zu finden und sich davon **abzugrenzen**.

Moritz begab sich wirklich in therapeutische Behandlung. Sein altes Muster zeigte sich mit der Zeit seltener, verschwand aber nicht völlig.

Nadine gelang jedoch ein viel **besserer Umgang** damit. Sie ließ sich weniger involvieren und hielt den emotionalen Abstand besser aus, weil sie bei sich bleiben konnte.

Nadine berichtete auch, dass Moritz nach solchen Situationen öfter von sich aus auf sie zuzugehen begann.

Ich hoffe, dass die beiden (jeder für sich und gemeinsam) einen Weg finden konnten.

Das Beispiel von Nadine und Moritz zeigt eindrücklich, wie unverzichtbar **eine klare Haltung zu** *Gaslighting* auf Empfängerseite ist.

Ohne diese Klarheit ist ein Ausstieg **nicht möglich**. Findet *Gaslighting* nur einen winzigen Spalt der **Unsicherheit** beim Empfänger, kann es erneut greifen. Nadine hatte diese klare Haltung für sich realisiert!

Es gelang ihr, eine **intakte Beziehung zur eigenen Wahrnehmung** zu entwickeln und zu pflegen. Ihre **klare Haltung** half nicht nur ihr, sondern auch Moritz. Seine unbewussten *Gaslighting*-Versuche prallten an ihrer Klarheit ab.

Bitte verinnerliche, wie **wichtig Deine innere Klarheit** für jeglichen Ausstieg aus *Gaslighting* ist!

Reaktives Gaslighting auf **Stufe 1** ist für Empfänger nicht weniger leidvoll, verletzend oder anstrengend! Dass *Gaslighting* **unbewusst** und **ohne gezielte Verletzungsabsicht** erfolgen kann - dafür sprechen die spannenden Berichte von Seiten einiger **Sender**, die wir uns jetzt anschauen werden.

3 Sender von *Gaslighting* im Stufenmodell

Wir haben anhand der obigen Empfänger-Berichte von *Gaslighting* gesehen, dass das Stufenmodell sich gut anwenden ließe. Doch wie sieht es auf der Sender-Seite aus?

Viele meiner Klienten stellten mir die Frage, ob ein Sender bei *Gaslighting* **immer bewusst** und absichtsvoll handelt. Es gibt kein immer.

Einige Sender handeln **berechnend, strategisch** und **im vollen Bewusstsein** (Stufe 3), andere setzen *Gaslighting* für **eigene Zwecke** ein und **akzeptieren Kollateralschäden** (Stufe 2), während eine Gruppe manipulative Angriffe **im Notfallprogramm** fährt (Stufe 1). Das Verhalten und die Prozesse sind oft identisch.

Solange ein Sender nicht selbst eine **vertrauenswürdige** Auskunft über seine **Motive** gibt (was wir z.B. bei Stufe 3 nicht erwarten können), können Empfänger nur spekulieren.

Das Stufenmodell kann uns als Referenz dienen, um die Stufe von Bewusstsein, Absicht und Intention eines Senders annähernd zu bestimmen.

Falls Du Dich schon immer gefragt hast, was in Menschen vorgeht, die *Gaslighting* initiieren, wird der nachfolgende Abschnitt besonders spannend für Dich werden. Einige Sender haben sich freundlicherweise mit einer anonymisierten und verfremdeten Veröffentlichung ihrer Aussagen in diesem Buch einverstanden erklärt.

Du bist wieder eingeladen, **Deine Einschätzung** für die Beispiele vorzunehmen, um den **Umgang mit dem Stufenmodell** für Dich zu trainieren.

*„Ich will eigentlich gar keine wirkliche Beziehung, aber ich brauche die Aufmerksamkeit. Wenn mich ein Mann mag, dann merke ich das schnell. Ich weiß dann auch **genau, was ich sagen und tun muss,** dass er „am Haken" hängt.*

*Ich betone meine weiblichen Reize. Entsprechende Blicke und ein Lächeln bewirken viel. Natürlich ziehe ich mich auch so an, **dass die Männer sehen, was sie an mir haben könnten.** Doch ich halte sie auf Abstand. Das spornt viele an und sie engagieren sich mehr. Manche mögen es auch, wenn sie sich* stark und in der Rolle des Beschützers fühlen können. Damit **spiele ich** auch ein bisschen. Es ist ein gutes Gefühl, wenn genau das passiert, was ich möchte.

Ich bin verletzt, **wenn Männer mich nicht zu schätzen wissen.** Aber ich erzähle dann anderen Männern davon und bekomme so ihre **Aufmerksamkeit** und **Zuwendung.**

Wie gesagt - ich will keine Beziehung. **Dafür interessieren mich andere Menschen viel zu wenig.** Es kann sein, dass mich ein Mann schon früh langweilt, aber ich brauche die Aufmerksamkeit. Und viele Männer zeigen mir ja auch, dass ich ihnen wichtig bin!

Es ist schon oft passiert, dass Männer sich in mich verliebt haben. Obwohl ich keine Beziehung möchte, sage ich denen das nie direkt. Auch wenn wir Sex haben. So bleibt es spannend - das gibt mir einen Kick.

Vor kurzem hat sich Mirko - der Freund meiner Freundin Maria - in mich verliebt. **Ich hab auch mit ihm geflirtet, aber immer aufgepasst, dass Maria nicht dabei ist.** Wenn sie dabei war, hab ich ihm die kalte Schulter gezeigt. Maria hat es trotzdem gemerkt und ich **hab ihr gesagt, dass sie sich das einbildet.** Dass da nie was laufen würde. Sie war erstmal beruhigt.

Eines Abends stand Mirko dann vor meiner Tür. Wir haben einiges getrunken und hatten dann Sex. Es wurde brenzlig, weil er mit Maria wegen mir Schluss machen wollte. Er sagte, es sei unglaublich, wie sehr er mich begehrt und dass er so etwas noch nie empfunden hat.

Ich war geschmeichelt, hab aber nichts dazu gesagt - nur, dass das seine Entscheidung sei.

Maria hat mich zwei Tage später hysterisch angerufen und mir einen Vorwurf nach dem anderen an den Kopf geworfen. Dann hab ich **improvisiert** und gesagt, **dass Mirko sich da wohl was einbildet** und **nach Gründen sucht, um sich von ihr zu trennen.** Dass mir das leid tut. **Dass ich sowas nie machen würde** und dass sie ja wisse, dass ich keine Beziehung will. Es hat eine Weile gedauert, aber sie hat mir irgendwann geglaubt und Mirko als „Schwein" bezeichnet.

Mirko hat danach mehrmals angerufen. Ich bin nur einmal ran und habe ihm gesagt, **dass er sich da wohl einiges zusammen geträumt hat.** Ich hab ihm erzählt, dass er nach der zweiten Flasche Wein und einigen Rum-Cola **zudringlich geworden sei und ich ihn abgewehrt und schließlich ins** Gästezimmer geschickt hätte.

Dass ich mich morgens auch gewundert hätte, als er sagte, dass er sich von Maria trennen wolle. **Dass ich ganz klar gesagt hätte, dass es seine Entscheidung sei, ob er sich trennen wolle** *und nicht den Hauch einer Ahnung hatte, dass es etwas mit mir zu tun haben könnte und ich auch* **nicht wisse, wie er darauf komme.**

Er war total geschockt am Telefon und hat mehrmals gesagt „Aber so war das doch nicht, ich erinnere mich doch!". Ich blieb bei **meiner Version** *und hab ihm immer wieder gesagt,* **dass Alkohol ganz schön die Wahrnehmung vernebeln könne. Dass zwischen uns nie was gelaufen ist** *und jemals laufen würde. Irgendwann hat er aufgegeben. Ich bin froh, dass er es irgendwie „geschluckt" hat.*

Maria hab ich vom Anruf und **seiner „Fantasiegeschichte"** *erzählt, dass er bei mir „zu landen versucht hat". Dass ich ihn habe abblitzen lassen. Sie spricht nicht mehr mit ihm und ich ignoriere seine Anrufe. Das war echt knapp, aber* **Maria ist auch wirklich leichtgläubig.**

Im Grunde sind mir die meisten Menschen egal. *Aber manchmal* **brauche ich ja auch was von Jemandem.** *Und Maria ist eigentlich immer da - wenn es mir nicht gut geht.* **Umgekehrt habe ich selten Lust, ihr zuzuhören.** *Es interessiert mich einfach nicht."*

Inga sprach mir gegenüber sehr offen. Als wir darüber redeten, wie es Maria wohl ginge, wenn sie um all die Ereignisse wissen würde, antwortete sie ehrlich: *„Dann ist es eben vorbei mit der Freundschaft.* **Sie ist ja selbst schuld, wenn sie mir das abkauft."** Zudem wäre die Beziehung sowieso zum Scheitern verurteilt gewesen.

Auf meine Nachfrage hin, ob sie kein **Mitgefühl** mit Mirko habe, entgegnete sie, **dass er selbst für sich verantwortlich sei** und sie ja nie gesagt habe, dass sie eine Beziehung mit ihm wolle.

So sei es ja auch mit den anderen Männern - die seien ja erwachsen. Auf die Frage, ob sie ihre Lügen gut heiße, sagte sie: *„Ja, eigentlich ist das nicht ok, aber ich hatte ja keine andere Wahl, oder?!"*

Menschen seien egoistisch und würden lügen. Da sei sie ja nicht die Einzige. **Sie denke eben zuerst an sich.**

Nun bist Du an der Reihe: Welche **Stufe** im Stufenmodell liegt hier Deiner Einschätzung nach am ehesten vor?

Auflösung:
Nach dem Stufenmodell lässt Inga's Beispiel auf **Stufe 3: Intentionales** *Gaslighting* **bei vollem Bewusstsein und gezielter Absicht schließen** (siehe S. 22).

Inga hatte tatsächlich **keinen Zugang zu Mitgefühl** und war sich der Konsequenzen ihres Verhaltens vollumfänglich **bewusst**. Ihr Fokus lag auf dem, was sie brauchte: Zuwendung und Aufmerksamkeit. Sie genoss das Gefühl von Kontrolle.

Dafür war sie bereit, den ihr zugeneigten Männern (und ihrer Freundin) Informationen **strategisch** vorzuenthalten und eine Rolle zu spielen, die für sie zum Erfolg führte.

Sie initiierte *Gaslighting* ganz gezielt, um Mirko zu **schaden** und Maria darüber zu **täuschen**, was wirklich geschehen war. Wir erkennen, dass Inga den Schaden Dritter nicht nur in Kauf nahm, sondern **vorsätzlich** zu ihren eigenen, egozentrischen Gunsten durch *Gaslighting* verursachte.

Inga hatte im Grunde **keine wirklich authentische Beziehung** zu irgendjemandem (auch nicht zu sich selbst). Jenseits ihres egozentrischen Musters kannte sie subjektiv keine andere Möglichkeit der Beziehungsgestaltung.

Sie litt unter ihrem **anstrengenden Leben,** den **wiederkehrenden Schwierigkeiten** (die sie selbst erzeugte, was sie aber nicht sehen konnte) und massiven **Stimmungsschwankungen**. Da ich den Verdacht auf eine Borderline-Persönlichkeitsstörung hatte, empfahl ich ihr nach unserem Vorgespräch, sich an einen Psychotherapeuten zu wenden und hoffe, dass sie dieser Empfehlung gefolgt ist.

STEFAN

„Ich arbeite viel und hart. Als Broker an der Börse ist jeder Tag ein Krimi. Meine Klienten wollen Profite sehen und dafür trage ich die Verantwortung. Damit komme ich meistens klar, ich bin erfolgreich und kann einen kühlen Kopf behalten.

*Meine Frau und ich hatten schon immer Probleme. Und ich glaube, **dass ich teilweise mit dafür verantwortlich bin.***

Sie spürt alles. Und ich meine wirklich alles. Manchmal ist das schön. Weil sie oft weiß, wie meine Stimmung ist und mir dann Raum lässt, auf mich eingeht und für mich sorgt. Sie hört mir oft zu, nimmt mich in den Arm, kocht für mich, lässt mir eine Wanne ein oder motiviert mich zum Spazieren.

Wenn es ihr gut geht, ist alles in Ordnung. Aber falls nicht - dann gute Nacht! In ihrer Zahnarztpraxis gibt es einen neuen Chef, der die Angestellten wohl drangsaliert. In letzter Zeit passiert es öfter, dass sie dadurch schlecht gelaunt ist. **Immer öfter treibt sie mich mit all ihren Gefühlen in den Wahnsinn.**

Ein Beispiel: Wir sitzen abends auf der Couch und hatten beide einen harten Tag. Sie erzählt von ihrem Chef und schildert Situationen, in denen er sich scheinbar fies verhalten hat. **Mir wird das dann schnell zu viel.** Eine Weile bekomme ich es vielleicht hin, **zuzuhören und Interesse zu zeigen, aber es fühlt sich dann so schwer an, dass es mich fast erdrückt. Ich ertrage das kaum.**

Für mich ist Effizienz wichtig. Wenn es ein Problem gibt, überlege ich mir was und löse es. Es macht mich wahnsinnig, wenn es komplizierter wird, als unbedingt notwendig.

Meike suchte an diesem Abend meine Nähe und wollte, dass ich ihr zuhöre - **aber es ging nicht. Also habe ich einfach geschwiegen.** Sie hat erzählt. Innerlich hat es in mir immer mehr **gebrodelt.** Ich wurde **wütend** und **habe versucht, das nicht zu zeigen.** Sie hat es natürlich trotzdem gemerkt. Wie gesagt - sie spürt leider alles.

Dann fragte sie, weshalb ich so ablehnend sei. Spätestens ab da wusste ich, dass gleich wieder eine **Endlos-Diskussion** startet.

Das wollte ich nicht. **Deswegen sagte ich ihr, dass sie sich irrt. Dass ich nicht ablehnend sei und sie wieder viel zu empfindlich sei. Dass es vielleicht mit ihrem stressigen Job zu tun hat, dass sie jetzt anfängt, mir da etwas zu unterstellen. Klar hatte sie irgendwie Recht, aber ich wollte einfach nicht.**

Sie zog eine Schnute, rückte von mir ab und sagte: „Aha! Ich bin also zu sensibel. Immer wenn ich mit dir über mich rede, schottest du dich ab! Das sieht man dir auch an!"

Da war ich schon sehr gestresst. Es war, **als würde Meike in mich hineinkriechen und da rumwühlen. Das machte mich noch wütender und ich war so genervt, dass ich nur noch wollte, dass es aufhört.**

Dann habe ich ihr gesagt, **dass das nicht stimmt. Dass ich mich nicht abschotte und dass es ja kein Wunder sei, wenn sie auf der Arbeit Probleme habe. Weil sie immer wieder problematisiere.** Und das stimmt ja auch! Sie stresst mich dann richtig. Ich hab gemerkt, dass sie das trifft, weil sie ruhiger wurde.

*Dann habe ich noch gesagt, **dass das wahrscheinlich der Grund dafür sei,** weshalb ihr Chef sie „drangsaliere". Weil er davon genau so genervt sei, wie ich jetzt. Weil sie aus Mücken Elefanten mache.*

Da war dann Ende. Sie hatte Tränen in den Augen und sagte wütend: „Es ist immer wieder dasselbe, Stefan!"
*Sie ging aus dem Wohnzimmer und **ich hatte meine Ruhe. Ich weiß, dass** sie das verletzt, aber wieso muss ich mir das immer anhören? Ich war so **erleichtert, als das Gespräch zu Ende war.***

*Wir hatten **Tage danach noch Zoff.** Immer, wenn ich versucht habe, ein **anderes, belangloses Thema anzuschneiden** oder **sie in den Arm zu nehmen,** hat sie mich links liegen lassen und gesagt: „Das könnte dir so passen, dass wir jetzt so tun, als wäre nichts gewesen!"*
*Kann man nicht einfach wieder gut miteinander sein? Das hat mich wieder so **genervt,** dass ich entgegnet habe: „Meinst du dein Problematisieren? Das kann ich ja gar nicht vergessen - du erinnerst mich ja ständig daran!"*

Dann war sie wieder verletzt und hat sich zurückgezogen.
*So läuft das dann oft. Wir finden dann einfach keinen Draht mehr zueinander. Sie fehlt mir dann auch, die Nähe und das Vertraute zwischen uns. **Aber ich will solche Diskussionen einfach nicht führen müssen.***

*Zur Zeit eskaliert es immer öfter. Meike hat vor kurzem sogar von Trennung gesprochen, weil sie sagt, **dass ich immer wieder die Tatsachen verdrehe."***

Stefan war sich der Themenwechsel durchaus bewusst, dabei aber so sehr auf sich selbst konzentriert, dass er nicht bemerkte, wie er Meike's Wahrnehmung mit seinen Aussagen verfälschte. Seine Ruhe war ihm so wichtig, dass er **billigend in Kauf nahm,** dass Meike verletzt wurde. Das Ziel seines *Gaslightings* war nicht Verletzung oder psychische Schädigung, sondern seine Ruhe. Bei der Durchsetzung seines egozentrischen Wunsches entstand die Verletzung, die er als „Bagatellschaden" durchaus akzeptierte.
Das ganze Szenario war für seine Frau Meike enorm leidvoll.

Stefan tat sich schwer, die **Auswirkungen** seines eigenes Verhaltens auf Andere zu verstehen, sich in Meike einzufühlen (empathischer Perspektivenwechsel). Er fühlte sich „im Recht", hatte wenig Werkzeuge zum Umgang mit Stress und der **emotionale Zugang** zu sich selbst (und anderen) war sehr schwach ausgeprägt.

Perfektionistisch, leistungsorientiert und kontrollierend erlaubte er es sich selbst (und anderen) nicht, einen Hauch von **Verwundbarkeit** zu zeigen. Überlastung und Müdigkeit einzuräumen, fiel ihm sichtbar schwer. Er befürchtete, **aus der Rolle zu fallen.**

Er hatte es sich zur Gewohnheit gemacht, Meike **die Verantwortung für Eskalationen zuzuschreiben** und **seine Seite auszublenden.**

So kam er zur gewünschten Ruhe und er konnte einer schwierigen Selbstreflektion aus dem Weg gehen.

Erst die ausgesprochene Trennungsabsicht seiner Frau veranlasste ihn dazu, sich auf eine **mögliche Reflektion** einzulassen.

Stefan hatte wenig Ahnung davon, was in der Dynamik zwischen ihm und seiner Frau wirklich stattfand. Sein Bewusstsein prallte an den Mauern ab, die er selbst in seinem Kopf errichtet hatte.

Nun darfst Du wieder Deiner Einschätzung abgeben. Welche **Stufe** aus dem Stufenmodell liegt im Fall von Stefan Deiner Meinung nach vor?

Auflösung:
In Stefan's Beispiel können wir am ehesten **Stufe 2** annehmen: Das **egozentrisch-funktionale** *Gaslighting* **bei moderatem Bewusstsein und fraglicher Absicht** (siehe S. 22).

Stefan's Beispiel zeigt, dass bei Stufe 2 - **egozentrisch-funktionales** *Gaslighting* - oft die zentralen Basisfertigkeiten zur Perspektivenübernahme fehlen. Ohne Zugang zu den eigenen Gefühlen, gibt es auch keine Selbstreflektion oder Empathie, um sich überhaupt in das Gegenüber einfühlen zu können.

Kreisen Sender nur um sich, verhindert das die Übernahme der Perspektive eines Anderen. Das betrifft auch die Auswirkungen von *Gaslighting.* Sie werden ganz egozentrisch und selten aus der Sicht des Empfängers gesehen (*„Ich habe dann meine Ruhe.“*).

*„Vor drei Jahren habe ich Tobi auf einem Seminar kennengelernt. Damals steckte ich in einer Krise. Mein damaliger Ehemann hatte sich kurz nach unserer Hochzeit wegen einer anderen Frau getrennt. Ich hatte mein Studium geschmissen und meine Eltern ließen mich deutlich spüren, wie enttäuscht sie von mir waren. Ich hatte in jeglicher Hinsicht das Gefühl, **versagt** zu haben.*

Tobi gab mir das Gefühl, ok zu sein. Er war einfach nur da. Da waren keine Erwartungen, die ich zu erfüllen hatte. Wir näherten uns an. Ich mochte ihn sehr. Aber diese Krise hatte mich sehr verunsichert und ich wollte keine überstürzten Entscheidungen treffen.

So nach ca. sechs Monaten kamen wir zusammen. Es hat lange gedauert, bis ich mich ganz auf ihn einlassen konnte. Er war verständnisvoll und geduldig - auch wenn das echt nicht einfach für ihn gewesen sein muss.

So seit ca. einem Jahr haben wir eine wirklich schöne und herzliche Beziehung. Natürlich gibt es Reibungspunkte - aber die gibt es in jeder Partnerschaft. Mit der Zeit wurde es immer harmonischer. Vor vier Monaten hat er mir einen Antrag gemacht. Und ich hab „ja" gesagt.

Dann ging es los. Plötzlich gab es immer wieder Situationen, in denen ich eifersüchtig wurde, ihn beschuldigte und verletzte. Ich hab mich in diesen Momenten völlig vergessen. Jetzt habe ich große Angst, ihn zu verlieren.

Letzten Montag kam er später vom Fußballtraining nach Hause. Ich hatte mich schon gefragt, wo er steckt. Als er die Tür öffnete, sah ich sein glückliches Gesicht. Er lächelte mich an, gab mir einen Kuss und schloss mich in die Arme. **Ich war irgendwie in Schockstarre.** Wieso war er so spät dran? Mir hat es den Hals zugeschnürt und ich hab ihn **fast automatisch von mir weg gestoßen.**

Er schaute mich entsetzt an und fragte, was los sei. **Er kam einfach zu spät und umarmte mich nun so selbstverständlich.** Ich fühlte mich **vereinnahmt und bekam Angst.** Das sagte ich ihm und **warf ihm vor, noch nicht mal zu merken, was er da macht.** Ich sagte ihm, dass ich **nicht sein Besitz sei,** er mich aber schon so behandele. Irgendwas brach dann in mir los.

Ich unterstellte ihm, dass die **Verlobung wohl auch nur ein Versuch war, mich zu seinem Besitz zu machen.** Dass das wohl sein **Plan** gewesen sei.
Dass Einfühlsamkeit und Geduld wohl nur **Teil seiner Strategie** gewesen seien, weil er sich **seit der Verlobung ja nicht mehr bemühe.** Er tauche einfach auf, **nehme sich, was er brauche** und **wenn er nicht bekomme, was er wolle, spiele er den Unwissenden.**

Er sagte: „Saskia, das ist nicht fair. Ich hab mich doch nur gefreut, dich wiederzusehen. Was ist nur los mit dir?"
Tobi's Mimik war entgleist und er sah traurig aus. Ich hab das wohl gesehen, aber **in dem Moment war ich mir meiner Sache einfach verdammt sicher.** Vielleicht hatte er sogar noch eine andere Frau neben mir? Er roch auch etwas blumig - wie nach Parfum. Ich sagte ihm das auf den Kopf zu: **„Wie heißt denn die Frau, von der du kommst? Glaubst du, ich merke nicht, was hier los ist? Waren es innige Umarmungen? Ich rieche dieses Parfum!"**

Tobi fasste sich an sein Trikot und roch daran: „Saskia! Erinnerst du dich? Die Spieler wechseln sich wochenweise mit dem Waschen der Trikots ab. Das ist der Waschmittel-Geruch von Mike's Frau Eva! Sie waren diese Woche dran! Meinst du all das wirklich ernst?"

Ich glaubte ihm, konnte aber trotzdem nicht aufhören.

„Wieder ein Beispiel dafür, dass du nur dein eigenes Ding machst! Du hast mir nie gesagt, dass ihr die Trikots im Wechsel wascht!"

*Mit einem „Okay, Saskia" ging Tobi einfach ins Bad. Später kam er dann nochmal zu mir und sagte, dass er nicht mehr könne. Dass er verstehe, dass ich Angst hätte, nachdem, was ich alles erlebt habe. Dass mein Verhalten ihn aber wirklich verletze und immer wieder verstöre. Vor allem, dass ich **die Dinge immer verdrehen würde** - das sei sehr kräftezehrend für ihn.*

*Ich wusste erst nicht, was er meinte. Dann erklärte er mir, dass ich ihn „gaslighten" würde. Dass ich **seine Darstellung komplett abbügeln, seine Wahrnehmung attackieren würde.** Er hat es mir ruhig erklärt und ich konnte ihm zuhören. Und ich glaube, dass es stimmt. Es passiert nicht absichtlich, **aber in dem Moment glaube ich das alles selbst.** Dann fühlt es sich für mich genau so an, wie ich es sage. Ich sehe ihn und alles einfach komplett anders.*

*Ich muss einen Weg finden, **weil er unter mir leidet** und irgendwann gehen wird. Ich will ihn wirklich nicht verlieren."*

Saskia war sich in dem Moment nicht bewusst darüber, dass sie mit ihren Aussagen Tobi's Wahrnehmung in Frage stellte oder ihm psychischen Schaden zufügte. Noch war dies beabsichtigt. Sie war so in ihrem eigenen „Film" gefangen, dass ihr eine Draufsicht in diesem Moment nicht gelang.

Wir fanden im Verlauf des Gesprächs heraus, dass Saskia aus einem sehr strengen, kontrollierenden und konservativen Elternhaus stammte.

In Saskia war eine **misstrauische, strenge Kontrollinstanz** angelegt, die sich nach der zurückliegenden Trennung stärker zeigte. Das in ihr angelegte „Notfallprogramm" eskalierte ab dem Zeitpunkt, als die Beziehung **verbindlicher** wurde.

Saskia hatte Angst, die Kontrolle zu verlieren und erneut so **verletzt zu werden**, vor sich selbst und ihren Eltern noch einmal zu **versagen** (Scham). Mit der Verlobung schloss sich ein Hintertürchen für Saskia und Angst kroch nach oben.

Mittlerweile dürftest Du mit dem Stufenmodell geübter sein. Welche **Stufe** finden wir Deiner Meinung nach in diesem Beispiel?

Auflösung:
Saskia's Beispiel deutet nach dem Stufenmodell ziemlich sicher auf das Vorliegen von **Stufe 1** hin: **Reaktives *Gaslighting* bei fehlendem Bewusstsein ohne Absicht** (S. 21).

Saskia war sich zwar **bewusst**, dass mit ihr in diesen Momenten „etwas" passierte - dass Wahrnehmung und Gefühle sich änderten - verstand aber nicht, dass es lediglich **in ihr** geschah.

Der Auswirkungen für Tobi war sie sich nicht in vollem Ausmaß bewusst. Ihr Partner hatte lange Zeit Verständnis für sie aufgebracht. Erst als ihr „Notfallprogramm" zu eskalieren begann, konfrontierte er sie mit ihrem Verhalten.

Nur durch **Tobi's Klarheit konnte Saskia reflektieren** und die Situation rückblickend aus seiner Warte sehen. Die Angst, ihren Partner für immer zu verlieren, half Saskia, sich über ihr „Notfallprogramm" bewusst zu werden und Schritte in die Veränderung zu gehen.

4 Innere Klarheit, das Stufenmodell und seine Bedeutung

Anhand der Aussagen von Empfängern und Sendern können wir sehen, dass sich die Stufen des Stufenmodells tatsächlich in der Realität finden lassen. Das Stufenmodell **widerspricht** den bisherigen Definitionen von *Gaslighting* (*Kutcher* und *Stern*).

Es gibt Fälle, in denen *Gaslighting* mit einer gezielten, „heimtückischen" Absicht des Senders einhergeht (Inga, Horst). Dieses **intentionale *Gaslighting* bei vollem Bewusstsein und gezielter Absicht** (Stufe 3) wird durch das Stufenmodell eingeschlossen. Aber - und das ist von entscheidender Bedeutung - *Gaslighting* kann auch **ohne gezielte, bewusste Absicht** eines Senders zur psychischen Schädigung eines Empfängers führen.

Das Stufenmodell sagt aus, dass **Absicht, Intention** und **Bewusstsein** von *Gaslighting*-Prozessen auf Sender-Seite **variieren** können.
Folglich muss nicht jedem Sender vollkommen bewusst sein, was er seinem Gegenüber antut. Wie gesagt: Es gibt Fälle, in denen sich Sender vollkommen über ihr Verhalten und die Folgen bewusst sind!

In einigen Fällen jedoch wird eine mögliche, psychisch-seelische Schädigung des Empfängers **überhaupt nicht realisiert**. Entweder, weil der Sender zu **egozentrisch** ist, um sich überhaupt in sein Gegenüber hineinversetzen zu können oder weil *Gaslighting* im Sender durch ein Notfallprogramm gestartet wird.

Wie die Beispiele zeigen, erleben **alle** Empfänger das verwirrende *Gaslighting* als verletzend, schmerzhaft, leidvoll und anstrengend. Ganz unabhängig davon, **wie bewusst** der Sender seinerseits agiert. Sie alle brauchen Werkzeuge und eine **klare Haltung** zur **Abgrenzung** gegenüber den manipulativen *Gaslighting*-Mechanismen des Senders.

Anhand der Beispiele sehen wir auch, dass es immer **die klare Haltung von Empfängern** war, die zu Veränderungen führte.
Bei Sendern, die strategisch, absichtsvoll und bewusst agierten, führten Gesprächsversuche ins Nichts. Wiederholte Ablenkungsmanöver, Abwertungen und Attacken in solchen Gesprächen können ein **Indiz für Stufe 3** sein.
Erinnern wir uns an Horst (S. 27) und Inga (S. 38). Ihre Haltung alleine lässt erkennen, dass beide nicht bereit sind, ihr Verhalten überhaupt in Frage zu stellen, geschweige denn zu ändern. Sie wollen *Gaslighting* nicht thematisieren und sind **nicht** an einer respektvollen Beziehung auf Augenhöhe interessiert. *Gaslighting* ist in diesem Fall ihr verstecktes, **strategisches Instrument** zur Beeinflussung und Gestaltung ihrer Umwelt, das sie behalten wollen. Und zwar, weil es für sie funktioniert: Das Gegenüber setzt keine klaren Grenzen, sondern fügt sich.

Die **klare Haltung** der Empfänger, das „Nein" zur Teilnahme an diesem Verwirrspiel, ist die **Lösung**. Empfänger, die es mit Stufe 3-Sendern zu tun haben, können nur entscheiden, ob sie eine enge Beziehung zu einem Menschen führen möchten, der ein destruktives, schmerzhaftes **Manipulations-** und **Machtinstrument** beibehalten will. Diesbezüglich müssen Empfänger eine **klare Haltung** finden.

*„Wenn ein Mensch nicht über seinen Anteil an der Dynamik sprechen und weiter an Gaslighting festhalten möchte - was gedenke **ich** diesbezüglich zu tun? Wie sieht meine Entscheidung aus?"*

Ein Ja zu dieser destruktiven Form von Beziehung auf Empfänger-Seite wäre ein selbst gewähltes **Ja zu** *Gaslighting* und den damit verbundenen, schmerzhaften Folgen.

Die **Klarheit von Empfängern** spielt **die** tragende Rolle! Denken wir an unsere Sender Moritz (S. 32) und Saskia (S. 44). Für sie war es entscheidend, dass ihre Partner eine klare Haltung zu *Gaslighting* fanden. Nur durch das „Nein" der Partner zum destruktiven Spiel wurden Saskia und Moritz zur Reflektion angeregt.

Klarheit von Empfänger-Seite ist **immer** heilsam und wichtig. In jenen Fällen, in denen **weder Bewusstsein, Absicht** noch **Intention** vorhanden sind (Stufe 1), ist sie sogar der einzig mögliche Türöffner für **Sender** von *Gaslighting*, um ihr Verhalten zu reflektieren. Ob und wie sie diese Türen nutzen, können nur sie selbst entscheiden.

Das *Stufenmodell zu Bewusstsein, Absicht und Intention des Senders* von *Gaslighting* ist ein wissenschaftlich **nicht** überprüftes Modell, das sich sehr gut in der Realität finden lässt.

Es kann Empfängern die Entscheidung erleichtern, wenn sie unsicher sind, ob Klärungsgespräche überhaupt Sinn machen und den Grad an Bewusstheit von Sendern näherungsweise bestimmen helfen.

Zeitgleich zeigt das Stufenmodell auch, dass wir manchmal falsch liegen, wenn wir **jedem** Sender Absicht und strategisch bewusstes Handeln unterstellen.

Denn das hat auch Auswirkungen auf Dich. Lass uns ein Gedankenspiel machen: Stell Dir eine Konstellation vor, in der *Gaslighting* geschieht. Ein Dir nahestehender Mensch behauptet einen anderen Sachverhalt und geht über sichtbare Fakten hinweg.

Variante 1: Du gehst davon aus, dass er Dir nicht schaden will, aber eine verdrehte Wahrnehmung hat. Wie fühlst Du Dich?

Variante 2: Du nimmst an, dass er dies absichtlich tut, um Dir zu schaden? Was ist Dein vorherrschendes Gefühl?

Spiele einmal innerlich durch, wie sich Deine Gefühle und Gedanken in Bezug auf diesen Menschen verändern? Wie verändert sich das Bild, das Du von ihm hast und wie geht es **Dir** damit?

Ich rate Dir, Dich immer zu fragen:

*„Könnte es auch sein, dass dieser Mensch sich **nicht darüber im Klaren** ist, was er durch sein Verhalten bei Anderen bewirkt?"*

Spürst Du den Unterschied? Es geht nicht darum, dieses Verhalten zu entschuldigen - dieses bleibt und ist, was es ist. Doch: Was Du **glaubst** und für möglich hältst, hat **direkte Auswirkungen** auf Dein

emotionales Erleben! Und zwar unabhängig davon, wie es wirklich **ist**. Empfänger bekommen **mehr Angst**, wenn sie Sendern immer bewusstes und gezielt schädigendes Handeln unterstellen.

Ich stelle klar: **Es gibt die strategische, absichtsvolle Stufe 3 des** *Gaslighting*! Und es ist wichtig, eine ganz klare Haltung zu *Gaslighting* zu finden und sich davon entsprechend abzugrenzen.

Doch **nicht jeder** Sender handelt absichtsvoll und bewusst. Die generelle Annahme einer strategischen Absicht zur psychischen Schädigung schadet vor allem der Gefühlswelt von Empfängern. Dazu kommen negative Auswirkungen auf das Menschenbild. Wenn Sender pauschal dämonisiert werden, beeinflusst das also vor allem die **Empfänger-Seite** negativ: Sie schrecken vor Interaktionen zurück, scheuen sich, aktiv zu werden und für sich aufzustehen, erstarren und werden handlungsunfähig. Die bloße **Vorstellung**, die sie vom Sender haben, lähmt sie.

Deswegen möchte ich Dich einladen, Dich **nicht zu sehr** an der Frage festzubeißen, ob ein Sender nun bewusst und absichtsvoll handelt oder nicht. Es ist für Deine Positionierung und Klarheit nicht wirklich wichtig. Frage Dich lieber, was Dich **in Dir** davon abhält, Deine Wahrheit zu sprechen!

Bist Du für Dich klar, **dann** kannst Du einen Sender mit seinem Verhalten konfrontieren. **Dann** wird sich automatisch zeigen, **welche Bewusstseinsstufe** der Sender hat. Du erkennst sie anhand dessen, wie er sein Verhalten reflektiert und eine Beteiligung einräumt. Deine Klarheit erzwingt einen *Augenhöhetest*, bei dem Du Dein Gegenüber mit Deiner Wahrnehmung konfrontierst und auf deren Berücksichtigung bestehst. Erteilt der Sender Dir hier eine Abfuhr, kannst Du Dir sicher sein, dass Du in einem destruktiven Machtgefälle steckst (Stufe 2 oder 3).

Wenn Du klar bist, muss der Sender ein Statement abgeben, das seine Absichten offenbart. Lässt er sich wirklich auf Deine Wahrnehmung ein, wie Moritz (S. 32) und Saskia (S. 44)? Oder geschieht eben das nicht - wie bei Inga (S. 38) und Horst (S. 27)? Die Bewusstseinsstufe lässt sich anhand der **Reaktion eines Senders auf Deine Klarheit** schätzen. Räumt ein Sender Deiner Wahrnehmung einen Platz ein? Betrachtet er sein Verhalten von Außen (aus Deiner Perspektive)? Wenn das konsequent geschieht, kann dies auf **Stufe 1** hinweisen.

Lehnt ein Sender Deine Wahrnehmung konsequent ab? Weicht er immer wieder aus? Blendet er seinen Anteil aus? Dann fehlt die **respektvolle Augenhöhe** in der Beziehung. Sie ist nicht erwünscht und Du kannst von **Stufe 2** oder **3** ausgehen.

Dieser *Augenhöhetest* funktioniert nur, wenn Du **zuvor** klar bist, wo Du in Bezug auf *Gaslighting* stehst, was aus Deiner Sicht zwischen Euch beiden stattfindet und Dich zu dieser Sichtweise bekennst.
Nur so kann die Bewusstseinsstufe eines Senders mit dem Stufenmodell näherungsweise bestimmt werden.

Auch für die **Definition** von *Gaslighting* ist das Stufenmodell bedeutsam. Bezüglich der Frage *„Was ist Gaslighting?"* können wir dank des Stufenmodells festhalten: **Bewusstsein, Absicht, Intention** und **Motive** eines Senders können variieren. Damit haben wir diesen Teil der Definition erledigt und können uns nun auf das reine Verhalten, sowie den den Prozess mit seinen Mechanismen konzentrieren. Denn der *Gaslighting*-**Prozess** als solcher, bleibt auf allen Bewusstseinsstufen der selbe.
Ganz gleich, wie bewusst, absichtlich und gezielt ein Sender nun handelt. Die Mechanismen auf Empfängerseite unterscheiden sich nicht. Sie alle sind vor die **gleichen Herausforderungen** gestellt!

Wir können so alle Fälle einschließen - auch jene, in denen keine bewusste Absicht des Senders vorliegt. Auch diese Empfänger erhalten nun Antworten auf die Frage, was bei *Gaslighting* geschieht und wie sie aus diesem destruktiven Kreislauf aussteigen können.

Bevor wir nun zu unserer **neuen, hilfreichen Definition von** *Gaslighting* kommen, möchte ich Dich ermutigen, die ausführlichen Beispiele aus diesem Kapitel innerlich „mitzunehmen" und ggf. auch mal zurückzublättern.
Die Fälle sind ausführlich gehalten und beinhalten zahlreiche *Mikroprozesse* von *Gaslighting*. Sie wurden so konzipiert und kommentiert (und mit einem *!* markiert), dass bereits jetzt wichtige Erkenntnisprozesse in Dir getriggert werden können.

Halte solche Erkenntnisse bitte **immer schriftlich** fest. So erlaubst Du es diesem Buch, dass es in Dir arbeiten kann.

C. Eine neue Definition von Gaslighting

Für eine neue Definition des *Gaslighting*-Prozesses, beziehen wir das *Stufenmodell*, bisherige Definitionen und unsere Erkenntnisse ein:

(1) *Gaslighting* beschreibt einen Prozess, in dem ein Sender **wiederholt** über einen **längeren Zeitraum** auf **vielfältigen Kanälen Informationen** an einen Empfänger sendet, **die der Wahrnehmung des Empfängers widersprechen.**

(2) **Ziel** ist die **Schaffung und Durchsetzung einer für den Sender dienlichen Alternativrealität**, die **bedeutsame Wahrnehmungsaspekte des Empfängers ausschließt.**

(3) Der Empfänger soll dieser **Alternativrealität zustimmen** und sich **von seiner eigenen Wahrnehmung entfernen.**

(4) Zur **Durchsetzung der Alternativrealität** kombiniert der Sender eine **breite Vielfalt an Mikroprozessen:** Verhaltensweisen, die hochgradig **komplex, strategisch** und **manipulativ** sein, aber auch **einfach, subtil** und **bedeutungslos** erscheinen können.

(5) **Vertraut der Empfänger dem Sender mehr als seiner eigenen Wahrnehmung,** können **Selbst- und Realitätsbewusstsein** des Empfängers massiv **deformiert** werden oder verloren gehen.

(6) Mit der Zeit kann der Empfänger beginnen, **an seinem Verstand zu zweifeln** und in einen **anhaltenden Zustand** von **Verunsicherung, Nervosität** und **Anspannung** fallen.

(7) Der Sender erhebt meist Anspruch auf die **absolute Richtigkeit der konstruierten Alternativrealität**, was dem Empfänger **nur zwei mögliche Reaktionen** erlaubt: **Zuspruch** oder **Ablehnung.**

(8) **Stimmt der Empfänger der Alternativrealität zu**, wird er hierfür vom Sender **belohnt** (verstärkt), bei **Ablehnung** erfolgt **offene** oder **verdeckte Bestrafung.**

(9) Diese Verstärkungsmechanismen bewirken im Empfänger eine **automatische Neigung, seine eigene Wahrnehmung abzulehnen** und der **Alternativrealität des Senders zuzustimmen.**

(10) Es entsteht ein **Machtgefälle** zwischen Sender und Empfänger, das **vom Sender bewusst** oder **unbewusst angestrebt** wird.

(11) Das Ausmaß an **Absicht, Bewusstsein** und **Intention** über das für den Empfänger **schädigende Verhalten** kann auf Sender-Seite **variieren** (Stufen des *Stufenmodells*, S. 22/23).

(12) **Absichtsvolles, strategisches** Verhalten des Senders (Stufe 3) beinhaltet **vorsätzlich-bewussten, seelischen Missbrauch** des Empfängers.

Diese Definition beinhaltet die wichtigsten Punkte, die wir in den **Makroprozessen** wieder finden werden.

Die Makroprozesse bilden den übergeordneten, **systematischen Rahmen** von *Gaslighting,* in dem die Aktionen und Reaktionen (*Mikroprozesse*) zwischen Sender und Empfänger stattfinden.

Durch die Definition erhalten wir Informationen darüber, was aus welchen Gründen auf Sender-Seite geschieht. Viel wichtiger und hilfreicher sind für Dich die Informationen auf Empfänger-Seite.

Wir erfahren, was beim Empfänger geschieht, damit ein *Gaslighting-***Prozess andocken** und **fortschreiten** kann. Dadurch lernen wir begünstigende Faktoren für *Gaslighting* auf Empfänger-Seite kennen.

Prüfe jetzt, welche Punkte der Definition Dir bekannt vorkommen. Mache Dir gerne Notizen, wie Du Dich in Deiner *Gaslighting-*Konstellation verhältst oder verhalten hast. Verzichte auf Vorwürfe! Reflektiere Dein Verhalten einfach als aufmerksamer Beobachter.

Aus der Definition lassen sich bereits hier allgemeine Empfehlungen für einen **Ausstieg aus dem** *Gaslighting-***Prozess** für Empfänger ableiten. Die folgenden Kapitel orientieren sich an den Punkten der Definition.

Zuerst gehen wir die Punkte der Definition von oben nach unten durch, um die **generellen Empfehlungen** (und wichtige Merksätze!) zum Ausstieg aus *Gaslighting* abzuleiten. Du darfst sie gern abschreiben und als Deine *Zwölf Gebote für ein selbstbestimmtes Leben* irgendwo gut sichtbar aufhängen.

Halte Stift und Notizbuch parat. Notiere direkt, wie Du diese Punkte für Dich konkret im Alltag umsetzen und in Dir verankern könntest.

D. Exit Gaslighting - Praxis-Tipp zur Definition: Zwölf Gebote für ein selbstbestimmtes Leben

(1) Wenn die Wahrnehmung eines anderen Menschen der Deinen widerspricht, bedeutet das **nicht, dass Deine Wahrnehmung falsch ist**! Es bedeutet auch nicht, dass Du „Recht hast". Gleichwohl **darfst Du immer wahrnehmen, was Du wahrnimmst** und **in Verbindung zu Deiner Wahrnehmung bleiben**. So subjektiv und „falsch" sie für andere auch erscheinen mag!

(2) Stellt ein anderer Mensch die „Realität" auf eine für Dich **unvollständige Weise** dar, kannst Du betonen, dass Du die Sicht des anderen hörst, aber **eine andere Wahrnehmung diesbezüglich hast**. Wenn Dein Gegenüber insistiert und „**Recht haben**" möchte, kannst Du entgegnen: *„Ich höre dich, ja. Und doch **ist es für mich anders**. Und **das darf auch so stehen bleiben**."*

(3) **Drängt** Dich jemand dazu, eine **Zustimmung** zu etwas zu geben, das Dir „falsch" erscheint, kannst Du wieder darauf hinweisen, dass Du Dein Gegenüber hörst, aber ja auch **nicht versuchst, ihn von etwas Anderem zu überzeugen** und Dir wünschst, **dass das jetzt so stehengelassen wird**.

(4) Bemerkst Du, dass gewisse „**Fakten**" **geschaffen** oder **behauptet** werden, welche die **Wahrnehmung Deines Gegenübers bekräftigen** sollen, kannst Du entgegnen: *„Freut mich für Dich, dass **du** dich da bekräftigt fühlst. **Für mich ist es immer noch anders**. Wie unterschiedlich Menschen sein können!"*

(5) Vertraue im Zweifelsfall **immer** Deiner **eigenen Wahrnehmung**! Ungeachtet dessen, ob Du damit „Recht hast". Du hast ein **Anrecht auf Deine Sichtweise, Deinen individuellen Ausschnitt der Realität**. Man kann sich für andere Sichtweisen öffnen, doch tue dies bitte immer nur **freiwillig, ohne Druck** und Zwang von Außen (oder innen). **Wahrnehmungen können koexistieren**, gleichzeitig **nebeneinander stehen bleiben**. Erlaube Dir, das auch von Anderen einzufordern!

(6) Wenn Du in Gegenwart eines anderen Menschen **an Dir, Deiner Wahrnehmung** und Deinem Verstand **zu zweifeln**

beginnst, nervös und angespannt wirst, **gehe erst einmal auf Abstand**. Schaffe **Raum für Dich selbst**, um der Ursache Deiner Verwirrung auf die Spur zu kommen. Frage Dich, ob hier vielleicht eine alternative Realität (siehe S. 63 f.) behauptet wird, in der **Deine Wahrnehmung keinen Raum haben darf**. Wähle einen gesunden Abstand, durch den Du **Deiner Wahrnehmung wieder Raum geben** kannst.

(7) Falls Du **Druck** verspürst, einer Behauptung **widersprechen** oder **zustimmen** zu müssen, mach Dir klar: **Man muss nicht zu jedem Thema eine Meinung haben.** Es gibt immer **mehr als nur zwei Optionen.** Bei einer vielfältigen Speisekarte musst Du nicht zwischen „Pommes oder Salat" wählen. Ebenso wenig musst Du Dich zwischen Zustimmung oder Ablehnung entscheiden. Du kannst auch wählen, neutral und nur **Beobachter** zu sein.
Eine auf zwei Optionen beschränkte Auswahl beruht auf der **Sicht Deines Gegenübers,** die Du **nicht** übernehmen musst. Tritt einen Schritt zurück und mache klar:
„Für mich besteht das Leben aus mehr als nur schwarz oder weiß. Wenn die Dinge für Dich so klar sind, ist das okay. Da sind wir einfach verschieden."
Damit befreist Du Dich vom Druck, Dich für oder gegen irgendetwas entscheiden zu müssen.

(8) Fühlst Du Dich für eine Aussage von Dir „bestraft", mache klar: *„Vielleicht wünschst du dir eine andere Aussage oder meine Zustimmung, aber die kann ich Dir nicht geben. Das wäre un-ehrlich. Die Art und Weise, wie du mit mir deshalb gerade umgehst, geht für mich nicht!"*
Äußere den **Wunsch** nach einer **gleichberechtigten,** acht-samen Kommunikation und **entferne Dich** gegebenenfalls, wenn Dein Gegenüber nicht davon ablässt, **auszuteilen** (z.B. Abwertung, Zynismus, Ironie oder das ins Lächerliche ziehen Deines Anliegens). Erkläre gerne:
„Momentan gibt es keine gesunde Basis für ein Gespräch. Wenn ein ruhiges Gespräch auf Augenhöhe wieder möglich ist, lass es mich wissen..."
Damit bringst Du Dein Gegenüber in die **Verantwortung** für **seinen Teil** des Gesprächs und **achtest Deine Grenzen.**

(9) Erwischst Du Dich dabei, wie Du aus Angst oder Unsicher-heit (vor Eskalation, Streit) **der Wahrnehmung Deines**

Gegenübers zustimmst, schaffe **Abstand**, **Raum für Dich** und verfahre wie in Punkt **(6)**.

Hab **Verständnis** mit dem Teil in Dir, der sich nach Harmonie und Frieden sehnt, reflektiere aber auch, was es Dich in der Beziehung zu diesem Menschen **kostet**, ob Harmonie überhaupt **realistisch** ist und inwiefern Dir Deine Zustimmung wirklich dient.

(10) Registrierst Du ein **Machtgefälle**, z.B. durch Opfergefühle oder weil Du ambivalent auf Dein Gegenüber reagierst (Anzeichen für strategische Verstärkung und Bestrafung), **verlasse die Situation** erst einmal und arbeite mit den obigen Punkten (siehe Abschnitt zum 1. und 2. Makroprozess (S. 148 und S. 166 ff).

(11) Klärungsversuche mit einem Sender solltest Du erst dann anstreben, wenn Du zuvor

> **a.) fest und klar in Deiner Haltung zu *Gaslighting* stehst** (Go's und No Go's, Dich nicht „belabern" lässt) und
>
> **b.)** die Wahrscheinlichkeit gegeben ist, dass der Andere offen für Reflektion ist (Stufe 1, ggf. Stufe 2 nach dem *Stufenmodell*).

Achte auf **Dein Gefühl**: Ist eine **wirkliche** Bereitschaft beim Sender vorhanden, **seinen Anteil am Gesamtgeschehen zu reflektieren**? Nutze die Beispiele des vorherigen Abschnitts (*Augenhöhetest*) zur Orientierung. Wie verhalten sich die Menschen, die reflektieren und anderen ihre Wahrnehmung zugestehen? Ist das in Deiner Konstellation der Fall?

(12) Falls Du merkst, **dass Deine Wahrnehmung keinesfalls gehört oder akzeptiert wird**, besteht keine respektvolle *Augenhöhe* in der Beziehung. Dann gibt es hier nichts mehr für Dich zu holen (außer der Wiederholung des Dramas).

Es verbleibt Dir nur die Entscheidung, ob Du **in einer solchen Konstellation bleiben** möchtest oder nicht.

Dein Gegenüber muss Dir nicht „**Recht geben**" - es geht mehr darum, dass er **Deine Sicht stehen lässt** und darüber zu reflektieren beginnt.

Lass diese Punkte auf Dich wirken und finde für die Beispielsätze gerne eigene Worte. Alle Empfehlungen haben einen gemeinsamen Bezugspunkt: **Respekt, Gleichberechtigung** und **Augenhöhe**. Das sind die Grundpfeiler einer jeden **gesunden Beziehung**.

Jeder Mensch - auch Du - darf diese Größen in zwischenmenschlichen Begegnungen voraussetzen und sich distanzieren, wenn Andere
sich daran nicht halten. Falls Du aus irgendwelchen Gründen an dem
Glauben festhältst, **kein Anrecht** auf die **Wahrung Deiner Würde** zu
haben, ist das eine Fehlannahme mit frappierenden Auswirkungen
auf Deine Beziehungen. Dir selbst respektvoll zu begegnen ist die
Voraussetzung dafür, das auch Andere dies tun. Die empfohlenen
Sätze und Verhaltensweisen im obigen Abschnitt drücken diese Form
des **Selbstrespekts** aus.

Wir sind schon gut durchgestartet und es kann gut sein, dass beim
Lesen der Punkte in Dir ein *„Das schaffe ich nicht!"* aufgetaucht ist. Oder
dass sich **Widerstände** bemerkbar gemacht haben:

„Wenn ich das sage, dann..."
„Das geht nicht, weil..."

All das darf sein. Du darfst es beobachten und an die Oberfläche
kommen lassen. Es sind die Argumente Deines Verstandes, der Dir
einzureden versucht, dass Du Respekt - warum auch immer - nicht
verdient hast. Unser Verstand kann hier sehr kreativ sein!
Diese Phänomene entspringen **alten, verkrusteten Überzeugungen**,
die Du nicht verstehen und analysieren musst. Es genügt, wenn Du Dir
klar machst, wovon sie Dich abhalten und dann die Entscheidung
triffst, diese *Glaubenssätze* in Deinem Tempo zu transformieren.

Falls Du direkt an der *ganzheitlichen Transformation von
Glaubenssätzen* arbeiten möchtest, findest Du im Self-Empowerment-
Kapitel auf S. 358 das entsprechende Kapitel und die dazugehörigen
Übungen.
Es ist wichtig, dass Du diese innere Hürden gezielt bearbeitest, denn
sie können Dich sonst davon abhalten, die Beziehungen und
Lebensumstände zu kreieren, die Du Dir eigentlich wünschst.
Falls Du alleine nicht weiter kommen solltest, suche Dir einen
professionellen Helfer zur weiter reichenden Aufarbeitung. Auch eine
Trainingsgruppe mit anderen Betroffenen kann hilfreich sein.

Empfänger von *Gaslighting* bleiben oft aus **Angst** vor Gedanken,
Gefühlen und konstruierten Horrorszenarien untätig. Sie verharren
in einer Situation, in der sie leiden - **um nicht zu leiden**.
Du hast richtig gelesen. Die Angst vor Verlassenwerden und
Eskalationen ist eine Angst vor Leiden. Doch sie leiden auch unter

ihrem eigenen Schweigen und Verharren in einer wiederkehrend schmerzhaften Situation. **Sie leiden also, um nicht zu leiden.** Die Paradoxie der Situation springt einen förmlich an und wird uns später im Rahmen der Makroprozesse (S. 60 ff.) noch klarer werden.

Mit den *generellen Empfehlungen für Empfänger* steht Dir bereits ein erstes Self-Coaching-Tool zur Verfügung. Du kannst die *Zwölf Gebote für ein selbstbestimmtes Leben* als eine Art **Wegbegleiter** für Deinen individuellen Prozess verstehen. Es ist **keine** To-Do-Liste, die bis morgen abgearbeitet sein muss!

Reflektiere die Punkte, beobachte Dich und lass die Inhalte geduldig in Dir arbeiten. Prozesse brauchen ihre Zeit, Erkenntnisse ebenso. Experimentiere, scheitere, versuche es erneut und feiere sogar die kleinsten Erfolge - sei neugierig auf Deine Entwicklung und gehe spielerisch mit den Inhalten um!

Wir nähern uns dem Ende des **I. Kapitels** mit neuen Erkenntnissen und einer **neuen Definition** des *Gaslighting-Prozesses*.

Anhand des *Stufenmodells* konnten wir sehen, dass nicht alle Sender immer bewusst und absichtlich handeln oder gezielt Schaden herbeiführen wollen.

Die neue, für dieses Buch hilfreiche **Definition** berücksichtigt diesen Umstand und bildet die Interaktion zwischen Sender und Empfänger deutlich ab.

Die *generellen Empfehlungen* zeigen eine erste Richtung an, in welche die Entwicklung von Empfängern gehen darf: Wahrnehmungstreue, Wahrung der eigenen Würde, Klarheit und Selbstrespekt. Diese Größen schützen Empfänger vor *Gaslighting*.

Die innere Arbeit an diesen Themen kann auf verschiedene Weise erfolgen: Mithilfe von Kursen, Büchern, Verbindung zu Gleichgesinnten, Begleitung durch professionelle Helfer.

Tatsächlich ist es ein langer Prozess, der seine Zeit braucht. Diese Zeit ist aber **immer** besser investiert, als untätig im Leid einer trügerischen Hoffnung zu verharren, dass der Sender *„sich bestimmt ändern wird, wenn..."*

Diese Hoffnung ist für Empfänger manchmal eine Ausrede, um die Auseinandersetzung mit unbequemen Wahrheiten, notwendigen Veränderungen und selbstverantwortlichen Entscheidungen zu vermeiden.

Wenn Du Dir wirklich eine Veränderung wünschst, dann - **beginne bei Dir selbst!**

In den folgenden zwei Kapitel steigen wir ins *Gaslighting-Universum* ein und arbeiten an Erkenntnissen zu den dort ablaufenden *Makroprozessen von Gaslighting*. Die einzelnen Interaktionen zwischen Sender und Empfänger können als Mikroprozesse bezeichnet werden. *Makroprozesse* hingegen bilden den **systematischen Rahmen**, in dem diese einzelnen Interaktionen stattfinden.

Empfänger von Gaslighting verstricken sich oft in den **Details** der *Mikroprozesse* und verlieren dadurch den Überblick über die Abläufe. Auf der **Makro-Ebene** aber läuft alles **systematisch zusammen** und ergibt ein sinnvolles Gesamtbild. *Makroprozesse* lassen uns den **roten Faden** erkennen, an dem sich das Verhalten von Sendern bei *Gaslighting* orientiert. Auf dieser Ebene können wir erkennen, dass jede Aktion und Aussage eines Senders einem bestimmten Zweck und **übergeordneten Ziel** dient.

Verstehen wir die *Makroprozesse*, dann können wir Aussagen und Verhalten eines Senders zuordnen und darauf reagieren. Dann verlieren die verwirrend-widersprüchlichen Details der *Mikroprozesse* ihre Zugkraft und ein Ausstieg aus *Gaslighting* wird möglich.

Das ist Ziel dieses Buches: Verstehen - Erkennen - Handeln.

Auch hier beleuchten wir beide Seiten (Sender und Empfänger). Es ist zwar hilfreich, Motive und Verhalten eines Senders zu verstehen, doch es hilft Empfängern nur bedingt. Deswegen betrachten wir auch sehr genau, was auf Empfänger-Seite geschieht und weshalb.

Mikroprozesse sind **immer** durch übergeordnete *Makroprozesse* motiviert! Um die *Mikroprozesse* zu erkennen, müssten wir ein Vergrößerungsglas anlegen, in konkrete Situationen hineinzoomen und sehr genau betrachten, was vor sich geht.

Bei den *Makroprozessen* begeben wir uns hingegen in die Perspektive eines Astronauten.

MAKROPROZESSE VON GASLIGHTING

„Alles, was entsteht, tut dies im Kontext
zahlloser Ursachen und Bedingungen.“
- Seine Heiligkeit, der 14. Dalai Lama -

II

Die Perspektive des Astronauten: Makroprozesse von Gaslighting

Ein Astronaut erkennt Dinge aus dem All, die unserem Blick (und Bewusstsein!) im Alltag verborgen sind. Er sieht die Welt aus einer völlig anderen, distanzierten Perspektive, erkennt **das große Ganze** in seinen Verknüpfungen. Im Weltraum wäre er prima in der Lage, uns eine Karte der Welt zu zeichnen.

Würden wir um Mitternacht aus dem Haus treten, fiele uns das eher schwer. Unsere Perspektive auf die „Welt" wäre in diesem Moment eine von Laternen beleuchtete Straße.
Diese Straße - unsere „Welt" - könnte der Astronaut mit bloßem Auge gar nicht erkennen. Sie wäre nur eine sehr winzige Linie von vielen. Ein Mikro-Detail in einem viel größeren Netzwerk.

Diese Analogie trifft auf viele Empfänger zu, die in einem akuten *Gaslighting*-**Prozess** feststecken. Sie laufen oft von einer Straße in die nächste, verirren, verheddern und verstricken sich in Details und finden **keine Orientierung**. Es fehlt eine Karte, der Blick auf das große Ganze.

Entfaltet ein aktiver *Gaslighting*-**Prozess** seine Wirkung auf den Empfänger, greifen **Verwirrung** und **Orientierungslosigkeit** um sich.
Um sich in der Welt zurechtzufinden, ist eine gesunde Beziehung zur eigenen Wahrnehmung essentiell.
Bei *Gaslighting* erleben Empfänger immer wieder, dass ihre eigene Wahrnehmung ins Lächerliche verkehrt, verneint, abgewertet, als unwichtig oder übertrieben dargestellt wird. Sofern dies nicht unterbrochen wird, erlebt das Empfänger-System dauerhaft enormen Stress! Selbstzweifel, Verunsicherung, Ängste und Orientierungslosigkeit können die Folge sein. Man findet sich in der äußeren (und inneren) Welt oft nicht mehr zurecht.

Anhaltendes *Gaslighting* verursacht eine massive **emotionale Ladung**, mit der Empfänger dann umgehen müssen. So fern Empfänger in die *Gaslighting*-**Dynamik** einsteigen, der Sender bei ihnen „andocken" kann, hinterlässt das immer ein „emotional-energetisches Päckchen". Empfänger von *Gaslighting* sind oft damit beschäftigt, konkrete Lösungen für diese **akut belastenden Päckchen** zu finden, die sie niemals bestellt haben. Der Blick für das **große Ganze** geht hingegen verloren.

Das ist verständlich. Wenn uns jemand ins Bein schießt, ist das **akut**. Wir gehen zum Arzt, lassen unser Bein behandeln, erstatten vielleicht noch Anzeige und werden dann gesund. Keineswegs rennen wir nach einem Beinschuss in eine Bankfiliale, um unsere Altersvorsorge in einem Beratungsgespräch zu planen. Plausibel, nicht wahr?

Im *Gaslighting*-**Prozess** ist das sehr ähnlich. Empfänger erhalten ein Päckchen, das sie „emotional anschießt". Dieses Päckchen fühlt sich **akut** an! Das geschieht nicht einmal, sondern **wiederholt** über einen **längeren Zeitraum** (siehe Definition, S. 52/53).

Es ist also nicht nur **ein akutes** Päckchen, das geliefert wird, sondern eine **Vielzahl**. Immer dann, wenn eines ausgepackt und eingeräumt scheint, folgt meist direkt das nächste.

Kein Wunder also, dass Empfängern von *Gaslighting* ein Ausstieg so schwer gelingt. Während sie ein akutes Päckchen nach dem anderen verräumen, vergessen sie, dass sie keine Paketstation sind und verlieren inmitten des Päckchen-Berges den Blick auf das Gesamtgeschehen. Der Zugriff auf eine orientierungsgebende Landkarte fehlt. Sie sehen nicht, in welchem systematischen Rahmen von Prozessen sie sich befinden.

Von *Gaslighting* Betroffene irren nachts von einer Straße in die nächste und finden keinen Ausweg aus ihrem Labyrinth. Sie orientieren sich an Laternen, parkenden Autos und streunenden Katzen. Für einen erfolgreichen Ausstieg aus der *Gaslighting*-**Dynamik** bräuchten sie die **Perspektive des Astronauten**.

Diese Perspektive möchte ich in diesem Kapitel mit Dir einnehmen, um die **Systematik** von *Gaslighting* bewusst werden zu lassen.

Versuche dieses Kapitel wie ein Gemälde im Museum auf Dich wirken zu lassen. Es werden sich Erkenntnisse und Antworten über den *Gaslighting*-**Prozess** in Dir formen. Halte diese schriftlich fest!

Ich winke Dir freundlich aus meinem Astronautenanzug zu. Lass uns gemeinsam auf die **Verbindungslinien, Knotenpunkte** und den **Rahmen** von *Gaslighting* schauen.

Bist Du bereit?
Dann lass uns abheben!

A. Zentraler Makroprozess und Motiv des Senders: Die Durchsetzung seiner Alternativrealität (AR)

Alleine die Kenntnis der *Makroprozesse* kann einen Ausstieg aus *Gaslighting* enorm erleichtern. Die übergeordneten Gründe und Motive des Senders lassen uns sein Verhalten im *Gaslighting*-Prozess auf einmal verstehen, erkennen und einordnen. Begreifst Du, **aus welchem Grund** ein Sender sich so verhält, kannst Du zu den *Mikroprozessen* (z.B. Zuschreibung, selektive Bezugnahme usw.) auf Distanz gehen (Erkenntnis: *„Ahhh! Das läuft hier gerade!“*).

Der erste und zentrale *Makroprozess* ist: Die *Durchsetzung einer konstruierten Alternativrealität* (abgekürzt: **AR**). Das ist das **Leitmotiv** des Senders. An diesem **Hauptknotenpunkt** des gesamten *Gaslighting*-Prozesses laufen alle Fäden zusammen.

Vielleicht fragst Du Dich jetzt:

„Was zum Henker ist eine Alternativrealität?“

Genau das wollen wir nachfolgend - auch anhand eines Beispiels - klären. Ein gutes Gespür für das Angebot einer alternativen Realität kann Dich vor dem Einstieg in eine *Gaslighting*-**Dynamik** schützen.

1 Die Alternativrealität des Senders

Gaslighting besteht nicht nur aus **einer** Aussage oder Handlung. Der *Gaslighting*-Prozess zeichnet sich dadurch aus, dass hier ein komplett anderes **Realitätskonstrukt** oder **Narrativ** als Wahrheit behauptet wird. Das ist die **Alternativrealität** (AR).

Die AR sagt völlig andere Dinge über die Welt aus: Es werden abweichende Fakten, Ursachen, Zusammenhänge, Regeln, Gesetze und Schlussfolgerungen über die Welt und den Empfänger behauptet. Der Sender äußert seine AR nicht etwa als **Meinung** oder **subjektive Wahrnehmung**, sondern verleiht seiner Darstellung den Charakter der einzigen, **für alle Menschen gültige Realität**.

Eine AR kann nicht in einem Satz zusammengefasst werden. Sie besteht aus einem **Geflecht an Informationen**. Manchmal schimmert dieses komplexe Geflecht in einer einzigen Aussage durch, wird **spür-** und **erlebbar** (z.B. *„Deine Vergesslichkeit macht sich immer häufiger bemerkbar.“*). Ein Satz kann viele Verknüpfungen und Behauptungen enthalten, die nicht sofort erkennbar und nicht konkret formuliert sind. Sender von *Gaslighting* senden u.a. versteckte, **implizite Botschaften**, die es zu erkennen gilt (siehe Self-Empowerment-Kapitel, S. 323 f.). In den Aussagen des Senders ist dieses komplexe Informationsgeflecht enthalten. Die AR ist die **Quelle**, aus der die Aussagen des Senders geboren werden. Empfänger reagieren nicht nur auf Einzelaussagen, sondern auf das komplette (teils versteckte) Geflecht. Die AR wirkt also im Hintergrund permanent mit.

Später betrachten wir die einzelnen *Charakteristika einer Alternativrealität* (S. 103 f) genauer. Am Beispiel von Franziska (40 J.) kannst Du ein Gefühl für die **Beschaffenheit einer AR** und ihre möglichen **Auswirkungen** bekommen.

Im Gespräch berichtete Franziska, dass die Beziehung zu ihrer Mutter immer schwierig gewesen sei. Die Mutter sei sehr auf sich konzentriert und auch hart ihr gegenüber gewesen. In Kindheit und Jugend habe Franziska gelernt, der Mutter besser **nicht zu widersprechen**. Bei Widerspruch oder Aufbegehren habe die Mutter sich **entzogen, sie ignoriert** oder **bestraft**.

Franziska habe oft das Gefühl gehabt, **nichts wert** oder **schuld** zu sein. **Eigene Bedürfnisse** habe sie in dieser Zeit zu **unterdrücken** gelernt. Es sei wichtig gewesen, dass die Mutter zufrieden sei. Immer wieder sei an Franziska **herumkritisiert** worden. Sie habe das Gefühl gehabt, es **nie Recht machen zu können**.

Im Jugendalter seien Probleme aufgetaucht. Sie habe die Diagnose einer Essstörung erhalten, sei in Behandlung gewesen und habe dort Hilfe erhalten. **Seit ihrem 16. Lebensjahr** habe sie damit **keinerlei Probleme** mehr.

Im Kontakt mit ihrer Mutter verändere sich immer wieder ihr **Erleben** und sie verstehe nicht, weshalb sie das so mitnehme.

Franziska arbeitete als Gruppenleiterin in einem Kindergarten. Sie hatte zahlreiche Fortbildungen absolviert und gab selbst Fortbildungen für Erzieher/innen. Ihre beiden Kinder Michael (12 J.) und Lisa (10 J.) hatte sie **bewusst zur Selbständigkeit erzogen** und sehr darauf geachtet, ihnen ein **gesundes Selbstvertrauen** zu vermitteln.

Im Wechsel waren die Kinder bei ihr und ihrem Ex-Ehemann, mit dem sie sich gut verstand, aber nicht viel Kontakt hatte.

Ihr Leben war aktionsreich und herausfordernd. Sie pflegte viele Freundschaften, ging auf Konzerte, bildete sich weiter und trieb oft Sport. Auch hatte sie Reisen nach Südostasien unternommen und ließ sich gerne auf neue Situationen und Kulturen ein. Ihre knapp bemessene Freizeit teilte sie mit ihrem Partner.

RRealität: Franziska meisterte als Frau, Mutter, Freundin und Partnerin **kompetent** ihren Alltag und hatte allen Grund, **zufrieden** mit sich zu sein. Sie war **aktiv, selbstbestimmt** und in ihren Freundschaften **emotional offen**. Zu dieser Realität hatte sie meist auch Zugang.

Sie berichtete mir von einem der irritierenden Telefonate, das sie mit ihrer Mutter nach einem sehr stressigen Tag geführt hatte:

*„Ich rief sie an, nachdem ich am Vortag 11 Stunden eine Veranstaltung für den Kindergarten organisiert hatte. Dann ging es direkt los. Sie hat **total die Paranoia geschoben** und so **Sachen losgelassen, wie früher**.*

*Sie sei so froh, dass ich mich **endlich** melde. Es sei ihr und meinem Vater **so schlecht gegangen** am vorigen Tag und **daran sei ich schuld. Weil ich mich am Vortag nicht gemeldet hätte**.*

*Sie wisse ja nicht, was bei mir los sei. Sie hätten sich schon Sorgen gemacht, **dass ich wegen psychischer Probleme in irgendeinem Klinikum liege**. Kurz hätte sie überlegt, Dieter anzurufen (meinen Ex-Mann), um zu fragen, ob er wisse, wie es mir geht.*

*Ich war so **vor den Kopf gestoßen** und **durcheinander**, dass ich nicht einmal etwas sagen konnte, außer, **dass es mir gut geht** und einfach **viel an der Arbeit los** gewesen sei. Darauf sagte meine Mutter, dass es ja **so ein Wunder sei, dass das mit der Arbeit so klappe**.*

*Nach dem Gespräch war ich **verwirrt** und – **wütend**, ohne zu wissen, weshalb. Ich wurde **unsicher** und habe mich **mies gefühlt**. Einerseits weil ich **nicht wollte, dass es meinen Eltern schlecht geht**, aber auch weil ich so **erstarrt, unsicher** und **überfordert** war. Dann wurde ich **sauer** - auf meine Mutter, aber vor allem **auf mich selbst**. Darauf, **dass ich mich so fühlte** und ein **schlechtes Gewissen** hatte. Als ich meine Schwester angerufen habe, meinte sie, **dass ich übertreibe** und **meine Mutter verstehen müsste**.*

Das hat mir dann den Rest des Abends versaut.

Was ist da nur los?"

Franziska war beim Telefonat mit ihrer Mutter unbewusst in deren **Alternativrealität** eingetaucht. In diesem konstruierten Narrativ galten **andere Zusammenhänge, Fakten, Regeln** und **Gesetze**. Franziska reagierte auf ein Geflecht von Informationen, die sie weder sehen noch mit ihren Ohren hören konnte. Die **impliziten Botschaften** der AR waren für Franziska lediglich spürbar - hierauf reagierte sie emotional.

Um diese versteckten, aber machtvollen Details zu erkennen, müssen wir genauer hinsehen. Das Gespräch war kurz und doch wurde hier weitaus **mehr gesendet**, als gesagt wurde. Wir suchen die **impliziten, versteckten Aussagen** - das Geflecht der AR (S. 323 f.).

AR**Alternativrealität:** In der AR der Mutter...

1.) muss Franziska sich jeden Tag melden, da die Eltern sich **sonst Sorgen machen**. Ein konstruiertes Gesetz der AR (*„Du musst dich jeden Tag melden!"*).

2.) wird ein **Bild** von Franziska gezeichnet, dass sie als „krank", „instabil" und schwach darstellt. Sie muss beobachtet werden. Es besteht **Grund zur Sorge**! Ein **Wunder**, dass sie ihren Job zuverlässig erledigt. Eine Summe aus **Zuschreibungen** der AR.

3.) ist Franziska **für das Befinden der Mutter verantwortlich** (nicht etwa die Mutter selbst). Ein konstruiertes Gesetz der AR (*„Du bist für mich verantwortlich!"*).

4.) wird das Thema **Eigenverantwortung** der Mutter komplett ausgespart. Ein **Loch** der AR (*„Es hat nichts mit mir zu tun, dass ich mir Sorgen mache."*)

5.) geht es der Mutter **dann gut, wenn Franziska ihr gehorcht** und **schlecht**, falls nicht. Wiederum **ein Gesetz der AR** (*„Nur wenn Du tust, was ich Dir sage, dann geht es mir gut."*)

6.) ist es selbstverständlich, dass Franziska's Ex-Mann kontaktiert wird, falls man sie nicht persönlich erreicht. Eine **Verzerrung** der AR. **Übergriffe** werden zur Selbstverständlichkeit verdreht.

7.) ist **Franziska krank** und die Mutter gesund. Dabei ist es die Mutter, die ein pathologisches Verhalten an den Tag legt (Kontroll- und Geltungsbedürfnis, emotionale Erpressung). **Das eigentlich Pathologische wird ausgeblendet.**
Eine **Verschattung** der AR, sowie eine **Verzerrung:** Die **Bedürftigkeit der Mutter** wird zur **Sorge um die Tochter** verdreht.

Man könnte hier noch mehr implizite Informationen (S. 323 f.) finden: Franziska wird z.B. **kein Mitspracherecht** bzgl. Punkt **6.)** eingeräumt (*„Du wirst nicht gefragt."*). Respekt und Augenhöhe fehlen.

Franziska's Beispiel zeigt, wodurch eine AR sich auszeichnet und wie sie beschaffen ist: Viele fragwürdige, subjektive Informationen des Senders, die **miteinander verknüpft** sind und an vielen Stellen hinterfragt werden könnten. Wenn man sie nur sehen würde!

Empfänger können wie vor den Kopf gestoßen sein, dass eine AR so selbstverständlich als **die Realität** in den Raum gestellt wird. **Intuitiv** reagieren sie mit Widerstand (*„Da stimmt was nicht!"*), verwerfen ihre *intuitive Reaktion* (S. 380 f.) aber oft, weil sie keine konkreten Anhaltspunkte für ihre Reaktion finden. Sie werden unsicher: *„Bilde ich mir das ein? Liegt das an mir?*

Stellen wir uns die von der Mutter gesendeten Informationen als **ein Energiefeld** vor. Es ist nicht weiter verwunderlich, dass Franziska sich in diesem Feld von Regeln und Gesetzen der AR **minderwertig, klein** und **schuldig** fühlte.

Doch sie war auch **wütend**, weil sie die **versteckten Aussagen über ihre eigene Person** und die **emotionale Erpressung** spürte! Doch sie konnte die im Hintergrund gesendeten, auf sie einwirkenden Informationen, Behauptungen und Regeln **nicht greifen**. Franziska's Mutter drückte diese Botschaften **nicht explizit** aus.

Genau das treibt viele Empfänger in den Wahnsinn. **Sie finden die Gründe für ihre Wut nicht.** Reagieren Empfänger wütend, bekommen sie vom Sender oft die **Einzelaussage** vorgehalten und werden gefragt, was daran schlimm sei (*„Das bildest du dir ein!"*).

Viele Empfänger beginnen, ihrer *intuitiven Reaktion* und Wahrnehmung zu misstrauen, weil sie in **Einzelaussagen** von Sendern **nichts Konkretes** finden, das ihre Wut erklärt. Die AR wirkt auf versteckte Weise und nistet sich so in den Köpfen von Empfängern ein.

Franziska's beschriebenes Erstarren im Gespräch zeigt: Sie hatte keine Ahnung, wie sie auf die Aussagen der Mutter reagieren soll.

In ihr rangen **zwei Kräfte**: Sie wollte nicht, dass es den Eltern **wegen ihr** schlecht ging. Aber sie wollte auch keine Vorwürfe hören und sich deswegen schlecht fühlen. Andererseits ärgerte sie sich (zurecht!), weil sie die verzerrte Darstellung ihrer Person und die emotionale Erpressung deutlich spürte. Etwas in ihr wehrte sich *intuitiv* dagegen. Ihre **Wut** und ihre **schlechtes Gewissen** rangen miteinander.

Würde Franziska die AR ihrer Mutter annehmen, stünden ihr gemäß der dort geltenden Regeln nur **zwei Optionen** zur Verfügung:

1.) Meldet sie sich täglich, wie von der Mutter gewünscht, bekommt sie **keine Vorwürfe** und wird sich **nicht schlecht fühlen.**

2.) Meldet sie sich nicht täglich, wird sie mit **Vorwürfen** der Mutter, deren **Drama** und **Paranoia** bombardiert. Sie fühlt sich **schuldig** und bekommt ein **schlechtes Gewissen.**

Wie würdest Du Dich entschieden?

Verständlicherweise wählen viele Empfänger in einer so **konstruierten** Patt-Situation die Variante 1.). Sie wollen sich nicht schlecht fühlen und kommen so zum gewünschten Ergebnis.

! Was vielen Empfängern nicht bewusst ist: **Dadurch wird der AR des Senders vollumfänglich zugestimmt!**

Sie erkennen die behaupteten Regeln, Vorgaben und Zusammenhänge dadurch an. Und nicht nur das. Meldet sich Franziska täglich bei den Eltern, stimmt sie unbewusst dem **Bild** zu, dass die Mutter von ihr zeichnet: Dass sie so **instabil, krank** und **kindlich** ist, dass sie der Beobachtung bedarf. Franziska's Melden wird zur **Annahme der AR des Senders.**

Mit jeder unbewussten Zustimmung eines Empfängers wird die AR mehr zur **anerkannten Basis für die Beziehung.** Das kommunizierte Bild, die Regeln und Behauptungen entfalten so immer mehr Kraft im Empfänger und werden bedeutsamer. Das Informationsfeld der AR drängt die eigene Realitätswahrnehmung von Empfängern Stück für Stück zur Seite (siehe Selbst- und Realitätsverlust, S. 53!).
Der Einfluss von *Gaslighting* auf das Leben des Empfängers wächst und kann sich sogar in ihm verselbständigen (siehe 4. Makroprozess **Auto-*Gaslighting*,** S. 276 f.). Ein Ausstieg wird immer schwieriger.

Solange Franziska unbewusst die Regeln der AR annimmt, gibt es für sie keinen Ausweg.
Meldet sie sich nicht, hagelt es Vorwürfe und **es geht ihr schlecht.** Folgt sie dem impliziten Befehl der Mutter, bleibt ihr das Drama erspart - sie erntet keine Schuldzuweisungen, bekommt kein schlechtes Gewissen. Doch sie stimmt der AR (und allen Aussagen) zu, bleibt daran gebunden und **wird innerlich immer wütender** werden.

Ein Teil in ihr weiß, dass sie **nicht** diese kränkliche, gefährdete und instabile Frau ist und wehrt sich zurecht (!) dagegen. Diese Wut lässt sich (zum Glück) nicht abstellen oder ausblenden. Sie kann sich maximal in Angst oder Selbsthass wandeln.

So oder so - Franziska kann es in der AR **mit keiner Entscheidung gut gehen**. Erst wenn sie die Spielregeln der AR erkennt und auf der *Makroebene* aussteigt, gehen neue Türen auf.

Franziska könnte aus der AR aussteigen und die Patt-Situation verlassen. Sie könnte ihrer Mutter z.B. sagen, dass sie **seit 24 Jahren keinerlei Beschwerden** mehr hatte und **nicht der Meinung ist, dass sie sich jeden Tag zu melden hat**. Dass sie sich für die Mutter weniger Sorgen wünschen würde. Wohlwollend, aber klar!

Franziska könnte entscheiden und kommunizieren, dass **sie sich dann meldet, wenn sie das möchte** und äußern, dass die Mutter sich ihrerseits melden darf, es aber **keine Kontrollanrufe** mehr geben wird. Weil es aus ihrer Sicht nichts zu kontrollieren gibt.

Würde die Mutter nicht davon ablassen, ihre AR zu behaupten, könnte Franziska sich das **bewundernd ansehen**, die Darstellung ihrer Mutter stehen lassen und einfach sagen: *„Spannend, das sehe ich ganz anders! Und jetzt würde ich gerne über etwas anderes reden."*

Nicht mehr.

Sobald Franziska ihren **eigenen Standpunkt fühlt** und **den Kontakt zu ihrer eigenen Realitätswahrnehmung hält**, kann sie die AR erkennen, als subjektive Wahrnehmung des Senders benennen und aussteigen. Sie würde sich **nicht** schlecht, klein oder schuldig fühlen. Die Verbindung zu ihrer Wahrheit würde stehen.

Scham, Schuld- oder Minderwertigkeitsgefühle sind hier **Folge** der Zustimmung zur AR, Ergebnis von **unbewusst übernommenen Gesetzen** und Regeln. Werden die Gesetze in Frage gestellt, wird die Kette durchtrennt. Das schlechte Gefühl entsteht erst gar nicht. Das Gesetz *„Wenn du dich nicht meldest, geht es mir schlecht."* verliert seine Wirkung, wenn wir fragen: *Stimmt das wirklich? Oder kann die Mutter vielleicht selbst etwas tun, um ihr schlechtes Befinden zu verändern?*

Ein wichtiger Leitsatz in diesem Zusammenhang: **Du bist nicht für die Gefühle von Anderen verantwortlich, so wenig, wie es diese für die Deinen sind** (was einen achtsamen Umgang nicht ausschließt!).

Der **Ausstieg aus der AR** (und somit aus *Gaslighting*) ist möglich, wenn der **Kontakt zur eigenen Realitätswahrnehmung** stabil steht. Franziska darf ihre **eigene Realität** fühlen, die da lautet: *„Ich bekomme meinen Alltag geregelt, bin zufrieden mit mir, halte mich für gesund und bin nicht für die Sorgen und Gefühle meiner Mutter verantwortlich."*

Dann besteht kein Grund, sich schlecht zu fühlen. Das Gesetz *„Du bist für das Wohlbefinden deiner Mutter verantwortlich"* gilt in der AR der Mutter, aber Franziska darf in ihrer eigenen Realität entscheiden, was für sie gelten soll.

Keines dieser Gesetze steht irgendwo geschrieben. Sie sind subjektiv **konstruiert**. Das darf gesehen und verstanden werden. Diese Regeln und Gesetze dürfen hinterfragt und **de-konstruiert** werden.

Niemand kennt die absolute Realität! Vor diesem Hintergrund sprechen wir alle erst einmal von Wahrnehmungen. Du hast in jedem Fall **ein Anrecht auf Deine eigene Wahrnehmung**!

Konntest Du anhand dieses umfangreichen Beispiels erkennen, wie essentiell eine stabile Verbindung zu Deiner Wahrnehmung ist? Du darfst die Welt so sehen, wie sie für Dich ist. Dein Ausschnitt der Realität hat genau so viel Wert, wie der eines jeden Anderen. Wenn jemand Dir aktiv eine AR aufzudrängen versucht, entgegne:
„Wahrnehmungen sind so verschieden! Toll, diese Vielfalt, nicht wahr?"
Mehr gibt es in diesem Fall nicht zu sagen.

Ich hoffe, dass Du anhand des Beispiels ein Gefühl für das **komplexe** und **versteckte** Feld einer Alternativrealität bekommen hast. Manchmal wird dieses Informationsgeflecht in wenigen Sätzen zum Empfänger transportiert, der im Idealfall kurz inne hält und prüft, was ihn gerade irritiert. Denn - jeder Empfänger spürt dieses verzerrte Feld der AR *intuitiv*.

Die **Kernbotschaft** dieses Abschnitts für Dich lautet:

! Vertraue **im Zweifelsfall immer Deiner eigenen Wahrnehmung** und **Intuition**! Auch dann, wenn sich in der aktuellen Situation keine greifbaren Gründe für Deine *intuitive Reaktion* finden lassen. Im Self-Empowerment-Kapitel auf S. 380 findest Du mehr Informationen darüber, wie Du Vertrauen in Deine *Intuition* aufbauen kannst.

Du musst Deine *Intuition* weder rational begründen, Anderen gegenüber rechtfertigen, noch darum streiten, wer jetzt „Recht hat". Versuche immer, die Darstellung Deines Gegenübers als **eine von zahlreichen Möglichkeiten** zu sehen, wie man die Welt auch wahrnehmen kann. Als ein Narrativ, das niemals vollständig die Realität abbildet.

Mach Dich auf die Suche nach **versteckten Regeln, Aussagen** und **Zuschreibungen** (S. 111 f.). Spüre ein *„intuitives Nein"*, vertraue dem und finde dann eine Haltung dazu!

Viele Empfänger bekommen **Angst**, wenn sie keine **Beweise** für ihr Erleben finden. Dein Erleben bedarf keiner Beweise! Es kann sein, dass diese **Angst missinterpretiert** wird: *„Wenn ich Angst habe - vielleicht stimmt es ja, was da gesagt und transportiert wird?"*

In Franziska's Beispiel wurde diese Angst durch die Aussage der Schwester noch verstärkt, die als Stellvertreterin der AR der Mutter fungierte.

Für Franziska war es eine Befreiung, die **AR** und das *Gaslighting* ihrer Mutter zu verstehen. Sie erkannte, dass die Aussagen der Mutter nicht **die Wahrheit** waren, sondern ein Narrativ, das als Wahrheit behauptet wurde.

Nachdem wir die **Beschaffenheit einer AR** und ihre Wirkung verstanden haben, kommen wir zur nächsten, bedeutenden Frage:

? *„Weshalb will ein Sender seine AR um jeden Preis durchsetzen? Welchen Nutzen hat er davon?"*

Dazu betrachten wir die tieferliegenden **Motive** auf Sender-Seite. Dort erklärt sich, **weshalb Gaslighting** überhaupt initiiert wird und wieso Sender so nachhaltig daran arbeiten, die **Wahrnehmung des Empfängers auf keinen Fall gelten zu lassen**.

2 Weshalb ein Sender seine Alternativrealität durchsetzen will

Vereinfacht gesagt: Die AR bringt dem Sender **Vorteile** und **verdeckt Nachteiliges** für ihn. Gelingt es dem Sender, den Empfänger zur **Zustimmung der AR** zu bewegen, bleiben diese Vorteile erhalten und die Nachteile verdeckt. Schlägt es fehl, fallen die Vorteile weg und was verdeckt bleiben soll, wird sichtbar.

Im *Gaslighting*-**Prozess** unternehmen Sender (bewusst oder unbewusst) sehr viel, um die Anerkennung der **AR als allgemeingültiger Realität** alternativlos durchzuboxen.

Der gesamte *Gaslighting*-**Prozess** wird von diesem **zentralen Motiv des Senders** angetrieben: Vorteile behalten, Nachteile vermeiden. Der Sender kann sich dieses Motivs bewusst sein oder nicht (siehe *Stufenmodell*, S. 21 f.)). Die AR des Senders ist immer **vorteilhaft für ihn**.

Die konkreten Zugewinne, die Sender durch die Behauptung der AR erhalten, nenne ich **Plus-Vorteile** (etwas Angenehmes kommt hinzu).

Vorteile, mit denen Sender durch ihre AR etwas Unangenehmes verdecken nenne ich **protektive Vorteile** (etwas Negatives bleibt weg).

Die AR belohnt den Sender also auf zweierlei Art. Mithilfe des Exkurses zur operanten Konditionierung (S. 155) kannst Du erkennen, dass auch ein Sender Verstärkungsmechanismen unterliegt, die ihn an seiner AR festhalten lassen.

Auf der umseitigen Abbildung findest Du die Vorteile der AR grafisch dargestellt. Zudem kannst Du erkennen, dass die AR **Schatten, Löcher** und **Verzerrungen** aufweist. Das sind Aspekte der tatsächlichen Realität, die in der AR verdeckt, ausgestanzt und verbogen werden. Mittels Aussparung wichtiger Information, Umformulierung, Umdeutung und Manipulation wird die Information der Realität in Desinformation der Alternativrealität umgewandelt. Diese wirkt zugunsten des Senders, sichert ihm **seine Vorteile** und verleiht ihm **Kontrolle** über das Gesamtgeschehen.

Dies sind auch Prozesse, die wir auch auf gesellschaftlicher und kollektiver Ebene wiederfinden. Die *Gaslighting*-**Prozesse** sind nicht nur auf persönliche Beziehungen begrenzt.

Abb. 2: Beschaffenheit und Vorteile der AR

Im Folgenden schauen wir uns an, wie die AR mit ihren **Plus-Vorteilen** und **protektiven Vorteilen** dem Sender praktisch dient.

a.) Konkrete Plus-Vorteile der Alternativrealität

Im Film *„Das Haus der Lady Alquist"*⁴ (Vorsicht: Spoileralarm!) behauptet der männliche Protagonist Gregory folgende **AR**:

*„Meine Frau Paula ist **vergesslich, unzurechnungsfähig** und **wahnsinnig**."*

Sein gesamtes Verhalten ist strategisch darauf ausgerichtet, seine AR durchzusetzen (Bewusstseinsstufe 3). Diese AR bringt ihm Plus-Vorteile:

Stimmt Paula der AR zu, **kann er sie einweisen lassen,** um so die im Haus **versteckten Juwelen zu suchen** und **ihr Erbe übernehmen**. Die AR hilft ihm also, sich zu bereichern. Ein Plus-Vorteil. Zusätzliche **Plus-Vorteile** sind z.B. **Kontrolle** und **Macht** über seine Frau.

Die **Plus-Vorteile** der AR können wir auch in den Beispielen aus unserem I. Kapitel finden:

- Jürgen (S. 23) konnte **seine Stellung behalten**, **Ruhe** und **Entspannung** genießen, das Geschehen lenken (**Macht** und **Kontrolle**). Ein Teil seiner AR lautete: *„Laura ist „knallhart", steht unter Druck, ist rücksichtslos und illoyal."*

- Horst (S. 27) konnte seine **zahlreichen Liebschaften pflegen**, **sein Ding durchziehen** (Freiheit), während er **Fürsorge** erhielt und sein **Selbstbild** durch Miriam's **Unterordnung** aufgewertet wurde. Zudem gewann er **Kontrolle** in der Beziehung (Macht). Ein Teil seiner AR lautete: *„Miriam ist vergesslich, besitzergreifend, eifersüchtig, anklammernd und fantasiert."*

- Inga (S. 38) erhielt **Bestätigung** und **Aufmerksamkeit**, bewahrte sich ihre **Freiheit**, während sie sich eine **„Anlaufstelle" für ihre Sorgen** sicherte (Maria als Freundin erhalten). Indem sie die Realität nach ihren **egozentrischen Bedürfnissen** formte, gewann sie **Kontrolle**. Ein Teil ihrer AR: *„Mirko ist unzurechnungsfähig und zu feige, um mit Maria Schluss zu machen."*

- Sogar die unbewusste Senderin Saskia (S. 44) gewann durch ihre AR Plus-Vorteile: **Emotionale Rückversicherungen** und **Bemühungen** von Seiten des Partners - **Zuwendung** und **Aufmerksamkeit**. Auch **kontrollierte** sie dadurch Nähe und Distanz in der Beziehung. Ein Teil ihrer AR lautete: *„Tobi ist einengend, agiert strategisch, egozentrisch und will mich nur besitzen."*

Du kannst das Aufspüren der **Plus-Vorteile** von Sendern und Dein Bewusstsein dafür schärfen, indem Du die übrigen Beispiele des vorigen Kapitels durchgehst und Dir die Frage stellst:

? *„Was gewinnt der Sender hinzu, indem er sich so verhält, die Ereignisse auf diese Weise darstellt und als Realität behauptet?"*

Nutze gerne auch Franziska's Beispiel und arbeite die Plus-Vorteile ihrer Mutter heraus.

Manchmal musst Du etwas genauer hinsehen und Dich in einen Sender hineinversetzen, um die Plus-Vorteile zu finden. Doch eins ist sicher: Die AR hat **immer** einen konkreten Plus-Vorteil für den Sender von *Gaslighting* - durch sie wird etwas **hinzugewonnen**.

Wie bereits erwähnt, beinhaltet eine AR neben den Plus-Vorteilen auch **protektive Vorteile** für den Sender. In diesen Fällen verschleiert die AR etwas für den Sender Unangenehmes. Der protektive Vorteil schützt den Sender davor, dass etwas für ihn Negatives sichtbar wird.

b.) Protektive Vorteile der Alternativrealität

Doch was sind das für **unangenehme** Dinge, die durch die AR verdeckt, verzerrt und entfernt werden?

Es können allgemein **unerwünschte Aspekte** der Realität sein, aber auch **Aufgaben** oder **Verantwortlichkeiten**. Oder Informationen, die mit der **Person** des Senders zu tun haben: Gewisse Charakterzüge, Schattenseiten, unfaires Verhalten, Manipulation, Unsicherheiten, Ängste, Minderwertigkeitsgefühle, Sadismus, egozentrische Motive und vieles mehr.

Durch die AR soll etwas über den Sender oder eine Situation **im Schatten gehalten** werden.

Bei Franziska schützt die AR der Mutter diese davor, für sich selbst **Verantwortung** zu übernehmen (Das ist ein Aufwand!). Das eigene **pathologische Verhalten** der Mutter, ihre **Kontroll-** und **Geltungsbedürftigkeit** bleiben im Schatten. Die Mutter muss sich ihren **Verlustängsten** nicht stellen (sie kontrolliert die Tochter), kann ihre **Einsamkeit** und Minderwertigkeitsgefühle vor sich selbst und anderen verborgen halten.

Ihre AR schützt die Mutter vor diesen unliebsamen Aspekten der Realität.

Die **protektiven Vorteile der AR** der Beispiele des vorigen Kapitels:

- Die protektiven Vorteile von Jürgen (S. 23): Seine **Faulheit, Unentschlossenheit** und die **Angst vor Bedeutungslosigkeit** (Verlust seiner Position) blieben im Schatten. Seine AR kaschierte zudem **Feindseligkeit** und **Neid** gegenüber Laura.

- Horst (S.27) schützte sich mit seiner AR vor **mühsamen Diskussionen und Konflikten** bezüglich seiner **Affären**. Ausgeprägter **Egozentrismus, respektloses** und **ausbeuterisches Verhalten** wurden durch die AR unter den Teppich gekehrt. Auf einer tieferen Ebene verbarg er seine **Bindungsunfähigkeit** und den zugrundeliegenden **Minderwertigkeitskomplex**.

- Inga (S.38) hielt mit ihrer AR ihre **wahren Motive** geheim: **Egozentrismus, Kontrolle, Gleichgültigkeit, sadistische Freude an Manipulation.** Auch ihre **asoziale Einstellung** blieb so verborgen. Auf einer tieferen Ebene musste   sie sich ihrer **Angst vor wirklicher Nähe** und **Bindung** nicht stellen.

- Saskia (S.44): Vermeidung des inneren Konflikts zwischen **Bedürfnis nach** und gleichzeitiger **Angst vor Nähe.** Ihre AR verschleierte die **Abhängigkeit** von permanenter Zuwendung und Rückversicherung. Sie stanzte mit ihrer AR die **eigenen Ohnmachtsgefühle** und ihre **Unsicherheit** aus.

Trainiere mit den übrigen Beispielen. Suche nach **protektiven Vorteilen** für die Sender, um Dein Bewusstsein dafür zu schulen.

Wenn wir protektive Vorteile finden wollen, fragen wir:

? *„Vor welchen negativen Folgen bewahrt die AR den Sender?"*

Das kann um einiges schwieriger zu ermitteln sein, als die Plus-Vorteile zu entdecken. Man muss einen Sender gut kennen und sich in ihn hineinversetzen können.

Hinter den protektiven, verdeckenden Vorteilen liegt oft etwas, das Sendern eine **Heidenangst** macht. Etwas, das sie selbst nicht einmal wahrhaben, geschweige denn **eingestehen** und schon gar nicht mit anderen besprechen wollen. Solange die AR Gültigkeit behält, bleiben diese Themen im Verborgenen.

Aus dieser Perspektive ist es verständlich, dass Sender so bestrebt sind, Empfänger um jeden Preis zur Zustimmung der AR zu bewegen, oder? Bewegt sich ein Empfänger **außerhalb der AR**, ist das Risiko eines **Vorteils-Verlustes** und die **subjektive Bedrohung** für einen Sender sehr groß.

Sehr einfühlsame Empfänger spüren diese Angst des Senders und ordnen sich der AR **aus Mitgefühl** unter. Sie glauben, für die Gefühle des Senders verantwortlich zu sein und wagen es nicht, die AR in Frage zu stellen und bei sich und ihrer Realitätswahrnehmung zu bleiben.

Falsch verstandenes Mitgefühl und die Angst vor der Wut des Senders (Verlust seiner Vorteile) können Empfänger dazu veranlassen, in einer *Gaslighting-Dynamik* zu bleiben.

Merke: **Weder trägst Du die Verantwortung für die Gefühle und Muster anderer Menschen, noch ist es Deine Aufgabe, deren Themen zu bearbeiten!**

Die protektiven Vorteile der AR können Sendern vollkommen unbewusst, halb bewusst oder bewusst sein (siehe *Stufenmodell*, S. 21 f.). Die Auswirkung einer AR ist in allen Fällen gleich: Sie spart aus, ignoriert, verdeckt oder deutet Aspekte der Realität um. Demnach ist sie **immer unvollständig** und **subjektiv verzerrt**.

Das ist auch der Grund, weshalb eine *Gaslighting*-**Konstellation** früher oder später crashen muss. Empfänger dürfen in der AR nicht alle Aspekte der Realität wahrnehmen - sonst fühlen sich Sender **bedroht**. Sie verleugnen und verzerren diese bedrohlichen Aspekte - in der AR sind sie **nicht existent**. Eine AR löst zwangsweise Irritationen bei Empfängern aus!

Eine für Empfänger gesunde **Beziehung zur eigenen Wahrnehmung** ist innerhalb einer AR schwer möglich. Permanent werden für den Sender bedrohliche Wahrnehmungsaspekte negiert und aus der AR verbannt. Das ist *Gaslighting*.
Empfänger dürfen in der AR **nie** eine ganzheitliche Wahrnehmung haben! Sonst verliert der Sender seine Vorteile und das möchte er **um jeden Preis verhindern**.

c.) Wenn ein Sender seine Vorteile verliert...

Was glaubst Du erlebt ein Sender, wenn der Empfänger fest, klar und sicher in seiner Wahrheit steht? Falls er der AR des Senders **nicht** zustimmt? Die Plus- und protektiven Vorteile drohen, verloren zu gehen.

Einen möglichen Wegfall von Plus-Vorteilen können Sender kurzzeitig verkraften, doch ein sich abzeichnender Verlust der **protektiven Vorteile** schüttelt Sender gewaltig durch!
Mit der Infragestellung der AR drohen die verborgenen Aspekte von Sendern sichtbar zu werden! Bröckelt die AR, so wird der Sender plötzlich mit allem konfrontiert, was er vor sich und anderen **bisher erfolgreich verborgen gehalten** hat (z.B. Egozentrismus, Machtmissbrauch, Ängste, Unsicherheiten, unerwünschte Persönlichkeitsanteile).

Das System eines Senders wird mit Adrenalin geflutet und gerät in einen massiven **Ausnahmezustand**! Auch Sender erleben massiven Stress (S. 170 f.), wenn ihr nach außen projiziertes Selbst- und Weltbild in sich zusammenzubrechen droht.

Vielleicht kennst Du jene Momente, in denen Sender von *Gaslighting* komplett überreagieren, wenn man ihrer Darstellung widerspricht? Manchmal genügt eine nur ansatzweise andere Wahrnehmung/ Meinung, um sie aus der Haut fahren zu lassen. Auf schockierend verletzende Weise können sie direkt zum Angriff übergehen (*„Fight"*, S. 171).

Solche **intensiven Reaktionen** sind Ergebnis von Angst oder Wut, die durch Befürchtung eines Vorteils-Verlustes in Sendern ausgelöst werden.

Sender mobilisieren eine **große Menge an Energie**, um ihre AR absolut zu verteidigen! Durch *Mikroprozesse* wie *Themenwechsel, emotionalen Entzug, Zuschreibungen, Schuld- oder Kausalitätsumkehr* versuchen sie (bewusst oder unbewusst) **manipulativ** auf den Empfänger einzuwirken, um ihn doch noch zur Zustimmung zu bewegen. Oder um ihn zumindest so zu verwirren, dass er sein Ausgangsthema aus den Augen verliert (siehe S. 225 f.).

Viele Sender **steigen** an dieser Stelle auch **aus der Beziehung aus**, brechen diese ab, blocken, entziehen sich und kommunizieren einfach nicht mehr (populärwissenschaftlich = *Ghosting*).

Gespräche werden erst dann wieder zugelassen, wenn Empfänger Bereitschaft signalisieren, von der eigenen Wahrnehmung abzurücken (und die AR anzunehmen) - eine implizite, **emotionale Erpressung** (*„Ich spreche erst wieder mit dir, wenn du dir untreu wirst."*).

Selbst unbewusste Sender versuchen zu erreichen, dass Empfänger ihrer Wahrnehmung untreu werden. Nur so kann ihre AR gültig und die Vorteile bestehen bleiben.

Viele Empfänger sind von den **aggressiven** und **verletzenden** Reaktionen eines Senders oft so schockiert und verwirrt, dass sie anschließend **automatisch** Abstand von ihrer Wahrnehmung nehmen. Sender werden sich dieser Wirkung häufig bewusst und beginnen, ihre bedrohliche aggressive Reaktion als gezieltes **Manipulationswerkzeug** einzusetzen. In vielen Sendern brodelt unterschwellig ein Aggressionsvulkan. Empfänger spüren das nur allzu deutlich und kultivieren über die Zeit einen Eiertanz, um Ausbrüche zu verhindern.

Dieser Abschnitt macht klar, **weshalb** und **wozu** Sender ihre AR um jeden Preis durchzusetzen versuchen. Aus Sicht eines Senders hat *Gaslighting* vor allem mit den **egozentrischen Bedürfnissen und Vorteilen des Senders** zu tun. Die Prozesse und Aussagen, denen Du Dich im Rahmen von *Gaslighting* ausgesetzt gesehen hast, sagen **nichts** über Dich als Mensch, die Qualität Deiner Wahrnehmung oder Deinen Wert aus. Sender agieren so, weil es **ihnen** dient.

Es liegt **kein Fehler** darin, wie Du die Welt, Dich selbst und das Leben wahrnimmst. Wenn Du *Gaslighting* erlebt hast, dann deshalb, weil Deine Wahrnehmung die AR des Senders ins Wanken gebracht und seine Vorteile bedroht hat. Du bist **nicht** falsch und hast **nichts** falsch gemacht!

Learning: Erkenne den **Egozentrismus** des *Gaslighting*-**Prozesses** aus Sicht des Senders und verstehe sein Verhalten **vor seinem Hinter-grund.** Nicht um *Gaslighting* zu entschuldigen oder zu rechtfertigen, sondern um künftig aus sinnlosen Gesprächen auszusteigen.

Sender weichen einer für sie bedrohlichen Wahrnehmung aus, indem sie das **Thema wechseln**, Tatsachen verdrehen und Worte in einen anderen Bedeutungskontext setzen. Gespräch drehen sich im Kreis - ohne dass irgendetwas geklärt wird. Steige hier künftig aus! Das einzige was hier erreicht werden kann, ist eine **nebulöse Totalverwirrung.**

Auf Seite 235 f. findest Du einen *Leitfaden zur Gesprächsführung*, bei dem Du u.a. lernst, wie ein Exit mit folgenden Worten vollzogen wird:

„Dieses Gespräch dreht sich im Kreis! An der Stelle bin ich jetzt raus.“

Bei Attacken eines Senders - trete sofort (innerlich und äußerlich) **einen Schritt zurück.** Sage Dir: *„Das hat nichts mit mir zu tun!“* und visualisiere, wie die Emotionen des Senders rauchartig an Dir vorbei und durch Dich hindurch schweben. Halte nichts fest und **beschäftige Dich nicht damit!** Gehe räumlich und innerlich auf Distanz zu diesem Ereignis. Verbalisiere für Dich: *„Interessant, dass man darauf auch so reagieren kann...“* und lass dieses Thema beim Sender.

Der *Leitfaden zur Gesprächsführung* bietet Dir ein exaktes Vorgehen und konkrete Strategien für Deinen Exit. Halte in jedem Fall den **Kontakt zu Deiner Wahrnehmung** und lass Dich nicht beeindrucken, bedrohen, erpressen oder unterdrücken!

Verhält sich ein Sender mehrfach so, musst Du eigenverantwortlich entscheiden, ob Du eine solche Begegnung/Beziehung unter diesen Umständen wirklich willst.

Wir schließen diesen Abschnitt. Du hast die komplexe Beschaffenheit und Wirkungsweise einer AR kennengelernt und weißt nun auch um die Gründe, die einen Sender zu *Gaslighting* motivieren.
Von meinen Klienten wurde mir immer wieder die Frage gestellt:

? *„Ist eine Alternativrealität bei Gaslighting nicht einfach nur eine subjektive Wahrnehmung?"*

Bei *Gaslighting* verdrehen Sender die Welt der Begriffe. Realität, **Alternativrealität** und **subjektiver Wahrnehmung** unterscheiden zu können, ist für den Ausstieg aus diesem Verwirrspiel sehr wichtig. Nur so kannst Du adäquat auf Verdrehungen von Sendern reagieren.

3 Realität, Alternativrealität und subjektive Wahrnehmung

Die Übergänge zwischen Realität, subjektiver Wahrnehmung und Alternativrealität können - abhängig von der Perspektive - fließend sein. Wenn ein Sender wirklich **glaubt**, dass seine AR den Tatsachen entspricht, dann ist seine AR **für ihn** gleich **die Realität**.
Aus einer **objektiven Perspektive** ist die AR nicht mehr als eine subjektive Wahrnehmung, nämlich die des Senders. Doch eine AR ist mehr. Sie zeichnet sich durch einige Kriterien aus, mithilfe derer wir sie von einer subjektiven Wahrnehmung unterscheiden können.

Zuerst müssen wir etwas ausholen und ein wenig über **Realität** und **Wahrnehmung** philosophieren. *„Was ist die Realität?"* - viele Menschen haben sich über diese Frage den Kopf zerbrochen. Nicht nur Physiker, Philosophen, Psychologen und Neurowissenschaftler, sondern auch zahlreiche Mystiker, spirituelle Lehrer der hinduistischen und buddhistischen Tradition haben sich dieser Frage exzessiv gewidmet.
Man könnte tausend wissenschaftliche Quellen zitieren und hunderte Seiten mit diesen Erkenntnissen füllen. Für unsere Zwecke ist das nicht nötig:
Ich werde Dir auf leicht verdauliche Weise den Ausgangspunkt für dieses Buch darlegen und kurz auf die wichtigsten Aspekte eingehen.

a.) Wir kreieren die Realität durch Wahrnehmung - Konstruktivismus

Der Konstruktivismus[9] besagt, dass wir Menschen die Welt (= Realität) **nicht** durch unsere Wahrnehmung **erfassen**, sondern sie durch unsere Wahrnehmung **erst konstruieren**, also erschaffen.

Nach diesem Konzept gibt es also mehr als **sieben Milliarden Realitäten**. So viele Realitäten, wie es Menschen auf der Welt gibt.

Das führt uns vor Augen, dass auf gewisse Weise jeder Mensch **in seiner eigenen Realität** lebt. **Niemand** erfasst also die absolute Realität (wenn es sie denn überhaupt gibt). Weder Du, noch der Sender von *Gaslighting*!

b.) Unsere Wahrnehmung ist fehleranfällig

Psychologisch betrachtet ist unsere Wahrnehmung **fehleranfällig**. Vielleicht ist Dir das Bild des Kleides bekannt, das im Jahr 2015 im Internet für Furore sorgte? Einige Betrachter sahen das Kleid in den Farben *blau-schwarz*, andere in *weiß-gold*. Beide Parteien waren sich absolut sicher, mit ihrer Wahrnehmung richtig zu liegen.

Der Neurobiophysiker *Prof. Dr. Michael Bach* löste dieses Rätsel mit seinem Artikel *Aufregung um die Farbe eines Kleides*[10] auf. Er erläuterte:

*„Es wird deutlich, dass wir bei der Wahrnehmung von Körperfarben **unbewusst, aber sinnvoll die Beleuchtungssituation mit einbeziehen**. Da wir zudem Farben **kategorial** benennen, können sie **bei kleinen Unterschieden in eine andere, sehr unterschiedlich scheinende Kategorie fallen**."*[10]

Mit anderen Worten: Wenn Menschen das Bild und den Hintergrund betrachteten, berechnete ihr Gehirn eine andere Farbkategorie als bei jenen Betrachtern, die sich hauptsächlich auf das Kleid fokussierten und den Hintergrund eher ausblendeten.

In diesen Fällen stand dem Gehirn die Farbinformation des Hintergrundes nicht zur Verfügung, weshalb diese nicht korrigierend in die Berechnungen einbezogen wurde.

Dieses Beispiel zeigt, dass unsere Wahrnehmung bereits auf einer sehr basalen und für uns willentlich schwer zugänglichen Ebene **fehleranfällig** ist. Eine minimale Informationsdifferenz kann also zu vollkommen anderen Ergebnissen führen. Faszinierend, nicht wahr?

Bereits bei der Wahrnehmung einfacher Sinnesreize und deren neuronaler Verarbeitung können wir zu völlig anderen Ergebnissen gelangen. Das zeigt uns, wie unterschiedlich Wahrnehmungen ausfallen können!

Im Beispiel des Kleides handelt es sich nur um die unterschiedliche Wahrnehmung von Farben eines visuellen Eindrucks.

Wie unterschiedlich werden dann wohl Wahrnehmungen bei **komplexeren** Situationen ausfallen? Wenn viele externe und interne Reize **gleichzeitig** auf uns einwirken? Wenn Emotionen, automatische Bewertungen, die eigene Lerngeschichte, interne Reaktionen hinzukommen und eine individuelle **Interpretationen** der Zusammenhänge stattfindet?

c.) Kategorisierung und Entfernung von Information

Wir kategorisieren, um zu vereinfachen: Unser kognitiver Apparat versucht, der auf uns einströmenden Vielfalt an Informationen zu begegnen, indem er sie in **passende Kategorien** einordnet. Dabei werden subjektiv **irrelevante Informationen** entfernt. Das gewährleistet eine ökonomische Verarbeitung (Energieoptimierung) und hilft uns, in einer komplexen Welt zurechtzukommen.

Wenn wir wissen, dass das Gras kauende, weiß-braun gefleckte, muhende Wesen mit vier Beinen und einem Euter eine *„Kuh"* ist, vereinfacht das vieles. Die *„Kuh"* fällt dabei auch in die Kategorie *„Tier"* oder *„Säugetier"*.

Diese Form der kategorialen Verarbeitung ermöglicht **Halt, Sicherheit** und **Orientierung**, ist sinnvoll und **vollkommen natürlich**! Gleichzeitig wird unsere Wahrnehmung dadurch reduziert und ist unvollständig.

d.) Realität als Übereinstimmung der Wahrnehmungen

Bei der Wahrnehmung und Kategorisierung einer *„Kuh"* dürften wir kaum Probleme mit anderen Menschen bekommen. Denn die meisten Menschen habe eine derartige Kategorienbildung gelernt und verinnerlicht.

Wir sind uns **einig** darüber, dass das die Realität ist: Da steht eine Kuh. Weder würden wir versuchen, dieser Kuh das Autofahren beizubringen, noch würden wir versuchen, sie mit einer Angelrute einzufangen. Das passt nicht zur Kategorie *„Kuh"*.

Bei **rein sachlichen** Fragen erreichen wir leicht eine Übereinstimmung der Wahrnehmungen: Wenn es regnet, dann regnet es. Schiebt ein Kind ein Dreirad, schiebt ein Kind ein Dreirad. Wird ein Mensch geschlagen, wird er geschlagen.

Je freier Situationen von **Bewertungen** und **Interpretationen** sind, umso weniger Abweichungen werden wir in den Wahrnehmungen von Einzelpersonen finden. Desto eindeutiger erscheint uns die Situation und wir können sagen: Das ist **Fakt**! Das ist die **Realität**.

e.) Der Einfluss individueller Prägung auf die Wahrnehmung

In Nepal fragte ich einen Straßenverkäufer, ob ich meine Wasserflasche bei ihm auffüllen darf. Er wiegte den Kopf von links nach rechts. Für mich war das ein *„nein"*. Nach kurzem Gruß ging ich weiter. Dann rief er mich zurück und deutete auf seinen Kanister.

So lernte ich, dass das Wiegen des Kopfes in Indien und Nepal *„Ja"* bedeutet, während wir diese Geste in westlichen Gefilden als *„Nein"* deuten würden. Wir haben diese Geste als *„Nein"* abgespeichert. Jenseits dieser kulturellen Prägungen ist unser System voll von **individuellen Programmierungen**, die unsere (subjektive) Wahrnehmung beeinflussen.

Kulturelle, soziale, individuelle und biographische Erfahrungen haben unser Reizverarbeitungs- und Wahrnehmungssystem **geprägt**, **sensibilisiert** und **trainiert**.

Wir Menschen haben dadurch unterschiedliche Reizschwellen für bestimme Situationen entwickelt, reagieren automatisch auf bestimmte Reize und weisen Reizen unterschiedliche Bedeutungen zu.

Prägungen wirken sich auf individuelle Werte, Überzeugungen, Zu- oder Abneigungen aus. Unsere Schlussfolgerungen, abgeleiteten Regeln und Erklärungsmodelle über das Leben sind ebenso von Prägungen beeinflusst.

Der *Einfluss individueller Prägung* erklärt, wie zwei Menschen in einer Situation **dieselbe Realität** erleben und in einer anderen zu unterschiedlichen Ergebnissen kommen. Unsere Prägungen haben einen Einfluss darauf, was wir auf welche Weise wahrnehmen.

Das nachfolgende Beispiel von Emelie und Laurenz verdeutlicht, wie das in der Praxis aussieht. Anhand ihrer Begegnung können wir sehen, wie enorm Prägungen sich auf Unterschiede in unserer

Wahrnehmung auswirken und auch sehr schnell zu Missverständnissen führen können.

Laurenz ist in einer Handwerkerfamilie aufgewachsen. Sein Vater war eher grob, pragmatisch und hatte ein ziemlich lautes Organ. In der Familie wurden Anliegen laut vorgebracht - andernfalls wurde man überhört. Laurenz spricht daher laut und deutlich, fällt Menschen auch mal ins Wort; einfach nur, um sich Gehör zu verschaffen. So ist er es gewohnt. In seiner Firma ist er wegen seiner klaren und direkten Durchsetzungskraft sehr erfolgreich.

Emelie hingegen stammt aus einer Künstlerfamilie. Ihre Mutter war Opernsängerin. Auf Harmonie in der Gestaltung des Interieurs und im Umgang miteinander, wurde sehr geachtet. Emelie drückt ihre Anliegen auf behutsame Weise aus. Bis heute erinnert sie sich mit Bauchschmerzen an die erlebte Disharmonie bei Besuchen ihres „lauten Onkels". Er hatte sie oft euphorisch umarmt und gegen ihren Willen auf den Schoß genommen, was ihre Mutter unkommentiert zugelassen hatte. Emelies achtsame, feinfühlige Art hilft ihr heute als Kunsttherapeutin, rasch Zugang zu ihren Schülern zu bekommen.

Laurenz und Emelie lernen sich kennen, entdecken ihre gemeinsame Begeisterung für die Klavierstücke von Sergei Rachmaninoff, die beide wegen ihrer Kraft und Leidenschaft bewundern.

Mit zunehmender Begeisterung von Emelie wird Laurenz in seinen Ausführungen lauter. Plötzlich wird Emelie stiller, ihre Sätze werden kürzer und Laurenz versteht am Ende gar nicht, weshalb Emelie das Treffen frühzeitig verlässt.

Wie haben die beiden diese Situation wohl wahrgenommen?

Laurenz erzählt einem Freund im Anschluss, dass es zuerst sehr nett war, Emelie aber immer weniger gesagt habe. Als sein Freund ihn fragt, wie es dazu gekommen sei, kann er darauf keine Antwort geben: *„Es ist nichts passiert! Ich war vollkommen normal und entspannt!"*

Emelie ihrerseits berichtet einer Freundin, das Treffen sei schön gewesen, bis Laurenz „aggressiv" geworden sei und sie sich „bedroht" und unwohl gefühlt habe. Sie glaube, Laurenz sei unachtsam und möglicherweise ein „gefährlicher Mann". Sie beschließt, ihn nicht mehr zu treffen.

Wer von den beiden hat nun **Recht**?

Emelie und Laurenz haben beide subjektive Wahrnehmungen und Interpretationen. Für Menschen, die einen gröberen Umgang gewöhnt sind, kann das Erheben der Stimme **normal** sein, während ein sensibler Mensch die laute Stimme als **aggressiv** oder sogar **bedrohlich** wahrnehmen kann.

Die Wahrnehmungen und Bewertungen ein und derselben Situation werden subjektiv, weil die Informationen auf zwei **unterschiedlich geprägte**, reizverarbeitende Systeme treffen.

Objektiv wurde Laurenz lauter und ist Emelie mehrfach ins Wort gefallen. Ein Dezibel-Messgerät und ein Beobachtungsprotokoll würden das belegen. Das wäre die **Realität**. Alles andere ist Ergebnis von zwei **individuell geprägten Systemen** die zu subjektiv unterschiedlichen Wahrnehmungen führen:

Laurenz' System ist die eigene Lautstärke so **gewöhnt** (hohe Reizschwelle), dass sie ihm nicht auffällt. „Laut sein" ist für ihn mit positiven Dingen verknüpft, wie **erfolgreich** zu sein und **wahrgenommen** zu werden (dadurch tritt es verstärkt auf). Auf Basis seiner bisherigen Erfahrungen kommt Laurenz gar nicht auf die Idee, dass seine Art auf Menschen irritierend oder bedrohlich wirken könnte.

Emelie's System reagiert **sensibel** auf Lautstärke. Einerseits ist sie Lautstärke nicht gewöhnt (geringere Reizschwelle) - ihr System gerät in Stress. Andererseits werden unangenehme Emotionen aktiviert, die auf abgespeicherten Erfahrungen beruhen. Durch Laurenz wird sie **emotional** an diese Situationen erinnert. Emelie zieht sich zurück. Ihre anschließende **Interpretation** ist von einer alten Erfahrung beeinflusst, ohne dass ihr das bewusst ist.

Die Wahrnehmungen von Laurenz und Emelie verlassen die „gemeinsame Realität", als ihre Programmierungen aktiv werden. Die hiervon beeinflusste individuelle, subjektive Wahrnehmung lässt sie zu **verschiedenen Ergebnissen** über ein und dieselbe Situation gelangen.

In diesem Beispiel geht es nur um die subjektive Wahrnehmung von Lautstärke und das Auftreten einer Person. Je **vieldeutiger** und offener Situationen sind, umso mehr tauchen subjektive Unterschiede in der Wahrnehmung auf. Je weniger sich eine Situation objektiv betrachten lässt, je mehr wir emotional aktiviert sind, desto **subjektiver** ist das Ergebnis, zu dem wir gelangen.

! Unsere subjektive Wahrnehmung ist **immer** von unseren Prägungen, Werten, Interpretationen und Sensibilitäten beeinflusst. Sie ist **verzerrt** und **unvollständig**!

Das trifft auf uns **alle** zu! Du darfst Deinen Frieden damit machen, dass Du natürlicherweise nicht alles objektiv sehen und wahrnehmen kannst. Es ist nicht möglich. Erlaube Dir, die Dinge subjektiv wahrnehmen zu dürfen! **Du darfst die Dinge so wahrnehmen, wie Du sie wahrnimmst.**

Kein anderer Mensch (auch kein Sender von *Gaslighting*) kann Dich dahingehend berichtigen, was Du etwas *„falsch siehst"*. Denn **jeder** hat diese subjektive Brille auf und blickt durch diese in die Welt. Jeder!

Psychologie und Neurowissenschaften bestätigen das und erklären uns auch, weshalb das so ist.

f.) Neurobiologie: Basis subjektiver Wahrnehmung und Sensibilität

Unser System neigt auf Basis von Vorerfahrungen zur Selektion von Information. Bewusst oder unbewusst werden in einer Situation jene Informationen ausgewählt, die bekannt und subjektiv bedeutsam erscheinen. Sie fallen **schneller** auf und werden **rascher** verarbeitet.

Das hat mit der Lernfähigkeit unserer Nervenzellen zu tun. Auf vertraute und wiederholte Reize reagieren sie schneller. Sie „merken" sich bereits Erlebtes und feuern frühzeitiger, wenn ein vertrauter Reiz auftaucht. Unsere Neuronen **bahnen** so den Weg für eine schnellere und ökonomischere Verarbeitung.

Wissenschaftler haben sich mit diesem Phänomen beschäftigt. Lesenswerte Arbeiten zur sogenannten *Langzeit-Potenzierung* wurden u.a. von der Arbeitsgruppe um den Psychiater und Neurowissenschaftler *Prof. Dr. med. Dr. phil. Manfred Spitzer*[11] aus Ulm vorgelegt, der zeitweise auch meine Diplom-Arbeit betreute.

Aus Sicht der Lerntheorie (eine psychologische Theorie und Schule) findet diese „Bahnung"[11] von Information auf zellulärer Ebene nicht nur bei einzelnen Reizen statt, sondern auch bei **mentalen Repräsentationen**. Also komplexere, mentale Abbilder von **bereits erlebten Situationen**. Sie werden ebenfalls „gebahnt", schneller aktiviert. Ganze Neuronenverbände beginnen zu feuern, wenn eine Situation einer früher erlebten **ähnlich** ist.

Waren wir aggressivem Verhalten ausgesetzt und geraten dann in eine **Situation**, die ähnliche Reize enthält, wird das Areal der abgespeicherten Erfahrung rascher aktiviert. Mögliche Aggression kann so früher realisiert und das gesamte System darauf vorbereitet werden. Die Sensibilisierung erleichtert eine Reaktion, indem die Zellen dieser Neuronenverbände **schneller feuern.**

Sinn und Zweck dieser ökonomischeren Verarbeitung ist es (in diesem Fall), unser System vor (erneutem) **Schaden zu bewahren.**

Umgekehrt kann es passieren, dass ein einzelner Reiz (z.B. „Lautstärke") zu einem **Fehlalarm** (*„Ich bin in Gefahr und muss hier weg!"*) führt.

Wir halten fest: Naturgemäß entwickeln wir in vieldeutigen, emotional aktivierenden Situationen unterschiedliche, **subjektive Wahrnehmungen.** Diese Unterschiede sind Ergebnis individueller Erfahrungen, Prägungen und „Programmierungen", für die wir neurobiologisch und -physiologisch eine Entsprechung finden.

Als Individuen sind wir **selektiv empfindsam,** verfügen über unterschiedliche Vorstellungen, Werte, Wünsche, Interpretationen und Bewertungen. Diese Größen wirken sich auf unsere **subjektive Wahrnehmung** aus.

g.) „Gibt es dann gar keine Realität? Ist meine Wahrnehmung fehlerhaft?"

Diese Frage treibt viele Empfänger von *Gaslighting* um. Schließlich wird genau das immer wieder suggeriert - dass ihre Wahrnehmung *falsch, fehlerhaft* sei.

Ja, unsere Wahrnehmung ist subjektiv und *fehleranfällig.* Das liegt in der Natur des Menschen und ist kein Grund für eine Verurteilung. Fehleranfällig ist nicht gleich falsch!

Wenn ein Mensch Deine Wahrnehmung als *falsch* bezeichnet, stammt diese Bewertung aus einer gleichermaßen fehleranfälligen Wahrnehmung!

Sender lassen es oft so erscheinen, als wüssten sie, was *richtig* wäre. Als träfe eine generelle, uns alle betreffende Fehleranfälligkeit für sie selbst nicht zu (siehe „einseitige Regeln", S. 111 f.).

Die generelle Fehleranfälligkeit schließt die Wahrnehmung des Senders mit ein! Lass Dir also nicht einreden, Deine Wahrnehmung sei falsch, nur weil sie nicht mit der Wahrnehmung eines Senders übereinstimmt, der seine Sicht der Dinge für das Nonplusultra hält.

In diesem Abschnitt solltest Du verinnerlichen und tief verstehen, dass es **nie** darum gehen sollte, wer **Recht hat**. Viel wichtiger ist, dass zwei unterschiedliche Wahrnehmungen nebeneinander stehen bleiben dürfen und Du **Deiner Intuition** und individuellen Wahrnehmung wieder vertrauen lernst. Sie sind der Kompass, der Dich durchs Leben navigiert.

Gaslighting kann erst greifen, *„wenn der Empfänger dem Sender mehr vertraut als seiner eigenen Wahrnehmung"* (Definition S. 52, Punkt (5)).

Psychische Manipulation durch *Gaslighting* verliert unmittelbar an Wirkung und Bedrohlichkeit, wenn Empfänger sich klar machen, dass auch der Sender eine **subjektive Sicht** auf die Welt, sich selbst und andere Menschen hat. Keinesfalls haben Sender einen unverzerrten Blick auf „die Realität" (auch wenn das so dargestellt wird).

Wir können die **Realität** als **kleinsten gemeinsamen Nenner** an Fakten, Gesetzmäßigkeiten und Wahrheiten verstehen.

Bei *Gaslighting* wird dieser Nenner entsprechend den Vorstellungen des Senders umgeformt, modifiziert und dann als Realität behauptet. Dabei werden offensichtliche Fakten zu subjektiven Wahrnehmungen umgedeutet (*„Das kommt dir nur so vor!"*) und die eigene subjektive Wahrnehmung eines Senders wird einfach als allgemeingültige Realität behauptet (*„Das **ist** so!"*). Verrückt und krank ist dann, wer es anders sieht.

Noch perfider ist es, wenn die tatsächliche Realität vom Sender durch das **Schaffen von Fakten** so **umgestaltet** wird, dass sie **zu den eigenen Aussagen passt.**

Eine Klientin berichtete mir einmal, wie sie ihren Mann beim Einkaufen dabei beobachtete, wie er Pizzen aus dem Einkaufswagen zurück in die Kühltruhe legte, um ihr anschließend zu suggerieren, dass sie verwirrt und vergesslich sei.

Diese Fälle gibt es und sie sind maximal verstörend für Empfänger, weil der eigenen Wahrnehmung in dem Fall nicht nur eine **Aussage** entgegensteht, sondern (scheinbar) greifbare Fakten.

Derartige Fälle von *Gaslighting* kommen meiner Erfahrung nach nur auf Stufe 3 (bewusst, absichtsvoll) vor.

Sender von *Gaslighting* verdrehen in ihrer AR die Begriffe **Wahrheit, Realität** und **subjektive Wahrnehmung** auf absurde Weise. Je nachdem, was ihnen nutzt und dient, wird aus einer subjektiven Wahrnehmung die Realität und aus der tatsächlichen, faktischen Realität wird eine subjektive Wahrnehmung.

Die tatsächliche Realität spielt sich im Bereich der eindeutig beobachtbaren Fakten ab. Bei *Gaslighting* kann z.B. ein Faustschlag (= Realität) zur „liebevollen Umarmung" umgedeutet werden (*„Meine subjektive Wahrnehmung dazu war eben so… das nimmt eben jeder anders wahr…"*). Fakten werden verbogen, ausgeblendet oder verleugnet.
Die großartigen Karikaturisten *Hauck & Bauer* haben dies in ihrem Cartoon[12] sehr trefflich dargestellt (mit freundlicher Genehmigung):

Abb. 3: Cartoon Hauck & Bauer[12]

Aus Sicht des Senders hat der Empfänger natürlich auch Anrecht auf seine subjektive Wahrnehmung, aber diese hat mit der **Realität** wenig bis gar nichts zu tun - das ist die Botschaft bei *Gaslighting*!
So wird eine vom Empfänger korrekt wahrgenommenen Tatsache als subjektive Wahrnehmung bezeichnet (*„Wenn **du** das **so** sehen willst…"*). Du kriegst den Punkt, oder?

h.) Unterscheidung zwischen AR und subjektiver Wahrnehmung

Für Sender, die ihre **AR selbst wirklich, wirklich glauben** gibt es keinen Unterschied zwischen ihrer subjektiven Wahrnehmung und der Alternativrealität. Dann leben sie tatsächlich „in einer anderen Welt", die für wahr erachtet wird. Das wäre am ehesten bei Sendern auf Stufe 1 der Fall. Diese Menschen **glauben wirklich, was sie sagen** und eben das macht sie auch in dem Moment so **überzeugend**.

? *„Aber was kann ich in dem Fall tun, wenn der Andere so sehr an seiner eigenen subjektiven Wahrnehmung festhält und möchte, dass ich diese übernehme?"*

! Mache deutlich, dass Du die Sicht Deines Gegenübers als seine **subjektive Wahrnehmung** akzeptierst, aber **nicht** als allgemeingültige Wahrheit, die über allem steht.

Zeige auf, dass Du eine **eigene Wahrnehmung** hast, die ihre Daseinsberechtigung ebenso hat, wie die Deines Gegenübers. Besteht Dein Gegenüber darauf „Recht zu haben", mache klar, dass Du nicht überzeugt werden möchtest.

Bei Menschen, die *Gaslighting* unbewusst und ohne Absicht einsetzen (Stufe 1) kann das tatsächlich Veränderungen bewirken. Dennoch sollte Dein Fokus **nicht** auf der Veränderung eines Senders liegen (dass er Deine Sicht akzeptiert), sondern darauf, dass **Du** die **Verbindung zu Deiner Wahrnehmung** hältst.

? *„Und was ist in den anderen Fällen? Wie kann ich denn nun eine subjektive Wahrnehmung von einer AR bei Gaslighting unterscheiden?"*

! Die AR des Senders **duldet** in relevanten Bereichen **keine abweichenden Wahrnehmungen**. Das ist das Unterscheidungskriterium!
Niemand muss Deiner Wahrnehmung zustimmen, aber sie hat ihre Daseinsberechtigung. Hat die Wahrnehmung Deines Gegenübers mehr oder **ausschließliches Gewicht**, besteht eine Schieflage, die ziemlich sicher auf eine AR hinweist.

! Mit anderen Worten: Wenn Sender die **eigene Subjektivität in der Wahrnehmung ausblenden** und **Deine übermäßig betonen** und sie deswegen **nicht gelten** lassen. Eine AR unterscheidet sich also von einer subjektiven Wahrnehmung durch folgende Punkte:

! 1. Den **Anspruch** eines Senders auf die **absolute Gültigkeit** seiner Sichtweise.

2. Das **Ausblenden von Fakten**.

3. Die **Verdrehung** von **Fakten zu subjektiven Wahrnehmungen**.

Wenn Dich jemand schlägt, ist das ein Faktum. Hundert umstehende Menschen würden das ebenso sehen. Dabei handelt es sich um **keine subjektive Wahrnehmung**!

i.) Zusammenfassung und abschließende Betrachtung

Unsere **subjektive Wahrnehmung** enthält Elemente der **Realität** - jene Fakten, bei denen ein Großteil aller Menschen uns zustimmen würde: Ein Schlag bleibt ein Schlag!

Daneben wirken **individuelle Prägungen** und **Programmierungen** auf unsere subjektive Wahrnehmung ein. Dieser Umstand führt dazu, dass wir Menschen **unterschiedliche Fragmente des Lebens besonders schnell und sensibel wahrnehmen**. Subjektiv weniger bedeutsame treten in den Hintergrund.

Neurobiochemisch findet für diese vertrauten und subjektiv bedeutsamen Informationen eine schnellere Verarbeitung statt. Die so aktivierten, neuronalen Areale können die Auslösung einer emotionalen und einer Verhaltensreaktionen initiieren.

Dieser Prozess der **Bahnung** kann uns für ähnliche Situationen rüsten (im Sinne eines **Frühwarnsystems**), unsere Reaktionen beschleunigen und zu unserem Schutz beitragen. Andererseits können **Fehlalarme** in Form von **Projektionen** entstehen, wenn ein einzelner Reiz (z.B. Lautstärke) das gesamte Areal einer alten Erfahrung aktiviert. Dann beginnen wir **in einer aktuellen Situation die alte Erfahrung zu fühlen und zu sehen** - obwohl es vielleicht eine ganz andere, neue Situation ist. **Im Zweifelsfall** sollte auf das Signal gehört werden. Im Anschluss kann dann im geschütztem Rahmen eine Reflektion bezüglich einer möglichen Projektion erfolgen.

Projektions-Mechanismen laufen **in jedem von uns** ab! Selbst wenn Du projizierst, ist auch das kein Grund für Anklage oder Verurteilung! Die Arbeit an eigenen Projektionen sollte nie fremd-, sondern **immer selbstbestimmt** und ggf. mit einer Person Deines Vertrauens erfolgen! Bitte erlaube es anderen Menschen nicht, ungefragt in Deiner Psyche herumzubohren und Dir zu erzählen, wann Du projizierst und wann nicht.

Diese Form der **Grenzüberschreitung** kommt bei *Gaslighting* leider sehr häufig vor. Ein selbst permanent Projizierender (der Sender) urteilt über Dich und maßt sich an, Deine Projektionen zu kennen, während er seinen Anteil unter den Tisch fallen lässt.

Eine wunderbare Grenzsetzung an dieser Stelle wäre:

„Ich projiziere ebenso, wie Du es tust. Wir alle projizieren und Du kannst Dich hier nicht ausklammern. Die Beurteilung, wann und wie ich auf welche Art projiziere, steht Dir nicht zu."

Niemand hat in den verwundbaren Bereichen Deiner Psyche etwas verloren - es sei denn, Du öffnest Dich freiwillig und **im Vertrauen**. Bei *Gaslighting* wird diese Grenze oft selbstverständlich und auf anmaßende Weise überschritten. Nicht selten, um die eigene AR durchzusetzen und eigentlich **angemessene Reaktionen** oder die menschliche Verwundbarkeit von Empfängern als **unangemessene „Projektion"** oder „Empfindlichkeit" abzutun. Dadurch soll das eigene, verletzende, unachtsame Verhalten normalisiert werden. Das gilt es in jedem Fall zu unterbrechen!

Wir alle konstruieren einen Teil unserer subjektiven Realität und - unsere Wahrnehmung ist fehleranfällig: Informationen werden reduziert, assoziiert und kategorisiert, sowie von individuellen Programmierungen beeinflusst. Das bedeutet, dass wir **alle** Wahrnehmungsverzerrungen unterliegen. Das gilt für **jeden Menschen**. Bitte vergiss das nicht!

Auch im Buddhismus spricht man von „Schleiern", welche uns von der tatsächlichen Erkenntnis über die tatsächliche Realität (Erleuchtung) abhalten. Bis heute gibt es keinen in Worte gefassten Konsens darüber, was die tatsächliche Realität ist. Jahrzehnte lang praktizierende Buddhisten wissen nicht, was tatsächlich real ist, noch könnten sie es in verständliche Worte fassen.

? *Denkst Du wirklich, dass ein Sender von Gaslighting das dann kann?*

Wir dürfen eine gewisse **Leichtigkeit** damit erlernen, dass wir nicht alles wissen und verstehen. Dass wir „die Wahrheit" oft nicht kennen und **dass wir alle diese Schleier haben**. Jeder, der von sich behauptet, frei von Schleiern (Verzerrungen) zu sein, steht mittendrin!

Im Buddhismus werden Schleier akzeptiert, nicht abgelehnt. Erst darüber ist Erkenntnis möglich, dass es sich um Schleier handelt. Wir alle wollen akzeptiert werden - mit allem. Auch unsere Schleier (Verzerrungen) können sich erst durch liebevolle Annahme und Erkenntnis lösen, niemals durch Ablehnung.

Wir sollten auf dieser Basis nicht mit anderen darum streiten, wer jetzt **Recht hat**. Wichtiger ist, sich selbst immer mehr zu erlauben, **mit allem da sein zu dürfen**: Mit unseren individuellen Erfahrungen, Prägungen und der **Fehleranfälligkeit unserer Wahrnehmung**. All das gehört zu uns und es gibt keinen Grund, sich dafür anzuklagen oder anklagen zu lassen.

Begegne Dir und Deiner **ureigenen, wertvollen Wahrnehmung** in **Würde und Respekt**. Bejahe Deine Sicht der Welt und gestehe es auch anderen zu. Gestatte aber niemandem, seine Wahrnehmung über die Deine zu stellen. Lass niemanden mit dreckigen Schuhen in Deiner Psyche herumspazieren. Formuliere ein klares „*Nein*", wenn andere ihren Müll in Form von Anklagen und Verwirrung bei Dir abladen wollen. Trainiere Dir eine bewusste, gesunde Haltung an.

> *Deine Wahrnehmung ist fehleranfällig! Na und?*
> *Willkommen auf der Erde im Paradigma Mensch!*
> *Diese Wahrnehmungsverzerrungen betreffen uns alle!*

Das Angebot einer AR und die Anklage Deiner Wahrnehmung erfolgt nur, damit Du der AR des Senders zustimmst! Klammern Sender Verzerrungen bei sich aus, unterstellen Dir aber welche, dann sagen sie im Grunde: „*Ich bin erleuchtet!*"
Die Wahrnehmung von Sendern ist **nicht fehlerfrei**! Deshalb kann sie auch nie die **allgemeingültige Realität** sein. Erkenne das und erteile derartigen Darstellungen eine klare Absage: Nein!

4 Learnings und Take-away-messages

Jeder Mensch darf wahrnehmen, was er wahrnimmt! Unabhängig davon, was **richtig**, **falsch** oder **die tatsächliche Realität** ist. Deine Wahrnehmung bedarf **keiner Zustimmung von Außen** und hat ihre **Daseinsberechtigung**. Wir fassen zusammen...

a). Dein wichtigstes Mantra: Meine Wahrnehmung zählt!

> *„Ich habe ein Anrecht auf meine eigene Wahrnehmung! Niemand sieht die Welt, so wie ich - und das hat einen Wert! Ich schließe Frieden damit, dass meine individuelle Wahrnehmung der Welt keiner Zustimmung von Außen bedarf!"*

Es ist wunderbar und heilsam, wenn ein anderer Mensch Deine Wahrnehmung teilt oder Dir **Recht gibt**. Wenn wir fühlen, dass unsere **Realität** von anderen geteilt und nachvollzogen wird, dann Das stärkt das! Das ist eine **Validierung**. Sich angenommen und **verstanden** zu zu fühlen, hält gesund.

Das Mantra soll deutlich machen, dass Deine Wahrnehmung **immer für Dich gelten darf ist**. Auch dann, wenn diese Validierung ausbleibt oder jemand in Deinem Umfeld etwas anderes wahrnimmt. Am wichtigsten ist es, dass **Du selbst** Deine Wahrnehmung und Meinung gelten lässt. Stimme Dir zu, lasse Dich stehen und werde so unabhängiger von der Zustimmung Anderer.

Das Bedürfnis danach, verstanden zu werden, kann Dich in einer *Gaslighting*-**Dynamik** Deine seelische Gesundheit kosten!

Für einen erfolgreichen Exit aus dem *Gaslighting*-**Universum** darfst Du die Wahrheit dieses Mantras immer mehr verinnerlichen! Kämpfe nicht länger um **Anerkennung** und **Bestätigung** Deiner Wahrnehmung, sondern sei **Du** der Mensch, der Deiner Wahrheit ab heute immer einen festen Platz zugesteht.

b.) Den Kampf ums „Recht haben wollen" loslassen

Sender von *Gaslighting* behaupten direkt oder indirekt, dass sie „Recht haben". Seine AR wird mit der Realität gleichgesetzt, die Wahrnehmung des Empfängers abgebügelt. Die Augenhöhe verrutscht. Empfänger spüren das und werden (zurecht) wütend - auch wenn sie manchmal nicht benennen können, weshalb (siehe Franziska, S. 64 f.). Niemand fühlt sich gerne **in Frage gestellt, ausgeklammert, übergangen** oder **abgelehnt**.

Sender von *Gaslighting* sind sehr fantasievoll, wenn es darum geht, Empfängern ihre AR **unterzuschieben**. Nicht selten stülpen sie dem Empfänger einfach etwas über (*„So siehst du das ja auch..."*). Egal wie subtil das von statten gehen mag - es löst zusätzlich **Wut** und **Widerstand** im Empfänger aus. Etwas schreit nach Korrektur dieser Schieflage.

Unbewusst können Empfänger sich hier provozieren und triggern lassen. Leider führt dieses instinktiv richtige Verhalten bei *Gaslighting* tiefer in den Kaninchenbau: Wenn Empfänger ihrerseits attackieren, ihre eigene Wahrnehmung erklären, bekräftigen, beweisen oder diese zu rechtfertigen versuchen, startet nicht selten ein **endloser Kampf der Wahrnehmungen**, der weder zu Klärung, noch zu einem Ergebnis führt. Wahrscheinlicher sind Verwirrung und ein enormer Energieverlust.

Empfänger können sich leicht im Dunst der *Nebelraketen* eines Senders verlieren (siehe S. 124 f.). Mit *Nebelraketen* weichen Sender der Klärung zentraler Ausgangsthemen aus (in dem Fall das Unterjubeln der eigenen Sichtweise), indem sie um den heißen Brei larvieren, neue Themen eröffnen, TV-Dokus, Politiker, Wissenschaftler oder Zeitungsartikel zitieren und frühere Ereignisse zur Beweisführung heranziehen. Diese **Verwirrungsstrategien** greifen bei unbewussten Empfängern fast immer. Sie verlieren ihr Ausgangsanliegen aus den Augen, fühlen sich noch frustrierter und der Sender hat sein Ziel erreicht.

Übrig bleiben Ärger, **Verwirrung** und **jede Menge offene Fragen**, die - wie wir noch sehen werden - weitere Nachteile für den Empfänger bedeuten können. Dieses Spiel dient dem Sender insofern, als dass er den Empfänger dadurch **beschäftigt hält, ihn an sich und die AR bindet.**

Nur Du als Empfänger kannst dieses Spiel beenden: Indem Du das Ringen ums **Recht haben**, **Bestätigung** und **Anerkennung** loslässt. Deiner subjektiven Wahrnehmung zu vertrauen bedeutet nicht, dass Du den Sender überzeugen oder **Recht haben** musst!
Versuche, stehen zu lassen. Um keine sinnlose Endlosschleife zu füttern, gehe zum *Final Exit* über, der Dir auf S. 235 f. im *Leitfaden für Gesprächsführung* beschrieben wird.

Deine Gebrauchsanweisung für solche Situationen lautet:

„Wenn ich das Übertreten einer Grenze realisiere, bejahe ich meine Wut und meinen Widerstand. Ich weiß, was ich empfinde, kenne meine Wahrheit und vertraue mir. Das genügt. Ich widerstehe dem Kampf um Anerkennung und lasse „Recht haben" los. Jegliche Einladungen dazu, lasse ich unbeantwortet stehen! Ohne die Gleichberechtigung meiner Wahrnehmung gibt es keine Basis für Kommunikation. Das äußere ich und distanziere mich dann."

Achte Deine eigene **Würde** und den Wert, den Deine Wahrnehmung (auch ohne Zustimmung) hat. Lasse Dich nicht durch **irreführende**

Gespräche davon weglullen und bestehe auf eine **Gleichberechtigung** der Wahrnehmungen. Entweder Dein Gegenüber achtet das - oder eben nicht. In einer *Gaslighting*-Konstellation solltest Du keinesfalls versuchen, Dir Gleichberechtigung durch Rechtfertigung zu **verdienen**. Du würdest um etwas kämpfen, das Dir bereits zusteht. Das solltest Du deutlich machen. Lebe und vertrete diese Wahrheit!

! Ein Kampf ums Recht haben oder um Anerkennung bedeutet, dass Du einem Sender auf gewisse Weise nachläufst. Und zwar **nachdem** er **Deine Wahrnehmung entwertet, Deine Grenzen überschritten hat**.

! Energetisch ist dieser Kampf ein „Ja" zur vorausgegangenen **Entwertung** und **Grenzüberschreitung**. Durch kämpferisches Eingehen auf Provokationen verlässt Du den Raum Deiner naturgegebenen Würde. Indirekt gibst Du dem Sender dadurch zu verstehen, **dass man so mit Dir umgehen darf**.

Du akzeptierst so die Entwertung und stimmst ihr zu!

Betrachte den Cartoon auf S. 89 noch einmal. Stell Dir vor, jemand schlägt Dir ins Gesicht und **behauptet dann, das sei nie passiert**. Du entgegnest, dass es Dir aber weh getan hat. Der Schläger behauptet, das liege nur daran, dass Du **so empfindlich** seist. Dieses Gespräch zieht sich so weiter. Würdest Du um des „Recht habens" willen im Gespräch bleiben und weiter argumentieren, würdest Du in diesem Moment übersehen, dass...

... Du weiter mit einem Menschen sprichst, der glaubt, Dich schlagen zu dürfen und diese Tatsache auch noch leugnet.

... Du einen Mensch überzeugen willst, der Dich und Dein Erleben nicht gelten lassen möchte.

... Du durch Dein Bleiben **Bereitschaft** signalisiert, **Deine Wahrnehmung zu verhandeln**, während Dein Gegenüber seine AR als Wahrheit behaupten und das Thema wechseln darf.

Diese oft übersehenen Punkte sind mit einer **Akzeptanz des Schlages** und der **Entwertung Deiner Wahrnehmung** gleichzusetzen. ! Dein Bleiben, Diskutieren und Kämpfen verleiht einem Sender immer mehr **Kontrolle** und **Einfluss** über das Geschehen. Du selbst fühlst Dich dabei immer schlechter - oft, ohne genau zu wissen, weshalb.

Der **Kampf ums Recht haben** und die Anerkennung Deiner Wahrnehmung bringt Dich bei *Gaslighting* nicht weiter. Du musst einen Sender **nicht** überzeugen. Sei **Du überzeugt**, dass Deine Wahrnehmung einen Wert hat, lass dem Sender seine und ziehe eine Grenze. Finde ein Commitment zu Deiner Wahrnehmung durch unmittelbares Verlassen einer solchen Situation!

c.) Dem Sender seine Wahrnehmung lassen

Auch wenn die Wahrnehmung eines Senders von *Gaslighting* noch so **verworren** scheint - ihm steht es ebenfalls zu, die Welt durch seine ganz eigene Brille zu sehen. Das bedeutet nicht, dass er mit seiner Wahrnehmung **Recht hat** oder Du deshalb Deine Wahrheit verraten musst. Zwei Aussagen dürfen nebeneinander stehen. Akzeptieren heißt nicht automatisch „einverstanden sein".

Den Sender mit seiner Wahrnehmung stehen lassen bedeutet, den **Kampf der Wahrnehmungen** zu unterbinden. Es ist wichtig, dass Du als Empfänger das lernst. Den Sender stehen zu lassen, funktioniert am allerbesten, wenn Du weißt, wer Du bist, was Du fühlst und wahrnimmst. Hast Du eine stabile, gesunde Beziehung zu Dir und Deiner Wahrheit, kannst Du auch andere Menschen besser mit ihrer Sichtweise stehen lassen. Selbst wenn sie von der Deinen meilenweit entfernt ist. Ihr müsst nicht übereinkommen.

Um zu verstehen, dass die Wahrnehmung eines Senders **keine Bedrohung für Deine Wahrnehmung sein** muss, bedarf es einer einzigen Erkenntnis:

> *„Jeder Mensch äußert seine Wahrheit auf Basis dessen, was er durch seine individuelle Brille in der Welt sieht. Das gilt für mich und alle anderen Menschen. Auch für den Sender. Er muss nicht mit mir übereinstimmen. Ich lasse mir meine Brille und anderen Menschen die ihre."*

Weder muss ein Sender Dir zustimmen, noch umgekehrt. Dann wird die Schnittmenge der **geteilten Wahrnehmung** kleiner. Falls ein Sender Dich zu **manipulieren** versucht, kannst Du äußern:

> *„Falls du dir wünschst, dass ich deiner Meinung sein soll, muss ich dich enttäuschen - das bin ich nicht. Daran ändern auch drei Stunden Gespräch nichts. Wenn Du meine Sicht der Dinge nicht neben Deiner stehen lassen kannst, macht das hier keinen Sinn."*

Du merkst vielleicht, dass es für Dich als Empfänger bei allen Prozessen i.R. von *Gaslighting* immer darum geht, die **Draufsicht** zu behalten und nicht einzusteigen. Darum, dass Du **Deiner Wahrheit treu bleibst**.

Der eigenen Wahrnehmung treu bleiben... gar nicht so einfach, oder? Viele Empfänger stellen sich die Frage:

? *„Wieso schaffe ich es nicht, bei meiner Wahrnehmung zu bleiben - obwohl ich all diese Dinge ja weiß und verstanden habe?"*

Ein Grund, weshalb Empfänger trotz besseren Wissens immer wieder aus ihrer Wahrnehmung und damit in *Gaslighting* rutschen, hat mit der Verdrängung einer zentralen Wahrheit zu tun, die auf uns alle zutrifft: Wir sind **beeinflussbare Wesen**!

d.) Die eigene Beeinflussbarkeit erkennen und berücksichtigen

Um zu verdeutlichen, wie beeinflussbar wir sind, möchte ich Dir kurz das **Konformitätsexperiment** von *S.E. Asch*[13] aus dem Jahre 1951 vorstellen. Dieses Experiment erklärt, wie Menschen aufgrund von Gruppenzwang offensichtlich falschen Aussagen zustimmen. Das Ergebnis dieses Experiments ist für jeden Empfänger von *Gaslighting* immens wichtig.

Das Experiment wurde unter „falschem Vorwand" durchgeführt. Tatsächlich gab es immer nur eine einzige Versuchsperson. Ihr wurde erzählt, dass sie mit anderen Versuchspersonen am Tisch sitzen würde, die ebenfalls am Experiment teilnahmen. Die übrigen Personen waren Vertraute des Versuchsleiters und waren von diesem instruiert worden.

Der Versuchsaufbau sah so aus, dass alle Personen (auch die Vertrauten) eine erste Karte erhielten, auf der eine Referenzlinie abgebildet war. Danach erhielten sie eine zweite Karte, auf der drei unterschiedlich lange Vergleichslinien zu sehen waren.

Die Aufgabe für die Teilnehmer bestand darin, jene Linie auf der zweiten Karte zu benennen, die der Referenzlinie auf der ersten Karte glich.

Dies wurde für insgesamt 18 Durchgänge wiederholt. Die Teilnehmer erhielten eine erste Karte mit der Referenzlinie, dann eine zweite mit den Vergleichslinien. Immer lautete die Frage:

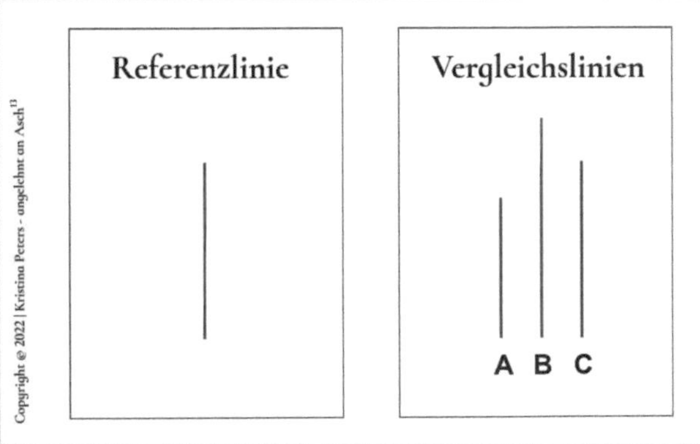

Abb. 4: Linien aus Asch's Konformitätsexperiment[13]

In allen 18 Durchgängen war eine **Vergleichslinie** deutlich sichtbar von gleicher Länger wie **die Referenzlinie** war (im obigen Fall die Linie C). Alle Personen teilten ihre Einschätzung laut in der Gruppe mit.

In den ersten sechs Durchgängen gaben die Vertrauten der Versuchsleiters ihre „echte Einschätzung" ab - sie benannten die korrekte Vergleichslinie. Wie mit dem Versuchsleiter vereinbart, haben die Vertrauten in den folgenden zwölf Durchgängen **ein falsches Urteil** ab. Sie benannten **einstimmig** eine Vergleichslinie, die sich eindeutig von der Referenzlinie unterschied (= manipulierte Durchgänge).

Ergebnis: Bei durchschnittlich einem Drittel der zwölf manipulierten Durchgänge übernahmen die echten Versuchspersonen **die offensichtliche Fehlentscheidung der Mehrheit.**

Nur **25% aller Versuchspersonen** ließen sich **nicht** von der Fehlentscheidung der Gruppe **beeinflussen.** Sie blieben auch dann bei ihrer Einschätzung, als die Mehrheitsmeinung von ihrer Einschätzung abwich.

In einer Kontrollgruppe **ohne** manipulierte Durchgänge gaben die Vertrauten **immer eine** „echte Einschätzung" ab. Hier lag die Fehlerquote bei den Versuchspersonen unter 1%.

Aus dem **Konformitätsexperiment** von *Asch* wurde abgeleitet, dass Menschen ihrer (korrekten) Minderheitsmeinung weniger trauen, wenn eine geschlossene Mehrheit eine andere Meinung vertritt. Auch dann, wenn diese offensichtlich falsch ist.

Laut Wikipedia[14] zeigten Folgeexperimente auf, dass Menschen **ihre (korrekte) Minderheitsmeinung eher beibehielten**, wenn andere Personen in der Gruppe ebenfalls eine Minderheitsmeinung vertraten. Auch *[...″soziale Unterstützung führte zu einer Abnahme der Konformität...″]*: Stimmten Mitglieder der Gruppe der Versuchsperson **zu**, blieb diese fast immer bei ihrer (korrekten) Einschätzung.

Mit anderen Worten: Sobald wir Menschen in unserem Umfeld haben, die ebenfalls anderer Meinung sind oder unserer Minderheitsmeinung zustimmen, lassen wir uns weniger in unserer Einschätzung beirren.

? *„Ok, habe ich verstanden, aber was hat das mit Gaslighting zu tun? Da ist es doch nur ein Mensch und keine Gruppe!″*

Bei *Gaslighting* sind zwar oft keine anderen Personen anwesend, aber Sender **suggerieren** durch ihre AR, dass **alle anderen Menschen** selbstverständlich ihrer Meinung wären.
Mitunter wird dies untermauert, indem Autoren, Politiker, Wissenschaftler oder Freunde zitiert werden. Sender **suggerieren,** dass sie die Mehrheitsmeinung vertreten und verleihen ihren Aussagen dadurch den **Anschein der Mehrheitsmeinung**. Eine Technik, die nicht nur im Bereich der persönlichen Beziehungen Anwendung finden kann (siehe S. 317 f.).

Eignen sich Sender auf diese Weise den Anschein einer Mehrheitsmeinung an, können Empfänger sich plötzlich als Außenseiter und Vertreter einer Minderheitsmeinung fühlen - ohne zu wissen, warum. Die implizit geäußerte Botschaft des Sender lautet: *„Ich vertrete die Mehrheitsmeinung!″*.
Das kann Verunsicherung im Empfänger auslösen und die Tendenz zur Zustimmung einer offensichtlichen Falschaussage erhöhen (siehe *Asch*). Denn wer möchte schon gern ein abgelehnter Außenseiter sein?

Das Risiko zur Zustimmung zur AR eines Senders ist in diesen Fällen nicht zu unterschätzen. Einige Fälle von *Gaslighting* zeichnen sich dadurch aus, dass Sender **Dritte involvieren**, die durch

Beeinflussung zu **Stellvertretern seiner AR** gemacht werden. Wie im Fall von Franziska (S. 64 f.), als die Schwester der AR der Mutter zustimmte. Unbewusste Empfänger erleben sich dann einer **inszenierten Mehrheitsmeinung** gegenüber und gehen konform.

Asch's Experiment weist darauf hin, weshalb Empfänger ihre eigene Einschätzung und Wahrnehmung in Zweifel ziehen könnten, wenn sie realem (oder konstruiertem) Konformitätsdruck ausgesetzt sind.

Bei *Gaslighting* greifen sehr wahrscheinlich **ähnliche Mechanismen**, wie in *Asch's* Experiment.

Empfänger rutschen trotz besseren Wissens in *Gaslighting*, weil **wir alle beeinflussbare Wesen sind**, die dazugehören und nicht ausgestoßen oder abgelehnt werden wollen.

Im *Gaslighting*-**Prozess** kann dieses natürliche Bedürfnis uns als beeinflussbare Wesen so verformen, dass der Zugang zur eigenen Wahrnehmung und Intuition verloren geht.

Wenn es uns im Angesicht von *Gaslighting* gelingt, bei unserer Wahrnehmung und Einschätzung zu bleiben, ist das ganz hervorragend! Im Experiment entspräche das den 25% an Menschen, die sich in ihrer Einschätzung **nicht beirren** ließen.

Es stärkt unser Vertrauen in die eigene Wahrnehmung, wenn wir andere Menschen ihre eigene Wahrnehmung gegenüber einer Mehrheitsmeinung beibehalten sehen. Auch wenn **unserer Einschätzung zugestimmt** wird, gibt das Kraft.

Doch darauf können wir - gerade bei *Gaslighting* - nicht immer bauen. Der *Gaslighting*-**Prozess** kann mit einem dauerhaften *Asch*-Experiment verglichen werden, bei dem leider nie eine Auflösung stattfindet.

Empfänger unterschätzen oft, dass wir Menschen beeinflussbar sind. Jeder Mensch und Kontext wirkt auf uns ein, stellt etwas mit uns an. Im Wissen darum, darfst Du aktiv entscheiden, mit wem Du Dich wie oft umgeben möchtest.

e.) Die aktive Wahl Deines Kontextes

Deine ersten drei Learnings adressieren den konkreten Umgang mit einem Sender von *Gaslighting* und lauten: Verstricke Dich nicht, lasse andere Wahrnehmungen stehen und halte Deiner Wahrnehmung die Treue. Dein letztes Learning richtet sich an Deine Beeinflussbarkeit und stellt Dich vor eine **allgemeine, aktive Wahl,** die Du immer treffen kannst: Mit welchen Menschen möchtest Du Dich umgeben?

Es kostet viel Energie, permanent die eigene Wahrnehmung verteidigen zu müssen, darauf zu achten, keine **Einladungen** zum **Kampf der Wahrnehmungen** anzunehmen und es ist anstrengend, sich **die eigene Beeinflussbarkeit** durchgehend vor Augen zu halten, weil uns ein Mensch dauerhaft beeinflussen möchte.

Im Kontext von *Gaslighting* geschieht aber genau das. Genau dafür verwendest Du einen Großteil Deiner kostbaren Lebenszeit und - energie. Es darf nicht wundern, wenn das Leben hier immer weniger Freude bereitet.

! Du hast hier eine aktive **Wahl**! Du musst Dich nicht im *Gaslighting-* **Universum** aufhalten! **Du bist kein Baum!** Du kannst jederzeit gehen!

Mit veränderungsresistenten Sendern werden Beziehungen auf Dauer zu einem kräftezehrenden Tauziehen, die Deine Lebensenergie aufzehren können.

Konzentriere Deine Energie auf jene Beziehungen, in denen Du Dich **wohl** und **angenommen** fühlst. Niemand muss Dir zustimmen. Es genügt völlig, wenn andere Menschen Dich und Deine Wahrnehmung einfach nur **stehen lassen**!

Suche vorwiegend die Gesellschaft von Menschen, bei denen Du Dich **verstanden, angenommen** und **sicher** fühlst.

! Falls Du das Gefühl hast, in einem **Dauer-Asch-Experiment** ohne erkennbares Ende zu sitzen - Du darfst aussteigen! Der einzige Mensch, der Dich aus einer solchen Situation retten wird, bist **Du selbst**!

? *„Aber was, wenn ich mir immer noch nicht sicher bin, ob ich nun Gaslighting erlebe oder mir all das nur einbilde?"*

Diese Frage katapultiert uns direkt in den nächsten Abschnitt: **Die acht Charakteristika/Indikatoren der AR.**

Diese Charakteristika können Dir helfen, eine AR und damit auch *Gaslighting* zu erkennen. Je mehr Indikatoren Du vorfindest, umso wahrscheinlicher ist es, dass Dir eine **AR** im Rahmen von *Gaslighting* angeboten wird.

B. Woran erkenne ich Gaslighting?
Acht Charakteristika/Indikatoren einer AR

In diesem Abschnitt wollen wir genauer hinsehen und herausfinden, **woran** - an welchen Merkmalen - wir eine AR im Detail erkennen können. Dazu arbeiten wir die nachfolgenden **acht Indikatoren einer Alternativrealität (AR)** miteinander durch.

Prüfe für Dich, inwiefern Dir diese Indikatoren bekannt vorkommen und suche **Beispielsituationen** aus Deinem eigenen Leben. Halte diese schriftlich fest und erinnere Dich, wie Du (emotional, körperlich, gedanklich) auf diese Merkmale der AR **reagiert** hast (siehe *Critical Cues*, S. 235 f.).

Acht Indikatoren für eine Alternativrealität (Gaslighting)

1. Anspruch auf **absolute Gültigkeit der subjektiven Darstellung**. Abweichenden Wahrnehmungen wird die Plausibilität und Daseinsberechtigung abgesprochen!

2. Der **Sender** erhebt sich selbstverständlich zum urteilenden **Richter über „richtig" und „falsch".** Die „Augenhöhe" wird aufgehoben.

3. Als urteilender Richter **deutet** der Sender seine **subjektiv verzerrte** und **unvollständige AR** in **allgemeingültige Fakten** um, während **unpassende Tatsachen** als **subjektive Eindrücke** bezeichnet werden.

4. Um gegen seine AR sprechende Tatsachen und Wahrnehmungsaspekte zu entkräften, konfrontiert der Sender den Empfänger mit **Regeln** oder **allgemein anerkannten Aussagen** (z.B. *„Wahrnehmung ist subjektiv"*). Gleichzeitig **nimmt sich der Sender von diesen Regeln aus.** Sie gelten für den Empfänger, nicht für ihn (= **Einseitige Regeln**).

5. In der AR werden **Details, Ursachen** und **Zusammenhänge modifiziert.** Der Sender greift Elemente der Realität heraus, behauptet aber **abweichende Verflechtungen** und **Gründe. Zusammenhänge werden durchtrennt und neu verknüpft.** So entsteht die AR, die inhaltlich starke Überschneidungen mit der Wahrnehmung des Empfängers aufweisen kann.

6. Durch das „Schaffen neuer Fakten" festigt der Sender seine AR. Bloße **Behauptungen** werden als **Tatsachen** dargestellt, die **Realität so manipuliert**, dass sie die **AR des Senders zu beweisen scheint** (Dinge verschwinden, Inszenierungen, Triangulation, Stellvertreter).

7. Die AR und das Verhalten des Senders halten den **Empfänger** über **erzeugte Verwirrung** und **Leid beschäftigt**. Widersprüche zur eigenen Wahrnehmung verführen Empfänger zu einer **permanenten Auseinandersetzung** mit der AR: *Der Monolog der inneren Beweisführung.*

8. In der AR finden **pauschale Verurteilungen** durch den Sender statt. Neutrale, völlig **normale, menschliche Eigenschaften** werden als **verurteilenswert gelabelt**. Direkt oder subtil wird der **Empfänger** für emotionale Zustände (z.B. Trauer, Wut), Eigenschaften (z.B. vergesslich, anhänglich oder empfindsam), Haltungen oder Aussagen **verurteilt**.

Die Beschreibung der Indikatoren liest sich vielleicht erstmal etwas „sperrig". Es handelt sich um sehr **allgemeine Beschreibungen**, die auf nahezu jeden Fall anwendbar sein sollten. Nachfolgend schauen wir uns an, was die Indikatoren genau bedeuten und wie Du sie - auch anhand von Beispielen - im konkreten Fall erkennen kannst.

Die acht Indikatoren im Detail

1 Anspruch auf **absolute Gültigkeit der subjektiven Darstellung**. Abweichenden Wahrnehmungen wird die Plausibilität und damit die Daseinsberechtigung abgesprochen!

Der Sender kann hier sehr harsch (Angriff) und mit einer fast dreisten Selbstverständlichkeit auftreten. Leider wirkt das auf viele Empfänger sehr überzeugend.

Wenn ein Sender stur und unnachgiebig darauf besteht, mit seiner Darstellung der Realität **Recht zu haben** und Deine Sicht der Dinge nicht stehen lassen kann, liegt dieser Indikator (und damit *Gaslighting*) sehr wahrscheinlich vor.

Falls der Sender dazu noch **Gründe** aufführt, weshalb seine Sicht „richtig" und Deine, von seiner AR abweichende Wahrnehmung

falsch ist (Zitation von Autoren, Wissenschaftler etc.), diese **abwertet,
ins Lächerliche zieht,** sie mit **Argumenten** vom Tisch fegen will oder
sie **komplett ignoriert**, kannst Du Dir ziemlich sicher sein, dass Dir
hier eine AR übergestülpt werden soll.

Ein Sender begründet damit, weshalb er Deine Wahrnehmung
angreifen darf. Diese Gründe sind irrelevant! Relevant ist, dass der
individuellen Wahrnehmung von Empfängern die **Daseinsberechtigung** abgesprochen werden soll! Vorsicht!

Gernot kommt alkoholisiert und schwankend nach Hause. Seine
Frau Evelyn fragt ihn, weshalb er getrunken habe. Gernot äußert, **dass
er nicht getrunken habe**, sondern **Probleme mit seinem Blutdruck**
habe. Als Evelyn ihn auf seine „Fahne" aufmerksam macht, entgegnet
er: *„Das bildest du dir ein - ich hab ein paar Pfefferminzdrops gelutscht."*

Evelyn insistiert weiter: *„Ich lasse mich nicht veräppeln, Gernot!"*,
woraufhin er meint: *„Deine **Rechthaberei** und dein **Misstrauen** werden dich
irgendwann noch sehr einsam machen. Es ist **kalt** und **herzlos**, deinem
kranken Mann solche Dinge zu **unterstellen**."*

Mit einem *„Naja, **ist ja nichts Neues**."* geht er ins Schlafzimmer, dreht
sich im Bett auf die Seite und **ignoriert** jede weitere Äußerung von
Evelyn. Tagelang **schweigt er**, bis Evelyn irgendwann beteuert, dass
sie es nur gut gemeint habe.

Levin hat um ein Gespräch bei seinem Vorgesetzten gebeten, weil er
einige **Unregelmäßigkeiten in der Finanzbuchhaltung** festgestellt
hat. Als er seinen Vorgesetzten darauf aufmerksam macht, entgegnet
der: *„Wir können dankbar sein, so wachsame und aufmerksame Mitarbeiter
zu haben, doch - **sie täuschen sich!**"*

Levin ist sich seiner Sache sicher und betont erneut, dass diese
Unregelmäßigkeiten bestehen und er eine Klärung für nötig hält, da
er dafür die Verantwortung trägt. Sein Chef wird schroffer: *„Hören sie,
wir tolerieren hier individuelle Unterschiede, doch **ihr Überengagement** und
ihr Hang zur Selbstdarstellung werden allmählich lästig. Ich möchte ihnen
raten, sich künftig in ihrer Freizeit auszutoben und meine kostbare Zeit nicht
mit '**ach so wichtigen Themen**' zu verschwenden."*

Der Chef weist ihm die Tür und Levin verlässt wortlos den Raum.

Achte in diesen Beispielen nicht so sehr auf **die Inhalte** (was gesagt
wird) - der Kontext ist austauschbar. Konzentriere Dich darauf **wie**

etwas gesagt wird und **welches Gefühl** die Aussagen hinterlassen (Unbehagen, Verunsicherung, Irritation, Zweifel). Spüre, was **zwischen den Zeilen** kommuniziert wird.

In beiden Beispielen spüren wir, dass die Darstellung der Sender **alleinige Gültigkeit** besitzen soll. **Abweichende Wahrnehmungen** werden bestimmt abgelehnt (Evelyn: *„Das bildest du dir ein…"*, Levin: *„Sie täuschen sich!"*).

Es werden **Begründungen** für die **Fehlerhaftigkeit** der Wahrnehmung geliefert (Evelyn: *„rechthaberisch und misstrauisch, kalt und herzlos"*, Levin: *„überengagiert, und selbstdarstellerisch"*).

Diese Begründungen sollen den Wahrnehmungen der Empfänger die **Berechtigung entziehen**. Sie sind so gestrickt, dass beide Empfänger sich als Person **ver-** oder zumindest **beurteilt** fühlen.

Die **Wahrnehmungen der Empfänger** werden auch mit einer **Drohung** verbunden (Evelyn: *„[was du gerade tust]…wird dich irgendwann sehr einsam machen."*, Levin: *„Ich möchte ihnen raten, sich künftig in ihrer Freizeit auszutoben…[sonst feuere ich sie!]"*). Die Aussagen der Sender sind mit einer unterschwelligen oder direkten Drohung verbunden: *„Wenn du das nicht unterlässt, dann…!"*

Suche jetzt **Beispiele aus Deinem Leben** für diesen ersten Indikator! Prüfe, **welche Ängste** in Dir durch unausgesprochene Drohungen eines Senders angetriggert wurden. **Welche Szenarien** wurden vom Sender in Aussicht gestellt, falls Du an Deiner Wahrnehmung festhältst und seine nicht akzeptierst?

Du kannst hier in einem optionalen, **kleinen Training** prüfen, inwiefern Du die bisherigen Inhalte verinnerlicht hast:

a.) Welche **Stufe** bezüglich **Absicht** und **Bewusstsein** vermutest Du bei den Sendern der beiden Beispiele?

b.) Welche **Plus-Vorteile** und **protektiven Vorteile** könnten die Sender zu ihrem Verhalten veranlassen?

Auflösung:

a.) Am ehesten können wir hier **Stufe 2 - Egozentrischfunktionales** *Gaslighting* **bei moderatem Bewusstsein und fraglicher Absicht** annehmen. Beide Sender haben ein berechtigtes Interesse, ihre AR gegenüber den Empfängern durchzusetzen.

Sie hat eine **Funktion**. Der Schaden könnte - zumindest bei Gernot - sogar strategisch gewollt sein (Stufe 3), doch dazu wissen wir zu wenig über den übrigen Kontext und die Beziehung.

b.) Für den Levin's Vorgesetzten scheint der **Plus-Vorteil** klar: Er kann weiter seine „undurchsichtigen Geschäfte" über die Firma laufen lassen. Sein **protektiver Vorteil**: Levin von Nachforschungen abhalten. Die AR **verdeckt** seine Absichten und die tatsächlichen Abläufe in der Finanzbuchhaltung. Bei Gernot ist der **Plus-Vorteil** ebenfalls klar: Er behält die Kontrolle in der Beziehung, hat seine Ruhe und kann seiner Alkoholsucht weiter ungehindert nachgehen. Sein **protektiver Vorteil**: **Vermeidung** von für ihn unangenehmen Gesprächen mit seiner Frau und das **Verstecken** seiner (wahrscheinlichen) **Alkoholproblematik**. Zudem muss er sich möglicher **Scham** und **Schuldgefühlen nicht stellen**.

Wichtige Ergänzung: Sender können die **Gleichberechtigung der Wahrnehmungen** betonen, sogar Vorträge darüber halten, wie wichtig die Anerkennung unterschiedlicher Sichtweisen ist, sich aber in entscheidenden Momenten - wenn es um Deine Wahrnehmung vs. ihre AR geht - vollkommen **anders verhalten**!

Achte hier auf Unstimmigkeiten zwischen Aussage und Verhalten! Wenn diese auf paradoxe Weise nicht zusammen passen, halte das innerlich fest!

Beobachte nicht, was gesagt wird, sondern **ob Gesagtes tatsächlich auch angewandt wird**!

Damit kommen wir zum zweiten Indikator, der an den ersten anknüpft.

2

Der Sender erhebt sich selbstverständlich zum **urteilenden Richter** über „richtig" und „falsch". Die „Augenhöhe" wird aufgehoben.

Der Sender beansprucht auf der **Beziehungsebene** seiner AR die **Richterinstanz**. Dadurch wird er zum **Urteilenden** über generell

„richtig" oder „falsch". Das geschieht meist weniger offensichtlich und schleichend. In einer natürlich wirkenden **Selbstverständlichkeit** tritt der Sender als Urteilender auf. Je häufiger der Empfänger (unbewusst) diese Urteile akzeptiert, umso mehr wächst die **Befehlsgewalt** und Macht des Senders auf der Beziehungsebene.

Hat der Sender die Instanz des Richters etabliert, entkräftet er von seiner Darstellung (AR) abweichende Wahrnehmungen, indem er Unerwünschtes als „falsch" bezeichnet. So entscheidet er immer mehr darüber, welche Wahrnehmungen und Regeln in der Beziehung gelten: Es entsteht ein **Meinungsimperium**, in dem die Gleichberechtigung der Wahrnehmungen aufgehoben, der Empfänger zum Untertan ohne Mitspracherecht wird.

Bleiben wir bei Gernot und Evelyn. Gernot hat bereits einmal **geurteilt**, dass Evelyn's Wahrnehmung **falsch** und auf ihre **Charakterzüge** zurückzuführen ist (Misstrauen, Rechthaberei, *„kalt" und „herzlos"*). Durch Rückzug und Schweigen hat er eine **richterliche Bestrafung** für Evelyn's Äußerung erfolgen lassen. Aus Evelyn's Sicht wurde sie für ihre Wahrnehmung bestraft.

Evelyn hat das **Urteil angenommen**, indem sie auf Gernot zuging und um Verzeihung gebeten hat. Dass sie damit indirekt Abwertung, die Bestrafung ihrer eigenen Wahrnehmung akzeptiert und Gernot Recht gegeben hat, ist ihr nicht bewusst. Damit hat Evelyn auch Gernot's Anspruch als **richtende Instanz** in der Beziehung zugestimmt.

Evelyn's Wahrnehmung verlor ihre Daseinsberechtigung, die Augenhöhe wurde aufgehoben.

Das hat zweierlei Folgen:
1. Evelyn wird künftig **zögerlicher** hinsichtlich der **Äußerung ihrer Wahrnehmung** sein (Angst vor Bestrafung, siehe 2. Makroprozess, S. 166 f.). 2. Gernot wird sich im Fall einer erneuten Thematisierung seines Konsums auf die vergangene Situation und seine **Anerkennung als Richter** beziehen können.

Und tatsächlich: Als Evelyn all ihren Mut zusammennimmt und Gernot bei seiner Rückkehr von der Arbeit auf seine Fahne anspricht, zischt er sie harsch an: *„Ich hab **diese Diskussionen wirklich satt! Schluss, aus, Ende!** Im Gegensatz zu dir habe ich heute gearbeitet und werde jetzt sicher nicht mit dir **über diese aus Langeweile geborenen Fantastereien** reden! Deine Rücksichtslosigkeit macht mich sprachlos."*

Evelyn hat sich bereits für ihre Wahrnehmung entschuldigt und dadurch dem Paradigma der AR zugestimmt. Darauf aufbauend wird ihr zunehmend die Möglichkeit entzogen, ihre Wahrnehmung einzubringen. Als anerkannter Richter hat Gernot **stumme Regeln** etabliert. Nun legt er fest, welche Wahrnehmungen gelten und welche Konsequenzen eine „ungültige" Wahrnehmung hat. Bringt Evelyn ihre Wahrnehmung zur Sprache, beginnt sein **Regelwerk des Richters** zu wirken.

Das Regelwerk eines sendenden Richters wird flexibel so eingesetzt, dass die AR und seine Machtposition gestärkt werden.

Für seine Urteile kann sich der Sender **verallgemeinernder Aussagen** bedienen (z.B. *„Wie kann man nur so denken?"*), **Triangulation** nutzen (*„XYZ hat auch gesagt, dass das lächerlich ist..."*) oder selektive, ihm **dienliche Vergleiche** zu anderen Personen oder Situationen heranziehen (*„Damals hast du dich auch getäuscht, als..."*).

Das Urteil liegt weniger im Inhalt, sondern in der Art, **wie der Sender spricht** (*„Deine Meinung zeigt, wie krankhaft deine Wahrnehmung ist!"*). Beachte, dass es sich hier um eine **Behauptung** handelt, die **ohne Begründung** stehenbleibt.

Urteile werden oft durch wiederholte *Mikroentwertungen* transportiert, die auch mit Komplimenten gekoppelt werden können (*„Mein verträumtes Klammeräffchen..."*). Durch diese Aussagen wird über die Zeit ein **Standard gesetzt** (siehe Horst & Miriam, S. 27 f.).

Manchmal setzen Sender diesen Standard bei **nicht anwesenden Dritten** (*„Frau G. ist mit ihrem Auftreten einfach nur peinlich!"*). Der Empfänger bekommt dabei mit, wie eine andere Person vom Sender attackiert und verurteilt wird. Das kann **Angst** machen (*„Den möchte ich nicht zum Feind haben!"*). Empfänger können so über eine subtil fügsame Haltung in das Regelwerk eines Senders rutschen (*„Lieber nicht aufbegehren, sonst..."*).

Sender können sich bezüglich ihrer Regeln an Allgemeinplätzen bedienen (z.B. *„Wer einmal lügt, dem glaubt mach nicht..."*). Diese werden dann (wie Weisheiten oder Sprüche) so eingesetzt, dass ihr Urteil schlüssig, alternativlos und unanfechtbar erscheint. Wie beim 1. Indikator wenden Sender diese Regeln **selektiv** und **nur in bestimmten Situationen** an, setzen diese aber selbst **nicht** wirklich und konsequent um.

Ein abwertendes Urteil kann auch **nonverbal** und ganz subtil erfolgen: Durch Mimik, Gestik oder Ignoranz.

Beispielsweise, wenn Evelyn die Veränderungen in der Beziehung thematisiert und Gernot darauf nur kopfschüttelnd die Augen verdreht und weiter in seine Zeitung starrt.

Überprüfe, ob Du schon einmal jemanden als **Richter** in Deinem Leben erlebt hast. Hattest Du schon einmal das Gefühl, bestimmte, **ungeschriebene Regeln erfüllen** und Deine Wahrnehmung zurückhalten zu **müssen**? Welchen **stummen Gesetzen** hast Du Dich dabei verpflichtet gefühlt? Was war verboten, unerwünscht und wurde bestraft?

Finde eigene **Beispiele** und versuche, die unausgesprochenen Regeln auszuformulieren. Überlege anschließend, ob Du diesen Regeln **wirklich** zustimmst, ob sie für Dich gelten sollen und Du dafür Deine wahre Meinung zurückstellen möchtest.

Empfänger und der 2. Indikator: Regeln aktivieren auf Empfängerseite oft ein Gefühl der **Verpflichtung** zugunsten einer höheren Sache. Sender bringen ihre **Gesetze** willkürlich in Situationen ein und vermitteln Empfängern, „blöd dazustehen", wenn sie sich **nicht** daran halten (Subtext Gernot: *„Wenn du mich jetzt mit deinen Fragen traktierst, bist du ein schlechter Mensch!"*).

Sender behaupten gerne, dass diese Regeln eingehalten werden müssen, wenn man ein **guter Mensch**, **moralisch korrekt** oder nicht das Allerletzte unter der Sonne sein möchte. Tatsächlich handelt es sich dabei um **unmoralische** Erpressungen, was den wenigsten Empfängern auffällt. Durch den Subtext wird ihr Moralempfinden aktiviert und sie fühlen sich schlecht (weil sie das Gesagte glauben)! Anstatt die **Erpressung** zu konfrontieren und die Regel zu hinterfragen, stimmen Empfänger zu, ordnen sich unter, um sich dann wieder besser zu fühlen.

Damit kommen wir zum dritten Indikator der AR.

3 Als urteilender Richter deutet der Sender seine **subjektiv verzerrte und unvollständige AR in allgemeingültige Fakten um,** während für die AR „unpassende" Tatsachen als subjektive Eindrücke bezeichnet werden.

In der AR findet eine **Verwirrung von Fakten** und **subjektiver Wahrnehmung** statt. Der Sender hat (vom Empfänger unbemerkt) die Richterinstanz eingenommen. Gemäß unserer Definition (S. 52), greift das erst dann, *„...wenn der Empfänger dem Sender mehr vertraut als seiner eigenen Wahrnehmung..."* (siehe 3. Makroprozess, S. 203 f.).

Weil der Sender nun darüber entscheidet, was Fakt ist und was nicht, **schreibt** der sendende Richter **die Realität** allmählich **zu seiner Alternativrealität** um. Die subjektiv verzerrten Wahrnehmungen des Senders werden zu unumstößlichen Tatsachen. So verschiebt sich das Machtgefälle bei *Gaslighting* immer mehr hin zum Sender.

Ein faktischer Schlag ins Gesicht (siehe S. 89) hat dann nie stattgefunden (Verleugnung) oder wird zur **liebevollen Rauferei** umgedeutet (Reframing). Wenn der Empfänger die Fakten (den Schlag) wahrnimmt, wird behauptet, das liege an seiner subjektiv verzerrten Wahrnehmung. Ich glaube, Du verstehst, oder?

Sender wirken in ihren Darstellungen sehr **glaubwürdig**. Mit innbrünstiger Überzeugung machen sie dem Empfänger klar, *„was Fakt ist!"*.

Du kannst die **Verwirrung von subjektiver Wahrnehmung** und **Fakten** auch in unseren Beispielen finden. Trainiere Deine Wahrnehmung diesbezüglich, indem Du die Beispiele noch einmal durchgehst und darauf achtest, wann und wie Sender diese Form der **Umdeutung** und **Verleugnung** einsetzen.

4 Um gegen die AR sprechende Tatsachen und Wahrnehmungsaspekte zu entkräften, konfrontiert der Sender den Empfänger mit **Regeln** oder allgemein anerkannten Aussagen (z.B.*„Wahrnehmung ist subjektiv"*). Gleichzeitig nimmt sich der Sender von diesen Regeln aus. Sie gelten für den Empfänger, nicht für ihn (= **Einseitige Regeln**).

Dieser Indikator ist sehr wichtig! Sender predigen oft **Regeln** und machen den Empfänger auf **Fakten** aufmerksam, die dann auf wundersame Weise für sie selbst **nicht** gelten. Wie bereits erwähnt können hier auch Aussagen von Prominenten, Philosophen, Politikern, Wissenschaftlern oder Autoren usw. **zitiert** werden, die gemeinhin als anerkannt gelten. Sender betten solche Aussagen immer so in den Kontext ein, dass sie **ihrer Argumentation dienen**. Aussagen werden aus ihrem Zusammenhang gerissen und als „Beweise" angeführt. Hier ist achtsame Beobachtung angezeigt!

Fakten, Regeln, Zitate und allerlei **moralische Leitlinien** werden von Sendern so genutzt, dass **die Wahrnehmung** oder das **Anliegen von Empfängern entkräftet** und die eigene **Macht- und Richterposition gestärkt** wird.

Sender können über die Anwendung von *Mikroregeln* (auf andere Menschen) ein Regelwerk etablieren, das sich durch alle Lebensbereiche ziehen kann. All diese Regeln werden jedoch **selektiv** und **einseitig** auf Empfänger angewandt, während die Sender selbst sich von diesen Regeln ausklammern. Zu abstrakt? Ein Beispiel...

Hubert und Ulla sind mehrere Wochen an der Costa Brava.

Es wurden einige Museen besucht, da es Ulla's entschiedener Wunsch war, von dem sie **keinen Millimeter abweichen** wollte. Obwohl Hubert Museen zum Sterben langweilig findet, hatte er zuletzt **zähneknirschend** zugestimmt.

Am vierten Tag möchte Hubert zum Windsurfen und es kommt zum Streit. Ulla wirft Hubert vor, dass es **keine Gleichberechtigung** in ihrer Beziehung gäbe. Hubert wisse doch, dass sie Windsurfen langweilig finde und sie **habe ja schließlich auch ein Mitspracherecht!**

Hubert erinnert sie an ihre egozentrische Entscheidung bezüglich der Museen, worauf Ulla antwortet, dass das **etwas Anderes** sei, **da Hubert ja zugestimmt habe.**

Die Regel der **Gleichberechtigung** gilt nur als Argument gegenüber Hubert. An diesem Maßstab misst Ulla **sein Verhalten**, während die Messung für sie und ihr eigenes Verhalten ausfällt. Sie findet Gründe, weshalb die Regel bei ihr **nicht anwendbar** ist (*„Das ist etwas Anderes!"*): Weil Hubert seine **Zustimmung** gegeben hat.

Einige Fakten werden ausgeblendet: Dass Hubert einen Kompromiss eingegangen ist und im Grunde keine Wahl hatte, Ulla ihrerseits nicht zu Kompromissen und wahrer Gleichberechtigung bereit war. Wir erkennen ihr **Auftreten als Richterin** in der Situation. Sie allein entscheidet, wann und für wen die von ihr aufgestellte Regel gilt. Interessant, oder?

Völlig unbeachtet bleibt auch **Hubert's Wahrnehmung** der partnerschaftlichen Situation: Erlebt er die Beziehung als **gleichberechtigt?** Für Ulla ist das irrelevant. Nur ihre Einschätzung ist von Bedeutung, Hubert's Wahrnehmung zählt nicht (siehe Indikator 1 und 2, S. 104 und S. 107).

Erneut fungiert der Sender **selbstverständlich als Richter** und befindet darüber, **wann eine Regel für wen** und unter welchen Umständen gilt. Die Wahrscheinlichkeit für eine AR (und damit *Gaslighting*) erhöht sich, wenn mit **zweierlei Maß gemessen wird** und eine Regel willkürlich für gültig erklärt wird, wenn sie dem Sender in dem Moment nutzt.

a.) *Soziale Reziprozität*[15]: *Aufhebung der wechselseitigen Abhängigkeit*

Eine in *Gaslighting*-Konstellationen von Sendern häufig etablierte, *einseitige Regel* ist die **Aufhebung der wechselseitigen Abhängigkeit**. Diese „Soziale Reziprozität" wird in den Sozialwissenschaften als *„universelles, soziales Prinzip"* und *„Bedingung des Menschwerdens angesehen"*. Sie besagt, dass Menschen wechselseitig voneinander abhängig sind, eine Wirkung aufeinander haben. Eben *„dadurch entstehen Beziehungen und gegenseitiges Vertrauen"* [15].

Vereinfacht: Was ich sage, hat eine Wirkung auf Dich und was Du sagst, hat eine Wirkung auf mich.

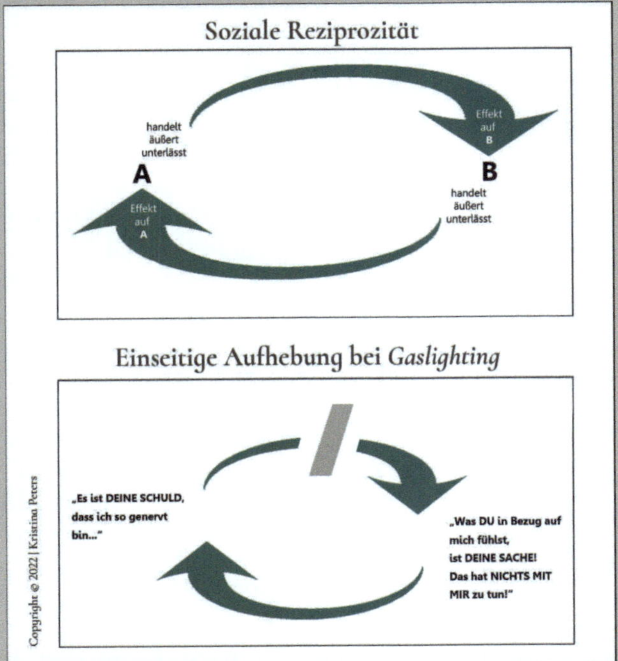

Abb. 5: Einseitige Regeln - Aufhebung sozialer Reziprozität bei Gaslighting

Die Abbildung zeigt, wie Sender dieses universelle Prinzip bei *Gaslighting* einfach aufheben. Sie durchtrennen die Wechselseitigkeit und machen daraus eine einseitige Regel, die da lautet: *„Es ist **Deine** **Schuld**, wenn ich genervt bin, aber wie es **Dir** geht hat **keinesfalls mit mir zu tun!**"* (siehe Abb. 5). Sie externalisieren Verantwortung. Fühlt ein Empfänger sich hingegen gut, können Sender diese Regel auch schnell wieder einführen und sie hatten daran auf jeden Fall Anteil. Daran erkennt man, wie selektiv einseitige Regeln eingesetzt werden.

Vorsicht: Reziprozität bedeutet **nicht**, dass man Andere vollständig für das eigene Befinden oder Verhalten verantwortlich machen kann! Jeder trägt Verantwortung für sich und sein Handeln und - dennoch haben wir eine Wirkung aufeinander!

Du siehst, dass eine Alternativrealität nicht auf **eine** Aussage oder Regel reduziert ist, sondern ein **komplexes Informationsgeflecht** beinhaltet, das durch einen **Richter** geformt wird.

Das führt uns zum nächsten Indikator einer AR.

5 In der AR werden **Details, Ursachen und Zusammenhänge modifiziert.** Der Sender greift Elemente der Realität heraus, behauptet aber **abweichende Verflechtungen** und **Ursachen.** Zusammenhänge werden durchtrennt und neu verknüpft. So entsteht die AR, die inhaltlich starke Überschneidungen mit der Wahrnehmung des Empfängers aufweisen kann.

Vielen Menschen fällt das Erkennen von *Gaslighting* so schwer, weil es zahlreiche, inhaltliche **Übereinstimmungen** zwischen ihrer eigenen Realitätswahrnehmung und der AR gibt.

Eine AR besteht nicht nur aus *Mikrozuschreibungen* (*„Du bist unsicher!"*). Sie enthält **modifizierte Zusammenhänge, Ursachen** und **Details,** die von Sendern so zum eigenen Vorteil verändert werden, dass sie für Empfänger zu einer **maßgeblichen und leidvollen Verzerrung der Realität** werden.

Stell Dir vor, Du fühlst Dich irgendwann einmal **unsicher** und ein vertrauter Mensch benennt das. Du wirst (zumindest innerlich) **zustimmen** und nicht widersprechen. Stell Dir weiter vor, Du bist in einem gelassenen Moment mit Freunden **heiter, offen und fröhlich** (von Unsicherheit keine Spur). Die vertraute Person benennt auch das und Du wirst es nicht abstreiten. Wozu auch? Du **stimmst** (zumindest innerlich) **erneut zu**. Rein rechnerisch stimmst Du zwei von zwei Aussagen zu.

Plötzlich behauptet diese Person, Du wärst heiter, offen und fröhlich, **weil** Du zutiefst verunsichert bist.
Ein realer **Zusammenhang** wird **durchtrennt** - denn Deine heitere, offene Fröhlichkeit entspringt einer Gelassenheit. In der AR wird ein **neuer Zusammenhang** hergestellt: Deine offene Fröhlichkeit wird mit Deiner Unsicherheit verknüpft.

Das Problem für unser Gehirn: Rein rechnerisch stimmst Du 66,6% der obigen Aussagen zu, weil Du Unsicherheit und offene Fröhlichkeit in Dir findest. Das einzige, was Dir **nicht** zutreffend erscheinen würde, wäre der **Zusammenhang**! Doch mit 33,3% ist er das kleinere Element. Rechnerisch **rebelliert** also nur **ein kleiner Teil** in Dir. Ein größerer Teil stimmt mit den Aussagen des Senders überein („*Ja, das stimmt!*").

Wegen dieses rechnerischen Verhältnisses (66,6% Zustimmung und 33,3% Ablehnung) neigen Empfänger oft zur **Zustimmung der kompletten Behauptung**. Die Modifikation von Zusammenhängen in einer Aussage ist das kleinere Element. Häufig wird es gar nicht erkannt. Obwohl Empfänger meist **intuitiv** spüren, dass hier **irgendwas nicht stimmt**, stimmen sie zu und gleiten so in die AR.
Spüren Empfänger den **falschen Zusammenhang**, können sie dennoch in die Falle tappen, indem sie an sich zu zweifeln beginnen. Sie hinterfragen, ob der behauptete Zusammenhang nicht doch stimmt und landen im destruktiven *Monolog der inneren Beweisführung* (S. 121 f.).

Der 5. Indikator zeichnet sich dadurch aus, dass **Dinge miteinander verknüpft werden**, obwohl sie (in dem Moment) **nichts miteinander zu tun haben**.
Selbst wenn eine Eigenschaft auf uns zutrifft, muss diese nicht immer **ursächlich** für unser Verhalten sein!

Ein analoges Beispiel kennst Du bereits von Moritz und Nadine (S. 32). Moritz schuf durch seine neue Verknüpfung eine AR auf, die ihm als **Rechtfertigung für seine Wut** und sein eigenes Verhalten diente. Er unterstellte, Nadine leide noch immer unter ihrer Pigmentstörung, sei

unsicher und verhalte sich **deshalb** anbiedernd - um Zustimmung und Bestätigung zu erhalten. Zwei Fakten wurden durch eine **neue Verknüpfung** zur Alternativrealität.

Obwohl die Pigmentstörung für Nadine kein Thema mehr war, wurde sie durch die von Moritz behauptete Verknüpfung **verunsichert**, **hinterfragte sich** und erlebte Zweifel. Sie konnte 66,6% der Aussagen von Moritz zustimmen, nur der **Verknüpfung** nicht!

Die Modifikation der Zusammenhänge diente Moritz dazu, Eifersucht, Angst und Unsicherheit vor sich selbst und Anderen zu verbergen, sowie sein trotziges Flirtverhalten zu begründen. Er verlagerte den Grund dafür auf Nadine (Externalisierung). Damit übertrug er ihr auch die Verantwortung für sein Verhalten, stellte sich als **Opfer** dar (*„Du bist schuld!"*), indem er als **Richter** die Realität umschrieb (*„So sind die Fakten!"*).

! Zahlreiche *Mikroprozesse* dienen der **Modifikation von Zusammenhängen**, z.B. auch die **Kausalitätsumkehr** (Ursache und Wirkung werden vertauscht) oder die **Vergangenheitsaktualisierung** (etwas Vergangenes wird als gegenwärtig behauptet). Die vom Sender eingesetzten *Mikroprozesse* sind vielfältig.

Das Verknüpfen neuer Zusammenhänge ist auf verschiedenen Ebenen möglich. Eine Klientin berichtete mir, sie habe ihrem Partner gegenüber den Wunsch nach einer gemeinsamen Reise geäußert, woraufhin er entgegnet habe: **„Erst wenn du endlich die Spülmaschine richtig einräumst!"**

Davon abgesehen, dass es sich hier um Erpressung handelt und der Sender als **Richter** auftritt, wird implizit behauptet, dass die Entscheidung für eine Reise mit dem Ausräumen der Spülmaschine zusammenhängt. Dass diese Verknüpfung völlig an den Haaren herbeigezogen ist, erkennst Du jetzt sicher.

Innerhalb einer aktiven *Gaslighting*-**Dynamik** werden derartige Verknüpfungen von Empfängern oft selbstverständlich akzeptiert. Das widersprüchliche Informationsgeflecht der AR wird von ihnen nicht mehr als solches erkannt.

Außenstehende erkennen ein derartig verändertes **Informationsgeflecht** einer AR noch weniger. Was ist schon dabei, wenn der Sender eine andere Sicht auf die Dinge hat? Von außen werden die Auswirkungen solch **veränderter Zusammenhänge** und die im Hintergrund ablaufenden Prozesse nicht wahrgenommen.

Wenn wir in unser Beispiel gehen, verstehen wir auch, weshalb: Stell Dir vor, Moritz würde gemeinsame Freunde mitfühlend um Nachsicht bezüglich **Nadine's Unsicherheit** bitten. Stell Dir weiter vor, Nadine wäre verkrampft und angespannt mit ihren Freunden, weil sie sich „nicht mehr anbiedern" wollen würde. **Was würden die Freunde sehen?** Eine wirklich verunsicherte Nadine, so wie Moritz es behauptet hat. Sie würden ihm vielleicht sogar noch Recht geben.

Wenn Empfänger durch die AR so verunsichert werden, dass sie sich so verhalten, wie der Sender es gegenüber Dritten behauptet hat, entstehen sich **selbst erfüllende Prophezeiungen**.

Würden sich die Freunde gegenüber Nadine **rücksichtsvoll** verhalten, sie auf ihre **Unsicherheit** ansprechen, würde Nadine **Rückmeldungen** erhalten, die zu den **Aussagen von Moritz** passen und seine AR stützen. Gleichwohl die Freunde das gar nicht beabsichtigt hätten, würde sie dadurch in noch tiefere **Zweifel**, **Unsicherheit** und **Anspannung** fallen. Wie so viele Empfänger.

Es kann durchaus bewusste Stellvertreter geben, doch häufiger werden sie auf diesem Weg unbewusst dazu. Außenstehende sehen und verstehen die **Elemente** und **Folgen** von *Gaslighting* nicht. Es werden nur jene Inhalte erkannt, die mit der Realität übereinstimmen und daran wird kein Anstoß gefunden.

Das erklärt die Verzweiflung vieler Empfänger, die immer wieder versuchen, bei Freunden oder der Familie Verständnis zu finden. Es ist hart, mit der eigenen Wahrnehmung und den Folgen neu verknüpfter Zusammenhänge allein zu stehen.

Dieses Buch möchte auch hier Aufklärung und Verständnis schaffen. Drücke es Deinen Freunden und/oder Familienmitgliedern in die Hand.

Das Verständnis des 5. Indikators ist für Empfänger unglaublich wichtig! Er greift auch, wenn Sender **ohne** bewusste Absicht und Intention (Stufe 1) handeln. Die **Modifikation von Zusammenhängen** wirkt vielschichtig auf den *Gaslighting*-**Prozess** ein.

Selbst Empfängern von *Gaslighting* ist die Bedeutung **alternativer Zusammenhänge** oft nicht bewusst. Sie werden von ihrer eigenen **Zustimmungsbereitschaft** kalt erwischt (66,6% vs. 33,3%).

Irritiert und verunsichert merken sie lediglich, dass *„etwas nicht stimmt"*, bekommen dieses *etwas* aber nicht gegriffen (siehe Franziska, S. 64 f.). Es geschieht schnell, dass Empfänger unbewusst einem **alternativen Zusammenhang zustimmen**, der gar nicht zutreffend ist. Dies ist umso mehr der Fall, wenn die AR des Senders ein weiteres Charakteristikum aufweist: Die **geschaffenen Fakten**.

Durch das **Schaffen neuer Fakten** festigt der Sender seine AR. Bloße Behauptungen werden als Tatsachen dargestellt, die **Realität so manipuliert**, dass sie die AR des Senders zu **beweisen scheint** (Dinge verschwinden, Inszenierungen, Triangulation, Stellvertreter).

Diesen Indikator haben wir in der Weiterführung des Beispiels von Nadine kreiert. Der **Einbezug der Freunde** durch Moritz schafft **neue Fakten** für Nadine's Unsicherheit (und seine AR): Die Besorgnis und Rücksicht der Freunde kann sich für Nadine wie eine **Tatsache, ein Beweis** anfühlen. Ihre eigene, vermehrte Unsicherheit hätte dann sogar zur **Schaffung neuer Fakten** beigetragen (weil die Freunde Unsicherheit wahrnehmen und darauf eingehen).

Der *Gaslighting*-**Prozess** und die AR könnten sich weiter ausbreiten, wenn Moritz durch weitere, bloße Behauptungen zusätzliche Fakten schafft. Stell Dir vor, wie Nadine sich in einem neuen Rollkragenpullover im Spiegel mustert. Moritz könnte mitfühlend zu ihr blicken und äußern, dass es ihm leid tut, dass Nadine **immer noch unter ihrer Pigmentstöung leidet** (eine Zuschreibung).

In diesem Moment würde Nadine aus einem völlig entspannten Zustand in die AR katapultiert werden. Urplötzlich wären **alle Aussagen der AR** und das **Verhalten der Freunde** wieder präsent. Sie würde sich vielleicht fragen, ob sie den Rollkragenpullover unbewusst gekauft hat, um ihren Körper zu verbergen. Alleine diese innere Auseinandersetzung und das rückwirkende Hinterfragen ihrer eigenen Motive würden **Selbstzweifel** und **Unsicherheit befeuern**.

Ich bin mir sicher, dass Du diesen Mechanismus kennst (siehe *Monolog der inneren Beweisführung*, S. 121 f.)!

Sender schaffen neue Fakten, indem sie Elemente aus Situationen herauspicken, diese **selektiv überbetonen** (ein *Mikroprozess*) und eine neue Verknüpfung oder Ursache behaupten. So wird der Empfänger immer wieder in Kontakt mit der **AR** gebracht und zur Auseinandersetzung mit ihr genötigt.

Die **konkrete Manipulation der Realität** kommt meiner Ansicht nach nur bei **Intentionalem *Gaslighting*** vor (volles Bewusstsein, gezielte Absicht) und entspricht damit **Stufe 3** des Stufenmodells (S. 22). Dabei werde z.B. **Gegenstände entfernt** und andernorts platziert, um den Empfänger als *vergesslich* oder *dumm* dastehen zu lassen. Denken wir an den Ehemann der Klientin, der die Pizzen aus dem

Einkaufswagen zurück ins Tiefkühlfach legte (S. 88)! Auch **Vertauschungen** können vorgenommen werden (eine Tüte Milch im Kühlschrank wird durch eine Flasche Wein ersetzt). Es können auch **Vorgänge** durch den Sender **initiiert** werden (z.B. das Abonnement einer Zeitschrift), für die dann der Empfänger verantwortlich gemacht wird.

Die Manipulation der Realität kann zahlreiche Formen annehmen. Durch Konfrontation mit **geschaffenen Fakten** werden Zweifel und **Verwirrung** auf Empfängerseite geschaffen oder massiv verstärkt, die **Machtposition** des Senders **gestärkt**.

Empfänger können durch sichtbare, geschaffene Fakten nachhaltig das Vertrauen in die eigene Realitätswahrnehmung verlieren. Im Gegensatz zu verbalen Äußerungen führen **materielle Manipulationen** zu einem fass- und sichtbaren **Beweis**, der die AR des Senders scheinbar **faktisch bestätigt** und die Wahrnehmung des Empfängers **widerlegt**.

Unbewusste Empfänger, die bis dahin noch Widerstand gegen die Darstellung des Senders und seine AR geleistet haben, sind spätestens in diesem Moment so **schockiert, verunsichert** und **beschämt**, dass jegliches Aufbegehren und Selbstvertrauen verebbt.

Besonders gravierend wirkt sich das *Schaffen von Fakten* aus, wenn Dritte diesen Beweis **bezeugen**. Weitere Personen erleben dann mit, wie sich die **AR des Senders** zu bestätigen scheint. Das schafft Stellvertreter der AR und somit weitere Fakten!

Durch den Einbezug Außenstehender können Sender die **Menschen im Lebensumfeld** von Empfängern so beeinflussen, dass diese seine **AR** an den Empfänger herantragen. In einer Paarbeziehung können das leider auch die eigenen Kinder sein, die so zu Stellvertretern eines Senders werden.

Auch Nadine's Freunde werden unbewusst zu **Stellvertretern** von Moritz, wenn sie Nadine auf ihre Unsicherheit ansprechen.

Das *Schaffen von Fakten* kann zu einem regelrechten System von Sendern werden. Wiederum am Beispiel Moritz & Nadine könnte er das **Verhalten der Freunde aufgreifen** und sagen, **dass es sogar ihnen auffällt, dass Nadine verunsichert ist**. Problematisch daran ist, dass dies der Wahrheit entspräche - Nadine könnte schwer widersprechen.

Fehlerhaft und unerwähnt würde bleiben, dass Nadine **aufgrund** von Moritz' Äußerungen verunsichert ist (nicht wegen der Pigmentstörung) und dass ihre Freunde die Unsicherheit **deswegen** thematisieren, weil Moritz bei den Freunden einen *Beudeutungsanker* ausgeworfen hat (ein *Mikroprozess: Anchor dropping*).

Moritz würde ausklammern, dass er dies selbst verursacht hat und andere Gründe behaupten.

Frage Dich bitte an dieser Stelle:

? *„Könnte ich diese **verschachtelten** und **aufeinander aufbauenden** Prozesse, mitsamt ihren **Auswirkungen** auf mich, einer außenstehenden Person verständlich machen?"*

Ich bin mir sicher, Du kommst zu dem Schluss: *„Vollkommene Fehlanzeige!"*
Empfänger durchblicken diese komplexen Abläufe ja selbst nicht - und das ist auch schwierig! Nur Wenige können sich vorstellen, dass **/** Menschen derart manipulativ **Beweise schaffen** könnten - nur um **Recht** zu behalten und ihre **Machtposition** zu stärken.
Wenn Empfängern der Durchblick selbst nicht gelingt - wie sollen Außenstehende es sich dann vorstellen können?

Der sechste Indikator ist ein **sicherer** Nachweis für das Vorliegen einer AR und damit *Gaslighting*. Es sei denn, Dein Gegenüber leidet an Demenz oder einer psychotischen Störung.
Das *Schaffen von Fakten* schürt die Selbstzweifel von Empfängern am stärksten. Hier scheinen **faktische Beweise** gegen die eigene Wahrnehmung zu sprechen und sogar das **Umfeld** stimmt der AR des Senders zu. Das ist harter Tobak!

Werden Sender durch ein Elternteil repräsentiert, können Empfänger **über Jahrzehnte hinweg ein bestimmtes Bild** (eine AR) vermittelt bekommen, welches von **Geschwistern** und anderen Verwandten übernommen oder zumindest nicht korrigiert wird. Dauerhafte Stellvertreter tragen dazu bei, dass die AR eines Senders sich bei jungen Empfängern über viele Jahre fest einzementiert (Franziska, S. 64 ff.). Wenn so etwas erlebt wird, kann ich nur dazu ermutigen, den Mund aufzumachen. Nur eine alternative, korrigierende Aussage kann für junge Empfänger sehr viel bewirken!
Für Empfänger, die sich über Jahrzehnte mit ihrer Wahrnehmung

„falsch" fühlen, durch soziale Ausgrenzung, Einsamkeit und fehlende Alternativen zur unbewussten Übernahme der AR gezwungen sehen, wird der Makroprozess des **Auto-Gaslighting** quasi alternativlos (siehe 4. Makroprozess, S. 276 f.).

Bis hier haben wir die Indikatoren eher auf Seite des Senders gesucht. Doch auch auf **Empfänger-Seite** gibt es einen **wesentlichen** Indikator, der eine AR anzeigen kann.

7 Die AR und das Verhalten des Senders **halten den Empfänger über Verwirrung und Leid beschäftigt.** Widersprüche zur eigenen Wahrnehmung verführen Empfänger zum *Monolog der inneren Beweisführung*: Der permanenten Auseinandersetzung mit der AR.

Alle Indikatoren der AR lösen bei Empfängern **Verwirrung, Verunsicherung** und **unangenehme Gefühl** aus. Die Mikroprozesse mit dieser Wirkung bezeichne ich als **Nebelraketen** eines Senders. Bei Empfängern hinterlassen sie eine Nebelwand (S. 124 f.). Durch diese Verschleierung erkennen Empfänger komplexe Zusammenhänge nicht mehr, geschweige denn, dass sie in Worte gefasst werden können. Nicht selten bleiben Empfänger nur mit dem **diffusen Gefühl** zurück, dass **etwas nicht zusammenpasst.**

Psychologen bezeichnen Gefühlszustände, in denen etwas „nicht zusammenpasst" als **Dissonanz.** Dissonanzen mögen wir Menschen überhaupt nicht! Sie verursachen uns Stress. Naturgemäß wollen wir sie deshalb schnell auflösen.

Empfänger gehen hier leider oft den falschen Weg. Sie suchen auf der *Mikroebene* (in den Details) nach Antworten auf derartige Unstimmigkeiten. Dadurch verstricken sie sich immer tiefer in den Inhalten der AR. Empfänger können sich stunden-, sogar tage- und wochenlang mit der Frage beschäftigen, ob die Aussagen des Senders nicht vielleicht doch stimmen. Sie reflektieren, eruieren, wägen ab.

Typische Fragen, die Empfänger sich stellen, um Beweise **für** die AR des Senders zu finden, lauten (Beispiel - Moritz wirft Nadine Unsicherheit vor):

„Wann hab ich mich zuletzt unsicher gefühlt?"
„Bekomme ich es immer mit, wenn ich unsicher bin?"
„Steuert mich meine Unsicherheit, ohne dass ich das merke?"
„Wenn nicht unsicher wäre - weshalb beschäftigt mich das so?"

Das wechselt nach einiger Zeit. Dann wird nach Anhaltspunkten **gegen** die Wahrnehmung des Senders (AR) und **für** die eigene Wahrnehmung gesucht. Typische Gedanken in dieser Phase:

„Aber ich fühle mich doch selbstsicher!"
„Es entgeht mir doch nicht, wenn ich unsicher werde!"
„Das wüsste ich doch, wenn das so wäre!"
„Nur weil es dem Sender so vorkommt, muss es ja nicht stimmen."

Diese zwei Perspektiven wechseln sich **in Empfängern** ab. Sender sind an diesem Prozess nicht beteiligt und an einer tatsächlichen Klärung auch selten interessiert. Empfänger führen im *Monolog der inneren Beweisführung* endlose, innere **Selbstgespräche** über die AR des Senders. Beim 7. Indikator spielen zwei innere Anteile des Empfängers Ping-Pong, ohne dass jemals zufriedenstellende Antworten erreicht werden.

Der *Monolog der inneren Beweisführung* setzt an der falschen Stelle an. Viel wichtiger wäre es, seinen **Frieden mit Unsicherheit** zu machen und das **stumme Urteil** des Senders (*„Unsicherheit ist verurteilenswert!"*) zu sprengen, indem man sich klar macht:

? *„Unsicherheit erlebt jeder Mensch. Daran ist nichts Schlimmes! Wieso verurteile ich mich dafür und lasse es zu, dafür verurteilt zu werden?"*

Selbstreflektion ist grundsätzlich in jeder Beziehung ein wichtiges Puzzlestück zur Klärung! Bei *Gaslighting* trifft das aber nur bedingt zu. Während Empfänger sich im *Monolog der inneren Beweisführung* verlieren, übersehen sie, dass der Sender Behauptungen als Fakten dargestellt, Verknüpfungen generiert, über „richtig" und „falsch" gerichtet hat und sich einer tatsächlichen Klärung im Dialog auf Augenhöhe meist entzieht. Getreu dem Motto: *„Dein Befinden hat mit mir nichts zu tun!"* hält der Sender sich raus (siehe S. 113). Während der Empfänger sich im Karussell der *Mikroprozesse* um sich selbst dreht, verliert er genau dieses Verhalten auf der **Makroebene** aus dem Blick.

In meiner Begleitung gab es Klienten, die so tief im Monolog der inneren Beweisführung feststeckten, dass sie im Minutentakt **wütend,** dann wieder voller **Angst** und **Unsicherheit** waren. Je nachdem, ob sie gerade der eigenen Wahrnehmung oder der AR des Senders Glauben schenkten. Ihre raschen Gefühlswechsel waren für sie normal geworden und sie merkten gar nicht mehr, dass sie sich gedanklich **um sich selbst drehten.**

Gleich einem Pendel können Empfänger von *Gaslighting* gedanklich und emotional zwischen diesen beiden Positionen hin- und herschwingen. Sie suchen an der falschen Stelle nach Antworten und werden immer nur so lange fündig, bis sich die zweite Stimme in ihnen meldet, die dann wieder das Gegenteil für möglich hält.

? *„Aber was soll ich dann in einer solchen Situation machen - wenn ich nicht weiß, ob es nicht vielleicht doch stimmt, was der Sender sagt?"*

a.) Inner work zum Monolog der inneren Beweisführung

1. Erkenne an, dass Du in einer **Sackgasse** steckst.

2. Finde heraus, zu welchem **Ziel** Dich das Abwägen des Für und Widers dieser Aussagen führen soll. Wo möchtest Du hin?

3. Warst Du vielleicht zu sehr mit den **Inhalten der AR** eines Senders beschäftigt?

4. Tritt einen Schritt zurück und frage Dich, **wie** der Sender seine Aussagen trifft.

5. Finde heraus, worin **wahre Grund** für Dein **Unwohlsein** liegt. Was stimmt hier nicht? Sind es wirklich die Inhalte oder eher die Art und Weise, **wie** Dir hier begegnet wird?

6. Ziehe in Betracht, dass Du vielleicht an der **falschen Stelle** nach Gründen für Deine emotionale Schieflage gesucht hast.

7. Wechsle jetzt auf die **Makroebene**!

8. Prüfe mit den folgenden *Makrofragen*, ob sich die **Indikatoren der AR** in Deiner Konstellation finden lassen:

   *„Wird **meine Wahrnehmung** genau so einbezogen wie die des Senders?"*

   *„Stellt der Sender seine **subjektive Wahrnehmung** als **Fakt** dar?"*

   *„Spricht der Sender wie ein **Richter**, der richtig und falsch festlegt?"*

   *„Welche **Vorteile** hat der Sender durch sein Verhalten und was er sagt?"*

   *„Was wird durch die Aussagen des Senders **verdeckt**?"*

   *„Wie wirken sich diese Aussagen auf unsere **Beziehungsebene** aus?"*

   *„Fühle ich mich **gleichberechtigt** oder **unterlegen (Augenhöhe)**?"*

   *„Gibt es **stumme Regeln**, denen ich zu entsprechen versuche?"*

   *„Welche Regeln wurden **ohne meine Zustimmung** aufgestellt?"*

*„Gelten diese **Regeln** für uns beide oder sind sie **einseitig?**"*
„Wird berücksichtigt, dass wir beide einen Effekt aufeinander haben?"
*„Welche behaupteten **Zusammenhänge** fühlen sich **falsch** an?"*

9. Kläre die Fragen mit Deiner **intuitiven Reaktion** (S. 380 f.).

10. Falls Du Indikatoren findest - verabschiede Dich ab jetzt von Fragen darüber, **was** gesagt wurde.

11. Prüfe, **wie** miteinander auf Basis welcher Regeln umgegangen wird. Analysiere Rahmenbedingungen und Motive des Senders.

12. Halte ab jetzt Distanz zum *Monolog der inneren Beweisführung.*

Durch Einnahme der *Makroebene* prüfst Du zuerst einmal die **Beziehungskonstellation** selbst auf Indikatoren, bevor Du Dich bis zum Exzess mit geäußerten Inhalten auf der *Mikroprozessebene* quälst.

Unsere Definition und die Indikatoren von *Gaslighting* zeigen: Einem Sender geht vor allem darum, seine AR durchzudrücken, um seine **Vorteile** zu erhalten. Das steht für ihn im Vordergrund. Deine Nachteile sind erstmal unwichtig.

Betrachte noch einmal die Abbildung auf S. 73: Die *Mikroprozesse* beinhalten automatisch verwirrende Widersprüche, Verzerrungen und Löcher. Sie sind als Bestandteile einer Alternativrealität von Sendern erwünscht! Du kannst diese Lücken nicht füllen, das Verbogene nicht gerade rücken - es bleibt schräg und widersprüchlich! Das liegt in der Natur des *Gaslighting*-**Prozesses**! Die Aussagen des Senders **müssen** Dich verwirren und **sollen Dich beschäftigt halten**! Sie sind nicht dazu gedacht, auf der Mikroebene geklärt zu werden.

Doch genau darauf zielt der *Monolog der inneren Beweisführung* ab. Dein inhaltliches Wälzen der Aussagen dient einem Sender - es ist erwünscht. Solange Du im *Monolog der inneren Beweisführung* festhängst, durchblickst Du die *Makroprozesse* nicht und lässt ihn mit unbequemen und bedrohlichen Fragen in Ruhe. Viele Sender feuern verwirrende *Nebelraketen* nur deshalb ab, um Empfänger an die AR gebunden und beschäftigt zu halten. Widerstehe der Versuchung, Dich auf eine derartige **Manipulation** einzulassen. Je intensiver Du Dich mit der AR beschäftigst, **umso mehr wird sie Teil Deiner Welt**. Du bleibst an sie und den Sender gebunden.

Der *Monolog der inneren Beweisführung* nährt energetisch die Macht-position des Senders. Empfänger verlieren in ihrer detailgetreuen Auseinandersetzung mit der AR die Makro- und Beziehungsebene aus den Augen.

Sender bleiben so von unbequemen **Klärungsversuchen** verschont. Setzen Empfänger doch einmal zur Klärung im Dialog an, **weichen Sender aus,** indem neue Themen, Tiefschläge oder Behauptungen platziert werden. Durch diese Nebelraketen verlieren Empfänger das **ursprüngliche Klärungsanliegen aus den Augen** und landen mit weiteren offenen Fragen auf der Mikroebene im - *Monolog der inneren Beweisführung*. Genau das kommt Sendern sehr entgegen.

Teil einer vielversprechenderen Exit-Strategie ist der *Leitfaden zur Gesprächsführung* (S. 235 f.).

Sender sind meist **nicht** an einer **Klärung** oder **Auflösung** von **Widersprüchen** interessiert. Das kann nicht sein, weil das Ungeklärte erwünscht ist!

Aus Sicht von Empfängern rutschen sie in den Monolog der inneren Beweisführung, weil:

1. Sie **Klarheit** brauchen, um belastende **Dissonanzen** aufzulösen.
2. Sie **keine Klärung im Dialog** mit dem Sender finden.
3. Der Sender im Kontakt noch **mehr Unstimmigkeiten** erzeugt.
4. Klärungsversuche also zu mehr Stress (Dissonanzen) führen.
5. Sie belastende, **offene Fragen** endlich abschließen wollen.

Was geschieht, wenn Dir jemand eine **Frage** stellt? Zum Beispiel jetzt! Dein Verstand beginnt fast unmittelbar, sich mit der Suche nach Antwort zu beschäftigen!

Offene Fragen sind **Einladungen** an unseren Verstand, sich mit einem Thema zu beschäftigen. Die AR wirft jede Menge Fragen auf, für deren Klärung Sender nicht zur Verfügung stehen. Was bleibt Empfängern also übrig? Aus Empfänger-Sicht ist der *Monolog der inneren Beweisführung* als Klärungsversuch absolut nachvollziehbar.

Empfänger versuchen im *Monolog der inneren Beweisführung* die **eigene Schuld** oder **Unschuld** zu beweisen. Weil sie vom Sender in der AR für alles mögliche **verurteilt** und **entwertet** werden, wollen sie ihr **Selbstwertgefühl** wiederherstellen.

Ob Empfänger schuldig oder unschuldig sind, ist an dieser Stelle leider eine falsche und wenig hilfreiche Frage auf der *Mikroebene*.

Zielführender wären Fragen auf der *Makroebene*, wer hier aus welchen Gründen, mit welchem Recht welche Eigenschaft verurteilt? Und ob die Schuldgefühle von Empfängern nicht vielleicht daher rühren, dass er auf der *Makroebene* permanent annimmt, was der Sender ihm zuschiebt?

Damit kommen wir zum letzten Indikator.

8 In der AR finden **pauschale Verurteilungen** durch den Sender statt. Neutrale, völlig normale, **menschliche Eigenschaften werden als „verurteilenswert" gelabelt.** Direkt oder subtil wird der Empfänger für emotionale Zustände (z.B. Trauer, Wut), Eigenschaften (z.B. vergesslich, anhänglich oder empfindsam), Haltungen oder Aussagen „verurteilt".

Sender kleben hier an menschliche Eigenschaften des Empfängers das Label **„zu verurteilen".** Dadurch wird ihr persönliches Wertesystem zum Maßstab für andere Menschen. Das Subjektive wird zum Objektiven ernannt.

Wir nutzen Adjektive allgemein zur Beschreibung von Eigenschaften und Zuständen. Wir alle sind gelegentlich wütend, traurig oder ängstlich, dann wieder fröhlich oder neugierig. Diese Zustände sind **menschlich**. Ebenso vergessen wir mal etwas, sind gestresst oder launisch. Manche Menschen sind mehr, andere weniger anhänglich.

Bei *Gaslighting* mischen Sender gewissen Eigenschaften den Geschmack des Vorwurfs bei: *„Du bist so vergesslich!"* oder *„Du bist wieder anhänglich, sensibel, verträumt!"*. Der Vorwurf kann offen oder subtil passieren, verbal, in Gestik, Mimik oder Tonfall seinen Ausdruck finden.

Du darfst zwei Schritte zurücktreten und Dich fragen:

? *„Würde ich menschliche Eigenschaften bei Anderen verurteilen?"*

In der AR werden von Sendern unerwünschte Eigenschaften negativ dargestellt und verurteilt. Viele Empfänger übernehmen derartige Urteile unreflektiert und fühlen sich dann für völlig menschliche Eigenschaften **schuldig**. Derartig ausgelöste **Schuldgefühle** können (neben Verwirrung) den oben beschriebenen *Monolog der inneren Beweisführung* in Gang setzen (S. 121 f.).

Verurteilungen schmerzen und lösen das Gefühl in uns aus, **abgelehnt** zu werden. Fast automatisch erleben wir Scham und - Angst. Ablehnung war zu einem früheren Zeitpunkt unserer Menschheitsgeschichte gleichbedeutend mit dem Ausschluss aus dem schützenden Stamm - nicht selten der sichere Tod. Unser animalischer Teil hat das bis heute nicht vergessen.

Jeder Mensch möchte Ablehnung **verhindern**. Bei *Gaslighting* führt dies leider dazu, dass Empfänger ein vom Sender verurteiltes Verhalten unterlassen, um zu verhindern, dass **das harte Richterbeil des Senders niedergeht.**

Damit stimmen Empfänger der subjektiven Verurteilung durch Sender zu und übernehmen das Urteil.

Es gibt Empfänger, die ihr Innenleben und Verhalten permanent scannen, um sicherzustellen, dass sie nichts erkennen lassen, das **verurteilenswert** sein könnte (siehe 3. Makroprozess, S. 203 f.). Ab dem 4. Makroprozess (S. 276 f.) verurteilen Empfänger sich sogar selbst und gehen hart mit sich ins Gericht. Die Verurteilung des Senders wurde dann zur **Selbst-Verurteilung** (Auto-*Gaslighting*).

Solche Empfänger lernen, permanent einen Teil ihrer selbst zu unterdrücken..

Ganz wichtig: Beim 8. Indikator entstehen Scham und Schuldgefühle auf Empfänger-Seite **nicht**, weil die vom Sender verurteilten Eigenschaften tatsächlich zu verurteilen sind, sondern weil das **subjektive Urteil** des Senders **geglaubt** und unbewusst übernommen wird!

„Aber hat der Sender nicht vielleicht doch Recht? Meine Anhänglichkeit ist schon stark ausgeprägt!"*
*Setze an dieser Stelle eine für Dich passende Eigenschaft ein.

INNER WORK

a.) Inner Work zu Selbstablehnung von Eigenschaften/Anteilen

Jeder besitzt Eigenschaften, die er nicht an sich mag. Vielleicht Vergesslichkeit, Anhänglichkeit, Traurigkeit, Wut, Egoismus oder Gesprächigkeit. Alle Eigenschaften haben immer **zwei Seiten**. Die Fähigkeit, wütend zu werden kann sehr wichtig werden, wenn jemand unsere Liebsten bedroht. Weniger hilfreich ist es, wenn man den Busfahrer anschreit, nur weil der etwas zu abrupt bremst. Gesprächigkeit kann einen trüben Abend verzaubern, aber auch nervtötend werden. Man kann Eigenschaften, die (für uns oder andere) belastend sind, auch durchaus ändern. Tatsächlich können wir aber nur jene Dinge verändern, die wir **zuvor angenommen** haben!

Wie willst Du etwas verändern, dass Du ablehnst? Gib ihnen ein „*Ja!* ". Du musst nicht alle Eigenschaften an Dir gut finden, um sie annehmen zu können. **Gut finden und annehmen ist nicht dasselbe!**

Wir haben auch jene Seiten an uns, die wir nicht sein oder gar nicht wahrhaben wollen. Später werden wir noch über diese *Schattenseiten* sprechen (S. 160 f.). Es ist gut, wenn wir uns **ganz** betrachten, also auch diese Seiten an uns sehen und annehmen können.

Wir alle wollen **angenommen** sein! Damit anfangen müssen wir aber **bei uns selbst**. Solange wir in uns im Krieg mit Aspekten oder Eigenschaften von uns sind, nehmen wir auch Angriffe von außen auf diese Aspekte an.

Beziehungen, die durch wohlwollende, konstruktive Gespräche und Rückmeldungen in einem **geschützten Rahmen** getragen sind, können hier zu einer wunderbaren Quelle für Wachstum und Weiterentwicklung werden. Voraussetzung: Vertrauen und Respekt.

Ein gleichberechtigter, am gegenseitigen Wachstum interessierter Gesprächspartner verurteilt **nicht** pauschal. Er ist vielleicht manchmal genervt, nimmt Dich aber generell an und bezieht seine eigenen Schattenseiten ebenso mit ein. Er ist sich seiner Subjektivität bewusst. So kann in **wechselseitiger Wahrung der Würde** miteinander umgegangen werden.

Prüfe, ob Du Dich selbst vielleicht an der ein oder anderen Stelle besser annehmen lernen kannst und ob solche Bedingungen in Deiner Konstellation wirklich vorhanden sind.

Die AR bei *Gaslighting* zeichnet sich durch **einseitige, subjektive Verurteilungen** aus. Eine oder mehrere Eigenschaft/en werden absolut und pauschal **verurteilt**. Sender sind weit davon entfernt, die eigene Sicht als subjektiv zu erkennen oder Schattenseiten einzuräumen!

Der Ton eines Senders klingt anders: *„Du bist **schon wieder** so anhänglich!"* (wir spüren das Urteil, oder?), während ein reflektierter Partner auf Augenhöhe eher mitteilen würde: *„Du, das wird **mir** gerade etwas zu viel."*

Vielleicht schmeckst Du den Unterschied?

Analog kann auch das **Verdrehen der Augen** oder ein **abwertender Kommentar** eine Verurteilung transportieren. Manchmal sogar in Form einer **Doppelbotschaft**. Als Horst (S. 23) Miriam umarmte, fragte er - mehr in den Raum hinein: *„Mein verträumtes Klammeräffchen erinnert sich wieder?"*

Horst belächelte hier Miriam's „Anhänglichkeit", die er zuvor mehrfach explizit erwähnt und verurteilt hatte. In dieser Situation schrieb er Miriam **Vergesslichkeit** zu. Während die Urteile transportiert werden, befindet sich Miriam in Horst's Armen. - ein Urteil wird mit einer liebevollen Geste kombiniert.

Eine AR ist voll von **pauschalen Verurteilungen** menschlicher Eigenschaften! Vielleicht bist Du sehr anhänglich, das mag sein. Doch in der AR geht es nicht um Inhalte, nicht darum, ob an der Aussage des Senders etwas Wahres ist oder nicht.

Der 8. Indikator meint die Art, **wie** mit diesen Eigenschaften **ins Gericht gegangen** wird! Derartige **Verurteilungen** gilt es zu erkennen und zu **hinterfragen**!

Selbsterkenntnis und -annahme können Dir helfen, derartige Verurteilungen unmittelbar zu stoppen. Wenn Du für eine bestimmte Eigenschaft verurteilt wirst (selbst wenn es gar nicht stimmt), dann arbeite daran, ein *„Ja"* zu dieser Eigenschaft zu finden.

b.) Frieden mit unliebsamen Eigenschaften schließen

Frage Dich:

„Kann ICH mit dieser Eigenschaft für jetzt Frieden schließen?"
„Könnte ICH dieser Eigenschaft ein „Ja" geben, wenn sie jetzt zu mir gehören würde?"

Gelingt Dir hier ein inneres *„Ja"*, kannst Du pauschale Verurteilungen **unmittelbar stoppen**. Eine Verurteilung wirkt nur dann wirklich in Dir, wenn **Dein innerer Richter** dem Urteil des Senders zustimmt - wenn Du Dich auf einer unbewussten Ebene **selbst** für diese Eigenschaft **verurteilst** und **bestrafst**.

Bist Du hingegen **im Frieden mit Dir** - auch mit den Aspekten, die Du gerne anders hättest, dann greifen pauschale Urteile eines Senders nicht mehr!

Es wäre Dir dann möglich, auf eine pauschale Verurteilung wie *„Du bist schon wieder so anhänglich*!"* zu entgegnen:
„Meine Anhänglichkeit gehört zu mir! Interessant, dass du dich daran so störst. Wird es dir gerade zu viel?"*
*Setze hier wieder eine für Dich passenden Eigenschaft ein.

Durch eine solche Entgegnung signalisierst Du, dass Du im Frieden mit Dir bist. Das Urteil prallt von Dir zum Sender zurück. Mit diesen Worten betonst Du auch die **Subjektivität** des Senders (*„Ich bin okay damit, du scheinbar nicht!"*). Das Urteil wird nicht angenommen - Du konfrontierst so die **Richterinstanz** und stellst die **Augenhöhe** wieder her.

Daran kannst Du spüren: Wenn Du Deine Individualität mit all ihren Stärken und Schwächen umarmen lernst, bringt Dir das Klarheit und Du erwirkst **Abgrenzung**!

Vergiss bitte nie: Alles, wofür Du **Dich selbst verurteilst**, kann einem Sender in seiner AR als **Vorlage für Verurteilung** dienen können. Reflektiere Dich - gerne! Arbeite an Dir - gerne! Doch **lass die harten Selbstverurteilungen los**!

Die acht Indikatoren sind nicht voneinander zu trennen. Sie bauen aufeinander, sind ineinander verschachtelt. Ein **einzelner Indikator** bedeutet noch nicht, dass es sich um eine Alternativrealität (und damit *Gaslighting*) handelt. Zwischen Menschen fallen zeitweise böse Worte und ein impulsiver, halsstarriger Mensch kann schon mal die Wahrheit für sich beanspruchen. Das ist noch kein sicheres Anzeichen für *Gaslighting*.

Um *Gaslighting* handelt es sich dann, wenn mehrere Indikatoren **gemeinsam** und **wiederholt** auf systematische Weise in Erscheinung treten. Je häufiger Du ein Szenario erlebst, in dem Dir mehrere Indikatoren begegnen, umso wahrscheinlicher befindest Du Dich in einer *Gaslighting-Dynamik*.

Nutze die **acht Indikatoren** künftig als **markante Prüfpunkte**. Arbeite mit den Fragen (S. 123), um aus dem *Monolog der inneren Beweisführung* auf die **Makroebene** zu wechseln und die Inner-Work-Sections, um den Charakteristika der AR auf hilfreiche Weise zu begegnen.

Herzlichen Glückwunsch! Du hast Dich erfolgreich durch die acht Indikatoren der AR gearbeitet! Die Indikatoren werden uns im gesamten Buch weiter begleiten.

Verinnerliche die Indikatoren und nimm sie mit. Hier sind nochmal **alle acht Indikatoren der AR** in knackiger Handgepäcksgröße:

1. Anspruch auf *absolute Gültigkeit der AR*.
   Kein Platz für abweichende Wahrnehmungen!

2. Machtgefälle: *Sender als Richter* über „richtig" und „falsch".

3. *Individuelle Wahrnehmungen* werden zu *Fakten* und
   Fakten zu *individuellen Wahrnehmungen* umgedeutet.

4. *Regeln* sind *willkürlich* und *einseitig gültig* oder ungültig.

5. *Zusammenhänge* und *Ursachen* werden *neu verknüpft*.

6. Es werden „*Fakten geschaffen*", die zu Behauptungen des
   Senders passen und seine AR stärken.

7. Empfänger werden verwirrt und bleiben durch *permanente
   Auseinandersetzung* an die AR gebunden.

8. *Pauschale Verurteilung* neutraler, menschlicher *Eigenschaften*.

Das **Extrakt an Empfehlungen** aus den Inner-Work-Sections und den Umgang mit einer AR lässt sich aus dem Wissen um die acht Indikatoren ableiten. Nutze diese extrahierten Punkte als Wegweiser für Deine **Arbeit**. Je tiefer und intensiver die Inhalte in Dir wirken können, umso besser!

c.) Essentials zum Umgang mit einer Alternativrealität

1. **Schließe Frieden mit Deinen unliebsamen Eigenschaften** -
   egal, wie sehr Du sie auch verändern willst. Akzeptiere sie
   zuerst als das, was sie sind: Ein Teil von Dir.

2. Es gibt kein „richtig" oder „falsch". Mach Dir immer wieder
   bewusst, dass Du keinen Richter akzeptieren musst!

3. Verstehe, dass eine **Anklage der AR** immer aus **Eigennutz** erfolgt.

4. Du darfst das **Urteil eines selbst ernannten Richters jederzeit ablehnen** oder in Frage stellen!

5. Weder besteht **eine Notwendigkeit für eine innere Beweisführung,** noch für eine **Rechtfertigung** oder Entschuldigung Deiner Eigenschaften im Außen!

6. **Suche nicht ausschließlich in Dir nach Gründen,** wenn sich etwas unstimmig anfühlt. Wechsle auf die Makroebene: *„Wie wird hier gesprochen?"*

7. Prüfe, ob **Selbstreflektion** auf der Basis **gleichberechtigter Wahrnehmungen** geschieht. Reflektiert Dein Gegenüber sich auch?

8. Dient Deine **Reflektion** der **(Selbst-)Anklage,** erlebst Du **Schuldgefühle** und unterwirfst Dich? Falls ja - **Stop it!**

9. Beobachte, wann und **weshalb** Du in den **Monolog der inneren Beweisführung** gerätst und **wechsle auf die Makroebene!**

10. **Hinterfrage stets unausgesprochene Regeln** und prüfe, ob Du sie **für Dich als sinnvoll** erachtest und als **gültig** anerkennen möchtest. Du hast immer die Wahl!

11. **Du bist der einzige Mensch, der sich (von Urteilen) freisprechen kann.** Übe Dich darin, **großzügig und milde mit Dir zu sein!**

Dieses Kapitel hatte es in sich! Du kennst nun das Hauptmerkmal von *Gaslighting*: Die Alternativrealität, ihre Vorteile für Sender und woran man sie erkennen kann - ihre acht Indikatoren. Du weißt auch um das Verwirrspiel zwischen subjektiver Wahrnehmung, Realität und AR.

Die **Durchsetzung der Alternativrealität** ist das zentrale Motiv von Sendern. Sie ist der **zentrale Makroprozess,** dem alle anderen Makroprozesse dienen. Jetzt betreten wir den Raum, in dem alle Fäden zusammenlaufen:

Das *Gaslighting*-**Universum** der **Makroprozesse.**

Das Gaslighting-Universum der Makroprozesse

A. Spieler des Gaslighting-Universums

Die Spieler des *Gaslighting*-**Universums** sind die Elemente, zwischen denen die Makroprozesse ablaufen und die von den Prozessen beeinflusst sind. Wir können *Gaslighting* als Summe aller Makroprozesse verstehen. In diesem Abschnitt lernen wir die **Spieler** im *Gaslighting*-**Universum** und ihre **Eigenschaften** kennen.

1 Die Alternativrealität des Senders

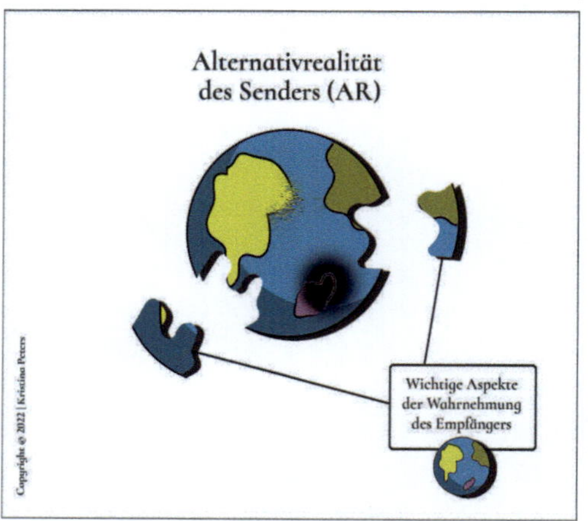

Abb. 6: Alternativrealität (AR) des Senders

Die AR kennst Du bereits vom vorherigen Kapitel. Sie weist **Verzerrungen**, **Hervorhebungen** und **Verschattungen** auf. Einige Aspekte der Realität fehlen komplett. Es gibt auch **Löcher** und **Lücken** in der AR: Jene Informationen, die Sender **verleugnen**, **ignorieren** oder **ausblenden**. In der AR existieren sie einfach nicht. Für Empfänger sind diese Aspekte enorm wichtig, weil sie deren Realitätswahrnehmung komplettieren.

Fassungslos stellen sich viele Empfänger in Anbetracht der verwirrenden AR immer wieder die Frage:

„Wie kann man nur so eine „verschrobene" Wahrnehmung haben?"

Das liegt schlicht daran, dass die AR des Senders sich nicht nur aus dem ergibt, was er wahrnimmt. Seine Wahrnehmungswelt ordnet sich dem unter, **was ihm den bestmöglichen Nutzen bringt** (Vorteile, S. 72 f.). Die Wahrnehmung eines Senders beinhaltet Verdrängungen, Verleugnungen und kreative Umdeutungen, die zu einem bereits **festgelegten Ergebnis** passen muss. Seine Wahrnehmung ist **ergebnisorientiert.** Verwirrt?

Nehmen wir als Beispiel einen Sender, der auf keinen Fall Verantwortung übernehmen möchte (gewünschtes Ergebnis). Dies wird erreicht, indem **Zusammenhänge** und Ursachen in seiner AR so **umgestaltet** werden, dass er am Ende **keine Verantwortung** trägt (Indikator Nr. 5, S. 114). Seine Wahrnehmung wird „umdekoriert": Fakten und Ereignisse, die Verantwortung erkennen lassen könnten, werden einfach **nicht wahrgenommen** (oder sofort verdrängt, verleugnet).

Betrügt z.B. ein Sender seine Ehefrau, werden andere Gründe zur Erklärung herangezogen. **Schuld** war dann die verführerische Frau, die doch wusste, dass er verheiratet ist oder die eigene Ehefrau, die seit Monaten abweisend war oder hormonelle Schwankungen hatte. Sichtbar ist, dass die Argumentation in der AR des Senders **keine Verantwortung** zulässt (gewünschtes Ergebnis). Durch **Externalisierung der Verantwortung** wird die Ursache-Wirkungs-Verknüpfung verändert.

Eine AR wirkt deshalb so verschroben, weil die **Wahrnehmungen des Senders** in ein **vordefiniertes Ergebnis** eingepflegt werden. Normalerweise ist das umgekehrt: Wir nehmen zuerst wahr, dann kommen wir zu einem Ergebnis.

In der AR ist es so: Die Wahrnehmung wird so zurechtgerückt, dass sie zum **gewünschten, vordefinierten Ergebnis passt.** Alles, was nicht passt, wird **beschnitten, verformt, verändert** oder **ignoriert** (die Verzerrungen, Verschattungen und Löcher in der AR).

Die **verschrobene Wahrnehmung** mancher Sender ist genau deshalb so: Die AR darf keine Elemente beinhalten, die zu einem anderen (als dem gewünschten) Ergebnis führen! Daher beinhaltet die AR niemals alle Wahrnehmungsaspekte der Realität.

Empfänger verlieren bei *Gaslighting* den **Kontakt zu ihrer eigenen Realitätswahrnehmung**, weil sie im Orbit des Senders (der AR) **nicht**

alles wahrnehmen dürfen, was sie wahrnehmen.

Franziska (S. 64) war es im Orbit der Mutter nicht möglich, sich als selbstbewusste und kompetente Frau wahrzunehmen (Selbstbild). Die AR der Mutter ließ es schlicht nicht zu (Verlust der Vorteile).

Empfänger können so in der AR den Kontakt zu ihrer Realitätswahrnehmung verlieren und - je länger der Aufenthalt dauert - nach und nach ihr Selbstbewusstsein und **Selbstvertrauen** verlieren.

2 Die Realitätswahrnehmung (RW) des Empfängers

Die Realitätswahrnehmung des Empfängers stellt für ihn die **wichtigste Informationsquelle** dar! Die **psychische Gesundheit** von uns Menschen hängt maßgeblich von einer **guten Verbindung zur eigenen Realitätswahrnehmung** ab. Unabhängig davon, ob man mit seiner eigenen Wahrnehmung nun „Recht hat" oder nicht!

Abb. 7: Realitätswahrnehmung (RW) des Empfängers

Die eigene Realitätswahrnehmung ist die *Homebase* des Empfängers. Hier findet er **Orientierung, Halt, Sicherheit** und es stehen all die Signale zur Verfügung, die ihm sagen, **wer er ist** und **was gerade geschieht**. Das **Selbst-** und **Situationsbewusstsein** sind hier intakt und - frei von externen Störquellen.

In der eigenen RW kann sich der Empfänger zur Welt, sich selbst und anderen Menschen in Beziehung setzen, den **Zugang zu seinen**

Instinkten und seiner **Intuition** nutzen. Er kann sich spüren, einschätzen, selbst wahrnehmen und beschreiben (stabiles Selbstbild).

Die vertraute Atmosphäre der eigenen RW ermöglicht **Ruhe, Zentrierung** und **Entspannung** und darüber auch **innere Balance**.

Kurzum: Befindet sich der Empfänger in seiner RW und hält einen guten Kontakt zu ihr, dann hat er Zugang zu all den Informationen, die er benötigt, um sich im Leben und der Welt zurechtzufinden.

Eine gesunde Beziehung zur eigenen Realitätswahrnehmung ist die Basis von **psychischer Gesundheit**! Hier entsteht **Selbstvertrauen**!

3 Der Sender und seine Signale

Der **Sender** im *Gaslighting-Universum* tut vor allem eins: Er **sendet**.

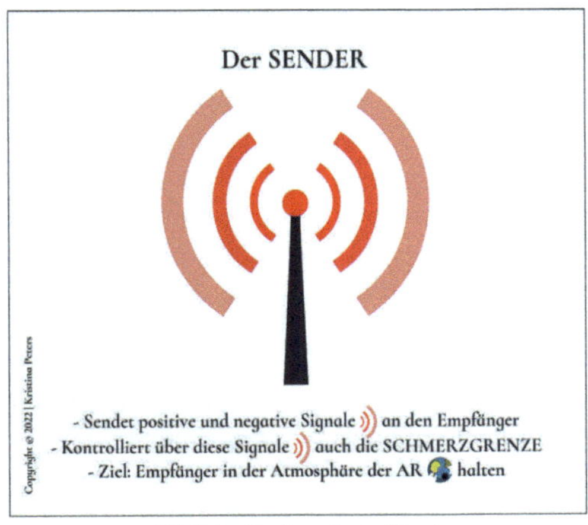

Abb. 8: Der Sender und seine Signale

Die gesendeten Signale zielen in ihrer Gesamtheit darauf ab, den **Empfänger in der Atmosphäre seiner AR zu halten**.

Ob **positive** oder **negative** Signale gesendet werden, wird **davon abhängig gemacht**, wie der **Empfänger sich gerade verhält** (!). **Positive Signale** (Komplimente, Bestätigung, Zuwendung, Zustimmung, Bestärkung) werden gesendet, wenn der Empfänger im Orbit der AR bleibt. Bedeutet: Dem Sender und seiner **AR zustimmt**, seine Rolle in der *Gaslighting-Dynamik* brav spielt.

Negative Signale (Ignoranz, emotionale Distanzierung, Abwertung, Kritik, Bestrafung, Trotz) folgen dann, wenn der Empfänger sich aus dem Orbit der AR herausbewegt. Also dann, wenn er auf seiner eigenen Meinung besteht, der AR und dem Sender widerspricht, das Spiel nicht mitspielt.

Verwirrenden Signalen kommt eine besondere Bedeutung zu (siehe 3. Makroprozess, S. 203 f.). Die von mir liebevoll genannten *Nebelraketen* sind Signale, die **offene Fragen** zurücklassen, eine Antwort schuldig bleiben und Empfänger gedanklich beschäftigt halten. Solche Signale **deuten an,** lassen etwas **durchschimmern** oder **lenken vom Thema ab.** Sie sind aber selten konkret.

Der *Monolog der inneren Beweisführung* wird von Empfängern oft aufgrund von Nebelraketen eröffnet (Indikator Nr. 7, S. 121 f.). Manche Sender lösen **gezielt** offene Fragen aus, setzen verwirrende Signale und überlassen den Empfänger dann sich selbst.

Auch *Ablenkungsmanöver* in der Gesprächsführung von Sendern fallen hierunter (siehe S. 235 f.). Nicht alle Sender agieren bewusst (siehe Stufenmodell, S. 21), doch alle erleben einen konkreten Vorteil, solange der Empfänger sich verwirrt mit Mikroaussagen der AR beschäftigt. So bleibt er im Orbit der AR und unterliegt der Kontrolle des Senders.

Nach unserer Definition (S. 52) möchte ein Sender den Empfänger zur **Zustimmung** seiner AR bewegen. In unserem *Gaslighting-***Universum** bemüht ein Sender sich also aktiv, um den Empfänger in der Atmosphäre der AR zu halten. Dazu nutzt er einen **Werkzeugkasten an Signalen.** Signale sind all jene konkreten Verhaltensweisen (**Mikroprozesse**), die bei *Gaslighting* zum Einsatz kommen und kommunikative Wirkung haben. Durch Signale werden also Informationen transportiert.

Der Kommunikationswissenschaftler, Psychiater und Autor *Paul Watzlawick*[16] behauptet in seinem Axiom der Kommunikationstheorie:

„Man kann nicht nicht kommunizieren.“[16]

Kommunikation ist mehr, als nur das gesprochene Wort. Auch ein stummer Blick auf den Boden bringt etwas zum Ausdruck. Wir können **verbal** und **non-verbal** (mit Hilfe von Mimik, Gestik, Verhalten) kommunizieren. Auch fehlendes Verhalten kann etwas aussagen. Beispielsweise wenn ein erwartungsgemäßes Verhalten ausbleibt (z.B. wenn wir auf eine gestellte Frage nicht antworten).

In unserem *Gaslighting*-**Universum** sind all diese Facetten von Kommunikation als **Signale des Senders** zusammengefasst.

Der Sender kann Signale direkt an den Empfänger schicken oder einen indirekten Weg wählen, z.B. über das Verschieben der sogenannten **Schmerzgrenze**. Die Schmerzgrenze befindet sich auf der Beziehungsebene und wird vom Sender dann verschoben, wenn der Empfänger sich zu weit von der AR entfernt.

Dazu kommen wir noch detaillierter.

4 Der Empfänger und seine Umlaufbahn

Der Empfänger gleicht im *Gaslighting*-**Universum** einem Satelliten, der vorwiegend eins tut: Signale in seiner aktuellen Umlaufbahn **empfangen**.

Abb. 9: Der Empfänger und seine Umlaufbahn

Kreist der Empfänger in seinem eigenen Orbit - der RW des Empfängers - stehen ihm all die wichtigen **Signale** zur Verfügung, die er für seine psychische Gesundheit, Selbstvertrauen, innere Balance, Selbst- und Situationsbewusstsein benötigt.

Dies ist seine *Homebase*: Hier ist die Welt seiner Wahrnehmung komplett. Solange er aus seiner eigenen Atmosphäre **ausreichend störungsfreie Signale** empfängt, ist alles in Ordnung.

Bewegt sich der Empfänger in die Atmosphäre der AR, erreichen ihn **zusätzlich** die Signale des Senders, während der Empfang seiner eigenen Signale schwächer wird.

Dennoch kann sich der Empfänger in der Atmosphäre der AR wohlfühlen. Vom Sender werden ja auch **positive Signale** gesendet (siehe 1. Makroprozess, S. 148 f.). Zudem stimmen viele Aspekte der AR mit der **RW des Empfängers überein** (Indikator Nr. 5, S.114).

Abb. 9 zeigt, dass die beiden Weltkugeln sich ähnlich sind. Bewegen sich Sender und Empfänger in gemeinsamen Bereichen, erlebt der Empfänger keinen Widerspruch zu seiner Realitätswahrnehmung.

Wird jedoch ein **verzerrter, löchriger** oder **verschatteter Bereich der AR** betreten, erlebt der Empfänger Unstimmigkeiten und es entsteht eine **Dissonanz** (S. 121 ff.). Das Gefühl, dass **irgendetwas nicht stimmt** oder fehlt. Der Empfänger spürt die Widersprüche und möchte diese Dissonanz auflösen.

Im **Orbit der AR** findet er **keine Klärung**, weil dort jene Verzerrungen, Löcher und Verschattungen vorhanden sind, die der Sender in jedem Fall erhalten möchte. Dinge sollen im Verborgenen und ungeklärt bleiben.

Wenn der Empfänger insistiert, dass etwas nicht stimmt (= Angriff auf AR), schlagen spätestens hier die positiven Signale des Senders sehr rasch in **negative** um (2. Makroprozess, S. 166 f.). Es hagelt bestrafende, verwirrende und schmerzhafte Signale. Diese stören den Funkkontakt des Empfängers zur eigenen RW und schwächen damit die Verbindung des Empfängers zu seiner *Homebase*.

Wenn der Empfänger **Kontakt zu seiner eigenen RW** aufnimmt und sich aus dem Orbit der AR entfernt, kann er Klärung erreichen (dort sind alle Informationen!). Entfernt er sich aber von der AR, wird der Sender aktiv: Er verschiebt die **Schmerzgrenze** in Richtung des Empfängers.

Der erstmalige Einsatz der Schmerzgrenze markiert den Beginn des 2. Makroprozesses (S. 166 f.). Ab diesem Zeitpunkt müssen Empfänger immer dann mit **negativen Signalen** rechnen, sobald sie sich zu ihrer eigenen Wahrnehmung bekennen.

5 Die Schmerzgrenze zwischen den Realitäten

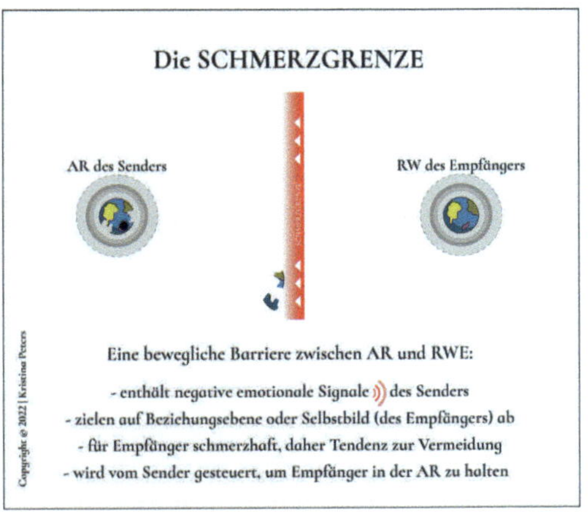

Abb. 10: Die Schmerzgrenze zwischen den Realitäten

Die **Schmerzgrenze** steht aus Sicht des Empfängers als **Barriere zwischen den Realitäten**: Zwischen der AR des Senders und der eigenen RW des Empfängers.

Befindet sich der Empfänger schon im **Orbit der AR**, führt auf der Rückreise in die **eigene RW** kein Weg an der Schmerzgrenze vorbei.

Die Schmerzgrenze dient dem Sender als **Kontrollinstrument**, um die Bewegung des Empfängers aus dem Orbit der AR (zu seiner eigenen Realitätswahrnehmung) zu verhindern.

Die Schmerzgrenze beinhaltet **negative, schmerzhafte Signale** des Senders, die auf den Ebenen Wahrnehmung, Beziehung und Selbstbild verletzen und/oder verunsichern. Beim erstmaligen Einsatz der Schmerzgrenze krachen diese Signale wie ein Abrissbirne durch die Wände des bisher sicher geglaubten Vertrauensgebäudes. Sie können Empfänger empfindlich treffen und tief verletzen. Praktisch können das Sätze sein, wie:

„Wie hältst du es nur mit dir selbst aus?"
„Kein Wunder, dass deine Beziehungen nie halten!"
„Wie konntest du bisher nur alleine klar kommen?"

Die Inhalte der Aussagen sind **beliebig austauschbar**. Gemeinsam ist den Signalen der Schmerzgrenze, dass sie an den **empfindlichsten Stellen** der Empfänger andocken. Inhalte, die dem Sender in intimen

Momenten des Vertrauens vom Empfänger mitgeteilt wurden, werden dann zur Attacke genutzt und gegen den Empfänger gerichtet.

Die Signale der Schmerzgrenze sind meistens direkt oder indirekt **abwertend**, immer **verletzend** und oft **entwürdigend**. Wir erkennen im Einsatz der Schmerzgrenze den **verurteilenden Charakter** des **selbsternannten Richters** (Indikator Nr. 2, S.107).

Auch Verhaltensweisen wie **Ghosting** (Ignoranz), emotionale oder räumliche Distanzierung, gestische und mimische Signale oder ein emotionaler, aggressiver Ausbruch können Signale der Schmerzgrenze sein. Der kleinste gemeinsame Nenner dieser Signale: Der Empfänger erlebt eine **Bestrafung**.

! Die Schmerzgrenze repräsentiert die **Bestrafungsbarriere** des Senders (*„Bis hierhin und nicht weiter!"*). Sie ermöglicht ihm die Kontrolle darüber, was der Empfänger wahrnehmen *„darf"*.

Je stärker der Empfänger bei Unstimmigkeiten **auf seine Wahrnehmung besteht**, nachbohrt, klären möchte, desto mehr strafende Signale werden vom Sender initiiert.

Im 3. Makroprozess (S. 203 f.) führt das dazu, dass Empfänger sich selbst und ihre eigene RW abzulehnen beginnen und der AR schweigend zustimmen. Sie wollen verständlicherweise eine Begegnung mit der Schmerzgrenze **vermeiden**.

Leider stimmen sie dadurch auch der Bestrafung selbst zu und verleihen dem Sender so mehr Einfluss und **Macht**.

! Das **Vermeiden der Schmerzgrenze** ist einer der Hauptgründe, weshalb viele Empfänger in der AR des Senders, im *Gaslighting-Prozess* steckenbleiben.

Verständlicherweise wollen wir (emotionales) **Leid verhindern**. In einer *Gaslighting*-**Dynamik** ist diese Vermeidung leider gleichbedeutend mit einer **Akzeptanz von emotionaler Erpressung**.

Der Sender bemerkt, dass er durch Bestrafung Macht auf den Empfänger gewinnt. Die Schmerzgrenze hält den Empfänger tatsächlich von seiner RW fern und hilft ihm, seine AR durchzusetzen.

Der **systematische Einsatz der Schmerzgrenze** bildet den Kern des 2. Makroprozesses (S. 166 f.), den es zu durchbrechen gilt.

Damit kennst Du die wichtigsten Spieler im Feld des *Gaslighting*-Universums:

1. Die Alternativrealität (AR) des Senders
2. Die Realitätswahrnehmung (RW) des Empfängers
3. Der Sender
4. Der Empfänger
5. Die Schmerzgrenze

Im folgenden Kapitel werden diese Mitspieler sich auf dem Feld zu bewegen beginnen. Wir werden im Anschluss daran sehen, wie sich im *Gaslighting*-Universums aus diesem Zusammenspiel die aufeinander aufbauenden Makroprozesse ergeben.

B. Das Gaslighting-Universum im Überblick

Das umseitig dargestellte Modell des *Gaslighting*-Universums zeigt, dass ein Empfänger **im Orbit der AR kreist**, sobald er in einer (wie auch immer gearteten) **Beziehung zu einem Sender** von *Gaslighting* steht.

Seine **Empfangsmodule** sind also zumindest teilweise **offen** für die Signale des Senders. Was der Empfänger empfängt ist das unvollständig-verzerrte, **komplexe Geflecht** an Informationen, das in der AR herrscht: **Verformte** Informationen und **modifizierte Aussagen** über Zusammenhänge/Ursachen inklusive einseitiger Regeln, vorgefertigter Rollen. Auch wenn es nicht direkt für den Empfänger spürbar ist - er kommt in Berührung mit der ganz eigenen Systematik der AR, die wir anhand der Indikatoren mittlerweile gut kennen (S. 103 ff.).

Betrachte die umseitige Abbildung im Wissen, dass **der Sender den Empfänger unbedingt in seiner AR halten** und ihn an diese binden will.

Die RW des Empfängers hingegen ist für ihn das allerwichtigste! Seine *Homebase* - die **Quelle psychischer Gesundheit**. Jegliche Störung des Funkverkehrs zur eigenen RW erschüttert seine Homebase. Es bedeutet Verunsicherung, Stress, Anspannung und eine Abnahme seines Realitäts- und Selbstbewusstseins, langfristig auch des Selbstvertrauens. Konkret: Der Empfänger braucht den gesunden Kontakt zur eigenen RW, wie die Luft zum Atmen!

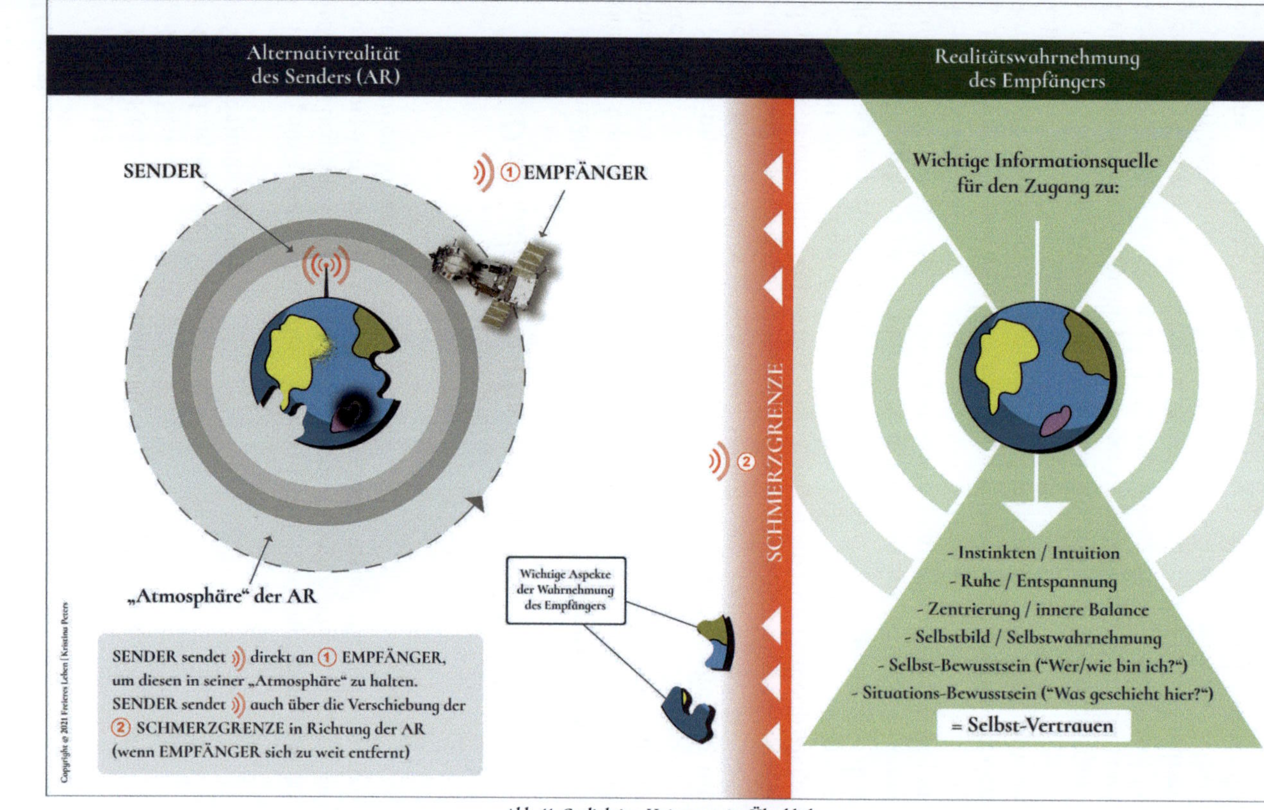

Abb. 11: Gaslighting-Universum im Überblick

144

1 Die sieben Gesetze des *Gaslighting*-Universums

Abb. 11 zeigt, wo die Spieler im *Gaslighting*-Universums stehen und welchen Kräften sie dort ausgesetzt sind. Innerhalb dieses Universums können wir **sieben Gesetzmäßigkeiten** festhalten, an denen sich das gesamte Geschehen orientiert:

1. Der **Sender** will den Empfänger unbedingt **im Orbit seiner AR halten** (also zur Zustimmung oder Beschäftigung mit der AR bewegen).

2. Der **Sender** will die **AR exakt so durchsetzen, wie er sie kreiert hat**.

3. Der **Empfänger** ist auf **Signale aus seiner eigenen Realitätswahrnehmung angewiesen** (Intuition, Wahrheit), um psychisch gesund zu bleiben.

4. Hält sich der **Empfänger mehr in der AR**, als in seiner eigenen RW auf, **erreichen ihn seine eigenen Signale nicht mehr**.

5. Die **Entkopplung** des Empfängers von seiner RW zieht **inneres Chaos, Orientierungslosigkeit** bis zur **Selbstentfremdung** nach sich und greift die psychische Gesundheit an.

6. Stimmt der Empfänger der AR erst zu und will **anschließend in den Orbit seiner eigenen Realitätswahrnehmung**, so muss er die **Schmerzgrenze** zwischen den Realitäten passieren.

7. Die **Schmerzgrenze** wird vom Sender **in Richtung des Empfängers verschoben**, wenn dieser sich **von der AR in Richtung seiner Wahrnehmung bewegt**.

Die sieben Gesetze des *Gaslighting*-Universums sind vergleichbar mit Gesetzmäßigkeiten der Erdrotation und Gravitation, die in unserem Universum das Geschehen mit bestimmen.

Für das *Gaslighting*-Universum bilden sie die Basis für alle **Makroprozesse**, die wir im folgenden Herzstück des Buches verstehen lernen wollen.

Makroprozesse von Gaslighting verstehen und aussteigen

In diesem Kapitel gehen wir in die Tiefe und werden ausführlich! Für jeden der chronologisch aufeinanderfolgenden Makroprozesse betrachten wir **Aktion** und **Reaktion** von **Sender** und **Empfänger**.

Für jeden Makroprozess sind relevante **Exkurse** in für *Gaslighting* Themenfelder aufgeführt (z.B. *Stressreaktion*, *Fight-or-Flight*, *operante Konditionierung* usw.). Die Exkurse sollen helfen, die *Gaslighting*-**Dynamik** tiefer zu verstehen und mögliche, blinde Flecken **bewusster** zu machen. Sie sind als *optionale Seitenstraßen* gedacht. Du kannst sie nehmen oder auch nicht. Einige sind für einen erfolgreichen Exit aus *Gaslighting* vielleicht unumgänglich.

Hab aber bitte nicht den Anspruch, **alles** sofort bearbeiten, jede Empfehlung direkt umsetzen zu müssen. Move slow! Schlage das Buch lieber mehrmals auf und schaue, was **jetzt** für Deinen Exit wichtig ist. Arbeite dann mit **einem Thema**, bis es sich abgeschlossen anfühlt. Öffne das Buch erneut usw.

Exit Gaslighting ist ein Prozess-Buch. Prozesse sind individuell. Sei geduldig mit Dir! Überfordere Dich nicht!

Im *Self-Empowerment-Kapitel* (S. 315 f.) am Ende des Buches findest Du Übungen für eine generelle *Immunisierung gegenüber Gaslighting*. Hier habe ich mich bemüht, Dir für jeden Makroprozess direkt hilfreiche *Take-away-Messages* und *Inner-work-sections* für Deinen **Exit** aus dem **jeweiligen Makroprozess** mit auf den Weg zu geben.

Da die Makroprozesse zeitlich nacheinander einsetzen, kannst Du bestimmen, **in welchem** Du Dich aktuell befindest. Diesen Abschnitt solltest Du intensiver studieren und erwägen, welche Strategie jetzt geeignet für Dich ist, um *Gaslighting* zu verlassen.

Alle Makroprozesse dienen einem übergeordneten, **zentralen Makroprozess,** den wir ausführlich durchgekaut haben: Die **Durchsetzung der Alternativrealität.** In unserer Definition (S. 52) entspricht das den Punkten (1) - (4). Alle Makroprozesse sind mit der Durchsetzung der AR verzahnt.

Stelle Dir das wie ein Uhrwerk mit verschiedenen Zahnrädern vor: Entfaltet der 1. Makroprozess seine Wirkung, dient das dem zentralen Makroprozess (Durchsetzung der AR) und es kurbelt den 2. Makroprozess an usw. Die umseitige Abbildung gibt einen Eindruck.

Abb. 12: Die Verzahnung der Makroprozesse im Gaslighting-Universum

Jedes einzelne Zahnrad bildet einen Makroprozess ab. Ein Makroprozess entfaltet nur dann seine Wirkung, wenn Sender und Empfänger ihren Teil dazu beitragen und sich entsprechend verhalten. Empfänger können sich auch für den Ausstieg aus einem Makroprozess und damit aus der **Gaslighting-Dynamik** entscheiden, indem sie ein Verhalten wählen, das den Makroprozess **unterbricht**.

Doch dazu müssen Empfänger erst einmal verstehen, **was genau** innerhalb der einzelnen Makroprozesse stattfindet und erkennen, was sie tun können, um das zu unterbrechen. Genau das wollen wir in diesem Kapitel tun.

Du kennst jetzt die **Motive des Senders** (Vorteile), weißt um die **acht Indikatoren der AR** und wie Du eine **AR** von einer rein **subjektiven Wahrnehmung** unterscheiden kannst.

Wir haben die Frage geklärt: *„Wie kann man nur so eine schräge Wahrnehmungen haben?"* und wissen, dass das „Wahrnehmungs- ergebnis" des Senders (die AR) **bereits feststeht**. Bei Sendern werden **Wahrnehmungen** in dieses Ergebnis **eingepasst**. Die „schräge"

Wahrnehmung von Sendern ist Resultat von Modifikationen, die vorgenommen wurden, um **unpassende Wahrnehmungen** zu eliminieren.

Schnall Dich an! Es wird intensiv. Pausiere gern und lass den Inhalten Zeit, sich zu setzen. Hole zwischendurch Luft und tanze Tango oder mach etwas, was Dir das Gefühl von Lebendigkeit gibt. Dieses Prozess-Buch fordert und geht in die Tiefe. Wir betrachten jetzt alle Makroprozesse in **chronologischer** Reihenfolge - vom Zeitpunkt der ersten Begegnung bis zu dem Moment, an dem ein Empfänger beginnt, **sich selbst zu gaslighten (Auto-*Gaslighting*)**.

A. Die Anziehung der Alternativrealität - 1. Makroprozess

Stichworte:

**Operante Konditionierung I
positive Signale der AR, Idealisierung
Abhängigkeit, stumme Deals, Schattenseiten
gefährdete Verbindung zur Heimatatmosphäre**

Der erste Makroprozess etabliert sich in den **ersten Begegnungen** zwischen Sender und Empfänger. Bereits hier kann der Empfänger Gefahr laufen, die **Verbindung zu seiner Heimatatmosphäre** (seiner Realitätswahrnehmung) zu verlieren.

Findest dieser Verbindungsabbruch zur RW des Empfängers im ersten Makroprozess statt, ist der Grundstein für alle weiteren Makroprozesse gelegt. Auf Empfänger-Seite bildet dies den Ausgangspunkt jeder *Gaslighting*-**Dynamik**.

Um den ersten Makroprozess wirklich zu erfassen, betrachten wir nachfolgend das **mögliche** Verhalten von Sender und Empfänger. Zum tieferen Verständnis unternehmen wir einen **Exkurs** in das Themenfeld der **operanten Konditionierung**. Sie spielt innerhalb der Makroprozesse eine wichtige Rolle. Wir schließen den Abschnitt mit für die Empfängerseite **hilfreichen und konstruktiven Möglichkeiten des Ausstiegs** aus diesem 1. Makroprozess ab.

1 Ausgangssituation

Wie in jeder neuen Begegnung werden eingangs vor allem **Gemeinsamkeiten** betont. Die starken Überschneidungen zwischen der **AR des Senders** und der **RW des Empfängers** stehen im Zentrum. Unterschiede in der Wahrnehmung und Meinung fallen weniger auf. Die ersten Kontakte können **verhalten-vorsichtig** sein oder bereits eine **dramatisch-euphorische** Komponente beinhalten. Besteht gegenseitige Sympathie, herrscht anfangs immer ein harmonisches Miteinander. Man versucht, eine **gemeinsame Atmosphäre** zu finden und zu kultivieren. Das ist in zwischen-menschlichen Kontakten - auch jenseits von *Gaslighting* - völlig normal.

In Bildern gesprochen bewegen sich in ersten Begegnungen zwei (Wahrnehmungs-)Welten aufeinander zu. Idealerweise findet sich eine Schnittmenge an Übereinstimmungen - eine gemeinsame Atmosphäre, in der dann etwas Neues wachsen kann: Die Beziehung.

Auch zwischen Sender und Empfänger herrscht in dieser Phase meist eitel Sonnenschein. Von einer potentiellen *Gaslighting*-Dynamik spüren Empfänger hier selten etwas. Man genießt die gemeinsame Zeit, erlebt **Verbundenheit**, spricht über die zahlreichen **Gemeinsamkeiten** und **bestärkt sich** gegenseitig.

Im Bild unseres *Gaslighting*-**Universums** (S. 144) befinden sich Sender und Empfänger in den Bereichen, in denen die Wahrnehmungen übereinstimmen. Eine lückenlose und unverzerrte **gemeinsame Atmosphäre**, in der keine Probleme auftauchen. Bis jetzt gibt es keine Unterschiede zu normalen Begegnungen.

2 Der Sog einer „besseren Welt" - Kern des 1. Makroprozesses

In einer *Gaslighting*-**Dynamik** möchten Sender ihre AR um jeden Preis durchsetzen. Ihnen geht es weniger um Schnittmengen, sondern darum, dass ihre Sicht der Welt gemeinsame Gültigkeit bekommt.

Ein Empfänger erlebt diese gemeinsame Atmosphäre als **Schnittmenge** zwischen **zwei Welten**. Aus Sicht des Senders hat sich der Empfänger aber in den Orbit seiner Alternativrealität begeben und hält sich in ihr auf. Für einen Sender ist die gemeinsame Atmosphäre bereits im 1. Makroprozess gleichbedeutend mit seiner **Alternativrealität!**

Davon ahnt der Empfänger jedoch nichts. Da in dieser Phase kaum/ keine **Störungen** auftreten, vernimmt der Empfänger auch die Signale seiner eigenen Realitätswahrnehmung noch deutlich.

Das kann sich abrupt ändern, wenn der Empfänger im 1. Makroprozess - ohne es zu merken - in die AR des Senders rutscht. Dann kann bereits hier seine **Verbindung zur eigenen RW** unterbrochen werden.

? *„Aber wieso sollte ein Empfänger in dieser Phase den Kontakt zu seiner Realitätswahrnehmung unterbrechen?"*

Eine berechtigte Frage! Die Antwort ist simpel und an dieser Stelle vielleicht (noch) verwirrend: Weil sich die AR für den Empfänger im 1. Makroprozess **besser** anfühlen kann, als **seine eigene Realitätswahrnehmung!**

Empfänger können im 1. Makroprozess unbewusst die Wahl treffen, sich lieber in einer alternativen Realität aufhalten zu wollen, als in Kontakt mit der eigenen Wahrnehmung zu bleiben. Wie kommt es dazu?

Sender wünschen sich als Basis von Beziehungen keine gemeinsame Schnittmenge - jedenfalls nicht im Sinne der Gleichberechtigung von Wahrnehmungen. Also versuchen Sender bereits in der Anfangsphase, **den Empfänger in ihre AR zu ziehen.**

Der Sender unterbreitet dem Empfänger im 1. Makroprozess **ein Angebot**: Er zeichnet seine AR in diesem Makroprozess als Bild einer **besseren Realität**, in der alle **negativen Eigenschaften** des Empfängers **annulliert** werden.

Fühlte ein Empfänger sich vor der Begegnung mit dem Sender beispielsweise *unsicher*, bemüht ein Sender sich in dieser Phase, die *Unsicherheiten* durch Worte und Taten verschwinden zu lassen. Im 1. Makroprozess lässt der Sender all das beim Empfänger verschwinden, was er sonst bei sich ausblendet: Alles Unerwünschte.

Wir erinnern an die **Löcher, Verzerrungen** und **Verschattungen** der AR. Im 1. Makroprozess verschwinden die negativen Eigenschaften des Empfängers in diesen Löchern. Die AR wird vom Empfänger also auf **positive** Weise erlebt. Auf fast magische Weise können Empfänger sich von all ihren **Unsicherheiten, Selbstzweifeln** und **Minderwertigkeitsgefühlen** befreit fühlen. Sie scheinen einfach weg zu sein. Alles, was der Empfänger in seiner eigenen RW als **belastend** erlebt, scheint im Kontakt mit dem Sender plötzlich **verschwunden!**

Für den Empfänger kann sich das wie die Auflösung aller Altlasten anfühlen. Alles, womit er bisher im Unfrieden war, scheint in der AR keine Bedeutung mehr zu haben.

Sender betonen zu Anfang Gemeinsamkeiten, **heben positive Eigenschaften** des Empfängers **hervor**, **negieren** die **negativen** und vermitteln Empfänger Halt, Exklusivität und Sicherheit.

Bewusst oder unbewusst wirbt der Sender damit für sich und seine AR. Seine Marketinginstrumente: **Ausblenden des Negativen** und **Idealisierung**.

Im 1. Makroprozess lautet das subtile **Angebot** des Senders von *Gaslighting* ungefähr:

*„In meiner (alternativen) Realität **gibt es deine Schwächen und Unsicherheiten nicht.** Hier gelten nur Vorzüge und Besonderheiten - alles andere blenden wir aus. Solange du hier bist, bist du **sicher** - ich umgarne und bestätige dich. All das erhältst du, **wenn du meiner Realität zustimmst** und **deine Wahrnehmung hinter dir lässt.“***

Natürlich wird das nicht so verbalisiert. Doch dieser „stumme Deal" steht im Raum. Empfängern ist das weder **bewusst**, noch können sie die **Folgen** einer unbewussten Zustimmung zur AR absehen. Wird dieses Angebot angenommen, erteilt der Empfänger seiner eigenen Wahrnehmung die erste Absage. Er blendet lieber seine **unliebsamen Eigenschaften** aus und glaubt den idealisierenden Aussagen des Senders, nach denen diese gar nicht existieren. Der Grundstein für die **weiteren Makroprozesse** von *Gaslighting* ist damit gelegt.

Idealisierung und das **Ausblenden von Negativem** können Empfänger dazu verführen, die eigene RW zu verlassen und stattdessen **im Orbit der AR** ihre Kreise zu ziehen. Dort fühlen sie sich entlastet, endlich gesehen, über alle Maßen besonders und anerkannt. Dort ist es (zumindest jetzt) schön und frei von Sorgen!

Ich finde, dass man diese Entscheidung durchaus nachvollziehen kann - oder was meinst Du? Schließlich sind die **Regeln der AR** und die Rolle des **Senders als Richter** im 1. Makroprozess noch in keinster Weise sichtbar.

Angelehnt an unser Bild des *Gaslighting*-Universums (S. 144) kann der **1. Makroprozess** folgendermaßen dargestellt werden:

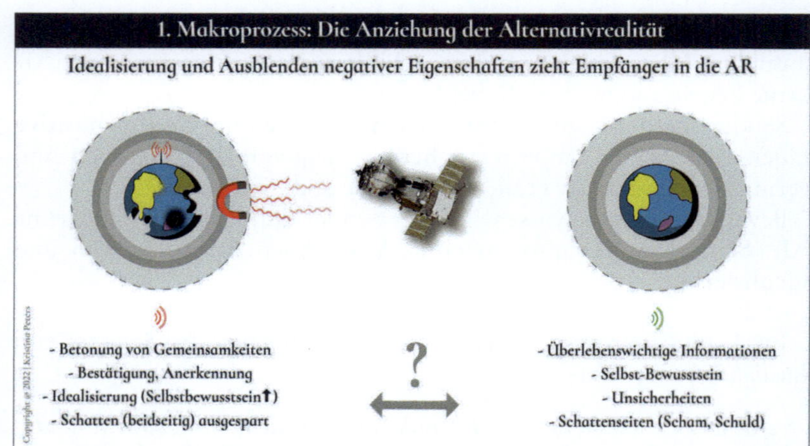

Abb. 13: 1. Makroprozess: Der Empfänger muss zwischen AR und eigener Realitätswahrnehmung entscheiden

3 Sender und Empfänger

Die idealisierenden Signale des Senders erfolgen (wie Abwertungen) durch **Zuschreibungen**[*] (Mikroprozess). Im 1. Makroprozess handelt es sich allerdings um **positive Zuschreibungen**.

Miriam′s Partner Horst (S. 27 f.) betonte und lobte zu Anfang ihre Kreativität, Empfindsamkeit und Verträumtheit. Er schrieb Miriam diese Eigenschaften zu (was auch stimmte) und hob diese **selektiv hervor** (ein weiterer Mikroprozess). Miriam sonnte sich in dieser schmeichelhaften Würdigung ihrer Eigenarten. Später nutzte Horst diese Zuschreibungen, um Miriam zu **attackieren** und **anzuklagen**. Die ehemaligen Komplimente und selektiven Hervorhebungen wurden mit einem negativen Vorzeichen versehen. Aus einer positiven wurde eine negative Zuschreibung. Für Miriam war das umso schmerzhafter, weil sie sich anfangs so stark mit Horst′s positiven Zuschreibungen **identifiziert** hatte.

Eine auf Empfängerseite **starke Identifikation** mit (eingangs willkommenen) **Zuschreibungen** und selektiven Hervorhebungen kann zu einem späteren Zeitpunkt im *Gaslighting*-**Prozess** fatale Folgen haben.

„Bedeutet das jetzt, dass ich Komplimente nicht mehr annehmen, mich nicht mehr daran freuen soll?"

[*]Zuschreibung = Mikroprozess, bei dem ein Sender Eigenschaften unterstellt und seine Behauptung als Wahrheit proklamiert, z.B. *„Du bist vergesslich!"* (negative Zuschreibung)

Keineswegs. Genieße sie und freue Dich daran! Aber achte darauf, dass Du Dich nicht von ihnen **abhängig** machst. Positive Hervorhebungen sollten **nicht zu Deiner ausschließlichen Realität werden.**

Das Ausblenden unserer negativen und die Betonung unserer positiven Aspekte kann sehr verlockend sein. Es schmeichelt uns (und unserem Ego). Wir alle wünschen uns **Anerkennung, Bestätigung** und **Angenommensein.** Das ist natürlich und verständlich.

Die Fragen, die Du Dir stellen darfst sind:

„Möchte ich wirklich nur meine Vorzüge betont wissen?"
„Oder möchte ich mich als ganzen Menschen angenommen wissen?"
„Möchte ich eine Ego-Politur oder etwas Echtes?"

Idealisierung kann **süchtig** machen und uns derart zu Verhaltensänderungen veranlassen, dass wir möglichst viel Zuwendung und Bestätigung erhalten.

Präsentierst Du nur die erwünschte Schokoladenseite und unterdrückst Dein authentisches Sein, machst Du **Deinen Selbstausdruck** bereits hier von (positiven) Rückmeldungen eines Senders **abhängig.**

Nimm die Betonung Deiner Vorzüge an, aber lass sie nicht darüber bestimmen, wie Du Dich selbst siehst. **Sieh Dich ganz!** Du bist ein Mensch mit individuellen Vorzügen, Besonderheiten, Fehlern und Schwächen. Im 1. Makroprozess ist es ungemein wichtig, Dir ein Bewusstsein für Deine **menschliche Imperfektion** zu bewahren, denn die AR kann Dich dazu verleiten, all die Eigenschaften auszublenden, die Du an Dir **nicht leiden kannst:** Vermeintliche Schwächen, Unsicherheiten und **Schattenaspekte.**

Genau das tun Sender im Rahmen von *Gaslighting* **mit negativen Eigenschaften:** Sie blenden diese aus. Im 1. Makroprozess wird Dir dieses Ausblenden mit dem löchrig-verzerrten Bild der AR ebenfalls angeboten. Im 1. Makroprozess ist dies eine Einladung zur teilweisen **Selbstablehnung** (Deiner negativen Aspekte).

Es gibt einige Risikofaktoren, welche die Entfaltung des **1. Makroprozesses** in der Anfangsphase von *Gaslighting* begünstigen.

a.) Risikofaktoren für die Entfaltung des 1. Makroprozesses

Die Wahrscheinlichkeit für die Entfaltung des 1. Makroprozesses steigt, wenn ein Empfänger...

1. **sich in der Beziehung verliert**, z.B. eigene Hobbies, Interessen, Freundschaften und Leidenschaften vernachlässigt.

2. es unterlässt, sich bewusst **Zeit für sich** und die **Verbindung zu seiner eigenen RW** zu nehmen (*„Was denke/fühle ich?"*).

3. sich verbiegt, um Bestätigung zu erhalten und Harmonie zu erzeugen, d.h. Schwächen ausblendet, sein Verhalten anpasst und **aufhört, authentisch zu sein** und **seine Wahrheit zu sprechen** (dem Sender zustimmt, gefallen möchte).

4. sich **im Rausch der Euphorie verliert,** weil er **positiv bestätigt** wird und seine **Schwächen ignoriert** werden (Ego-Politur).

5. dem **Ausblenden negativer Eigenschaften** durch den Sender dankbar zustimmt (Verleugnung eigener Schattenaspekte).

6. **seine Intuition übergeht** (gefühlte Signale aus der eigenen RW ignoriert), um den **Kick der Ego-Politur** zu erhalten und so

7. eine **ungesunde Abhängigkeit** von der Bestätigung des Senders und seinen Signalen entwickelt.

8. die **innere Abgrenzung** und das **Bewusstsein für Idealisierungen** aus den Augen verliert.

Diese Punkte sind für alle Menschen zu Beginn einer neuen Beziehung wichtig. Für potentielle Empfänger für *Gaslighting* aber insbesondere!

Offenheit, sich einlassen und **Verbundenheit** sind wichtig. Wo diese Größen fehlen, können wir uns Beziehungen jedweder Art auch schenken. Gleichwohl kann **wirkliches** Einlassen, Öffnen und in Verbindung sein nur funktionieren, wenn eine intakte Verbindung zum individuellen Selbst, den Werten und der eigenen Wahrnehmung steht und - wenn es uns gelingt, diese **innere Beziehung** auch im Kontakt mit Anderen zu **halten**. Nur so sind gesunde Beziehungen möglich, ohne das Risiko eines Selbst-Verrates oder Verlustes.

Mit etwas Übung kann der 1. Makroprozess leicht an seiner Entfaltung gehindert werden. Die nachfolgenden *14 Punkte zum Exit aus dem 1. Makroprozess* helfen generell, ungesunden Abhängigkeiten und symbiotischen Verstrickungen entgegenzuwirken.

Diese 14 Punkte sind auch der Bremskeil für den Mechanismus der **operanten Konditionierung** (S. 157 f.), der bereits im 1. Makroprozess wirksam werden kann.

b.) 14 Punkte zum Exit aus dem 1. Makroprozess

1. Mache Dir immer wieder bewusst, **dass Du ein Individuum** bist und **eine Beziehung zu Dir selbst** und Deiner RW benötigst, um psychisch gesund zu bleiben.

2. Nimm Dir immer wieder **bewusst Zeit für Dich**, für Deine Hobbies, Freunde und Leidenschaften. Wirke so der Entstehung einer symbiotischen Verstrickung entgegen.

3. **Pflege die wichtigste Beziehung Deines Lebens - die zu Dir selbst**: Wende Dich immer wieder **nach innen**, nimm Kontakt zu Deinen **Bedürfnissen, Wünschen, Empfindungen** und Deiner **Wahrnehmung** auf.

4. Genieße **Komplimente** und Bestätigung, aber achte darauf, dass Du nicht **süchtig** danach wirst.

5. Vergegenwärtige Dir immer wieder, dass Du auch **Schwächen, Schattenseiten** und Eigenschaften hast, die Du nicht so toll findest.

6. Entwickle ein **inneres Commitment zu Dir**, indem Du lernst, **Dich** mit all Deinen Facetten **anzunehmen**: *„So bin ich eben!“*

7. Nimm **Idealisierungen** wahr und erkenne sie als etwas Normales zu Beginn einer romantischen Begegnung an. Mache Dir bewusst: *„Wir haben gerade eine rosa Brille auf und sehen einander keinesfalls vollständig.“*

8. Achte darauf, **dass Du Dich ganz zeigst** - inklusive Deiner Schwächen und **Schattenseiten**. Beobachte aufrichtig, ob Du Dein Verhalten anpasst, um **Bestätigung** zu erhalten und **Ablehnung** zu vermeiden. Vorsicht! **Verbiege Dich nicht!**

9. Mache Dir **auch bei positiven Aussagen** über Deine Person klar, dass sie der **subjektiven Wahrnehmung Deines Gegenübers** entspringen (dann fällt es Dir auch bei negativen leichter).

10. **Zentriere Dich immer wieder** und mache Dir klar, dass **Du** für Dein Glück und Wohlbefinden **verantwortlich** bist. Verhalte Dich dementsprechend. Frage Dich immer wieder: *„Bin ich zufrieden mit mir?", „Zeige ich mich ganz?", „Übernehme ich Verantwortung für mein Wohlbefinden?"*

11. Bleibe im **Bewusstsein** für die **Subjektivität** und **Gleichberechtigung von Wahrnehmungen**. Frage Dich in Bezug auf Aussagen Deines Gegenübers: *„Wie sehe ich das?", „Wie ist meine Meinung dazu?"* - bleibe in Kontakt mit **Deiner** Realitätswahrnehmung!

12. **Äußere Deine Wahrheit** im Selbstverständnis der **Gleichberechtigung** der Wahrnehmungen.

13. Falls Du *Gaslighting* vermutest - mache den *Augenhöhetest (S. 50)*: Setze Dein Gegenüber **gezielt der Andersartigkeit Deiner Meinung aus** (ohne Recht haben zu wollen) und achte darauf, was geschieht: Kann Dein Gegenüber **eine Abweichung** von seiner Wahrnehmung annehmen? Oder stellst Du einen absoluten Anspruch auf **Recht haben** fest?

14. Betone die **Gleichberechtigung der Wahrnehmungen** und Meinungen von Anfang an als **zentralen Beziehungswert** für Dich.

Diese 14 Punkte sollen Dir helfen, von Anfang an in einer **gesunden Beziehung zu Dir und Deiner Wahrnehmung** zu bleiben. Kommen wir zu den zwei **Fallstricken** des 1. Makroprozesses und dem Mechanismus der **operanten Konditionierung**, der hier erstmals wirksam wird.

4 Zwei Fallstricke für Empfänger

Abb. 13 auf S. 152 zeigt, wie der Empfänger sich zwischen dem **Sog der AR** und seiner eigenen RW bewegt. Ein **Kipp-Punkt**! Empfänger müssen sich hier fragen:

„Welche Realität wähle ich als Heimatatmosphäre? An welchen Signalen orientiere ich mich?"

Wie bereits beschrieben, kann es sich für Empfänger unglaublich **entlastend** und **gut** anfühlen, wenn sie den Signalen der AR den

Vorzug geben. Alles, was sich in der eigenen **RW belastend** anfühlt, ist in der AR des Senders plötzlich wie **weggeblasen**. Hier werden auch **Aspekte hervorgehoben**, die Empfänger **an sich schätzen,** gerne zeigen und für die sie gewürdigt werden wollen. In der Anfangsphase von *Gaslighting* scheint durch die AR für Empfänger genau das greifbar zu sein, wonach wir uns alle sehnen: Die eigenen Fähigkeiten, Gaben und individuellen Eigenheiten werden gesehen, gewürdigt und anerkannt.

Kannst Du vor diesem Hintergrund verstehen, dass Menschen einem Aufenthalt in der AR den Vorzug geben - anstatt sich mit ihren Unsicherheiten, Fehlern und Schwächen herumschlagen zu müssen?
Unbedingt! Oder?
Falls Du diesem **Sog** gefolgt sein solltest, darfst Du an der Stelle mal kurz tief Luft holen und Deinen **Frieden** damit machen, dass dem so war! Denn was Du nicht wusstest, aber gleich verstehen wirst:
Im Hintergrund des *Gaslighting*-**Prozesses** wirken Zugkräfte, die Empfänger erstmals im 1. Makroprozess betreten. Sie begeben sich unbewusst ins Schema der **operanten Konditionierung**[17].

a.) Operante Konditionierung I - Verstärkung erwünschten und Bestrafung unerwünschten Verhaltens (angelehnt an Skinner[17])

Bei der operanten Konditionierung spricht man von **Verstärkung,** wenn ein bestimmtes Verhalten **häufiger** gezeigt wird, weil es entweder **angenehme Konsequenzen** nach sich zieht oder **unangenehme Konsequenzen aufhebt/mindert.**

Mit anderen Worten: Wenn Frida weiß, dass sie für das **Aufräumen ihres Zimmers fünf Euro erhält,** wird sie ihr **Zimmer häufiger aufräumen** (*positive Verstärkung*).
Ebenso wird Frida **öfter eine Schmerztablette** nehmen, wenn dadurch ihre **Kopfschmerzen verschwinden** (*negative Verstärkung*).
Etwas Positives kommt dazu (positiv), etwas Negatives fällt weg (negativ) - in **beiden Fällen** wird vorausgehendes Verhalten **gehäuft** auftreten, weil es durch die Konsequenzen **verstärkt** wird.

Von **Bestrafung** hingegen ist die Rede, wenn ein bestimmtes Verhalten **weniger häufig** gezeigt wird, weil es entweder **unangenehme Folgen** hat oder zur **Beendigung angenehmer Konsequenzen** führt.

Das bedeutet: Wenn Frida weiß, dass sie für das **Anschreien ihrer Lehrerin** eine **Strafarbeit** bekommt, wird sie dies **weniger oft tun** (*positive Bestrafung*).

Auch das **Hänseln ihres Bruders** wird sie **unterlassen**, wenn die Mutter ihr dafür ihren geliebten **Kassettenrekorder wegnimmt** (*negative Bestrafung*).

Etwas Negatives kommt dazu (positiv!) oder etwas Positives wird genommen (negativ) - in **beiden Fällen** wird das vorausgehende Verhalten **weniger oft** auftreten, weil es durch die Konsequenzen **bestraft** wird.

Diese beiden Mechanismen wirken tagtäglich unbewusst auf uns alle ein! Und wir reagieren auf sie.

Im *Gaslighting*-**Universum** wollen wir uns die Mechanismen der operanten Konditionierung bewusster machen, weil sie eine tragende Rolle spielen.

Im 1. Makroprozess müssen wir uns die Frage stellen: Welche **Auswirkungen** haben die **positiven Signale des Senders** auf das **Verhalten des Empfängers**? Was glaubst Du?

Sie können dazu führen, dass der Empfänger vermehrt die Verhaltensweisen zeigt, die der Sender sich wünscht und begrüßt! Wenn ein Sender immer wieder **positive Signale** (z.B. Zuwendung, Bestätigung, Zärtlichkeiten, Harmonie) auf das Zeigen **bestimmter Eigenschaften** oder **Verhaltensweisen** folgen lässt, wird der Empfänger genau dafür verstärkt. Im Empfänger kann sich ein unbewusster, automatischer Ablauf etablieren, dass er nur noch die Verhaltensweisen und Eigenarten zeigt, für die er **belohnt** oder **verstärkt** wird.

Das bedeutet gleichzeitig, dass er Verhaltensweisen **weniger** zeigen wird, bei denen **keine Verstärkung** durch den Sender erfolgt. Im schlimmsten Fall werden dadurch bereits im 1. Makroprozess **Facetten der eigenen Persönlichkeit ausgeblendet** und der Empfänger beginnt, sich zu **verbiegen**.

Der **erste Fallstrick** des Empfängers ist demnach die **unbewusste Sucht nach Bestätigung** und die damit einhergehende **Anpassung des Verhaltens** - um **positive Signale** zu erhalten. Bereits in der Anfangsphase gibt der Empfänger so anteilig **Macht an den Sender** ab und geht den ersten Schritt in die **Selbstverleugnung**.

Wird ein Empfänger **abhängig** von den positiven Zuschreibungen, Hervorhebungen und Idealisierungen des Senders, kann sich sein Fokus so sehr auf die AR (die Aussagen des Senders) verlagern, dass diese subjektiv wichtiger erscheint (= Quelle der Bestätigung), als die eigene Realitätswahrnehmung.

Bestätigung und Idealisierung sollte nie **zu viel Macht** gegeben werden. Komplimente dürfen genossen werden, aber bitte immer im **Bewusstsein** darüber, dass sie **flüchtig** sind und das Blatt sich wenden kann.

Bist Du zu sehr mit einer Idealisierung **identifiziert**, möchtest sie festhalten oder unbedingt wieder erleben, bist Du auf dem Weg in die **Abhängigkeit** von Bestätigung (also Äußerungen des Senders). Damit gibt dieser künftig die Richtung vor. Folgt irgendwann eine **Ablehnung** oder **Entwertung,** wird es Dir umso mehr den Boden unter den Füßen wegreißen!

Idealisierung und **Entwertung** sind **zwei Seiten einer Medaille!** Je mehr Du Dich idealisieren lässt, umso härter kann eine Entwertung Dich treffen.

Bist Du hingegen im Kontakt zu Deiner RW und ruhst in **Deiner Mitte**, während Du vollumfänglich *„Ja" zu Dir* sagen kannst, wirst Du Komplimente, Anerkennung und Bestätigung genießen können, ohne dass **Idealisierungen** oder **Entwertungen** Dich derart aus Deiner Mitte reißen können.

Für den **zweiten Fallstrick** des Empfängers möchte ich gerne noch eine Ebene tiefer mit Dir einsteigen.

Im Exkurs (S. 152/153) hast Du auch die *negative Verstärkung* kennengelernt: Fällt nach einem bestimmten Verhalten **etwas Unangenehmes weg,** wird auch dieses Verhalten häufiger gezeigt.

Die **Verzerrungen** und **Löcher** der AR fühlen sich für Empfänger im 1. Makroprozess **positiv** an: Unsicherheiten, Schattenseiten und persönlichen Schwächen werden vom Sender negiert, so als seien sie gar nicht vorhanden. In den Worten der operanten Konditionierung bedeutet das: Bewegt sich der Empfänger im 1. Makroprozess in die AR, fällt für ihn etwas Negatives weg! Gemäß der *negativen Verstärkung* wird er sich **häufiger in die AR bewegen**, mehr Kontakt zum Sender suchen, weil dort gefühlt eine **Entlastung** erfolgt.

Die **zwei Fallstricke** des Empfängers im 1. Makroprozess sind also

1. die **Idealisierung** und **Hervorhebung** (*positive Verstärkung*) von Vorzügen und die mögliche **Anpassung** und **Verhaltensänderung** gemäß der Wünsche des Senders (er lobt, was er sehen will) und

2. das **Ausblenden von Eigenschaften**, mit denen der Empfänger (und der Sender!) **Schwierigkeiten** hat und die damit eventuell einsetzende **Selbstverleugnung** des Empfängers.

Zusammengenommen wirkt der süße Sog einer **idealen Illusion** auf den Empfänger ein. In unserem Bild auf S. 152 sind diese Anziehungskräfte durch den Magneten veranschaulicht, der den Empfänger **in die AR** und weg **von seiner eigenen RW** ziehen kann.

Neben den *14 Punkten zum Exit aus dem 1. Makroprozess* (S. 155), klären wir, was Empfänger tun können, um diesen Mechanismen bereits im 1. Makroprozess zu widerstehen. Das Themenfeld, in das wir uns dafür im nachfolgenden Self-Coaching-Baustein begeben, kann hier nur angerissen werden. Ganz unabhängig von *Gaslighting* möchte ich diesen Ansatz jedem ans Herz legen: **Schattenarbeit**.

Wenn Du nachhaltig aus *Gaslighting* aussteigen möchtest, wirst Du nicht daran vorbeikommen, Deine **Schattenseiten** nach und nach zu integrieren und **Selbstablehnung** Stück für Stück **loszulassen**.

„Aber was haben meine Schattenseiten mit Gaslighting zu tun?"

„Komm mit!", sagte Frederick zu Piggeldy, *„Ich werde es Dir zeigen."*

5 Schattenarbeit als Basis-Exit für Empfänger von *Gaslighting*

Die Schattenarbeit geht auf den schweizer Psychiater C. G. Jung[18] zurück. Er beschrieb den Schatten als **Persönlichkeitsanteil eines jeden Menschen, der all das beinhaltet, was unserem Selbst- und Weltbild widerspricht.** Nach Jung existiert der Schatten auch als **archetypischer Teil** auf der Ebene des **kollektiven Unbewussten.** Schattenarbeit ist deshalb der Basis-Schlüssel zum Ausstieg aus *Gaslighting*, weil alles, was Du an Dir selbst **ablehnst**, den **fruchtbaren**

Boden für die Saat negativer **Zuschreibungen, Abwertungen** und **Anklagen** eines Senders bereitet. Durch Schattenarbeit kannst Du diesen **Nährboden für Abwertung** Stück für Stück abtragen.

Je mehr Du an Dir ablehnst und ausblenden möchtest, umso stärker wird auch der **Sog zur AR** sein - denn dort ist **Ausblenden inklusive**. Leider gilt das für Dich nur befristet (bis zum ersten Konflikt) und es betrifft nicht nur **Deine** negativen Eigenschaften, sondern v.a. die des Senders (letztere werden dauerhaft ausgeblendet).
Indem Du **Selbstablehnungen** gehen lässt und Frieden mit bisher ungeliebten Aspekten in Dir schließt, kannst Du grundsätzlich jeder versuchten Entwertung begegnen: *„Ja, so bin ich eben!"*.

Der Grund, weshalb wir **Idealisierungen** verfallen und vielleicht süchtig nach ihnen werden ist, weil sie unsere Schatten aussparen. Wir werden im Grunde **süchtig danach**, **unsere Schattenseiten zu verbergen**. Weil sich das gut anfühlt.
Idealisierungen dienen dazu, das **Unerwünschte** vor Anderen und sich selbst zu **verstecken**. Werden wir süchtig nach Idealisierung, bedeutet das auch, dass wir mit **irgendeinem Aspekt in uns zutiefst unversöhnt** sind.

In der *Gaslighting*-**Dynamik** fliegen Empfängern diese Schattenaspekte zu einem späteren Zeitpunkt **mit Wucht** um die Ohren! Alles, was nicht **betrachtet, angenommen** und **integriert** wurde, kann durch den Sender **verurteilt** und **angeprangert** werden. Je mehr der Empfänger diese Aspekte an sich selbst **verurteilt**, umso stärker neigt er dazu, den **Verurteilungen des Senders** zuzustimmen. Umso mehr glaubt er, dass ein Sender „Recht hat" und fällt in ein **Schattenloch** aus Selbstzweifeln, Selbstverurteilungen, Scham und Schuldgefühlen.
Erkennst Du den Zusammenhang?

Das Paradoxe an der Situation ist: Es gibt gar **nichts anzuklagen**! **Jeder Mensch** hat Schattenaspekte! Jeder von uns hat sich schon mal wie ein Idiot verhalten und andere Menschen verletzt. Ja. Jeder hat etwas an sich, dass er **lieber nicht sein, fühlen** oder **denken** möchte. Dafür müssen wir uns **nicht verurteilen** (lassen).

Um *Gaslighting* zu begegnen - aber auch generell - ist es immens wichtig, dass wir Menschen hier behutsame Schritte in Richtung **Integration** gehen. In unser authentisches Sein - dass wir lernen, das anzunehmen, was ohnehin bereits da ist.

? *„Ok, ich sehe das. Und ja, es stimmt. Ich habe Schwierigkeiten mit einigen meiner Eigenheiten. Was genau kann ich nun tun?"*

Wenn Du wirklich in der Tiefe arbeiten möchtest, empfehle ich Dir die Zusammenarbeit mit einem qualifizierten Psychotherapeuten oder einem anderen, professionellen Helfer Deines Vertrauens. Das Buch **Ich bin ein Fehler, und ich liebe es: Der etwas andere Weg zu echter Selbstliebe**[19] von *Jeffrey Kastenmüller* bietet hier tiefe und transformierende Ansatzpunkte.

Im Rahmen dieses Buches kannst Du mit einer vertieften Selbsterforschung Deinerseits beginnen. Die nachfolgenden Reflektionsfragen können Dir helfen, **Deiner Selbstablehnung** auf die Spur zu kommen. Wenn Du für Dich damit anfangen möchtest - übe Dich im **Annehmen**. Schattenarbeit ist ein echter **Game Changer** für den Ausstieg aus dem 1. Makroprozess und der gesamten *Gaslighting-Dynamik*.

Spüre in diese Fragen hinein und **lass die Antworten** kommen. Schreibe auf, was sich zeigt und achte auf eine **ehrliche, behutsame** und **verständnisvolle** Haltung Dir gegenüber (*„Verständlich, dass ich das verstecken will, wenn ich so eine Angst davor habe/mich so dafür schäme!"*).

INNERWORK

a.) Zentrale Selbstreflektions-Fragen zu Schattenaspekten:

*„Wie möchte ich **auf keinen Fall gesehen werden?"***

*„Was möchte ich **auf keinen Fall sein?"***

*„**Was** halte ich vielleicht sogar **vor mir versteckt?"***

*„**Wofür schäme** ich mich oder lehne mich ab?"*

„Gegen welche meiner Eigenschaften kämpfe ich innerlich an?"

*„**Was** und **weshalb** möchte ich **nach außen verbergen?"***

*„**Als was** möchte ich **keinesfalls gesehen** oder bezeichnet werden?"*

Bei der letzten Frage überlege, was Dich wirklich **an die Decke gehen lässt**, was Dich **triggert**. Wenn uns etwas heftig **auf die Palme** bringt, können wir sicher sein, dass dort ein Schattenthema sitzt. Die ausbrechende Energie ist jene, die **durch den Schatten gebunden** wird. Stell Dir mal vor, Dir stünde diese Energie zur freien Verfügung!

Die vorherigen Fragen lassen Deine Schattenaspekte **sichtbar** werden. Sie können Dir helfen, Deine Schattenthemen herauszuarbeiten (z.B. *„egoistisch"*, *„kaltherzig"*, *„unselbständig"*, *„abhängig"* etc.). Alles, was Du auf keinen Fall sein willst oder darfst!

Grundsätzlich können Schattenthemen auch **positiver** Natur sein, z.B. *„erfolgreich"*, *„selbstbestimmt"* oder *„machtvoll"*. Obwohl es sich **oberflächlich** betrachtet um positive Eigenschaften handelt, können sie zu Schattenaspekten geworden sein, wenn uns diese positiven Eigenschaften **Angst** machen. Beispielsweise weil sie Verantwortung bedeuten, von der wir glauben, sie nicht übernehmen zu können/zu dürfen. Oder wir **gestehen uns etwas nicht zu** und haben es mit **negativen Bewertungen** verknüpft. Wenn wir denken: *„Geld ist schmutzig!"*, dann glauben wir vielleicht auch *„Geld haben"* sei schlecht. Dadurch könnte *„erfolgreich sein"* eine negative Bedeutung bekommen und im Schattenreich landen. Du siehst -Schattenarbeit ist komplex.

Zu Deiner Selbsterforschung: Du musst Deine Schattenaspekte **nicht gut finden**! Es geht nur ums **Annehmen**! **Annehmen** ist nicht das Gleiche wie **gut finden**.

Nutze nun die **nachfolgenden Fragen** spielerisch um nach und nach eine neue, **versöhnliche Beziehung zu Deinen Schattenaspekten** aufzubauen.

Bitte versuche nicht, **konkrete Antworten** auf die nachfolgenden *Integrations-Fragen* zu finden! Die Fragen werden etwas in Deinem Erleben auslösen. Es genügt vollkommen, wenn Du Dir die Fragen immer wieder und wieder stellst und dann einfach **den Raum hältst**, in dem sich Deine Gefühle dazu zeigen und ausdehnen dürfen. Mit diesen Gefühlen musst Du ebenfalls **nichts machen**. Lass sie einfach da sein, fühle und - akzeptiere ihre Anwesenheit. So lässt Du einen **neuen, friedvollen Raum** der **Selbst-Annahme** in Dir entstehen.

INNER WORK

b.) Integrations-Fragen zu Schattenthemen (am Beispiel Egoismus)

1. *„Wieso fällt es mir so leicht, Egoismus* immer mehr als einen Teil von mir anzunehmen?"*

2. *„Weshalb gelingt es mir immer besser, meinen Widerstand gegenüber Egoismus* loszulassen?"*

3. „Wieso kann ich mich jetzt für die Möglichkeit öffnen, dass Egoismus* eine wertvolle Botschaft für mich hat - auch wenn ich sie noch nicht verstehe?"

4. „Warum kann ich immer besser im Frieden damit sein, dass Egoismus* auch zu mir gehört?"

5. „Wie kommt es, dass ich mein Herz immer mehr für all das öffnen kann, was ich eigentlich nicht sein möchte?"

6. „Wieso schmilzt meine Ablehnung gegenüber allem, was ich nicht sein will jeden Tag ein bisschen mehr?"

7. „Weshalb verstehe ich jeden Tag ein bisschen mehr, dass alles zu mir gehören darf?"

*Setze anstelle von „Egoismus" einen **Deiner persönlichen, erarbeiteten Schattenaspekte** ein.

Diese Fragen sollen Dir helfen, eine **innere Friedensarbeit** mit Dir selbst zu beginnen. Ich glaube, die Richtung ist klar geworden, oder?

Je mehr diese Friedensarbeit sich entfaltet, umso weniger wirst Du anfällig für **Idealisierung** und **Entwertung** werden. Ganz einfach, weil **Du** Deine **Schwächen, Schatten** und **unliebsamen Eigenschaften** als einen Teil von Dir **umarmen** und Dich **vollständig zu Dir bekennen lernst.**

Allgemein kannst Du Dir im Alltag immer wieder die Frage stellen:

? *„Wieso fühlt es sich so viel leichter an, Alles-was-ich-nicht-sein-will immer mehr in mein Herz zu lassen und mich anzunehmen - mit allem, was ich bin und nicht bin?"*

Die Versöhnung mit all den unliebsamen Schattenaspekten ist ein **!** innerer Friedensbund, der zu einem **unumstößlichen Schutz** vor *Gaslighting* und jeglicher Form von toxischer Beziehungsdynamik werden kann.

Abschließend möchte ich Dir zum Thema Schattenarbeit noch einige Gedanken mit auf den Weg geben:

Alle Eigenschaften, die wir in der Welt sehen, sind **in jedem von uns** angelegt! Sonst würden wir sie gar nicht als das erkennen können, was sie sind. Es gibt eine Referenz dafür und die ist in uns.

Alles **Negative** außerhalb, existiert auch **in uns**. In jedem von uns! Diese Eigenschaften (z.B. Gier, Egoismus, Gleichgültigkeit) können nur dann **außer Kontrolle** geraten und ein **Eigenleben** entwickeln, wenn wir ihre Existenz in uns **verleugnen**. Dann ist es so, als würden wir uns gegen diese Schattenaspekte stemmen und sie so nur **stärker** machen. Unsere **Ablehnung** verleiht den Schattenaspekten **Macht**. Nur so können sie unerkannt und destruktiv aus den dunklen Ecken unseres Wesens auf uns und unser Umfeld einwirken - wenn wir sie **abspalten** und nicht integrieren.

Wenn wir sie hingegen **annehmen** und aufrichtig betrachten, können wir **bewusste Entscheidungen** treffen: Ob wir ihnen Kraft geben wollen oder nicht.

Was einen Schatten also **destruktiv** und **machtvoll** werden lässt, ist nicht die Tatsache, dass wir ihn haben, sondern **dass wir ihn** verleugnen.

Wir sind am Ende des 1. Makroprozesses angelangt. Du kennst nun die Ausgangskonstellation, den **Sog der AR** aus Sicht des Empfängers und die im Hintergrund wirkenden Mechanismen der operanten Konditionierung (*positive und negative Verstärkung* über **Idealisierung**).

Du hast **hilfreiche Punkte zum Exit aus dem 1. Makroprozess** erhalten und wir konnten die Bedeutung von **Schattenarbeit** herauskristallisieren. Mit den *Reflektions-* und *Integrations-Fragen* ist es Dir möglich, erste Schritte in einen inneren Friedensbund zu gehen und Deine **Selbstablehnung** nach und nach gehen zu lassen.

Wiederum im Handgepäcksformat noch einmal alle **Essentials** zum Exit aus dem **1. Makroprozess**:

EXTRACT

c.) Essentials zum Exit aus dem 1. Makroprozess

1. **Selbst-Zentrierung**: Verbindung zu Deinen Bedürfnissen, Leidenschaften und **Deiner eigenen Realitätswahrnehmung**.

2. **Vorsicht vor symbiotischen Verstrickungen** und **Sucht nach Idealisierung/Bestätigung!**

3. Vorsicht vor evtl. **entstehende Rollen** oder **unausgesprochenen Regeln** (achte auf die **Signale Deines Körpers!**).

4. **Sprenge unausgesprochene Regeln** im Zweifelsfall direkt!

5. **Spreche Deine Wahrheit! Zeige Dich ganz!**

6. Stell Dich der **Angst vor Ablehnung.**

7. **Gleichberechtigung der Wahrnehmungen** (ggf. Augenhöhe-test forcieren, S. 50 und Punkt 13., S. 156)!

8. Bleibe ein Individuum! Innere und äußere **Distanz zur Einheit** - halte Deinen eigenständigen, selbstverantwortlichen Raum.

9. **Bewusstsein** über den **Charakter von Idealisierungen** halten!

10. **Inneres Commitment zu Dir** als Mensch mit Licht- und Schattenseiten (*„So bin ich eben!"*).

11. **Schattenarbeit** und **Friedensbund** zur schrittweisen Lösung von (versteckten) Selbstverurteilungen (Nährboden entziehen).

B. Die Bestrafung der Schmerzgrenze - 2. Makroprozess

Stichworte:

**Operante Konditionierung II
negative Signale der AR, Bestrafung
Stressreaktion, Angst und Erstarrung
Barriere zur RW des Empfängers**

Während wir es beim 1. Makroprozess mit positiven Signalen zu tun hatten, geht es im 2. Makroprozess vor allem um die **negativen Signale** des Senders. Wenn Bestrafungssignale vom Sender ausgehen, besteht meistens schon eine - wie auch immer geartete - Beziehung zwischen Empfänger und Sender (Ausnahmen eskalierender Sender bestätigen die Regel). Üblicherweise bewegt sich ein Empfänger im 2. Makroprozess bereits im **Orbit der AR** (siehe Abbildung S. 144).

Während der Empfänger im 1. Makroprozess lediglich positiven Zugkräften der AR ausgesetzt war und freiwillig im Orbit der AR kreiste, trifft er im 2. Makroprozess nun auf eine Barriere, die ihm eine **Rückreise in seine Heimatatmosphäre** (RW) erschwert. Im 2. Makroprozess beginnen die **Bestrafungsmechanismen** der **operanten Konditionierung** (S. 157/158) auf den Empfänger einzuwirken.

Wieder betrachten wir das Verhalten von Sender und Empfänger, tauchen in einen **Exkurs** zur **Stressreaktion** ein und schließen mit hilfreichen und konstruktiven **Möglichkeiten zum Ausstieg** aus dem 2. Makroprozess ab.

1 Ausgangssituation

Im Bild unseres *Gaslighting*-**Universums** kreist der Empfänger in der Atmosphäre der AR des Senders (S. 144), was vom Sender begrüßt wird (siehe Vorteile der AR, S. 72 ff.). Bisher haben sich Empfänger und Sender in den gemeinsamen Bereichen von AR und der RW des Empfängers bewegt. Dadurch sind keine Probleme aufgetaucht, noch gab es Widerstände gegen die AR. Der Sender ist in **positiver** Interaktion mit dem Empfänger.

Beim Empfänger haben die positiven Signale des 1. Makroprozesses Gefühle von Wertschätzung, Exklusivität und Vertrauen erzeugt. Intimität und Nähe waren gegeben, weshalb der Empfänger **entspannt, ausgeglichen** und mit einem Gefühl von **Sicherheit** (der Verbindung) in den 2. Makroprozess startet.

Im 2. Makroprozess erlebt der Empfänger erstmals die **Löcher, Verzerrungen** und **Verschattungen** der AR als zur eigenen Realitätswahrnehmung unstimmig. Etwas fühlt sich **komisch, seltsam** oder **dissonant** an (siehe 7. Indikator der AR, S. 121 ff.).

Mit dem Ziel der Klärung und Auflösung sucht der Empfänger bezüglich der Widersprüche ein Gespräch mit dem Sender. Doch der Sender will die AR so erhalten, wie sie ist: Mit ihren Löchern, Verzerrungen und Verschattungen. An Klärung von Widersprüchen ist er **nicht interessiert**. Zur Wiederholung: Die Wahrnehmung des Senders steht bereits fest - sie folgt dem festgelegten **Bild der AR**.

Die Antworten des Senders klären daher nicht, sondern weichen dem Klärungsanliegen des Empfängers aus. Folglich findet der

Empfänger in der AR **keine befriedigenden Antworten**. Und so versucht er, außerhalb der AR Antworten zu finden.

Das ist der Ausgangspunkt für den 2. Makroprozess: Der **Aufbruch des Empfängers in seine Heimatatmosphäre (RW)**. Sein Ziel ist die Auflösung von in der AR entstandenen **Verwirrungen**.

Unser Empfänger verlässt in unserem Bild (S. 144) also den **Orbit der AR.** Er steuert seine eigene **RW** oder seine in der AR **fehlenden Wahrnehmungsfragmente** an (all das, was bereits im 1. Makroprozess unterdrückt und ausgeklammert wurde).

Die eigene RW ist für jeden Empfänger zum Erhalt seiner psychischen Gesundheit wichtig und die liegt aktuell komplett außerhalb des Orbits der AR. Ein Empfänger muss sich im *Gaslighting*-**Universum** also früher oder später von der AR des Senders entfernen, um gesund zu bleiben. Im 2. Makroprozess geschieht eben dies und die Folgen werden unmittelbar spürbar.

2 Schockmoment der Schmerzgrenze - Kern des 2. Makroprozesses

Ein **Entfernen** von der AR bedeutet, dass der Empfänger die verwirrenden Aussagen, Zusammenhänge und Regeln des Senders erstmals hinterfragt. Seine **Intuition** meldet sich und er spürt den Impuls, auf **seine Wahrnehmung zu hören,** seltsamen Darstellungen des Senders zu widersprechen. Der Empfänger löst sich von der (bisherigen) Zustimmung zur AR. Aus Sicht des Senders legt der Empfänger in jenem Moment wiederholt den Finger auf das, was **versteckt** und verdeckt bleiben soll. Er verlässt den Orbit der AR.

An diesem Kipp-Punkt beginnt der Sender, **negative Signale** zu senden: Er wertet ab, attackiert, beschuldigt, wirft vor, schürt Selbstzweifel. Der Sender die **Schmerzgrenze**, die sich jetzt auf den Empfänger zubewegt (S. 144).

Ab jetzt wirken auf den Empfänger **Bestrafungsmechanismen** der **operanten Konditionierung** ein (S. 157/158). Er wird bestraft, weil er die Verzerrungen und Löcher der AR wahrnimmt und benennt (= weil er Kontakt zu seiner RW hat). Vereinfacht gesagt bestraft der Sender den Empfänger, wenn dieser **seiner Wahrnehmung treu bleibt!**

Diesen Mechanismus darfst Du erstmal sacken lassen.

Bildhaft lässt sich dieser Mechanismus des **2. Makroprozess** in unserem *Gaslighting*-**Universum** so darstellen:

Abb. 14: 2. Makroprozess - Bestrafende Signale bei Verlassen der AR durch Schmerzgrenze

Der Sender setzt die Schmerzgrenze durch diverse *Mikroprozesse* um: Abwertungen (auch mimisch und gestisch), Verurteilungen, negative Zuschreibungen, Ignoranz (Ghosting), selektive Überbetonung (negativer Eigenschaften), feindseliges Anchor-dropping (vage Bedeutungsanker), Blame-shifting (Schuldumkehr), implizite Drohungen, gezielte Verletzungen, Triangulation („Vorführen") usw.

Ein Sender kann auch auf aggressive und bedrohliche Weise ausrasten. Angstaktivierung (Beziehungsabbruch) oder die **Einnahme der Opfer-Rolle** (siehe *Special Trap 3 - Der hilflose Sender*, S. 271 f.) können ebenfalls zum Einsatz kommen.

All diese Signale **attackieren**, **schockieren, verletzen** und konfrontieren den Empfänger **plötzlich** und unvorbereitet mit einer bis dato völlig unbekannten Seite des Senders. Neben dem Schock über die Verwandlung des Senders von Dr. Jekyll in Mr. Hyde, bricht auch das sicher geglaubte Gebäude aus **Vertrauen** und trauter Eintracht in sich zusammen.

Alle mir bekannten Empfänger (mich eingeschlossen) haben diesen Schock beim **Erstkontakt** mit der Schmerzgrenze erlebt.

Von der Verbundenheit des 1. Makroprozesses ausgehend, zieht es Empfängern durch den Schockmoment der Schmerzgrenze den Boden unter den Füßen weg. Der 2. Makroprozess sitzt!

Die direkten oder subtilen Attacken des Senders treffen an **empfindlichen Stellen:** Im Vertrauen Mitgeteiltes wird **gegen** den Empfänger gerichtet, das Selbst- und Beziehungsbild angegriffen.

Die Signale der Schmerzgrenze sind **immer** persönlich verletzend und greifen die **Beziehungsebene** stark an!

Das Umschlagen vom 1. Makroprozess in eine derartige Bestrafung bombt **schlagartig** ein **schmerzhaftes Loch** in das bisher als freundlich und **sicher** wahrgenommene **Beziehungsgebäude**.

Binnen von Sekunden kehrt sich ein Bereich von Vertrauen, Nähe, Loyalität und Achtsamkeit in ein **kriegerisches Schlachtfeld** um.

Während sich Wohlwollen und Zuneigung in Ablehnung und Feindseligkeit wandeln, fallen bisher entspannte Empfänger in panische Fassungslosigkeit.

Jeder Mensch, der *Gaslighting* erlebt hat, kennt diesen schmerzhaften Schockzustand und die begleitende **Orientierungslosigkeit**.

Der erste Kontakt mit der Schmerzgrenze ist ein Schlüsselmoment. Hier entscheidet die **Reaktion des Empfängers** maßgeblich darüber, ob der 2. Makroprozess sich entfalten kann und die Schmerzgrenze **dauerhaft als Machtinstrument des Senders** etabliert wird oder nicht.

Viele Empfänger im 2. Makroprozess akzeptieren die Bestrafung eines Senders und damit die Schmerzgrenze als Machtinstrument. Das geschieht nicht bewusst und es gibt nachvollziehbare Gründe dafür. Diese wollen wir besser verstehen. Der folgende **Exkurs** zur Stressreaktion soll uns dabei helfen.

Wir werden sehen, dass es **enorm schwierig** ist, in einem Schockzustand **überlegt** und **gefasst** zu reagieren! Schock- und akute Stresszustände lassen uns **kopflos** und fast automatisch handeln. Die Schmerzgrenze bringt das System von Empfängern binnen Sekunden **on fire** - es herrscht Ausnahmezustand!

Dieser Abschnitt dient Deiner **Bewusstwerdung**. Verfalle nicht in unfaire Selbstanklagen oder -vorwürfe. Hab Verständnis für Deine Reaktionen - klage Dich nicht an. Frage Dich lieber, zu welchen Veränderungen bezüglich des 2. Makroprozesses Dir diese neuen Informationen verhelfen könnten.

a.) Exkurs zur Stressreaktion - Fight, Flight, Fright und Faint bei Kontakt mit der Schmerzgrenze

Im Angesicht einer wie auch immer gearteten **Bedrohung**, sind wir naturgemäß aktiviert und erleben **Stress**.

Bereits 1915 stellte der US-amerikanische Physiologe *Walter Cannon*[20] fest, dass wir in Gefahrensituationen mit Kampf- (Fight) oder Fluchtverhalten (Flight) reagieren. Später wurde das Konzept von *Bracha*[21] ergänzt. Chronologisch reagieren wir bei Gefahr mit:

1. **Freezing**: Ein Zustand des **Erschreckens**, der **Hypervigilanz**. Automatisch gehen wir in **Verteidigungshaltung**. Begleitend erleben wir **gesteigerte Aufmerksamkeit, Wachsamkeit** und sind **alarmiert** (*„on fire"*). In diesem mit **Angst** assoziierten Stadium steht unser gesamtes System auf *„Stopp, schau und höre!"*. Eine **Orientierungsreaktion**. Üblicherweise folgt darauf

2. **Fight oder Flight:** Um die **Gefahr abzuwenden**, wird versucht, zu **kämpfen** oder zu **flüchten**. Eine dritte mögliche Reaktion ist

3. **Fright:** Ein Zustand **erstarrter, unbeweglicher Anspannung**. In frühere Studien auch als *„playing dead"* bezeichnet - man stellt sich tot. *Bracha*[19] nennt diesen Zustand *tonische Immobilität*. Im Tierreich hat sich tonische Immobilität als **nützlich** erwiesen, wenn **physische Unterlegenheit** besteht. Nehmen wir ein sich langsam bewegendes, verletzbares Wesen (z.B. ein Opossum), das auf ein Raubtier (z.B. einen Tiger) trifft. Die **Starre** des Fright-Zustands **erhöht die Überlebenswahrscheinlichkeit** des Opossums gegenüber **Kampf** oder **Flucht** (es sei denn, es handelt sich um eine genetisch mutierte, enorm durchtrainierte Schwarzenegger-Opossum-Variante).
   Fright kann das Überleben sichern, weil der Angreifer glaubt, **die Beute sei tot** und das **Interesse verliert**. Äußerliche Starre und Unbeweglichkeit täuschen über die **Alarmbereitschaft** hinweg, in der sich das System noch immer befindet: Das Herz schlägt schnell, die Blutgefäße sind verengt usw. Sehr gute Bedingungen für rasches Handeln! Sobald sich für ein im Fright-Modus befindliches Lebewesen eine **Gelegenheit zu Flucht** oder **Kampf** ergibt, kann es diese **nutzen** und so vielleicht überleben.

4. **Faintness:** (= Ohnmacht, Bewusstlosigkeit) hingegen ist eine besondere Reaktion, die bei Menschen **nur bei spezifischen (isolierten) Phobien** (Klassifikationssystem ICD-10[1]: F40.2)

vorzukommen scheint: Bei der Trypanophobie - der Furcht vor Spritzen und Injektionen.
Bei Faintness **fehlen** die **physiologischen Voraussetzungen** zu **Flucht** oder **Kampf**: Der Herzschlag ist extrem verlangsamt, die Blutgefäße sind erweitert und es fehlen die systemischen Ressourcen, um einer bedrohlichen Situation zu entkommen.

Anmerkung: Auf S. 280 f. findest Du den fünften Typus *Fawn*, der v.a. mit traumatischem Erleben assoziiert ist und an der passenden Stelle behandelt wird.

Die obigen Reaktionen laufen naturgemäß automatisch in uns ab. In realen, physischen **Bedrohungssituationen** waren sie einst überlebenswichtig (teilweise sind sie das bis heute).

Der Schockmoment der Schmerzgrenze versetzt Empfänger von *Gaslighting* in genau diesen Zustand. Auch wenn keine physische Gefährdung vorliegt - die Aussagen des Senders **verletzen** emotional und sind auf der Ebene von Beziehung und Selbstbild bedrohlich.

Empfänger reagieren mit **Freezing (1.)**, erschrecken, sind alarmiert, wachsam, aufmerksam und in Verteidigungshaltung. Der **Fokus** ist auf diesen **Schock-Moment** und den Versuch einer **Orientierung** eingeengt: *„Was passiert jetzt?"*.

Es wird abgewogen, ob **kämpfen** oder **flüchten (2.)** hilfreiche Optionen sind und welche wahrscheinlicher die wahrgenommene Bedrohung ausschalten könnte: *„Ist kämpfen oder fliehen eine Option? Oder kostet mich das (tatsächlich oder emotional) den Kopf?"*

Werden Kampf oder Flucht als **zu riskant**, die **Verluste** als zu groß eingeschätzt, können Empfänger in **Fright (3.)** fallen.

Fright (3.) ist eine sehr häufige Empfänger-Reaktion auf eine Attacke/Bestrafung des Senders von *Gaslighting*.

Bei **Fright** erstarren Empfänger - sie stellen sich tot, weil sie nicht wissen, was sie tun sollen. Kampf und Flucht könnten eine finale Trennung vom Sender bedeuten. In Erinnerung an die Anerkennung und Bestätigung des 1. Makroprozesses fürchtet der Empfänger den totalen Verlust der Beziehung. Diese Vorstellung aktiviert eine **zusätzliche Angst**: Bei Kampf oder Flucht **abgelehnt** oder **verlassen** zu werden, den „schönen Teil" der Beziehung zu verlieren.

Diese Befürchtungen werden durch das Auftreten des Senders verschärft. In seiner Wut ist klar: Es ist es ihm ernst! Er wirkt **glaubwürdig, unnachgiebig** und **bedrohlich**!

Der Sender kommuniziert hier sehr deutlich, dass er mit allen Mitteln bereit ist, seine AR durchzusetzen und keinen Millimeter zu weichen. Das *Gaslighting*-**Universum** ist die AR. Hier gibt es keine Kompromisse!

Genau das spürt der Empfänger. Das Ausmaß an Stress, dem sich Empfänger hier durch die gleichzeitig auf ihn einwirkenden Faktoren ausgesetzt sehen, ist enorm:

Die **erfolgte Bestrafung**, die **schockierende** Jekyll-Hyde-Wandlung des Senders, der **Verlust** von Halt und Sicherheit, aufkommende **Ängste** einer möglichen Trennung und die kompromisslose Haltung des Senders. Die Vielzahl an Belastungs- und Unsicherheitsfaktoren katapultiert Empfänger in eine überfordernde, **subjektive Patt-Situation**.

3 Emotionale Erpressung des Empfängers - Scheideweg für die Entfaltung des 2. Makroprozesses

In dieser **Patt-Situation** müssen Empfänger zwischen **Schutz** (durch Kampf oder Flucht) und dem möglichen **Ende der Beziehung** (oder weiteren Angriffe) wählen. Zumindest fühlt sich das subjektiv so an.

Diese zusätzlichen **Bedrohungen** verstärken das Ausmaß an Stress im **Fright-Zustandes** und **blockieren** Empfänger, **sich aktiv zu wehren** oder die **Situation zu verlassen**.

Weder Kampf noch Flucht scheinen für den Empfänger zu verkraftende Optionen zu sein.

In der subjektiven Patt-Situation befindet sich der Empfänger zwischen zwei Zugkräften, die von *Dr. Stern*[6] (S.14) dafür verantwortlich gemacht werden, dass *Gaslighting* so schwer zu durchbrechen ist:

> *„[...] unserer schlimmsten Befürchtung - verlassen zu werden - und unseren tiefsten Bedürfnissen: verstanden, geschätzt und geliebt zu werden [...]."*[6]

Empfänger befinden sich im Schockmoment der Schmerzgrenze an exakt diesem Punkt. Sie haben das Bedürfnis, verstanden, geschätzt und geliebt zu werden. Das funktioniert aber nur so lange, wie sie in der AR des Senders weilen und auf ihre Wahrnehmung verzichten. Stehen sie für ihre Bedürfnisse ein und sprechen **ihre Wahrheit**, ändert sich das. Dem Sender **Paroli zu bieten** (= Kampf) oder einfach zu gehen (= Flucht) führt zu neuerlichen **Attacken** oder **Drohungen** des Senders. Dies aktiviert die **Befürchtung, verlassen zu werden.**

Der Empfänger erlebt in seiner Patt-Situation den Stress, der sich aus **zwei, konkurrierenden Bedrohungen** ergibt:

1. **Seine Bedürfnisse werden angegriffen** (die Bestrafung).

2. Wenn er „gesund" reagiert, sich für seine Bedürfnisse einsetzt (Kampf oder Flucht), riskiert er, **verlassen zu werden.**

Jeder Empfänger spürt, dass er in dieser Patt-Situation **nur verlieren** kann. Es ist unmöglich, **beide Bedrohungen** gleichzeitig auszuschalten. In jeder *Gaslighting*-**Dynamik** wirkt diese Systematik, die ich Dir bewusst und in Form dieser **Memo** mitgeben möchte:

M E M O

*„Die Schmerzgrenze eines Senders stellt Dich vor eine **Wahl**, die **niemals frei von Verlust** sein kann. Entweder Du **verlierst Dich**, den Kontakt zu Deiner Wahrnehmung, Deinen Bedürfnissen **oder** zur **AR des Senders**."*

Selbst wenn es Empfängern nicht bewusst ist, treffen sie hier eine entscheidende Wahl. Es ist ungemein wichtig, sich diese Wahl in der Patt-Situation **bewusst** zu machen und von Anfang an gesund zu wählen. Die Wahl die für Empfänger zu treffen ist, lautet:

*„**Setze ich mich für meine Bedürfnisse** und **Würde ein** und nehme in Kauf, **abgelehnt** oder **verlassen** zu werden? Oder **akzeptiere ich Bestrafung** und einen **würdelosen Umgang**, um so weniger **Angst vor dem Verlassenwerden** zu haben?"*

Unbewusste Empfänger entscheiden abhängig davon, was ihnen bedrohlicher erscheint. Wird die Aussicht, den Sender gänzlich zu verlieren als bedrohlicher erlebt, wird **geschwiegen, erduldet** und **ausgehalten.**
Sie lassen Bestrafung über sich ergehen und rühren sich nicht. Vergleichbar mit dem reglosen Opossum, das beim Anblick des Tigers keine Bewegung wagt. Nach außen starr, erleben Empfänger innerlich einen emotionalen Schleudergang mit 1600 Umdrehungen.

Die **Angst vor Ablehnung** und **Verlassenwerden** eines Empfängers verleiht dem Sender enorme Macht. Der Sender wird deshalb zum überlegenen Tiger, weil er aus Sicht des Empfängers die Stellschrauben seiner Angst kontrolliert: *„Bestraft oder trennt sich der Sender, wenn ich etwas sage?"*

Die unbewusste Wahl in dieser Patt-Situation stellt dem Empfänger die Frage, ob er sich durch **emotionale Erpressung** des Senders den Mund verbieten lässt. Sie lautet zusammengefasst:

> *„Wenn du meiner Darstellung widersprichst, dich wehrst oder gehst, dann attackiere ich Dich oder es ist aus!"*

Stellt der Empfänger seine RW und seinen Selbstausdruck zurück, dann willigt er in diese emotionale Erpressung ein. Was der Empfänger dem Sender dadurch mitteilt, ist:

> *„Mit der Angst vor Bestrafung und Verlassenwerden kann man Einfluss auf mich nehmen!"*

Sender machen von diesem Einfluss Gebrauch, indem sie im weiteren Verlauf von *Gaslighting* die ihnen so **übertragene Macht** mittels Einsatz der Schmerzgrenze zur Durchsetzung ihrer AR nutzen.

Durch **Aushalten** und Erdulden von Bestrafungen der Schmerzgrenze, akzeptieren Empfänger auch die vom Sender aufgestellte Regel (*„Wenn..., dann..."*). Es stärkt den Sender in seiner Rolle als **Richter** (Indikator Nr. 2, S. 107 f.).

Der **2. Makroprozess** von *Gaslighting* kann seine Wirkung erst entfalten, wenn Empfänger der **Erpressung durch Schmerz** (unbewusst) zustimmen. Damit wird die **Schmerzgrenze als Macht-instrument** zur Einflussnahme auf den Empfänger etabliert. Das Zahnrad des 2. Makroprozesses beginnt, sich zu drehen (S. 147).

Die Akzeptanz der Schmerzgrenze lässt Empfänger automatisch ihr Verhalten ändern. Sie versuchen, weitere **Bestrafung** zu verhindern. Anstatt klarer Worte, Widerstand und dem Bestehen auf Augenhöhe, werden sie duld- und schweigsam. Sie beginnen, sich an den (unausgesprochenen) **Wünschen des Senders** zu orientieren (siehe 3. Makroprozess, S. 203 f.).

Die Schmerzgrenze fungiert als Barriere zwischen der AR des Senders und der RW des Empfängers (S. 144). Der Abstand zwischen dem Empfänger und seiner Heimatatmosphäre (RW) wird immer größer, weil er wiederholt für das Äußern seiner Wahrnehmung bestraft wird. Solange der Empfänger den **Kontakt zur Schmerzgrenze** aus Angst vermeidet, ist kein gesunder Kontakt zur eigenen Realitätswahrnehmung mehr möglich.

Die operante Konditionierung durch Bestrafung (S. 157/158) hat ihn **von jenen Informationen abgeschnitten**, die er für seine **psychische Gesundheit** dringend benötigt (S. 134).

4 Drei Selbsttäuschungen von Empfängern

Am **Scheideweg** des 2. Makroprozesses gehen Empfänger **drei unbewussten Selbsttäuschungen** auf den Leim, welche sie die Bestrafung erdulden und damit der Schmerzgrenze zustimmen lassen. Wir wollen diese bewusst machen und im Detail anschauen.
„Wenn ich Bestrafung erdulde, dann..."

    a.) **„...wird die Angst vor Ablehnung/Verlassenwerden weniger."**
    b.) **„...kann ich Ablehnung verhindern."**
    c.) **„...kann ich Verlassenwerden verhindern."**

a.) Die Angst vor Ablehnung/Verlassenwerden nimmt ab

Die Angst ebbt allenfalls **kurz** ab, weil der Sender vielleicht kurzfristig seine Attacken einstellt. Die **unmittelbare Angst** des Empfängers wird geringer. Der Sender hat den Empfänger aber bereits attackiert, abgewertet oder entwürdigend behandelt. Ein Empfänger weiß, dass dies **jederzeit** wieder geschehen kann. Dieses Wissen kann nicht ausgelöscht, nur unterdrückt oder verdrängt werden. Unter der Oberfläche gärt die Angst aber weiter und wird zum **permanenten Begleiter** des Empfängers.

Diese Angst steuert fortan sogar das Denken und Handeln von Empfängern: Bei jeder Äußerung wird unbewusst abgewogen: *„Ist das nicht vielleicht doch zu riskant?"*

Der Empfänger etabliert eine innere Kontroll- und Filterinstanz. Er prüft, was er von sich nach Außen dringen lässt und was nicht. Er beginnt, sich zu verbiegen - aus **Angst** (vor Verlassenwerden und Ablehnung). Die Angst ist **nicht** weniger geworden. Sie hat sich nur verlagert. Der Empfänger wird mehr und mehr von eben **jener Angst** gesteuert, die er durch das Erdulden von Bestrafung loswerden wollte.

Das Erdulden von Bestrafung bringt **kurzfristig** eine Entlastung. Die akute Angst nimmt ab. Langfristig wird diese Angst sogar stärker, weil der Empfänger sich von ihr zur Unterordnung drängen lässt. Sie wird genährt und immer größer.

b.) Reale Ablehnung wird verhindert

Verhindern Empfänger durch Erdulden von Bestrafung eine **tatsächliche Ablehnung?**

Bereits bei der ersten Attacke eines Senders wird der Empfänger abgelehnt! Seine Wünsche, Bedürfnisse, seine Würde und sein Wesen werden mit Füßen getreten. Der erste Kontakt mit der Schmerzgrenze symbolisiert eine Ablehnung des Empfängers als ganzheitliches, individuelles Wesen. Akzeptiert wird er nur in einer beschnittenen und fügsamen Version, die sich **duckt** und **klein beigibt** - sonst fährt die Schmerzgrenze auf und es tut weh! Die **emotionale Erpressung** der Schmerzgrenze drückt aus: *„Sei, wie ich dich haben will, sonst tut es weh!"*. Das **ist** Ablehnung!

Erdulden führt also niemals dazu, dass reale Ablehnung verhindert wird! Sie ist bereits da! Das Erdulden schützt den Empfänger lediglich davor, dass diese Ablehnung nicht in Form konkreter Bestrafungen des Senders spür- und sichtbar wird. Eine unangenehme Wahrheit, die eine **Selbstlüge** entlarvt: Wenn ein Empfänger die Schmerzgrenze akzeptiert, muss er sich die bereits **bestehende Ablehnung** durch den Sender nicht bewusst machen und kann sich einreden, alles sei gut.

Die Zustimmung zur erpressenden Schmerzgrenze geschieht zumeist unbewusst. Der Empfänger glaubt wirklich, dass er damit reale Ablehnung verhindern könnte.

Die Akzeptanz der Schmerzgrenze **ist** die Akzeptanz von Ablehnung durch den Sender. Der Empfänger rutscht darüber zusätzlich in die **Selbstablehnung**. Er klammert Verhalten und Wesenszüge von sich aus, die „problematisch" werden könnten (siehe 3. und 4. Makroprozess, S. 203 und S. 276 f.).

Es ist paradox: Durch den Versuch, Ablehnung zu verhindern, wird Ablehnung akzeptiert und **(Selbst-)Ablehnung** geschaffen.

c.) Reales Verlassenwerden wird verhindert

Beim Erstkontakt mit der Schmerzgrenze stellt sich beim Empfänger fast urplötzlich die Angst vor Verlassenwerden ein. Wir

Menschen wollen nicht verlassen werden - das macht Angst. Mit einer beschnittenen Version seiner selbst und dem Erdulden von Bestrafung versucht der Empfänger, ein Verlassenwerden zu verhindern.

Wie bei Punkt b.) **wurde der Empfänger beim ersten Kontakt mit der Schmerzgrenze bereits vom Sender verlassen.** Die Schmerzgrenze hat ein Loch in die Beziehungsebene geschlagen (S. 170): *„Binnen von Sekunden kehrt sich ein Bereich von Vertrauen, Nähe, Loyalität und Achtsamkeit in ein **kriegerisches Schlachtfeld** um.“*

Auf einer Ebene wurde der Empfänger bereits verlassen und - er spürt es. Beim ersten Einsatz der Schmerzgrenze wurde jenen Anteilen und Facetten, die vom Sender unerwünscht sind, eine glasklare Absage erteilt. Die Drohungskarte vom Beziehungsende wird vom Sender zudem weiterhin ausgespielt.

Die Akzeptanz der **Schmerzgrenze als Machtinstrument** verhindert es nicht, dass der Empfänger verlassen werden kann. Zwar bleibt der Sender physisch anwesend, doch der Empfänger darf eben **nicht** komplett anwesend sein. Jene Teile des Empfängers, die vom Sender unerwünscht sind, wurden bereits verlassen.

Durch Erdulden verbirgt der Empfänger diese Wahrheit vor sich selbst. Er hört die schmerzhaften Aussagen des Senders nicht mehr, doch er spürt sie. Weil der Empfänger sich unterordnet, Teile von sich ausblendet und unterdrückt, **verlässt er sich selbst.**

Zusammenfassend akzeptieren Empfänger die Schmerzgrenze oft aus Angst vor Verlassenwerden/Ablehnung und um zu verhindern, dass eine Trennung oder Bestrafung erfolgt. Sie stimmen emotionaler Erpressung zu und akzeptieren das, was sie eigentlich vermeiden wollen: **Verlassenheit** und **Ablehnung**.

Empfänger akzeptieren so nicht nur, dass sie vom Sender wiederholt **verlassen** und **abgelehnt** werden. Um in Beziehung bleiben zu können, müssen sie auch sich selbst verlassen - Teile ihrer Bedürfnisse, ihrer Wahrheit und Wahrnehmung ablehnen. Sie schaffen so Gefühle von Ablehnung und Verlassenheit **in sich selbst**.

Ich wiederhole die alles entscheidende Frage für Empfänger an dieser Stelle noch einmal (S. 174):

*„Setze ich mich für meine **Bedürfnisse** und **Würde** ein und nehme in Kauf, **abgelehnt** oder **verlassen** zu werden? Oder **akzeptiere ich Bestrafung** und einen **würdelosen Umgang**, um so weniger **Angst vor dem Verlassenwerden** zu haben?“*

Die Antwort auf diese Frage entscheidet darüber, ob der 2. Makroprozess seine Wirkung entfaltet und das Zahnrad sich zu drehen beginnt. Die Wahl der zweiten Option vermindert weder Deine Angst, noch verhindert sie Ablehnung und Verlassenwerden. Der einzige (leider stark wirksame) Benefit ist, dass Deine Angst **kurzfristig** abebbt! **Langfristig** wird sie stärker und beginnt, Dein Denken und Verhalten zu steuern.

Die Akzeptanz der Schmerzgrenze verleiht dem Sender jene **Macht**, das *Gaslighting*-**Universum** (und Dich!) nach seinen Wünschen zu formen.

Diese Informationen sind umfangreich und nicht leicht zu verdauen. Im Angesicht von Stress sind wir oft spontan, impulsiv und suchen die schnellsten (kurzfristigen) Lösungen. Für den Empfänger ist das hier die Akzeptanz der Schmerzgrenze. Langfristige Folgen und übergeordnete Prozesse werden bei akutem Stress nicht wahrgenommen. Dieses Buch möchte Dir hier zu einem neuen Bewusstsein verhelfen. Der Weg aus dem 2. Makroprozess braucht seine Zeit und die solltest Du Dir geben.

Hab bitte Verständnis dafür, dass jeder Mensch - auch der Empfänger - unter Stress automatisch reagiert und von seinen unmittelbaren Gefühlen beherrscht wird! Ein Empfänger von *Gaslighting* ist ständig intensiven Gefühlen ausgesetzt! Positiv wie negativ. Permanent wirken verstärkende und bestrafende Mechanismen auf den Empfänger ein. Das wirkt sich aus und mit der emotionalen Ladung muss ein Umgang gefunden werden.

Verstärkung und Bestrafung - Der konditionierte Empfänger

Wir wollen nun das Zusammenwirken des 1. und 2. Makroprozesses für den Empfänger verstehen, weil sie genau an dieser Stelle zusammenlaufen. Dazu betrachten wir die Punkte (8), (9) und (10) unserer erarbeiteten **Definition** (S. 52):

(8) Stimmt der Empfänger der Alternativrealität zu, wird er hierfür vom Sender **belohnt** (verstärkt), lehnt er sie ab, erfolgt meist eine **Bestrafung.**

(9) Diese Verstärkungsmechanismen bewirken im Empfänger eine **automatische Neigung, seine eigene Wahrnehmung**

abzulehnen und der **Alternativrealität des Senders zuzustimmen**.

(10) Es entsteht ein **Machtgefälle** zwischen Sender und Empfänger, das **vom Sender bewusst** oder **unbewusst angestrebt** wird.

Im **1. Makroprozess** werden Empfänger für die **Zustimmung zur AR verstärkt**. Sie erhalten **positive** Signale (Idealisierung, Wertschätzung, Anerkennung). Sie **wollen** sich in der Nähe der sich „schöner anfühlenden" AR aufhalten. Sie nehmen Abstand von ihrer RW.

Im **2. Makroprozess** wirken **negative** Reize auf Empfänger ein - sie werden **bestraft**, sobald sie der AR **nicht** mehr zustimmen. Wenn Empfänger sich zur eigenen RW bekennen, „bei sich bleiben", aufbegehren, Widersprüche benennen und Klärungsversuche starten, wird die **Schmerzgrenze** aktiviert. Empfänger erleben Angst und Leid. Die **Bestrafung im 2. Makroprozess** lässt Empfänger also ebenfalls von ihrer eigenen RW Abstand nehmen (tut weh) und zur AR tendieren.

Die **Makroprozesse 1** und **2** bilden damit Mechanismen einer systematischen, operante Konditionierung ab, denen der Empfänger unterliegt. Das Verhalten des Empfängers wird über Verstärkung und Bestrafung in Richtung der AR modelliert.

Verhält der Empfänger sich **brav**, bleibt in der AR, stimmt dem Sender zu und akzeptiert dessen Machtposition und Sichtweise, dann gibt es ein **seelisches Bonbon** (Verstärkung). Andernfalls treffen ihn **(seelische) Schläge** (Bestrafung).

Der konditionierte Empfänger kann die Konditionierung durchbrechen, indem er die vier Mechanismen erkennt: Vom Sender gibt es Zuwendung, Bestätigung, Zärtlichkeiten und Idealisierungen, wenn der AR zugestimmt wird (**1. positive Verstärkung**). Doch er kann sie bei Widerspruch, Aufbegehren und Bestehen auf der eigenen RW von Seiten des Empfängers auch wieder **entziehen (2. negative Bestrafung)**.

Viele Empfänger wenden sich dem Sender wieder zu, verzichten auf Klärung, ihre Wahrnehmung oder entschuldigen sich sogar dafür. Nur weil sie mit dem Entzug der bisherigen Verstärkung nicht zurechtzukommen glauben. Knickt der Empfänger unter dem Druck des Senders ein, **nimmt dieser die negativen Konsequenzen weg** und zelebriert wieder die Verbindung mit dem Empfänger. Etwas Negatives wird weggenommen (**3. negative Verstärkung**). Das „Einknicken" des Empfängers wird quasi **belohnt**.

Deshalb gehen viele Empfänger nach einem Streit auf den Sender zu, obwohl sie zuvor auf beispiellose Weise **bestraft** wurden.

Es kann auch etwas Negatives dazukommen **(4. Positive Bestrafung)**. Bei *Gaslighting* findet das durch verletzende Angriffe, Unterstellungen, Vorwürfe, aggressives Verhalten, entwürdigende Kritik, Beschimpfungen oder Abwertungen seinen Ausdruck. Und zwar immer dann, wenn der Empfänger gegen die AR des Senders **aufbegehrt** oder **Widerstand** leistet.

Das hört sich komplizierter an, als es in Wahrheit ist. Die Mechanismen der operanten Konditionierung wirken als unsichtbare Zugkraft auf das Verhalten von Empfängern ein. Schau Dir zur Vertiefung gerne noch einmal den Exkurs zur **operanten Konditionierung** auf S. 157/158 an. Die nachfolgende Abbildung fasst zusammen, wie Verstärkung und Bestrafung im 1. und 2. Makroprozess einen Empfänger in die AR ziehen/drängen können.

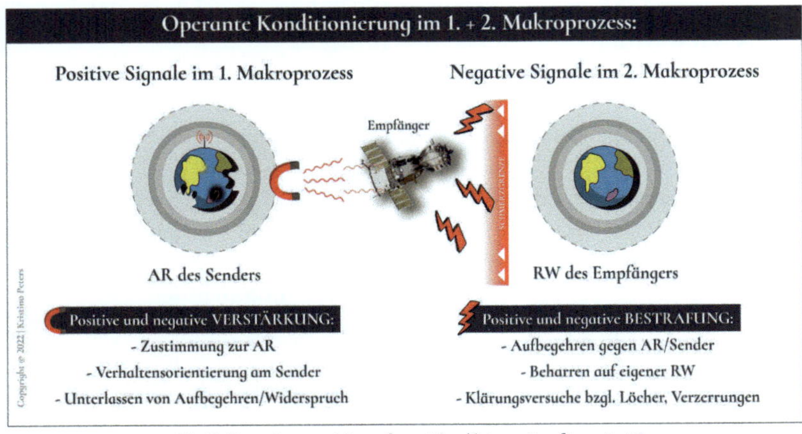

Abb. 15: Verstärkung und Bestrafung ziehen/drängen Empfänger in AR

Ergänzung: Eine **negative** Verstärkung ist für den Empfänger etwas **Positives**. Sie heißt nur deshalb **negative** Verstärkung, weil etwas Negatives **weggenommen** wird.

Analog ist eine **positive** Bestrafung für den Empfänger dennoch **negativ**. **Positiv** in dem Fall bedeutet nur, dass etwas Negatives **hinzu** kommt.

Eine **negative Verstärkung** ist also ein **positives Signal**, eine **positive Bestrafung** ist ein **negatives Signal**. Psychologen mögen es eben kompliziert.

Ein **positives Signal** kann so aussehen, dass der Sender den Empfänger in den Arm nimmt (**positive Verstärkung**) oder bei **negativer Verstärkung** - einen Angriff beendet, emotionale Distanz reduziert, sein Schweigen bricht. In beiden Fällen entspricht das einer **Belohnung** (Verstärkung) für den Empfänger.

Beides wirkt auf den Empfänger ein und kann sein Verhalten beeinflussen, so fern er sich nicht darüber bewusst ist.

Vereinfacht gesagt transportieren Sender durch die operante Konditionierung im *Gaslighting*-**Prozess** die folgende Aussage:

> *„Ich entziehe mich oder attackiere dich so lange, bis du mir zustimmst, dich entschuldigst und aufhörst, mich zu nerven! Dann bekommst du wieder das, wonach du dich sehnst."*

Entdeckst Du diese Systematik im Verhalten eines Menschen, dann ist **gesunder (innerer) Abstand** angezeigt! Identifiziere Dich nicht zu stark mit Lob, Anerkennung und Bestätigung und lasse Dich von Kritik, Abwertungen o.ä. nicht zu sehr beeindrucken.

a.) Abschließende Reflektion für konditionierte Empfänger

Sender spüren es sofort, wenn ein Empfänger sich von der AR entfernt. Ein Gesichtsausdruck, ein Blick das bloße Luftholen genügt. Lässt ein Empfänger im Ansatz erkennen, dass er anderer Meinung ist, kann das den Sender unmittelbar in Wallung bringen.

Bei *Gaslighting* achtet der Sender mit Argusaugen auf solche Veränderungen. Keinesfalls will er seine **Vorteile** verlieren (S. 77 f.). Beim bloßen Verdacht auf Verlassen der AR wird die **Schmerzgrenze** mit ihren Bestrafungsmechanismen aktiviert.

Das Ziel des Senders: Der Empfänger soll unmittelbar in die Atmosphäre seiner AR zurückkehren! Dazu setzt der Sender - bewusst oder unbewusst - **Verstärkung** und **Bestrafung** ein.

Dadurch wird einem Empfänger die **Rückkehr zur eigenen Realitätswahrnehmung** maßgeblich erschwert (Abb. 15, S. 181).

Die Akzeptanz der Schmerzgrenze hat die **Entscheidungsgewalt** darüber, was wahrgenommen, gefühlt und zum Ausdruck gebracht werden darf, an den Sender übertragen.

Dieser bestimmt fortan, in welchem Radius der Empfänger sich (in seiner Wahrnehmung) frei bewegen **darf**, ohne dass ihm die Bude um die Ohren fliegt. Das Machtgefälle ist etabliert, der Empfänger ist konditioniert.

Der konditionierte Empfänger passt sein Verhalten mit der Zeit an die Regeln des Senders an. Im systematischen Wechsel von Verstärkung und Bestrafung lernt der Empfänger, dem Sender bedingungslos zuzustimmen oder - zumindest nicht zu widersprechen.

Weshalb tut ein Empfänger das? Die wiederholten Eskalationen mit Sendern ziehen enorm **viel Energie**! Die Konditionierungen greifen, weil der Empfänger Belastung minimieren will.
Kein Mensch hält auf Dauer derartige Eskalationen, Abwertungen und Angriffe aus. Jeder Mensch sehnt sich nach Anerkennung und Wohlwollen, möchte angenommen sein. Empfänger von *Gaslighting* sind irgendwann einfach ausgelaugt und erledigt. Sie können nicht mehr. Sie lassen alles Aufbegehren, Diskutieren, Klären und Konfrontieren einfach sein. **Resignation**. Denn da ist kein Durchkommen - nur Schmerz und Verwirrung.

Jede Berührung mit der **Schmerzgrenze** bedeutet zusätzlichen Stress. Der Empfänger wird in eine Auseinandersetzung mit **tiefsitzenden Zweifeln, zentralen Ängsten** und dem potentiellen Wegfall an **grundlegenden Bedürfnissen** (siehe *Dr. Stern*, S. 14) geworfen.
Für stumme Anpassung hingegen erhalten Empfänger Zuwendung, Bestätigung und Ruhe. Unterordnen, Anpassen und Schweigen sind demnach oft verzweifelte Versuche, den massiven Stress **kurzfristig** zu reduzieren. Der langfristig entstehende, **chronische Stress** wird vom Empfänger in diesem Moment nicht wahrgenommen.
Der zeigt beispielsweise in einer subtilen, aber permanenten Anspannung. Der Empfänger beginnt, auf rohen Eiern zu laufen und bemüht sich, ja nichts „falsch" zu machen.

Für viele Langzeit-Betroffene von *Gaslighting* hat sich die Definition eines „guten Tages" über die Zeit verändert: Ein guter Tag ist einer, an dem der Sender nicht „hochgegangen" ist. Das bedeutet dann, dass sie nichts „falsch" gemacht haben.
Wenn der Empfänger sich in einem solchen Setting wieder findet, hat er den vom Sender zugestandenen Freiraum und die Schmerzgrenze als Machtinstrument vollständig **akzeptiert**. Hier finden wir die Schnittstelle zum 3. Makroprozess.

Sieht der Empfänger sich in der Verantwortung dafür, dass der Sender nicht explodiert, dann lebt er bereits nach den Regeln der AR. Dann ist der Kontakt zur **eigenen Realitätswahrnehmung** unter den Zugkräften von Verstärkung und Bestrafung geschwunden.

Die Mechanismen der **operanten Konditionierung** können dafür sorgen, dass die **AR** Stück für Stück zur **Realität des Empfängers** wird (**Auto-*Gaslighting***, 4. Makroprozess) .

! Das erduldende Vermeiden von Konfrontation mit der Schmerzgrenze ist **nachvollziehbar**. Auf den ersten Blick schafft es Linderung, dauerhaft jedoch **chronischen Stress**. Diese Haltung kann über eine stufenweise einsetzende **Selbstverleugnung** zum **Verlust der eigenen Realitätswahrnehmung** führen.

Kein Empfänger sollte sich vorwerfen, dass er die Mechanismen nicht in dem Moment erkennt, in dem sie passieren. Die Verstrickung in die belastenden Mikroprozesse verhindert die hilfreiche **Perspektive des Astronauten** (Makroprozesse).

Ab einem gewissen Punkt kann die Anerkennung dessen, was wirklich geschieht, für einen Empfänger auch **zu schmerzhaft** werden. Zu erkennen, dass er bereits abgelehnt und verlassen wurde, wenn er vollständig er selbst ist, tut weh. Dann müsste auch **all das Gemeinsame** und **Verbindende** (1. Makroprozess, S. 148 ff.) mit neuen Augen gesehen werden. Der Zauber ginge verloren. Und so manch ein Empfänger möchte das nicht.

Für den Exit aus dem 2. Makroprozess muss der Empfänger sich einer Selbst-Prüfung unterziehen und fragen:

? *„Wie und wodurch habe ich mich unbewusst konditionieren und erziehen lassen?“*

! Ich sage es mal frei heraus: *Du bist kein Zirkuspferd!*

Du bist ein **freies** und **wildes Pferd**, mit eigenen Instinkten, individuellen Werten, Gaben, Talenten, Schwächen, Schattenseiten und einer wertvollen Sicht auf die Welt.

! **Du wurdest geboren, um durch die Steppe des Lebens zu galoppieren!** Nicht, um mit Zuckerbrot und Peitsche dazu dressiert zu werden, im *Gaslighting-Zirkus* eine gute Show abzuliefern! Vielleicht erreichen Dich diese Worte und Du kannst spüren, wie wichtig es um Deiner Würde willen ist, die Konditionierung zu durchbrechen?

6 Dein Exit aus dem 2. Makroprozess

Den ersten Teil des Exits nehmen wir aus dem vorigen Abschnitt mit: Diese **Erkenntnisse** werden in Dir arbeiten, eine neue, bewusstere Perspektive und hilfreichere Entscheidungen ermöglichen.

Der zweite Part des Exits ist die **Akzeptanz** Deines bisherigen Verhaltens, Verständnis für vergangene Entscheidungen aufzubringen und Selbstvorwürfe **gehen zu lassen**.

Zur Erinnerung: Es ist ist nahezu unmöglich, sich ohne Kenntnis der Prozesse gefasst und bewusst zu verhalten, wenn, wie aus dem Nichts, elementare Bedürfnisse attackiert und tiefsitzende, menschliche Ängste getriggert werden!

Jeder kleinste Rückgang von Stress ist in einer solchen Situation willkommen und das **unmittelbar** Entlastende für Empfänger ist die Zustimmung zur AR. Der größte Stressanteil ist damit sofort vom Tisch: Inneres Aufatmen - das System entspannt sich! Vor dem Hintergrund kann man jede Zustimmung verstehen, findest Du nicht? Eben! Ich auch. Also einigen wir uns hier auf:

VERSTÄNDNIS FÜR DICH

Betrachten wir, was seither **unbewusst** war und nun **bewusst** werden durfte: Durch Zustimmung zur AR wurde auch folgenden Vorgängen unbewusst zugestimmt (**Stille Prozesse**):

VOTING

1. Emotionale Erpressung
2. Unterordnung eigener Bedürfnisse
3. Bestrafung/respektloser Umgang (Schmerzgrenze)
4. Machtposition des Senders
5. (Selbst-)Ablehnung unerwünschter Anteile

JA ○

NEIN ○

↑ Ich stimme den aufgeführten Punkten vollumfänglich zu

Auf den ersten Blick mag es Dich frustrieren, dass Du dieser Liste bisher **unbewusst zugestimmt** hast. Doch erst jetzt ist Dir bewusst: **Du hast eine Wahl!** Und ich möchte Dich einladen, nun Deine Wahl **bewusst** und **aktiv** zu treffen. Kreuze oben Ja oder Nein an und setze damit ein **Statement** vor Dir selbst! Triff Deine Wahl - es ist Deine Entscheidung!

Wir können an dieser Stelle sehen, wie **machtvoll** jede Entscheidung von Empfängern ist, wenn die Wahlmöglichkeiten erst einmal **bewusst** sind! Empfänger entscheiden, wie mächtig ein Sender werden darf! Ohnmacht im *Gaslighting-Prozess* ist eine Täuschung!

? *„Schön und gut, aber was kann ich denn nun konkret tun, wenn ich aus dem 2. Makroprozess und aus Gaslighting aussteigen will?"*

Eine gute Frage, die uns zu den konkreten Exit-Strategien führt. Ein Sender **kann** konfrontiert werden (und sollte es auch). Doch dazu muss der Empfänger bereit sein, den **Schmerz der Ablehnung** und die **Angst vor Verlassenwerden** willkommen zu heißen! Damit wird das Druckmittel entzogen, die **Erpressungs-Schleife** gesprengt!

Tatsächlich gibt es keine andere Möglichkeit - außer in *Gaslighting* und der AR zu verbleiben. Denn sobald Du im *Gaslighting*-**Universum** auf für Dich **wichtige** (und für den Sender unerwünschte) Aspekte bestehst, wird die Schmerzgrenze Dich berühren. Es wird Dir **weh tun** und **Angst machen**. Sorry.

Du hast die Wahl, Dich mit dem Verzicht auf Deine Wahrheit und Wahrhaftigkeit abzufinden oder **Dich Deiner Angst und Deinem Schmerz zu stellen**. Jeder ehemalige Empfänger wird das bestätigen.

Der konkrete Exit aus dem 2. Makroprozess konzentriert sich auf einen hilfreichen Umgang mit **Bestrafungen der Schmerzgrenze**. Der Fokus liegt darauf, die Schmerzgrenze (und Dich als Empfänger) zu konfrontieren. Dadurch kann sie als **Barriere** zur Heimatatmosphäre (Deiner RW) durchbrochen werden.

Dazu bauen wir die bisherige Vermeidung ab und **verhindern** so, dass der Kontakt zu Deiner Wahrnehmung (RW) verloren geht. Diese Informationsquelle ist unglaublich wichtig! Sie entspringt Deinem Selbst, ermöglicht Dir **Sicherheit, Selbstvertrauen**, sowie ein gesundes **Situations- und Selbstbewusstsein** (S. 136). Let's go!

a.) Inner work zum Exit aus dem 2. Makroprozess

1. Entwickle **Verständnis für Deine Stressreaktion** und lerne Deinen **Fright-Zustand** kennen. Wie kannst Du aussteigen?

2. Erlerne eine für Dich geeignete Methode, um Dich aufkommendem **Stresserleben, Ängsten und Empfindungen** zu

stellen (S. 339 f., z.B. Meditation, Achtsamkeit). Trainiere das Anerkennen, Fühlen, Halten und Akzeptieren all dessen, was sich in Dir zeigt. Begib Dich bewusst in **unbequeme Situationen**, um diese Fertigkeiten zu trainieren (Exposition).

3. Erarbeite einen klaren **Vorsatz**, wie Du künftig auf Bestrafung (und emotionale Erpressung) **reagieren möchtest. Plane** und **visualisiere** Dein **neues Verhalten ganz konkret**, fixiere Deine Möglichkeiten schriftlich und - **tu es** (konkrete Anleitung zum Exit - S. 235 f.)!

4. **Bereite Dich für etwaige Attacken vor,** indem Du Deinen **Widerstand** ihnen gegenüber **gehen lässt** und ein **Ja** zu ihnen findest (*„Ja, das kann passieren und dann werde ich..."* siehe **3.**).

5. Mache Dein neues Verhalten **nicht** von **Angst vor Bestrafung abhängig.** Vergegenwärtige Dir, dass Du die Situation in dem Fall **jederzeit kommentarlos verlassen darfst.**

6. Steige aus dem Spiel der Schmerzgrenze aus, indem Du auf der **Metaebene** formulierst, was aus **Deiner Sicht** geschieht (*„Jetzt hagelt es Vorwürfe, weil ich was gesagt habe, was dem Sender nicht schmeckt"*). Ziehe eine **klare Grenze** und erlaube Dir, **Respekt** für Deine Beteiligung an einem Gespräch vorauszusetzen.

7. Erlaube es Dir, abwertende, verletzende, bestrafende Aussagen des Senders zu **ignorieren.** Du weißt: Sie sind **egozentrisch motiviert** (dienen ihm), haben **mit Dir** als Mensch aber **nichts zu tun!** Wechsle auf die **Metaebene** - nimm es **nicht persönlich!**

8. Versuche, Deine emotionale Reaktion auf Bestrafung als **Warnsignal Deines Systems** zu verstehen, das Dich auf **emotionale Erpressung** hinweist (siehe S. 192 f. - **Neubewertung** Deines Schocks als **hilfreiches Signal**).

9. **Nutze das Signal,** um Dein **neues Verhalten** (3.) auszuführen (Klarheit, Abgrenzung, Betonung Respekt, Distanzierung).

10. Vermeide es **unter allen Umständen,** Dir im Anschluss an eine Bestrafung zu überlegen, **weshalb Du es verdient haben könntest,** dass man so mit Dir umgeht (*„War das berechtigt?"*).

11. Trainiere es, der Schmerzgrenze **mutig zu begegnen,** lass Dich von **Drohungen, Vorwürfen, Angriffen** oder der **Angst vor**

Deinen eigenen Gefühlen nicht beeindrucken! Lerne, Deine inneren Reaktionen zu halten, ohne Dich davon wegziehen zu lassen (siehe 2.)!

12. Gehe auf **Distanz zu den Aussagen** des Senders! Sie sagen nicht wirklich etwas **über Dich** aus! Verinnerliche, dass **gesprochene Worte Dich** - die Natur dessen, was und wer Du bist - **niemals verändern können**. Du bleibst Du - egal, was gesagt wird.

13. **Widerstehe der Versuchung inhaltlich auf Attacken oder Verwirrspiele einzugehen** (emotionale Reaktionen, Widersprechen, Rechtfertigungen). Lass das Gesagte durch Dich „hindurchfließen". Neutralisiere „thematische Widerhaken".

14. Mache Dir immer wieder bewusst: Dein **Mut**, Dich der Schmerzgrenze und Deinen Ängsten zu stellen, ist eine **Liebeserklärung an Dich selbst**, Dein Leben, Deine Würde und Wahrheit.

15. Arbeite ganz gezielt an der **Angst vor Verlassenwerden** und **Ablehnung** (z.B. mit einem qualifizierten Psychotherapeuten).

Diese 15 Punkte sind alle miteinander verzahnt und zeigen Dir die Grundsystematik, wie Du Deinen Ausstieg angehen kannst. Es ist wichtig, dass Du jeden einzelnen Punkt **individuell** erarbeitest (z.B. *„Welche Technik hilft mir, meine Gefühle zu halten und ungünstigen Handlungsimpulsen zu widerstehen?"*).

Im Self-Empowerment-Kapitel (S. 315 ff.) und den folgenden Ausführungen zeige ich Dir, **wie** diese Arbeit in verschiedenen Bereichen aussehen kann - bei der Umsetzung bist Du gefragt!

Da wir hier über einen Exit aus dem komplexen Phänomen *Gaslighting* und nicht über die saubere Entfernung von Nasenhaaren sprechen, sind die Ansatzpunkte auch nicht in 15 einfachen Sätzen zusammenzufassen. Es ist wichtig, dass Du die Zusammenhänge und Vielschichtigkeit durchdringst. Wir schauen uns im Folgenden die einzelnen Punkte genauer an...

1. Verständnis für Deine Stressreaktion

Das wurde bereits erläutert. So oft höre ich von Empfängern kleine, spitze Selbstverurteilungen: *„Ich bin so bescheuert! Warum lasse ich das* *mit mir machen?".* Stelle das bitte ein! Es wirkt in Dir.

Du möchtest Dich **anders** verhalten, das ist gut. Verurteile aber bitte nicht Deine eigene Biologie, Deine Stressreaktion und Grenzen. Entwickle **Verständnis** für Dein Verhalten im Angesicht von Bedrohungen. Es schmerzt mich jedes Mal in der Seele, wenn ich Empfänger ohne jegliches **Selbstmitgefühl** mit sich selbst sprechen höre. Sie wurden von Sendern übelst attackiert und lassen an sich selbst kein gutes Haar. Sie sehnen sich nach Verständnis von Außen, bringen es aber für sich selbst nicht auf. Starte noch heute damit, Dir gegenüber fair zu sein!

2. Gefühls- und Stressregulation

Eigne Dir eine (individuell passende) Technik an, die Dir hilft, in Belastungssituationen dennoch bei Dir zu bleiben und so die Angst vor Stress zu verlieren. Unbewusst haben wir am meisten Angst davor, durch zu starke Gefühle die Verbindung zu uns zu verlieren. Das kann trainiert werden! Lerne, bisher als bedrohlich empfundenen Gefühlen zu begegnen (S. 345 und 380 f., Self-Empowerment-Kapitel).

Selbstregulation kann über Meditation, Imaginationsübungen, Atemtechniken und diverse andere Tools verwirklicht werden. **Setze Dich Deinen Empfindungen** ganz gezielt und freiwillig aus und übe.

Im Self-Empowerment-Kapitel (S. 315 ff.) findest Du explizit dafür eine entsprechende Übung, mit der Du diese Fähigkeit trainieren kannst. So bleibt man in belastenden Situationen handlungsfähiger und bewusster! Nebenbei stärkt diese Übung das Selbstwirksamkeit und das Selbstvertrauen.

Sei geduldig mit Dir, aber bleib dran. Es lohnt sich! **Entlade** bereits im System befindlichen **Stress** z.B. durch Atemtechniken, körperliche Bewegung und Sport. Auch hierfür findest Du im Self-Empowerment-Kapitel eine entsprechende Übung (S. 376 f.).

Falls Du an **Ängsten** (Verlassenwerden und Ablehnung) **arbeiten möchtest**, setzt das ihre Anerkennung voraus. Finde ein *Ja* zu Deinen Ängsten. Das bedeutet **nicht**, dass Du sie gut finden musst! Dein *Ja* bedeutet: *„Ich erkenne an, da ist Angst in mir. Punkt."*

Was Du erlebst, erlebst Du ohnehin. Deine Ablehnung ändert daran nichts. Ein *Ja* zu Deinem Erleben ist ein **Self-Commitment**. Du stehst zu Dir. Das spart Dir viel Energie (die Du bisher für Unterdrückung und Ablehnung verpulvert hast) und öffnet neue Türen für Deine Arbeit mit Deinen Ängsten (Punkt 14. und 15.). Nutze hier gerne die Unterstützung durch einen professionellen Psychotherapeuten.

3. Verhaltensplanung für Bestrafung und emotionale Erpressung

Du weißt jetzt, dass die vom Sender errichtete Schmerzgrenze Teil eines **Konditionierungs-Systems** ist. Überlege Dir in diesem Wissen genau, wie Du künftig auf solch ein Verhalten reagieren möchtest. Wie sieht Dein „Wunsch-Verhalten" aus, wenn Du bestraft wirst? Wie möchtest Du künftig auf **emotionale Erpressung** reagieren? Stell Dir Dein von Angst befreites, zukünftiges Ich genau vor. Visualisiere, **wie es** in einer solchen Situation **handelt! Was sagt dieses zukünftige Du?** Wie fühlt sich dieses Du, wenn es - von Angst, Vorwürfen und Schuldgefühlen unbeeindruckt - erfolgreich aus einer solchen Situation aussteigt?

Spiele vergangene und künftige Situationen mit Deinem künftigen Du durch und **gehe davon aus**, dass es zu solch selbstbestimmtem Handeln in der Lage ist. Schreibe das Stück **neu**. Es ist unwichtig, ob Du Dir das jetzt schon zutraust oder nicht. Visualisiere die **mutigste Version von Dir** in diesen Situationen und halte Dein Zielverhalten fest. Spüre Deine Zielgefühle.

Du selbst musst noch nicht wissen, **wie** Du das anstellen wirst - nur, wie es aussehen und sich anfühlen soll. Konkrete **Visualisierungen** und **Gefühle** kurbeln Dein **Unterbewusstsein** an und zeigen ihm, in welche Richtung es für Dich arbeiten soll.

Erstelle eine **neue Verhaltensblaupause** für Dein künftiges Du: *„Wenn im Gespräch X gesagt wird, dann tue ich Y"* oder *„Falls A passiert, schweige und gehe ich - oder ich äußere B".* Sei kreativ und werde konkret! Lade dann Dein künftiges Du in konkreten Situationen ein, Dir zur Seite zu stehen. Eine Anleitung für den *finalen Exit bei bestrafenden Signalen* findest Du auf S. 235 ff.

4. Vorbereitung auf künftige Attacken (Widerstand loslassen)

Mach Dir **bewusst**, dass Angriffe und Attacken jederzeit stattfinden können. Lass Deinen Widerstand los und akzeptiere Deine Angst davor: *„Ja, das kann passieren und ja, dann erlebe ich vielleicht wieder Angst. Dann ist es so. **Ich mache meinen Frieden damit, dass es passieren kann** und bemühe mich nicht mehr, das um jeden Preis verhindern zu müssen".*

Damit wird ein großer Batzen **Anspannung** und **Anstrengung** von Dir abfallen. Auch hier gilt: Du musst derartige Situationen **nicht gut finden**, aber erkenne an, dass sie eintreten können. Es ist **nicht** Deine Aufgabe, sie zu verhindern. Damit entkoppelst Du Dich von emotionaler Erpressung und **operanter Konditionierung**.

5. Sprenge die Abhängigkeit Deines Verhaltens von Bestrafung
Beobachte ehrlich und aufrichtig, wann Du etwas tust oder unterlässt, **um nicht bestraft zu werden.** Lerne Dich kennen! Wenn Du Dich dabei „erwischst", siehe Punkt 1 - hab Verständnis.

Dem Impuls zur Vermeidung nicht nachzugeben, ist ein Lernprozess. Bleib dran - versuche es wieder und wieder! Jeder Fehlschlag ist ein Schritt mehr auf dem Weg zum Erfolg.

Mache Dir klar, dass Bestrafungen Dich dazu einladen, Dich zu **verbiegen** und **unterzuordnen.** Gib Deinen Gefühlen ein *Ja*, aber widerstehe dem Impuls, den die Angst Dir eingibt (Erstarren, Erdulden - Punkt 2). Sprich zu Dir selbst: *„Ich lasse mich nicht erpressen! Auch nicht von meiner Angst!"* und äußere, was Du wirklich denkst und fühlst - ohne Rücksicht auf Verluste. **Dann bist Du authentisch!** Gehe durch Deine Angst und erfahre, dass Dein Verhalten nicht von Angst abhängig sein **muss.** Du musst Dich nicht verbiegen!

6. Das Spiel mit der Schmerzgrenze beenden
Verlasse die Situation notfalls kommentarlos. Damit hast Du nicht „verloren", sondern Dir einen sinnlosen Kampf und eine tiefere Verstrickung in *Gaslighting* erspart - Du hast also gewonnen!

Beende das Konditionierungs-Spiel der Schmerzgrenze! Äußere klar, dass Du Dich **nicht** durch verletzende Kommentare „auf stumm schalten" oder erpressen lässt. Lass Dir Deinen Selbstausdruck **nicht verbieten.** Auch wenn der Sender ahnungslos tut - **positioniere Dich** und mache klar, dass Du **kein Zirkuspferd bist**, das sich dressieren lässt, sondern ein Mensch mit eigener Meinung und Wahrheit.

Grenze Dich klar ab, indem Du **grundlegenden Respekt als Voraussetzung** für ein Gespräch festlegst. Dann ziehe Dich zurück. Etabliere Augenhöhe als Basis für ein Miteinander. Eine ausführliche Anleitung findet sich wiederum auf S. 235 ff.

7. Umgang mit verletzenden und bestrafenden Aussagen
Verinnerliche, dass Verletzung und Bestrafung bei *Gaslighting* mit System erfolgt. Es dient einem Zweck! Lies das Buch gegebenenfalls noch einmal, um die **Erkenntnisse** darüber bewusster werden zu lassen!

Die **Aussagen** eines Senders haben wenig bis **nichts mit Dir zu tun.** Du weißt, dass es ihm immer um seine Vorteile geht und seine Wahrnehmung sich immer an einem bereits definierten Bild (AR) orientiert. All seine Aussagen sind nur darauf konzentriert! Wenn er Dich angreift, verletzt, links liegen lässt, dann nur deshalb, weil er **sein System am Laufen halten will**! Berücksichtige das bitte!

Lasse Bestrafungen und Verletzungen inhaltlich so wenig wie möglich an Dich heran. Fokussiere stattdessen auf die **Metaebene** der Makroprozesse: Angriffe sind dazu gedacht, die **Machtposition des Senders und seine AR** zu festigen. Erkenne das und - **lass ihn machen!**

Solange Du dabei **nicht mitspielst** und **einsteigst**, spielt ein Sender "Mensch-ärgere-Dich" mit sich allein. Dann gibt es niemanden mehr, der einen **Kampf über seinen Machtanspruch** mit ihm austrägt. Erkenne das Spiel, verweigere die Teilnahme und mache so deutlich, dass dieser Anspruch **nicht verhandelbar** ist.

Alle Versuche, einen Sender zu überzeugen, ihn zurechtweisen oder ihm etwas „beibringen" zu wollen, sind bereits **Beteiligungen an diesem Machtspiel.** Dein Einlassen signalisiert **Verhandlungsbereitschaft** (selbst wenn Du Dich wehrst). Sobald Du Dich mit den Inhalten einer verletzenden oder bestrafenden Aussage beschäftigst, verfängst Du Dich in den (letztlich bedeutungslosen) *Mikroprozessen* und verlierst den Überblick. Es geht um eine gesunde und klare Antwort auf der **Makroebene.** Hier benötigst Du nur ein einziges Statement:

„So nicht! Ich bin kein Zirkuspferd! Punkt."

8. Stress und Angst als hilfreiche Signale für neues Verhalten

Du darfst den **Schockmoment**, den Du durch den Kontakt mit der Schmerzgrenze erlebst, **neu bewerten**! Ziehe in Betracht, dass Deine körperlichen, gedanklichen und emotionalen Reaktionen einen tieferen Sinn ergeben! Blicke dazu eine Ebene tiefer und frage Dich:

„Kann es sein, dass meine Angst mir vielleicht etwas Wichtiges mitteilen möchte? Kann es sein, dass meine Angst ein freundliches Warnsignal ist, das mich auf etwas hinweisen, mir helfen möchte?"

Viele Empfänger fühlen sich durch Bestrafung bei *Gaslighting* an *alte Situationen* erinnert. Sie halten ihre Reaktion deshalb für **unangemessen** (Sender vermitteln genau das!). Sie glauben, dass sie etwas **projizieren** und reden sich ihre Reaktionen aus: *„Das ist eine gelernte Angst, die nichts mit jetzt zu tun hat. Ich projiziere da etwas!"*

Vergangene Ereignisse haben Dich geprägt und - ja, vielleicht fällt Deine Reaktion **intensiver** aus. Aber bedeutet das, **dass sie „falsch" ist**? Bedeutet das, dass **„gar nichts passiert"** und **alles** nur Projektion ist?

Das ist eine der **gravierendsten Fehlannahmen**, denen man als Empfänger in einer *Gaslighting*-**Dynamik** unterliegen kann.

Dieser Fehlannahme ist im Self-Empowerment-Kapitel ein eigener Abschnitt gewidmet (S. 388 f.). Im Kapitel zur Wahrnehmung (S. 86) hast Du gelernt, dass vertraute Situationen schneller erkannt und verarbeitet werden. Könnte es nicht sein, dass Du im Moment einer Bestrafung **deutlich spürst**, dass „etwas nicht stimmt" und **Dein System Dir genau das mitzuteilen versucht?**

Deine Angst möchte Dir vielleicht mitteilen, dass Du gerade **erneut emotional erpresst, manipuliert** oder **konditioniert** wirst. Fühlst Du Dich deswegen *wie früher*, weil genau in jenem Moment erneut geschieht, was Du bereits erlebt hast?

Das ist damit gemeint, wenn wir davon sprechen, dass **Du bei Dir und Deiner Wahrnehmung bleiben darfst!** Die objektiven Fakten sind unwichtig. Wenn es für Dich unangenehm und komisch ist, darfst Du das wahrnehmen und entsprechend handeln!

Wieso solltest Du Deine Angst verurteilen? Weshalb Angst vor der Angst haben, wenn sie es doch **gut mit Dir meint**, Dich auf etwas hinweisen möchte?

Gestatte Dir bitte, Deine **Angst als (hilfreiches) Signal neu zu bewerten** und vielleicht kannst Du ihr dafür sogar ein wenig **dankbar** sein.

9. Signalnutzung für neues Verhalten

Deine Angst ruft vielleicht: *„Pass auf Dich auf! Hier passiert das Gleiche nochmal und Du weißt, dass Du das nicht willst! Pass auf Dich auf!"*

Das ist sehr freundlich von Deiner Angst, oder? Nutze die Signale Deines Systems, um das unter Punkt **3.** entwickelte und geplante, neue Verhalten auszuführen. Wie das geht? Siehe S. 198.

10. Keine Suche nach Rechtfertigungen für die Bestrafung

Wenn Du auf eine Bestrafung nicht wie von Dir gewünscht reagiert hast, sei bitte **nachsichtig** und verständnisvoll mit Dir. Nimm davon Abstand, Dich deswegen **fertig zu machen** oder Dich **schuldig** zu fühlen. Versuch es einfach weiter!

Falls Du nach **Gründen** dafür zu suchen beginnst, weshalb Du eine solche Behandlung durch den Sender **verdient** haben könntest - unterbreche das unmittelbar!

Das wäre eine **massive Selbstsabotage,** die das **Handeln des Senders legitimiert** und ihn von jeglicher Verantwortung für sein Verhalten entbindet (*Es gibt Gründe, weshalb man so mit mir umgehen darf"*).

Manche Empfänger haben so große Angst davor, ihre eigene Wahrheit zu sprechen, dass sie sich einzureden versuchen, **das Verhalten des Senders sei gerechtfertigt.** Damit verhindern sie nicht nur eine gesunde Abgrenzung, sondern stimmen dem Sender und seiner AR auch noch zu. Erinnere Dich: *Gaslighting* hat **System** (siehe S. 1 bis 194)!

Wenn Du gegen das Verhalten des Senders aufbegehrst und klar bist, wird er versuchen, **Dir** die Schuld für seine Attacke in die Schuhe zu schieben (einseitige Regeln, Externalisierung, S. 113). Es ist deswegen umso wichtiger, dass **Du** das **nicht** tust.

11. Schmerzgrenze und Ablehnung begegnen

Aktiviere Deinen **Mut**, Dich der Schmerzgrenze und damit auch einer Bestrafung **zu stellen**. Bereite Dich mit den obigen Punkte darauf vor. Mach Dir bewusst, welche Freiheit Du dadurch gewinnen kannst, wenn Bestrafung Dein Handeln nicht mehr bestimmt!

Aktiviert ein Sender die Schmerzgrenze, dann halte inne: Höre das Gesagte und beobachte Deine Empfindungen. Akzeptiere, was in Dir vorgeht und erkenne es als Hinweissignal (**8.**). Schicke einen Impuls der Dankbarkeit für den Hinweis nach innen (**9.**) und dann - stell Dich den Inhalten, **aber reagiere nicht auf sie**! Ist das einfach? Nein! Du darfst es trainieren! Eine Übung dazu findest Du im Self-Empowerment-Kapitel, S. 345 f.

Selbst wenn ein Teil der Aussagen wahr sein könnte, **wechsle sofort** auf die Makroebene: *„Selbst wenn es so wäre, ist das kein Grund für einen derartigen Angriff, eine solche Verurteilung oder Abwertung!"*

Ablehnung ist eine Form der Bestrafung, mit der Du bei *Gaslighting* rechnen musst. Du kannst Ablehnung (von egal wem) **niemals verhindern**. Lerne, Dich der Möglichkeit zu stellen, dass Du Ablehnung erfahren könntest.

12. Distanz zu den Aussagen des Senders aufbauen

Menschen lehnen meistens solche Aspekte bei anderen ab, mit denen bei sich selbst **im Unfrieden** sind - auch jene Menschen, mit denen Du zu tun hast! Entwickle eine **mutige Haltung** und erlaube Dir, Dich mit Aussagen über Dich, **nicht zu identifizieren**.

Eine **Distanz** zu den Aussagen des Senders ermöglicht es Dir, Dich inhaltlich **nicht involvieren** zu lassen. Aussagen sind nur **Meinungen**. Alleine diese Erkenntnis ermöglicht schon einen gewissen Abstand.

In einer *Gaslighting*-**Dynamik** ist es enorm wichtig, sich **nicht** zu sehr mit den **Inhalten** des Gesagten (Mikroebene) zu beschäftigen.

Viele Empfänger stolpern bei ihrem Exit-Versuch über diesen Stein: Sie versuchen, **Distanz** aufzubauen, indem sie richtig stellen, sich wehren, zu korrigieren versuchen. Doch sie schaffen dadurch **keine** Distanz. Im Gegenteil! Sie geraten in eine **ungesunde Auseinander-**

setzung mit der AR, verstricken sich darin und verlieren die **Makroebene** aus dem Blick. Bildlich gesprochen verlassen sie die Perspektive des Astronauten und suchen mit der Lupe nach Ameisen.

Vielleicht erscheint Dir das paradox, doch: **Widerstand gegen die AR verleiht ihr energetisch mehr Macht und Bedeutung!** Die Aussagen des Senders scheinen so **wichtig** (für Dich) zu sein, dass Du Dich wehren musst. Durch Wehren, Widersprechen und Rechtfertigen **bindest Du Dich und Deine Energie an die AR.** Du fütterst sie. Das gilt auch für die bloße, **innere Auseinandersetzung** mit der AR, also den *Monolog der inneren Beweisführung* (S. 121).

Jeder Widerspruch, jede Richtigstellung, jedes Beibringen-Wollen zieht Empfänger im Bild des *Gaslighting-Universums* (S. 144) näher an die AR und nicht etwa in Richtung seiner RW! Vielleicht knackt es jetzt ein bisschen in der Großhirnrinde und Du denkst:

> *„Wie kann es sein, dass ich mich zu mir selbst bekenne und meine Wahrnehmung vertrete und trotzdem weiter reinrutsche? Das soll ich doch machen - bei mir bleiben - oder nicht?"*

Bei Dir bleiben ist gut! Unbedingt. Doch prüfe, **wogegen** Du Dich glaubst, **wehren** zu müssen? Wenn Du wüsstest, wer Du bist und wie es für Dich ist - müsstest Du dann **Widerstand** leisten? Wogegen? Energetisch wird Widerstand **zur Zustimmung der AR** - er **bestätigt die Bedeutsamkeit** der AR. Du rückst so näher an sie heran - und nicht weiter von ihr weg.

Ein neugieriges Kind wendet einen Bauklotz hin und her, begutachtet, spielt und experimentiert mit ihm. Was glaubst Du, wie wichtig ist dieser Bauklotz für das Kind in dem Moment? Ziemlich, oder? Dasselbe geschieht, wenn Du gegen die AR ankämpfst, Recht haben willst, die Aussagen des Senders hin- und herwendest, sie wieder und wieder auf ihren Wahrheitsgehalt überprüfst. Die AR wird bedeutsamer und bindet Dich! Auch Ärger, Wut etc. können Dich an die AR binden! Daher: **Lege den Bauklotz weg!**

Die Aussage eines anderen Menschen kann niemals das antasten, was Du wirklich bist. Es sei denn, Du willst das glauben.

Hilfreiche Visualisierungs-Übung zur Distanzierung

Stell Dir die Sätze des Senders wie Luftballons vor, die im Raum umherschweben. Sie sind da, aber Du musst sie **nicht** zu Dir ziehen, Dich **nicht** mit ihnen beschäftigen oder sie **analysierend** inspizieren.

Du kannst Dich einfach um die Ballons herumbewegen, ohne in sie hineinzulaufen. Oder Du läufst durch und sie prallen einfach von Dir ab. Dafür kannst Du Dich entscheiden!

Egal welche Luftballons ein Sender steigen lässt: **Du bist und bleibst Du!** Keine Aussage kann daran etwas ändern!

Du kannst Dir Aussagen des Senders auch wie **Nebelraketen** vorstellen. Sie werden abgefeuert und lösen etwas in Dir aus: Emotionen, Irritationen, Wut oder Verunsicherung. Dieses Ausgelöste kann sich wie eine verwirrende Nebelwand anfühlen. Du verlierst in diesem Nebel den Kontakt zu Dir und Deinem ursprünglichen Anliegen. Der Inhalt der Aussagen ist dabei relativ unwichtig. Sie dienen dem Sender dazu, Dich **emotional zu aktivieren**. Agierst Du mit Wut, Zorn oder Angst, folgst Du der Einladung dieser Nebelrakete. Du verlierst Dich in der Nebelwand und so die Orientierung (siehe verwirrende Signale, S. 232 f.). Es sollte daher immer Dein Ziel sein, **nicht** auf die Inhalte dieser Aussagen einzusteigen! Visualisiere, wie der Nebel sich nach und nach legt - reagiere nicht auf ihn (siehe auch Vergleich Wasserflasche, S. 308).

13. Impulskontrolle und thematische Widerhaken

Es kann es sein, dass Du emotional anspringst, weil das Gesagte Dich **triggert**. Dann gibt es **thematische Widerhaken** in Dir, die Dich an den Aussagen festhalten oder Dich wehrhaft werden lassen. Vielleicht drängt es Dich, etwas „richtigstellen" oder „korrigieren" zu müssen.

Das ist ein sicherer Hinweis dafür, dass die Aussage des Senders einen Punkt in Dir berührt, mit dem Du in **Unfrieden** bist. Ich kann Dich beruhigen: Das sind wir alle! Doch wir können daran arbeiten und einen inneren Friedensbund schließen. Hier kann Dir die **Schattenarbeit** aus dem 1. Makroprozess helfen (S. 160 f.).

Egal, was vom Sender angeklagt oder unterstellt wird - solange **Du** damit **im Frieden** sein kannst, gibt es keine thematischen Widerhaken in Dir. Anklagende Aussagen entfalten ihre Wirkung nur dann, wenn sie auf fruchtbaren Boden fallen: Eine **Selbstanklage in Dir**. Nur dann wirst Du Dich ärgern, schämen, rechtfertigen usw.

Bezeichnet Dich z.B. jemand als *egoistisch* und Du kannst im **Frieden** damit sein, könntest Du entgegnen: *„Ja, hier denke ich an mich, **dazu stehe ich auch. Das ist ein Teil von mir!**"*. Dann findet die Anklage keinen Halt in Dir und prallt ab. Falls *egoistisch sein* Deiner Meinung nach aber **verboten** ist und Du das **keinesfalls sein darfst**, wirst Du Dich dagegen wehren: Die Anklage fällt auf fruchtbaren Boden, Du läufst direkt in die Nebelwand hinein.

Generell ist es enorm heilsam und hilfreich, wenn Du Dir der zahlreichen Facetten Deiner **Menschlichkeit** bewusst wirst, sie annimmst und die **Schattenarbeit** etwas vertiefst!

Achte auch nach einer solchen Situation darauf, dass Du die Aussagen **nicht** wieder „herholst" und Dich erneut mit ihnen beschäftigst. Spüre „thematische Widerhaken", aber gebe ihnen nicht nach.

Der 8. Indikator der AR (S. 126) zeigt, dass Sender von *Gaslighting* oft willkürlich zutiefst menschliche Eigenschaften anklagen. Frage Dich hier also:

„Was wäre so schlimm daran, wenn ich wirklich egoistisch wäre?"*

*Setze für „egoistisch" das Adjektiv ein, mit dem Du Schwierigkeiten hast.

14. Feiere Deinen Mut, Dich der Schmerzgrenze zu stellen

Die Arbeit mit der Schmerzgrenze kann Dich in tiefere Schichten führen. Viele Empfänger von *Gaslighting* haben Unterordnung **gelernt** - sei es in früheren Beziehungen oder in der eigenen Herkunftsfamilie. In der persönlichen Biografie verankerte Muster bedürfen zur Aufarbeitung meist der Begleitung eines professionellen Psychotherapeuten. Das möchte ich Dir auch ans Herz legen.

Sich der **Schmerzgrenze** zu stellen bedeutet, sich den **schlimmsten Befürchtungen** zu stellen: Abgelehnt und verlassen zu werden. Es erfordert enormen Mut, sich diesen Ängsten zu stellen. Feiere Dich bitte dafür und erkenne an, wie wichtig Du Dir selbst sein musst, dass Du diese Schritte zu gehen bereit bist.

15. Stelle Dich Deinen Ängsten

Anpassung und **Unterordnung** bei *Gaslighting* können es nicht verhindern, dass Empfänger verlassen oder abgelehnt werden. Der Empfänger wird auf einer Ebene permanent verlassen und abgelehnt. Die meisten Empfänger realisieren das nicht. Vielmehr fürchten sie die **Vorstellung,** abgelehnt und verlassen zu werden, als Ablehnung und Verlassenheit selbst. Denn beides erleben sie konstant.

Mit dieser Erkenntnis kann gearbeitet werden. Sobald Du erkennst, dass Du Dich vor etwas fürchtest, das permanent geschieht, kann Dir ein mutiger Sprung gelingen. Vielleicht gelingt es Dir, Dich **diesen Ängsten zu stellen** und Dir zu sagen: *„Egal was kommt - ich werde es schaffen!".*

Mit dieser Haltung kannst Du **Mut in Dir aktivieren, Deine Wahrheit zu sprechen** und so eine **Liebeserklärung an Dich, Deine Wahrheit und Dein Leben** verkünden. Zu Dir zu stehen, ist Liebe!

b.) Die Schmerzgrenze als Hinweissignal verstehen und nutzen lernen

Die Schmerzgrenze kann für den **Exit** aus *Gaslighting* genutzt werden, wenn Du sie als **Hinweissignal** Deines Systems verstehst (Punkt 8, S. 192). Wie das funktionieren kann, möchte ich Dir am Beispiel von Andrea aufzeigen. Ihr gelang durch Verständnis der Schmerzgrenze ein unmittelbarer Ausstieg aus *Gaslighting*. Der Schmerz wurde zu einer Aufforderung, sich **mit ihrer eigenen RW zu verbinden.**

Andrea beschrieb einen Dialog mit ihrem Partner (Sender). Gegenstand war die Planung des Urlaubs. Sie versuchten herauszufinden, wie die Raumaufteilung mit den Kindern (aus erster Ehe) am besten zu regeln sei.

Andrea äußerte die Idee, ein Beistell-Bett bei ihren Kindern im Zimmer aufzustellen, so dass sie beim Einschlafen bei ihren Kindern sein und dann ins Doppelzimmer zu ihrem Partner wechseln könnte.

Ihr Partner äußerte: *„Mal wieder geht es nur um dich und deine Kinder. Typisch. Und das nur, weil du meinen Sohn nicht leiden kannst!"*

Andrea war wie vor den Kopf gestoßen. Sie fühlte einen **Schmerz** (Schmerzgrenze!) und erlebte **Verwirrung.** Dennoch brachte sie hervor: „Ok, *was schlägst du den stattdessen vor?"* Ihr Partner **schwieg, stand auf und ließ sie alleine** am Tisch zurück (emotionale und räumliche Distanz).

In Andrea meldeten sich „zwei Stimmen". Eine Stimme sprach mit **Selbstvorwürfen. Schuldgefühle** krochen an die Oberfläche. Gedanken wie *„Er hat Recht, ich bin egoistisch."* und *„Schon wieder habe ich etwas falsch gemacht"* tauchten auf. Sie merkte, dass sie sich ganz **klein** zu fühlen begann und weinte.

Dann erinnerte sie sich an die **Schmerzgrenze** und sie fragte sich, ob das wirklich stimmt. In ihrem Bewusstsein tauchte eine weitere Stimme auf, die sagte: *„So ein Quatsch! Als Mutter darf ich doch am Wohl meiner Kinder interessiert sein und mich dafür einsetzen!"*

Ihre Trauer verebbte und eine (gesunde!) **Wut** in Form von **Klarheit** machte sich breit. Ihr Partner hatte es schon wieder getan. Er hatte sie **angeklagt,** ihr ein völlig **anderes Motiv unterstellt** (Egoismus und Abneigung ggü. seinem Sohn) und sie dann **sich selbst überlassen.** Andreas's Bewusstseinssprung ist vergleichbar mit dem Betreten der Makroebene!

Durch den Kontakt mit der Schmerzgrenze war sie beinahe in ein altes Fahrwasser der **Selbstanklage** und **Unterordnung** gerutscht.

Doch dieses Mal verhielt sie sich anders. Sie klopfte **nicht** an seine Tür, bemühte sich **nicht** um Klärung, sondern **stand auf und fuhr nach Hause.** Ihr Partner meldete sich Tage lang nicht (wie bereits viele Male zuvor in ähnlichen Situationen). Bisher hatte Andrea immer kurz im Anschluss Kontakt aufgenommen. Nicht dieses Mal!

Schließlich äußerte Andrea ganz klar: *„Noch einmal so eine Aktion und das war's mit uns!"* Damit ließ sie ihren Partner allein.

Hatte Andrea sich zuvor durch Kontakt mit der Schmerzgrenze unmittelbar voller Scham und Schuldgefühle **für die Misere verantwortlich** gemacht und **Klärungsversuche** unternommen (Zustimmung AR), gelang es ihr nun in der **bewussten Wahrnehmung der Schmerzgrenze**, ihre Gefühle als **Warnsignale ihres Systems** zu erkennen (*„Das passiert hier gerade, da ist die Schmerzgrenze..."*).

Diese Erkenntnis schaffte Distanz zum Gesagten und half ihr, Kontakt zu ihrer **eigenen Realitätswahrnehmung** aufzunehmen. Sie konnte die Anklage des Senders **auf Basis ihrer eigenen Werte und Sichtweise** prüfen (*„Ich darf mich um meine Kinder kümmern und sie priorisieren!"*). So gelangte sie zu **Klarheit** und einer eigenen Haltung (*„Ich werde hier gerade für etwas **vollkommen Normales** verurteilt!"*).

Mit dem Wechsel **auf die Makroebene** gelang es ihr, sich von der **systematischen Bestrafung** des Partners (Anklage, emotionale Distanz) zu lösen und sich anschließend zu positionieren (*„Noch einmal so eine Aktion und das war's mit uns!"*).

Sie ließ sich nicht - wie sonst - in Gespräche und Grundsatzdiskussionen verwickeln, grenzte sich ab und **grübelte auch nicht weiter darüber** nach. **Sie war klar!**

Anschließend berichtete sie mir **stolz**, wie **erleichtert** sie sei, dass sie nicht mehr in das alte Fahrwasser geraten sei. Sie könne die Schmerzgrenze nun als **Hinweissignal** dafür verstehen, dass „etwas nicht stimmt" und sie auffordere, **entsprechend zu handeln.**

Auch bezüglich ihrer **Gefühle** von **Scham** und **Schuld** äußerte Andrea, dass diese ihr gezeigt hätten, dass die **Schmerzgrenze** eingesetzt werde. Andrea war der Ausstieg aus dem 2. Makroprozess und *Gaslighting* gelungen.

Andrea's Beispiel zeigt eindrücklich, dass die **Schmerzgrenze als Hinweissignal** genutzt werden darf und sollte!

Lass uns noch einmal genau hinschauen, welche Signale Andrea von ihrem System empfangen hat.

Ihre wahren **Absichten** waren das Wohl der Kinder und ein reibungsloser Ablauf. Darüber war sie sich bewusst, bis ihr Partner ihr ein **anderes Motiv** unterstellte (eine Nebelrakete). Die ersten Signale waren **Schuldgefühle** und **Scham**. Doch die **passten nicht** zu ihrer wirklichen Absicht. Daraus ergab sich ein zweites Signal: Verwirrung. Sie hatte eine **positive Intention** und empfand nun **etwas Negatives**. Bisher hatte sie sich das damit erklärt, dass der Partner wohl Recht hatte und sie sich deswegen schlecht fühlt. Unbewusst hatte sie so seiner Version (der AR) **zugestimmt**.

Im Wissen um die Schmerzgrenze und deren Wirkung erkannte sie nun, dass Schuld und Scham nur dann auftauchten, wenn sie den Vorwürfen ihres Partners Glauben schenkte. Diese Gefühle waren ein **Ergebnis** der **Zustimmung zur AR**.

! **Scham** und **Schuld** wurden für Andrea zu Hinweissignalen für die **Schmerzgrenze**! Die **Schmerzgrenze** wurde zu einem Hinweissignal, um aus dem 2. Makroprozess und somit *Gaslighting* auszusteigen.

Andrea fühlte sich nur schlecht, wenn sie den Aussagen des Partners mehr Glauben schenkte, als ihrer eigenen Realitätswahrnehmung (Definition, S. 52). Nun wusste sie das und ihr gelang es, ihre eigene RW aktiv zu wählen. Fortan hatte sie **Orientierung, Klarheit,** war **selbstbestimmt** und wieder **handlungsfähig**.

Die AR ihres Partners verlor an Einfluss auf sie.

Die wichtigste **Take-away-Message** dieses Abschnitts lautet daher:

> *Tauchen innerhalb eines Gesprächs unangenehme Gefühle in Dir auf, dann prüfe, ob diese ein Hinweissignal für die Schmerzgrenze des Senders darstellen. Nimm Kontakt mit Deiner Realitätswahrnehmung auf („Wie sehe ich das?"), bekenne Dich in jedem Fall zu Deiner RW und steige unmittelbar aus.*

Vielleicht fragst Du Dich jetzt:

„Kann es nicht doch sein, dass der Sender Recht hat? Vielleicht sind es ja nur meine Schattenthemen? Dann wäre ich ja total unfair, oder nicht?"

Es kann durchaus sein, dass der Sender in gewissem Maß **Recht hat.** Erinnere Dich: Teilaussagen des Senders können durchaus mit Deiner RW übereinstimmen. Jedoch werden die **Verflechtungen, Details** und **Zusammenhänge** modifiziert (Indikator Nr. 5, S. 114) und es finden **pauschale Verurteilungen menschlicher Eigenschaften** statt (Indikator 8, S. 126). Es ist eine Sache, Schwächen und Schattenseiten zu haben - eine ganz andere ist, **wie** man auf zwischenmenschlicher Ebene damit umgeht.

Die entscheidende Frage ist, ob Du Dich für diese Aspekte von Dir **verurteilen lässt,** Dich schämst, wegduckst, klein machst und es gestattest, dass der Sender **emotional erpressend** als **Richter** auftritt. Ich kann es nicht oft genug sagen: Jeder trägt diese Aspekte in sich! Auch der Sender von *Gaslighting*!

Selbst wenn ein Sender mit seinen Aussagen teilweise Recht hat, rechtfertigt das noch lange nicht seine **systematische Bestrafung, Anklage** oder seine Rolle als **Richter**!

Was ist mit den **Schattenseiten** und **Motiven** des Senders? Sieht der Sender auch seinen Anteil? Schaut er ebenso kritisch auf sich selbst, wie er es bei Dir tut? Die Antwort lautet in den meisten Fällen: Nein! Und eben hieran erkennst Du eindeutig, dass die Augenhöhe verrutscht ist.

Alles, was „vielleicht stimmt", kannst Du frei von Anklage in Ruhe betrachten. Bewahre Dir eine **innere Grenze** und behalte die **Makroebene** im Auge! Werden hier **gezielt Zweifel gestreut?** Handelt es sich um eine ablenkende Nebelrakete?

In den meisten Fällen lösen sich - wie bei Andrea - Deine Zweifel in Wohlgefallen auf, sobald Du die Systematik der **Schmerzgrenze** als solche erkennst.

Zusammenfassend: Akzeptierst Du die Schmerzgrenze als **Droh- und Kontrollinstrument** des Senders, um nicht verlassen oder abgelehnt zu werden, willigst Du auch in emotionale Erpressung, Abhängigkeit und die AR des Senders ein. Eine unbewusste Zustimmung zu *Gaslighting,* die mit einer **Absage** an **Deine Realitätswahrnehmung** einhergeht.

Die Systematik der Makroprozesse von *Gaslighting* geht weit über reine Bestrafung (den Einsatz der Schmerzgrenze) hinaus. *Gaslighting* entfaltet seine Wirkung im **systematischen Zusammenspiel** aus **Verstärkung** und **Bestrafung**. Diese beiden Zugkräfte veranlassen den Empfänger dazu, sein Verhalten (und seine Wahrnehmung!) zugunsten der AR des Senders zu verändern.

Abschließend ein Extrakt aus den Inner-Work-Sections und Take-away-messages zum Exit aus dem 2. Makroprozess. Du hast einen sehr ausführlichen und komplexen Abschnitt hinter Dir! Take a break!

c.) Essentials zum Exit aus dem 2. Makroprozess

1. Registriere **systematische „Bestrafungen"** für Deine Wahrnehmung (Abwertungen, Ignoranz, Angriffe).

2. Achte auf **operante Konditionierung** (S. 157 f.).

3. Du bist **kein Zirkus-Pferd**!

4. Entwickle **Verständnis für Deine Stressreaktion.**

5. **Arbeite an Deiner Stressregulation**, um **selbstwirksamer** zu werden. Suche Dir **Tools**, um Deine **Emotionen** halten zu lernen (siehe S. 345 f. im Self-Empowerment-Kapitel).

6. **Verurteile Dich nicht** für Unterordnungen unter massivem Stress.

7. Eruiere den **Grund für Deine Zustimmung**, Unterordnung (*„Ich habe Angst vor...?"*).

8. Lerne, **Angst vor Ablehnung** und **Verlassenwerden anzunehmen.**

9. Wähle in „Patt-Situationen" **bewusster**: *„Möchte ich den **Kontakt zu meiner RW verlieren** oder mich meiner Angst stellen?"*

10. Merke: Jeder Angriff mittels Schmerzgrenze **ist** Verlassen, Ablehnung und **emotionale Erpressung**!

11. **Du hast machtvollen Einfluss** auf die Dynamik!

12. **Plane/trainiere „neues Verhalten"** bezüglich der Schmerz-

grenze („*Wie möchte ich mich künftig verhalten?*", S. 235 f.)

13. Nutze die **Schmerzgrenze als Hinweissignal** zum Ausstieg (S. 192 ff.), finde **Deine Klarheit** und **erkenne**, was aus Deiner Sicht geschieht (Makroebene).

14. **Entwickle Mut** und **spreche Deine Wahrheit** - bekenne Dich zu Dir - mit all Deinen Schwächen, „Fehlern" und Schattenseiten.

15. Sei geduldig und nachsichtig mit Dir - das ist ein Prozess!

Damit sind wir am Ende des sehr ausführlichen 2. Makroprozesses angelangt. Der nächste Makroprozess baut auf den vorigen auf.

C. Schwindendes Selbst- und Realitätsbewusstsein - 3. Makroprozess

Stichworte:

**Verinnerlichung der operanten Konditionierung
Die „geschluckten Regeln" der AR
Hilflosigkeit, Verwirrung, Verzweiflung, Angst
Verlust der Heimatatmosphäre**

Die **positiven** (verstärkenden) und **negativen** (bestrafenden) Signale des Senders wirken hier weiter, während **verwirrende** Signale stärker greifen. Grund hierfür ist ein hier bereits **geschwächter Kontakt** zur Selbst- und Realitätswahrnehmung des Empfängers, der im 3. Makroprozess vollends zu schwinden droht. Dieser Prozess wird durch die Punkte (5) und (6) unserer Definition (S. 52) zum Ausdruck gebracht:

(5) **Vertraut der Empfänger dem Sender mehr als seiner eigenen Wahrnehmung**, können **Selbst- und Realitätsbewusstsein** des Empfängers massiv **deformiert** werden oder verloren gehen.

(6) Mit der Zeit kann der Empfänger beginnen, **an seinem Verstand zu zweifeln** und in einen **anhaltenden Zustand** von **Verunsicherung, Nervosität** und **Anspannung** fallen.

Mit anderen Worten: Das **Selbst- und Realitätsbewusstsein** des Empfängers bröckelt, was von **chronischer Unsicherheit, Nervosität** und **Anspannung** begleitet wird. Schauen wir uns im Detail an, was hier von statten geht.

1 Ausgangssituation

Der 3. Makroprozess setzt nur dann ein, wenn der Empfänger sich zuvor **unbewusst** von **Verstärkung** (1. Makroprozess) **abhängig** gemacht hat und die **Bestrafung** (2. Makroprozess) des Senders **akzeptiert**. Also dann, wenn der Empfänger unter dem Einfluss der **Wirkprinzipien der operanten Konditionierung** steht.

Dann steht der Empfänger zwischen den in Abb. 15 (S. 181) dargestellten Kräften und wird durch sie veranlasst, **in der AR zu verweilen**. Er verzichtet immer öfter darauf, der AR und den Aussagen des Senders zu widersprechen.

Im 3. Makroprozess geschieht es nur noch selten, dass ein Empfänger sich fragt: *„Wie sehe, empfinde und erlebe ich das eigentlich?"* Falls dies doch geschieht, wird der eigenen Wahrheit und Wahrnehmung kaum Ausdruck verliehen. Der Sender wurde als Richter über „richtig" oder „falsch" gewissermaßen akzeptiert. Die aufgestellten Regeln der AR bilden einen **neuen Bezugsrahmen**, an dem sich der Empfänger fortan orientiert. Im 3. Makroprozess folgt er diesen Regeln, **ohne zu prüfen**, ob er sie überhaupt für sinnvoll oder stimmig erachtet.

In diesem Stadium **spürt** ein Sender bewusst oder unbewusst seinen **wachsenden Einfluss** auf den Empfänger. Für den Sender ist die **Akzeptanz der AR** durch den Empfänger eine willkommene Entwicklung. So muss er sich weniger um den Wegfall seiner **protektiven** und **Plus-Vorteile** sorgen.

Die Angst (vor Bestrafung, Eskalationen, Ablehnung, Abwertung und Verlassenwerden) hält den Empfänger immer häufiger und länger von seiner **eigenen Realitätswahrnehmung fern**. Damit entfernt er sich von all jenen Informationen, die seiner eigenen Quelle entspringen und die für sein **psychisches Wohlbefinden** wichtig sind. Der zunehmende Abstand zur eigenen RW kommt einer Schwächung von Selbstsicherheit und Selbstvertrauen gleich. Darunter leidet auch das **Situations-** und **Selbstbewusstsein**. Er hat das Gefühl, sich selbst und Situationen immer schlechter einschätzen zu können.

Wird die Verbindung zur eigenen RW geschwächt, gerät das System des Empfängers in Unordnung: Ängste, Unruhe und Zweifel werden zu permanenten Begleitern und bringen weiteres Chaos in die **Selbst-** und **Realitätswahrnehmung**. Das emotionale Durcheinander, das der Empfänger erlebt führt zu zunehmender Nervosität und Verunsicherung. Nach und nach verliert er die Fähigkeit, sich zu **entspannen**.

In dieser Phase sind Empfänger nicht mehr in der Lage, Halt und Sicherheit **aus sich selbst** zu schöpfen (siehe S. 136).

Um Halt, Sicherheit und Orientierung zu finden, wenden sie sich nach außen. Doch im Kontext einer *Gaslighting*-Konstellation bedeutet das: Empfänger werden **beeinflussbarer** für die verwirrenden Signale von Sendern. Weil Empfänger diesen Halt im Außen bei den Menschen suchen, die ihr inneres Chaos begrüßen, öffnet dem weiteren *Gaslighting*-**Prozess** Tür und Tor.

Auf Basis dieser Ausgangssituation entfaltet der 3. Makroprozess seine Wirkung.

2 Ungesunde Verantwortungsübernahme und die Angst vor der eigenen Realitätswahrnehmung

Die Angst von Empfängern fließt im 3. Makroprozess aus zwei Quellen: Die Angst vor der **drohenden Schmerzgrenze** und Angst, weil die eigene **Wahrnehmung** immer **weniger gespürt** wird (*„Wer bin ich und wie sehe ich die Welt?"*).

Den meisten Empfängern ist **nicht** bewusst, dass ein großer Teil ihrer Angst davon kommt, dass sie den Kontakt zu sich selbst (RW) verloren haben.

Im 2. Makroprozess haben wir gesehen, dass Empfänger ihre Angst kurzfristig weniger wird, wenn sie auf ihre eigene RW verzichten. Empfänger spüren zwar den **kurzfristigen** Rückgang ihrer Angst deutlich, nicht aber den **langfristigen Anstieg**, der sich durch das wiederholte Verlassen ihrer RW einstellt. Sie unterliegen den bereits erwähnten Selbsttäuschungen (S. 176 f.). Diese kurzfristige Entlastung drängt den Empfänger im 3. Makroprozess immer weiter aus dem Orbit seiner eigenen RW. Er läuft Gefahr, sein Selbst- und Realitätsbewusstsein zu verlieren.

Aus **Angst** vor Kontakt mit der Schmerzgrenze ist er jetzt ständig bemüht, Eskalationen (= Bestrafung) zu verhindern. Chronisch unter Stress stehend passt er sein Verhalten an, widerspricht nicht (mehr) und ordnet sich unter. Unglücklicherweise erreicht er genau damit in einer *Gaslighting*-Konstellation eine (künstliche) Harmonisierung!

Wir berühren hier den Punkt der **ungesunden Verantwortungsübernahme:** Durch Beschwichtigung, Anpassung und Unterordnung beginnt der Empfänger jetzt indirekt, für das bestrafende Verhalten des Senders Verantwortung zu übernehmen! Der Empfänger verhält sich ab jetzt so, dass der Sender nicht „ausrastet". Damit entbindet der Empfänger den Sender von seiner Verantwortung. Wir müssen hier nicht lange spekulieren: Auch das gefällt einem Sender sehr gut!

Während der Empfänger im 2. Makroprozess die AR des Senders und sein Verhalten durchaus noch konfrontiert, glättet er im 3. Makroprozess alle Wogen schon im Vorfeld. Noch bevor die Schmerzgrenze überhaupt zum Einsatz kommen könnte, **entfernt** der Empfänger alle potentiellen Auslöser, die den Sender zum **Einsatz der Schmerzgrenze** veranlassen könnten. Er beschwichtigt, verschweigt, korrigiert, nimmt zurück, begradigt und - schweigt.

Tatsächlich findet deswegen im 3. Makroprozess eine **Berührung mit der Schmerzgrenze** nur noch selten statt. Der Empfänger weiß sich - aus seiner Sicht - nun zu „schützen". Was übersehen wird: Er schraubt sich so immer weiter in die AR und wird zum Sklaven der Launen, Regeln und Begehrlichkeiten des Senders.

Auf einer non-verbalen Ebene kommuniziert der Empfänger damit gegenüber dem Sender: *„Ich übernehme die Verantwortung für dein bestrafendes Verhalten. Ich folge **deinen Regeln**!"*

Ein Sender von *Gaslighting* schiebt den Grund für sein eigenes (attackierendes, abwertendes, strafendes) Verhalten immer wieder auf den Empfänger. In seiner Darstellung entstehen Streit und Konflikte nur deshalb, weil der Empfänger **zu** sensibel, empfindlich, stur, rechthaberisch oder sonstwas ist (setze hier ein Adjektiv Deiner Wahl ein).

Vielleicht erkennst Du, dass die **ungesunde Verantwortungsübernahme** des Empfängers wie der Schlüssel ins Schloss des Senders passt? Er bereinigt die gemeinsame Atmosphäre um potentielle Auslöser für die Schmerzgrenze, kümmert sich, glättet die Wogen. Für den Empfänger kann es zum **zentralen Lebensthema** werden, es dem Sender „Recht zu machen" (um nicht verletzt zu werden). Damit kann er anhaltend **beschäftigt** sein (= chronischer Stress). Er stimmt dadurch unbewusst der Darstellung des Senders zu (dass er verantwortlich ist) und verliert den Zugang zu seinen eigenen Lebenszielen und dem Erleben von Leichtigkeit und Freude.

Empfänger nähern sich so auf gefährliche Weise der **kompletten Übernahme** der konstruierten AR des Senders an. Denn jetzt müssen **alle** Wahrnehmungsaspekte **unterdrückt** oder zumindest zurückgehalten werden, die der AR des Senders widersprechen (sonst - Schmerzgrenze!). Schleichend und unbewusst verlieren Empfänger mit jeder Selbstunterdrückung einen Teil ihres Selbst- und Realitätsbewusstseins.

Empfänger können sogar **Angst** vor ihrer eigenen **Realitätswahrnehmung** entwickeln, weil die *„in der Beziehung nur Ärger macht“*. Die **eigene Wahrnehmung** wurde vom Sender wiederholt mit **Bestrafung** beantwortet (Schmerzgrenze). Empfänger können tatsächlich einen Automatimus entwickeln, die eigene Wahrnehmung sofort **aus Angst zu unterdrücken**. Einfach weil sie bisher zu **Bestrafung** (Schmerzen) führte. Und wer will schon freiwillig Schmerzen leiden? Gelernt wurde: Die eigene Wahrnehmung tut weh! Und so kann einem die eigene Wahrnehmung Angst zu machen beginnen.

Der 3. Makroprozess zeichnet sich dadurch aus, dass die **eigene Realitätswahrnehmung** vom Empfänger als zunehmend **gefährlich** und **angstauslösend** erlebt wird.

All diese Punkte machen uns die **missliche Lage des Empfängers** im *Gaslighting*-**Universum** der Makroprozesse bewusster. Wir fassen zusammen:

MEMO

1. Der Empfänger hat **Angst** vor **Attacken des Senders** (Schmerzgrenze), **sehnt sich** nach **Harmonie, Angenommensein** und **Geborgenheit**.

2. Die **eigene RW** stellt immer wieder einen **potentiellen Auslöser** für die **Schmerzgrenze** des Senders dar (= Bestrafung), weshalb der Empfänger sich von seiner eigenen RW immer weiter entfernt, sie **unterdrückt** und sogar **Angst vor seiner eigenen Wahrnehmung** entwickeln kann.

3. Nach und nach verliert der Empfänger den Kontakt **zu seiner eigenen Quelle** von **Halt, Orientierung, Sicherheit, Entspannung**, einem gesunden **Selbst- und Realitätsbewusstsein**.

4. **Angst, Anspannung** und **Unsicherheit** im Angesicht einer **ständig drohenden Bestrafung** - und aufgrund der **fehlenden Verbindung zur RW** - nehmen immer mehr zu.

Wie bereits erwähnt, verliert der Empfänger auf diesem Weg die Fähigkeit, Halt, Sicherheit und Orientierung **aus sich selbst** zu schöpfen: Er traut sich und seiner (in diesem Kontext schmerzhaften) Wahrnehmung nicht mehr. Seine Welt ist durch *Gaslighting* „aus den Fugen geraten". Die innere Orientierungslosigkeit führt dazu, dass er sich nach **außen** wendet. Dort findet er in einer *Gaslighting*-**Dynamik** allerdings nur eines: Noch mehr Verzerrungen, Manipulation, Bestrafung und Verwirrung - die AR des Senders.

3 Gewöhnung an die AR des Sender - Kern des 3. Makroprozesses

In Gegenwart des Senders kann der Empfänger die **Verbindung zu seiner eigenen RW** nicht halten. Durch **Verstärkung** und **Bestrafung** hat der Sender klar gemacht:

> *„Beziehung kann und wird nur innerhalb der AR nach meinen Regeln stattfinden!"*

Unbewusst hat der Empfänger dem durch die Annahme des 1. und 2. Makroprozesses zugestimmt. Wir müssen uns erneut klar machen, dass dies eine **emotionale Erpressung** darstellt. Der Empfänger muss zustimmen - andernfalls wird er verlassen, bestraft oder abgewertet.

Im 3. Makroprozess erleben Empfänger **anhaltende Angst, Anspannung** und **Unsicherheit**. Jede noch so kleine Ruhepause wirkt in diesem Stadium unendlich entlastend. Diese Ruhepause erhält der Empfänger dann, wenn er seine Realitätswahrnehmung ausblendet! Während die **Entfremdung** von der eigenen RW bereits im 1. und 2. Makroprozess stattfindet, steht der 3. Makroprozess für die **Gewöhnung an diesen Zustand**.

Der Empfänger gewöhnt sich dabei nicht nur an die Regeln der AR und die emotionale Erpressung des Senders, sondern auch an die eigene Angst, Anspannung, Unsicherheit und Unruhe. Sie werden zu Dauerbegleitern. Viele dauerhaft von *Gaslighting* Betroffene verlieren vollkommen das Gefühl dafür, wie es ihnen in dieser Konstellation überhaupt geht. Die in der psychologischen Fachsprache als **Habituation** bezeichnete Gewöhnung lässt hier das **eigentlich**

Unerträgliche zum **Normalzustand** werden. Natürlich bleibt es weiter unerträglich, doch der Empfänger spürt dies irgendwann einfach nicht mehr.

Viele Empfänger berichten in oder nach einer solchen Erfahrung vermehrte körperliche und/oder psychische Beschwerden: Wiederkehrende Kopfschmerzen, Übelkeit, Schlafstörungen oder Infekte (chronischer Stress schwächt das Immunsystem) gehören dabei zu den leichteren „Folgeerscheinungen". Einige Betroffene können sekundär eine körperliche oder psychische Erkrankung ausbilden.

? *„Aber wie kann das gehen? Wie kann man denn aufhören zu spüren, wie schlecht es einem selbst geht?"*

a.) Die Gewöhnung an den Ausnahmezustand verstehen

Das System des Empfängers passt sich mit fortschreitender Zeit an die gegebenen Bedingungen an. In einer *Gaslighting*-**Dynamik** sind diese Bedingungen durch den Sender vorgeschrieben: *„Verleugne Deine eigene Wahrnehmung und Wahrheit,* **stimme mir bedingungslos zu, sonst bestrafe ich Dich! Verleugne Dich selbst!"**

Überflüssig zu erwähnen, dass jeder Mensch in einer solchen Konstellation leidet! Empfänger können nur wählen, ob sie a.) in der Konstellation bleiben, sich selbst verlassen und sich **anpassen** oder b.) die Konstellation verlassen und bei sich bleiben.

Wählen sie, zu bleiben, dann müssen sie mit der **Ladung** umgehen, die in dieser Konstellation entsteht. Körperliche und psychische Symptome sind aus meiner Sicht verzweifelte **Versuche des Systems**, die Aufmerksamkeit des Empfängers auf sich zu ziehen. Sie verdeutlichen, dass **Handlungsbedarf** angezeigt ist. Dafür gibt es in der psychologischen Fachsprache sogar einen Begriff: Symptomverschiebung (zu finden z.B. auch bei einer Konversionsstörung).

Entscheiden sich Empfänger dafür, in einer schädigenden Konstellation zu bleiben, müssen sie die **Warnsignale des eigenen Systems unterdrücken** und sogar vor sich selbst verbergen. Das Belastende wird verdrängt, rationalisiert oder abgespalten (= dissoziiert). Weil nicht bewusst sein darf, wie schlecht es ihnen wirklich geht, hören Empfänger damit auf, sich zu spüren. Das System wird dann immer „lauter" und versucht, die Aufmerksamkeit des Empfängers doch noch auf sich zu ziehen.

So paradox dies klingen mag: Im Grunde sind alle auftauchenden Beschwerden kleine **Liebesbeweise** Deines Körpers, Deiner Seele und

Im 3. Makroprozess wirken die Mechanismen der operanten Konditionierung weiter. Die **Gewöhnung** führt hier dazu, dass es für Empfänger zur **Normalität** wird, von der **eigenen Realitätswahrnehmung entkoppelt zu sein.** Damit wird die AR zur **neuen Realität** des Empfängers. Mit all ihren Verzerrungen, Löchern, konstruierten Regeln, Zusammenhängen und - dem Sender als Richter.

Diese Gewöhnung (Habituation) wirkt auch auf neurophysiologischer Ebene (siehe z.B. *Rankin et al*[22]). Wird ein Reiz **mehrfach** und **über längere Zeit** dargeboten, „gewöhnen" sich die Nervenzellen an diesen Reiz und reagieren mit der Zeit immer weniger stark.

Übertragen auf Empfänger im *Gaslighting*-**Prozess** wird ein einst schockierendes, verletzendes und stressauslösendes Ereignis mit der Zeit einfach „immer weniger schlimm". Der Empfänger wird nicht mehr so in Alarmbereitschaft versetzt. Er hat sich daran gewöhnt.

Habituation ist ein an sich hilfreicher Mechanismus, der u.a. auch bei der psychotherapeutischen Behandlung von Phobien genutzt wird. In einer Konfrontationstherapie wird der angstauslösende Reiz (z.B. eine Spinne) stufenweise oder massiert **so oft und lange präsentiert, bis die Erregung des Patienten abnimmt.** D.h. bis das System sich an den Reiz „gewöhnt" hat. Der Betroffene macht die Erfahrung, dass seine **Angst abnimmt.**

Habituation hat evolutionäre und psychotherapeutische Vorteile. Hätten wir uns z.B. im Verlauf der Menschheitsgeschichte nicht an Kleidung gewöhnt, würden wir bis heute alle nackt herumlaufen (was mit Sicherheit ziemlich interessant wäre).

Habituation in einer *Gaslighting*-**Dynamik** allerdings wirkt sich **!** nachteilig aus. Die Gewöhnung im 3. Makroprozess führt dazu, dass **•** Empfänger **sich an die fehlende Verbindung zur eigenen RW,** an Entwürdigung, Unterordnung, ungesunde Verantwortungsübernahme, sowie die Verstärkungs- und Bestrafungsmechanismen gewöhnen.

Auf der Suche nach **Halt, Orientierung** und **Sicherheit** scheint es für Empfänger im 3. Makroprozess nur eine Antwort zu geben: Die **eigene RW muss ausgeblendet,** der **AR des Senders zugestimmt** werden.

Für Halt, Sicherheit und Orientierung wird im *Gaslighting-Universum* der **Preis der eigenen Wahrnehmung** gezahlt. Dabei ist es eher die Illusion von Halt, denn der Empfänger kann jederzeit aus seiner Scheinsicherheit fallen, sobald der Sender dies aus irgendwelchen Gründen für richtig erachtet. In der AR gibt es auch keine wahrheitsgetreue Orientierung, sondern nur die **Täuschung einer Pseudo-Harmonie**. Diese fällt unmittelbar in sich zusammen, sobald der Empfänger zu **seiner eigenen Wahrnehmung stehen** und seine **Existenz als eigenständiges Individuum anerkannt** wissen möchte.

Die **Pseudo-Harmonie** wird im 1. Makroprozess (S. 148 f.) erlebt und steht für den Empfänger mit intensiven, positiven Gefühlen in Verbindung. Diese üben eine enorme Sogkraft auf den Empfänger aus. Im 3. Makroprozess sehnt sich der Empfänger permanent nach diesem **ursprünglichen Anfangszustand** der **scheinbaren Übereinstimmung**.

Der anhaltend belastete Empfänger sehnt sich verständlicherweise nach einem Zustand, der ihn die **Schmerzen** bereits **stattgefundener Bestrafungen** und die **Angst vor künftigen vergessen** lässt.

Im Zustand der **Pseudo-Harmonie** (1. Makroprozess) gelingt das zumindest kurzzeitig. Viele Empfänger versuchen, die schmerzhaften Erlebnisse (2. Makroprozess) vor sich selbst zu relativieren, indem sie sich immer wieder sagen, dass es doch *„so schön war und sein kann"*.

Das **positive Erleben** von Einheit und Übereinstimmung wird zu einer Möhre, der Empfänger nachjagen und die sie sich immer wieder in Aussicht stellen: **Harmonie, Sicherheit** und **Geborgenheit** wurden doch bereits erlebt! Es ist also möglich!

In einer *Gaslighting*-**Dynamik** ist dieser Zustand oft nur eine **Unterordnung/Zustimmung** entfernt. Das ist verlockend!

Ich bitte Dich zuerst einmal, dafür **Verständnis** aufzubringen!

Jeder Mensch sehnt sich nach Annahme und Geborgenheit. Jeder! In der **Systematik der Makroprozesse** wird dieses Bedürfnis aber zur Zugkraft, die unbewusste Empfänger in einer schädlichen Dynamik verbleiben und eigentlich Unaushaltbares erdulden lässt.

Entwickle **Verständnis für Dich** als Empfänger. Dein Bewusstsein über die Prozesse ist mit all den bisherigen Informationen gewachsen. Vergiss aber nie, dass unbewussten Empfängern diese Informationen fehlen, während sie all das erleben. Viele Empfänger kippen in massive Selbstvorwürfe, was ziemlich unfair ist! Würdest Du einem einjährigen Kind vorwerfen, dass es mit acht Monaten zu blöd zum Laufen war? Eher nicht, oder?

Das rückblickende Verständnis kann enorm schwer fallen. Lass uns in das subjektive Erleben eines Empfängers im 3. Makroprozess eintauchen. Wir wollen seine (und damit vielleicht Deine) **missliche Lage,** den **einwirkenden Dauerstress** und das **fehlende Bewusstsein** besser verstehen.

Wie ein **gehetztes** und **verwundetes Tier** ist der Empfänger auf der Suche nach Schutz. Wir erinnern uns an unser Opossum von S. 171 f. Der Empfänger ist wechselweise in einem der drei folgenden Modi: **Freeze, Fight/Flight** oder **Fright.**

Seine **Aufmerksamkeit** ist darauf ausgerichtet, jegliche **Bedrohung** von sich abzuwenden. Dabei ist oft gar nicht mehr klar, **was** die eigentliche Bedrohung war/ist.

In seiner orientierungslosen Verwirrung fällt dem Empfänger gar nicht auf, dass der Kontext, in dem er **Schutz** sucht, eben **jener** ist, von dem die **Bedrohung** ausging oder ausgeht.

Im Bedrohungskontext Schutz zu suchen ist umso wahrscheinlicher, je weniger dem Empfänger die wahren Gründe für seinen Zustand bewusst sind. Wenn **Warnsignale des Systems bereits überhört** (s.o.) oder **umgedeutet** wurden (z.B. *„Es liegt an mir und meiner Ängstlichkeit"*), dann ist der Empfänger sich nicht mehr darüber bewusst, weshalb er in permanenter Alarmbereitschaft ist. Deswegen kann es gut sein, dass er **Schutz und Sicherheit bei dem Menschen sucht, der ihn bestraft, verurteilt, verletzt oder attackiert hat.**

In Bildern gesprochen wäre das in etwa so, wie wenn das Opossum in der Höhle des Tigers Schutz sucht, um der Bedrohung durch den Tiger zu entgehen.

Empfänger verhalten sich auch deshalb so, weil sie im 3. Makroprozess keine andere Option für **Halt, Sicherheit** und **Orientierung** mehr sehen (S. 136 f.). Nur die AR des Senders. Wir erinnern uns: Sie können nicht mehr aus sich selbst heraus schöpfen!

Rückblickend fragen sich viele Empfänger:

„Wie kann es sein, dass man sich in einer solchen Situation so verhält, wo man doch weiß, dass es einem schadet?"

Dir mag das rückblickend **unlogisch** erscheinen - für den Empfänger **in** seiner subjektiven Situation ist sein Verhalten durchaus **logisch.**

Diese subjektive Logik wollen wir verstehen, denn Verständnis ist die erste und wichtige **Tür** für einen **erfolgreichen Exit** aus dem 3. Makroprozess.

Aus dem Exkurs zur Stressreaktion von S. 170 f. leiten wir die **konkrete Situation** des Empfängers im 3. Makroprozess ab. Wir schauen uns die subjektiv begrenzte Anzahl an **Wahlmöglichkeiten** an, die den Empfänger zu seinem Verhalten veranlassen.

b.) Verständnis: Subjektive Optionen des Empfängers

1. Der chronische Stress einer anhaltend möglichen Bedrohung nimmt dem Empfänger die Reflektions- und Handlungsfähigkeit. Unser Denken ist unter Stress **eingeengt,** auf die konkrete Situation **fokussiert,** der **Gesamtüberblick fehlt** (S. 171 f.). Emotional können Angst oder Wut dominieren, während der Empfänger physiologisch aktiviert ist. In der Sprache unseres Systems geht es ums **nackte Überleben** (Opossum trifft auf Tiger).

Ebenso wenig wie wir ein Kreuzworträtsel lösen können, während wir vor einem Tiger fliehen, kann der Empfänger bei **Bestrafung** von Seiten des Senders den **Überblick** über die **komplexe Systematik** der **Makroprozesse** behalten. Es ist schlicht nicht möglich.

Der Empfänger ist in diesen Momenten geschockt, einfach **zu stark aktiviert.** Im Modus von **Erstarren, Kampf** oder **Flucht** kann er ein **übergeordnetes Problem** nicht mehr als solches erkennen oder es lösen.

Im 3. Makroprozess hat die **Habituation** dazu geführt, dass dieser chronische Stresszustand kaum noch verlassen wird. Angst ist zur **neuen Normalität** geworden und verunmöglicht **dauerhaft** die Einnahme einer **heilsamen Draufsicht.** Folglich steht der Empfänger im 3. Makroprozess **immer** vor der Frage, **wie** er mit Bedrohung umgehen kann und möchte: Kampf, Flucht oder Erstarrung?

2. Die Option **Kampf** würde bedeuten, einem verbalen oder emotionalen Angriff **entgegenzutreten,** sich zu **wehren** oder ebenfalls **anzugreifen.**

Kampf ist im **2. Makroprozess** - gerade am Anfang - für den Empfänger **noch** eine wahrscheinliche Reaktion. Bestrafung des Senders löst **Wut** und **Wehrhaftigkeit** aus. Eine derartige Reaktion auf Attacken ist gesund! Im 3. Makroprozess hatten Empfänger jedoch schon mehrfach **Kontakt mit der Schmerzgrenze.**

Üblicherweise haben Empfänger mit ihrer Wut (= Kampf) keine guten Erfahrungen gemacht. Die meisten Erfahrungen umfassen **weitere schmerzhafte Attacken** oder **verwirrende, sich im Kreis drehende Gespräche.**

Viele Empfänger haben **gelernt**, dass Wut und Kampf *„ins Leere laufen"* oder zu **noch mehr Schmerz** führen. Daher wurde **Wehren/ Kampf** von vielen Empfängern als Sackgasse abgespeichert und wird im 3. Makroprozess kaum noch als mögliche Wahl erachtet.

3. Die Möglichkeit der **Flucht** wird von Empfängern im 2. Makroprozess durchaus noch gewählt! Eine **gesunde Entscheidung**, weil das Verlassen von systematischer Bestrafung die eigene **Würde schützt** (= eine **Selbst-Wertschätzung**).

Im 3. Makroprozess ist **Flucht** für Empfänger keine Option mehr. Aufgrund der unguten Vorerfahrungen schrecken sie davor eher zurück. Sender wollen ein Flucht des Empfängers aus der AR um jeden Preis verhindern. Sie aktivieren die Schmerzgrenze also erneut.

Empfänger im 2. Makroprozess haben bereits mehrfach diverse Formen der Bestrafung im Anschluss auf ihre Flucht aus der AR erfahren: Der Sender hat sich wochenlang nicht gemeldet, Anrufe ignoriert oder geschwiegen („Ghosting", Distanzierung).

Die an sich **gesunde Option** der Flucht fällt im *Gaslighting*-**Universum** aufgrund von Angst vor schmerzhaften Konsequenzen für viele Empfänger aus.

Im 3. Makroprozess schwelt eine permanente **Angst, verlassen zu werden**. Durch Bestrafungen des Senders (Ignoranz, Schweigen, Distanz) entsteht ein Raum der Unsicherheit, in dem diese Angst zu unerträglichen Ausmaßen wachsen kann. Viele Sender initiieren derartige, **unklare Schwebezustände** bewusst oder unbewusst, weil sie spüren, dass es den Empfänger durch Angst an die Beziehung bindet.

Viele Empfänger nehmen aus dieser Angst heraus wieder Kontakt zu einem strafenden Sender auf - **ohne jegliche Entschuldigung oder Klärung** von dessen Seite. So sabotieren sie eine an sich gesunde Flucht (und kehren in die Höhle des Tigers zurück).

Empfänger im 3. Makroprozess blicken oft auf eine Reihe von **erfolglosen Fluchtversuchen** zurück, die von Drama, Selbstsabotage und noch mehr Leid begleitet waren.

Aus diesen Gründen stellt **Flucht** für Empfänger im 3. Makroprozess subjektiv **keine günstige Option** dar.

4. Erstarren (und Erdulden) scheinen **subjektiv** die einzige Option zu sein, die dem Empfänger bleibt. Die **möglichen Verluste** bei Kampf oder Flucht haben sich erfahrungsgemäß als **zu groß** erwiesen.

Durch Habituation im 3. Makroprozess gewöhnt sich der Empfänger daran, auf **Kampf** und **Flucht** zu verzichten. Dadurch akzeptiert er auch die Regel des Senders, dass auf Flucht oder Kampf **Bestrafung** erfolgt.

In Gegenwart des Senders haben weder Klärungsversuche, noch Abgrenzung (= Kampf) oder das Verlassen der Situation (= Flucht) jemals etwas Günstiges bewirkt. Daher trifft der Empfänger jetzt fast **automatisch** die subjektiv einzige Wahl: **Erstarren** und **Erdulden**.

Im 3. Makroprozess hat sich der Empfänger **an die operante Konditionierung gewöhnt**.

Fright stellt für den angespannt-ängstlichen Empfänger die subjektiv am wenigsten bedrohliche Alternative dar. Im Erstarren kann der Empfänger auch die Nähe zum Sender aufrechterhalten und muss sich der Angst vor dem Verlassenwerden nicht stellen. Unbewusst wird **Fright** also auch deswegen gewählt, weil damit die **Illusion** von **Sicherheit, Harmonie, Geborgenheit** und **Entspannung** verbleibt.

Durch Erstarren und Erdulden wird **der AR des Senders und der Bestrafung indirekt zugestimmt.**

Im juristischen Bereich gibt es den Begriff der „konkludenten Einwilligung": Hier kommt eine vertragliche Übereinkunft dadurch zustande, weil ein Vertragspartner **nicht widerspricht.** Juristisch wird das als **stillschweigende Zustimmung** gewertet. Ein solcher Vertrag ist einigen Fällen tatsächlich rechtskräftig.

Bei *Gaslighting* wirkt der fehlende Widerspruch auf **psychologisch-energetischer Ebene** wie ein Vertragsabschluss. Die **stillschweigende Zustimmung bindet** Empfänger an die AR, ihre Gesetzmäßigkeiten und den Sender als Richter. Ein stummer Vertrag wird rechtskräftig.

Die subjektive Situation des Empfängers im 3. Makroprozess in unserem *Gaslighting*-**Universums** kann mit der umseitigen Abbildung übersichtlich zusammengefasst werden.

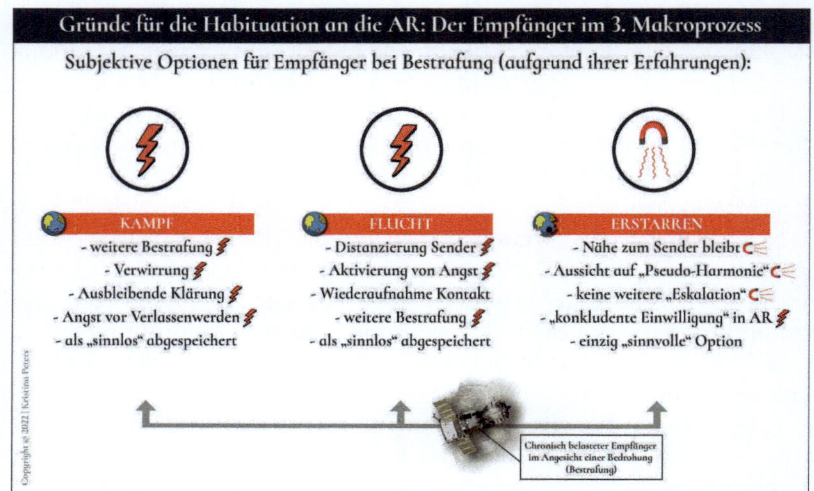

Abb. 16: Der konditionierte Empfänger reagiert aufgrund seiner Erfahrungen automatisch mit Erstarrung

Der Empfänger steht im 3. Makroprozess subjektiv permanent vor **drei Wahlmöglichkeiten**. Die abgespeicherte **Bedrohlichkeit** bei Flucht oder Kampf lassen ihn fast automatisch das Erstarren und damit die AR wählen.

Im Gegensatz zum 2. Makroprozess muss hier gar nicht wirklich etwas passieren! Auch ohne **tatsächliche** Bestrafung läuft im **konditionierten Empfänger** permanent ein **Film** ab, der ihm die bedrohliche Schmerzgrenze immer wieder vor Augen führt.

Im 3. Makroprozess scannt der Empfänger in **anhaltender Aufmerksamkeit** jede Situation auf geringste Anzeichen für eine mögliche Bestrafung von Seiten des Senders. Taucht etwas derartiges auf, gerät er in **sofortige Alarmbereitschaft**. Der Empfänger justiert und gestaltet sein Verhalten so, dass es gar nicht erst zu einem Angriff, einer Bestrafung kommen kann. Im 3. Makroprozess hat sich der Empfänger unbewusst einer neuen Aufgabe verschrieben: Er glättet die Wogen, um negative Konsequenzen zu verhindern.

Im 3. Makroprozess hat der Empfänger das „geschluckt", was bisher geschehen ist. Der 2. Makroprozess findet als „Film" im Innenleben des Empfängers statt. Dieser Gedankenfilm (was befürchtet wird) bestimmt in der Hauptsache das Fühlen, Denken und Verhalten des Empfängers.

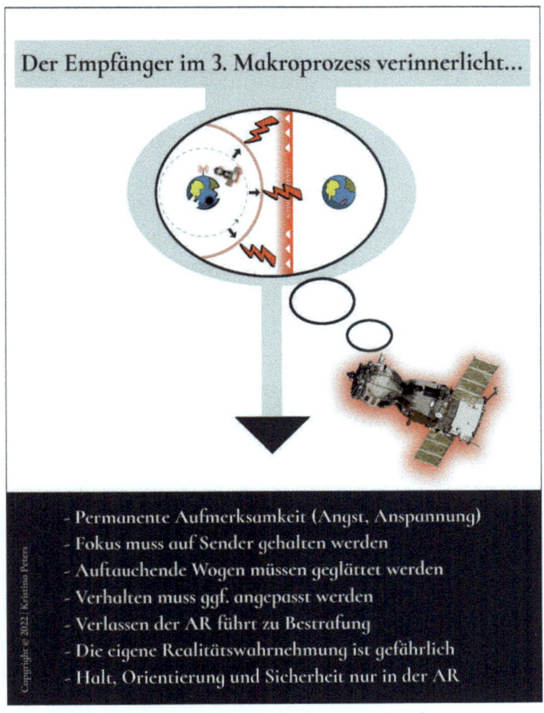

Abb. 17: Der „innere Film" des Empfängers im 3. Makroprozess

Der Empfänger hat die Regeln, Gesetzmäßigkeiten und die Rolle des Senders als Richter **verinnerlicht** und hat gelernt, sein **Verhalten anzupassen.** Damit beginnt er, die AR als solche **selbst zu leben.** Die Verbindung und das **Vertrauen** in die **eigene Realitätswahrnehmung** schwinden zunehmend. Halt, Sicherheit und Orientierung werden erreicht, indem die **AR des Senders** mehr und mehr **zur eigenen Realität** wird.

Diese Entwicklung entspricht der Deformation des Selbst- und Realitätsbewusstseins des Empfängers. Die eigene RW wird durch die AR des Senders abgelöst. Punkt (5) unserer Definition (S. 52) bringt das zum Ausdruck:

*„Vertraut der Empfänger dem Sender **mehr** als seiner eigenen Wahrnehmung, können Selbst- und Realitätsbewusstsein des Empfängers massiv deformiert werden oder verloren gehen."*

Ein Sender kann sich im 3. Makroprozess zurücklehnen. Er spürt, dass seine AR nicht (mehr) in Gefahr ist. Durch **unbewusste Übernahme der AR** und Gewöhnung verhält sich der Empfänger genau so, wie der Sender sich das wünscht. Fatalerweise wird der Empfänger für dieses Verhalten vom Sender **belohnt** und verstärkt.

Diese Verstärkung geschieht automatisch und ist in ihrer Wirkung nicht zu unterschätzen: **Anpassung** und **Unterordnung** eines Empfängers führen in einer *Gaslighting*-Dynamik zu **weniger Eskalationen** und mehr **(Pseudo-)Harmonie**. Was dem Empfänger langfristig massiv schadet, ist kurzfristig enorm attraktiv!

Die wenigsten Empfänger sind sich darüber bewusst, dass sie sich hierdurch eine **fatale Selbstentwürdigung** antrainieren, die darauf beruht, dass sie **Bestrafung für ihr Sein** als „normal" und gegeben akzeptieren. Nebenbei übernehmen sie auch noch die **Verantwortung** für das Verhalten des Senders (s.o.).

Empfänger im 3. Makroprozess lernen:

„Es ist hilfreich, wenn ich immer aufmerksam auf den Sender schaue. Dann kann ich die Situation, meine Gedanken, Gefühle und Handlungen so anpassen, dass ich nicht bestraft werde. Dafür werde ich mit Harmonie belohnt und fühle mich sicher. Ich kann etwas tun!."

Im 3. Makroprozess von *Gaslighting* erleben Empfänger durch ihren **Selbstverrat** tatsächlich **Selbstwirksamkeit**! Sie haben das Gefühl, durch Unterordnung etwas **bewirken** zu können (Gefahr abwenden).

Damit haben wir die sehr ausführliche Antwort auf die Frage erarbeitet, weshalb Empfänger von *Gaslighting* sich so verhalten, obwohl es ihnen schadet.

Sie tun es, **weil nur so Beziehung möglich ist**: Nichts sagen, still sein, die eigene Wahrheit unterdrücken, eine andere übernehmen und Bestrafung hinnehmen. **Verloren** und **haltlos** können Empfänger so in einer Atmosphäre permanenter Bedrohung einen Moment entspannen und ihre **Angst** vor Ablehnung und Verlassenwerden in Schach halten. Andere Wege sind **aussichtslos** und **schmerzhaft**.

Paradoxerweise sehnen sich Empfänger nach etwas, das sie durch die *Gaslighting*-**Dynamik** verloren haben: Harmonie, Geborgenheit, Halt und Sicherheit. Der Weg nach zur eigenen **Realitätswahrnehmung** ist versperrt, denn die macht Angst. Der Empfänger sucht in der Pseudo-Harmonie (1. Makroprozess, S. 148 f.), was er in sich selbst verloren hat und gewöhnt sich daran.

Die Signale aus der eigenen RW werden immer **schwächer**, Intuition und Instinkte verblassen, während Selbstbewusstsein und -vertrauen in unerreichbare Ferne rücken.

Die folgende Abbildung zeigt, wie die AR des Senders im 3. Makroprozess zur neuen Realität des Empfängers wird.

Abb. 18: Habituation an die AR und Verblassen der RW des Empfängers im 3. Makroprozess

4 Die Alternativrealität als neue Realität: Folgen für Empfänger

Wiederholung: Ein Kontakt zur eigenen Realitätswahrnehmung ist für die psychische Gesundheit essentiell.

Im aktiven *Gaslighting*-**Universum** schwindet der Zugang zu dieser Quelle. Selbstbild, Selbstwahrnehmung, Ruhe, innere Balance und ein gesundes Selbst- und Situationsbewusstsein sind immer schwieriger zu erreichen. Empfänger werden halt- und orientierungslos.

Im vorigen Abschnitt haben wir erfahren, dass Empfänger von Angst, Sehnsucht nach Harmonie und beginnenden Selbstzweifeln in die AR getrieben werden.

Die sich daraus ergebenden Folgen sind tief und weitreichend. Mit zunehmender Deformation des eigenen **Selbst- und Realitätsbewusstseins** steigt die Bereitschaft eines Empfängers, die **Informationen des Senders (AR) zu übernehmen**. Das (nun lückenhafte) Selbst- und Weltbild ist schwer zu ertragen und schreit nach Vervollständigung. Die eigenen (nicht mehr zugänglichen) Vorstellungen werden zunehmend durch **das** ersetzt, was der **Sender** im Rahmen seiner AR vermittelt.

Wurde bisher noch (innerer) **Widerstand** gegen die Darstellungen, Zuschreibungen und Verdrehungen des Senders geleistet, werden diese im 3. Makroprozess **zunehmend geglaubt** und **übernommen**.

Angst und Unsicherheit lassen die Membran zwischen Sender und Empfänger zunehmend **durchlässig** werden. Alle vom Sender versteckt oder offen geäußerten Informationen dringen **leichter** und **schneller** in die Erlebenswelt des Empfängers ein. Dieser hat die Orientierung verloren und ist hierfür sogar manchmal dankbar (*„Ich weiß nicht mehr, was Sache ist und bin unsicher. Wenigstens kann ich mich an dir orientieren…"*).

Vereinfacht gesagt, nimmt der Sender dem Empfänger nun das Denken und Entscheidungen ab. Wenn die **AR zur Realität des Empfängers** wird, ist der Sender nicht mehr nur Richter, sondern fortan auch **Gestalter** der (übernommenen) **Realität des Empfängers**.

Was sehr komplex klingt, ist eigentlich ganz einfach: Der Empfänger sieht sich und die Welt immer **weniger** durch seine **eigenen Augen**, sondern vermehrt durch die **Augen des Senders**. Hier geht der 3. Makroprozess in den 4. über (siehe **Auto-***Gaslighting***, S. 276 f.).

Der Empfänger wendet dann die **Regeln, Bestrafungen** und **Gesetzmäßigkeiten** der AR zunehmend und **automatisch** auf sich selbst an.

Der Empfänger wird zu seinem eigenen Sender. War es bisher der Sender, der bestraft, abgewertet und Angst verbreitet hat, so ist es im 4. Makroprozess der Empfänger **selbst,** der hart mit sich ins Gericht geht, sich maßregelt, kritisiert und in Angst versetzt. Dann läuft *Gaslighting* auf **Autopilot** (S. 276 f.).

Im folgenden Kapitel sehen wir, wie sich im Innenleben von Empfängern ein **eigenes, mentales Abbild des Senders** etablieren kann. Eine Instanz **im Empfänger,** die sich wie der Sender von *Gaslighting* anhört, mit dessen Worten spricht, dieselben Argumente, Anklagen, Erklärungen und Bedrohungsszenarien ins Feld führt.

Bereits im 3. Makroprozess werden Dialoge, die bisher mit dem Sender im **Außen** geführt wurden, innerlich durchgespielt. Es kommt zu inneren Selbstgesprächen, die mit einem **geschluckten Stellvertreter** des Senders geführt werden. In der psychoanalytischen Schule wird ein solcher Vorgang als **Introjektion** bezeichnet.

Ein Ausstieg aus dem 3. Makroprozess ist weitaus fordernder, als aus dem 1. oder 2. Makroprozess. Im 3. Makroprozess wurde die AR bereits verinnerlicht und kann sich wie die **eigene Realität** anfühlen. Empfängern ist nicht bewusst, dass sie mit der geschluckten Stimme des Senders zu sich sprechen. Sie registrieren die Abwesenheit ihrer **eigenen Meinung** und Realitätswahrnehmung nicht mehr. Sie haben sich an diesen Zustand gewöhnt.

Angriffe, Attacken und Abwertungen eines Senders werden teilweise gar nicht mehr als solche wahrgenommen. Verantwortung und „Schuld" laden sich Empfänger im 3. Makroprozess **automatisch** selbst auf. Gemäß der verinnerlichten Aussagen des Senders glauben Empfänger jetzt tatsächlich, **es läge an ihnen** (weil sie „zu sensibel", „zu empfindlich", „zu besitzergreifend" usw. sind oder etwas „falsch gemacht" haben). Sie beginnen, sich **für ihr Sein schuldig** zu fühlen!

Lebt ein Empfänger über Jahre oder Jahrzehnte in diesem Stadium, lernt er, **sich selbst** und das Leben durch die **Brille des Senders** von *Gaslighting* zu sehen. Diese „Gewöhnung an die AR" hat dann sein **eigenes Selbst- und Realitätsbewusstsein** eliminiert.

Beim Exit aus dem 3. Makroprozess geht es daher in erster Linie darum, die Welt, die Ereignisse und sich selbst wieder durch die **eigene Brille** sehen zu lernen.

Ein Empfänger muss sich dazu erst einmal darüber bewusst werden, **dass** er die Sicht des Senders verinnerlicht und **seine eigene verloren** hat. Auf Basis dieses Bewusstseins kann die Suche nach der **eigenen Realitätswahrnehmung** beginnen. Wenn wieder **Vertrauen** in die **ureigene Sicht** der Dinge, die eigenen Werte und Grenzen aufgebaut wurde, kann auch eine neue Klarheit Einzug halten. **Selbstbewusste** und **beherzte Entscheidungen** werden plötzlich wieder möglich. Das ist eines der Hauptanliegen dieses Buches.

Genau aus diesem Grund wiederholen sich die Inhalte dieses Buches, werden in einen anderen oder größeren Zusammenhang gesetzt: Ich möchte Dich einladen, das große Ganze immer wieder zu betrachten und Dich bei jeder Information zu fragen:

„Was bedeutet das für <u>mich</u> in meiner Situation? Wie verändert sich dadurch <u>meine</u> Sicht auf die Dinge?"

Dieses Buchs soll einen Bewusstseinsprozess triggern und Dich in Verbindung mit Deiner Realitätswahrnehmung bringen. Bevor wir mit den Exit-Strategien des 3. Makroprozesses arbeiten können, müssen wir Deinen exakten (psychischen) Standort lokalisieren.

5 Standortbestimmung für Empfänger

Der Exit im 3. Makroprozess setzt eine Prise **Selbsterkenntnis** voraus. Du weißt, dass Empfänger **die AR wählen** und übernehmen, weil sie **Erstarren** und **Erdulden** als **einzige** Wahlmöglichkeit gelernt und verinnerlicht haben.

Der nachfolgende **Exkurs** zur **Erlernten Hilflosigkeit** macht den Standort von Empfängern im 3. Makroprozess greifbar und zeigt auf, wie Ansatzpunkte für einen Ausstieg aussehen.

a.) Exkurs zur erlernten Hilflosigkeit[23]

1967 gelang es *Martin Seligman*[23], ein kognitiv-behavioristisches **Modell zur Entstehung von Depression** zu entwickeln. Ausgangspunkt hierfür bildete ein experimenteller Tierversuch, der heute von keiner Ethikkommission mehr bewilligt werden würde. Für sensible Menschen und Hundebesitzer ist dieses Experiment kaum zumutbar, weshalb ich mich für eine kurze Beschreibung entschlossen habe. Interessierte Menschen können sich gerne eigenständig informieren.

In seiner Versuchsanordnung setzte *Seligman* Hunde in einen sogenannten **Pendelkäfig**, der aus **zwei Kammern** bestand, die durch eine **bewegliche Barriere voneinander abgetrennt** werden konnten.

Auf den Gitterboden wurden mit zeitlichem Abstand **moderat schmerzhafte Stromstöße** auf die Pfoten der Tiere gegeben.

Einigen Tieren brachte er in einer **Lerneinheit** bei, die **Stromstöße zu beenden** (Gruppe 1), während Gruppe 2 in der Lerneinheit **nichts tun konnte, um den Stromstoß zu vermeiden.** Die Tiere der Gruppe 3 erhielten kein Vortraining.

Seligman[23] beobachtete dann das Verhalten der drei Gruppen. Ergebnisse in Kürze:

Gruppe 1 - die zuvor gelernt hatten, **dass sie die Stromstöße kontrollieren konnten**, sprangen erfolgreich durch die Barriere und **bewahrten sich vor weiteren Schmerzen.**

Gruppe 3 - ohne Vortraining **gelang in dem meisten Fällen die Flucht** in die zweite Kammer.

Gruppe 2 - konnten den Schmerz im Vortraining nicht vermeiden und übersprangen die Barriere zur zweiten Kammer **nicht** (bzw. viel seltener) - obwohl eine **Möglichkeit zur Flucht** gegeben war. Sie verblieben in der ersten Kammer und ließen **den Schmerz über sich ergehen.**

Die Ergebnisse von *Seligman*[23] zeigten, dass Tiere, welche die **Unvermeidbarkeit** schmerzhafter Reize erfahren hatten, **Hilflosigkeit erlernten**. Die Tiere **erduldeten** auch dann Schmerzen, als sie hätten fliehen können.

Das Konzept der **erlernten Hilflosigkeit** ist - trotz des grausamen Versuchsaufbaus - bis heute im psychotherapeutischen Kontext ein anerkanntes Erklärungsmodell zur Entstehung depressiver Störungen. Tiere wie Menschen zeigten depressive Symptome (und ähnliche neurochemische Veränderungen), wenn sie derartigen Situationen ausgesetzt waren und Hilflosigkeit erlernt hatten.

Das Modell zur *erlernten Hilflosigkeit* muss in diesem Buch leider erwähnt werden, weil Empfänger im 3. Makroprozess von *Gaslighting* sich an eben dieser Stelle befinden. Die subjektiven Wahlmöglichkeiten des Empfängers (Abb. 16 auf S. 216) bilden genau diese Situation ab: Zwei von drei Möglichkeiten wurden aufgrund der **Lernerfahrungen** als **zwecklos** abgespeichert. Empfänger von *Gaslighting* unterliegen der *erlernten Hilflosigkeit*. Sie glauben, dass es keinen Ausweg gibt, außer - **Erstarren** und **Erdulden**.

Im Experiment von *Seligman* registrierten die hilflosen Hunde die offene Klappe gar nicht. Sie **resignierten automatisch** und schauten sich gar nicht nach Auswegen um.

Diese normalerweise natürliche **Orientierungsreaktion** fehlt auch bei Empfängern von *Gaslighting* im 3. Makroprozess. Sie sehen **keine Möglichkeiten mehr**, obwohl es diese durchaus gibt. Sie **schauen sich nicht mehr um** und reagieren automatisch. Genau das soll in Deiner vorbereitenden, *Inner-work-section* durchbrochen werden!

b.) Inner work zur erlernten Hilflosigkeit

Der **erste Schritt** zum Exit besteht in der Anerkennung Deiner erlernten Hilflosigkeit:

> *„Dass ich aktuell keinen anderen Ausweg sehe, ist Ergebnis einer erlernten Hilflosigkeit, die nichts mit meinen realen Möglichkeiten zu tun hat.“*

Im **zweiten Schritt** öffnen wir uns für Möglichkeiten zum Ausstieg, die wir bisher vielleicht nicht gesehen haben:

> *„Ich halte es für möglich, dass ich automatisch davon ausgegangen bin, dass ich nichts tun kann. Ab jetzt halte ich es für möglich, dass ich doch etwas ändern kann.“*

Im **dritten Schritt** ist es vor allem wichtig, sich selbst aufrichtig zu beobachten und darauf zu achten, nicht erneut in die erlernte Hilflosigkeit zu rutschen:

> *„Sobald ich mich dabei erwische, wie ich erneut resigniere und glaube, nichts verändern zu können, halte ich inne und frage mich: Kann ich es ausschließen, dass es doch eine Möglichkeit gibt?“*

Der **vierte Schritt** besteht darin, Dir **bewusst** zu machen, dass jeder neue Lösungsansatz zwangsweise erst einmal Angst in Dir auslösen wird. Zum einen wagst Du Dich auf **neues Terrain**. Zweitens wird der Sender **bestrafend** reagieren, wenn Du versuchst, aus der bereits etablierten Dynamik auszubrechen.

Bisher hat der Sender die **Oberhand** (Macht) und bestimmt darüber, was gilt und was nicht - was sein darf und was nicht. Die AR wurde von Dir anerkannt. Daran soll sich aus Sicht des Senders

6 Exit-Strategien für Empfänger im 3. Makroprozess

Strategie 1: Klarheit statt Kampf - Kein inhaltliches Eingehen

Kampf führt in einer *Gaslighting-Dynamik* meist deshalb zu keinem Ergebnis, weil er auf der **falschen Ebene** ausgetragen wird. Empfänger reagieren (zurecht!) wütend auf den **Inhalt** einer Abwertung oder Attacke (*„Wie kannst du nur so etwas sagen!"*). Dabei reagieren sie oft **impulsiv** und folgen ihrer ersten emotionalen Reaktion.

Anstatt auf den Empfänger einzugehen, begründet der Sender dann, weshalb seine Abwertung/Attacke berechtigt ist. Dazu kramt er z.B. eine frühere Situation heraus und zieht diese als Rechtfertigung heran (z.B. *„Du hast dich damals auch total unangemessen verhalten!"*). Das Ausgangsthema (die Attacke, Abwertung) wird dann aus den Augen verloren und man haut sich die Köpfe ein.

Solche **inhaltlichen Verlagerungen** geschehen auch dann, wenn der Sender sich emotional distanziert oder aggressiv verhält. Es gibt ein neues Thema, das alte verschwindet aus dem Blickfeld.

Impulsive Kämpfe zwischen Sender und Empfänger finden auf der Inhaltsebene (der Aussagen) statt. Hier wird **ausgiebig diskutiert**. Während sich der Empfänger im Für und Wider von sich aufeinanderschichtenden Aussagen verwickelt und von seinen Emotionen **vernebelt** wird, verblasst das Ausgangsthema. Dieser *Kampf der Wahrnehmungen* führt mit einem Sender niemals zu einem befriedigenden Ergebnis. Mein Rat: Erspare Dir jegliche Diskussionen darüber, wer Recht hat! Die einzig **entscheidende Frage** lautet:

„Wie kommt der Sender dazu, sich eine derartig respektlose Attacke überhaupt zu erlauben?"

Auf diese Frage solltest Du nach jeder Attacke/Abwertung konzentriert bleiben. Und nur darauf! Bleibe klar! Und zwar so lange, bis Du darauf eine befriedigende Antwort erhältst.

Es gehört zur Natur einer *Gaslighting-Dynamik*, dass **verwirrende Informationen, neue Themen** oder **weitere Attacken** Dich von Deiner Ausgangsfrage ablenken sollen. Das ist die bisher gut funktionierende

Strategie eines Senders. Du **sollst** vom Thema weggeführt und tiefer in die Verwirrungen der AR eingesponnen werden.

Neue Attacken, Abwertungen oder Themenwechsel sind Einladungen des Senders, Dich **inhaltlich** auf etwas Anderes einzulassen und Dich **emotional antriggern** zu lassen. **Nebelraketen,** die Dich bezüglich Deines Ausgangsanliegens verwirren sollen. Widerstehe der Versuchung, auf diese Nebelraketen eines Senders zu reagieren. Steige nicht ein! Deine neue Strategie *„Klarheit statt Kampf"* (ausführliche Umsetzungsanleitung ab S. 235 ff.) darfst Du folgendermaßen zum Ausdruck bringen:

„Ich führe keine Gespräche mit einem Menschen, der derart respektlos mit mir umspringt."

Falls jetzt **Angst** in Dir aufsteigt, blickst Du in genau diesem Moment dem Endgegner der **gelebten Klarheit** in die Augen. Und genau die benötigst Du für einen erfolgreichen Exit aus *Gaslighting.*

Strategie 2: Ängste annehmen und das Vermeidungssystem shiften

Der definitive **Endgegner** von Empfängern in jeder *Gaslighting-***Dynamik** ist die eigene Angst in all ihren Facetten: Vor der eigenen Courage, einen „Fehler" zu machen, vor Ablehnung, Verlassenwerden, dem Alleinsein und davor, auf sich selbst zurückgeworfen zu sein.

Dieses Thema haben wir im 2. Makroprozess (S. 172 f.) betrachtet. Wir rufen uns die Essenz dessen noch einmal in Erinnerung, indem ich mich frech selbst zitiere:

*„Ein Sender kann konfrontiert werden (und sollte es auch). Doch dazu muss der Empfänger bereit sein, den **Schmerz** der Ablehnung und die **Angst** vor Verlassenwerden **willkommen zu heißen**! Damit wird das Druckmittel entzogen, die Erpressungs-Schleife gesprengt!*

*Tatsächlich gibt es keine andere Möglichkeit - außer in Gaslighting und der AR zu verbleiben. Denn sobald Du im Gaslighting-Universum auf **für Dich wichtige** (und für den Sender unerwünschte) Aspekte bestehst, wird die Schmerzgrenze Dich treffen. Es wird Dir weh tun und Angst machen. Sorry.*

*Du hast die Wahl, Dich mit dem **Verzicht auf Deine Wahrheit und Wahrhaftigkeit** abzufinden oder **Dich Deiner Angst und Deinem Schmerz zu stellen**."*

In diesem Buch kann ich Dich nicht komplett durch diesen Prozess begleiten. Aber ich werde Dir zeigen, in welche **Richtung** Du Dich bewegen kannst.

Einige Ängste sind wichtig, natürlich und für unser Überleben unbedingt notwendig. Diese müssen wir von jenen Ängsten unterscheiden, die **gelernt** wurden und in Form einer **Fehlprogrammierung** Einzug in unser System gehalten haben. Um letztere geht es bei dieser Arbeit.

Viele von *Gaslighting* Betroffene haben sich in ihrer eigenen Biographie **Glaubenssätze, Emotions-** und **Verhaltensmuster** angeeignet, um das eigene (emotionale) Überleben sicherzustellen. Obwohl diese alten „Blaupausen" heute **nicht mehr dienlich** sind, wirken sie unerkannt weiter und beeinflussen uns - unser Denken, Fühlen, Erleben, das eigene Selbst- und Weltbild. Fehlprogrammierte Ängste können uns an den Stellen ausbremsen, zurückhalten und **in Starre** verfallen lassen, wo wir eigentlich reagieren sollten.

Vielleicht weißt Du genau, was Dir im Leben wichtig ist, sprichst **in entscheidenden Momenten** aber Deine Wahrheit nicht? Oder Du lebst nicht nach Deiner Wahrheit (obwohl Du möchtest!)? Du glaubst vielleicht, Du seist „nicht gut genug" oder merkst, dass Du Dir selbst im Weg stehst. Und möglicherweise gibt es einen Teil in Dir, der Dir immer wieder zuflüstert: *„Das darfst du nicht! Das hast du nicht verdient!"*

Mit derartigen Fehlprogrammierungen bist Du nicht allein! Jeder trägt sie in sich! Sie können so fest in uns verankert sein, dass wir sie gar nicht mehr als solche erkennen. Dann sind sie zu unserer Normalität geworden.

Sobald wir eine **Blaupause** von damals verlassen wollen, steigen in uns alte Ängste auf: Wir schrecken vor einem vielleicht gesunden und notwendigen Verhalten zurück.

Wurde man als Kind für die eigene Intuition, Lebendigkeit, Wahrnehmung oder ein bestimmtes Verhalten wiederholt bestraft, angeklagt, ignoriert, abgewertet oder emotional verlassen, dann hat das **damals** zu blanker, haltloser Panik geführt. Kindliche Panik kann in ihrer Intensität einer **existentiell bedrohlichen Todesangst** sehr nahe kommen. Auf Dauer ist das nicht auszuhalten. Wurde diese Panik erlebt, musste im Laufe des Lebens ein **Vermeidungssystem** entwickelt werden. Einfach, um diese Panik nicht spüren zu müssen und irgendwie weitermachen zu können. Verständlich, oder?

Ich kann mich daran erinnern, wie ich mit 13 Jahren in einer stark beanspruchenden Familiensituation für meine Mutter da zu sein versuchte. Unbewusst nahm ich eine fürsorgliche Rolle ein, hörte zu und stellte mein eigenes Erleben stark zurück. Ich spürte, dass sie belastet und auf sich selbst konzentriert war. Sobald ich von mir und meinen Gefühlen zu sprechen begann, riss die Verbindung zu ihr ab. Ihr Blick schweifte in die Ferne, sie wurde nervös und wechselte schließlich das Thema.

Das tat weh! Ich fühlte mich abgelehnt. Das löste eine furchtbare Angst aus. War ich „zu viel"? Oder stimmte etwas nicht mit mir? Fortan unterließ ich es, über mich zu sprechen blieb in der Rolle, die „funktionierte": Die fürsorgliche Tochter.

Es dauerte sehr lange, bis ich andere Menschen überhaupt Einblick in meine wahre Gefühlswelt gewährte. Ich hatte Glaubenssätze abgespeichert, wie *„Ich bin unwichtig"* oder *„wenn ich mich zeige, werde ich abgelehnt"* und so weiter. Unser Verstand ist hier sehr kreativ.

Die fürsorgliche Rolle war für mich zu einer hilfreichen Vermeidungsstrategie geworden, um meine Angst vor Ablehnung und Verlassenwerden nicht zu spüren. Leider konservierten sich so auch meine negativen Glaubenssätze und wurden stärker (zur *ganzheitlichen Arbeit mit Glaubenssätzen*, siehe S. 358 f.).

Heute verstehe ich die damalige Situation meiner Mutter besser und werfe ihr nichts (mehr) vor. Je mehr meine eigene Kraft und Wahrheit sich entfaltete, umso mehr konnte ich Anklagen loslassen und erkennen: Es ist immer **unser eigenes System,** das derartige Fehlprogrammierungen **konstruiert** und **aufrechterhält!** Der **Feind** der gelebten Klarheit sitzt innen!

Heute kann ich offen über meine Gefühle sprechen und falle nicht mehr in die fürsorgliche Rolle. Ich wähle bewusst, wann und für wen ich wie da sein möchte. Das klare „nein" einer gesunden Abgrenzung durfte ich ebenso lernen, wie mich selbst an erste Stelle zu setzen.

Jedes Vermeidungssystem ist individuell verschieden. Abhängig davon, **wodurch** die Angst entstanden ist (Auslöser, Index-Situation) und **was** sich als hilfreich erwiesen hat, um die Angst als **nicht spüren zu müssen** (Kümmern, Verdrängen, Unterordnen, Aufbegehren usw.). Um Deinem eigenen Vermeidungssystem auf die Spur zu kommen, spüre gern immer wieder in Dich hinein und frage Dich:

? *„Was motiviert mich gerade dazu, mich so und nicht anders zu verhalten? Vermeide ich dadurch etwas?"*

Um die Auswirkungen des Vermeidungssystems im Rahmen von *Gaslighting* besser zu verstehen, schauen wir uns an, wie ein Empfänger dadurch an seinem klaren Selbstausdruck gehindert werden kann. Dazu tauchen wir gemeinsam in das Beispiel von Bernadette ein.

Bernadette hatte einen stark internalisierten Mutter-Aspekt, der immer dann laut wurde, wenn sie auf ihre **eigenen Bedürfnisse hören** und ihnen **Ausdruck verleihen** wollte. In ihr kamen dann Gedanken auf wie: *„Das darf ich nicht! Es ist falsch! Wenn ich jetzt gehe oder etwas sage, bin ich schuld!"*

Diese Fehlprogrammierung umfasste auch ein **strenges, gelerntes Wertesystem** über „richtig" und „falsch". Dabei wollte Bernadette gegenüber sich selbst freundlicher sein und konnte überzeugt äußern: *„Es ist vollkommen ok, wenn ich als erwachsene Frau meine Meinung sage".* Doch in entscheidenden Situationen kamen **innere Verbote** mit einer alten, **existentiellen Panik** um die Ecke und - ihre Klarheit war dahin.
Ihre eigene Meinung verschwand hinter einem Schleier aus Angst. Jeglicher Kraft beraubt, versuchte sie dann nur noch, ihre Panik zu besänftigen und nicht aufzufallen. Sie spulte ein **früher** hilfreiches Verhalten automatisch ab: Sie ordnete sich unter - nickte, schwieg und stimmte zu.

Innerlich schämte sie sich, hatte Angst, man könne ihr die Panik ansehen. Bernadette fühlte sich verzweifelt, übersehen, ungeliebt, unwichtig und immens traurig.
Anschließend machte sie sich dann Vorwürfe und ärgerte sich wechselweise über sich selbst und Andere (die sie "so behandelten). Sie hatte das Gefühl, versagt zu haben.
Im Laufe der Zeit verdammte sie ihre eigenen Ängste. Schließlich waren sie es, die sie davon abhielten, für sich einzustehen. Mit der Zeit entwickelte sie eine tiefe **Abneigung** gegen diesen verletzten und hilflosen Teil in sich, der immer noch das alte Vermeidungssystem abspulte. Damit lehnte sie sich selbst ab.

Gegenüber der Mutter entwickelte Bernadette einen regelrechten Hass. Sie gab ihr die „Schuld", dass sie heute solche Probleme hatte. Je länger und intensiver sie sich auf die alten Themen konzentrierte, umso wütender wurde sie. Und umso mehr war sie davon überzeugt, dass sich an ihrer Situation **niemals etwas ändern würde.**

Als es Bernadette gelang, sich ihren **verletzten** und **verängstigten** **Aspekten** zuzuwenden, konnte sie die **Ablehnung** ihrer Ängste stufenweise in **Selbstmitgefühl** verwandeln. Dadurch schaffte sie es, die alte Fehlprogrammierung immer besser zu verstehen. Nach und nach konnte sie loslassen. Die Ängste wurden als Gäste aus der Vergangenheit willkommen geheißen, jedoch ohne dass Bernadette ihre Klarheit verlor oder sich von ihnen bestimmen ließ.

Immer häufiger sagte sie klar ihre Meinung. Anfangs etwas verhalten, dann deutlicher. Ängste und Schuldgefühle tauchten zwar weiter auf, doch - mit der Zeit wurden sie schwächer.

Die Vorwürfe gegenüber sich selbst und der Mutter nahmen ebenfalls ab. Denn als Bernadette erkannte, dass **sie selbst** etwas an ihrer Situation ändern konnte, verloren die alte Geschichte und die damit zusammenhängenden Glaubenssätze einfach **an Bedeutung**. Bernadette brauchte sie nicht mehr.

Dieses Beispiel zeigt, wie ein Vermeidungssystem von Empfängern im *Gaslighting*-**Universum** dazu beitragen kann, dass sie von ihm eingesaugt werden.

Die Glaubenssätze und Verhaltensmuster können variieren, haben aber oft eine gemeinsame Basis (siehe S. 358 f.). Einige Empfänger glauben, **erst etwas leisten zu müssen**, um Liebe verdient zu haben. Andere haben verinnerlicht, **dass Bestrafung dazugehört,** dass sie **unwichtig** oder **wertlos** sind. Wieder Andere, dass es ihre Aufgabe ist, **für den Sender die Verantwortung** zu übernehmen, ihn zu **retten**.

Ganz gleich, welche „Blaupause" ein Empfänger mitbringt - der gemeinsame Nenner ist immer die **Angst**. Angst, **aus einem gelernten Muster auszubrechen**. Vor dem Wagnis, der eigenen **Intuition neu vertrauen zu lernen**.

Empfänger können ihr Vermeidungssystem erkennen und einen **neuen Umgang mit Ängsten** lernen: Durch verständnisvolle Zuwendung gegenüber ihren **verletzten** und **verängstigten Aspekten**, kommen auf einer sehr tiefen Ebene viele Dinge in Bewegung. Alle mit einer Grundangst verknüpften Themen (Glaubenssätze, Verhaltensmuster, Emotionen, Vermeidung) können sanft berührt, erkannt, angenommen, **entkräftet** und achtsam **gewandelt** werden.

Wenn es Dir gelingt, Deine Ängste in neuem Licht zu sehen und sie bedingungs- und kritiklos **anzunehmen**, können sie atmen und sich genau dadurch **verändern**. Du solltest niemals die Kraft Deiner liebevollen Zuwendung unterschätzen! Im Buch *Gespräche mit Gott. Band 3: Kosmische Weiseheit*[24] von *Neale Donald Walsh* findet sich dazu die wunderbare Formulierung:

> *„Der Sache, der du dich* **widersetzt**, *die bleibt* **bestehen**.
> **Was du dir anschaust, das verschwindet.**
> *Das heißt, es verliert seine illusionäre Form. Du siehst es als das, was es ist.
> Und* **was ist, kann immer verändert werden.**„[24]

Vielleicht kannst Du es dieser tiefen Wahrheit gestatten, Dich zu berühren? Ich lade Dich ein, mit neuen, liebevolleren Augen auf den Menschen zu schauen, der diese Ängste damals erlebt hat.

Diese Ängste hattest Du nicht ohne Grund, oder? Möchtest Du **Verständnis** für diesen verängstigten Menschen aufbringen, der Du damals warst? Kannst Du **Dein Herz für Dich mit dieser Angst öffnen**? Ich wünsche es Dir sehr und hoffe, dass diese Zeilen Dich ermutigen, einen **neuen, liebevolleren Umgang mit Deinen Ängsten** anzustreben.

Auf S. 358 f. im Self-Empowerment-Kapitel findest Du einen ausführlichen Abschnitt zu Glaubenssätzen und einige Übungen zu deren ganzheitlicher Transformation.

Strategie 3: Nebelraketen, Gesprächsführung und der finale Exit

Diese zentrale Strategie baut auf Deinen bisherigen Erkenntnissen auf und stellt Dein wichtigstes Self-Empowerment-Tool in diesem Buch dar. Dieser Abschnitt könnte auch im Self-Empowerment-Kapitel aufgeführt werden, wird aber - weil inhaltlich passend - an dieser Stelle eingeflochten. Hier lernst Du, wie Du Gespräche mit einem Sender führen musst, um dem *Gaslighting*-**Universum** fern zu bleiben oder auszusteigen. Du darfst hier intensiv mitarbeiten, Zettel und Stift bereit halten. Wir gehen ins Detail!

Hast Du schon einmal versucht, mit einem Sender ein wichtiges Thema zu klären? Warst Du erfolgreich?

Die meisten Empfänger kommen in Gesprächen mit Sendern einfach nicht weiter. Obwohl sie eingangs klar wissen, um was es ihnen geht, wandeln sich Unterhaltungen auf scheinbar magische Weise. Man gelangt bei einem **komplett anderen Thema** an fragt sich ratlos und verwirrt, wie das passieren konnte und was eigentlich das Anliegen für dieses Gespräch war.

Bei *Gaslighting* ist es schier unmöglich, eine **Klärung** mit dem Sender zu erreichen. Versuche laufen wiederholt **ins Leere**, wichtige Fragen bleiben unbeantwortet, neue kommen hinzu und am Ende herrscht **mehr Verwirrung** als zuvor.

Kaum ein Empfänger kann in Worte fassen, was in solchen Situationen von statten geht. Grund für diese Konfusion sind die zunehmend **verwirrenden Signale** des Senders - die *Nebelraketen*. Sie gehören generell zur *Gaslighting*-**Dynamik**, entfalten im 3. Makroprozess aber verstärkt ihre Wirkung.

Der Sender in einer *Gaslighting*-**Dynamik** ist an wahrer Klärung nicht interessiert. Deine Klarheit wäre ja ein Ankommen in Deiner RW und ein Verlassen der AR. Bewusst oder unbewusst dient ihm die **Verwirrung**, weil sie den Empfänger **an die AR bindet**.

Verwirrende Signale haben - neben bestrafenden - eine Funktion für den Sender: Der Empfänger bleibt mit offenen Fragen **beschäftigt** und so an die AR gebunden oder wieder in sie hineingezogen.

Verwirrende Signale irritieren und hinterlassen einen Juckreiz. Sobald der Empfänger sich mit den offenen Fragen beschäftigt, beginnt er quasi, sich zu kratzen. Er wird von dem abgelenkt, was eigentlich gerade wichtig war, driftet **von seinem Ausgangsthema weg**. Der Sender verhindert dadurch Klärung und damit, dass sich der Empfänger von der AR entfernt.

Bei bewusstem, intentionalem *Gaslighting* (Stufe 3, S. 22) wird ein Sender **alles daran setzen**, um unbequemen Fragen aus dem Weg zu gehen. Auf dieser Stufe kann vom gezielten Einsatz verwirrender Signale ausgegangen werden!

Verwirrende Signale hinterlassen immer ein Fragezeichen. Etwas bleibt offen, unausgesprochen, unlogisch oder unvollständig.

Der Sender deutet z.B. etwas über den Empfänger an, drückt sich aber **nicht klar** aus. Damit wird ein **Bedeutungsanker** ausgeworfen (= *Mikroprozess*). Ein Beispiel dafür, wie verwirrende Signale aussehen können, liefert der Film *Das Haus der Lady Alquist*[4]:

vielleicht schon einmal getroffen hat, erweitert Gregory ihre Zweifel: *„Ist es wirklich so?"*

Gregory fragt Paula, weshalb sie sich nach dem Mann umgesehen habe, worauf sie antwortet, dass sie das nicht wisse. Gregory attackiert sie subtil mit einer **generalisierenden Abwertung**, die er ganz beiläufig fallen lässt: *„Genau wie sonst auch!"*

Mit seinen Worten unterstellt er, dass Paula **auch sonst nichts denkt**, bei dem, was sie tut.

Paula spürt die Abwertung, misstraut sich zu diesem Zeitpunkt jedoch schon selbst. Dennoch wagt sie es, nachzuhaken: *„Was sonst auch?"*

Doch Gregory lässt Paula mit der durch seine Abwertung erzeugten, **emotionalen Ladung** und den **geschürten Selbstzweifeln** alleine. Anstatt ihr Beispiele oder Beweise zu liefern, steigt er aus dem Gespräch aus und überlässt Paula mit einem verharmlosenden *„Och, gar nichts"* sich selbst.

Paula ist mit den offenen Fragen alleine (*„Was meint er damit?"*, *„Verhalte ich mich unbedacht?"*, *„Stimmt etwas nicht mit mir?"*). Gregory hat es geschafft, dass Paula sich mit seiner Aussage beschäftigt. Er hat eine **Nebelrakete** abgeschossen, in dem Fall durch das Auswerfen eines **Bedeutungsankers**.

Ein Empfänger spürt sehr genau, wenn es sich um eine für ihn **wichtige Andeutung** handelt, dass hier **etwas über ihn ausgesagt wird**. Aber es bleibt unklar, **was** der Sender im Kern damit sagen möchte. Dieser **Raum des Ungeklärten** lädt Empfänger dazu ein, sich an die Klärung des Ungeklärten zu machen. So bewegt er sich von seinem Ausgangsthema weg.

Wie Gregory in unserem Beispiel, **entzieht** ein Sender sich oder **relativiert** seine Aussage, wenn der Empfänger auf eine klare Antwort drängt. Vom Sender gibt es keine klare Antwort. Doch die *Nebelrakete* ist abgefeuert, der *Bedeutungsanker* ausgeworfen - und das beginnt unmittelbar im Empfänger zu wirken.

Viele US-amerikanische Anwaltsserien liefern wunderbare Anschauungsbeispiele für das Auswerfen von Bedeutungsankern (*Anchor dropping*): Dabei lassen Verteidiger und Staatsanwälte nach Prozessrecht unerlaubte Aussagen fallen, um Geschworene zu **beeinflussen**. Der Richter weist die Anwälte zurecht und sie **ziehen ihre Aussage zurück.** Die Geschworenen werden vom Richter angehalten, die Aussage **zu ignorieren.** Du darfst drei Mal raten, ob das funktioniert. Natürlich nicht!

Dieselbe Systematik wirkt auch bei verwirrenden Signalen von *Gaslighting*. Wie die Geschworenen, kreisen Empfänger weiter gedanklich um die getätigte Aussage und überlegen, was sie damit nun **anstellen** sollen.

Für den *Gaslighting*-Prozess bedeutet das, dass der Empfänger sich weiter mit der AR (der Aussage) beschäftigt und von seinem Ausgangsanliegen (was für ihn wichtig war, seiner RW) ablässt.

Verwirrende Signale werden häufig so platziert, dass der Empfänger sich **genötigt** fühlt, sich mit ihnen zu beschäftigen. Der Sender kann zur Verwirrung z.B. ein neues Thema starten, die gestellte Frage hinterfragen, den Empfänger (für seine Frage) kritisieren, Vorwürfe äußern oder einfach einen Bedeutungsanker auswerfen. Es gibt zahlreiche Nebelraketen, um Verwirrung zu stiften.

Zusammengefasst macht der Sender bei Klärungsversuchen gerne ein neues Fass auf. Das starten von Nebelraketen führt oft dazu, dass der Empfänger **emotional aktiviert** wird. Steigt der Empfänger auf diese Aktivierung und das neue Thema des Senders ein, verliert er sein eigenes Anliegen aus den Augen.

Die Nebelraketen lassen den Empfänger irgendwann **frustriert resignieren**. Das Verwirrspiel ist enorm kräftezehrend und aktiviert Empfänger oft auf verschiedenen Ebenen. Ein bewusster Umgang damit ist enorm wichtig (siehe S. 196 f.).

Nachdem sich die meisten Empfänger wiederholt die Finger verbrannt haben, unterlassen sie irgendwann jegliche Versuche zur **Klärung**. Empfänger realisieren leider nicht, dass exakt das **gewollt** (und oft beabsichtigt) ist. Im **Strudel der Verwirrung** geht auch der Überblick über die Gesamtsystematik verloren. Der Empfänger verfängt sich in einer sinn- und endlosen Beschäftigung mit Details der **Aussagen** des Senders und den aufgeworfenen, **offenen Fragen**.

Erkenne Nebelraketen und Bedeutungsanker. Vermeide es, inhaltlich oder emotional auf diese zu reagieren! Um was ging es DIR nochmal?

Seien es bestrafende oder verwirrende Signale - letztlich geht es im 3. Makroprozess darum, einen **finalen Exit** aus der für *Gaslighting* typischen Gesprächsführung des Senders zu finden. Der folgende Abschnitt zeigt Dir Schritt für Schritt auf, wie Du Dich in **Klarheit** und unter **Wahrung Deiner Würde**, auf die Systematik des Senders **vorbereiten** und wie Du ihr **im Gespräch begegnen kannst**.

Der nun folgende, ausführliche Self-Coaching-Abschnitt *Gesprächs-führung bei verwirrenden und bestrafenden Signalen* ist einer der **wichtigsten** Abschnitte im gesamten Buch!

Du wirst merken, dass alle bisher behandelten **Themen** (Bewusstsein über Konditionierung, Ängste, Stress, erlernte Hilflosigkeit, Schatten-arbeit) hier zusammen-fließen. Du kannst diesen Leitfaden auch dafür nutzen, Deine eigenen Themen **besser zu identifizieren** und mit ihnen zu arbeiten. Let's go!

7 The final Exit: Leitfaden zur Gesprächsführung bei verwirrenden und bestrafenden Signalen des Senders

Bevor Du ein **klärendes Gespräch** mit einem Sender von *Gaslighting* startest, solltest Du Dir bewusst machen, dass ein **Verwirrspiel** starten wird. Bereite Dich auf **Ablenkungen** und **Themenwechsel** vor.

Wir planen die Umsetzung eines Gesprächs. Dabei gehen wir alle Schritte gemeinsam durch. Du lernst, wie die **Schlüsselreize für Ausweichmanöver** des Senders aussehen und wie Du auf diese reagierst. Du erarbeitest Tools für den **Umgang mit verwirrenden und bestrafenden Signalen**, planst Deinen **konkreten Exit** aus einem Gespräch und erarbeitest eine **individuelle Rückfallprophylaxe** für die Zeit nach dem erfolgreichen Exit.

Der Leitfaden zur Gesprächsführung soll auch **verhindern** helfen, **dass Du Dein Ausgangsthema verlierst**. Halte Deine individuellen Schritte schriftlich fest! Du erarbeitest etwas Neues und eine gute Vorbereitung ist die halbe Miete für einen erfolgreichen Exit bei bestrafenden und verwirrenden Signalen.

Unsere erste Haltestelle sind kritische Hinweisreize oder - **Critical Cues**. Sie zeigen Dir, wann und wie eine *Nebelrakete* abgeschossen, ein Ablenkungsmanöver vom Sender initiiert wird. Deine erste Aufgabe ist die reine **Beobachtung**. Achte dazu in Gesprächen darauf, **auf welche Weise** Dein Gegenüber einem Deiner Themen **ausweicht**, es **entwertet** oder **wie** er **das Thema wechselt**. Was genau tut, sagt oder unterlässt der Sender? Deine zentrale Frage lautet hier:

„Wie schafft der Sender Abstand zu meinem Ausgangsthema?"

a.) Critical Cues - Wie weicht der Sender aus und wie reagiere ich?
Konkretes Verhalten/Sätze in Situation/en.

> Z.B. *„Wenn ich Thomas darauf anspreche, dass ich mir mehr Zeit mit ihm wünsche, **bezeichnet er mich als anhänglich und einengend.**"* oder *„Spreche ich sein strafend-ignorantes Verhalten an, entgegnet er, **dass es bei mir auch Vieles gibt, was ihm nicht gefällt.**"*

Vielleicht spürst Du, wie sich der **Schwerpunkt des Gesprächs** durch die Entgegnungen („anhänglich" und „einengend") unmittelbar **verlagert**? Der Sender distanziert sich und schiebt den Fokus von einem **darüber reden** hin zu einem **über etwas Anderes reden.**

Bildlich gesprochen wirfst Du dem Sender einen Ball zu. Er legt ihn beiseite und wirft Dir **einen anderen** zu.

Wie macht der Sender das in Deinem konkreten Fall? Das sind die **Critical Cues des Senders: Wie** startet er Einladungen in ein neues Themenfeld? Reflektiere Deine Erfahrungen und beobachte das Verhalten des Senders in Gesprächen. Sammle diese Schlüsselreize und notiere sie!

Erfasse dann, was dieses Verhalten des Senders **bei Dir** auslöst. Hier sammelst Du **Deine Critical Cues.** Frage Dich:

? *„Welche Gefühle, Gedanken und Impulse tauchen in mir auf, wenn der Sender das Thema wechselt und ablenkt?"*

Notiere all Deine **Critical Cues**, an die Du Dich aus Vergangenheit und Gegenwart erinnern kannst. Hast Du Dich **geärgert** oder warst **frustriert, enttäuscht**, weil Du Dein **Anliegen verloren** hast und eine **Klärung ausblieb?**

Rekonstruiere solche Situationen genau: **Was** sagte und tat Dein Gegenüber? **Wodurch** und **wie** wurdest **Du emotional aktiviert** (Critical Cues des Senders)? Wie sahen **Deine Reaktionen** bei Ausweichmanövern und Themenwechseln bisher aus (Deine Critical Cues)?

Forsche hier nach und werde - auch in Deiner aktuellen Situation - **zum Beobachter.**

Lerne zu erkennen, **wie sich der Sender verhält**, wenn er ausweicht **(Critical Cues des Senders)** und eruiere, **wie Du selbst** auf Ausweichmanöver **emotional, gedanklich** und vom **Verhalten her reagierst (Deine Critical Cues).**

Mache am besten eine Tabelle und notiere alle Critical Cues für Dich und Dein Gegenüber auf.

Im Gespräch kannst Du Deine eigenen Critical Cues (z.B. *„ich werde wütend"*, *„in mir zieht sich alles zusammen"*, *„ich denke 'nicht schon wieder'!"*) nutzen! Wie die Critical Cues des Senders können Dir auch **Deine eigenen** anzeigen, wann ein **Ablenkungsmanöver** stattfindet.

! Lerne die **Ballwechsel** zu erkennen, ohne darauf einzusteigen!

Widerstehe dem Impuls, ein neues Thema aufzugreifen - egal, was gesagt wird! Selbst wenn ein Vorwurf geäußert, Du angegriffen, beleidigt oder attackiert wirst. All diese **Nebelraketen** sind Bestandteil einer **Ablenkungsstrategie!**

Ich verstehe den Impuls, sich **verteidigen** und rechtfertigen zu wollen, sehr gut. Je mehr uns etwas trifft, umso stärker ist das Gefühl, etwas so nicht stehenlassen zu wollen. Doch **genau das ist vom Sender gewollt!** Du **sollst** emotional aktiviert und so in ein anderes Themenfeld gezogen werden. Erinnere Dich stets daran! !

So **verlierst** Du wieder und wieder **Dein Thema aus den Augen.** Erinnere Dich an die Gründe, weshalb **Du** dieses Gespräch suchst: Du hast ein **konkretes Anliegen,** das Du **klären** möchtest! Alle anderen Themen dürfen zu einem späteren Zeitpunkt gerne reflektiert und vielleicht auch besprochen werden. Bis dahin **verschiebe** alle neu präsentierten Themen! Diese Grundhaltung darfst Du bereits hier verinnerlichen.

Bei unserem zweiten Schritt lernen wir **verbal auf Ablenkung** zu **reagieren** und **das eigene Thema** zu **halten.** Du erarbeitest konkrete Werkzeuge, um einen **Ballwechsel** zu unterbrechen, Einladungen auszuschlagen und den Weg zurück zu Deinem Thema zu finden.

Das Ganze sieht ungefähr so aus: Durch die erarbeiteten Critical Cues kannst Du **Ablenkungsmanöver** im Gespräch **erkennen** und **benennen** (*„Ah, da ist ein neues Thema!"*). Anschließend signalisierst Du die **Bereitschaft, das neue Thema an anderer Stelle gerne zu besprechen** (*„Darüber können wir gerne in Ruhe reden, doch zuerst..."*), um dann wieder den **Weg zu Deinem Ausgangsthema einzuschlagen** (*„...möchte ich besprechen, was ich gerade angeschnitten habe, nämlich XYZ. "*).

Dann gehst Du nahtlos zu **Deinem (dem aktuellen) Thema** über (*„Da würde mich jetzt deine Meinung/Haltung interessieren. Was sagst Du dazu?"*).

Nachfolgend findest Du konkrete **Beispielsätze** für die verschiedene **Nebelraketen**. An diesen kannst Du Dich bei der **Erarbeitung Deiner eigenen, individuellen Sätze** orientieren.

b.) Verbal auf Ablenkung reagieren - Dein Thema halten

Sätze für Situationen, in denen jenseits Deines Themas...

...Vorwürfe/Kritik geäußert werden

*„Ich merke, dass Dich da etwas stört. Lass uns das besprechen, **nachdem** wir über **diesen Angriff von dir** (setze Dein zu klärendes Thema ein) gesprochen haben."*

...ein neues Thema eröffnet wird

*„Das ist nun ein anderes Thema. Wenn es Dir wichtig ist, lass uns drüber reden, **nachdem** wir über **diesen Angriff von dir** (setze Dein Thema ein) gesprochen haben."*

...Abwertungen fallen

*„Mag sein, dass Du **diesen Angriff von dir** (setze Dein Thema ein) nicht so wichtig findest. **Doch für mich ist es wichtig**, daher würde mich interessieren, was du dazu sagst."*

...die Frage hinterfragt wird

*„Vielleicht ergibt die Frage nicht so viel Sinn für Dich, für mich tut sie das. Menschen sind so verschieden, oder? **Was sagst Du nun zu diesem Angriff von dir** (setze Dein Thema ein)?"*

...vom Gegenüber ins Wort gefallen wird

*„Ich lasse Dich ausreden und unterbreche Dich nicht. **Wenn Du bereit bist, auch mir zuzuhören, sag mir Bescheid.**"* (Ausreden lassen, nahtlos Dein Thema aufgreifen)

...wiederholt (!) Ablenkung/Ausweichen geschieht

*„Ich finde es gerade sehr anstrengend, dass immer wieder ein neues Thema aufploppt. Mir wäre es wichtig, **beim Thema zu bleiben** und das zu **klären**. Falls das gerade für Dich nicht geht, **komm auf mich zu, wenn Du bereit bist**, darüber zu sprechen."* (Du verlässt das Gespräch)

Die Technik, die sich wie ein roter Faden durch Deine Gesprächsführung zieht ist das **Zirkeln**: Unabhängig davon, was Dein Gegenüber sagt - Du drehst immer wieder einen **Kreis** (Zirkel) **zurück zu Deinem Thema.**

Dein Ausgangsthema, Dein Anliegen steht im **Fokus** und **muss** klar sein!

Betrete ein solches Gespräch aber keinesfalls verbissen! Rechne mit Ablenkungsmanövern und bleibe **gelassen, sachlich** und **konzentriert!** Ärgere Dich nicht, sondern **beobachte** Dein Gegenüber und **lerne!**

Jedes Gespräch ist eine Trainingseinheit, in der Du die Verbindung zu Deinem Thema stärken kannst.

Beim Zirkeln spielst Du wie eine Schallplatte mit Kratzer, **immer wieder dieselben Sätze ab** (sogenannte „Broken-record-Technik"). Das mag sich eingangs **ungewöhnlich** anfühlen, ist in der praktischen Umsetzung aber gar nicht so schwer.

Erarbeite dafür **individuelle Sätze,** lerne sie gegebenenfalls auswendig und spule sie dann einfach ab. Es kann hilfreich sein, die Sätze vor dem Spiegel einzustudieren. Geübtes geht leichter über die Lippen. Wenn Du Dir dabei albern vorkommst, **mach es trotzdem** und - vielleicht hast Du dabei dann sogar noch ein bisschen Spaß!

Falls Du im Gespräch **immer wieder** unterbrochen wirst, gar nicht zu Wort kommst oder eine Ablenkung nach der anderen erfolgt, dann **benenne auch das:**

! *„Es geht hier nicht weiter. Dieses Gespräch macht keinen Sinn und deshalb beende ich das jetzt."*

Unmittelbar danach geht es an den finalen, dritten Schritt

c.)Final Exit - Konkreter Ausstieg aus dem Verwirrspiel

Das **erste Element** ist die **räumliche Distanz.** Machen wir uns nichts vor: Das Verwirrspiel ist ungemein **belastend** und zieht enorm Kraft. Positiv betrachtet ist das Verwirrspiel ein Training für das **Halten Deines Anliegens** und die Beziehung zu Dir selbst.

Doch wenn **keine Aussicht auf Klärung** besteht und Du das Gespräch deshalb beendet hast, ist eine **räumliche Distanzierung** die notwendige Konsequenz! Durch das **Verlassen der Situation** drückst Du **Fürsorge** Dir selbst gegenüber aus (= Selbstwertschätzung) und machst deutlich, **dass Du zu Dir** und Deinem Anliegen **stehst.** Das schaffen von Distanz kommuniziert genau das auf einer sichtbaren Ebene. Räumliche Distanz ist ein **Selbstbekenntnis,** ein Statement.

Darüber wird der Sender **keinesfalls amüsiert** sein! Denn Du verlässt seine AR und erteilst seinen Regeln eine Absage. Rechne genau hier mit **erneuten Versuchen, Dich zurückzuziehen:** Durch Vorwürfe, Drohungen (*„Dann ist es aus!"*) oder irgendeine andere Aktion, die Dich **emotional aktiviert** (Angst, Wut etc.).

Der Sender spürt durch Deinen Weggang sehr wohl, dass Du **Deine Eigenmacht zurückeroberst** und an seiner Machtposition rüttelst.

Egal, was Dir beim einer räumlichen Distanzierung an den Kopf geworfen wird - erkenne es als **erneute Einladung** ins Verwirrspiel und **widerstehe dem Impuls**, Dich involvieren und emotional erpressen zu lassen.

Ein Sender auf Stufe 3 (nach dem Stufenmodell, S. 21 f.) würde hier **alles** sagen, nur **um Dich emotional zu aktivieren**, Dich zurück in seine **AR** zu ziehen. Hier werden alle Register in Form möglicher Adjektive gezogen, mit denen Du bombardiert wirst (z.B. Du seist unmenschlich, kalt, herzlos, krank, dement usw.). Durch strategischen Einsatz von Überraschung kann auch etwas total Abstruses aus dem Zylinder gezaubert werden. Dann wird etwas offensichtlich Falsches behauptet (z.B. dass Du eine Affäre hast oder ein Kugelfisch seist).

Was ich damit sagen möchte: Du kannst den **Inhalt** getrost ignorieren. Für einen Sender geht es in einer solchen Situation nur noch darum, dass die Inhalte **ihre Wirkung nicht verfehlen**.

Du kannst wählen, seine Aussagen nicht persönlich zu nehmen! Mache Dir das in dieser Situation klar und frage Dich:

„Was will ein Sender mit seiner Aussage erreichen? Wozu will er mich veranlassen und wovon abhalten?"

Wenn Aussagen eines Senders nicht verletzend oder abwertend ausfallen, kann darin seine Hilflosigkeit zum Ausdruck kommen (Stufe 1 oder maximal Stufe 2, S.21). Um das zu prüfen, könntest Du fragen:

„Bedeutet das, dass du nun bereit bist, mir zuzuhören und darüber zu sprechen?"

Abgesehen davon kommt von Dir **kein einziges Wort** mehr! Warte dann die Antwort ab. Wenn nichts kommt oder eine neuerliche Ablenkung erfolgt, vollziehst Du den Schritt in die räumliche Distanz. Egal, was sonst gesagt wird - **Du bist und bleibst bei Dir** und **Deinem Anliegen!**

Folge diesem Leitfaden und Deine Kommunikation wird **klar und kohärent**: Das, was Du sagst, passt dann zu dem, was Du tust. Den meisten Empfängern fehlt es an Kohärenz. Sie sagen etwas (*„Nicht mit mir!"*), verhalten sich dann aber völlig anders (bleiben, obwohl der Sender weiterhin bestraft).

Die **Distanzierung** zur Situation verdeutlicht auf allen Ebenen: Du stehst zu Dir und lässt Dich nicht beirren, verwirren, erpressen oder an der Nase herumführen. Das hat einen positiven **Effekt auf Dich selbst** (Du bekennst Dich zu Dir), aber auch auf Beziehungen zu Deinen Mitmenschen, Deine allgemeine Präsenz im Leben und Dein Auftreten. Weil Du ab jetzt „Kante zeigst", rechne damit, dass Du natürlicherweise mehr anecken wirst!

Vielen Empfängern fällt das Schaffen von räumlicher Distanz in einer *Gaslighting*-**Dynamik** schwer. Auftauchende Wut, Ängste, Unsicherheit oder **Schuldgefühle** erschweren das Verlassen der Situation und das „Kante zeigen".

Das zurückliegende Gespräch kann dann erneut betrachtet und der Standort bewusst gemacht werden: Von Deinem Anliegen wurde **strategisch wiederholt abgelenkt**. Es gibt **kein Durchkommen**! Das ist der einzig entscheidende Punkt. Gefühle mögen auftauchen, ändern daran aber nichts. Mach Dir klar: **Du darfst gehen!**

Ein Bleiben oder Einlassen auf andere Themen entspricht einer **Selbstabwertung**. Mit Deinem Bleiben und Diskutieren sagst Du „Ja" zu vorangegangener Entwertung, Verletzung, Verwirrung und der Art, wie der Sender mit Dir umgeht. Damit würdest Du Dir, Deinem Anliegen und Deiner Würde als Mensch eine Abfuhr erteilen. Nochmal: **Du darfst gehen!**

Das Verwirrspiel darf verlassen werden - hier gibt es nichts mehr für Dich zu tun!

Bestimme noch vor einem solchen Gespräch einen **Safe Place** für Deinen finalen Exit. Ein **Ort**, an den Du gehen kannst, ohne dem Sender begegnen zu müssen. Ein Platz, an dem Du Dich sicher fühlst.

Räumliche Distanz kann geschaffen werden, indem Du die Wohnung verlässt, eine Freundin/einen Freund besuchst, spazieren gehst oder bei Deinen Eltern oder Geschwistern Zuflucht suchst. Kläre am besten **vorher** mit den jeweiligen Personen ab, ob Du bei ihnen eine Zeit lang bleiben kannst. Wenn Du eine eigene Wohnung hast - umso besser. Falls der Sender bei Dir ist, schicke ihn fort.

Selten: Weigert er sich zu gehen, kündige an, dass Du die Polizei (oder einen Schwarzenegger-Freund) anrufen wirst. Wenn das immer noch nicht fruchtet, ist das ein sicherer Hinweis auf **pathologisches Verhalten**, das über *Gaslighting* hinausgeht. Bei einer solch massiven Grenzüberschreitung ist definitiv Beistand angezeigt und es sollte über ein generelles Annäherungsverbot nachgedacht werden.

! Kläre in jedem Fall Deinen **Safe Place** im Vorfeld ab! Du wirst mehr Gelassenheit verspüren, wenn Du Deinen sicheren Ort bereits fix hast, **bevor** Du ein Gespräch mit dem Sender startest. Nach Deinem finalen Exit musst Du nicht mehr lang überlegen, sondern kannst einfach gehen - Du **weißt bereits, wohin.**

Das **zweite Element** des finalen Exits ist Dein *Inner Work*: In Dir muss die **Erlaubnis** vorhanden sein, die Situation **ohne weitere Worte und Erklärungen, verlassen zu dürfen.** Gleichgültig, welche Gefühle in Dir auftauchen oder was vom Sender gesagt, vorgeworfen, kritisiert oder beklagt wird.

Viele Empfänger lassen sich von Schuldgefühlen, Selbstvorwürfen und einem schlechten Gewissen zurückhalten. Es ist immens wichtig, Dir **trotzdem** die Erlaubnis zum Verlassen der Situation zu geben! Diese Gefühle müssen nicht weg, um den Exit zu vollziehen. Du kannst auch **mit** diesen Gefühlen gehen. Nimm sie einfach mit! An dieser Erlaubnis und der Umsetzung solltest Du unbedingt arbeiten!

Zu guter letzt benötigst Du für den finalen Exit ein **drittes Element**: Eine für Dich passende **Rückfall-Strategie.** Viele Male habe ich von einem erfolgreichen Exit gehört, der dann vom Empfänger durch einen anschließenden „Rückfall" (engl. „Relapse") sabotiert wurde.

? *Was bedeutet Rückfall?*

In einer *Gaslighting*-**Dynamik** geschieht es sehr häufig, dass ein **gesundes, klares Abgrenzungsverhalten** erfolgt, der Empfänger aber anschließend in die **alte Verhaltensblaupause** kippt: Er zermartert sich den Kopf, grübelt, fragt sich, ob er „zu hart" gewesen ist oder sich getäuscht hat. Wenn diese Fehlprogrammierungen tief sitzen, kann sich ein Empfänger sogar fragen, **ob er das überhaupt darf** (sich selbst wertschätzen und gehen). Womit wir wieder bei der obigen Erlaubnis wären (Du erkennst den Zusammenhang, oder?).

Beginnt die **alte, von Glaubenssätzen und Angst besetzte Blaupause** unbemerkt wieder zu greifen, wird das Vermeidungssystem des Empfängers aktiviert (S. 226 f.). Er fühlt die alten Ängste aufwallen und kann in ein altes Muster kippen und so seinen bereits **erfolgreichen Exit sabotieren.** Durch Kontaktaufnahme zum Sender versucht der Empfänger dann, die unerträglichen Selbstzweifel, Schuldgefühle und **Ängste** loszuwerden. Damit nimmt er seinen erfolgreichen Exit quasi zurück. Das ist ein Rückfall!

In diesen Fällen reagiert der Empfänger ambivalent und paradox! Er **entschuldigt** sich beim Sender vielleicht für seinen an sich gesunden (!) und lang vorbereiteten Exit, ordnet sich erneut unter und verliert alle Klarheit im Nebel der eigenen Sehnsüchte und Ängste.

Der durch den Exit entstandene **Abstand** und die **Disharmonie** können für Empfänger so bedrohlich wirken, dass er alles „auf Null setzt" - nur um seine Ängste loszuwerden. Vielleicht kannst Du hier die Verbindung zum **Umgang mit Deinen Ängsten** und den **Fehlprogrammierungen** erkennen (S. 226 f.)? Bereite Dich darauf vor!

Entsprechend geprägte Empfänger können sehr alten, starken Zweifeln begegnen. Wenn sie etwas tun, was vielleicht *nie erlaubt war* oder noch **nie gewagt** wurde. Es ist vollkommen **normal**, dass in diesem Fall Zweifel und Ängste auftreten! Die alte, *emotionale Blaupause* wird durch das neue Verhalten aktiviert, das die bisherigen Grenzen des „Erlaubten" sprengt.

Manche Empfänger **blenden** dafür einen Teil der tatsächlichen Fakten (Ablenkungsmanöver, Abwertung, Ignoranz oder Bestrafung durch den Sender) **aus**. Sie reden sich diese Tatsachen aus, beginnen den alten Glaubenssätzen (und der Darstellung des Senders!) erneut zu glauben und - brechen ein: Rückfall!

Die Zweifel liefern dem Empfänger einen **Grund, um sich zu sabotieren**. Dieses Risiko besteht und ich finde, dass Du das wissen solltest.

Ein Rückfall kann auch so ablaufen, dass der Sender sich nach Deinem finalen Exit **bei Dir meldet**. Auch hier ist Achtsamkeit geboten! Bleibe bei Dir!

Mache Dir bewusst, **weshalb** Du gegangen bist und prüfe, ob sich an diesen Störfaktoren real etwas **geändert** hat. Lass Dich nicht von anderen Themen „ablenken" oder zurück in die Verwirrung der AR locken.

Ein Themenwechsel kann auch so aussehen, dass ein Sender betont, **wie schlimm es war, dass Du gegangen bist**. Wie sehr Du **vermisst** wirst. **Streicheleinheiten** für Dein Ego und Deine Seele: Eine **positive emotionale Aktivierung**.

Verständlicherweise berührt das viele Empfänger, weil sie sich genau das erhofft und ersehnt hatten - und sie brechen ein. Doch der Sender liefert damit evtl. eine **neue Ablenkung** von Deinem **immer noch ungeklärten Thema**. Tritt der Sender in einer *Dramaturgie von Trennung und Wiedervereinigung* auf - sei achtsam! Das könnte eine **Drama-Einladung** sein (siehe S. 270 f.).

Die Aussicht auf eine **leidenschaftliche Versöhnung** mit **großen Emotionen** hat eine enorme Sogwirkung. Leider kann dieser Sog auch Deine Absicht und Dein Anliegen in den Hintergrund schieben. Im Grunde taucht ein Sender hier mit der **Einladung** auf, in die **Pseudo-Harmonie des 1. Makroprozesses** (S. 148 f.) einzusteigen: Alles könnte doch so schön sein, wenn der Empfänger sich nur darauf einlassen und einfach **vergessen** würde, was zurückliegt!

Viele Empfänger steigen auf diese Einladung ein. Die fortwährende **Sehnsucht** nach dem Menschen, dem sie im 1. Makroprozess begegnet sind, scheint sich jetzt erfüllen zu können. Sie lassen sich von ihren **Emotionen** übermannen, stürzen sich in die *Dramaturgie von Trennung und Wiedervereinigung*. Erneut verlieren sie ihr Anliegen aus den Augen und sabotieren ihre eigene Abgrenzung.

Der Grund dafür: In diesem Moment fühlen sich Empfänger endlich wieder **begehrt, gewollt und wertgeschätzt**. Etwas, wonach sie sich die ganze Zeit innerhalb der sonst so **anstrengenden** *Gaslighting-Dynamik* gesehnt haben, scheint jetzt real.

Ich liebe große Gefühle, Offenheit, echte Begeisterung, Vergebung und Zuneigung. Davon sollten wir Menschen uns öfter wirklich und wahrhaftig berühren lassen.

In einer *Gaslighting-Dynamik* wird leider oft der **Kontext** vergessen, innerhalb dessen große Gefühle und Wiedervereinigung stattfinden (*„Ich wurde wiederholt ignoriert und bestraft, von meinem Anliegen wurde abgelenkt."*).

Hat sich an der Haltung eines Senders nichts **Grundlegendes** geändert, ist es nur eine Frage der Zeit, bis die Schmerzgrenze (2. Makroprozess, S. 166) wieder aktiviert wird.

Vergiss bei einer emotional aktivierenden *Drama-Einladung* (siehe S. 255 f.) des Senders nicht: Diese **Dynamik dreht sich im Kreis**!

Die Entscheidung, nach erfolgreicher Abgrenzung einer Einladung in die *Dramaturgie von Trennung und Wiedervereinigung* zu folgen, ist eine Zustimmung zum angebotenen Themenwechsel. Diese Entscheidung eines Empfängers ist das Element, das den **finalen Exit** **untergräbt** und **On-/Off-Beziehungen** befeuert.

Ein Sender kann den Empfänger auch von einem unangenehmen Thema ablenken und seine Machtposition festigen, indem er ihn auf **positive** Weise emotional aktiviert. Das sollte bedacht werden!

Falls ein Sender nach Deinem finalen Exit mit großen Emotionen auf Dich zukommt: Öffne Dich - aber **verliere Dich nicht**! Höre Dir an, **was gesagt wird**. Achte auch darauf, was **nicht** gesagt wird.

Erinnere Dich daran, **worum es Dir** (zuvor) **ging**! Man kann auf eine derartige Kontaktaufnahme **offen** und **klar** reagieren z.B.:

„Schön, dass Du Dich meldest und mich das alles wissen lässt. Für mich ist es immer noch wichtig, dass wir mein Anliegen klären. Bist Du auch hierzu bereit? Dann sehr gern."

Die Strategie des **Zirkelns** begleitet Dich auch bei einer solchen Kontaktaufnahme des Senders: Du kehrst immer wieder zu Deinem Ausgangsthema zurück. Falls von Sender-Seite eine **veränderte Bereitschaft** vorhanden ist (v.a. bei Stufe 1 und 2 möglich, S. 21 f.) - dann herzlichen Glückwunsch! Ein erneutes Gespräch ist möglich (starte wieder bei Teil b., S. 238).

Hat sich nichts an der Haltung des Senders geändert, wird die Stimmung an der Stelle zwangsweise **kippen**. Entweder der Sender geht direkt zur Bestrafung über oder das **Verwirrspiel** startet von neuem (siehe S. 239): Es hagelt **neue Themen, Abwertungen**, Deine **Frage wird hinterfragt** oder Du wirst **für Dein Klärungsbedürfnis, Deinen Starrsinn** o.ä. **kritisiert** (Entwertung).

Sollte das geschehen, weißt Du: Die Kontaktaufnahme war eine **Einladung ins alte Spiel,** die **AR** des Senders.

Ich hoffe, dass Du durch diese Erläuterungen erkennst: Du kannst niemals verlieren, wenn Du Dir und Deinem Anliegen **treu bleibst**. Entweder erweist sich *Dramaturgie von Trennung und Wiedervereinigung* als **Ablenkung** und Einladung, einfach so (nach den Regeln des Senders) weiterzumachen oder der Sender ist **wirklich bereit, Dir zuzuhören** und auf Dich einzugehen.

Viele Empfänger bleiben über Jahre in einem On-/Off-Kreislauf, ohne dass ihre Anliegen **jemals** geklärt werden. Bereite Dich bei **Kontaktaufnahme des Senders** also auf **Ablenkungen** vor.

Um Deine **Rückfall-Strategie** konkret werden zu lassen, beantworte bitte die nachfolgenden Fragen und vervollständige die Sätze. Halte Deine Ergebnisse schriftlich fest:

> *Unter welchen Bedingungen* bin ich nach einem finalen Exit zu einem weiteren Gespräch bereit?
>
> *Ich teile meine Bedingungen mit, indem ich sage...(vervollständige den Satz).*

Der dritte Vorbereitungsschritt (ab S. 236) ist enorm umfänglich. Dass Du den Überblick nicht verlierst, nochmal eine komprimierte Zusammenfassung:

c.) Final Exit - Konkreter Ausstieg aus dem Verwirrspiel
Innere Arbeit, konkretes Verhalten und Rückfallstrategie

DISTANCE (1) Innere Arbeit und Beziehung zu Dir selbst
„Ich erlaube mir, eine Situation zu verlassen, in der eine für mich wichtige Klärung nicht möglich ist - auch dann, wenn Schuldgefühle, Wut oder Angst auftauchen." Kombiniere dieses innere Statement mit der **Erkenntnis**, dass **wiederholt Ausweichen/Ablenkung** erfolgte (siehe b.). **Akzeptiere** den Umstand, dass Dein Anliegen im Miteinander ungeklärt bleibt. **Konzentriere** Dich auf das, **worum es Dir eingangs ging**. Frage Dich, **wie wichtig Du Dir selbst sein möchtest. Erinnere Dich** auch Deiner **Bereitschaft, andere Themen zu besprechen, nachdem** Dein Anliegen geklärt wurde. Mache Dir die **Systematik des Ausweichens/der Ablenkung** bewusst.

PERMISSION (2) Konkretes Verhalten - Du gehst
Unmittelbar nach Deiner Ankündigung (*„Es geht hier nicht weiter, das dreht sich im Kreis, ich beende das Gespräch jetzt."*), informierst Du Dein Gegenüber darüber, dass Du gerne bereit bist, das Gespräch weiterzuführen, **wenn eine wirkliche Bereitschaft für die Klärung Deines Anliegens vorhanden ist** (z.B. *„Falls sich die Situation ändert, Du bereit bist zuzuhören - lass es mich wissen."*).
Zuletzt setzt Du den Sender in Kenntnis, **dass Du nun gehst** und er Dich kontaktieren darf, wenn die **Bereitschaft zur Augenhöhe** da ist - und nur dann (z.B. *„Ich bin jetzt weg. Du kannst mir eine Nachricht schicken, wenn ein gleichberechtigtes Gespräch möglich ist."*).

Dann suchst Du Deinen **Safe Place** auf. Lass Dich nicht von Vorwürfen oder Schuldgefühlen ausbremsen. Hier geht es wirklich um **Deine Tat, Dein konkretes Verhalten**. Das Bekenntnis zu Dir.

RELAPSE (3) - Rückfall nach Exit vermeiden

Wie bereits beschrieben: Prüfe im Fall einer Kontaktaufnahme die **wahre Absicht** Deines Gegenübers. Gestalte die Kontaktaufnahme in Stufen. Zuerst ein **Telefonat zur Prüfung**, ob die Bereitschaft **wirklich** da ist. Erst **dann** ein direktes Treffen.

Erkenne potentielle **Drama-Einladungen** und achte darauf, ob und wie Dein Anliegen ggf. durch „große Gefühle" abgelöst wird.

Treffe diesbezüglich eine **bewusste Entscheidung** und mache Dir klar, dass diese „großen Gefühle" der **Einstieg ins Verwirrspiel** sein können (aus dem Du raus wolltest).

Damit würdest Du Dir und Deinem Anliegen eine **Absage** erteilen. Wenn Du Dich räumlich distanziert hast, **versuche zu leben**! Viele Empfänger zermartern sich das Hirn und vergessen, dass sie **alles getan** haben, was getan werden konnte. Du hast es versucht! Dein Gegenüber war **nicht bereit**, Dich anzuhören und **kann sich melden, wenn sich daran etwas ändern sollte**. *That's it!*

Es gibt **nichts mehr für Dich zu tun** oder zu durchdenken. Warte nicht! Tue Dir Gutes, geh in die Natur, sorge für Dich, verbringe eine gute Zeit mit Freunden. **Gib das Thema ab** und lass Dein Gegenüber **seinen Teil der Verantwortung tragen**.

Selbstvorwürfe, Ängste oder Schuldgefühle entstehen nur, wenn Du glaubst, etwas „falsch" gemacht zu haben. Bleib bei Dir - um Deiner Selbst willen!

Dieser **Self-Coaching-Exkurs** bietet Dir ein **Grundgerüst**, einen roten Faden, mit dem Du jede Gesprächsführung im Rahmen einer *Gaslighting*-**Dynamik** gestalten kannst.

Du kannst den Erfolg einer solchen Gesprächsführung erhöhen, wenn Du - ganz allgemein - folgende **vier Fertigkeiten** trainierst:

1. Selbstbeherrschung und 2. Widerstandskraft

Die Verwirrungen und Ablenkungen **triggern** etwas in Dir. Meist sind es Emotionen, die dann hochkochen. Du möchtest widersprechen, klarstellen, aufbegehren.

In dem Moment, wo Du auf eine Ablenkung **emotional einsteigst**, bist Du im Begriff, Dein eigenes Thema aus den Augen zu verlieren (siehe S. 225, Strategie 1).

Lerne, **innerlich ruhig zu bleiben**. Arbeite daran, den Einladungen der *Nebelraketen* zu **widerstehen**! Nimm aufkommende Impulse an, ohne ihnen nachzugeben. Entkopple Dich von **impulsiven Handlungen**. Sei es über Meditation, Achtsamkeit, Atemübungen oder Sport. Trainiere Selbstbeherrschung und Widerstandskraft.

Bei Anklagen oder Verurteilungen können Dir die Strategien aus dem 2. Makroprozess helfen (siehe S. 186 f.). Auch versöhnliche und **akzeptierende Selbstverbalisierungen** sind sinnvoll, z.B.: *„Ja, dann hält der Sender mich jetzt eben für egoistisch und rechthaberisch (setze die entsprechende Anklage ein). Und wenn ich es bin, bin ich es eben."*

3. Innere Klarheit und 4. Halten Deiner Absicht

Deine **Absicht zur Klärung** Deines Anliegens muss klar sein. Je leichter Du Deine Absicht aus den Augen verlierst, umso schneller kann Dein Anliegen durch ein anderes Thema ersetzt werden. Mach Dir **vor** und **während** des Gesprächs immer wieder bewusst, **wozu** Du dieses Gespräch führst.

Dabei kannst Du Dir einen Satz zurechtlegen, den Du wie ein **Mantra** immer wieder stumm wiederholst (z.B. *„Ich weiß, dass es gerade für mich nur darum geht, bei meinem Anliegen zu bleiben. Alles andere ist jetzt nicht von Belang für mich."*).

Ein solches Mantra ist wie ein **Anker**. Es verbindet Dich immer wieder mit Dir selbst und Deiner Absicht. Das ist **Beziehungsarbeit - mit Dir selbst!**

Sorge dafür, dass Du vor dem Gespräch **einen klaren Kopf** hast. Wähle Tag und Uhrzeit idealerweise so, dass Du über genug Ressourcen verfügst, um Deine **innere Klarheit zu halten.**

Ich würde Dir **nicht** empfehlen, ein solches Gespräch nach einem stressigen Arbeitstag, direkt nach dem Essen oder vor dem Zubettgehen zu führen! Das geht nach hinten los.

Vorbereitend können **klärende Atemübungen** (z.B. „Bastrika" aus dem Yoga), eine kalte Dusche oder sportliche Aktivitäten zu Deiner Wachheit und Klarheit beitragen.

Hier nochmal **alle** Punkte von a.) bis c.) - der komplette Leitfaden zur *Gesprächsführung bei verwirrenden und bestrafenden Signalen des Senders von Gaslighting* auf einen Blick:

Deine finale Exit-Strategie beinhaltet...

a.) Critical Cues: Verhaltensweisen, die der Sender in konkreten Situationen zeigt, um **auszuweichen, abzulenken oder Dich zu verwirren** (Critical Cues des Senders). Deine Critical Cues - alle **emotionalen, gedanklichen, körperlichen und Verhaltens- reaktionen** auf diese Ablenkungsmanöver.

b.) Verbale Strategien für verschiedene Verwirrungsszenarien
Inklusive der notwendigen Strategie des **thematischen Zirkelns** (Dein Anliegen)

c.) Final Exit - Ausstieg aus dem Verwirrspiel, wenn Du mit Deinem Anliegen nicht „durchkommst". Umfasst **innere Arbeit, konkretes Verlassen** der Situation und **Rückfallprophylaxe**.

Training der Fertigkeiten:
1. Selbstbeherrschung
2. Widerstandskraft
3. Innere Klarheit
4. Halten Deiner Absicht

Damit verfügst Du über alle Bausteine, die Du für einen Ausstieg aus **Gesprächen mit** *verwirrenden und bestrafenden Signalen des Senders von Gaslighting* benötigst.

Bei **bestrafenden Signalen** sollte Dein Fokus darauf ausgerichtet sein, **Bestrafungssignale** klar zu **erkennen** und zu **benennen.** D.h. Du notierst eingangs alle **Critical Cues (a.)** für Bestrafungsszenarien auf und **zirkelst** im Gespräch stur zum Thema (der Bestrafung, der fehlenden Augenhöhe oder Deinem Ausgangsanliegen) zurück. Nutze die **verbalen Strategien (b.)** auch hier, um die Bestrafung als solche zu thematisieren, zu konfrontieren und ein abwertendes, bestrafendes Verhalten zu **unterbrechen** - notfalls, indem Du gehst **(c.)**.

Mit diesem Tool eroberst Du Deine **gesunde Kampf- oder Fluchtreaktion zurück** („Klarheit statt Kampf" - S. 225 f.).

Dieser Leitfaden zur **Gesprächsführung** bei verwirrenden und bestrafenden Signalen konzentriert sich darauf, den „**Kampf**" auf der richtigen Ebene auszutragen - auf der Makroebene in Form von **Klarheit**. Dazu müssen die Ablenkungsmanöver und Bestrafungssignale des Senders (und Deine Reaktionen) mithilfe der **Critical cues** erarbeitet werden. Lege **zwei Tabellen** für die Cues an: Eine für die **verwirrenden** und eine für die die **bestrafenden** Signale. Mache jeweils zwei Spalten - eine mit den Cues des Senders und eine mit Deinen Reaktionen. Das liefert Dir einen guten Überblick und hilft Dir, Dich und den Sender besser einschätzen zu lernen.

Bei Bestrafungsszenarien muss es nicht immer um **ein Anliegen** Deinerseits gehen. Oft steht hier die Wahrung **Deiner Würde, Deiner**

Grenzen und eine klare **Haltung** zu Bestrafungssignalen im Fokus. Eine **klare Ansage** wirkt hier oft Wunder („*So nicht!*").

Bei **bestrafenden Signalen** solltest Du nicht zu lange mit Deinem Exit warten. Weshalb? Überleg mal für einen Moment...

Der Sender beschimpft und wertet Dich ab. Wenn Du munter weiter diskutierst, kommunizierst Du damit: „*Man darf auf diese entwürdigende Weise mit mir sprechen und umgehen. Ich bleibe dennoch in der Beziehung und im Gespräch.*"

! Das entspricht einem **Freibrief für den Sender** und einer **Annahme der Abwertung**!

Hier unterscheiden sich die **verbalen Strategien für Verwirrungsszenarien** (b.) von denen für **Bestrafungsszenarien** leicht.

Bei Bestrafungen kannst Du auf eine einfache, **verbale Strategie** zurückgreifen, indem Du den folgenden Satz (finde eigene Worte) **klar** und **unmittelbar** aussprichst:

! „*Entweder diese respektlosen Attacken hören auf oder das Gespräch ist beendet!*"

Wird die Bestrafung vom Sender **nicht sofort** und **angemessen** mit der einsichtsvollen Bitte um Verzeihung beendet, gehst Du **direkt** und ohne weitere Worte in den **finalen Exit** (c.). Empfänger sind bei einem Bestrafungsszenario (durch die Attacken) **stärker aktiviert**, wodurch **Selbstbeherrschung**, **Widerstandskraft** und das **Halten der Absicht** (zum Ausstieg) noch mehr an Bedeutung gewinnen.

! Der **Kampf** in Form von Klarheit und die **selbstwertschätzende Flucht** sind **die** Strategien zum **Ausstieg** aus dem 3. Makroprozess! Diese beiden müssen von einer **messerscharfen Klarheit** und **Absicht** des Empfängers getragen sein.

Inhaltliches **Einlassen** und **Diskutieren** einzelner Aussagen sind sowohl im **Verwirrspiel**, als auch bei Begegnung mit der **Schmerzgrenze** das **Rückflugticket in die AR** - weg von Deiner Klarheit und Absicht.

Viele Empfänger haben zu oft auf der **falschen Ebene** gekämpft. Sie haben verhandelt, um Anerkennung und Würdigung gebettelt und sich dabei unbewusst **ihrer eigenen Würde beraubt**. Sie sind geflüchtet, nur um dann in den *Monolog der inneren Beweisführung* (S. 121 f., Indikator Nr. 7) zu fallen, der sie von Selbstzweifeln und -vorwürfen getrieben, zum Sender hat zurückkehren lassen. So wurde eine an sich **erfolgreiche Flucht** nachträglich sabotiert, eine **Klärung** ausgeschlossen. Mit der Zeit haben viele Empfänger so schleichend ihr **Selbstbewusstsein** und ihre **Selbstachtung** verloren. Kampf und Flucht wurden fälschlicherweise als „nicht zielführend" abgespeichert. An diesen gelernten **Irrtum** haben sich Empfänger im 3. Makroprozess gewöhnt (S. 213 f.).

Diesen Irrtum gilt es für den Exit aus dem 3. Makroprozess wieder zu **entlernen**. Empfänger dürfen ihre *erlernte Hilflosigkeit* (S. 222) als Ergebnis eines Irrtums verstehen lernen. Kampf und Flucht können durchaus erfolgreich sein, wenn Empfänger verstehen, dass es für einen erfolgreichen Ausstieg aus der *Gaslighting-Dynamik* der **Konsequenz** bedarf!

Der Leitfaden zur *Gesprächsführung bei verwirrenden und bestrafenden Signalen des Senders* gibt Klarheit und Orientierung, was an **innerer Arbeit** geleistet und welche **Haltung** eingenommen werden darf. Du besitzt nun ein wirklich hilfreiches, **konkretes Tool**, um auf **Ablenkungen**, **Bestrafungen** und potentielle **Rückfälle** zu reagieren.

Dein festgelegter **Safe Place** bietet Dir einen Rückzugsraum, den Du nach Einsatz Deiner **Strategie zum Exit** aufsuchen kannst. Die Bestimmung Deiner **Bedingungen für ein erneutes Gespräch** nach dem Exit, hat den Rahmen fixiert, der von Dir für einen Kontakt vorausgesetzt wird. Damit hast einige Tücken und Fallstricke (z.B. ablenkende Drama-Einladungen) bereits ausgeschlossen.

Vielleicht fragst Du Dich, weshalb dieser Abschnitt so **umfangreich** ist und weshalb es überhaupt eine Strategie braucht?

Die jahrelange Arbeit mit meinen Klienten hat gezeigt, dass „freie Gespräche" in einer *Gaslighting-Dynamik* immer in die Verwirrung führen. Entweder Du hast einen **gänzlich unbewussten** Sender vor Dir (Stufe 1, S. 21) oder einen Menschen, der Dich **gezielt** manipulieren und in die Irre führen will (Stufe 3, S. 22) - einfach, weil es ihm dient und ein Machtmissbrauch stattfindet.

Unabhängig davon, ob Du nun einen Menschen mit einer Persönlichkeitsstörung (z.B. Narzissmus oder Borderline) vor Dir hast oder nicht - Sender von *Gaslighting* fahren bewusst oder unbewusst ein Muster, das Deine Wahrnehmung, Dein Anliegen und eine Augenhöhe in Beziehungen nicht zulässt.

Deswegen musst **Du** diese Augenhöhe leben, ausdrücken und immer wieder als **selbstverständliche Basis** gemeinsamer Gespräche voraussetzen. Deine zentrale Herausforderung bei *Gaslighting*: **Respekt** und Augenhöhe als **unabdingbar** zu demonstrieren und Dialoge unmittelbar abzubrechen, in denen dies nicht gegeben ist!

Ein Sender wird dies von sich aus in entscheidenden Momenten **nicht** tun! Dessen musst Du Dir bewusst sein!

Die *Mikroprozesse* im Rahmen von *Gaslighting* (und jeder anderen Form der psychischen Manipulation) lösen dann **Verwirrung** aus, wenn wir uns auf die Mikroinformationen einlassen.
Das **Halten der Beziehung zu Dir**, die **Klarheit** über die Makroprozesse und Deine Selbstwertschätzung sind essentiell!

Der Leitfaden soll nicht dazu dienen, natürliche, menschliche Interaktionen zu unterbinden oder Gefühle auszusperren. Im Gegenteil: Erst wenn Du Dich vom **Muster** des Senders (und Deinem eigenen) löst und lernst, nicht in **toxische Spiralen** einzusteigen, sind solche Begegnungen möglich. Dieser ausführliche Leitfaden möchte Dich darauf vorbereiten. Weder schadest Du jemandem damit, noch verhältst Du Dich dadurch respektlos (eine Angst vieler Empfänger)! Durch den Leitfaden lernst Du, **bei Dir zu bleiben, würdevolle Augenhöhe** einzufordern und so die Voraussetzungen für eine gleichberechtigte Beziehung zu schaffen.

Stecken Du und Dein Gegenüber in sich **komplementär ergänzenden Mustern** fest, kannst Du für Dich nur entscheiden: Einsteigen und mitspielen oder aussteigen und den Mustern eine Absage erteilen.

Befreist Du Dich aus Deiner **komplementären Rolle**, greifen auch die systematischen Signale des Senders nicht mehr. Die **ineinander greifenden Muster** werden gesprengt. Das Toxische wird ausgeleitet. Viele Menschen haben mich immer wieder gefragt: *„Ist denn meine komplette Beziehung toxisch?"*
Diese Frage möchte ich an dieser Stelle so beantworten: Verweigert ein Part seine bisherige Rolle, wird das **tatsächliche Potential** für eine **gleichberechtigte, respektvolle Beziehung** auf Augenhöhe sichtbar. Wenn die komplementären Muster nachhaltig gesprengt werden, ist das real, was übrig bleibt.

Damit wird **Dein Ausstieg** aus der *Gaslighting*-**Dynamik** zu einer **Einladung** an den Sender, sein eigenes Muster ebenfalls zu verlassen und sich weiterzuentwickeln. Ob er dies dann tut, liegt nicht in Deiner Macht.
Nur durch **Deine Klarheit** und Dein **konsequentes Nein** zu *Gaslighting*, kann sich das wahre Potential Deiner Beziehung zeigen.

Dadurch wird offenbart, was einen Sender und Dich tatsächlich - jenseits Eurer Muster - **verbindet**.

Viele meiner Klienten haben mir berichtet, dass sie mithilfe des Leitfadens ihr Gegenüber zumindest **zum Nachdenken anregen konnten**. So war es auch bei unseren Beispiel-Paaren Nadine/Moritz (S. 32 f.) und Saskia/Tobi (S. 44 f.).

Durch die **Konsequenz** und **Klarheit** der Empfänger wurden bei ihnen **erste Schritte in eine gleichberechtigte Beziehung** möglich! Die Beharrlichkeit und klare Absicht der Empfänger öffnete Türen für ein gemeinsames **Gespräch über hinderliche Muster**.

Die alles entscheidende Frage ist hierbei, ob ein Sender um der Beziehung willen **wirklich** an sich und seinen dysfunktionalen Mustern arbeiten **möchte** und dies auch **nachhaltig** und überzeugend durch **Taten** und **Offenheit** erkennen lässt.

Ohne Dich enttäuschen zu wollen: Das ist leider nicht oft der Fall. Viele Sender halten **starr** und **stur an ihren Mustern fest**, glauben im Recht zu sein und manipulieren auf einer anderen Ebene weiter.

Vor allem bei **intentionalem** (Stufe 3, S. 22), teilweise bei **egozentrisch-funktionalem** *Gaslighting* (Stufe 2. S. 22) sind Sender an einer gleichberechtigten Konstellation **nicht** interessiert. Entweder sie machen das direkt durch ihr Verhalten deutlich oder sie **stimmen einer Veränderung erst zu**, wenn es „eng wird". Nach kurzer Zeit der Ruhe und Bemühung verhalten sie sich dann wieder wie zuvor.

Viele Sender schreiben bei Konfrontation erneut die Geschichte um und behaupten, ihre Zustimmung zu Veränderung habe nie stattgefunden (AR). Sie versuchen so, den Empfänger neuerlich in die Irre zu führen und sich ihre Vorteile zu erhalten.

Falls ein Sender **nicht** an einer gleichberechtigten Beziehung interessiert ist (achte nicht auf Worte, sondern auf Taten!), dann weißt Du, dass er **nicht** aus seinem Muster aussteigen **will**. Dann bleibt Dir keine Wahl. Die **einzige Frage**, die Du Dir dann zu stellen hast, lautet:

„Möchte ich mich, meine Würde und Individualität wirklich für das starre und verletzende Muster meines Gegenübers aufgeben?"

Es kann eine Zeit dauern, bis Du zu einer **Entscheidung** gelangst. Vielleicht stolperst Du auch über den einen oder anderen **Fallstrick**. Sei in diesem Fall nachsichtig und verständnisvoll mit Dir.

Die erfolgreiche Umsetzung des Leitfadens erfordert **Geduld** und **Übung**. Es ist vollkommen normal, wenn Du Dich mit den konkreten Tools eingangs **unsicher** oder komisch fühlst. Viele Menschen mögen es für „albern" halten, eine solche Situation mit einer Freundin/einem Freund **einzustudieren** oder vor dem Spiegel **mögliche Dialoge durchzuspielen** - ich empfehle das ausdrücklich. Es ist eine wichtige Vorbereitung!

Auch das **thematische Zirkeln** kann sich anfangs **fremd** anfühlen, wenn Du bisher in Gesprächen eher zurückhaltend oder passiv warst. Trainiere das Neue! Dein System muss auf neue Verhaltensweisen vorbereitet und an sie gewöhnt werden. Das darf seine Zeit dauern.

Beim Training neuer Verhaltensweisen können **Widerstände** und **Emotionen, Ängste** und **Überzeugungen** an die Oberfläche kommen. Es sind vielleicht die Widerstände, die Dich bisher **daran gehindert** haben, eine würdevolle und **wahrhaftige Klärung** in Beziehungen zu erwirken. Hab keine Angst vor diesen Phänomenen. Es ist gut, dass sie sich endlich zeigen, denn dann kannst Du auch mit ihnen arbeiten! Lass sie zu, fühle sie und heiße sie willkommen. Du musst sie nicht gut finden, aber Du kannst Dich zu ihnen bekennen (*„Ja, auch das gehört jetzt gerade zu mir!"*).

Je häufiger Du übst, je mehr Du trainierst, umso mehr **verlieren diese Emotionen** und **Widerstände** an **Ladung** und somit **Einfluss** auf Dich. Es wird also mit jeder Trainingseinheit etwas leichter.

Sei auf Deinem Weg nachsichtig mit Dir - **jeder Fehlschlag** ist eine wichtige Trainingseinheit, die Dir Hinweise zur Verbesserung liefert!

Damit beenden wir diesen ausführlichen und **wichtigen Self-Empowerment-Abschnitt** in diesem Buch! Jetzt bist Du dran! DO IT! Weiter geht es im Self-Empowerment-Kapitel ab S. 315!

8 Hilflosigkeit und Opfer-Rolle entlernen - Das Drama beenden

Empfänger sind real nicht hilflos! Sie können etwas tun. Das Konzept der erlernten Hilflosigkeit (S. 222 f.) besagt, dass es die **Überzeugung** der Unveränderbarkeit ist, die uns veranlasst, bestehende Chancen nicht zu nutzen. In *Seligman's* Experimenten flohen die Tiere nicht - obwohl sie Gelegenheit dazu gehabt hätten. Sie schauten sich nicht einmal nach einer Fluchtmöglichkeit um, sondern **resignierten** unmittelbar und ließen Schmerzen über sich ergehen. Sie hatten gelernt, **dass die schmerzhafte Erfahrung unvermeidbar ist.**

Erlernte Hilflosigkeit ist nicht auf die Tierwelt begrenzt. In der psychologischen Landschaft ist sie ein anerkanntes Erklärungsmodell, mit dem man sich die Entstehung von Depressionen erklärt.

Es gibt Situationen, wo Menschen tatsächlich Opfer der Umstände sind. Beispielsweise wenn ein geliebter Mensch stirbt oder schwer erkrankt. In Anbetracht solcher Situationen **sind** wir hilflos. Wir können nichts daran ändern. Doch selbst hier sind wir nicht komplett ohne Einfluss: Wir können wählen, wie wir damit **umgehen** wollen.

Erlernte Hilflosigkeit basiert auf einer verinnerlichten Überzeugung, **keinerlei Einfluss** auf Ereignisse nehmen zu können.

Mit dieser Haltung verlieren wir die ganzheitliche Draufsicht auf eine Situation und sehen Ereignisse durch einen begrenzten **Tunnel.** Wir **glauben**, dass unser Weg nur durch diesen **einen Tunnel** gehen kann und übersehen sich bietende Abfahrten. Wir vergessen, dass wir auch umdrehen könnten. Nicht die **tatsächliche Situation** lässt uns resignieren und depressiv werden - sondern die (falsche!) **Überzeugung, nichts tun zu können.**

Empfänger gleiten im 3. Makroprozess (S. 203 f.) in diesen Zustand der **erlernten Hilflosigkeit.** Damit rutschen sie automatisch in die **Opfer-Rolle** und betreten damit die Dynamik des **Drama-Dreiecks.**

a.) Das Drama-Dreieck nach Karpman[25]

Dabei handelt es sich um ein **dysfunktionales Beziehungsspiel,** das 1968 von *Stephen Karpman*[25] entwickelt und beschrieben wurde. In diesem Spiel gibt es drei Rollen, in welche die Beteiligten schlüpfen: **Verfolger, Retter** und **Opfer.** Das Fühlen, Denken und Verhalten der Teilnehmer des Drama-Dreiecks orientiert sich an den **Erwartungen, Regeln** und **Mustern** der Rollen. Das **beispielhaft destruktive Beziehungsspiel** des Drama-Dreiecks bringt **Leid** und **Verwirrung** für alle Beteiligten (wenngleich auf unterschiedliche Art und Weise).

Zur umseitigen *Abb. 19*: Wer in der **Täter-** oder **Verfolger-Rolle** steckt, wird zum **Angreifer** und Kritiker, wobei die Würde und Werte anderer Menschen missachtet oder **abgewertet** werden.

In der **Opfer-Rolle** wird die Entwicklung eigener Lösungsansätze verhindert und Betroffene verweilen in Gefühlen von **Abhängigkeit** und **Hilflosigkeit**.

Die **Retter-Rolle** zeichnet sich dadurch aus, dass Bedürfnisse Dritter immer wichtiger als die eigenen sind, während gleichzeitig eine starke **Selbstgerechtigkeit** gepflegt wird. Der **Retter** opfert seine Bedürfnisse zugunsten Dritter (Märtyrertum). Er hilft Anderen auf selbstlose Weise, um - im Gegensatz zum Verfolger - ein **guter Mensch** zu sein (Selbstaufwertung/Ego-Politur).

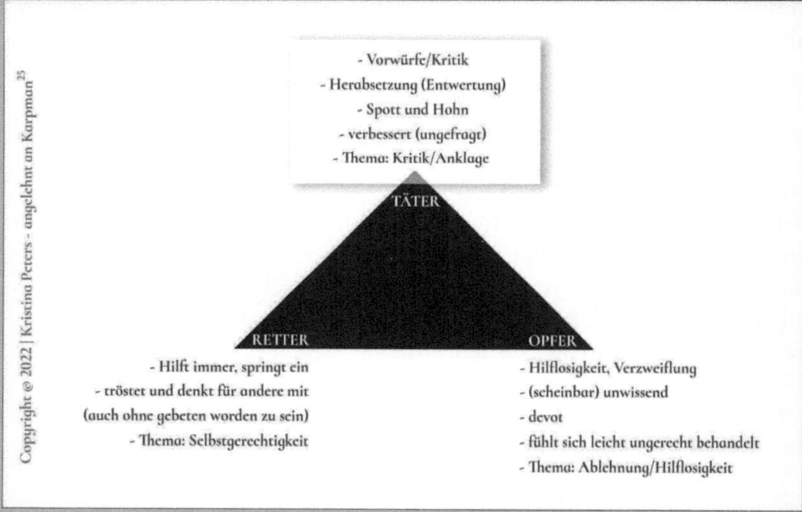

Abb. 19: Drama-Dreieck, angelehnt an Karpman[25]

Die einzelnen Rollen **bedingen** und **nähren einander**: Der Täter braucht ein **Opfer** zur Herabsetzung und Kritik, um sich machtvoll zu fühlen. Das Opfer seinerseits braucht einen **Retter**, der ihn vor dem Täter schützt. Aber auch der **Täter** ist für das Opfer wichtig. Denn es braucht jemanden, **vor dem es gerettet werden kann**. Die Retter-Rolle erfordert ein Opfer, das gerettet werden kann und einen Täter, aus dessen Fängen das Opfer befreit und vor dem es geschützt werden kann. Ein Retter erzwingt die Täter-Rolle, weil er einen *„bad guy"* benötigt, demgegenüber er sich als *„good guy"* fühlen kann.

Man darf sich fragen, **weshalb** Betroffene in solchen Rollen verweilen. Die verkürzte Antwort hierauf ist: Die Rollen **dienen** den Betroffenen, indem sie sie vor einer **notwendigen**, aber meist anstrengenden und angstbesetzten Weiterentwicklung **schützen**.

Das **Opfer** kann passiv bleiben, sich retten lassen und muss sich nicht eigenverantwortlich und **aktiv um Lösungen** kümmern. Der **Täter** kann weiterhin anklagen, die Würde Dritter mit Füßen treten und muss sich nicht um Wertschätzung und **Achtung seiner Mitmenschen** bemühen. Und der **Retter** darf all die Opfer des Täters retten und vermeidet es so, seine **eigenen Bedürfnisse kennenzulernen** und sich für diese **einzusetzen**.

Die Protagonisten des Drama-Dreiecks haben **blockierte Themen**, denen sie durch die Einnahme ihrer Rolle aus dem Weg gehen können.

Dieses Vermeiden dient nur oberflächlich. Tatsächlich bleiben sie in ihren ungelösten Themen stecken und werden davon abhängig, immer wieder ihre Rolle im Drama-Dreieck zu spielen. Das Drama-Dreieck ist auf dieser Ebene für alle Beteiligten **immer** dysfunktional.

Die Rollen des Drama-Dreiecks sind nicht fix: Ein Retter kann zum Opfer, ein Verfolger zum Retter und ein Opfer zum Täter werden. Dabei können die faktischen **Rollen** (was wirklich passiert) anders besetzt sein, wie es die Protagonisten dann behaupten.

Jemand kann sich **als Opfer fühlen**, aber (vom faktischen Täter) **als Täter bezeichnet werden**. Das bedeutet auch, dass jemand sich als Opfer darstellen kann (*„Ich bin so arm dran!"*), sich aber tatsächlich wie ein Täter verhält (indem z.B. Dritte angeklagt, abgewertet oder verurteilt werden).

Verwirrt? Verständlich! Genau diese Form der Verwirrung findet in einer *Gaslighting*-**Dynamik** häufig statt: Ein Sender klagt an, wertet ab (faktischer Täter) und **gibt dann dem Empfänger** (dem faktischen Opfer) **die Schuld**. Er stellt sich selbst als Opfer dar und behauptet, das faktische Opfer sei der Täter. Dieses Verwirrspiel betrifft alle Rollen. Auch ein faktischer Retter (hat geholfen) kann plötzlich als Täter bezeichnet werden und sich dadurch als Opfer fühlen.

Die **mögliche Konfusion** des Drama-Dreiecks kann sich so ins Unerträgliche steigern. Für den Sender von *Gaslighting* besitzt das Drama-Dreieck einige Vorteile. Die Behauptung von Rollen (Mikroprozess *Zuschreibung*: *„Du bist ein böser Mensch* [Täter], *weil..."*) bietet einem Sender genug Möglichkeiten, den Empfänger zu verwirren, die eigene AR zu behaupten und durchzusetzen.

Protagonisten, die unfreiwillig in das Drama-Dreieck gezogen werden und unbewusst eine der drei Rollen einnehmen, wissen sehr bald schon nicht mehr, wo ihnen der Kopf steht.

Dabei leiden im Drama-Dreieck **alle** Beteiligten (ja, auch ein Sender!), weil diese...

> ... sich in einem dysfunktionalen **Kampf** befinden und Energie verlieren.

> ... auf unbewusster Ebene durch die Identifikation mit der Rolle in einem **Identitätsgefängnis** stecken.

> ... sich **gegenseitig in ihren Rollen halten,** in eine andere Rolle schlüpfen oder einander Rollen zuschreiben.

> ... sich dadurch gegenseitig in ihrer **Weiterentwicklung blockieren** und **stagnieren.**

Wichtig: Das Drama-Dreieck meint mit dem Opferbegriff **nicht** jene Menschen, die wirklich „Opfer" waren oder sind. Es gibt Situationen, in denen Menschen z.B. durch Folter, Krieg, Naturkatastrophen oder Gewalt hilf- und schutzlos Leid erfahren haben. Wenn Kräfte auf Menschen einwirken, denen gegenüber sie ausgeliefert und **wehrlos** waren, müssen wir dies auch beim Namen nennen! Alles andere wäre eine unmenschliche Verleugnung dessen, was sie erleben mussten.

Die Rollen im Drama-Dreieck sind **künstlich beschränkt.** Das bedeutet, dass die Protagonisten mit ihrer Rolle **identifiziert** sind, vielleicht glauben, es gäbe keine andere Möglichkeiten, obwohl die Realität durchaus Alternativen bietet.

Wie das Konzept der erlernten Hilflosigkeit, ist auch das Drama-Dreieck ein begrenztes, **mentales Konstrukt**, das aufrechterhalten wird, weil die Beteiligten an die Begrenzungen ihrer Rolle **glauben** und sich entsprechend verhalten. Der unbewusste, **mentale Käfig** hält sie im dysfunktionalen Beziehungsspiel gefangen.

Die Einnahme einer Rolle im Drama-Dreieck ist immer destruktiv. Viele Menschen bringen sich so v.a. in toxischen Beziehungen und im Rahmen der *Gaslighting*-**Dynamik** immer wieder um den Zugang zu ihrer eigenen Schöpferkraft, die durch das Verweilen in den Rollen des Drama-Dreiecks erstickt wird.

Der 3. Makroprozess ist **komplex** und **vielschichtig** - auch hinsichtlich der möglichen **Ansatzpunkte zum Exit für Dich.** Das Drama-Dreieck ist ein solcher Ansatzpunkt. Doch was stellst Du nun mit diesem Wissen an? In der Arbeit mit meinen Klienten wurde ich häufig gefragt:

„Ich sehe und erlebe mich tatsächlich häufig als Opfer. Auch den Impuls, Retter zu sein, kenne ich. Dann fühle ich mich dafür verantwortlich, auf meine Bedürfnisse zu verzichten. Auch die Verdrehung kenne ich, wenn ich zum Täter gemacht werde - obwohl es sich genau umgekehrt anfühlt. Was kann ich konkret tun? Wie kann ich aussteigen?"

Mit der Antwort auf diese Frage gelingt nicht nur der erfolgreiche **Ausstieg aus dem Drama-Dreieck**, sondern auch aus **erlernter Hilflosigkeit** und den **antrainierten Irrtümern** des 3. Makroprozesses von *Gaslighting* (S. 208 f.):

„Verweigere die Rolle! Shifte das Drama-Dreieck in ein Gewinner-Dreieck[26]!"

Acey Choy[26] veröffentlichte 1990 eine Arbeit zum sogenannten **Gewinner-Dreieck**, das folgendermaßen aussieht:

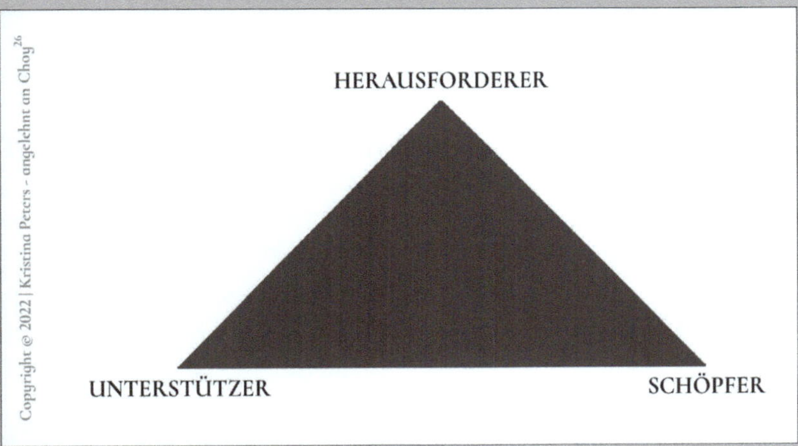

Abb. 20: Gewinner-Dreieck, angelehnt an Choy[26]

Die Abbildung macht die Veränderung der ehemaligen Rollen vom Drama-Dreieck zum Gewinner-Dreieck deutlich: Der **Täter/Verfolger** wird zum **Herausforderer**, das **Opfer** zum **Schöpfer** und der **Retter** zum **Unterstützer**.

Das Gewinner-Dreieck stellt den Protagonisten des ehemaligen Drama-Dreiecks **andere, neue Fragen**. Diese Fragen kannst auch Du nutzen, wenn Du eine **Einladung ins Drama-Dreieck** spürst. Die nachfolgenden Fragen sind hilfreich, um sich der Rollen bewusst zu werden und sich von ihnen zu **distanzieren**. Gelingt Dir das, kannst Du ein potentielles Drama- in ein **Gewinner-Dreieck** transformieren und aus *Gaslighting* und **erlernter Hilflosigkeit** aussteigen.

Fragen an das **ehemalige Opfer**:

? *„Was kannst **du selbst tun, um Deine Situation zu verändern?***

*Vor welche Herausforderung siehst du dich gestellt und **welche Ideen und Möglichkeiten könntest du in Betracht ziehen?***

*Welche **Ressourcen** kannst du aktivieren und was kannst du **konkret tun** - ohne dich von der Rettung durch eine andere Person abhängig zu machen?“*

Diese Fragen aktivieren im **ehemaligen Opfer** den **Schöpfer**!

Fragen an den **ehemaligen Retter**:

? *„Wie kannst du **von Herzen** unterstützen, **ohne einem Anderen die Eigenverantwortung abzusprechen** und deine **eigenen Grenzen zu wahren?***

Wie würde deine Unterstützung aussehen, wenn es nicht nur darum ginge, ein „guter Mensch" zu sein?

*Wie würdest du **konstruktive Hilfe zur Selbsthilfe** leisten, **ohne** Andere von deiner Unterstützung **abhängig** zu machen?*

*Wie kannst du dich um **deine eigenen Bedürfnisse angemessen kümmern** und **verhindern, dich in der Fürsorge um andere zu verlieren?“***

Diese Fragen fordern den **ehemaligen Retter** auf, zum wahrhaften **Unterstützer** zu werden!

Fragen an den **ehemaligen Täter/Verfolger**:

? *„Wie kannst du Dinge, die dir (an anderen Menschen) missfallen, **auf wertschätzende, respektvolle Art und Weise mitteilen, ohne ihre Würde zu verletzen?***

*Wie kannst du deinen Gefühlen und Bedürfnissen auf **achtsame Weise** Ausdruck verleihen und die **menschliche Verwundbarkeit** in deinem Leben berücksichtigen lernen?“*

Diese Fragen konfrontieren den **ehemaligen Täter** und fordern ihn auf, in die Rolle des **Herausforderers** zu treten!

Stelle Dir oder anderen diese Fragen - je nachdem, welche Rolle Dir angeboten wird oder in welcher Du Dich selbst erlebst. Du wirst merken, wie Du Dich dadurch von **Opfer-, Retter-** und **Täter-Rolle** distanzierst. Damit wächst auch die Distanz zum Drama-Dreieck und steigst gleichzeitig aus erlernter Hilflosigkeit aus.

Wenn Du auf Anklagen und Attacken eines Senders seither mit der **Einnahme der Opfer-Rolle** reagiert, Dich **hilflos** und **ausgeliefert** gefühlt hast, stelle Dir künftig die simple Frage: *„Was kann ich tun?"*
Beobachte Dich! Wann fällst Du **automatisch** in Resignation, ohne Deine Optionen wirklich durchdacht zu haben? **Erwische Dich** dabei und mache Dich auf die Suche nach neuen, **ungewöhnlichen Lösungen**. Kommst Du alleine nicht weiter, dann wende Dich **an einen Unterstützer** - hole Dir Inspirationen und Ideen!

Den Abschnitt zur *Gesprächsführung für verwirrende und bestrafende Signale des Senders* (S. 235 f.) kannst Du als Grundlage nutzen, um Ansatzpunkte für Deinen Veränderungsprozess herauszuarbeiten. Wo hängst Du noch fest?

Fühlst Du Dich als Empfänger in der Opfer-Rolle, ist es entscheidend **nachzusetzen**. Wenn sich auf die Frage *„Was kann ich tun? "* als Antwort ein *„Nichts"* einstellt ist das nicht der Weisheit letzter Schluss! **Setze nach** und frage Dich: *„Was kann ich diesbezüglich tun, dass mir gerade nichts einfällt? Wo kann ich nachsehen, an wen kann ich mich wenden?"* und so weiter.
War man geraume Zeit in einer **gefühlten Opfer-Rolle**, gewöhnt man sich an das emotionale Milieu von Hilflosigkeit. Es erfordert **Beharrlichkeit** um dieses Milieu zu verlassen und sich dafür die richtigen Fragen zu stellen.
Deine inneren Schöpferqualitäten können **jederzeit** (re)aktiviert werden - vergiss das nie! Erlernte Hilflosigkeit und die Opfer-Rolle sind **mentale, antrainierte Konstrukte**! Mit Deinem wahren Wesen haben sie wenig bis nichts zu tun. Es kann nur eine Weile dauern, bis Du den Zugang dazu wieder findest. Bis dahin heißt es: Dranbleiben!

Die **Rolle des Retters** kann von Empfängern (und Sendern!) eingenommen werden. Empfänger rutschen in diese Rolle, wenn sich der **verwundbare Teil** des Senders zeigt oder wenn deutlich wird, wie sehr dieser in eigenen **Mustern hilflos** verstrickt ist. Sender stellen **sich manchmal selbst als Opfer dar**. Auch dadurch wird der Retter in vielen Empfängern getriggert (siehe *hilfloser Sender*, S. 271 f.).
Plötzlich werden **eigene Bedürfnisse** des Empfängers zurückgestellt, schmerzhafte Erfahrungen mit dem Sender ausgeblendet (auch eine Form der „Spaltung"!). Leider fühlen sich viele Empfänger durch

dieses selbst auferlegte Märtyrertum **kurzzeitig aufgewertet** - sie sind wichtig und erhalten vom Sender auch noch Bestätigung für ihren selbstlosen Einsatz (Verstärkung).

Möchtest Du einen anderen Menschen **retten, entschuldigen** oder die **Verantwortung** für ihn **übernehmen**, dann frage Dich:

*„Sehe ich mein Gegenüber gerade klar, ganz und **vollständig**? Ist es wirklich eine von Herzen kommende Unterstützung, die ich anbiete oder fühle ich mich **verpflichtet, den Anderen zu retten**? Kann man andere Menschen überhaupt retten? Tue ich dem Anderen dadurch einen Gefallen oder halte ich ihn davon ab, **Eigenverantwortung** zu übernehmen? Nehme ich etwas zu mir, das gar nicht meins ist? Berücksichtige ich **meine Bedürfnisse** oder **übergehe ich mich** gerade? Kann es sein, dass ich nur „retten" und da sein möchte, um mich selbst **in besserem Licht** zu sehen, um ein „guter Mensch" zu sein?"*

Empfänger von *Gaslighting* betrügen sich durch die Retter-Rolle oft selbst. Sie **verzichten** zugunsten der Bedürfnisse des Senders und erwarten dafür insgeheim **mehr Wertschätzung, ein harmonisches Miteinander**. Bei einer neuen Attacke des Senders fallen sie dann in die **Opfer-Rolle** und fühlen sich **ungerecht behandelt**, weil sie sich doch „aufgeopfert" haben. Frustriert und wütend können sie ihrerseits den Sender attackieren und dadurch zum **Täter** werden.

Die Retter-Rolle ist immer mit **Erwartungen** verknüpft. In einer *Gaslighting-Dynamik* führt das direkt in die nächste Rolle und das destruktive Beziehungsspiel geht weiter.

In einer *Gaslighting-Dynamik* muss die Einladung zur Retter-Rolle konsequent ausgeschlagen, dem Sender die **Verantwortung** für sein Verhalten komplett **zurückgegeben** werden.

Ein Shift zum **Unterstützer** ist nur möglich, wenn Empfänger ihre eigenen **Bedürfnisse** wahrnehmen, sich um dieser **zuerst** kümmern und für sich einstehen können.

Bei Sendern, die angreifend oder abwertend waren, stellt die Einnahme der Retter-Rolle einen **Selbstverrat** dar. Wollen Empfänger wirklich (unter Einbezug aller Szenarien) **Unterstützer** sein, gilt es dem Sender die *Fragen an das ehemalige Opfer* zu stellen (S. 260). Dadurch wird er eingeladen, **Eigenverantwortung** zu übernehmen und seine **Schöpferkraft** zu aktivieren.

Die aufrichtige Kommunikation eigener **Grenzen** und Bedürfnisse ist sogar noch wichtiger:

*„Mit unserer Vorgeschichte und unter diesen Bedingungen **möchte und kann** ich Dich gerade **nicht** so unterstützen, wie du dir das vorstellst. Ich wünsche Dir, dass du einen guten Weg für dich findest."*

Diese Aussage bringt jeden Menschen in die Eigenverantwortung und ist immer hilfreicher, als ihm alles abzunehmen. Auch die **Grenzen des Gegenübers** sind wichtig! Vielleicht wünscht dieser sich gar keine Veränderung, sondern fühlt sich genötigt. Dränge Dich nicht auf und **unterstütze nie ungefragt**! Biete an, was Du von Herzen erwartungsfrei (!) tun möchtest und alles andere - lass los!

Es kann nicht oft genug gesagt werden: Von den obigen Ausnahmen abgesehen (S. 258), kann kein Mensch als **100% hilflos** oder als **Opfer** bezeichnet werden. Niemand kann durch einen Anderen **gerettet** werden, noch einen anderen retten. Tatsächlich stellt das sogar eine **Entmündigung** dar, indem **etwas übernommen** wird, das sich im Leben eines Anderen als Herausforderung zeigt. Durch „retten wollen" nimmt man anderen Menschen die Chance, **Verantwortung** zu übernehmen, über sich hinauszuwachsen und eine Herausforderung **aus eigener Kraft** zu bewältigen.

Die **Rolle des Täters** ist nicht nur Sendern vorbehalten - auch Empfänger können diese Rolle einnehmen! Im *Kampf der Wahrnehmungen* (S. 97, 102 und 225) oder dem *Kampf durch inhaltliches Eingehen* (S. 225, Strategie 1) platzt Empfängern durchaus der Kragen platzen kann: Sie attackieren ihrerseits den Sender und ein **verbales Schlachtfeld** wird eröffnet.

Je nach Verlauf rutschen entweder Empfänger in die **Opfer-Rolle** oder **Sender** nehmen diese ein. Im letzteren Fall fallen Empfänger voller Schuldgefühle **reuevoll** in die **Retter-Rolle**. Zuvor noch wütend, versuchen sie - von Schuldgefühlen und Selbstvorwürfen geplagt - „zu retten, was zu retten ist". Ihre (berechtigte!) **Wut** muss dann mit großem Energieaufwand unterdrückt werden. Auch die Täter-Rolle ist und bleibt als Bestandteil des Drama-Dreiecks **dysfunktional**!

Stattdessen sollten Empfänger sich bemühen, in die Rolle des **Herausforderers** zu wechseln. Ein Gefühl für diese Rolle gibt der *Gesprächsleitfaden für verwirrende und bestrafende Signale* (S. 235 f.).
Die eigene **Wehrhaftigkeit** sollte unmittelbar nach einem Angriff oder einer Nebelrakete, **konstruktiv und gesund** ausgedrückt werden! Dabei kann **Wut** in **Klarheit** und **Konsequenz** transformiert werden (*„So geht das nicht!"*).

Spreche das Verhalten des Senders **direkt** an und positioniere Dich, während Du ihm seine **Würde** zu lassen versuchst (*„Was auch immer dich dazu bewegt, daran musst du arbeiten, sonst bin ich an der Stelle raus!"*).

Nimm Abstand von Interpretationen, weitschweifigen Verhaltensanalysen und **Entwertungen** des Senders (auch wenn er das seinerseits tut). Tue es **für Dich** - um außerhalb des Drama-Dreiecks zu bleiben!

Empfänger rutschen vor allem in die **Täter-Rolle**, wenn sie zuvor zu lange in der **Opfer-Rolle** verharrt sind: Sie haben geschluckt, erduldet und es über sich ergehen lassen. Das Bedürfnis, **Dampf abzulassen** wird verständlicherweise immer größer. Irgendwann knallt ihnen der Deckel vom Topf. Doch ein Teil in ihnen weiß sehr genau, dass sie durch Einnahme der Opfer-Rolle **ihren Anteil** am Geschehen hatten. Unmittelbar nach ihrem Gastspiel in der Täter-Rolle treten wieder **Schuldgefühle** ein. Du darfst raten, was dann passiert...

Sie wollen den „Schaden" wieder gut machen (Retter) oder fühlen sich den Gesamtumstände hilflos ausgeliefert (Opfer). Die Rolle des Täters nährt das dysfunktionale Drama-Dreieck! Werde also zum **Herausforderer**!

Alle Strategien ab S. 225 (Punkte 6 und 7) dienen dem finalen Exit aus dem 3. Makroprozess und damit aus *Gaslighting*. Dieser Abschnitt war sehr umfangreich und enthielt zahlreiche Self-Empowerment-Tools. In diesem Abschnitt liegt das daran, dass Dein Exit aus *Gaslighting* sehr eng mit Deinem Ausstieg aus erlernter **Hilflosigkeit** und dem destruktiven **Drama-Dreiecks** verknüpft ist.

Die Strategien für Empfänger im 3. Makroprozess sind auf das Verlassen eines erlernten Musters konzentriert. Es geht darum, etwas Altes zu **entlernen.**

Bisherige Wunschvorstellungen, Hoffnungen, Träume und Visionen müssen vielleicht losgelassen, bisherige Täuschungen **ent-täuscht** werden. Dieser Schritt fällt schwer. Manchmal stirbt mit einer Täuschung auch die Wunschvorstellung eines gesamten Lebensabschnitts. Ich möchte Dich ermutigen, aufrichtig und ganz auf Dich und Deine Beziehung zu blicken und Dich zu fragen:

? *„Mache ich mir hier etwas vor? Klammere ich etwas aus? Will ich etwas nicht sehen?"*

Es ist wichtig, auch darüber zu sprechen. Denn viele Empfänger warten hoffnungsvoll darauf, dass sich der Sender zu einer Person **ändert**, die sie aus dem 1. Makroprozess kennen: Einem sie idealisierenden, auf Händen tragenden Menschen. Sie reden sich ein, dass Angriffe, Attacken und Manipulationen irgendwann aufhören werden und dann die ungestörte und harmonische Zweisamkeit folgt. Diese Wunschvorstellung enthält eine **Täuschung** und eine **Spaltung**.

Sender spalten oft selbst etwas ab: Einen Teil von sich selbst, ihren Gefühlen und Einstellungen. So bekommt der Empfänger immer nur einen Teil des Senders zu sehen - nie das Gesamtpaket. Empfänger im 3. Makroprozess beziehen sich immer **auf den aktuell sichtbaren Teil** des Senders. Und sie wissen nie, mit welchem Teil sie im nächsten Moment rechnen müssen.

Dadurch lernen Empfänger unbewusst, diese Spaltung mitzutragen. Auch sie wird für ihn zur **neuen Normalität der AR**. Ein Sender kann gestern so und heute so sein, doch er ist **ein Mensch**. Mit allen seinen Teilen! Versuche, **alle** Teile des Senders zu sehen (gestern, heute und morgen) und **entlernte die Spaltung**.

Viele Empfänger leben ein Leben auf Sparflamme, weil sie glauben, dass sie nur lange genug geduldig sein und **aushalten** müssen, denn: *„Vielleicht ändert der Sender sich irgendwann!"*

Veränderung ist nicht unmöglich! Doch gerade in einer *Gaslighting-***Dynamik** füttert diese Form der Hoffnung einen anhaltenden Selbstverrat.

Die „Hoffnung auf Besserung" kann eine Ausrede sein, um den Sender nicht so zu sehen, wie er **jetzt** wirklich ist und - um nicht loslassen zu müssen. Einige Empfänger laufen so vor der eigenen Kraft und Selbstbestimmung davon.

Dein persönliches Glück sollte niemals (ausschließlich) von der **möglichen** Veränderung eines anderen Menschen abhängig sein, den Du gar **nicht ganz**, sondern nur in Teilen siehst. Diesbezüglich möchte ich Dich abschließend mit folgender Frage in eine **neue Aufrichtigkeit** Dir selbst gegenüber einladen.

„Erlaubst Du Dir, Dein Gegenüber ganz zu sehen - mit allein seinen Teilen, so wie er JETZT ist? Kannst Du Dich vor diesem Hintergrund komplett zu dieser Person bekennen? Oder wartest Du auf eine Veränderung, von der Du noch nicht einmal weißt, ob Dein Gegenüber diese Veränderung überhaupt möchte?"

Es könnte noch viel mehr zum 3. Makroprozess geschrieben werden, doch damit würde dieses Buch sich thematisch ins Unendliche auffächern.

Du kennst nun die wesentlichsten Mechanismen und **Strategien** für Deinen **Exit aus dem 3. Makroprozess.**

9 Zusammenfassung - Exit aus dem 3. Makroprozess

Um die umfangreichen Exit-Strategien (ab S. 225) in eine übersichtliche Struktur zu bringen, fassen wir die Essentials noch einmal zusammen.

a.) Essentials zum Exit aus dem 3. Makroprozess

1. **Vermeide inhaltliche Kämpfe** ums „Recht haben" (S. 225).

2. **Widerstehe dem emotionalen Impuls zum Einstieg** ins **Verwirr- und Bestrafungsspiel** („emotionale Widerhaken", S. 196).

3. Lerne **Deine Critical Cues** und **Triggerpunkte** kennen (S. 235 f.).

4. **Trainiere, Deine Emotionen zu halten** und **Wut** in **Klarheit** und **Konsequenz** (= gesunder Kampf) zu kanalisieren (S. 235 f.).

5. **Erarbeite** und fixiere Deine eigenen **Werte**, Deine **Absicht** und Dein **Anliegen** schriftlich (*„Worum geht es mir? Was ist mir wichtig?"*).

6. **Verankere** diese Absicht in Dir und **zirkle** immer wieder dahin zurück (*„Was war mir nochmal wichtig?"*, S. 238 f.).

7. **Trainiere** das **Zirkeln** - auch in anderen Lebenslagen (S. 238 f.).

8. Wähle immer wieder die **Makro-Ebene** und fokussiere auf Augenhöhe und Respekt.

9. **Treffe erforderliche Vorbereitungen für einen final Exit:** Safe Place, Critical Cues, Rückfallprophylaxe, definiere Bedingungen für ein **würdevolles** Gespräch (S. 235, 241, 242 und 245 f.).

10. **Erkenne erlernte Hilflosigkeit als Täuschung** und steige durch **Aktivierung Deiner Schöpferkraft** aus der Opfer-Rolle aus:

„Was kann ich tun? Welche neuen Wege könnte ich zu gehen versuchen?" (**Fragen an das ehemalige Opfer**, S. 260).

11. Schlage Einladungen ins Drama-Dreieck (alle Rollen) **aus**, gehe zu den Rollen auf **Distanz** und **shifte** mithilfe der Fragen ins Gewinner-Dreieck (S. 255 ff.).

12. Kultiviere einen **neuen, liebe- und verständnisvollen Umgang mit Deinen eigenen Ängsten** (siehe *Endgegner Angst*, S. 226 f.).

13. Lerne Deine individuelle Blaupause der Fehlprogrammierungen, Überzeugungen und Tabus kennen. Beobachte und **hinterfrage, was Du über Dich selbst glaubst** (S. 227 und S. 242 f.).

14. Steige aus Bestrafungs- und Verwirrspielen konsequent aus und vermeide die *Dramaturgie von Trennung und Wiedervereinigung* (on/off-Beziehungen, S. 243 f.).

15. Rufe Dir die **Systematik von Verstärkung und Bestrafung** (1. und 2. Makroprozess, S. 148 und 166 f.) immer wieder ins Bewusstsein und entscheide Dich bewusst **gegen** Konditionierung (*„Ich bin kein Zirkuspferd!"*).

16. Übe Dich in **Mut, Geduld** und **Nachsicht mit Dir selbst.**

17. Erkenne eigene Konditionierungen und Habituation. Entscheide Dich bewusst dafür, diese gelernten Gesetzmäßigkeiten zu durchbrechen.

18. Nutze auch die **Exit-Strategien aus dem 1. und 2. Makroprozess** (S. 155 und 185 f.) .

Der 3. Makroprozess ist herausfordernd. Hier werden viele Mechanismen zusätzlich aktiv, die weitere Themen auf den Teller bringen und Strategien notwendig machen. Deshalb bewegen wir uns hier auf immer tiefere Ebenen. Wir sind in einem gemeinsamen Prozess.

Falls Dir beim Lesen ein Licht aufgeht, ein Veränderungsimpuls kommt, halte diese Inspirationen unbedingt schriftlich fest! Derartige Impulse sind besonders wertvoll, weil sie **aus Dir heraus** entstehen!

Alle Strategien zum Exit dürfen von Dir geformt werden. Du darfst Inhalte auslassen, später lesen, Dir Notizen machen, das Buch zur Seite legen und wieder aufschlagen.

Der 3. Makroprozess ist **nicht** die Realität! Empfänger leben in der AR **nach Gesetzen des Senders** in einem neuen Rahmen, der durch **Verstärkung** und **Bestrafung** begrenzt ist. Empfänger haben verinnerlicht, wie sie sich im *Gaslighting*-Universum bewegen müssen, um keine Angst haben und keinen Schaden nehmen zu müssen. Tatsächlich sind Empfänger im 3. Makroprozess permanent von Angst bestimmt und leiden. Es ist eine Gewöhnung des Empfängers an die **Spielregeln des Senders** eingetreten, weil dieser **keine andere Möglichkeit** gesehen hat.

Sollte es auch Dir so gegangen sein - hab bitte **Verständnis** für Dich! Verurteile Dich nicht dafür, dass Du **jetzt** vielleicht etwas verstanden hast, dass Du **bisher** noch nicht sehen konntest. Du kannst **ab jetzt** aufrichtiger und vollständiger hinsehen, Deine Situation und Muster **neu betrachten** lernen. Deine neuen Erkenntnisse können zu Türen für eine **nachhaltige Selbstbefreiung** werden.

Der 3. Makroprozess macht den **Käfig aus gelernten Überzeugungen** deutlich, in dem die Beteiligten des *Gaslighting*-Universums sitzen: Eingesperrt in einer **konstruierten Realität** aus Regeln und Gesetzmäßigkeiten, die nicht einmal dem Sender **wirklich** dienen. Auch er bleibt in einem starren, von Ängsten und Machtmissbrauch bestimmten Leben gefangen, weil jemand sein Spiel mitspielt. Dieser Jemand bist Du. Die Grenzen dieser konstruierten Realität wurden mit einem **schmerzhaften Elektrozaun** versehen, damit Du beim Sender bleibst und alles so bleiben kann, wie bisher.

Im 3. Makroprozess leidest Du, weil Du diese konstruierte Realität für das echte Leben hältst. Das ist der **Trugschluss**, den es zu durchbrechen gilt.

Deine eigene Lebendigkeit, Deine Lebenslust und Liebe können sich - derart eingepfercht - gar nicht entfalten. Das schafft Leiden.

Außerhalb des Zaunes ist das **wahre Leben** - Dein Leben, Deine **wahre Realität**, die voller Möglichkeiten und zum Teil noch unentdeckt ist.

Auch wenn Du noch nicht weißt, was Dich außerhalb des Zaunes erwartet: Aktiviere **Deinen Mut**, Dich der **Angst vor diesem Zaun** und dem **Unbekannten** zu stellen.

Exit Gaslighting möchte Dich zu einem **Sprung** über diesen Zaun ermutigen. Deine **Freiheit** und **Selbstbestimmung** warten darauf, von Dir zurückerobert zu werden.

Dieser Hüpfer kann **kurzzeitig schmerzhaft** sein - doch dieser Schmerz ist kein Vergleich zum Leid eines nur halb gelebten Lebens.

Nimm Anlauf - mit aller Kraft - springe über diesen Zaun und dann - **lass Dich nie wieder einfangen**!

Um das zu verhindern, entführe ich Dich in einen letzten, wichtigen Abschnitt. Nach Deinem erfolgreichen Exit aus dem 3. Makroprozess gibt es neben den bisherigen Fallstricken einige spezielle Fallen (Specials Traps), die Dich zurück in *Gaslighting* ziehen können. Diese Special Traps schnappen zu, wenn der Empfänger auf vom Sender angebotene Rollenkonstellation eingeht. Diese Rollen sind von mir behauptete **Sonderformen** des bereits bekannten **Drama-Dreiecks** (S. 255 f.), die vor allem bei *Gaslighting* vorzukommen scheinen. Über den Einstieg in diese Rollenkonstellationen landet der Empfänger wieder im 1. oder 2. Makroprozess.

10 Fallstricke und Special Traps für Empfänger nach dem Exit

Fallstricke sind Mechanismen der *Gaslighting*-Dynamik, die Dich von einem erfolgreichen Exit abhalten und zurück in die AR ziehen können. Viele Betroffene finden sich nach ihrem Exit in einer unveränderten Situation wieder und wissen gar nicht, **wie es dazu gekommen ist**. Einige der **typischen Fallstricke** haben wir im obigen Abschnitt angerissen. Wir fassen sie hier kurz zusammen und schauen uns danach die übrigen Special Traps genauer an.

a.) Typische Fallstricke für Empfänger im 3. Makroprozess

1. Thematisches **Verfangen in den Aussagen des Senders**.

2. **Kampf ums „Recht haben"** führen.

3. **Eigene Wahrnehmung rechtfertigen oder verhandeln** (stattdessen: *„So nehme ich es wahr. Punkt!"*).

4. **Verlust der Klarheit und Konsequenz** (Absicht, Anliegen).

5. **Inhaltliches Einsteigen** auf Trigger und **Provokationen**.

6. **Erlernter Hilflosigkeit**, den begleitenden Gedanken und Überzeugungen **Glauben schenken**.

7. **Verwicklung ins Drama** von „Täter, Opfer und Retter".

8. **Bestrafung** aus Angst **über sich ergehen lassen** („Fright").

9. Zurückliegende **Bestrafung ausblenden** und ohne Klärung zur **(Pseudo-)Harmonie** übergehen **(Drama-Einladungen).**

10. **Verantwortungsübernahme** für Verhalten des Senders.

11. **Resignation** und **Selbstvorwürfe**, wenn ein Exit misslingt.

12. Die **AR des Senders** aus Angst und Unsicherheit zur **eigenen Realitätswahrnehmung** werden lassen.

Die nachfolgenden Special Traps beziehen sich auf sehr feine, ineinander greifende Abläufe auf Sender- und Empfängerseite.

b.) Special Trap 1 - Der rettende Täter

Hierbei handelt es sich um eine Sonderkonstellation des Drama-Dreiecks, bei dem ein Sender **attackiert, abwertet** und den Empfänger so in eine **emotionale Notlage** bringt.

Anschließend drückt der Sender sein **Mitgefühl** für die Notlage des Empfängers aus und bietet verständnisvoll seine Schulter zum Anlehnen an. Damit wird der Sender zum **rettenden Täter**. Er bietet Hilfe für eine Notlage an, die er durch sein Verhalten **selbst verursacht hat**. Dabei tritt er so auf, als habe er mit der Notlage des Empfängers nichts zu tun. Er **entkoppelt** zwei Ereignisse und **externalisiert** die **Verantwortung** für die Notlage des Empfängers auf andere Gründe - meistens den Empfänger selbst (zu empfindlich etc.). Oder der Sender beteuert, dass dies **nicht so gemeint** gewesen sei (der Empfänger habe das „falsch verstanden").

Empfänger sind hier oft **emotional verwirrt** und wissen nicht, worauf sie nun reagieren sollen. In ihrer Notlage spüren sie ihr Bedürfnis nach **Zuwendung** und **Verständnis**, sowie das aufrichtig wirkende Angebot des Senders. Zeitgleich wissen Empfänger **instinktiv,** dass derselbe Mensch sie vor kurzem attackiert hat.

Viele Empfänger entscheiden sich dazu, das **Angebot zur Rettung** durch den Täter anzunehmen und **ihren Instinkt zu unterdrücken**. Sie **entfernen sich von der eigenen RW.**

Der **rettende Täter** kann immer wieder in Erscheinung treten und auch daran können Empfänger sich „gewöhnen". Mit der Zeit kann sich hieraus ein eigenes **Beziehungsspiel** entwickeln, in welchem der Empfänger **Attacken immer wieder in Kauf nimmt**, weil er sich nach dem darauffolgenden Angebot der (Pseudo-)Harmonie sehnt. Das bedeutet dann eine Rückfahrkarte in den 1. Makroprozess.

Diese Special Trap des **rettenden Täters** ist thematisch mit der *Dramaturgie von Trennung und Wiedervereinigung* (S. 243 f.)verknüpft, bei der ein Empfänger nach Exit zum Sender zurückkehrt und auf Klärung verzichtet.

c.) *Special Trap 2 - Der hilflose Sender*

Hier konzentriert sich die Selbstdarstellung des Senders darauf, **das eigene Leid** zu demonstrieren und als **Opfer** aufzutreten. Diese Special Trap stellt eine **Form der Externalisierung** dar. Die Verantwortung wird verlagert, die eigene „Unschuld" erklärt. Sender machen auf diese Weise deutlich, dass sie **keinen Einfluss** auf die Ereignisse haben.

Diese Special Trap begegnet Empfängern z.B. dann, wenn sie einen Sender **unausweichlich konfrontieren** oder nach einer Bestrafung eine **deutliche Grenze** ziehen.

Der **hilflose Sender** tritt auf den Plan, wenn es für den Sender keinen anderen Ausweg mehr zu geben scheint. Bei Empfängern soll so **Mitgefühl** und **Verständnis** ausgelöst werden: *„Der Sender kann nichts dafür, er wirkt so hilflos und kann ja auch nicht aus seiner Haut."*

Auch wenn das stimmen mag, so setzen Sender diese Selbstdarstellung mitunter **strategisch** ein - das sollte bedacht werden. Lassen sich Empfänger von Mitgefühl überwältigen, können **Klarheit** und der **Gesamtzusammenhang** aus den Augen verloren werden. Erfahrenes Leid wird „vergessen" und einst klar gefasste Vorsätze werden verworfen.

Ergebnis sind wiederum **On-/Off- Konstellationen** (S. 244), in denen der Empfänger nach **Bestrafung** (evtl. Trennung) **voller Mitgefühl** für den **hilflosen Sender,** eine Wiedervereinigung feiern.

Die Konstellation des hilflosen Senders stellt für viele Empfänger eine knallharte Herausforderung dar. Sie wurden oft lange Zeit durch den Sender an **absolutistischen Regeln** gemessen (Indikator Nr. 4, S. 111), z.B.: *„Ein Mensch muss mitfühlend und verständnisvoll sein!"*

Reagiert ein Empfänger auf den hilflosen Sender nicht mit Mitgefühl, bekommt er die „Regelverletzung" zu spüren: *„Wenn du mir nicht mit Mitgefühl und Verständnis begegnest, bist du ein schlechter Mensch!".* Vom Sender wird diese Verurteilung dann direkt oder indirekt kommuniziert.

Davon werden viele Empfänger leider „gecasht". Wer will schon ein schlechter Mensch sein? Die Rückfahrkarte in die AR ist schon ausgestellt! Wenn Empfänger hier die Makroebene aus den Augen verlieren, hinterfragen sie die **konstruierte Regel** und die **unvollständig** dargestellte Situation nicht.

Dockt die Darstellung des Senders beim Empfänger an, bekommt er ein **schlechtes Gewissen.** Er glaubt dann, Mitgefühl haben zu **müssen.** Auch wenn der Sender kein Mitgefühl für den Empfänger aufbringt (*Soziale Reziprozität*, S. 113), obwohl dessen Verhalten seine **Würde** angreift, wiederholt schmerzhaft und verwirrend für ihn ist.

Die Herangehensweise des hilflosen Senders beinhaltet zusammengefasst folgende irrwitzige Forderung:

„Ich habe gar keinen Einfluss darauf, dass ich dich immer wieder verwirre, verletze und entwürdige. Wenn du kein Mitgefühl mit mir armem Wurm hast, dann bist du ein schlechter Mensch!"

Intuitiv spüren Empfänger, dass sie **subtil erpresst werden,** die verletzende Entwürdigung durch den Sender zu entschuldigen. Sonst werden sie **zum Täter gemacht.** Das treibt viele Empfänger in den Wahnsinn - sie spüren gleichzeitig den Druck, kein „schlechter Mensch" sein zu wollen.

Der hilflose Sender thematisiert ausschließlich das **fehlende Mitgefühl des Empfängers.** Sein eigenes Verhalten wird nicht einbezogen. Die Ereignisse werden auf die Umstände reduziert, die für seine Argumentation relevant sind. Ein **hilfloser Sender** weist jegliche Verantwortung von sich - die **Regel des Mitgefühls** gilt nicht für ihn.

Hier frage ich Dich: Wäre es nicht fair, wenn der Sender selbst das leben würde, was er fordert?

Das Beispiel von Laura (S. 23) liefert uns das Szenario des hilflosen Senders: Der Geschäftspartner Jürgen betonte, wie schlecht es **ihm** gehe. Gleichwohl hatte er einen Einfluss auf die Erledigung seiner Aufgaben und Laura machte dies deutlich. Daraufhin griff Jürgen Laura an und warf ihr vor, **kein Mitgefühl** zu haben. Wie sich Laura durch sein Verhalten fühlte, klammerte er aus. Jürgen brachte **keinerlei Mitgefühl** auf.

Ein **hilfloser Sender** beansprucht die Opfer-Rolle (S. 255 f.), weil sie ihm hilft, Verantwortung von sich zu weisen und die Situation zu kontrollieren. Erkennt ein Empfänger die Opfer-Rolle nicht an, wird er angegriffen, **zum Täter gemacht** und „verurteilt" (z.B. *„Du bist so hart und kalt!"*). Auch hier handelt es sich um **emotionale Erpressung**!

Wenn ein Sender sich zum „Opfer" und Dich zum „Täter" macht, dann achte darauf, was er von seinem Anteil **weglässt** und was von Dir **gefordert** wird.

Prüfe derartige Regeln, indem Du Dir folgende Fragen stellst:

? *„Kann man diese Regel hier anwenden? Passt die Forderung für mich in der aktuellen Situation? Hält der Sender sich selbst an seine Regeln?"*

Entscheide Dich im Zweifelsfall **immer** dafür, lieber eine fragwürdige Regel zu brechen, anstatt emotionaler Erpressung zuzustimmen! Der **hilflose Sender** ist eine Sonderform des Drama-Dreiecks, der mit Klarheit begegnen werden kann:

! *„Ich finde, du hast durchaus einen Einfluss auf dein Verhalten. Wenn du Mitgefühl zu erpressen versuchst, es aber selbst nicht lebst, dann ist da was faul! Ich habe Mitgefühl - auch für mich!"*

Finde hier gerne Deine eigenen, für die entsprechende Situation passenden Worte.

d.) Special Trap 3 - Die Modifikation der Zeitlinie

Hier konstruiert der Sender eine **andere Vergangenheit**. Die Zeitlinie wird modifiziert, indem er behauptet, bestimmte Ereignisse (Attacken seinerseits, Aussagen, Absprachen) hätten **niemals** oder **nicht in dieser Form stattgefunden**. Das geschieht häufig, wenn ein Empfänger Klärung anstrebt oder ein zurückliegendes Verhalten thematisieren möchte.

Diese Special Trap ist eng mit dem **Schaffen von Fakten** (S. 118 f.) verwandt - nur, dass hier an der **Vergangenheit** gebastelt wird. Durch ein *Redesign* vergangener Ereignisse, **entzieht er sich** einer Klärung und gibt dem Empfänger zu verstehen, dass **seine Wahrnehmung nicht intakt ist**.

Wir erinnern uns an Horst (S. 27 f.), der einfach behauptete, dass er Miriam über seinen Ausflug informiert habe. Das nahm Miriam den Wind aus den Segeln und stürzte sie in Selbstzweifel hinsichtlich ihres Erinnerungsvermögens. Sie erlebte Schuldgefühle Die **Modifikation der Zeitlinie** kommt tatsächlich sehr oft vor (siehe Indikator Nr. 5, S. 114 f). Das Behaupten von anderen Regeln, Zusammenhängen und Ursachen wird für ein *Redesign* der Vergangenheit genutzt.

Empfänger können bei einem Exit-Versuch mit einer durch den Sender **veränderten Vergangenheit** konfrontiert, so **verunsichert** und dadurch zurück in die AR (*Monolog der inneren Beweisführung,* S. 121 f.) gezogen werden.

Zusammenfassung 3. Makroprozess

Der enorm ausführliche Abschnitt zum 3. Makroprozess (S. 203 bis 275) ist eine Reise in die Tiefen des Kaninchenbaus. Für diesen Abschnitt mit seinen zahlreichen Abzweigungen brauchst Du Geduld, Ausdauer und Mut zur Lücke. Du kannst nicht alle Informationen auf einmal erfassen! Lass Dir mit dem 3. Makroprozess bitte Zeit!

Du hast hier gelernt, welche Auswirkungen es auf Empfänger hat, wenn sie sich an **Verstärkung** und **Bestrafung gewöhnen** und durch **erlernte Hilflosigkeit** die Alternativrealität als **neue Realität** akzeptieren. Es dürfte klarer geworden sein, wie Empfänger den **Kontakt zur eigenen RW** verlieren und sogar **Angst** vor ihrer Wahrnehmung bekommen können.

Verwirrende Signale, wiederholte **Bestrafungen** können die **Abspaltung** von der eigenen RW verstärken und Empfänger thematisch in der AR beschäftigt halten.

Unsicherheit und Angst führen dazu, dass Empfänger den Erklärungen des Senders irgendwann mehr glauben, als sich selbst. Das zunehmend **lückenhafte Selbst- und Weltbild** wird nach und nach durch **übernommene Aussagen** des Senders **vervollständigt** und wandelt sich immer mehr in die AR des Senders.

Empfänger tun jetzt fast alles, um eine Attacke des Senders abzuwenden. Unbewusst übernehmen sie die Verantwortung für das gesamte Beziehungsgeschehen.

Verweilen Empfänger lange genug in diesem Zustand, etabliert sich **in ihnen** eine **Senderinstanz**, die den bisherigen Job des Senders übernimmt. *Gaslighting* findet dann nicht nur im Außen statt, sondern im Empfänger selbst (4. Makroprozess, S. 276 f.).

Das Kapitel zum 3. Makroprozess zeigt auch, **weshalb** Empfänger sich so verhalten. Sie sehen subjektiv keine anderen Optionen und versuchen lediglich, sich zu schützen. In der Reflektion konnten wir sehen, dass es aber durchaus andere **Möglichkeiten** gibt. Diese entziehen sich lediglich dem Bewusstsein von Empfängern.

Das Verhalten von Empfängern konnte auf **erlernte Hilflosigkeit** und **erworbene Fehlprogrammierungen** zurückgeführt werden. Sie erschweren den Ausstieg aus dem 3. Makroprozess.

In diesem Abschnitt hast Du bereits enorm wichtige, tiefreichende Self-Coaching-Tools für Deinen Exit erhalten: Der *Leitfaden zur Gesprächsführung bei verwirrenden und bestrafenden Signalen des Senders* (S. 235 ff.) stellt neben den Ansätzen zum *Drama-Dreieck* (S. 255 f.) eine stabile Basis dar, die wir durch ein *Extrakt* (S. 266) und die expliziten Hinweise auf spezielle Fallen (*Special Traps*, S. 269 f.) ergänzt haben.

All diese Tools verzweigen sich erneut und sind mit vielen unserer bereits behandelten Themen verknüpft.

Damit steht Dir eine **Self-Coaching-Toolbox** zur Verfügung, die wir im Self-Empowerment-Kapitel um weitere Strategien und Übungen ergänzen werden, um an Deiner *Immunisierung gegen Gaslighting* zu arbeiten. Du bist **nicht** hilflos!

Damit sind wir am Ende des 3. Makroprozesses angelangt. Der 3. Makroprozess beinhaltet den 1. und 2. Makroprozess. Auch wenn die Übergänge zwischen den Makroprozessen fließend sind, hat jeder seine eigene Charakteristik. Anhand dessen können Empfänger auch ungefähr **bestimmen, in welchem Makroprozess** sie sich gerade befinden und die passenden Strategien anwenden.

Die *acht Indikatoren der AR* (S. 103 ff.) wirken in jedem Makroprozess. Sie greifen immer, wenn wir es mit einem Sender von *Gaslighting* zu tun haben.

Der vierte und chronologisch letzte Makroprozess kann einsetzen, wenn Empfänger sich im 3. Makroprozess ausreichend lange an die AR gewöhnt haben und das Bewusstsein für die Makroebene vollständig verloren gegangen ist.

D. Auto-Gaslighting: Der Empfänger gaslightet sich selbst - 4. Makroprozess

Stichworte:

Das geschluckte *Gaslighting*-Universum
Automatismus der Selbstbestrafung
Fawning und frühe Traumata
Identifikation mit der AR

Was bedeutet **Auto-*Gaslighting*?** Kurz gesagt: *Gaslighting* findet hier nicht mehr nur zwischen zwei Menschen statt, sondern hat sich **im Empfänger** verselbständigt. Der Empfänger *gaslightet* sich selbst.

Der Grundstein hierfür wurde im 3. Makroprozess (S. 203 f.) durch die Gewöhnung an die **Regeln und Gesetzmäßigkeiten der AR** gelegt. Im 4. Makroprozess hat der Empfänger diese Regeln zu seinen eigenen gemacht. Bei **Auto-*Gaslighting*** wird die AR fortan vom Empfänger selbst als unumstößliche Realität angenommen. Die eigene RW wurde schleichend über alle Makroprozesse von der des Senders abgelöst. Der 4. Makroprozess ist die **Endstation des *Gaslighting*-Prozesses.**

1 Ausgangssituation

Befinden Empfänger sich lange genug in der Atmosphäre der AR, dann verlagert sich der *Gaslighting*-**Prozess** im 4. Makroprozess ins Innenleben des Empfängers und **Auto-*Gaslighting*** entsteht. **Auto-*Gaslighting*** wird umso wahrscheinlicher, je mehr das soziale Umfeld die AR des Senders vertritt.

Auto-*Gaslighting* etabliert die AR des Senders so stark im Empfänger, dass dessen eigene Realitätswahrnehmung nicht mehr anhaltend greif- oder spürbar ist. Empfänger können so sehr **mit der AR identifiziert** sein, dass sie den Verlust der eigenen RW **nicht realisieren**, sondern die AR für ihre **eigene Wahrnehmung** halten.

Mit den Sichtweisen des Senders reden Empfänger sich bei **Auto-*Gaslighting*** ihre eigene Wahrnehmung aus und werden so **zu ihrem eigenen Sender**. Der Sender kann sich zurücklehnen - der Empfänger hat **die AR geschluckt** und „schert nicht mehr aus".

Paradoxerweise kann eine derart dysfunktionale Beziehung nach außen sehr „harmonisch" wirken: Die Partner scheinen sich **einig** zu sein. Der Sender **verstärkt** den Empfänger, wenn dieser ihm zustimmt (Übernahme der AR). Der Umgang ist oft auffallend freundlich. Im 4. Makroprozess kommt es nur noch selten zu Eskalationen (dann aber massiv), da sich der Empfänger fast **vollständig an der AR** des Senders (und damit seinen Wünschen) orientiert (Definition S. 52, Punkt (8).

Spätestens im 4. Makroprozess entwickeln Empfänger neben psychischen auch **körperliche Symptome**. Nach Außen unsichtbar wird immer noch **chronischer Stress** erlebt. Das ist der Preis, den Empfänger zahlen. Sie leiden unter **dauerhafter Entfremdung von der eigenen Wahrnehmung**, permanenter **Selbstunterdrückung**, wiederkehrenden **(Selbst-)Abwertungen**, **Selbstvorwürfen** und haben noch immer **Angst vor Bestrafung**. Hinzu kommt die Belastung durch die bei *Gaslighting* erlebten Manipulationen und Verwirrungen. Der gesamte **Beziehungskontext** verunmöglicht einen **authentischen Selbstausdruck**. Das ist purer Stress!

Für Empfänger im 4. Makroprozess bedeutet Leben oft nur noch **Überleben**. Sie sind von sich selbst entkoppelt, haben den Zugang zu Lebensfreude und Selbstbestimmung verloren. Es ist kein Wunder, dass sich diese angestaute (und unterdrückte) Energie irgendwann in Form von **körperlichen Symptomen** Bahn brechen muss.

Körperliche Symptome können auch andere Ursachen haben, die in jedem Fall durch einen Arzt überprüft werden sollten!

Wenn Du unter körperlichen Symptomen leidest: Vielleicht möchte Dir Dein System, Dein Körper etwas in Form von körperlichen Symptomen **mitteilen**? Vielleicht, dass es höchste Zeit ist, Dich von einem derart ungesunden Kontext zu distanzieren, um endlich für Dich zu sorgen und für Dich Ungesundes „abzuwehren"?

Chronischer Stress und **erlernte Hilflosigkeit** können nachweislich an der Entwicklung **psychischer Erkrankungen**, wie z.B. Depressionen oder Angststörungen beteiligt sein. Das Feld der Psychoneuroimmunologie hat unzählige Belege dafür geliefert, dass Stress negative Auswirkungen auf unser körperliches Wohlbefinden haben kann.

Der durch *Gaslighting* entstehende Stress ist enorm! Dieser Stress wird im 4. Makroprozess von Empfängern so stark **verdrängt** und unterdrückt, dass sie diese Belastung gar nicht mehr wahrnehmen. Unwissenschaftlich ausgedrückt: Wenn die Seele nicht mehr zu Wort kommt, **beginnt der Körper zu sprechen**.

Das Risiko von **Auto-*Gaslighting*** steigt mit **zunehmender Dauer** des *Gaslighting*-**Prozesses**. Es gibt Empfänger, die bereits in ihrer Kindheit und Jugend *Gaslighting* erlebt haben. Eine besondere Ausgangssituation! War ein Elternteil Sender von *Gaslighting*, kann ein Betroffener **über Jahrzehnte hinweg** einer Alternativrealität ausgesetzt gewesen sein. Durch fehlendes Bewusstsein und mangelnde Optionen wurde diese dann irgendwann übernommen.

Kinder sind vollkommen abhängig von der Gunst ihrer Eltern. Ihnen bleibt nichts anderes übrig, als die AR eines Eltern-Senders zu übernehmen, weil andernfalls ihr **eigenes Überleben in Gefahr** wäre. Zumindest erlebt ein Kind dies genau so.

Es spielt dabei keine Rolle, ob ein Eltern-Sender bewusst oder unbewusst handelt! Sobald eine behauptete Realität die Regungen, Empfindungen und Wahrnehmungen eines Kindes **nicht** zulässt, lernt das Kind eine **konstruierte, unvollständige Welt** als Realität zu verinnerlichen und **Unpassendes abzuspalten**. Die Alternativrealität des Elternteils wird übernommen, **Auto-*Gaslighting*** etabliert sich.

Geschwister und andere Verwandte können zu **unbewussten Stellvertretern** des Senders werden, indem sie diese AR vertreten. Diese Form der **Triangulation** (Indikator 6, S. 118) kann für Empfänger-Kinder der **Beweis** dafür sein, dass die AR richtig sein (*„Alle sehen das so, dann muss es stimmen"*) und die **eigene Wahrnehmung fehlerhaft** sein muss.

Kindern fehlt die **Reflektionsfähigkeit** von Erwachsenen. Doch sie spüren sehr genau, *dass etwas nicht stimmt* und leiden auch darunter! Doch sie dürfen nicht spüren, was sie spüren. Da ihnen keine andere Option zur Verfügung steht, **unterdrücken sie ihre Intuition** und lernen, einen Umgang mit der Situation zu finden.

Eigene (bedrohliche!) Empfindungen und Wahrnehmungen müssen abgespalten werden, um die Welt durch die vorgegebene Blaupause der **AR** sehen zu können. Diese Kinder sammeln **gefilterte Erfahrungen**, die so erlebt, gefühlt und abgespeichert werden, dass sie die Richtigkeit der AR bestätigen. Die Realität scheint somit immer wieder die AR zu bestätigen und die AR verfestigt sich. Genau das geschieht bei **Auto-*Gaslighting***.

Eltern-Sender können sich und dem kindlichen Empfänger **Eigenschaften** und **Rollen zuschreiben** und so fix definieren, wie die Realität auszusehen hat. Das schränkt den Entwicklungsspielraum deutlich ein und beeinflusst das kindliche Selbst- und **Realitätsbewusstsein**.

Natürlicherweise reagieren Kinder mit massiver Angst, sobald sie befürchten, von den Eltern verlassen, zurückgewiesen oder verstoßen zu werden. Offen oder verdeckte **Bestrafung** kann unmittelbare Panik auslösen, die in der Qualität und Intensität einer **Todesangst** gleich kommen kann.

Viele Empfänger-Kinder gewöhnen sich die eigene Wahrnehmung, ihre Gefühle und Empfindungen ab, weil sie (Bedrohlichkeit des Eltern-Senders) sonst Panik erleben. Durch **Unterdrückung** der unerlaubten Gefühle und Wahrnehmungen wird die **Todesangst in Schach gehalten**. Dieser Mechanismus kann als unbewusste Strategie bis ins hohe Erwachsenenalter erhalten bleiben.

Der **Zugang zur eigenen, ganzheitlichen Wahrnehmung** (klare Sicht auf die Dinge) kann im späteren Erwachsenenalter eine große Herausforderung darstellen.

In den trivialsten Situationen kann plötzlich Todesangst an die Oberfläche kriechen und das System von Betroffenen lahmlegen.

Das Selbst- und Realitätsbewusstsein von kindlichen Empfängern kann massiven **Verzerrungen, Unsicherheiten** und **Bedrohungen** ausgesetzt sein. Selbstbild, Wünsche, Werte und Vorstellungen vom Leben können durch diese Erfahrungen ge- oder verformt werden. Ich habe Empfänger erlebt, die keine Ahnung hatten, was sie gut finden, sich wünschen oder wie sie sich das Leben vorstellen. Ein Anzeichen dafür, dass sich kein konstantes **Selbst- und Weltbild** entwickeln durfte, auf das sie als Erwachsene zugreifen könnten. Eine enorme Verunsicherung für diese Menschen!

Wurden Kinder anhaltend in Frage gestellt, kritisiert, in Grenzen gewiesen, instrumentalisiert oder traumatisiert, müssen sie sich als Erwachsene einigen Herausforderungen stellen, wenn sie eine von Selbstvertrauen getragenen Beziehung zu sich anstreben. Dieser Prozess benötigt Zeit und Ausdauer, doch - er ist auch unglaublich spannend und lohnt sich!

Denn: Dein **wahrer Kern** - was und wer Du wirklich bist - kann **niemals** zerstört werden! Davon bin ich - aus eigener Erfahrung - fest überzeugt! Die durch **Auto-*Gaslighting*** verinnerlichte Realität ist eine Täuschung, die Stück für Stück wieder **ent-täuscht** werden kann.

Was ge-lernt wurde, kann auch wieder **ent-lernt** werden!

Auto-*Gaslighting* muss nicht alle Elemente der Realität umfassen, sondern ist oft auf **spezifische Fragmente des Erlebens** oder einer Situationen begrenzt. Eine selbstbewusste und bodenständige Unternehmerin kann im Alltag einen intakten Kontakt zur eigenen

Realitätswahrnehmung haben und sich erfolgreich abgrenzen. Sobald sie aber auf ihre alkoholkranke Mutter (Sender) und deren Realität trifft, kann **Auto-Gaslighting** greifen. Hier könnte ein Abgrenzungsversuch reflexartig Todesangst auslösen.

Auto-Gaslighting kann also durch **spezifische Ereignisse im Empfänger** aktiviert werden, während ansonsten ein „normales Leben" gelebt wird (siehe auch Beispiel Franziska, S. 64 f.).

An der Stelle fügen wir dem **Exkurs zur Stressreaktion** (S. 170 f.) eine weitere, hier passende Reaktion hinzu: Die traumaassoziierte Stressreaktion *Fawn*. Sie kann einen erheblichen Einfluss auf die Entstehung von **Auto-Gaslighting** haben.

a.) Die traumaassoziierte Stressreaktion Fawn

Neben *Fight, Flight, Fright* und *Faint* beschreibt der Psychotherapeut und Autor *Pete Walker*[27] eine weitere Reaktion auf potentiell bedrohliche Reize. Diese tritt insbesondere bei Menschen auf, die ein **Kindheitstrauma** erfahren und eine posttraumatische Belastungsstörung entwickelt haben: *Fawn*. Von Außen betrachtet zeichnet sich *Fawn* durch Unterordnung, Anpassung und Co-Abhängigkeit aus. Menschen, die mit *fawning* reagieren, sind häufig „People Pleaser". Sie versuchen, befürchtete Bedrohungen im Vorfeld abzuwenden. *Walkers* Buch *Posttraumatische Belastungsstörung - Vom Überleben zu neuem Leben: Ein praktischer Ratgeber zur Überwindung von Kindheitstraumata*[27] kann für Betroffene mit entsprechenden Erfahrungen empfohlen werden. Auf seiner eigenen Webseite[28] beschreibt *Walker* die Reaktion *Fawning* folgendermaßen:

„*Fawn types seek safety by merging with the wishes, needs and demands of others. They act as if they unconsciously believe that the price of admission to any relationship is the forfeiture of all their needs, rights, preferences and boundaries. They often begin life like the precocious children described in Alice Miller's The Drama Of The Gifted Child*[29]*, who learn that a modicum of safety and attachment can be gained by becoming the helpful and compliant servants of their parents. They are usually the children of at least one narcissistic parent who uses contempt to press them into service, scaring and shaming them out of developing a healthy sense of self: an egoic locus of self-protection, self-care and self-compassion.*"[28]

Frei übersetzt:

„Fawn-Typen suchen Sicherheit, indem sie mit den Wünschen, Bedürfnissen und Anforderungen anderer verschmelzen. Sie verhalten sich so, als würden sie unbewusst glauben, dass der Verzicht auf all ihre Bedürfnisse, Rechte, Vorlieben und Grenzen die Zugangsvoraussetzung für eine Beziehung sei. Sie beginnen ihr Leben oft wie jene frühreifen Kinder, die in Alice Miller's 'Das Drama des begabten Kindes[29]' beschrieben werden. Sie lernen, dass ein Mindestmaß an Sicherheit und Bindung gewonnen werden kann, indem sie zu hilfsbereiten und gehorsamen Dienern ihrer Eltern werden. Gewöhnlich haben diese Kinder mindestens einen narzisstischen Elternteil, der sie mit Verachtung in diesen Dienst drängt, sie ängstigt und sie für die Entwicklung eines gesunden Selbstbewusstseins beschämt: Eine selbstzentrierte Position von Selbstschutz, Selbstfürsorge und des Selbstmitgefühls."

Fawning als Reaktion auf potentielle Bedrohung kann demnach zu einer **Coping-Strategie** werden, wenn gewalttätige und (narzisstisch) missbräuchliche Traumata erlebt wurden.

Dabei **umgarnen** die eigentlichen „Opfer" die Quelle ihrer missbräuchlichen Bedrohung, leisten den **Forderungen uneingeschränkt Folge**, um **beschwichtigend** ein **Ende des Missbrauchs** (der Bestrafung oder Bedrohung) - oder zumindest eine Abschwächung - zu erwirken. *Fawn* geht auf Kindheitserfahrungen zurück, in der das Kind eine manipulative, abwertende oder missbräuchliche Bezugsperson **auf seiner Seite halten** musste, um zu überleben.

Fawn kann im Erwachsenenalter co-abhängige und missbräuchliche Beziehungen begünstigen, weil das Hinnehmen von gewalttätigen, grenzüberschreitenden und missbräuchlichen Handlungen gegen die eigene Person gelernt wurde.

Die der *Fawn*-Reaktion kann Flucht oder Kampf als natürliche Reaktion auf (seelische) Gewalt, Abwertung, Manipulation oder missbräuchliches Verhalten unterbinden.

Fawning begünstigt eine **rasche Übernahme der AR**, da **wehrhaftes** oder **Flucht-Verhalten** ausbleibt. Wo andere Empfänger aufbegehren, die Situation verlassen, tendieren Menschen mit *Fawning* schnell zu Unterordnung und Verhaltensanpassung gemäß den Wünschen eines Senders. *Fawning* kann wie ein Katalysator für das Durchlaufen der vorigen Makroprozessen führen und den gesamten *Gaslighting-Prozesses* beschleunigen. Der Prozess des **Auto-Gaslighting** wird damit auch meist schneller erreicht.

Ein spannender Zusammenhang: Psychische Manipulation durch *Gaslighting* kann traumatisierende Ausmaße annehmen und den Erwerb der *Fawn*-Reaktion begünstigen. Umgekehrt kann *Fawn* rascher zu **Auto-*Gaslighting*** führen (s.o.).

Wenn ein Kind die AR eines manipulativ-bedrohlichen Elternteils früh übernehmen musste, wurde **Auto-*Gaslighting*** quasi mit der Muttermilch aufgesogen. Eine solche, unbearbeitete Vorgeschichte erhöht mit großer Wahrscheinlichkeit das Risiko, **Sichtweisen und Realitäten Dritter** im Erwachsenenalter **ungeprüft zu übernehmen**.

Die Übernahme einer fremden Realität kann sich für Empfänger mit *Fawn*-Reaktion anfangs sogar entlastend anfühlen! Wenn man seine Präferenzen und **sich selbst** nicht wirklich gut kennen lernen durfte, nicht weiß, was man denken und fühlen soll, dann belastet das. Es klafft ein Loch in der eigenen Identitätsvorstellung. Die **Übernahme der Realität eines Senders** (AR) kann diese Unsicherheit mindern, sich gut und vervollständigend anfühlen: Endlich ist da eine Realität, die Orientierung gibt!

Sogar das Selbstbild eines Empfängers kann auf die Darstellungen eines früheren Eltern-Senders beschränkt sein. Wurden **abwertende, kritische, beschränkende** und **verzerrte Behauptungen** eines Eltern-Senders übernommen, fühlen sich diese Empfänger oft ein Leben lang **wertlos, verängstigt, niedergeschlagen, bedroht** und **unsicher**. Der einzige Grund dafür ist, dass sie sich so zu fühlen und zu sehen gelernt haben, wie man es ihnen verklickert hat. Fragt man diese Menschen nach dem Grund für ihr Selbstbild, können sie meist keine Antwort darauf geben.

Dieses Selbstbild entspricht keinesfalls der Wahrheit, sondern einer antrainierten, begrenzten, negativen **Projektion des Senders**, das seine Widerhaken in unterbewusste Schichten des Empfängers geschlagen hat.

Empfänger auf die dies zutrifft, durften sich selbst nie erforschen, ausprobieren und herausfinden, **wer sie wirklich sind** und **was alles in ihnen steckt**. In ihnen kann eine tief **vergrabene Selbstunsicherheit** wirken (*„Wer bin ich, was fühle ich und was nehme ich wahr?“*), die im Erwachsenenalter eine **Übernahme fremder Sichtweisen** begünstigt (*„Endlich sagt mir jemand, wer ich wirklich bin“*).

Empfänger mit einem **vom Eltern-Sender projizierten, negativen Selbstbild** suchen in Beziehungen oft Halt und Orientierung. Dadurch steigt das Risiko, in einer Konstellation mit einem Sender zu landen, der die Realität einer Beziehung vorgibt (AR). Empfänger können sich hiervon anfangs stabilisiert und wohl fühlen (1. Makroprozess, S. 148 f.), sich aber langfristig in der einschränkend-bestrafenden Wiederholung ihres Kindheitsdramas wiederfinden (2. und 3. Makroprozess, S. 166 und 203 f.).

Neben dem Druck zur **Übernahme einer alternativen Realität** können sich **Bestrafung** und **Verwirrung** für jene Betroffenen zwar schmerzhaft und leidvoll anfühlen, doch - es handelt sich um einen bereits **vertrauten** Kontext. Die Reinszenierung des Kindheitsdramas kann Empfängern paradoxerweise ein **Gefühl von Sicherheit** vermitteln (*„Das kenne ich schon!"*).

Menschen, die in frühster Kindheit **Auto-*Gaslighting*** verinnerlicht haben, neigen aus meiner Sicht zu *Fawn*, während umgekehrt erworbenes *Fawning* den Einstieg und das Verbleiben in einer ***Gaslighting*-Dynamik** wahrscheinlicher machen dürfte.

Für den erfolgreichen Exit aus einer *Gaslighting*-**Dynamik** sind **klare ! Grenzen** und **gesunde Reaktionen** auf **Bestrafungssignale** unbedingt notwendig. Die erworbene *Fawn*-Reaktion führt eher zu Unterwürfigkeit und Panik, sogar zu fürsorglichem Verhalten und Beschwichtigungsversuchen gegenüber dem Aggressor.
Bei *Fawning* können gesunde, **selbstfürsorgliche Handlungen** oder auch nur deren bloße Erwägung (!) zu **Scham** und **Schuldgefühlen** führen. Somit wird die Wahrung der eigenen Würde und das Setzen von Grenzen untergraben.
Walker's Erklärung verdeutlicht uns die Ursache dessen (S. 281):

> *„[...] (sie) wurden für die Entwicklung eines gesunden Selbstbewusstseins beschämt [...]"*

Eine **Auflösung dieser alten Muster** ist immens wichtig, um das **eigene Leben** neu in Besitz zu nehmen, sich **wirklich spüren** und **kennen zu lernen**.
Sobald sich Betroffene ihrer **eigenen Werte** bewusst werden und eine Vorstellung davon haben, wer sie wirklich sind und sein wollen (Selbstbild), können auch neue **Strategien** eingesetzt werden, um den Ausstieg aus **(Auto-)***Gaslighting* erfolgreich zu bewältigen.

Wenn **Auto-*Gaslighting*** und *Fawn* aufeinander treffen, bedarf es ! unbedingt einer professionellen, psychotherapeutischen Begleitung!

Weshalb taucht die *Fawn*-Reaktion erst hier auf? Nicht alle Empfänger von *Gaslighting* hatten traumatische Erfahrungen in ihrer Kindheit. Alle bisherigen Informationen über die Makroprozesse von *Gaslighting* gelten für **alle** Betroffenen.

Fawn als **traumaspezifische Reaktion** ist lediglich der Katalysator und Verstärker für den *Gaslighting*-**Prozess**. Durch Fawn kann auch der Ausstieg erschwert werden.

2 AR als neue Realität des Empfängers - Kern des 4. Makroprozesses

Im 4. Makroprozess übernimmt die geschluckte **Stellvertreter-Instanz des Senders** im Innenleben des Empfängers die **Führung**.

Der Empfänger betrachtet sich selbst und die Welt immer mehr durch die Brille des Senders. Damit wird die AR für den Empfänger zur **allgemeingültigen Realität**. Die Informationen des Senders sickern immer tiefer ins (Unter-)Bewusstsein des Empfängers und formen nachhaltig dessen Selbst- und Weltbild.

Vorwürfe, Kritik und Zuschreibungen des Senders (z.B. *„Du bist unzurechnungsfähig"* oder *„Du bist es nicht wert!"*) wandern vom Denken ins Fühlen des Empfängers. Alle Informationen des Senders werden nicht mehr nur mit dem Verstand durchdacht, sondern emotional **erlebt**, **gefühlt** und - daher als **wahr** erachtet!

Der Empfänger **erlebt** seine Umwelt, Situationen und Ereignisse auf die lückenhafte, verzerrte und begrenzte Weise, die der Sender ihm zuvor vermittelt hat. Ursachen und Zusammenhänge werden auf ähnliche Weise hergeleitet, wie der Sender es tut. Damit übernimmt der Empfänger quasi die **Systematik der Betrachtung** des Senders.

Weil der Empfänger **den Sender quasi imitiert**, kreiert er die AR immer wieder in sich selbst. Für den Sender gibt es wenig zu tun, denn der Empfänger *gaslightet* sich ab jetzt selbst: Er ist durch **Auto-Gaslighting** zu seinem eigenen Sender geworden.

Die Blaupause der **verinnerlichten AR** kann sich über die **gesamte Erlebenswelt** des Empfängers legen. Er sieht sich selbst und die Welt nun so, *„wie der Sender es sehen würde"*.

Konkret bedeutet das: Im 4. Makroprozess toleriert der Empfänger die Bestrafung durch den Sender nicht mehr nur, er glaubt (zumindest teilweise), dass er es **verdient** hat! Die Bestrafung wird **als richtig**

erachtet! Der Empfänger begründet die Bestrafung vor sich selbst mit den bisherigen Aussagen des Senders (*„Ich bin einfach zu anstrengend"*, *„Das war mein Fehler, weil ich immer so sensibel reagiere..."* usw.).

Im 4. Makroprozess wird so aus einer Abwertung durch den Sender eine **Selbstabwertung**. Empfänger glauben jetzt, Bestrafungen und Entwürdigung seien gerechtfertigt. In diesem Stadium attackieren sich selbst, machen sich nieder und **bestrafen sich**, wenn sie aus (der verinnerlichten) Sicht des Senders irgendetwas **falsch gemacht** haben.

Die nachfolgende Abbildung verdeutlicht, wie der Übergang zur Selbstbestrafung im 4. Makroprozess auf Empfängerseite aussieht. Die bisherige **Verstärkung** und **Bestrafung** der AR läuft nun im Empfänger auf Autopilot. Auch dann, wenn vom Sender selbst in dem Moment real gar keine Signale ausgehen.

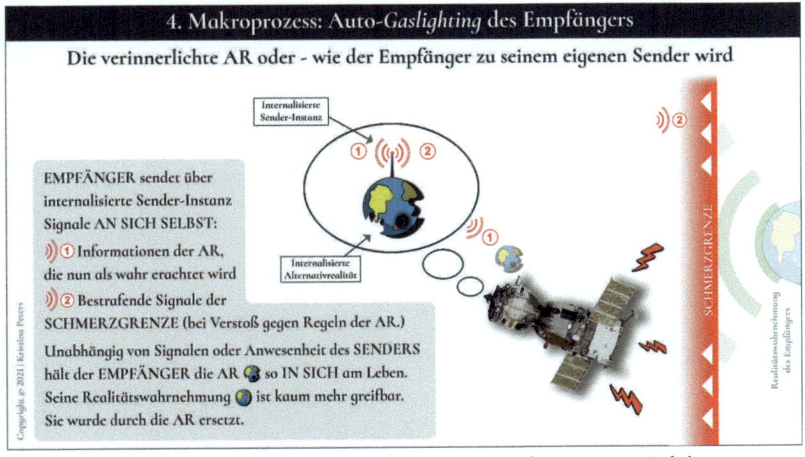

Abb. 21: Empfänger mit verinnerlichter Sender-Instanz im 4. Makroprozess: Auto-Gaslighting

Im 4. Makroprozess wirken alle vorigen Makroprozesse. Der einzige Unterschied besteht darin, dass der **Empfänger** nun einen weiteren Sender in seinem Leben hat: **sich selbst**.

Am Beispiel betrachten wir, wie **Auto-*Gaslighting*** aussehen kann, woran man es erkennen und wie ein Ausstieg gestaltet werden kann.

Bei unserem ersten Gespräch berichtete mir Sarah von Problemen in ihrer Partnerschaft:

285

„Ich glaube, dass **meine Übersensibilität** und „Ausbrüche" das Problem sind. Mein Partner Patrick ist **sehr bei sich** und **klar in seiner Ausdrucksweise**. Er trifft Entscheidungen manchmal sehr spontan, was mich oft überfordert. **Er führt viele Probleme auf meine Sensibilität** und Vergangenheit zurück und lässt das in beiläufigen Kommentaren auch immer wieder erkennen. Anfangs hat mich das **sehr gestört**, weil ich mich dadurch **übergangen** gefühlt habe. Ich empfand es als respektlos, dass er Entscheidungen traf, ohne mich zu fragen.

Beim Besuch seiner Familie sagte er zu seiner Schwester, **dass ich gerne auf ihre Kinder aufpasse**, während sie gemeinsam spazieren gehen. Ich wäre aber gerne mitgegangen, **wurde aber nicht gefragt**. Damals habe ich das noch angesprochen. Er äußerte völlig verwundert, dass ich doch kinderlieb sei und seine Nichten gerne möge. Auch wenn das stimmte, **wollte ich zu dem Zeitpunkt nicht auf die Kinder aufpassen**. Ich habe mich total **mies gefühlt**, weil ich **gezwungen war, zu seiner Schwester „nein" sagen zu müssen**. Es fühlte sich wie eine Zwickmühle an und ich habe ihm gesagt, dass er mich durch seine Aussage dahin gebracht hatte. Damals dachte ich: **„Er bestimmt über mich!"** und habe alles daran gesetzt, dass er mich vorher fragt.

Patrick **rastete total aus** und sagte, **dass ich mich selbst in diese Situation gebracht hätte**, weil ich immer alles **verkomplizieren** müsse. Er äußerte, ich **solle mich nicht so anstellen** und fragte, **ob ich das absichtlich mache, um Aufmerksamkeit auf mich zu ziehen**. Er machte meine Vergangenheit dafür verantwortlich und sagte, dass das **alles nichts mit ihm zu tun habe**, wenn ich überreagiere. Anfangs hatten wir derartige Situationen häufiger.

Er war von Anfang an davon genervt, wenn ich etwas klären wollte, entgegnete **augenrollend**, dass ich „alles, **wirklich alles ausdiskutieren**" würde. Mit der Zeit wurde er immer wütender und beendete derartige Gespräche, in dem er sagte, ich mache **„aus jeder Mücke einen Elefanten"**. Es kam **niemals zu einer Klärung** und manchmal konnte ich auch gar nichts mehr sagen, weil mein Kopf **wie leergefegt** war. Ich starrte ins Nichts, woraufhin er mich als **krank** und **unzurechnungsfähig** bezeichnete und sich dann wortlos tagelang zurückzog. Das war schwer auszuhalten. Fragte mich eine Freundin hinterher, was passiert sei, **konnte ich das oft gar nicht so genau sagen** und **habe selber gedacht, dass mit mir etwas nicht stimmen muss**. Also bin ich auf ihn zugegangen und **habe mich entschuldigt**.

Auf einmal war er wieder zärtlich, verständnisvoll und hat betont, dass er mir nichts Böses will, aber **dass ich lernen müsste, ihm zu vertrauen**. Er sagte, dass er **nur so reagiere, weil ich immer wieder mit solchen Diskussionen anfange**. Dass ich einen Umgang mit meinen „Altlasten" finden müsste.

Mit der Zeit habe ich mich hinterfragt: Kam mir seine Aggression und Gemeinheit nur so vor? Lag es daran, dass ich so schlechte Erfahrungen gemacht hatte? Stülpte ich ihm etwas über? Hatte all das nur mit meinen Altlasten zu tun? Tat ich ihm unrecht?

Ich fühlte mich tatsächlich wie früher: Klein, falsch, schuldig und verängstigt. In meiner Herkunftsfamilie habe ich immer wieder zu hören bekommen, dass mit **mir etwas nicht stimmt**. Es herrschte ein rauer Umgangston - mein Vater führte ein strenges Regiment. Ich war sehr **empfindsam** und **erschrak** immer, wenn mein Vater **laut** und **aggressiv** wurde. Einmal - ich war sechs Jahre alt - fiel mir in der Küche ein Teller auf den Boden. Mit erhobener Hand kam er auf mich zu. Ich **erstarrte** und machte mir vor Angst in die Hose. Daraufhin schlug er mich, sperrte mich ohne Wechselkleidung in mein Zimmer und brüllte mich an. Ich sei **abnormal** und hätte jetzt genug Zeit, um wieder **normal** zu werden. Ich **schämte** mich furchtbar und weinte stundenlang leise vor mich hin. Irgendwann holte mich meine Mutter nachts aus dem Zimmer ins Bad. Sie redete auf mich ein, **dass ich mich zusammen reißen müsse**. Ich sei schließlich keine drei Jahre mehr.

Meine Eltern waren der Meinung, **dass mit mir etwas nicht stimmt**. Damals schon war ich sehr **feinfühlig** und habe meine Umgebung immer nach **unguten Vorzeichen** abgesucht: Ein aggressiver Unterton, die in Falten gelegte Stirn meines Vaters, eine spannungsgeladene Stimmung. Bis heute sieht das meine Familie so: Mit mir stimmt etwas nicht.

Vor einigen Jahren habe ich eine Psychotherapie gemacht, die mir auch geholfen hat. Aber ich glaube, **dass tief in mir drin nach wie vor etwas nicht stimmt**. Vielleicht ist es so wie Patrick sagt - dass ich immer noch nach Anzeichen für Gefahr suche, weil ich das so gelernt habe. Ich habe Patrick's Rückzüge nicht mehr ertragen. Immer wieder habe ich mich **nach Streitgesprächen geschämt** und **schuldig** gefühlt, **nur weil ich die Dinge nicht ruhen lassen konnte**. Patrick machte zu und sagte, es sei immer wieder dasselbe. Ich hätte meine Phasen' und **würde es mir anschließend ohnehin wieder anders überlegen**. Damit hatte er ja Recht - so war es! Nach einem Streit **kam ich immer auf ihn zu und entschuldigte mich**. Als ich das erkannte, war mir klar, **dass mit mir wirklich etwas nicht stimmt und** dies der Grund für Streit und Eskalationen war.

Seit ich mich diesbezüglich bremse, klappt es in der Beziehung auch besser. Das beweist ja, dass es an mir liegen muss. Für die Beziehung ist die Entwicklung gut, aber ich verstehe nicht, dass ich trotzdem **angespannt** bin und **unter Strom stehe**. Oft fühle ich mich **leer** und **unglücklich**. Manchmal **weine ich ohne ersichtlichen Grund**, fühle mich **einsam** und **verlassen**. Patrick schüttelt dann nur den Kopf. Er hat Recht - **es ist verrückt**.

Sarah war im Verlauf immer überzeugter, dass die Eskalationen **ihre Schuld** waren (Übernahme der AR). Anfangs brachte sie Übergriffe und Abwertungen noch zur Sprache, weil sie diese **noch als solche wahrnahm**. Sie war in einem guten Kontakt zu ihrer eigenen Realitätswahrnehmung, ihren Werten und Wünschen.

Im Verlauf kehrte sich dies jedoch um, als sie der Erklärung von Patrick folgte. Sie führte die Wahrnehmung der Angriffe und Abwertungen auf ihre **Übersensibilität** zurück und stellte so ihre Wahrnehmung selbst in Frage.

Sarah übernahm die Geschichte (AR), die ihr Partner immer wieder erzählte: **Es lag an ihr!** Mit seiner verwirrenden Gesprächsführung reduzierte er Informationen, veränderte Zusammenhänge und klammerte sein eigenes Verhalten aus. Das Ergebnis war eine **neue Geschichte** zu den Ereignissen - die AR. Alle anfänglichen Klärungsversuche von Sarah wurden dadurch verunmöglicht.

Die **bestrafenden** und **beschuldigenden Aussagen** ließen Sarah leiden, verunsicherten sie und führten zum **Aufwallen alter Ängste**. Patrick entzog sich, machte Sarah für die Beziehungskrisen verantwortlich, indem er ihr **altes Thema** als Ursache festschrieb.

Patricks's **alternative Realität** traf bei Sarah ins Schwarze. Sie brachte ihre eigenen Gefühle, die (in der Psychotherapie) mühsam erarbeiteten Werte und ihre Intuition zum Schweigen. Sarah selbst begann, alle gesunden Impulse **abzuwerten**, indem sie diese fälschlicherweise auf **Verletzungen der Vergangenheit** zurückführte (eine Fehlattribution, siehe auch S. 91 - *Projektionen*).

Fühlte sie sich durch das Verhalten ihres Partners verletzt, **kasteite sie sich** sogar selbst: *„Es ist wirklich verrückt, dass ich immer wieder ach so verletzt bin. Was ich da spüre gehört in die Vergangenheit und hat nichts mit ihm zu tun! Ich muss mich zusammenreißen!"*

! Sarah fiel gar nicht auf, dass sie mit sich selbst so sprach, wie ihre Eltern damals mit ihr sprachen. Ihr **unterdrücktes Selbst** hatte ihr in der Kindheit gute Dienste geleistet und glättete auch in der Beziehung die Wogen.

Patrick's **abwertende Kommentare** verletzten Sarah. Anstatt dies anzuerkennen, sagte sie sich immer wieder, dass es **ihre eigene Schuld** sei, wenn sie litt (*„Ich bin gestört, wenn mich das verletzt!"*). Sie glaubte, dass sie die Welt **falsch sah** und **dass mit ihr etwas nicht stimmt** (wie es die Eltern und nun auch der Partner behaupteten).

Sarah's **Auto-*Gaslighting*** harmonisierte die Beziehung zu Patrick, aber ihre **Beziehung zu sich selbst** litt enorm: Durch die **permanent**

unterdrückten Gefühle und Impulse stand sie unter chronischer Anspannung. In Momenten der Entspannung drängten Schmerz und eine **namenlose Verzweiflung** an die Oberfläche.

Augenblicke, in denen die **Auswirkungen ihrer Selbstverleugnung** durch **Auto-*Gaslighting*** für Sarah spürbar wurden. Immer wieder verdrängte sie diese Gefühle durch **Selbstabwertungen**, um die übernommene AR und so die Beziehung zu Patrick aufrecht erhalten zu können.

Sarah hatte den subjektiv einzig möglichen Weg gewählt, um in der Beziehung zu Patrick nicht mehr leiden zu müssen: Sich selbst klein zu machen und ihre Wahrnehmung zu unterdrücken.

Durch die **übernommene AR** fand sie keine Erklärung für ihre eigenen Zustände. Die Beziehung hatte sich doch verbessert! Weshalb nur ging es ihr oft so schlecht?

Schleichend hatten sich Sarah's eigene Sichtweise, ihr Gefühl zum eigenen Erleben und ihr Selbstbild verändert. Sie fischte in Patricks's trübem Wasser und war von sich selbst abgerückt. Sogar Ziele, Wünsche und Werte wurden durch die übernommene AR ersetzt: Ihr neues Ziel bestand darin, die Beziehung nicht mit ihren „**krankhaften Impulsen**" zu belasten. Was sie selbst vom Leben und in ihrer Beziehung wollte, verblasste immer mehr. **Sie hatte sich** (wie früher) **aus den Augen verloren.** Ihr System versuchte krampfhaft, ihr das mitzuteilen (siehe *Warnsignale*, S. 209 f.), doch sie verstand nicht.

Als ich Sarah fragte, was **ihr** wichtig sei und was **sie** sich wünsche, sah sie mich verdutzt und ratlos an. Zuerst wiederholte sie die vom Partner übernommenen Wünsche: *„Dass es weniger Konflikte gibt und man sich nicht gegenseitig Dinge überstülpt...".*
Viele Fragen später erst fand sie den Draht zu **ihren eigenen Werten, Wünschen** und **Vorstellungen** wieder. Sie hatte vergessen, dass sie ein **Mitsprachrecht** bei der Gestaltung ihres Lebens und in ihrer Beziehung hatte. Langsam erinnerte sie sich daran, dass ihre Meinung und ihre Gefühle wichtig waren - und keinesfalls eingebildet oder falsch.
Sarah's Misstrauen in ihre Wahrnehmung war sehr ausgeprägt. Im Gespräch wechselte sie unsicher in die AR ihres Partners **und fehlinterpretierte** ihr Erleben: *„Das war wieder eine Überreaktion, wo ich meine kindliche Verletzung auf ihn projizierte."*
Als ich sie fragte, wie sie sich bei Abwertungen ihres Partners **wirklich** gefühlt habe, stürzte eine Mauer ein: Sarah begann zu

weinen. All die unterdrückten Gefühle - Trauer, Verzweiflung, Wut und Angst - brachen sich Bahn. Als ich ihr sagte, dass die Äußerungen ihres Partners mich auch verletzt hätten, schien eine tonnenschwere Last von ihr zu fallen. Meine Rückmeldung bedeutete für Sarah genau das, was sie (und jeder Empfänger in einer *Gaslighting*-Dynamik!) unbedingt benötigte, um sich selbst wieder zu vertrauen: Die **Bestätigung** eines Menschen, dass ihre **Empfindungen in Ordnung** und **nachvollziehbar** sind. Eine **Validierung!**

Sarah erkannte nach und nach, wie sehr sie sich von ihren Gefühle und ihrer Wahrnehmung **entfremdet** hatte und wie sie durch das systematische Verhalten ihres Partners (und ihre Reaktionen darauf) von sich selbst weggezogen worden war.

Nachdem sie den Zugang zu ihren Werten, Wünschen und Vorstellungen wieder gefunden hatte, grub sie ihre Kiste der Schöpferkraft und Selbstbestimmung erneut aus. In kleinen Schritten erlaubte sie sich wieder, ihr Leben nach **eigenen Regeln, Bedürfnissen, Go's** und **No Go's** neu auszurichten.

Erst ein Besuch im Hallenbad, um sich auszupowern - **egal, was Patrick dazu sagte.** Es war **ihr** wichtig. **Sie spürte sich wieder** und das tat ihr gut! Davon motiviert verbrachte sie ein Wochenende mit einer Freundin an der Nordsee - **egal, was er dazu sagte** (und er sagte eine Menge). Sarah roch den **süßen Duft der Selbstbestimmung** und ihr wurde bewusst: **Sie war frei!**

Sie konnte Patrick's Aussagen jetzt besser zuordnen und begann, klarer zu sehen, **sich neu zu vertrauen.**

Ihr wurde eine wesentliche Sache bewusst: **Sie war, wer sie war.** Ganz gleich, was sie in ihrer Kindheit erlebt hatte, welche Schwächen und Muster sie auch mitbrachte - sie hatte **Respekt** verdient und durfte **ihr Leben** leben.

Aus eigenen Stücken stellte sie Patrick irgendwann vor die Wahl: Entweder er unterließ es, sie für ihre Individualität zu bestrafen, abzuwerten und zu verurteilen - oder sie würde gehen.

Nach einem kurzen Schlagabtausch ging sie wirklich.

Sarah **fühlte** wieder, **dass sie wertvoll war** und für sich selbst sorgen konnte. Sie traf eine Entscheidung und gab sich das Versprechen, ihre Werte, Wünsche und Bedürfnisse fortan **ernst zu nehmen, ihrer Wahrnehmung zu vertrauen** und sich diese nicht mehr ausreden zu lassen.

Sie begann damit, ihre eigenen Grenzen klar aufzuzeigen und ging auf Distanz, sobald sie das Gefühl hatte, dass ihr jemand die Wahrnehmung absprechen wollte.

Sarah erzählte irgendwann, dass sie die Makroprozess erst dann klar zu sehen begann, als sie den Kontakt zu ihrer Wahrnehmung wieder hergestellt hatte. Ihr Partner hatte sie **abgewertet, emotional erpresst, klein gehalten** und **ihre Grenzen mehrfach überschritten.** Mir abschätzigen Aussagen, konkreten Störungen oder initiierten Streitgesprächen wurden Selbstfürsorge und individuelle Entwicklung torpediert. All das konnte Sarah erst erkennen, nachdem sie **Auto-*Gaslighting*** und damit die AR abgestreift hatte und **ihrer eigenen Wahrnehmung** wieder vertraute.

Dieser Abschnitt hat Dir die Wirkungsweise von **Auto-*Gaslighting*** aufgezeigt. Sarah's Beispiel zeigt eindrücklich, dass Empfänger erst dann wirklich sehen, verstehen und aussteigen können, wenn sie in sich ein **„*Ja*" zur eigenen Wahrnehmung** finden.

3. Die Folgen von Auto-*Gaslighting* für Empfänger

Auto-*Gaslighting* sorgt dafür, dass **Selbst- und Realitätsbewusstsein** von Empfängern verzerrt und deformiert bleiben. Wurde die AR des Senders übernommen, beginnen Empfänger automatisch damit, alle nicht zur AR passenden Impulse und Gefühle zu unterdrücken.
Wir erinnern uns an die Erläuterung zur AR des Senders (S. 135):

> *„Die Wahrnehmung wird so zurechtgerückt, dass sie zum **gewünschten, vordefinierten Ergebnis** passt. Alles, was nicht passt, wird **beschnitten, verformt, verändert** oder **ignoriert** (die Verzerrungen, Verschattungen und Löcher in der AR)."*

Bei **Auto-*Gaslighting*** verhalten sich Empfänger jetzt selbst so! Sie schreiben **ihre eigene Wahrnehmung** so um, dass sie in die (übernommene) AR des Senders passt.
Das geschieht nicht bewusst, sondern auf Auto-Pilot! Man kann sich eine Art **Programm** im Empfänger vorstellen, das **unpassende** Gefühle, Impulse und Eindrücke unterdrückt und in eine mit der AR verträgliche Geschichte umformuliert.

Dieses **Unterdrückungs- und Korrekturprogramm** läuft bei **Auto-Gaslighting** immer mit und kostet **immens viel Energie**. Mit jeder Unterdrückung und jeder Korrektur entfernen sich Empfänger immer weiter von der eigenen RW.

Kein Wunder, dass Empfänger spätestens im 4. Makroprozess an ihrem Verstand zweifeln und dauerhaft **verunsichert, nervös** und **angespannt** sind (S. 52, Punkt **(6)**).

Viele Empfänger gewöhnen sich an diesen Zustand - auch an ihr inneres **Unterdrückungs-** und **Korrekturprogramm**. Wie in Sarah's Fall operiert dieses Programm mit Selbstkritik und -verurteilungen, woraus wiederum Scham- und Schuldgefühle (für das eigene Sein!) hervorgehen.

In Gesprächen mit Empfängern im 4. Makroprozess ist mir immer wieder diese unerbittliche, **verinnerlichte Sender-Instanz** begegnet. Betroffene zogen sich mit jedem zweiten Satz in Zweifel, beschuldigten sich oder klagten sich an. Keine Spur von Wohlwollen oder Verständnis für sich selbst. Ablehnung und Selbstunterdrückung waren für sie zur **Normalität** geworden.

Viele befanden sich noch in einer *Gaslighting*-**Dynamik**, in der diese ungesunde **Selbstunterdrückung** und **-ablehnung** erwünscht war und verstärkt wurde.

Bereits im 3. Makroprozess (S. 203 f.) misstrauen Empfänger ihrer eigenen Wahrnehmung und haben **Angst** vor ihr. Obwohl ihnen **Auto-Gaslighting** schadet, halten sie im 4. Makroprozess noch mehr daran fest. Weshalb? Die verinnerlichte AR des Senders gibt den Halt und die Orientierung, die sie **in sich selbst** verloren haben.

? *„Aber wieso geben Menschen für Halt und Orientierung ihre eigene Wahrnehmung und die Beziehung zu sich auf, wo es ihnen doch schadet?"*

Auch wenn es auf den ersten Blick unlogisch erscheint: Die Realität eines Senders zu übernehmen kann **zentrale Grundbedürfnisse** eines Empfängers abdecken!

a.) Exkurs zu zentralen Grundbedürfnissen

Klaus Grawe[30] postulierte als Begründer der allgemeinen Psychotherapie **vier zentrale Grundbedürfnisse,** die in allen Menschen als Triebkraft zur Beziehungsgestaltung wirken:

1. Das Bedürfnis nach Bindung/Zugehörigkeit
2. Das Bedürfnis nach Kontrolle/Orientierung
3. Das Bedürfnis nach Lustgewinn/Unlustvermeidung
4. Das Bedürfnis nach Selbstwerterhöhung/-schutz

Nach *Grawe*[30] versuchen wir immer, diese Grundbedürfnisse **in Interaktion mit unserer Umwelt zu befriedigen** oder sie zumindest **vor Verletzung zu schützen!**

Indem der Empfänger sich im Rahmen von **Auto-*Gaslighting*** mittels **Selbstunterdrückung** und **Wahrnehmungskorrektur** zur Übernahme der AR entscheidet, gewinnt er in der Beziehung zum Sender:

1. **Bindung und Zugehörigkeit** - weil er durch die Übernahme der AR vom Sender angenommen wird.

2. **Kontrolle und Orientierung** - da er durch Anpassung an die AR und den Selbstverrat das Gefühl hat, seine Situation „steuern" zu können (=Selbstwirksamkeit).

3. **Lustgewinn** - durch die Momente der Pseudo-Harmonie, sowie **Unlustvermeidung** - durch das Ausbleiben von Bestrafung.

4. **Selbstwerterhöhung** und **Selbstwertschutz** - weil der Sender nur bei Widerspruch und Aufbegehren gegen die AR bestraft und abwertet (Schmerzgrenze), bei Übernahme aber zugewandt und schmeichelhaft sein kann (1. Makroprozess, S. 148 f.).

Kurzfristig erreicht der Empfänger durch **Auto-*Gaslighting*** eine **Befriedigung all seiner natürlichen Grundbedürfnisse!**
Dieses „gute Gefühl im Moment" erschwert einen Ausstieg aus dem 4. Makroprozess enorm. Leider werden die Grundbedürfnisse nur so lange befriedigt, wie Empfänger ihre **Selbstverleugnung** aufrechterhalten. Es handelt sich also um einen **Deal**: Der Empfänger tauscht langfristig seine **authentische Version** und **Wahrnehmung** gegen die kurzfristige **Befriedigung seiner Grundbedürfnisse** ein.

In nahezu allen Fällen verbleiben Empfänger in einer *Gaslighting*-**Dynamik** und praktizieren **Auto-*Gaslighting***, weil sie dadurch diese **kurzfristige Befriedigung** essentieller Grundbedürfnisse und eine **Reduktion von Angst** erreichen.
Der Preis: **Selbstunterdrückung** und **-verleugnung**.
Die Folgen: **Deformation** der **Selbst- und Realitätswahrnehmung**,

sowie eine von Angst und Unruhe begleitete **Selbstentfremdung**, die phasenweise explosiv an die Oberfläche brechen und Empfänger durch Zustände starker Verzweiflung und Orientierungslosigkeit heimsuchen kann.

Wie Sarah in unserem Beispiel, können sich Empfänger ihre Zustände oft nicht erklären. Sie sind **zu tief in Auto-*Gaslighting*** verstrickt und mit der AR des Senders identifiziert. Die Reflektion auf der Makroebene funktioniert nicht mehr und wird manchmal auch unterdrückt, um die Angst vor Ablehnung und Verlassenwerden nicht spüren zu müssen (siehe S. 174 ff.).

Einige Empfänger spüren intuitiv, dass sich mit Einnahme der Makroebene (*„Was passiert hier eigentlich wirklich?"*) ihre Sicht auf die Beziehung **grundlegend** auf eine **ent-täuschende** Weise ändern und sie vor Entscheidungen stellen würde. Davor schrecken viele Empfänger im 4. Makroprozess (S. 276 f.) reflexartig zurück und schauen unterbewusst weg - weil nicht sein kann, was nicht sein darf.

Menschlich betrachtet ist das verständlich: Wenn man mit einem Schlag die Sicht auf eine vielleicht Jahre oder Jahrzehnte bestehende Beziehung ändern muss, kann einem das den Boden unter den Füßen wegziehen und das komplette Weltbild ins Wanken bringen. Wer möchte das schon?

Zudem haben sich Empfänger im 4. Makroprozess schon lange im klein-klein (also den Mikroprozessen) verfangen. Es fehlt die Draufsicht auf ihre Situation. Sie hangeln sich durch einzelne Situationen, versuchen ihre Grundbedürfnisse (durch Selbstverleugnung) zu schützen, während die **innere Spannung** immer weiter ansteigt. Sie sind in einem **Teufelskreis** gefangen: Je größer die innere Spannung wird, umso dringender wird der Schutz der Grundbedürfnisse. Im ***Gaslighting*-Universum** ist das nur durch Selbstverleugnung möglich. Paradoxerweise stabilisiert die Selbstverleugnung den Empfänger also, doch langfristig steigt die Anspannung an.

Im 4. Makroprozess stehen Empfänger ständig unter Strom. Gehetzt und von Unruhe getrieben, suchen sie nach Möglichkeiten, sich zu regulieren.

Die Situation eskaliert spätestens dann, wenn die emotionale Ladung dieses Teufelskreises **nicht mehr zu ertragen ist**. Wird dieser kritische Cut-off-Point erreicht, erfolgt beim Empfänger eine **abrupte**

Entladung, durch welche all die **angestaute, emotionale Energie** abfließen kann. In diesem Moment schafft der Empfänger es einfach nicht mehr, „den Deckel auf dem Topf zu halten".

Diese Entladung transportiert alle bisher verdrängten Emotionen und Wahrnehmungen in einem **explosiven Crescendo** an die Oberfläche: Trauer, Wut und unterdrückter Schmerz sind jetzt überdeutlich spürbar.

Obschon diese Entladungen überwältigend und anstrengend sein können, sind sie befreiend und potentielle Türen für den Ausstieg aus dem 4. Makroprozess. Der Empfänger spürt endlich seine **wahren Empfindungen** wieder - der Kontakt zur eigenen Realitätswahrnehmung steht. Ein Empfänger weiß in diesem Zeitfenster wieder, **wer er wirklich ist** und **was tatsächlich in ihm vorgeht**.

Für Empfänger ist das **die** Gelegenheit, wieder in Beziehung zu sich zu treten und den Kontakt zu ihrer eigenen Realitätswahrnehmung **ab jetzt zu halten**.

Die alles entscheidende Frage lautet: **Wofür entscheiden sie sich?**

Für das Vertrauen in die eigenen Gefühlen, die jetzt gerade durchbrechen? Für die eigene Wahrnehmung, das eigene Erleben und gegen **Auto-Gaslighting** (wie Sarah es tat)? Oder dafür, sich diesen Zustand mit der Brille des Senders (der AR) zu erklären, sich die eigenen Gefühle und Wahrnehmungen wieder auszureden, sie abzuwerten oder sich dafür zu verurteilen, schuldig zu fühlen und zu schämen?

Auch wenn das kaum begreifbar scheint - viele entscheiden sich für Letzteres, kehren zu **Auto-Gaslighting** zurück und erklären sich den eigenen Zustand mit der Sicht des Senders.

Weshalb das so ist und was Empfänger tun können, um die Ausgangstür aus dem 4. Makroprozess doch noch zu erwischen, schauen wir uns im nächsten Abschnitt zur *Post-Verdrängungs-Implosion* an.

Ich hoffe, Du konntest eine Vorstellung davon bekommen, wie sehr sich Menschen durch **Auto-Gaslighting** von sich selbst entfremden und wie viel Kraft es sie kostet, das eigene Erleben zu unterdrücken. So lange, bis das nicht mehr funktioniert.

4 Die Post-Verdrängungs-Implosion

Durch einen einschneidenden Vorfall mit dem Sender oder spätestens mit dem **Ende** der Beziehung, gibt es für das bis dahin Unterdrückte kein Halten mehr. Dann drängen alle bis dahin unterdrückten Wahrnehmungen, Gefühle und Impulse ungehindert an die Oberfläche. Endlich dürfen diese Gefühle erlebt werden, denn dann **gibt es nichts mehr zu verlieren**. Der Vorhang der Selbst-Täuschung fällt. Und er fällt oft abrupt und auf überfordernde Weise.

Empfänger finden sich dann in einem Zustand wieder, den ich als *Post-Verdrängungs-Implosion* bezeichne:

Eine Überschwemmung durch alle unterdrückten Emotionen, während **gleichzeitig** realisiert wird, dass die **bisherige Sicht** auf die Dinge, die bisher gültige Geschichte (die übernommene AR des Senders) **nicht zutreffend war**.

Diese Mischung aus Erkenntnis und überbordernden Gefühlen kann Empfänger regelrecht lahmlegen. Fassungslos fragen sie sich: *„Was ist denn nun die Realität?"*

Durch **Auto-*Gaslighting*** ist die eigene RW in weite Ferne gerückt, doch das bis dahin übernommene Selbst- und Weltbild (die AR des Senders) passt ebenfalls nicht mehr. Eine halt- und orientierungslose **Panik** breitet sich im Empfänger aus.

Mir ist es wichtig, dass Du diesen Moment wirklich verstehst: Dass der Empfänger seine unterdrückte Realität endlich wieder spürt, ist **die kostbarste Ausgangstür** aus dem 4. Makroprozess. Dieses Empfinden passt aber nicht dazu, was bisher geglaubt und gelebt wurde (AR des Senders). Deswegen taucht mit dieser Tür immer gleichzeitig eine existentielle Angst auf. Kurz gesagt: **Die eigene Wahrheit löst orientierungslose Angst aus.**

Die orientierungslose Angst der *Post-Verdrängungs-Implosion* startet im Empfänger den inneren Schlagabtausch zwischen zwei Realitäten. In diesem Stadium wälzt er verschiedene Interpretationen, Überlegungen und Begründungen, um **zurückliegende Ereignisse** zu klären.

Doch die panische Verwirrung und das durch die Post-Verdrängungs-Implosion gestresste System des Empfängers macht eine klare und sachliche Analyse **unmöglich**. Viele Empfänger verfangen sich hier in Fragen, auf die es gar **keine verlässlichen Antworten** gibt:

„Wie war es denn wirklich?"
„Liege ich falsch oder der Sender?"
„Hat mich meine Menschenkenntnis getäuscht?"
„War das alles berechnende Absicht?"

Empfänger versuchen dadurch, schnell eine neue Geschichte zu schreiben, die ihnen wieder **Halt** gibt. Das ist nur allzu verständlich! Doch in diesem Stadium funktioniert das einfach nicht.

Schauen wir uns den Exit aus dem 4. Makroprozess an.

5 Exit aus dem 4. Makroprozess

Der Exit aus dem 4. Makroprozess stellt Empfänger vor die Herausforderung, mit einem vorübergehenden Verlust einer (evtl. Jahrzehnte) gelebten Realitätsvorstellung umgehen zu müssen.

Der Ausstieg aus **Auto-*Gaslighting*** fordert viel Mut und Ehrlichkeit von Empfängern. Sie müssen sich der Möglichkeit stellen, einer gelernten (Selbst-)Täuschung aufgesessen zu sein. Fast unmittelbar danach taucht die Frage auf: *„Was ist denn **dann** die Realität?"*

Wie gesagt, finden sich darauf anfangs keine befriedigenden Antworten. Gefühlt schweben ehemalige Empfänger orientierungslos und verunsichert durch ein schwarzes Loch.

Hier müssen (ja, müssen!) Empfänger unbedingt Geduld und Verständnis für sich und ihren Zustand aufbringen. Das Stadium der **Post-Verdrängungs-Implosion** wühlt auf, macht dünnhäutig und beeinflussbar. Allen Betroffenen muss geraten werden, in diesem Stadium **keine wichtigen Entscheidungen** zu treffen.

Beim Exit aus **Auto-*Gaslighting*** werden Techniken zur Stressregulation unerlässlich (S. 186 und S. 339 f. im Self-Empowerment-Kapitel). Dein System benötigt jetzt Deine Hilfe, um immer wieder den Weg in die **Balance** zu finden. Erst wenn Du Dich diesbezüglich gut gerüstet fühlst, macht eine tiefer reichende Reflektion und Aufarbeitung des Geschehenen wirklich Sinn.

Essentiell sind an dieser Stelle **Erdungs- und Körperübungen** (siehe Self-Empowerment-Kapitel, S. 335 f.)! Komme erst einmal wieder auf der Erde und in Deinem Körper an.

Unmittelbar nach einer *Gaslighting-Erfahrung* braucht Dein System erst einmal Zeit, um sich zu beruhigen und das Geschehene zu verdauen. In dieser Zeit kannst Du trainieren, die Dinge wieder so wahrnehmen zu **dürfen, wie Du sie wahrnimmst.** Punkt.

In diesem Stadium ist es auch wichtig, wieder all das fühlen zu lernen, was sich im Raum Deines inneren Erlebens zeigt. Und zwar ohne Verbote, Bewertungen oder Urteile. Versuche einfach, **allem - auch dem Unterdrückten - nach und nach Raum zu geben,** es wirklich zu erleben, um es dann loslassen zu können. Nicht mehr und nicht weniger. Eine genauere Anleitung findest Du im Self-Empowerment-Kapitel (S. 385 f.).

Dieses Buch kann Dir helfen, einige Fragen zu beantworten, etwas Halt zu finden, Dinge besser zu verstehen und zu klären.

Wichtig: Es geht **nicht** darum, **alles** zu verstehen. Das ist und wird **niemals** möglich sein. Damit kannst Du gleich hier Deinen Frieden machen. Es wird einige Fragen geben, die immer offen bleiben werden. Auf die übrigen findest Du vielleicht Antworten. Doch keinesfalls **jetzt!** Erinnere Dich an unseren Exkurs zur Stressreaktion (S. 170 f.): Du kannst kein Kreuzworträtsel lösen, während Dein System innerlich auf der Flucht vor einem Tiger ist! Doch genau das ist in der **Post-Verdrängungs-Implosion** der Fall!

Die Antworten werden Dich dann finden, wenn Du bereit und offen dafür bist. Darauf darfst Du vertrauen und die Fragen bis dahin stehen- oder loslassen. Trainiere das immer wieder!

„Heute, hier und jetzt entscheide ich mich dafür, meine Fragen zu akzeptieren - so, wie sie sind. Ich nehme sie an und lasse sie stehen, ohne dass ich mich auf die Suche nach Antworten machen muss.
Die Antworten werden mich finden, wenn es an der Zeit ist. Darauf vertraue ich jetzt!"

Es kann ein bisschen dauern, bis Unruhe, Angst und Verwirrung sich langsam in Ruhe und Klarheit wandeln. Falls Du immer wieder Unruhe spürst, trainiere den obigen Satz und - fühle ihn. Versuche bitte, Dich selbst ein bisschen in Ruhe zu lassen. Wenn Du Dich dabei erwischst, wie Du Dir eine neue Erklärung für alles zusammenbasteln willst: **Lass diese Geschichten immer wieder los** - so gut Du kannst. Falls Fragen kommen: **Lass die Fragen los** - so gut Du kannst. Es genügt jetzt vollkommen, wenn es Dir gelingt, wieder im Moment, in Deinem Körper anzukommen. Sorge gut für Dich und lerne wieder, willkommen zu heißen, was Du fühlst. **Sei wohlwollend für Dich selbst da** - so gut Du kannst. That's it for the moment!

In einer *Gaslighting-Dynamik* leidet die **Beziehung zu Dir selbst** sehr stark. Du kannst Dich dem Wiederaufbau, und der Pflege dieser Beziehung zu Dir selbst widmen. Wenn Du das tust, wirst Du mehr und mehr spüren, dass Du Dir selbst wieder vertrauen kannst. Und so kann auch das **Vertrauen in Deine Realitätswahrnehmung** wieder wachsen. Auch die bisher **unterdrückten Gefühle** wollen gesehen, angenommen und schrittweise integriert werden. Überfordere Dich hier nicht und lasse den Prozessen ihre Zeit.

Du darfst Dir selbst Zuwendung und Aufmerksamkeit schenken. Mit der Entscheidung, Deine Energie darauf auszurichten, kannst Du **wirklich** etwas bewirken (anstatt Fragen zu wälzen, auf die es keine Antworten gibt).

Auch wenn anfangs alles im Chaos zu versinken scheint - das sich öffnende Fenster nach einer *Gaslighting-Dynamik* kann Dich **näher zu Dir selbst führen, als es jemals zuvor der Fall war**!

Die erste Zeit nach dem Ende einer *Gaslighting-Dynamik* kann sehr fordernd sein. Hab Geduld mit Dir und nutze die Zeit, um in Deinem eigenen Tempo mit den Übungen im Self-Empowerment-Kapitel zu arbeiten (ab S. 315).

Einige Empfänger kehren aus der *Post-Verdrängungs-Implosion* zurück in die *Gaslighting-Dynamik*, weil sie glauben, den haltlosen Übergangszustand nicht auszuhalten. Einige lassen sich von Erinnerungen an „schöne Zeiten" zurückziehen (*Anziehung des 1. Makroprozesses*, S. 148 f.) und verdrängen kurzzeitig den erlebten Horror. Bei den meisten wechseln sich Horror und Sehnsucht ab. Wiederum andere erleben eine Übermacht der Angst vor dem Alleinsein und nehmen dann doch wieder Kontakt zum Sender auf.

Je stärker die AR sich eingebrannt hat, umso wahrscheinlicher flüchten Empfänger in die alte (vertraute) Geschichte der AR. Sie schließen **die Tür zur eigenen RW wieder** und reden sich ein, dass alles *„gar nicht so schlimm war"*.

Die größte Falle beim Exit aus dem 4. Makroprozess ist die **partielle Blindheit**. Dabei sehen Empfänger zu einem Zeitpunkt immer nur **einen Teil** des Erlebten. Entweder den Horror (2. Makroprozess, S. 166) oder die schönen Momente (1. Makroprozess, S. 148). Einmal blenden sie das Schöne aus (das es auch gab!), das andere Mal ihre Wut, ihren Schmerz und all die entwürdigenden Momente. Wie ein Pendel schwingen sie hin und her, sehen aber nie **beide Seiten** (des Senders) gleichzeitig.

Genau darin liegt aber die Lösung: Sowohl den Sender, als auch die Ereignisse in einem Moment **ganz zu sehen**! So wie es und er war und wirklich ist.

Das **Pendeln** kostet enorm viel Energie. Sowohl intensive Sehnsucht, als auch massive Wut wühlen das System auf. Es kostet ungemein viel Kraft, um das System immer wieder in die Balance zu bringen.

Partielle Blindheit und Pendeln sind Ergebnisse einer **gespaltenen Sichtweise** des Empfängers. Dies ist mir bei meinen Klienten immer wieder aufgefallen.

„Wieso haben Empfänger eine gespaltene Sichtweise?"

Die gespaltene Sichtweise ergibt sich aus dem Umgang mit dem Sender. Nicht selten spalten Sender von *Gaslighting* Ereignisse voneinander ab (siehe *Modifikation der Zeitleiste*, S. 273) oder sie sind in sich gespalten.

Empfänger erleben das so, als hätten sie es zu unterschiedlichen Zeitpunkten mit **zwei (oder mehr) Persönlichkeiten** des Senders in einer Person zu tun. Verhält sich ein Sender im einen Moment noch zugewandt, fürsorglich und liebevoll (1. Makroprozess, S. 148 f.), kann er im nächsten Moment bedrohlich, attackierend und verletzend sein (2. Makroprozess, S. 166 f.). Aus Sicht des Empfängers passen diese beiden Verhaltensweisen **nicht zusammen**. Er bekommt sie nicht unter einen Hut und steht bei *Gaslighting* in Beziehung zu einer Person, die zwei verschiedene Persönlichkeiten zu haben scheint.

Allgemein findet sich das ausgeprägteste Beispiel für eine **Spaltung** bei Menschen mit dissoziativer Identitätsstörung. Dabei können verschiedene Persönlichkeitsanteile - teilweise völlig voneinander unabhängig - ein Eigenleben führen.

Bei einem Sender von *Gaslighting* kann eine mehr oder weniger ausgeprägte Spaltung vorliegen. Das führt zu massiven Widersprüchen und Verwirrung des Empfängers. Tritt diese Spaltung erstmals in Erscheinung (Begegnung mit der Schmerzgrenze), sind viele Empfänger zuerst schockiert. Mit der Zeit **gewöhnen** sie sich daran. In der Beziehung zum Sender gehen Empfänger zwangsweise **mit in diese Spaltung**. Ihr Innenleben reagiert auf den „liebevollen Anteil" des Senders anders als auf den „strafenden Anteil".

Im 1. Makroprozess (S. 148 f.) ist „alles gut" und im 2. Makroprozess (S. 166 f.) „bricht die Hölle los". Diese beiden Zustände treten aber nie gleichzeitig auf! Der Empfänger entwickelt durch den Umgang mit einem Sender mit der Zeit ein **gespaltenes Auftreten von Gefühlszuständen**.

Nach dem Exit aus *Gaslighting* hören die gespaltenen Gefühlszustände nicht einfach auf. Sie setzen sich fort. Einmal wird der Sender unfassbar vermisst, die schönen Momente herbeigesehnt und all die schlimmen Vorfälle sind „wie weggewischt". Im nächsten Moment herrscht blinde Wut, Rachegefühle tauchen auf und all das Schöne ist vergessen. Dies erklärt die **partielle Blindheit** und das **ambivalente Pendeln** von Empfängern in, aber auch **nach** der Beziehung zu einem Sender von *Gaslighting*.

Das Aufwallen beider Gefühlszustände nach einer *Gaslighting*-**Konstellation** fordert Empfänger auf, beide Gefühlszustände zu erleben und sie zu integrieren. Das Abspalten der positiven und negativen Seite des Erlebens wurde in der *Gaslighting*-**Dynamik** unbewusst gelernt. Jetzt dürfen beide Seiten des Pendels ausbalanciert werden. Die Lösung: Beide Seiten der Beziehung dürfen zu einem **Gesamtbild** zusammengefügt werden. Es gilt, die eigene Spaltung zu erkennen und sich klar zu machen:

> *„Der Sender hat zwei (oder mehr) Anteile. Sobald ich mit ihm in Kontakt trete, habe ich es auch wieder mit beiden Anteilen zu tun! Ich bemühe mich jetzt, beide Seiten dieses Menschen zu sehen und nicht länger zu spalten."*

Der Exit aus dem 4. Makroprozess von *Gaslighting* gelingt nur, wenn **Entscheidungen auf Basis des Gesamtbilds** getroffen werden und die gespaltene Sichtweise überwunden wird.

Empfänger im 4. Makroprozess müssen sich der Tatsache stellen, dass sie **in einer vom Sender konstruierten Realität gelebt haben** und sich die eigene Wahrnehmung immer wieder ausgeredet haben (und ausreden haben lassen).

Dieses Buch soll dabei helfen, dass dies **ohne Selbstvorwürfe** geschieht. Du siehst anhand des Umfangs, wie schwer die komplexen *Makroprozesse* von *Gaslighting* zu durchschauen sind, während man als Empfänger mitten in den *Mikroprozessen* steckt!

Jeder Empfänger darf erste Schritte in Richtung **Selbstvergebung** gehen. Das kann gerne durch das folgende Statement oder mit Deinen eigenen Worten geschehen:

> *„Ich habe mich und meine Wahrnehmung verraten. Dafür vergebe ich mir jetzt. Ich entscheide mich jetzt dafür, meinen Frieden damit zu machen und fortan auf meine eigene, innere Stimme zu hören!"*

Nach diesem kraftvollen Statement kann die **Beziehung zur eigenen Wahrnehmung** (wieder) gefestigt werden und eine Distanzierung von der verinnerlichten AR erfolgen.

Empfänger können auch unbewusste Gründe haben, um an der AR des Senders festzuhalten und in *Gaslighting* zurückzukehren. Hier hilft ein aufrichtiger Blick nach innen.

a.) Inner Work zur ganzheitlichen Sicht auf den Sender und Gaslighting

Vorerst genügt das Stellen einer einzigen Frage: „Wozu?"

Viele Betroffene geben ihrer Sehnsucht nach, weil sie „die guten Momente" vermissen. Bei ihnen wäre die Antwort auf das *„Wozu?"* schlicht: *„Um die schmerzhafte Sehnsucht zu stillen!"*

Die zweite Frage lautet dann: *„Welche Konsequenzen hätte das für mich, wo ich jetzt weiß, dass dieser Mensch zwei Seiten hat?"*

Hier darf man sich die bekannten, negativen Situationen ins Bewusstsein rufen, ganz genau hinschauen und sich dann fragen, **ob man unter diesen Bedingungen wirklich zurück möchte**. Mit diesem Vorgehen katapultiert man sich als Empfänger in die Eigenverantwortung und trifft von dort eine klare Entscheidung.

Viele Betroffene stellen sich diese Fragen nicht und steuern deshalb zurück in genau die toxische Konstellation, aus der sie sich eigentlich befreien wollten. Sie machen sich nicht bewusst, wo sie stehen. Das ist ein Grund für Rückfälle. Ein weiterer sind **impulsiv auftauchende Gefühle**. Irrtümlich nehmen Empfänger an, dass die nach ihrem Exit auftauchenden Gefühle, einen **Handlungsauftrag** haben.

Beispielsweise dass aufkommende Wut bedeutet, dem Sender *„die Meinung sagen"* zu müssen. Oder dass Sehnsucht und Trauer bedeuten, dass jetzt Kontakt aufgenommen werden soll - *„weil es sich eben so anfühlt"* (ein Impuls). Bei Scham oder Schuldgefühlen wird geglaubt, dass man sich jetzt entschuldigen müsse usw.

Nach dem Exit aus *Gaslighting* sind intensive, wechselhafte Gefühle vollkommen normal! Es ist viel passiert, das nicht gefühlt oder gesehen werden durfte. Was Du in dieser Phase fühlst, **hat selten (!) einen Handlungsauftrag.**

In diesem Stadium ist es viel wichtiger, den **Raum für Deine Gefühle zu halten**, sie in Dein Herz zu lassen und damit sein zu können, anstatt irgendwas **im Außen** klären zu wollen. Alle Gefühle sind erlaubt und dürfen gefühlt werden. Ich wurde immer wieder gefragt:

? *„Diese Beziehung war so schmerzhaft und ungesund für mich. Wie kann ich den Sender da vermissen oder traurig sein?"*

Für den Ausstieg aus der *Gaslighting-Dynamik* ist es von essentieller Bedeutung, dass Du Dir erlaubst, **alles** zu fühlen! **Ein Sender darf vermisst werden.** Durch das Annehmen dieser Gefühle erlaubst Du Dir, die „guten Seiten" zu würdigen und zu integrieren! Es ist gesund, wenn Du im Rahmen des Verarbeitungsprozesses Trauer zulässt. Doch **!** - ich wiederhole: Es gibt **keinen Handlungsauftrag** für Dich!

Das Auftauchen von Gefühlen (auch Wut) ist kein Anzeichen dafür, dass eine Kontaktaufnahme ansteht. Damit **sabotierst** Du sehr wahrscheinlich Deinen Exit und verhinderst, dass Du Deine Gefühle schlicht zu erleben und zu verarbeiten lernst. Lass Dich hierbei ggf. professionell begleiten.

Vor allem in der ersten Zeit nach einem Exit aus der *Gaslighting-Dynamik* rate ich von impulsiven Kontaktaufnahmen durch auftauchende Gefühle ab. Betroffene sind kurz nach ihrem Exit selten so in sich gefestigt, als dass sie den Zugkräften des „alten Spiels" widerstehen können.

Oft handelt es sich beim Versuch, etwas „klären zu wollen" um reine Selbstsabotage: Im Empfänger taucht ein unangenehmes, intensives Gefühl auf (Wut, Trauer, Scham, Eifersucht usw.). Der Empfänger glaubt (unbewusst), das Gefühl nicht aushalten zu können und möchte es „weg haben". Ähnlich wie im 2. Makroprozess (S. 166) **!** können Empfänger Kontakt zum Sender aufnehmen, um die überschüssige Energie ihrer Gefühle abzuleiten. Die unbewusste Logik von Empfängern lautet in diesen Fällen:

„Der Sender ist schuld daran, dass ich mich so fühle und deshalb kläre ich das jetzt mit ihm. Dann fühle ich mich besser."

Dass dem nicht so ist, merkt der Empfänger spätestens dann, wenn er sich erneut ins Informationsfeld der *Gaslighting-Dynamik* begibt, in welchem ihm die Nebelraketen des Senders um die Ohren fliegen und er sich Themenwechseln, Abwertungen, Verdrehungen und potentiellen Bestrafungen gegenübersieht. Ex-Empfänger können sehr schnell wieder in der Dynamik landen. Sender blenden gelegentlich die Trennung - den Exit - einfach aus und knüpfen direkt wieder **am Alten an**. Sie verhalten sich so, **als würde die Beziehung fortbestehen**, als sei nichts geschehen - obwohl der Empfänger eine Trennung vollzogen hat. Die Trennung wird in dieser AR ausgeschnitten. Auf sehnsüchtige Empfänger hat das eine ungemeine Sogwirkung (1. Makroprozess, S. 148) und lädt sie in die bereits bekannte *Dramaturgie von Trennung und Wiedervereinigung* (S. 243 f.) ein.

Die **Versuchung**: Der Empfänger müsste nur ausblenden, was passiert ist. Dann könnte die Beziehung weitergehen und das unangenehme Gefühl wäre weg. Sender verhalten sich nach einem Exit des Empfängers bei Kontakten häufig so, als sei nichts Nennenswertes passiert.

Es gilt also, wirklich **genau zu überlegen**, ob Du mit Deinen Gefühlen in Kontakt und Klärung gehen möchtest und falls ja, frage Dich: **Wozu (S. 302)?**

In Ausnahmefällen **kann** ein Sender bereit sein, zuzuhören und an Respekt und Augenhöhe in der Kommunikation arbeiten wollen (Stufe 1, ggf. Stufe 2 nach Stufenmodell, S. 21 f.). Das sollte unbedingt geprüft und reiflich überlegt werden! Der *Leitfaden zur Gesprächsführung* hilft Dir dabei (S. 235 ff.).

<u>Wichtiger Hinweis</u>: Empfänger mit einer diagnostizierten Persönlichkeitsstörung oder Traumavorgeschichte sollten den Exit aus *Gaslighting* in **jedem Fall (!)** nur in Begleitung durch und nach Rücksprache mit ihrem Psychotherapeuten vornehmen!

Auto-*Gaslighting* kann in diesen Fällen nämlich eine **stabilisierende Wirkung (!)** auf die Persönlichkeit haben. Hier sollte erst am Exit gearbeitet werden, wenn eine psychische Grundstabilität und die entsprechenden Ressourcen vorhanden sind.

Im Rahmen einer Psychotherapie können dann ggf. auch tiefer sitzende Ängste und Traumata zu bearbeiten.

b.) Essentials zum Exit aus dem 4. Makroprozess

1. Ein vorübergehender **Verlust der Orientierung** ist nach dem Exit **normal**. Du wirst wieder Orientierung finden - umgebe Dich solange nur mit **Menschen, die Dir gut tun** und Dich sein lassen können.

2. Nimm **aufwallende Gefühle** der *Post-Verdrängungs-Implosion* und temporäre Orientierungslosigkeit an (aber verfange Dich nicht darin, katastrophisiere nicht).

3. Diszipliniere Dich, **jeden Tag** (ggf. mehrmals) Deine Form/en der **Stressregulation** umzusetzen (Joggen, Yoga, Schwimmen, Meditieren, Achtsamkeitsübungen etc.) - Dein System braucht Dich jetzt!

4. **Unterbreche Dich** selbst dabei, wenn Du **analysierst, grübelst**, in der Gegend **heruminterpretierst** (wieso, weshalb, warum und was genau) - entscheide Dich **jetzt** für **eine Version** der Geschichte und lass diese als *„für jetzt gültig"* stehen. Stoppe Dich beim Geschichten schreiben!

5. Affirmation: *„Ich nehme wahr, was ich wahrnehme, das gilt für jetzt und das ist für diesen Moment genug!"*

6. **Erdungs- und Körperübungen** sind jetzt dran (anstatt zu grübeln). Alles, wobei Du Deinen Körper gut spürst, ist jetzt hilfreich: Lege oder setze Dich auf den Boden, praktiziere Klopfübungen (siehe Self-Empowerment-Kapitel, S. 376 f.), mache Sport oder bürste Deinen Körper liebevoll ab.

7. **Trainiere die Wahrnehmung Deines Körpers** und bereite ihn so auf die intensiven Gefühle vor, die sich in Dir zeigen wollen. Gib diesem Erleben Raum.

8. **Akzeptiere, dass Du nie alles verstehen wirst.** Selbst für Dich stimmige Erklärungen zu Motiven des Senders bleiben Interpretationen, die Du nie zu 100% verifizieren können wirst. **Vertrau Deinem Gefühl**, finde **Deine Wahrheit** und dann - lass los: Eine absolute Sicherheit wirst Du nie finden!

9. Zeit für **Beziehungspflege!** Kümmere Dich um Deinen Körper (7.) und Dein **seelisches Wohlbefinden**: Arbeite gezielt an einer liebevollen, zuversichtlichen Lebenshaltung. Gestalte Deine Zeit bewusst so, dass Du Dich möglichst **wohl** und **sicher** fühlst.

10. **Emotionale Wechsel** zwischen Horror und Sehnsucht sind logisches Resultat erlebter **Spaltung**. Verstehe und löse **ambivalentes Pendeln** und **partielle Blindheit** (gespaltene Sichtweise) durch Integration. Kreiere ein **ganzheitliches Bild** der Beziehung und des Senders. Sehnst Du Dich - denke und

fühle Bestrafung und Verletzung. Versinkst Du in Schmerz und Wut - denke und fühle „schöne Momente".

11. Sehe und verstehe die **Auswirkungen der Spaltung** auf Dich und **bremse Dich**, wenn Du **impulsiv** aus einer **abgespaltenen Sichtweise** heraus glaubst, etwas unternehmen zu müssen. Reguliere Dein System (Punkt 3. und 6.), halte die Gefühle (Punkt 2.), integriere (Punkt 10.) und gehe zu Punkt 12.

12. Treffe eigenverantwortliche **Entscheidungen** immer aus einer **integrierten, ganzheitlichen Sichtweise** heraus. Sieh beide Seiten. Nutze die Fragenabfolge: *„Wozu?"* - *„Was erwartet mich dann?"* - *„Will ich das dennoch wirklich tun?"* (S. 302).

13. **Vergebe Dir die Ablehnung Deiner Wahrnehmung** schrittweise und bekenne Dich ab jetzt zu Deiner Wahrnehmung und Deinen Gefühlen.

14. Merke: **Gefühle haben nicht immer einen Handlungsauftrag!**

15. **Akzeptanz: Erlaube Dir, alle Gefühle da sein zu lassen** (ohne dass etwas unternommen werden müsste).

16. Falls Du nach Punkt 11. und 12. **Kontakt mit dem Sender** aufnehmen möchtest, orientiere Dich an S. 235 ff. zur **Klärung von Augenhöhe und Respekt.** Verlasse ggf. das Gespräch mittels des **finalen Exit bei Gesprächsführung** (wie dort beschrieben).

6   Roadmap für die Zeit nach dem Exit: Intuition reaktivieren und die Beziehung zu Dir selbst

Im 4. Makroprozess des **Auto-*Gaslighting*** gaslighten Empfänger sich selbst. Die AR ist zu einem **gelernten Teil von ihnen** geworden. Der Ausstieg an dieser Stelle kann sich wie ein Identitätsverlust anfühlen. Jeder Empfänger sollte hier Verständnis für die Tiefe der eigenen Verunsicherung aufbringen und sich bewusst machen, wo er steht: Zwischen den Welten.

In der *Post-Verdrängungs-Implosion* kommt alles Verdrängte an die Oberfläche: All die kleinen Selbstverrate, Wut auf sich selbst, den Sender, anschließende Scham und Schuldgefühle für die gefühlte Wut usw. Unwichtig ist dabei, ob Gedanken und Gefühle nun „berechtigt" sind oder nicht. Viel wichtiger ist die Feststellung, dass **alles durcheinander** geht.

Denn das kann den Exit aus dem 4. Makroprozess haarig werden lassen. Das Durcheinander in Empfängern bringt weitere Gedanken, Gefühle und Empfindungen hervor.

Wie bei einem **Schichtsalat** folgt auf ein **initiales Gefühl** (z.B. Trauer) ein Gedanke oder eine Bewertung (*„Das war so ungerecht!"*). Es formt sich eine neue Gefühlsschicht von Wut, auf die sich ein neuer Gedanke legt (*„Aber ich habe auch Fehler gemacht, vielleicht ist es auch meine Schuld?"*). Hieraus gehen Schuldgefühle hervor, die weitere Gedanken auslösen (*„Aber das war nicht in Ordnung, sondern enorm unmenschlich!"*), wodurch - erneut Wut entsteht. Und so weiter und so fort (Parallele: ***Monolog der inneren Beweisführung***, S. 121 f.).

Dieser Schichtsalat aus Gefühlen, Gedanken und Empfindungen ist beim Exit aus **Auto-*Gaslighting*** normal. Empfänger können sich aber bei der Suche nach Orientierung in diesem Schichtsalat **verlieren.** Während sie ihre eigene Energie damit verbraten, sich immer wieder **neue Geschichten** zu basteln, die zu diesem komplexen **Schichtsalat passen**, können sie - vorbelastet, wie sie ohnehin schon sind - auf einen energetischen und emotionalen Burn-Out zusteuern.

Die Beschäftigung mit dem Schichtsalat gibt allenfalls eine kurzzeitig gültige Antwort auf die Fragen: *„Was ist eigentlich passiert?"* und *„Wer ist schuld?"*. Eine **Verarbeitung** findet dadurch **nicht** wirklich statt. Die emotionale Ladung der vergangenen Ereignisse liegt in der **ersten Schicht** des Schichtsalates, nicht in der letzten.

Nach dem Exit zirkuliert aufgrund der ganzen Emotionen, Erinnerungen und Bilder unfassbar viel Energie im System des Empfängers: Er ist **aufgewühlt**. Die „Ge-Schichten" des Schichtsalates erzeugen zusätzliche Energie. Anstatt die Energie abzuleiten (Körperübungen, Sport, Emotionen halten) und das System zur Ruhe zu bringen, erzeugt der Empfänger so noch mehr **Unruhe** in seinem System. Dort bleibt die Energie dann an einer Stelle stecken: Im Kopf.

Es ist völlig okay, verstehen zu wollen. Doch der Verstand hilft hier nur bedingt weiter. In dieser Phase braucht es unbedingt ein **Verstehen mit der intuitiven Intelligenz.** Dieses Verstehen setzt an der Wurzel (an der ersten Schicht) an. Siehe dazu S. 380 f. im Self-Empowerment-Kapitel.

Es ist unser **intuitives „Bauchgefühl"**, das uns bei Situationsein-schätzungen hilft. Sagt der Bauch bei der Besichtigung einer

Wohnung „nein", ist die Sache klar. Und zwar ohne, dass wir wissen müssen, weshalb genau. Der Zugang zu diesem „intuitiven Bauchgefühl" wurde durch *Gaslighting* außer Kraft gesetzt, bzw. blockiert.

Die Impulse des Bauchgefühls werden nicht mehr gehört, weshalb der Verstand loslegt und **Geschichten** zu schreiben versucht, die Erklärungen liefern. Dadurch wird der Zugang zur Intuition und eigenen Wahrnehmung aber nicht verbessert. Im Gegenteil.

Stell Dir vor, Du gibst zwei Esslöffel Erde in eine Wasserflasche und schüttelst sie kräftig. Was geschieht? Das Wasser wird trüb. Es ist nicht mehr klar. Analog verhält es sich mit Bewusstsein und Intuition von Empfängern nach ihrem Exit. Sie wurden von *Gaslighting* „kräftig durchgeschüttelt" und viele persönliche Themen schwimmen wie Erdpartikel im Bewusstseinswasser herum. Die Klarheit ist dahin.

Wenn Empfänger nun wieder und wieder **in den Ereignissen** „herumrühren", sich das Hirn zermartern, sich die Umstände, ihre Gefühle und Urteile heute so und morgen so erklären, dann tun sie nichts anderes, als die Flasche erneut zu schütteln. Ergebnis: Es bleibt trüb.

Der Zugang zu einer **wachen, gefühlten, intuitiven Klarheit** liegt im „**stehen lassen**"! Wenn sich das Trübe setzen darf, tritt eine intuitive Klarheit ganz natürlich in den Vordergrund.

Genau darum geht es nach dem Exit aus *Gaslighting*.

Ein vorübergehender **Rückzug** (nur Menschen, die Dir gut tun) und die Kultivierung von Selbstfürsorge soll genau das Klima im System schaffen, in dem die **Erdpartikel sich setzen dürfen,** so dass das Trübe nach und nach Deiner intuitiven Klarheit weichen kann.

Auch das **Annehmen der Gefühle** trägt dazu bei. Unsere gelernte Reaktion auf unangenehme Gefühle ist innerer Widerstand, ein „Dagegen-Arbeiten" und „Weg-haben-wollen". Erstens kostet das enorm viel Kraft und zweitens wühlt es das System erneut auf.

Betrachtest Du hingegen alles, was auftaucht und schaust es Dir (die trüben Partikel im Wasser) einfach nur an, sparst Du Energie und verhinderst ein erneutes Aufwühlen. Damit ist nicht gemeint, sich in diesen Gefühlen zu verlieren - vielmehr **beobachtest** Du einfach, was sich in Dir zeigt **und sagst „ja" dazu.** Dazu muss die Flasche nicht erneut geschüttelt werden. Das Self-Empowerment-Kapitel ab S. 385 f. liefert Dir handfeste Übungen inkl. Erläuterungen und führt Dich in die Kultivierung entsprechender Techniken ein.

Das Self-Empowerment-Kapitel ist nicht nur Deinem erfolgreichen Exit aus *Gaslighting* gewidmet, sondern auch dem Aufbau einer generellen Widerstandskraft gegenüber psychischer Manipulation.

Wenn Du hier verstanden hast, dass durch wiederholtes Schütteln der Flasche keine Antworten auftauchen werden, ist viel erreicht.
Die Flasche darf **in Ruhe gelassen werden** und Du darfst **Dich selbst** auch erstmal in Ruhe lassen.

Der *Gaslighting*-**Prozess** kann viele persönliche Themen aufdecken. **Frühere Erfahrungen** können bewusst werden, Situationen, in denen man sich ähnlich verhalten hat. Der Wunsch, alle Themen mit einem Ruck aufzulösen ist verständlich, aber das ist einfach **nicht möglich**.
Alte Fehlprogrammierungen oder sogar Traumata (und daraus resultierendes *Fawning*) sollten niemals sofort nach einem finalen Exit aus *Gaslighting* bearbeitet werden. Das ist **nicht** die Zeit dafür! Fühlst Du Dich wieder im **Körper** und **in Deiner Wahrnehmung** zuhause, hast Deine „Kommandozentrale" (Selbstregulation) zurückerobert - dann kannst Du (ggf. mit einem Psychotherapeuten) neu überlegen.

Nach dem Exit aus **Auto-*Gaslighting*** kann es zu einer besonderen Form des „Nachklangs" kommen. Ehemalige Empfänger sollten sich aufmerksam beobachten, **wie sie mit sich selbst sprechen**. Die verinnerlichte Sender-Instanz kann im Empfänger auf bestrafende, kritische und abwertende Weise aktiv sein. Beobachte also Deine Gedanken, Bewertungen und Aussagen gegenüber Dir selbst sehr genau! Auch das innere **Korrektur- und Unterdrückungsprogramm** (S. 292) klingt weiter nach. Erlaube es Dir daher ganz bewusst, wieder **frei zu denken und zu sprechen**. Lass die Verbote und Tabus los! Es sind Nachwirkungen der AR und der geschluckten Sender-Instanz.
Erkenne derartige Selbstgespräche und gib ihnen keine Kraft mehr. Viele ehemalige Empfänger schaden sich damit unbewusst selbst und wundern sich, **weshalb es ihnen nicht besser gehen will**. Hilfreich hierzu ist das *Fokustraining* (S. 349 f.) im Self-Empowerment-Kapitel.

a.) Inner Work - Eine bewusste(re) Beziehung zu Dir

Ent-lerne es, streng, unnachgiebig und unerbittlich mit Dir zu sein. Entscheide und trainiere, sanftmütig mit Dir selbst zu sein und frage Dich immer wieder:

„Wie spreche ich mit mir? Wie sehe und bewerte ich mich gerade? Wie möchte ich mit mir selbst in Beziehung treten? Als gnadenloser Despot, der sich selbst fertigmacht oder als nachsichtiger und verständnisvoller Freund?"

Gehe mit Deiner Aufmerksamkeit immer wieder zu diesen Fragen zurück. So beginnst Du, die Beziehung zu Dir aktiv und bewusst zu gestalten. Aus dieser inneren Beziehung kann so vielleicht genau das erwachsen, was Du bisher vielleicht im Außen gesucht hast: **Eine vertrauensvolle und liebevolle Beziehung** - zu Dir selbst.

Eines Tages spürte ich überrascht, dass ich die Beziehung zu mir selbst um nichts in der Welt mehr verraten werde. Das hat mich so tief berührt, dass ich ergriffen und dankbar zu weinen begann. Diese Liebe und Treue zu mir war überwältigend.

Auch wenn es Dir aktuell unmöglich scheint - es ist möglich!

Die obigen Fragen darfst Du Dir immer wieder stellen, wenn Du Dich dabei erwischst, wie Du...

...Dich für vergangenes Verhalten, bestimmte Eigenschaften oder „Fehler" **verurteilst**.

...Dich unerbittlich **antreibst**, Perfektionismus in allen Bereichen forderst, **wütend auf Dich** bist, weil etwas nicht gelungen ist oder Du gescheitert bist (gehört zum Mensch sein!).

...anderen Menschen gestattest, **für oder über Dich zu entscheiden**, Dir Motive zu unterstellen, Deine Aussagen umzudeuten oder **Chaos in Deinem Universum anzurichten**.

...Dir **keinen Raum für Dich** und Dein Wohlbefinden, Deine **Lebensfreude** und den Ausdruck Deiner **kreativen Verspieltheit** gewährst.

...Dich **nicht um wichtige Bereiche Deines Lebens kümmerst**, die nach Veränderung rufen (Wegschauen und Aufschieben).

...**Meinungen und Bedürfnissen Deiner Mitmenschen priorisierst**, ihnen mit Mitgefühl und Verständnis begegnest, **Deine eigenen aber nicht ernst nimmst**, hinterfragst, analysierst, zurückstellst oder hart kritisierst.

Mach es Dir zur Aufgabe, eine **bewusste Beziehung zu Dir** selbst aufzubauen. Du kreierst dadurch Deine Realität und entscheidest, wer **Du** in dieser Realität **für Dich** sein möchtest.

Es ist jene **Wert-Schätzung**, die Du in dieser inneren Beziehung Dir selbst gegenüber an den Tag legst, die ein **wachsendes Selbst-Wert-Gefühl** nach sich zieht! **Selbst-Wert** fällt selten einfach vom Himmel.

Apropos Wert. Es ist enorm hilfreich, wenn Du Deinen Verstand mit der Frage beschäftigst, **was für Dich im Leben wichtig ist**. Was sind Deine **Go's** und **No Go's**? Deine **Werte**? Nutze die Zeit sinnvoll, indem Du Dir unabhängig von anderen darüber klar wirst, was Dir **wirklich, wirklich wichtig** ist! Notiere das am besten auf und **bleibe diesen Werten treu**!

Sarah (S. 285) konnte nicht mehr beantworten, was ihr persönlich im Leben wichtig war. Ein gesundes **Wertebewusstsein** ist ein **Anker**, der uns mit dem eigenen Urgrund verbindet und Bodenhaftung gibt. Diese Ich-Treue verhindert, **dass uns jemand eine andere Realität** und andere Werte überstülpt. Das Bewusstsein über Deine Werte hat im Hinblick auf *Gaslighting* also einen **protektiven Effekt**!

Zu guter Letzt darfst Du die kurzfristige Befriedigung der Grundbedürfnisse durch Selbstverleugnung bei **Auto-Gaslighting** (S. 292) nochmal genauer betrachten. Frage Dich:

„Wann und wie habe ich meine Wahrheit/Intuition verraten und wozu? Was wollte ich in dem Moment damit erreichen? Was waren meine Gründe und Bedürfnisse? Was habe ich mir dadurch versprochen? Wo wurde es durch diesen Selbstverrat leichter für mich?"

Du kennst es: Hab Verständnis für Dich in der damaligen Situation! Du hattest Deine Gründe! Versuche, Dein Handeln rückblickend zu verstehen und Dich kennen zu lernen. Vielleicht hat Deine Angst durch den Selbstverrat abgenommen oder Du hast eine Abwertung verhindert (Selbstwertschutz). Sei nachsichtig mit Dir und neugierig auf Dich!

Du weißt, dass die kurzfristige Befriedigung von Grundbedürfnissen durch Selbstverrat eine Illusion ist (S. 292 f.).

Künftig gelingt es Dir vielleicht, auf verlockende, kurzfristige Bedürfnisbefriedigung mit Skepsis zu reagieren und Dich zu fragen:

„Was wird mich das langfristig kosten?"

Beispielsweise könntest Du Dich durch Komplimente **aufgewertet** fühlen (Selbstwerterhöhung). Wird Dein Selbstbild zu sehr von dieser Aufwertung abhängig, kann auch eine **Abwertung** Dich hart treffen. Gibt Dir jemand in einem Lebensbereich **Orientierung** und Du vertraust dieser Person mehr, als Dir selbst, dann wirst Du Dich **orientierungslos** fühlen, wenn diese Person „abspringt".

Das Leben wäre nicht das Leben, wenn wir uns nicht **einlassen** würden. Doch wir sollten uns selbst aktiv um die Befriedigung von Grundbedürfnissen kümmern und sie nicht komplett an andere Menschen auslagern und so von diesen **abhängig** werden.

Die Mechanismen von *Gaslighting* greifen durch kurzfristige Verlockungen und ein fehlendes Bewusstsein für langfristige Konsequenzen.

Es macht also Sinn, etwas mehr Widerstandskraft gegenüber einer kurzfristigen Bedürfnisbefriedigung zu entwickeln. Beispielsweise können wir ein Kompliment annehmen, aber uns innerlich bewusst machen, dass dieser Mensch aktuell einen sympathischen Teil von uns sieht. Und das **ist** ein gutes Gefühl! Wir alle mögen es, wenn jemand unsere Vorzüge betont und unsere Schattenseiten ausblendet.

Doch: Ist es eine echte, ganzheitliche Sichtweise? Erwartet dieser Mensch vielleicht genau dasselbe?

Hier darfst Du Dir einen bedachten Umgang aneignen und Dich immer wieder fragen:

„Worum geht es mir in Begegnungen? Um einen kurzfristigen Ego-Kick (Selbstwerterhöhung) oder um echte Beziehungen, in denen Licht- und Schattenseiten sein und atmen dürfen?"

Der letzte Fallstrick, den ich im Rahmen der *Roadmap nach Exit* noch anreißen möchte, ist die **Hoffnung auf Veränderung**.

b.) Vorsicht Fallstrick - Die Hoffnung auf Veränderung

Sender in einer *Gaslighting*-**Dynamik** machen durchaus Zugeständnisse und führen Klärungen herbei. Das geschieht aber vor allem in **für sie irrelevanten Bereichen**.

Viele Empfänger interpretieren das - auch nach ihrem Exit - als „Hoffnungsschimmer" für eine **generelle** Veränderungsbereitschaft von Sendern. Sie hoffen, dass jetzt Zugeständnisse gemacht oder Kompromisse eingegangen werden. Es gibt tatsächlich auch Sender (Stufe 1, teilweise Stufe 2, S. 21), die zu wirklicher Veränderung bereit sind. Diese gehen **wirklich konkrete Schritte** und holen sich ggf. auch Hilfe und Unterstützung für ihren Weg. In jedem Fall gilt:

! *„An ihren Früchten sollt ihr sie erkennen."* (Mt 7, 16, LU)[31]

Prüfe, ob Worten wirklich **Taten** folgen oder ob es bei warmen Worten bleibt. Inwiefern war oder ist Dein Gegenüber **wirklich** in **für Dich relevanten Bereichen** zu Respekt und Kompromissen bereit?

Viele Empfänger erzählen sich, dass sich beim Sender *„doch etwas bewegt (hat)"* und sich ein **Aushalten** vielleicht lohnt. Schau bitte genau hin! Es ist schön, wenn ein Sender sich auf den Weg in eine selbst gewählte Veränderung macht - unbedingt.

Versuche Du bitte, niemanden in Veränderungen zu drängen, die er vielleicht gar nicht möchte. Anstatt darauf zu warten, dass sich ein Mensch in eine von Dir gewünschte Richtung verändert, versuche diesen Menschen jetzt **ganz zu sehen** und frage Dich, was das für Dich bedeutet (s.o.). Mache Dir klar: Dieser Mensch hat das Recht, er selbst zu sein.

Wenn zwei Menschen sich im Respekt und in Ehrlichkeit für eine gemeinsame Entwicklung entscheiden, ist das eine wunderbare Sache! Dann sage ich: „Herzlichen Glückwunsch!".

Sei achtsam, dass Du nicht in ein verklärtes Wunschdenken fällst. Der Sender ist **nicht** nur der Mensch, den Du im 1. Makroprozess kennengelernt hast. Willst Du diesen Menschen zurück, unterliegst Du einer **Selbsttäuschung**, die Dein Loslassen und Weitergehen verhindert. Eine **endlose Warteschleife** von Hoffen, Erdulden und Aushalten kann das Ergebnis sein. !

Ich danke Dir von Herzen, dass Du mir bis hier Deine wertvolle Zeit geschenkt hast. Mein größter Wunsch wäre es, wenn Dir die bisherigen Inhalte über die **Makroprozesse** von *Gaslighting* dienen konnten!

Auch auf die Gefahr hin, dass ich mich wiederhole: Aufgrund des Umfangs und der Tiefe der Inhalte, empfehle ich Dir, das Buch in Etappen durchzuarbeiten. Finde das Thema, das am meisten mit Dir in Resonanz geht und arbeite heraus, was Du in den jeweiligen Phasen tun kannst, um aus den Makroprozessen von *Gaslighting* auszusteigen.

Die bisherigen Übungen zu den Makroprozessen von *Gaslighting* wurden an den Stellen eingepflegt, an denen sie inhaltlich am meisten Sinn machen. Im folgenden **Self-Empowerment-Kapitel** geht es darum, Deine Kernkompetenzen zu stärken, Deine **Beziehung zu Deiner Realitätswahrnehmung** zu festigen und so Deine Widerstandskraft gegenüber psychischer Manipulation zu erhöhen.

Für Dich als Leser/in habe ich exklusiv einige der nachfolgenden **Übungen des Self-Empowerment-Kapitels als Audio-Dateien** aufgezeichnet. Per Eintragung in den Newsletter von *Exit Gaslighting* kannst Du die Audios herunterladen und immer wieder nutzen, um an Deinem Exit aus *Gaslighting* zu arbeiten.

Ich schenke ich **Dir** diese Audio-Übungen, sie unterliegen aber dem Urheberrecht und dürfen **nicht** an Dritte weitergegeben werden.

Wenn Du die Audios herunterladen möchtest, gib den folgenden Link in das Fenster Deines Browsers ein:

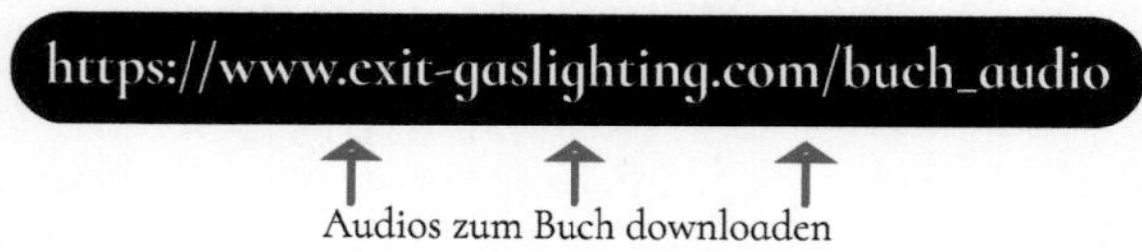

Audios zum Buch downloaden

Take
YOUR POWER
back!

„Bekämpfe nicht das Übel, indem du mit Bösem antwortest,
aber zeige deine Widerstandskraft als Zeichen deiner Selbstverteidigung.“
- Ramakrishna -

III

Konkrete Werkzeuge für Deine Gaslighting-Immunisierung

Dieser Abschnitt soll Dir helfen, psychischer Manipulation - *Gaslighting* - ein für allemal den Rücken zu kehren. Dazu bedarf es konkreter **Werkzeuge,** die von Dir erworben und immer wieder eingesetzt werden können. Vergiss dabei bitte nicht, dass Du hier etwas Neues lernst und trainierst. Erwarte nicht, dass die Werkzeuge sofort für Dich funktionieren - es braucht Übung und auch Rückschritte gehören dazu. Dennoch bin ich überzeugt, dass die hier aufgeführten Werkzeuge auf **Bewusstseins-, Körper-, Gedanken-, Handlungs-** und **Emotionsebene** Dir dabei helfen können, Dich nie wieder so tief in *Gaslighting* zu verstricken, dass Dir Dein Selbst- und Realitätsbewusstsein abhanden kommt. Die Werkzeuge können Dich - wie eine Grundimmunisierung - gegen *Gaslighting* schützen. Vorausgesetzt - Du arbeitest **nachhaltig** mit ihnen, frischst sie immer wieder auf und **integrierst sie fest** in Deinen Alltag und Dein Leben.

A. Bewusste Aufmerksamkeitslenkung - zurück zu Dir

Einer der Hauptgründe, weshalb Menschen der finale Exit aus *Gaslighting* nicht gelingt ist das „Haften" am Gegenüber und der Vergangenheit. Sie kleben mit ihrer Aufmerksamkeit am Sender fest, holen gedanklich immer wieder alte Szenarien hervor, stagnieren in einer Täter-/Opferkonstellation oder verfolgen ganz real, was ein Sender tut. Sei es über soziale Medien, das Checken des Online-Status oder durch Erzählungen von Freunden. Das Ergebnis ist in allen Fällen: Auf mentaler Ebene wird eine **Beziehung weitergeführt** und mit Energie gefüttert, die bereits zu Ende ist. Auch die Dynamik Sender-Empfänger bleibt damit auf einer inneren Ebene erhalten, denn - der Empfänger ist nach wie vor **auf Empfang**!

Vorsicht: Dieses Werkzeug erkennt vollumfänglich an, was Dir widerfahren ist! Es dient **nicht** dazu, das Geschehene auszublenden, zu relativieren oder von Deinen Gefühlen „abzulenken"! Im Gegenteil. Genau darum geht es: Deine Aufmerksamkeit soll **bei Dir** sein und nicht beim Sender. Das Erlebte darf und muss natürlich trotzdem gefühlt und verarbeitet werden.

Bewusste Aufmerksamkeitslenkung bedeutet lediglich, dass Du **immer wieder den Fokus sanft zu Dir zurückbringst**. Erinnerst Du Dich beispielsweise daran, wie Du ignoriert oder abgewertet wurdest, dann - spüre den Schmerz! Spüre die Wut! Verfahre genau so mit Gefühlen der Sehnsucht oder Trauer.

Doch dann lenke Deine Aufmerksamkeit mit folgenden Worten zu Dir zurück:

„Was bedeutet es für mich und meinen zukünftigen Umgang mit mir selbst und jenen Menschen, die so ein Verhalten [wie der Sender] an den Tag legen können? Wie möchte ich damit künftig umgehen?"

Vielleicht merkst Du, dass eben jenes Statement das Vergangene würdigt, Dich wieder zu Dir selbst zurückholt und Dich an Deine Schöpferkraft erinnert. Du kannst Dich dann fragen:

„Was an diesem Verhalten hat mich so unglaublich verletzt (oder wütend gemacht)? Welcher Aspekt in mir wurde dadurch aktiviert?"

Hier schlagen wir eine Brücke zur **Schattenarbeit** (S. 160 ff.), von der Du bereits weißt, dass sie eine Form der Immunisierung bei *Gaslighting* darstellen kann. Diese Arbeit kann intensiv werden und sie ist **nicht** zu empfehlen, solange Du gewisse **Basisfertigkeiten** noch nicht erworben hast. Eine Basisfertigkeit ist die bewusste Aufmerksamkeitslenkung. Nur so können Du und Dein Verstand zur Ruhe kommen. Nutze dazu auch gerne das Fokustraining auf S. 349 f.

B. Fassungslosigkeit und Entsetzen loslassen - Die Existenz von Manipulation annehmen

Fassungslosigkeit ist jener Gefühlszustand, der den Blick von Empfängern immer wieder auf den Sender zieht. Empfänger können sich im anhaltenden Nachklang des **Schocks** sehr lange darüber entsetzen, was ein Sender tut oder getan hat. Dieses Entsetzen klebt den Empfänger an die Dynamik und wirbelt die Erdpartikel in der Flasche immer wieder auf (siehe S. 308). Eine gesunde Verarbeitung wird dadurch verhindert. *Gaslighting* kann unglaublich schockierend sein - keine Frage! Doch irgendwann wird es dringend notwendig, aus diesem Entsetzen auszusteigen und anzuerkennen:

Deine Akzeptanz beendet das Hadern. Erst dann wird wirkliche **Verarbeitung** möglich. Rege Dich gerne **richtig** über das Erlebte auf! Ärgere Dich, schreie, hau auf ein Kopfkissen - sei wütend. Oder weine aus vollem Herzen. Lass es raus! Deinen Unmut, Deinen Zorn und vor allem Deine Trauer (weil Du so unglaublich verletzt wurdest, braucht sie unbedingt ihren Raum!).

Und dann - bringe Dich an diesen Punkt der **Akzeptanz**. Gib den Ereignissen ein *„Ja"*. Dieses *„Ja"* ist keine Zustimmung! Es bedeutet nicht, dass Du das Verhalten des Senders **befürwortest** oder gut findest. Du akzeptierst einfach die Ereignisse, die genau so stattgefunden haben und erkennst an, dass manipulative Kräfte in uns Menschen wirken (können). Das hast Du in einer **extremen Form** erlebt, richtig? Wieso damit hadern? Wieso daran festhalten, dass das *„nicht sein kann"* oder darf? Widerstand gegen die Existenz von Manipulation in der Welt blockiert Dich völlig, denn:

Wie möchtest Du Dich vor etwas schützen, dessen Existenz Du nicht akzeptierst? Erst wenn Du Manipulation und *Gaslighting* als in der Welt gegeben annimmst, kannst Du es in der Welt entdecken, Dich davor schützen und einen gesunden Umgang damit erlernen.

Gaslighting findet nicht nur in nahen Beziehungen statt. Wir finden es in mehr oder weniger starker Ausprägung in nahezu allen Bereichen unseres Lebens. Vielleicht sprenge ich damit Deine **Idealvorstellungen**, aber die Vorgabe **alternativer Realitäten** zur Erlangung angestrebter Vorteile zieht sich durch die komplette Menschheitsgeschichte und reicht weit zurück:

1 Die Allgegenwart von Alternativrealitäten - Der Kampf um Deine Realitätswahrnehmung und die öffentliche Meinung

Im Jahre 3150 v. Chr. wurde der oberägyptische Herrscher Narmer zum Pharao von Ägypten ernannt. *Farid Atiya* schreibt in *Das Alte Ägypten*[32]: *„Dieser neue Pharao musste seine Herrschaft erst festigen und sich der vollkommenen Ergebenheit seiner Untertanen versichern. Um dies zu erreichen, bediente er sich des Mittels, sich zum „göttlichen Pharao bzw. Herrscher" erklären zu lassen [...]".*

318

Für's Protokoll: Dabei handelt es sich um eine Alternativrealität zur Erreichung persönlicher Vorteile!

Der vor den Thesen Luthers grassierende Ablasshandel der katholischen Kirche fußte auf dem Versprechen, durch Erwerb eines entsprechenden Ablassbriefes die „zeitlichen Sündenstrafen" (z.B. die Zeit einer Seele im Fegefeuer) für begangene Sünden verkürzen zu können (auch für verstorbene Angehörige). Im Jahre 1528 bezeichnete *Martin Luther*[33] den Ablasshandel der Papstkirche als *„lästerlichen Betrug"* und begründete seine Aussage u.a. damit, dass sie [die Papstkirche] *„[...] eine besonderen Vergebung erdichtet und einrichtet und damit die allgemeine Vergebung schändet und entwertet [...]".*

Man mag zu Luther sonst stehen, wie man möchte - doch er machte dadurch auf eine **Alternativrealität** aufmerksam, die damals von den meisten Menschen geglaubt wurde und der Kirche ein Vermögen einbrachte. Diese Beispiel dient nicht der Anklage, nur der Veranschaulichung.

Im Jahr 2003 teilte US-Außenminister Colin Powell den Vereinten Nationen mit, dass sich Massenvernichtungswaffen im Irak befänden. Die **als Beweise dargestellten, verknüpften Indizien** erwiesen sich später als „unzureichend abgesichert" und „fragwürdig". Heute wissen wir, dass es **keine** Massenvernichtungswaffen im Irak gab[34].

Powell (oder seine Informationsgeber) konstruierte eine **alternative Realität** und schaffte es, die UN-Versammlung davon zu überzeugen. Eine Alternativrealität auf globaler, politischer Ebene - um ein gewünschtes Ergebnis, einen Vorteil zu erzielen.

Wir sind permanent von Alternativrealitäten und Versuchen von bewusster oder unbewusster Beeinflussung umgeben.

Die Struktur und Prozesse von *Gaslighting* im Bereich persönlicher Beziehungen unterscheiden sich nur geringfügig von jenen, die z.B. in den Themenfeldern Propaganda und Public Relations vorzufinden sind. Hier ist die **Manipulation** (der öffentlichen Meinung) seit jeher **ein Geschäftsfeld**.

Edward Bernays (1891-1995), der Neffe Sigmund Freuds, wird als „Vater der Public Relations" bezeichnet. In seinem Buch *Propaganda. Die Kunst der Public Relations*[35] schrieb er:

„Die Handlungsempfehlungen eines PR-Beraters können je nach den Umständen verschieden und unendlich breit gestreut sein. Aber sie werden

immer zwei Grundmustern folgen, die ich »kontinuierliche Information« und »Dramatisierung durch Hervorhebung« nennen möchte. Beides kann separat oder aufeinander abgestimmt stattfinden.

*Kontinuierliche Information wird erreicht, **indem man jede Kontaktaufnahme zum Publikum so zu steuern versucht, dass die Öffentlichkeit den gewünschten Eindruck gewinnt, ohne sich der Beeinflussung bewusst zu werden. »Dramatisierung« weckt die Aufmerksamkeit der Öffentlichkeit und lenkt sie auf ein bestimmtes Detail oder einen bestimmten Aspekt,** der typisch für das ganze Unternehmen ist."*

Lies Dir diese Aussage noch einmal durch und ersetze **man** durch **Sender** und *Publikum/Öffentlichkeit* durch **Empfänger**.

Dieses bewusste, manipulative Steuern (der öffentlichen Meinung) findet statt. Und die Beeinflussten sollen es nicht mitbekommen. Bernay's Werke waren die Anfänge. Man darf sich fragen, wie viel präziser und durchdachter **Public Relations** im Zuge zunehmender Digitalisierung und steigender Kenntnisse im Bereich der Massenpsychologie mittlerweile geworden sind. Die öffentliche Meinung ist ein begehrtes Machtinstrument, dessen Systematik, Nutzung und Bedienung aufstrebende Ökonomen und Politikwissenschaftler in Vorlesungen und Seminaren **erlernen**. Dieser **Tatsache** dürfen wir uns stellen.

***Noam Chomsky**, emeritierter Professor für Linguistik am Massachusetts Institute of Technology (MIT), hat sich in vielen seiner* Bücher mit diesem Thema auseinandergesetzt. In seinem Werk ***Necessary Illusions: Thought Control in Democratic Societies** (The CBC Massey Lectures)*[36] äußert er:

> **!** *„Mein persönliches Gefühl ist, dass die Bürger demokratischer Gesellschaften Kurse für geistige Selbstverteidigung besuchen sollten, um sich gegen Manipulation und Kontrolle wehren zu können."*

Man könnte in dieses Thema noch tiefer eintauchen, aber das ist nicht so gut für die psychische Gesundheit. Ich hoffe, dass Du einfach sehen und verstehen kannst, dass **Manipulation zum Alltag gehört**. Wir kennen sie als Menschheit schon lange. So lange, dass wir den Umstand verdrängt haben, dass sie **unbewusst** Bestandteil unserer Normalität geworden ist.

Auch Werbung, Produktplatzierungen, Serien und Hollywood-Filme bieten uns immer wieder Alternativrealitäten an.

Das bringt uns zum Ausgangspunkt dieses Abschnittes und zur Antwort auf die Frage, weshalb Du Deine Fassungslosigkeit loslassen und die **Existenz von Manipulation akzeptieren** solltest.

Weil Manipulationsversuche real sind!

Jeder hat manipulative Tendenzen in sich. Auch Du! Wenn Empfänger sich (aus nachvollziehbaren Gründen!) die Frage stellen, **wie sie einen Sender dazu bekommen, sich zu verändern**, betreten sie bereits einen strategischen Raum. **Jemand soll veranlasst werden, etwas zu tun oder zu unterlassen** (ohne dass dieser das mitbekommt). Hier geht es nicht um „richtig" oder „falsch", sondern um den Umstand, dass wir Menschen zu Manipulation neigen.

Versuche, diese Tatsache künftig mehr einzubeziehen: Die Neigung zur Manipulation ist sowohl in Dir, als auch in Deinen Mitmenschen angelegt. Das Ausmaß an Bewusstsein darüber, wann wir manipulieren (wollen) und welche Konsequenzen das für andere haben könnte, entscheidet über unseren Umgang mit manipulativen Tendenzen. Nutze diese Erkenntnis, um klar zu sehen und dann kraftvolle, selbstbestimmte Entscheidungen zu treffen, z.B.:

? *„Ich habe das Gefühl, dass ich gerade veranlasst werden soll, etwas zu tun (oder zu sagen, zu sein). Das fühlt sich so an, als solle ich manipuliert werden. Wie möchte ich darauf reagieren?"*

Und/oder...

? *„Ich möchte gerade jemanden dazu bewegen, etwas zu tun oder zu unterlassen, ohne dass dieser es mitbekommt. Wie entscheide ich mich diesbezüglich?"*

Die Erkenntnis, dass man **selbst** manipulative Tendenzen in sich trägt, kann erstmal schockieren. Das will nicht so wirklich zum Selbstbild passen. Ich lernte auf die harte Tour, dass manipulative Tendenzen auch in mir wirken und dass ihre Verleugnung völlig in die Sackgasse führt.

Weil es nicht in mein Menschenbild passte, war ich **blind** für Manipulation. Das lässt einen viel leichter zum Empfänger manipulativer Energien werden. Der „blinde Fleck" bezüglich eigener manipulativer Energien schneidet einen auch von der „hellen Seite" der Manipulation ab. Diese helle Seite ist die **Fähigkeit, eigene Wünsche** und **Bedürfnisse auszudrücken** und **das eigene Leben selbstbestimmt** und **aktiv zu gestalten.**

Viele Empfänger erlauben sich die aktive Gestaltung ihres Lebens, ihrer Beziehungen nicht. Sie glauben, dass sie so **manipulieren** würden. Weil manipulativ sein aber **„böse"** ist, bleiben sie passiv, überlassen anderen Menschen die Gestaltung und werden genau dadurch zum Spielball **destruktiver**, manipulativer Energien.

Manche Empfänger bekommen ein **schlechtes Gewissen**, wenn sie für sich sorgen. Sie glauben, dass sie bereits dann manipulieren, wenn sie nur ihre Bedürfnisse offen äußern oder sich vor manipulativen Energien schützen! So bleiben sie manipulierbar und verpassen es, ihre eigenes Leben nach ihren Bedürfnissen zu formen.

Manipulation ist erstmal **neutral.** Der Affe manipuliert aus Hunger eine Banane (schält sie) und isst sie auf. Manipulation wird dann dunkel, wenn sie **versteckt** ist, **heimliche Absichten** bestehen und andere Menschen ohne ihr Wissen und ihre Zustimmung zurechtformen möchte. Das untergräbt den **freien Willen** des Gegenübers und etabliert ein **Machtgefälle.** Es ist also etwas **völlig anderes**, wenn Sender gezielt und versteckt ihre systematische Manipulation durchziehen.

Du darfst Dir selbst **erlauben**, Deine Lebensumstände so zu **manipulieren** (verändern), dass es Dir damit gut geht!

In uns Menschen ist Licht **und** Schatten. Ist der Schatten bewusst, kann bei Licht betrachtet und entschieden werden, ob man anderen ihre Würde und Selbstbestimmung lässt und offen mit eigenen Bedürfnissen umgeht. Genau das tut ein Sender von *Gaslighting* **nicht.**

Dies anerkennend ist es immer Deine Aufgabe, nur das an Informationen in Dein System zu lassen, was Du auch dort haben möchtest. Du selbst darfst immer klar und offen äußern, was Du Dir wünschst und brauchst (und entsprechend handeln). Damit **gestaltest** Du Dein Leben! Das ist eine **zwingend notwendige, positive Manipulation** Deiner eigenen Lebensumstände, die Dich in die **Eigenmacht** katapultiert und so vor dunkler Manipulation schützt! Das ist Dein Geburtsrecht, denn - es ist **Dein Leben!**

C. Erkennen, Enthüllen und Entkräften impliziter Botschaften

Implizite Botschaften können in Aussagen, Verhaltensweisen, Gestik, Mimik oder in Fragen versteckt sein. Dabei wird eine Nachricht gesendet, die ein „verborgenes Päckchen" enthält. Eine Spielart der impliziten Botschaft kennen wir schon: Die Double-bind-Botschaften (S. 26 f.).

In dem uns bekannten Fall (S. 25) **äußerte** Jürgen, wie froh er sei, Laura als Managerin der Firma zu haben, aber - er **verhielt** sich ganz **anders.** Er legte Laura Steine in den Weg und respektierte sie nicht in ihrer Rolle. Sein Verhalten enthielt eine **implizite Botschaft**, die Laura durchaus spürte.

Auch Sarah's Partner Patrick (S. 285 f.) sendete eine implizite Botschaft durch sein Verhalten. Als er äußerte, dass Sarah gerne auf die Kinder seiner Schwester aufpassen würde, haftete an seinem Verhalten die implizite Botschaft: *„Sarah muss nicht gefragt werden."*
Gegen diese unausgesprochene Botschaft begehrte Sarah auf.

Eine weitere Form impliziter Botschaften sind **indirekte Fragen.** Dabei wird eine Frage nicht direkt gestellt, sondern auf andere Weise transportiert. Es bleibt dem Gesprächspartner überlassen, die Frage zu entdecken.
Ein einfaches Beispiel:
Armin und Eva treffen sich nach langer Zeit wieder und unterhalten sich nett in einem Café. Irgendwann sieht Eva auf die Uhr und sagt: *„Ach Mensch, zum Bahnhof ist es echt ein ganz schönes Stück zu Fuß..."*, woraufhin Armin entgegnet: *„Ich kann dich auch fahren."*
Dieses Angebot von Armin kann als Antwort auf eine **indirekte Frage** von Eva gesehen werden, die in unserem Fall genau weiß, dass Armin mit dem Auto da ist. Eva hat die Frage nicht gestellt, aber sie steht dennoch im Raum. Falls Eva glauben würde, Armin sei mit dem Zug gekommen, würde ihre indirekte Frage anders lauten, z.B.: *„Laufen wir langsam los?"*

Dieses Beispiel ist neutral und unverfänglich. Im Rahmen von *Gaslighting* treten **implizite Aussage**n und **indirekte** Fragen sehr häufig auf. Sie entlasten den Sender, weil es für ihn bedeutet: **Keine Verantwortung.** Was nicht direkt (sondern implizit) gesagt oder gefragt wurde, kann immer noch abgestritten werden (*„Das habe ich so* *nicht gesagt!"*). Empfänger tendieren dazu, zu viel Verantwortung zu übernehmen. Der Sender lässt etwas aus und der Empfänger bemüht sich dann um das Füllen der Lücken.

Empfänger beziehen Stellung auf implizite Aussagen, rechtfertigen sich und reden sich den Mund fusselig, während Sender sich zurücklehnen und äußern: *„Ich weiß nicht, was du wieder gehört hast…"*.

In etablierten *Gaslighting*-Konstellationen können Empfänger so stark in die **Vorwegnahme** rutschen, dass sie bereits antworten oder handeln, wenn ein Sender nur seine Gestik oder Mimik verändert. Das liegt auch an der konstanten Alarmbereitschaft von Empfängern. Diese Vorwegnahme begünstigt das Missverhältnis aus Aktion und Reaktion, das aus kommunikationspsychologischer Sicht durch eine Überbetonung des *„Appell-Ohrs"* bei Empfängern zu erklären ist. Zum Verständnis ein kurz gefasster Exkurs:

EXKURS 1

Das Appell-Ohr von Empfängern und die vier Seiten einer Nachricht[35]

Nach *Friedemann Schulz von Thun* hat jede Information, die wir mit anderen Menschen teilen, immer **vier Seiten**[37]. Eine **Sachebene** (*„worüber ich spreche…"*), eine **Beziehungsebene** (*„so sehe ich dich, stehe ich zu dir…"*), eine **Appellebene** (*„das möchte ich dich veranlassen zu tun!"*) und eine **Selbstoffenbarungsebene** (*„was ich über mich preisgebe…"*).

Eine Frau sagt zu ihrem Ehemann: *„Nie bringst du mir Blumen mit!"*
Die **Sachebene** wäre hier: *„Du bringst keine Blumen mit."*
Auf der **Beziehungsebene** würde die Botschaft lauten: *„Wir sind in einer romantischen Liebesbeziehung und hier hapert es."*
Die **Appellebene** könnte so aussehen: *„Sei aufmerksamer, zeig mir, dass du an mich denkst (Bringe mir Blumen mit!)."*
Mit der **Selbstoffenbarungsebene** könnte die Frau zum Ausdruck bringen wollen: *„Mir fehlt deine Aufmerksamkeit und Zuwendung!"*

Nach *Schulz von Thun* haben wir alle individuelle Schwerpunkte hinsichtlich der Ebene, auf der wir deutlich sprechen und wo wir gut hören (Deutungsebene). Konflikte/Missverständnisse tauchen auf, wenn hier starke Unterschiede bestehen. Beispielsweise wenn der Sprecher schwerpunktmäßig auf der **Beziehungs-** und **Appellebene** operiert, der Zuhörer aber nur die **Sachebene** deutet.

In unserem Beispiel könnte der Mann antworten: *„Vor drei Jahren habe ich Blumen mitgebracht!"*. Seine Frau würde sich enttäuscht und verletzt abwenden, weil sie auf der **Beziehungsebene** keine Resonanz erhalten hätte. Zwischenmenschliche Kommunikation birgt zahlreiche Herausforderungen. Nicht zuletzt deshalb, weil jeder Mensch unterschiedlich gut und bewusst auf den jeweiligen Ebenen spricht und hört.

In einer *Gaslighting*-Dynamik nehmen Empfänger die Appellebene überdeutlich wahr. Sie *„hören das Gras wachsen"*, erledigen Aufgaben, liefern Erklärungen, geben Antworten - ohne dass sie direkt danach gefragt wurden. Dadurch nehmen sie jene Verantwortung zu sich, die Sender so gerne vermeiden. Sender vermeiden es, klar auf der Appellebene zu kommunizieren - also konkret um etwas zu bitten oder einen Wunsch zu äußern. Empfänger kreieren durch Vorwegnahme eine **Distanzierung von Verantwortung** des Senders mit. Macht ein Empfänger den Sender darauf aufmerksam, dass er seinem Wunsch nachgekommen ist, kann dieser einfach äußern: *„Ich hab dich nicht darum gebeten - das hast du von dir aus getan!"*

Ein wichtiger Merksatz Deiner *Gaslighting*-Immunisierung im Bereich der impliziten Botschaften lautet zusammengefasst:

MEMO

*„Konzentriere Dich in der Kommunikation mit (potentiellen) Sendern auf die **Sachebene!** Nimm implizite Botschaften/Aufforderungen auf der **Appell-Ebene** gelassen zur Kenntnis, doch - **reagiere äußerlich nicht auf sie.** Stell Dich notfalls dumm und lerne, sie zu ignorieren!"*

Ertappe Dich dabei, wenn Du im Begriff bist, die Verantwortung für andere Menschen zu übernehmen, **indem Du ihre unvollständigen Aussagen interpretierst**, Dir das Hirn zermarterst (*„was könnte er gemeint haben?"*) oder sie durch **Dein übersensibles Appell-Ohr** und Dein **Zuvorkommen** von der Verantwortung entbindest, sich klar und deutlich auszudrücken. Bremse Dich! Lass das los! Trainiere es, auf die **Signale Deines Appell-Ohrs nicht mehr unmittelbar zu reagieren.**

Das ist ein sehr, sehr wichtiger Punkt.

2 Implizite Aussagen erkennen

Bei impliziten Aussagen **ohne Aufforderungscharakter** ist es ein bisschen anders. Hier ist es wichtig, dass Du lernst, die Botschaften hinter dem Gesagten **zu registrieren** und zu **erkennen**.

Nach außen sollte **keine impulsive, emotionale Reaktion** erfolgen. Weshalb? Weil jede impulsive Reaktion von Empfängern im *Gaslighting*-**Prozess** noch tiefer in den Kaninchenbau der psychischen Manipulation führt. Erinnere Dich: Sender setzen **emotionale Aktivierung** mitunter gezielt ein und das führt ausnahmslos zu Nachteilen für den Empfänger (siehe S. 234 f.).

Deine emotionale Reaktion auf z.B. implizite Abwertungen oder Kritik (z.B. *„War ja klar, dass dir das wieder passiert!"*) sollte daher **klar** und **überlegt** sein! Bevor Du reagierst, solltest Du erkennen, **worauf** Du reagierst (die implizite Botschaft) und überlegen **in welcher Art und Weise** Du das sinnvollerweise tun möchtest (siehe Enthüllen und Entkräften).

Das bedarf einer kleinen Vorbereitung, die wir uns gleich - nach den folgenden Beispielen - gemeinsam ansehen werden.

a.) Übungsbeispiel: Implizite Botschaften erkennen, enthüllen, entkräften

Beispiel 1: Johanna arbeitet an ihrer Diplomarbeit und hat sich auf Nachfrage ihrer Freunde Nina und Björn bereit erklärt, in deren dreiwöchiger Abwesenheit auf die Tiere und das Haus aufzupassen. Nach ihrem Einzug stellt sie fest, dass nur noch Tiernahrung für zwei Tage vorhanden ist und die Arznei für den Hund auch erneuert werden muss. Dazu ist der gesamte Garten voller Hundekot, worüber die Nachbarn sich bei Johanna beschweren. Schließlich reinigt sie den Garten, obwohl sie eigentlich an ihrer Diplomarbeit schreiben müsste.

Du darfst bereits an dieser Stelle überlegen, welche **impliziten Botschaften** sich im **Verhalten** der Freunde sich finden lassen. Was sagen diese durch ihr Verhalten gegenüber Johanna aus?

Johanna ist (zurecht) wütend und ruft bei Nina an, um sie zur Rede zu stellen, woraufhin Nina mitfühlend äußert: *„Es tut mir so leid, **dass diese ganze Arbeit jetzt an Dir hängen bleibt**. Ich wünschte, ich wäre da, um Dir zu helfen."*

Versuch es einmal: Welche **impliziten Botschaften** entdeckst Du in diesem Fall? Was sagen Verhalten und Worte der Freunde aus?

Auflösung (umdrehen):

- Nina äußert, die Arbeit bliebe **an Johanna hängen**, als seien die Aufgaben **plötzlich aus dem Nichts entstanden**. Die **wahre Ursache** ist jedoch, dass Nina die Arbeiten vor ihrem Fortgang **nicht erledigt** hat.
- Indem Nina sagt, sie würde Johanna helfen, **lässt sie es so erscheinen, als seien es Johanna's Aufgaben**, bei denen sie - Nina - ihre Freundin selbstverständlich unterstützen würde (wenn sie nur da wäre). Doch es ist genau umgekehrt: Es sind Nina's Aufgaben. Das wird von Nina implizit verdreht.

Johanna korrigierte und stellte klar, **dass sie von Nina erwartet habe, dass alles entsprechend vorbereitet** sei, dass sie jetzt sauer sei, ohne Auto das schwere Hundefutter transportieren zu müssen. Sie merkte korrekterweise an, dass sie (Johanna) allenfalls ihr (Nina) hätte helfen können, weil es eigentlich **nicht ihre Aufgaben seien**.

Bereits das Verhalten der Freunde enthielt **implizite Botschaften**, die wir näherungsweise bestimmen können. Sie könnten ungefähr so lauten: „*Wir haben uns keine Gedanken darüber gemacht, wie das für dich wird - das war nicht wichtig.*" bzw. „*Es war uns wichtiger, nicht mehr so viel Stress vor der Abreise zu haben. Du hast ja Zeit und kannst das machen.*"

Ohne die genauen Botschaften kennen zu müssen, zeigte das Verhalten der Freunde eine **egozentrische Gleichgültigkeit** gegenüber Johanna's Situation. Nina's Aussagen machten klar, dass sie dafür **keine Verantwortung** übernimmt. Sie versuchte, die Situation **anders aussehen zu lassen**. Kein Wunder, dass Johanna wütend wurde.

Für unser zweites Beispiel bleiben wir bei den Dreien.

Beispiel 2: Nach Klärung und Rückkehr von Nina und Björn laden sie Johanna zu Kaffee und Kuchen ein. Das Zusammensein ist leicht und freudig, bis Nina eine gemeinsame Bekannte - Doris - zur Sprache bringt. Diese sei mit einem Mann liiert, von dem sie - Nina - nichts Gutes gehört habe. Björn und sie machten sich Sorgen um Doris und es wäre gut, wenn Johanna ihr ins Gewissen reden und sie „im Auge behalten" würde.

Du bist erneut gefragt. Welche **impliziten Botschaften** entdeckst Du hier? Es sind einige!

Auflösung (umdrehen):

- Nina delegiert eine Aufgabe an Johanna (anstatt selbst mit Doris zu sprechen), ohne zu fragen, ob Johanna dies überhaupt möchte („*Ich sage dir, was du tun sollst.*“).
- Nina unterstellt, dass Johanna die Situation ebenso einschätzt, wie sie selbst („*Das siehst du auch so.*“).
- Ungefragte Einmischungen in die Angelegenheiten anderer Menschen werden als völlig okay dargestellt („*Grenzüberschreitungen sind in Ordnung!*“).
- Das Selbstbild von Nina und Björn als „gute Menschen“ wird ebenfalls transportiert („*Wir meinen das nur gut!*“).
- Es wird indirekt gesagt, dass die gemeinsame Bekannte beschützt werden muss, weil sie das selbst nicht kann („*Wir können das besser einschätzen, als Doris.*“).

Hier wird implizit eine Menge gesendet und als selbstverständlich dargestellt. Diese Vielzahl impliziter Botschaften kann ein enorm **unangenehmes Gefühl** auslösen. Vor allem, wenn **unterstellt** wird, man würde als Empfänger natürlich dieselbe Meinung vertreten (*„Grenzüberschreitungen sind in Ordnung!“*) oder indirekt behauptet wird, dass „gute Menschen“ sich allgemein durch ungefragte Einmischung auszeichnen (und alle anderen „schlecht“ seien).

Je subtiler und versteckter die Botschaften, desto verwirrender für Empfänger. Es erfordert einiges an Übung, die ungesagten, aber dennoch geäußerten Botschaften ansatzweise zu **enthüllen** und dann zu **entkräften**.

Wir schauen uns an, wie Johanna dies bewerkstelligt hat:
Johanna äußerte, dass sie den Partner von Doris noch nicht kenne und erst **dann mit Doris reden würde, wenn es sich für sie - Johanna - stimmig anfühle**. Das entscheide sie selbst.
Sie ergänzte ruhig und sachlich, dass sie es **nicht als ihre Aufgabe ansehe**, einer erwachsenen Frau ungefragt in ihr Beziehungsleben hereinzureden und es als **respektlos** und **anmaßend** gegenüber Doris empfinde, weil sie wisse, dass Doris derartige Einmischungen gar nicht schätze. Zuletzt spielte sie den **Ball zu Björn und Nina zurück:** Sie könnten sich ja **selbst bei Doris erkundigen**, wenn ihre Sorge so groß sei. Sie selbst sei **voll im Vertrauen**, dass Doris gut auf sich aufpassen könne. Johanna blieb ruhig und freundlich, aber klar.

328

Nach Enthüllung **grenzte** Johanna also **ihre eigene Sicht und ihre Werte von den impliziten Botschaften der Freunde ab.**

Sie kämpfte **nicht** gegen die Aussagen von Björn und Nina an - sie löste lediglich **die Haftcreme** der Aussagen. Indem sie das Subjektive der Freunde als solches deutlich machte, **entkräftete** sie die impliziten Botschaften mit **eigenen Werten** und ihrer **eigenen Wahrnehmung** (*„Das war eure Sicht und so ist das für mich"*). Anschließend war Ruhe im Karton.

Johanna traf ihre Freunde weiterhin und schätzte sie in vielen Bereichen. Im Wissen um mögliche, implizite Botschaften (und die fehlende Einsicht der Freunde) justierte sie den Kontakt aber so, dass es ihr damit gut ging.

Vielleicht denkst Du, dass es sich dabei um unwichtige Details handelt. Doch ich sage Dir: Bei einer Immunisierung für *Gaslighting* geht es **genau um derartige Details**!

Es geht darum, das zu **erkennen**, was „nicht stimmt" - die Schieflage zu **entlarven**, zu entkräften und derartigen Behauptungen und Zuschreibungen durch Richtigstellung die Energie zu entziehen.

Das kann auch kraftvoll und knackig passieren. Unsere Managerin Laura (S. 25) könnte gegenüber Jürgen klar sagen: *„Wenn du mich wirklich als Managerin unterstützen möchtest, dann erledige deinen Job. Lass den Worten Taten folgen - die bloßen Worte nutzen mir nicht!"*

Für Sarah (S. 285) stünde eine deutliche Ansage gegenüber Patrick an: *„Hier geht es nicht um die Kinder. Hier geht es darum, dass du für mich keine Entscheidung zu treffen hast, verstanden? Die treffe ich selbst!"*

Kommen wir nun zu Dir. Wie und woran kannst Du implizite Botschaften erkennen? Es gibt eine Sache, die alle impliziten Botschaften gemeinsam haben. Daran kann man sie zweifelsfrei erkennen: Sie lösen ein **ungutes Gefühl** in Dir aus! Das kann eine Enge im Brustraum sein, ein flaues Gefühl im Magen, eine muskuläre Anspannung, Angst, Wut oder sogar der **Impuls, wegzulaufen** (falls Du bereits allergisch auf implizite Botschaften reagierst). Was auch immer es ist - diesem unguten Gefühl/Erleben gilt es, zu **vertrauen**!

Dieses Gefühl ist ein Bote. Es hat Dir etwas mitzuteilen: Dass hier gerade eine Schieflage, ein **Machtgefälle** entsteht. Jemand greift versteckt und verborgen in das **Feld Deiner Selbstbestimmung** ein und ist im Begriff, **Einfluss auf** oder **Macht über Dich zu** gewinnen.

Auf irgendeine Art wird versucht, **über Dich zu verfügen.**

Es kann Dir auch jenseits von *Gaslighting* passieren, dass Dir implizit etwas zugeschoben, auferlegt oder abgesprochen werden soll. Deshalb ist es so wichtig, **Deinem Gefühl zu vertrauen**. Du kannst diese Schieflage **spüren** (*„da stimmt etwas nicht!"*). Wenn dieses Gefühl auftaucht, gib ihm Raum und stelle Dir dann diese fünf Fragen:

b.) Inner Work: Implizite Botschaften erkennen

1. **Passt das** Gesagte zu Verhalten, Mimik und Werten des Gegenübers?

2. **Was möchte mein Gegenüber mich veranlassen zu tun (Appell),** zu befürworten oder hinzunehmen?

3. **Welche Sichtweise, Haltung oder Meinung** wird hier wie selbstverständlich als meine eigene dargestellt?

4. **Welche mir zustehenden Freiheiten, Rechte oder Entscheidungen** werden beschnitten, entzogen, ausgehebelt oder **abgesprochen**?

5. Was kann ich **zwischen den Zeilen** hören, obwohl es nicht laut gesagt wird?

Wodurch fühlst Du Dich **unter Druck gesetzt, bevormundet** oder **beeinflusst**? Willst Du **automatisch etwas tun, ohne konkret danach gefragt worden zu sein?** Fühle genau hin und zweifle bitte nicht an Deinem Gefühl! Zweifel am eigenen Gefühl sind der Grund, weshalb Empfänger in derartigen Dynamiken landen und bleiben. Obwohl sie **intuitiv** spüren, dass „etwas nicht stimmt", lassen sie **sich einreden**, dass sie **sich täuschen** oder „labil" seien und - zack - entfernen sie sich von ihrer Intuition und Wahrnehmung (siehe auch *Intuition*, S. 380 f.).

Du kannst Dein **Training** zum **Erkennen** impliziter Botschaften leicht im Alltag umsetzen. Schau Dir unterschiedliche Informationen an und prüfe anhand der fünf Fragen, was implizit gesendet werden könnte. Seien es Sätze im Radio, Werbespots, Nachrichten oder Gespräche mit Freunden. Frage Dich: Was wollen die Sender dieser Botschaften vermitteln? Wozu wollen sie Hörer, Zuschauer oder Gesprächspartner veranlassen? Von welcher Haltung oder Meinung möchten sie überzeugen (ohne es konkret zu äußern)?

Ließ eine Tageszeitung und schau Dir die Überschriften an und frage Dich: Welches *Informationsgeflecht*, welche Zusammenhänge,

Haltungen und Meinungen werden durch die Überschriften transportiert? Welche Gefühle sollen beim Leser ausgelöst, wozu soll er vielleicht veranlasst werden?

Implizite Botschaften können auch in Gesprächen mit Freunden vorkommen. Weshalb erzählt Dir eine Freundin von der *„blöden Frau an der Kasse"*? Welche Realität will sie Dir vermitteln? Wofür möchte sie Zustimmung oder Verständnis? Was möchte sie von Dir hören? Was hörst Du zwischen den Zeilen?

Je mehr Du dieses **Heraushören** trainierst, umso besser wirst Du implizite Botschaften entdecken. Sie sind überall zu finden, Du musst keine Angst vor ihnen haben, denn sobald Du sie als solche erkennst, stellst Du Dir einfach die Frage:

? *„Wie sehe ich das? Welche Haltung/Meinung habe ich dazu und wie tief möchte ich in dieses Thema einsteigen?"*

Dadurch gehst Du unmittelbar auf **Distanz** zum Gesagten, erkennst es als „eine Meinung, ein Empfinden" Deines Gegenübers an und erlaubst Dir, eine **eigene Meinung** haben zu dürfen. Das entlastet und klärt. Innerlich **entkräftest** Du dadurch die implizite Botschaft. Wenn Du Deine eigene Haltung/Meinung zum Gesagten gefunden hast, kannst Du die implizite Botschaft nach außen **enthüllen** und **entkräften** (wie Johanna es auf S. 328 f. getan hat).

Fassen wir die bisherigen Punkte zusammen:
Du hast **(1) das Gefühl, dass** *„etwas nicht stimmt"*. Dazu musst Du **nicht** unbedingt wissen, was genau nicht stimmt (siehe S. 380 f.). Falls Du es weißt, **(2) finde eine eigene Haltung, Meinung** dazu (im Fall von Johanna: *„Ich finde Grenzüberschreitungen nicht in Ordnung!"*). Du **(3) vertraust** diesem Gefühl und **(4) enthüllst und entkräftest** die implizite Botschaft, indem Du ihren subjektiven Charakter herausstellst und Deine Meinung äußerst (*„Deine Meinung, meine Meinung..."*).

3 Enthüllen und Entkräften impliziter Botschaften

Art und Zeitpunkt für das Enthüllen und Entkräften sollten immer von individuellen Umständen abhängig gemacht werden. Manchmal genügt es, dezent darauf aufmerksam zu machen, während in anderen Fällen ein sehr klares Statement erforderlich wird. In einer *Gaslighting*-**Dynamik** geht es beim Enthüllen und Entkräften v.a.

darum, die **Einladung in die angebotenen Themen auszuschlagen**, die Diversität und **Gleichberechtigung von Meinungen** zu betonen und die Macht über das **Feld Deiner Selbstbestimmung** bei Dir zu halten.

Deine Meinung, Deine Bedürfnisse und Entscheidungen haben immer ihre Daseinsberechtigung. Punkt. In diesem Feld hat niemand etwas verloren, geschweige denn zu verbiegen oder zu bestimmen.

Du kannst das Enthüllen und Entkräften am nachfolgenden Übungsbeispiel **verstehen** lernen. Wähle eine vergangene Situation aus und **formuliere die Beispielsätze so um**, dass sie für Dich passen und zum gewünschten Ergebnis führen.

Übe das Enthüllen und Entkräften dann **mit einem eingeweihten Vertrauten**, der die Rolle des Senders für Dich übernimmt. Du kannst verschiedene Situationen auch **gedanklich durchspielen** und Dir überlegen, wie Enthüllen und Entkräften hier aussehen würde.

a.) Übung zum Enthüllen und Entkräften

Nehmen wir als Beispiel unser bekanntes Paar Sarah und Patrick (S. 285). Unterstellen wir, dass Sarah nach Patrick's Aussage (dass Sarah gerne auf die Kinder aufpassen würde) nur ein **„schräges Gefühl"** hat, aber nicht genau weiß, weshalb.

Sie könnte entgegnen:

„Interessant, wie du das siehst. Irgendwie sehe ich das anders. Interessiert dich meine Sichtweise dazu?"

Wenn Sarah ihrem Gefühl vertraut und daraus schließt, dass gerade etwas in ihren Machtbereich eindringt, könnte sie sagen:

„Irgendwie ist da eine Schräglage in der Kommunikation. Ich lasse mir ungern ungefragt etwas überstülpen - da gehe ich lieber auf Abstand."

Würde Sarah genau verstehen, was vor sich geht, könnte sie konkreter werden, **ohne auf den Inhalt einzugehen** (Betreuung der Kinder). Sie würde auf der **Meta-Ebene** der *Makroprozesse* bleiben, die **implizite Aufforderung** von Patrick enthüllen und entkräften:

„Du würdest dir wünschen, dass ich... (dir zustimme, etwas für dich tue usw.). Die Entscheidung darüber liegt aber bei mir. Du kannst mich direkt fragen, wenn du etwas von mir möchtest..."

Wenn auf derartige Klarstellungen Widerworte oder **weitere Manipulations- und Fremdbestimmungsversuche** erfolgen, darf das Enthüllen und Entkräften **schärfer** ausfallen:

„Deine Meinung ist deine Meinung, das ist ok. Ich lasse mich aber nicht manipulieren oder in deine Sichtweise ziehen. Du übertrittst hier eine Grenze und an der Stelle bin ich raus."

Falls Deine Selbstklärung rascher abläuft, Du genau weißt, *was nicht stimmt* und es sich um eine **Wiederholung** handelt, kannst Du den Nagel auch **konkret** und **unverblümt** mit einer **Du-Botschaft** auf den Punkt bringen:

„Du hast definitiv nicht das Recht, Entscheidungen für mich zu treffen. Das ist eine Grenzüberschreitung und so etwas ist nicht verhandelbar!"

Deine Reaktion darf je nach Situation und Sender variieren. Wichtig ist, dass Du versuchte **Grenzüberschreitungen** für Dich innerlich **realisierst** und **Dich entsprechend verhältst.** Je häufiger und beharrlicher jemand implizite Botschaften sendet, umso wichtiger wird es, Dich **klar und deutlich** verbal abzugrenzen (siehe Sarah und Patrick, S. 285).

Implizite Botschaften dringen in Bereiche **Deiner Selbstbestimmung, Werte und Meinung** ein. Und genau das darfst Du auch deutlich machen! Sei es, **indem Du Deine Meinung klar äußerst** und sie **neben** die Deines Gegenübers stellst (Augenhöhe) oder indem Du einfach sagst: *„Du überschreitest gerade eine Grenze!"*

Wenn Du Deiner Intuition, den Signalen Deines Systems und Deinen Gefühlen vertraust (*„da stimmt etwas nicht"*), dann wächst Dein **Selbst-Bewusstsein** (siehe S. 380 f.). Du hältst im Angesicht impliziter Botschaften die **Beziehung zu Dir** aufrecht und entwickelst so die **Basisfertigkeit,** anhaltend in Deiner **eigenen Realität zuhause** zu sein.

Bis hier hin trainierst Du **(1) bewusste Aufmerksamkeitslenkung** als Werkzeug und arbeitest immer wieder daran, **(2) die Existenz von Manipulation in der Welt zu akzeptieren.** Du übst es ein, **(3) implizite Botschaften** immer besser zu **erkennen,** zu **enthüllen** und zu **entkräften.** Mithilfe dieser Tools lernst Du auch Dich selbst, Deine eigene Wahrheit und Deine Werte besser kennen.

Jetzt betreten wir das Kapitel zu **Werkzeugen auf Körperebene**. Wir vervollständigen Deine *Gaslighting*-**Immunisierung** anschließend in weiteren Kapiteln mit Werkzeugen auf gedanklicher und emotionaler Ebene. Auch Deine Intuition beziehen wir mit ein. Alle Werkzeuge können spezifisch für die *Gaslighting*-**Immunisierung** benutzt werden. Aber ihre Anwendung ist **nicht** darauf beschränkt. Du kannst diese Werkzeuge auch darüberhinaus einsetzen.

D. „Hier wohne und gestalte ich!" -
Die Homebase im eigenen Körper

Weshalb sind Werkzeuge auf Körperebene für *Gaslighting* überhaupt notwendig? Gehe gedanklich zurück in eine Situation, in der Du mit einer schockierenden Verdrehung, Abwertung oder Bestrafung konfrontiert wurdest. Spüre jetzt in Deinen Körper hinein: Was erlebst Du auf der Körperebene? Welche Empfindungen machen sich bemerkbar? Wie gut spürst Du Deinen Körper?

Viele Empfänger in einer *Gaslighting*-**Dynamik** beschreiben früher oder später eine Entkopplung vom Körper, eine Art *„Wegdriften"* (= Dissoziieren). Momente, in denen die körperliche (Stress-)Reaktion so stark wurde, dass sie davon aus dem eigenen Körper gekickt wurden und handlungsunfähig *„neben sich standen"*.

Wir haben bis hier hin mehrfach gesehen, dass Empfänger durch Signale des Senders **„aktiviert"** werden (S. 196 f.). Bei *Gaslighting* geraten Empfänger mit der Zeit in eine Abhängigkeit vom Sender (S. 204 f.). Diese Abhängigkeit beginnt **auf Körperebene!** Hier verlieren Empfänger zuerst die Kontrolle und so ihre Unabhängigkeit.

Im Kontakt mit einem Sender von *Gaslighting* entstehen **körperliche Reaktionen**. Die körperlichen Reaktionen z.B. von Angst, S. 191 f) können so **intensiv** sein, dass sie die **gesamte Aufmerksamkeit** von Empfängern auf sich ziehen. „Abgelenkt" und „entrückt", verlieren Empfänger den Überblick über ihre Situation und die Verbindung zu sich selbst. Sie verlieren das **verlässliche Zuhause im eigenen Körper.** Wenn das nicht mehr greifbar zu sein scheint, macht das Angst.

Wenn wir darüber sprechen, dass Du *„bei Dir bleiben"* sollst, meint das zuallererst: **Bleib in Deinem Körper!** Stell Dir vor, Du setzt den

Leitfaden zur Gesprächsführung (S. 235) um, driftest aber nach zehn Sekunden weg, weil der Sender etwas getan oder gesagt hat, dass Deinen Körper in einen völligen **Ausnahmezustand** versetzt.

Dein Versuch würde fehlschlagen. Nicht, weil Du es nicht kannst oder ein Versager wärst, sondern, weil Du noch nicht **in Deinem Körper zuhause sein** und **aufkommende Aktivierung bewusst regulieren** kannst. Das hier ist also **Basisarbeit**!

Die Arbeit mit dem Körper ist aus einem weiteren Grund für die *Gaslighting*-**Immunisierung** wichtig: Sie schärft die Wahrnehmung Deiner **(Körper-)Grenzen**!

Du weißt jetzt, dass sich Empfänger sich beim Durchlaufen der vier Makroprozesse von *Gaslighting* irgendwann mit der konstruierten Realität des Senders arrangieren. Einige identifizieren sich im Rahmen von **Auto-Gaslighting** sogar damit. Hier dürfen wir fragen:

„Was veranlasst Menschen dazu, die Realitätswahrnehmung eines Senders in ihr Territorium zu lassen, sich sogar damit zu identifizieren und sich diese überstülpen zu lassen?"

Vielleicht kannst Du erkennen, dass „überstülpen lassen" etwas mit der **Wahrnehmung eigener Grenzen** zu tun haben könnte? Unsere einfachste, natürlichste Grenze ist unsere Haut. Sie markiert unsere Körpergrenzen. Die Arbeit mit dem Körper kann allgemein das Bewusstsein und Setzen von Grenzen verbessern, weil uns die eigenen Körpergrenzen über Körperarbeit bewusster werden.

Viele Empfänger spüren nicht, wenn ein Sender mit dreckigen Schuhen ihr energetisches Territorium betritt. Die invasive Wirkung der feinen Mikroprozesse (Zuschreibung, Verdrehung, Bedeutungsanker, Themenwechsel usw.) werden entweder **nicht erkannt** oder sie **aktivieren** den Empfänger so **stark**, dass er „den Boden unter den Füßen verliert". In beiden Fällen stehen die inneren Grenzen **nicht stabil**. Die Stabilität innerer Grenzen hat weitaus mehr mit der **Körperebene** zu tun, als man annehmen mag.

1 Körperwahrnehmung, Trauma und Abgrenzung

Mit der Körperebene betreten wir - wie in der letzten Sektion (S. 280 f.) - erneut das Themenfeld der Traumata. Mit „Trauma" in diesem Buch meint nicht zwangsläufig die Diagnose einer Posttraumatischen

Belastungsstörung. Gemeint sind auch jene unbewussten, traumatischen Erlebnisse, die im Alltag keine nennenswerten Probleme bereiten, aber unter der Oberfläche wirken und in spezifischen Situationen in Erscheinung treten. Falls Du wiederholt eine **Gaslighting**-Dynamik erlebt hast, darfst Du ein potentielles Trauma zumindest in Betracht zu ziehen.

Wir wissen: Menschen mit Traumavorgeschichte neigen zu *Fawn* und sind wahrscheinlicher bereit, eine Alternativrealität im Rahmen von *Gaslighting* zu übernehmen (S. 280 f.). *Gaslighting* kann umgekehrt traumatische Folgen haben. In beiden Fällen spielt die Körperebene eine große Rolle.

Peter A. Levine lokalisiert die Folgen von Trauma in seinem Buch *Vom Trauma befreien. Wie Sie seelische und körperliche Blockaden lösen*[38] vor allem auf der **Körperebene**. Nach ihm werden Erinnerungsspuren traumatischer Ereignisse auf körperlicher Ebene reaktiviert, wenn ein bestimmter Auslöser (*Trigger*) in unserem Leben auftaucht.

Ein *Trigger* kann eine Kaskade aufeinander folgender Ereignisse auslösen: Das reaktivierte Erleben auf körperlicher Ebene - beispielsweise ein **beschleunigter Herzschlag** - kann rasch einen **bewertenden Gedanken** nach sich ziehen (z.B. *„Das ist furchtbar, das halte ich kaum aus!“*) und wiederum eine Emotion auslösen (hier: Angst). Schaukeln diese Reaktionen sich gegenseitig hoch (die Angst führt zu erneuten Körperempfindungen, die wieder zu bewertenden Gedanken usw.), kann das System in einen *Overload* steuern, bei dem Betroffene das Gefühl haben, *„die Kontrolle zu verlieren“*.

Sie driften weg (= dissoziieren), verlieren den **Bezug zum Körper** und ihre Handlungsfähigkeit. Bewirkt eine äußere Situation einen solch starken Effekt, kann das unglaublich viel Energie kosten. Für objektive Analysen und die Auswahl hilfreicher Handlungsoptionen bleibt dann nicht mehr viel übrig.

Viele Notfallprogramme sind **gelernt**, wurden vielfach ausgeführt und verbrauchen **nicht viel Energie** (im Vergleich zu etwas Neuem, das all unsere Aufmerksamkeit fordert). Deswegen rutschen wir in Stresssituationen häufig in **ungesunde Gewohnheiten**. Sie sparen Energie! Es gibt also keinen Grund, sich für diesen **Energiesparmodus** Vorwürfe zu machen. Schauen wir lieber, was wir ändern können.

Automatismen, die sich als *„ökonomische Notfallprogramme“* einschalten und die Kontrolle übernehmen waren früher sinnvoll, wirken sich heute aber **destruktiv** aus. Bei *Gaslighting* kann das dazu führen, dass Empfänger sich automatisch um einen abwertenden Partner **kümmern**, anstatt sich von ihm abzugrenzen.

Weil Abwertung den Empfänger auf körperlich-systemischer Ebene stresst, startet das alte Notfallprogramm, was zur *Fawn*-Reaktion führt (siehe S. 280 f.). Wenn in einer *Gaslighting-Dynamik* ein Trigger den nächsten jagt, finden Empfänger oft gar nicht mehr aus diesem *„Notfallmodus"* heraus.

Im Zustand permanenter Aktivierung hat man weder einen Überblick, noch lassen sich alternative Lösungsansätze finden oder umsetzen. Dazu sind Empfänger körperlich-systemisch in diesem Moment nicht in der Lage.

Vielleicht verstehst Du jetzt, weshalb die Arbeit auf der Körperebene so unglaublich wichtig ist?

Peter A. Levine hat ein sehr empfehlenswertes Programm mit 12 Übungen auf Audio-CD[38] entwickelt, das an der richtigen Stelle ansetzt und das ich zur vertieften Arbeit empfehlen kann. Aus seiner Sicht fehlt Menschen, denen es *„den Boden unter den Füßen wegreißt"* der Zugang zu **Ressourcen**, um die körperliche Aktivierung zu **regulieren** und **Erdung** wieder zu erlangen.

Stell Dir die Aktivierung wie einen riesigen Energiewirbel im Körpersystem vor, der nicht abfließen kann, weil **die Ventile** nicht klar sind. Neben starker körperlicher Unruhe kann die Energie *in den Kopf rutschen*. Dadurch werden Gedanken und Gefühle angestoßen, die zu noch mehr Aktivierung führen. Das führt zum erwähnten Schichtsalat (S. 307), den es unbedingt zu unterbrechen gilt.

In diesem Abschnitt möchte ich Dir Übungen anbieten, um mehr **in Deinem Körper anzukommen**, seine **Grenzen bewusster wahrzunehmen, überschüssige Energien abzuleiten** und Dich wieder **mit der Erde unter Dir zu verbinden**.

Falls Du körperliche oder psychische Beschwerden hast, kläre bitte vorher mit Deinem Facharzt ab, ob Du die Übungen so ausführen kannst und solltest.

DO IT!

a.) Körperliches Gewahrwerden - *„Das ist mein linker Fuß"*

Dein Körper ist immer da - das ist eine verlässliche und sehr beruhigende Tatsache! Um diesen Umstand mehr in Deinem Bewusstsein zu verankern, empfehle ich Dir, die einzelnen Gliedmaßen Deines

Körpers sanft mit Deinen Händen abzustreifen und währenddessen laut zu verbalisieren: *„Das ist mein linker Fuß mit seinen fünf Zehen und dem Fußrücken, der Fußsohle und der Ferse..."*

Passe Dein Sprechtempo an Deine Bewegung an und wandere mit Deiner Hand über die Bereiche, die Du benennst. Dann halte kurz inne, schließe die Augen und spüre nach, wie sich Dein linker Fuß anfühlt. Verbalisiere dabei: *„So fühlt sich mein linker Fuß gerade an..."*

Gehe dann weiter zum Sprunggelenk: *„Das ist mein linkes Sprunggelenk, das meinen linken Fuß mit meinem linken Unterbein verbindet..."*

Gehe dann weiter zu Deiner linken Wade und Deinem linken Schienbein und verfahre ebenso. **Halte immer wieder inne, um nachzuspüren** und verbalisiere, **welchen Teil Deines Körpers Du gerade berührst** und **womit dieser Körperteil verbunden** ist.

So verfährst Du bis zum Oberschenkel, dann wechselst Du die Seite. Anschließend gehst Du zum Unterleib, Deinem Bauch und Rücken, Deinem Brustkorb, Deinen Ober- und Unterarmen, Händen und Fingern. Zum Schluss wanderst Du über Hals und Nacken Richtung Gesicht und Schädel, sowie Deinen Ohren. Anstatt über den Körper zu streifen, kannst Du ihn auch leicht mit den Fingerspitzen **abklopfen** oder darüber **streicheln** - sei aber in jedem Fall sanft!

Nimm Dir dafür (vor allem anfangs) **so viel Zeit, wie Du möchtest**. Diese Übung kann anfangs ein bisschen mehr Zeit in Anspruch nehmen, aber Du wirst mit der Zeit merken, wie Du Deinen eigenen Stil, Ablauf und Dein eigenes Tempo für diese Übung finden wirst.

Bei einigen meiner Klienten ließ sich die Übung sehr gut als Ritual beim morgendlichen Duschen integrieren. Sie waren schon etwas geübter und die Worte *„Das ist mein linker Fuß, der zu mir gehört"* genügten ihnen. Irgendwann sprachen sie die Worte nur noch innerlich beim Einseifen der Körperpartien.

Am Ende des Rituals **bedankten sie sich bei ihrem Körper**, dass er ihnen mit all seinen Gliedmaßen als Konstante in ihrem Leben ein **Zuhause** gibt, immer für sie da ist und arbeitet. Mit der Zeit hatte dieses **Gewahrsein des eigenen Körpers** einen unglaublichen Effekt, der auch im Alltag zum Tragen kam.

Eine Klientin legte in beruflichen Stresssituationen mit ihrem Sender-Kollegen einfach ihre Hand auf ihrem Oberschenkel ab und sprach innerlich zu sich: *„Das ist mein linker Oberschenkel. Er gehört zu mir und ist immer da".* Daraufhin entspannte sich ihre Muskulatur, ihr Puls wurde ruhiger und sie bewerkstelligte die Meetings immer besser.

Entdecke hier **Deinen eigenen Stil** und wandle die Übung gerne so für Dich ab, dass sie sich auch im Alltag gut integrieren lässt. Manchmal mag es Dir als **Anker** genügen, einfach einen Körperteil abzustreifen und innerlich zu verbalisieren. Gehe spielerisch an die Sache und sei kreativ!

Diese Übung mag trivial erscheinen und vielleicht werden sich einige Leser denken: *„Wie soll das denn helfen? Das mach ich nicht."*
Sie verpassen eines der **wichtigsten** Elemente in diesem Buch. Wenn es wirklich Dein Anliegen ist, Dich gegen *Gaslighting* zu immunisieren, dann geht es nur mit einer guten **Beziehung zu Deinem Körpersystem**.
Eine Sache dürfte bis hierhin klar geworden sein: Der Exit aus *Gaslighting* (und das Verhindern eines Wiedereintritts) wird nicht gelingen, solange Du Dein Körpersystem nicht verstehst und mit ihm zusammenzuarbeiten weißt. Der Aufbau von Widerstandskraft gegenüber psychischer Manipulation erfordert **konkrete Veränderungen auf der Verhaltensebene**. Wer vollzieht diese Veränderungen? Dein Körper! Eine verlässliche Freundschaft zu Deinem Körper ist unabdingbar!

2 Körpersystem regulieren lernen, Homebase klären

Die erste Körperübung ist auf das **Gewahrsein** des Körpers und der eigenen Körpergrenzen ausgelegt. In der zweiten Übung geht es um das **konkrete Regulieren Deines Aktivitätsniveaus**.
Ein Körper, den Du nicht regulieren kannst, kann Dir auch nicht dienen. Wenn Du ihm nicht die Ventile zeigst, über die er Erregung und Aktivität ableiten kann, ist Dein Körpersystem (und damit Du) immer abhängig von äußeren Ereignissen.
Stell Dir für einen Moment vor, Du wüsstest sicher, dass Du - egal, was geschieht - **Dein System wieder zur Ruhe bringen kannst**. Wie würde sich das anfühlen? Und nun stell Dir vor, Du hättest keine Ahnung, wie das geht. Das macht Angst, oder? Je mehr wir in der Lage sind, unser Körpersystem zu regulieren, umso **unabhängiger, unbesorgter** und **freier** können wir uns in der Welt bewegen. Es macht uns **selbst-sicher**. Die Gewissheit, sich - egal, was kommt - regulieren zu können, lässt **klare und selbstbewusste Kommunikation** viel besser gelingen. Viele Empfänger haben vor klärenden Gesprächen mit einem Sender große Angst, weil sie wissen, dass sie es anschließend mit ihrem aktivierten Körpersystem zu tun und **keine Ahnung haben**,

wie sie dieses wieder auf ein **erträgliches Niveau regulieren** können. Um nicht aktiviert zu werden, sagen sie lieber kein falsches Wort und vollführen einen Eiertanz der Vermeidung und Unterordnung.

Gerade in einer *Gaslighting-Dynamik* wird das Körpersystem immer wieder stark aktiviert. Es ist also unabdingar, sich Werkzeuge für die Regulation zuzulegen!

Die nachfolgende, **aktive Meditation** durfte ich im *Anand Ashram* in Ubud (Indonesien) lernen und es wurde mir erlaubt, sie im freien Teilen weiterzugeben. Diese aktive Meditation ist ein Kann, kein Muss. Es gibt auch sehr viele Alternativen zur Stressregulation, die Du einsetzen könntest (z.B. Progressive Muskelentspannung, Atemtechniken, Autogenes Training usw.).

Mit dieser Meditation vollziehst Du einen **energetischen** „Hausputz" in Deinem (Körper)System. Ganz nebenbei werden auch Deine **energetischen Grenzen gestärkt**, weshalb ich sie für Empfänger von *Gaslighting* als ideales Regulationswerkzeug erachte.

Alle Übungen in diesem Buch sind so geschrieben, dass Du sie Dir selbst laut vorlesen, als **Audio** aufnehmen und für Dich optimieren kannst. Zur Durchführung der Übungen kannst Du dann immer wieder Deine eigenen Audios nutzen. Bitte sprich **nur das kursiv Geschriebene** und lies ggf. auch die **Wiederholungen** mit.

Die Angaben in Klammern dienen der Orientierung, wie Du die **Pausen** beim Sprechen gestalten kannst. Immer wenn Du drei Pünktchen findest... **sprich langsam** und mache kleinere Pausen - genau so, wie es sich für Dich richtig anfühlt.

a.) Übung: Stress und Aktivität im (Körper-)System regulieren

Für diese Übung benötigst Du ca. 40 Minuten Zeit, eine Decke und eine Stoppuhr. Schalte nun alle möglichen Störquellen aus... und setze Dich bequem, aber aufrecht auf einen Stuhl oder ein Meditationskissen...

Schritt 1: *Schließe Deine Augen und nimm mehrere, tiefe Atemzüge... Erlaube es Deinem Bauch, dass er sich bei der Einatmung nach außen wölbt... und dass die eingeatmete Luft in jede Zelle Deines Körpers dringt, Dich nährt und mit neuer Energie versorgt... gestatte es Deinem Bauchnabel, sich bei der Ausatmung in Richtung der Wirbelsäule zurückzuziehen... und spüre, wie aller Ballast, alle Anspannung und alles Alte einfach abfällt... Atme einige male tief ein... und wieder aus (20 Sekunden Ruhe)...*

340

Schritt 2: *Aufrecht sitzend, die Schultern entspannt, lässt Du Deinen Kopf nun* **sanft** *nach vorne und Dein Kinn in Richtung Brustkorb fallen... Bewege nun ganz langsam und behutsam Deinen Kopf zur linken Schulter... und kreise dann weiter gegen den Uhrzeigersinn über hinten... und die rechte Schulter wieder nach vorne.* **Überstrecke dabei Hals und Nacken nicht!** *Die Bewegung soll sanft, geschmeidig und wohltuend sein. Mach nun insgesamt neun Kreise gegen den Uhrzeigersinn in Deinem eigenen Tempo... Zähle mit den Fingern mit, wie Du insgesamt neun Kreise gegen den Uhrzeigersinn ziehst... Lass Dir Zeit dazu (min. 4 Minuten Ruhe)... Komm langsam zum Ende... und richte dann Deinen Kopf auf und spüre kurz nach (15 Sekunden Ruhe)... Senke dann wieder den Kopf nach vorne, das Kinn Richtung Brust und ziehe nun weitere neun Kreise* **im Uhrzeigersinn.** *Konzentriere Dich voll auf die Bewegung... lass Dir Zeit (min. 4 Minuten Ruhe)... Komm dann wieder langsam zum Ende, richte den Kopf behutsam auf... und spür nach...*

Deine Augen sind immer noch geschlossen und Deine Aufmerksamkeit ruht auf Deinem **Körpergefühl** *(15 Sekunden Ruhe)...*

Schritt 3: *Nimm noch einmal bewusst eine aufrechte, entspannte Sitzhaltung ein... und höre mir zuerst zu... Gleich atmest Du tief in den Bauch ein... und während Du* **aus dem Bauch ausatmest,** *chantest Du den Ton „Om".*
.. Der Ton Om klingt in gechanteter Variante ungefähr so: „Aaaauuuhhhmmmmmmmmmmmmmmm"...

Das A entsteht **„aus dem Bauch heraus"** *und wandert quasi entlang der Wirbelsäule nach oben, wo es* **in Deinem Brustbereich in ein U übergeht,** *bis es schließlich* **an Deinem Scheitelpunkt mit dem M seinen Ausklang findet.** *Das M darf dabei am längsten klingen. Versuche es einmal mit mir gemeinsam... „Aaaauuuhhhmmmmmmmmmmmmmmm"...*

Sei nicht zu verbissen, lass es einfach klingen, experimentiere mit der Tonhöhe und spiele ein bisschen mit dem Ton... Du kannst Dir beim Chanten auch einen Kanal vorstellen, durch welchen Du den Ton aus dem Bauch heraus durch die Wirbelsäule nach oben „in den Himmel ziehst"... Lasse den Ton in Deinem gesamten Körper klingen...

Achte beim Chanten darauf, **wie sich der Ton in Deinem Körper anfühlt.** *Chante den Ton „Om" mindestens 21x - zähle mit den Fingern ab... Falls Du möchtest, kannst Du natürlich auch öfter... pausiere die Aufnahme jetzt solange, bis Du mindestens 21x den Ton „Om" gechantet hast...*

Schritt 4: *Diesen Schritt darfst Du auch im Stehen durchführen... Gleich wirst Du Deine Hände - mit den* **Handflächen nach unten** *- im Abstand von* **10-15 cm** *über Deinen Scheitel bringen... und Deinen Körper* **von oben nach unten abstreichen.** *Halte dabei den* **Abstand von 10-15 cm** *zum Körper und achte darauf, dass die Handflächen immer nach unten gerichtet bleiben... Du* kannst Dir dabei gerne vorstellen, wie Du all das nach unten von Dir „abstreifst", was nicht zu Dir gehört... vergiss Deine Arme und Hände nicht (hier streifst Du nur mit einer Hand)... für den Rücken kannst Du Dir einfach vorstellen, vor Dir stündest Du selbst... und streichst Deinen Rücken selbst ab... Schließe Deine Augen und bringe Deine Hände über den Scheitel... beginne jetzt damit, alles abzustreifen... von oben... nach unten... (min. 3 Minuten Ruhe)... Wenn Du mit den Füßen fertig bist, halte kurz inne und spüre nach (15 Sekunden Ruhe).

Schritt 5: Setze Dich wieder entspannt und aufrecht hin... Hebe Dein Brustbein... öffne Dein Herz... Dein Blick ist leicht nach oben gerichtet... den Kopf nicht in den Nacken werfen... Mit geschlossenen Augen streckst Du Deine Arme wie Blütenblätter mit den Handflächen nach oben... stelle Dir vor, wie **reinigende, klärende Energie** von oben in Dich einströmt... Diese Energie darf gerne auch eine für Dich individuell passende Farbe haben (15 Sekunden Ruhe)... Stell Dir jetzt vor, wie diese Energie **in Deinen Handflächen** landet und fülle Dich damit, indem Du diese Energie mit Deinen Händen **in Dein Körpersystem „hineinfächelst"**... Dabei benutzt Du Deine Hände wie zwei Fächer... anstelle von Luft, fächelst Du Dir die Energie zu und lädst Deinen Körper damit auf... Spiel einfach mit... Stell es Dir vor... Und lass es geschehen...

Wenn eine Stelle an Deinem Körper besondere Aufmerksamkeit benötigt, fächle dort gerne ein bisschen länger... Nimm Dir Zeit (min. 4 Minuten Ruhe)...

Sobald Du jedes Körperteil „versorgt" hast, spüre kurz nach... Greife Dir dann Deine Stoppuhr und ggf. eine Decke.

Schritt 6: Stelle Deine **Stoppuhr auf zehn Minuten** und lege Dich idealerweise auf den Boden, eine Decke oder Yogamatte in **Rückenlage** hin... Sorge dafür, dass Du nicht frieren musst... Deine Arme liegen bequem neben dem Körper, die Handflächen zeigen nach oben... Deine Füße lässt Du ganz natürlich nach außen fallen.... Lass Dich vom Boden tragen, **werde schwer, entspanne - lass los** (10 Minuten Ruhe)...

Optional: Sprich innerlich zu Deinem Körper, wie zu einem Freund und lade ihn ein, für den jetzigen Moment loszulassen. Du kannst dabei von unten nach oben wandern und die Bereiche einzeln einladen - wenn Du das möchtest, z.B.: „Ihr lieben Füße, ich lade euch ein, lasst lost, entspannt, werdet schwer. Ihr Fußgelenke und Waden, entspannt, lasst los, ihr dürft schwer werden, in die Erde sinken..." usw.

Schritt 7: Setze Dich langsam wieder entspannt und aufrecht hin... Wir schließen jetzt die Übung ab, indem Du - wie bei Schritt 3 - den „Om"-Ton

Du wirst merken, dass diese Übung einiges zum Positiven verändert und klärt. Sie **wirkt**. Und zwar ganz unabhängig davon, ob Du nun an irgendetwas „glaubst", einen Zugang zu Spiritualität hast oder nicht.

Für die Wirksamkeit der Übung ist es nicht entscheidend, ob Du an eine höhere Energie, einen „heiligen Ton" glaubst. Der **physikalische Effekt von Frequenzen**, die Kraft des Unterbewusstseins und der Visualisierungsfähigkeiten bestehen davon unabhängig.

Im psychotherapeutischen Rahmen sind derartige Interventionen längst etabliert. So greift z.B. die *„Vokalatmung"* den Effekt von Frequenzen ebenso auf, wie es in unserer aktiven Meditation der Fall ist. Auch **Visualisierung** und **Imagination** sind nicht mehr wegzudenkende Elemente zahlreicher Techniken - sei es im Therapie-, Trainings- oder Coachingbereich.

Ich würde mich sehr freuen, wenn Du Dich auf diese Übung einlassen kannst. Falls die Übung gar nichts für Dich ist, empfehle ich Dir ein anderes, geeigneteres Werkzeug zur **bewussten Regulierung von Stress und Aktivierung** in Deinem Körpersystem. Das könnten unter anderem folgende Interventionen (oder eine Mischung aus ihnen) sein:

Body Scan (nach *Jon Kabat-Zinn*[39])
Progressive Muskelentspannung (PME) nach *Jacobsen*[40]
MET-Klopftherapie (z.B. nach *Franke & Franke*[41])
Breathwork *(Atemtechniken)*

Neben diesen Techniken ist ein **Mindestmaß an Bewegung** und **Sport** notwendig, um dem eigenen Körpersystem die Möglichkeit zu geben, sich zu entladen, **Stresshormone abzubauen** und wieder in die Balance zu kommen. Du weißt seit unserem Exkurs, dass **Stress** zu einer Mobilmachung von Energie führt (Fight, Flight, Fright und Faint, S. 170). Was glaubst Du, was mit dieser Energie passiert, wenn sie nicht (wie vorgesehen durch Kampf oder Flucht) genutzt wird? Sie bleibt quasi *„im Körper stecken"*, **stiftet Unruhe und Verwirrung**!

Gib Deiner Muskulatur durch regelmäßige Bewegungseinheiten die Gelegenheit, diese **Energie in Bewegung** umzuwandeln. Es ist egal, ob Du laufen gehst, Yoga praktizierst, Krafttraining machst, schwimmen gehst oder ein knackiges HIIT-Training absolvierst - jede Bewegungseinheit verbessert die Beziehung zu Deinem Körper. Schon **zehn Minuten pro Tag** machen einen Unterschied!

Parallel wachsen Kraft und Ausdauer, Dein Wohlgefühl steigert sich. Du kannst auch mehrere, kleine Bewegungseinheiten in Deinen Tag einbauen. Beispielsweise lassen sich *Jumping Jacks*, *Sit-ups*, *Dehnungsübungen* oder *Push-ups* usw. prima spontan integrieren, solange man auf den Wasserkocher, die Kaffeemaschine oder den Rückruf eines Freundes oder Kollegen wartet. Denk einfach immer mal wieder an Deinen Körper und tue etwas für ihn! Bewege ihn und hilf ihm, sich dadurch zu **regulieren**!

Sich des eigenen Körpers, seiner Kraft und physischen Grenzen **bewusst** zu sein, ist Voraussetzung für ein weiterreichendes **Selbst-Bewusstsein**. Erst wenn die physischen Grenzen und Kräfte bewusst wahrgenommen werden, können auch die **psychisch-energetischen Grenzen** gespürt und kraftvoll kommuniziert werden. Genau das ist zur **Abgrenzung von psychischer Manipulation** und etwaigen Alternativrealitäten notwendig.

Die ersten beiden Übungen sind wichtige **Basisübungen**, die Du immer wieder in Deinen Alltag einbauen solltest, um die Beziehung zu Deinem Körpersystem zu verbessern.

Die dritte Übung auf der Körperebene sollte erst dann durchgeführt werden, wenn Du die **Übung zum Gewahrsein** und Deine **Regulationstechnik** ein paar Mal durchgeführt hast und Dich damit sicher fühlst.

Falls Du an einer psychischen Erkrankung leidest, kläre in jedem Fall **immer** (!) zuerst mit Deinem Facharzt oder professionellen Therapeuten ab, ob etwas gegen die Durchführung der Übung spricht.

Das gilt insbesondere für die kommende Übung, bei der wir uns einem **konkreten Trigger** für Dein Körpersystem zuwenden und lernen, einen Umgang mit dieser besonderen Form der Aktivierung zu finden.

3 Mit Triggern umgehen lernen

Empfänger können durch Aussagen oder Handlungen von einem Sender *angetriggert* werden (S. 94 f.). Du weißt, dass eine **zu starke Aktivierung** Dir den Boden unter den Füßen wegziehen kann. Du verlierst die klare Sicht, wirst von Emotionen und Gedanken überrollt und zack - Du bist inhaltlich in die AR des Senders oder den *Monolog* *der inneren Beweisführung* (S. 121 f.) gerutscht. Ich bin sicher, dass Dir solche Momente vertraut sind, oder?

Deshalb ist die nachfolgende Übung so wichtig. Hier begegnest Du einem Trigger und lernst, die **Aktivierungsenergie** in Deinem System nicht weiter anzufeuern, nicht impulsiv zu reagieren, sondern sie schlicht zu **halten** und zu beobachten.

Dadurch wird Dich Deine **Triggerreaktion** mit jedem Übungsdurchgang immer weniger umwerfen und Du gewinnst eine wachsende **Triggerresistenz**.

Auch hier starten wir auf der Körperebene. Gedanken und Emotionen werden ohnehin auftauchen, doch wir lassen sie schlicht da sein und gehen **immer wieder zurück auf die Körperebene**.

Du kannst die Übung wieder für Dich selbst aufnehmen und dann die Audio nutzen. Lass die Pausen in dieser Übung gerne **etwas länger**. Dein System braucht **ausreichend Zeit, um sich an die Aktivierungsenergie zu gewöhnen**, sonst wirkt die Übung nicht so gut (wir schlüpfen vor unangenehmen Gefühlen ja gerne weg).

Wichtig: Befeuere die Aktivierungsenergie **nicht** zusätzlich durch Anhaftung an Gedanken, Bewertungen oder Emotionen, sondern vollziehe immer wieder bewusst den **Wechsel auf die Beobachtungs- und Beschreibungsebene** (Du wirst in der Übung mehrmals dazu eingeladen)!

Bevor Du die Übung durchführst, überlege Dir eine zurückliegende Trigger-Situation, die Dich enorm aktiviert hat oder immer wieder aktiviert, wenn Du an sie denkst. Diese **Index-Situation** nutzen wir in der Übung als *Trigger*.

DO IT!

a.) Deine Triggerresistenz auf Körperebene trainieren

Such Dir einen Platz, wo Du aufrecht und bequem sitzen kannst. Stell sicher, dass alle möglichen Störquellen ausgeschaltet sind, schließe Deine Augen und nimm erstmal ein paar tiefe Atemzüge in Deinem eigenen Tempo ...während Du tief einatmest, wirst Du Dir Deines Körpers vollumfänglich bewusst...und beim Ausatmen entspannst Du alle Muskeln und lässt all das abfallen, was Dich jetzt noch belastet oder festhält... (ca. 15 Sekunden Ruhe)...

Atme tief und regelmäßig in Deinem eigenen Tempo. Atme in Deine Zehen... Deine Füße... Waden... Knie und Oberschenkel... in Dein Gesäß... Deinen Unterleib... den unteren Rücken... den Bauch... den oberen Rücken... atme in Deine Flanken... Deine Schultern... Deinen Brustkorb... Deine Ober- und

Unterarme und schließlich... in Deinen Nacken... Hals... Dein Gesicht... Deinen gesamten Kopfbereich... bis in den Scheitel... und mit jedem Ausatmen lässt Du wieder alle Anspannung aus Deinem Körper weichen... (15 Sekunden Ruhe).

Nimm Deinen Körper bewusst wahr... Deine Füße auf dem Boden, Deine aufrechte Wirbelsäule, Deine entspannten Schultern und... wie Dein Brustkorb sich im Rhythmus Deines Atems ganz von alleine hebt und senkt... (10 Sekunden Ruhe).

Während Du weiter in Deinem eigenen Rhythmus ein- und ausatmest denkst Du an diese eine Situation, die Dich aktiviert hat... hole sie Dir noch einmal vor Dein inneres Auge und betrachte, was passiert ist... (10 Sekunden Ruhe). Gehe diese Situation in Gedanken noch einmal durch... (15 Sekunden Ruhe).

Spüre nun in Deinen Körper, wo Du eine nennenswerte Veränderung spürst... egal ob das im Bauch, Rücken, Hals-, Kopf- oder Brustbereich oder irgendwo anders in Deinem Körper ist... wenn Du die Stelle gefunden hast, wo Du jetzt in diesem Moment die meiste Aktivierung erlebst, dann **bleibe dort und... beobachte einfach...** (5 Sekunden Ruhe). Falls Gedanken, Emotionen, Bewertungen auftauchen ist das in Ordnung... gehe **mit Deiner Aufmerksamkeit einfach dorthin zurück, wo Du die Aktivierung spürst und... beobachte...** (10 Sekunden Ruhe)

Es gibt nichts weiter für Dich zu tun, als einfach **nur zu beobachten.** Wie ein neugieriger Forscher, der Bakterienstämme durch ein Mikroskop beobachtet, schaust Du neugierig und interessiert auf das, was auf Deiner inneren Leinwand gerade geschieht... (20 Sekunden Ruhe)...

Es ist vollkommen normal, wenn Emotionen, Gedanken, Bewertungen auftauchen...Lass sie einfach kommen und gehen - wie Wellen, die gegen das Ufer branden und sich dann wieder zurückziehen... (10 Sekunden Ruhe)...gehe mit Deiner Aufmerksamkeit einfach **immer wieder zurück zu Deinem Erleben auf der Körperebene** und der **Beobachtung** dessen, was da gerade vor sich geht... (30 Sekunden Ruhe)...

Während Du einfach nur beobachtest und immer wieder zu dieser Beobachtung zurückkehrst... darfst Du nun gerne damit beginnen, zu **beschreiben,** was Du wahrnimmst... Ist das, was Du wahrnimmst, weit oder eng?... Leicht oder schwer?... Schnell oder langsam?... Bewegt es sich oder eher nicht?...

Fällt Dir eine Form ein, die dieses Erleben hat?... Ist es rund, eckig, zackenförmig oder weist es eine andere Form auf?... Hat diese Körperwahrnehmung eine Farbe?... Oder eine Temperatur?...

*Bleibe auf der **Beschreibungsebene** und **beobachte**... **Nimm einfach nur wahr** - ohne dass Du sonst irgendetwas tun oder verändern musst... (45 Sekunden Ruhe)... Immer wenn Bewertungen kommen wie „schlimm, furchtbar, kaum auszuhalten" oder ähnliches - benenne es als „Bewertung" und kehre wieder auf die **Ebene der Beschreibung** zurück...*

*Was erlebst Du konkret auf der Körperebene, wenn Du etwas als „schlimm, furchtbar, kaum auszuhalten" oder ähnliches bezeichnest?... Was geht da vor sich? Ist es eng oder weit?... Leicht oder schwer...? Schnell oder langsam?... Bewegt es sich oder eher nicht?... Fühlt es sich warm oder kalt an?... Ist es rund, eckig oder weist eine andere Form auf...? Hat dieses Erleben eine Farbe...? **Beobachte und beschreibe**... ohne dass Du sonst irgendetwas tun musst... Verweile so lange in dieser Beobachtung, wie es sich für Dich richtig und gut anfühlt... (2-4 min. Ruhe).*

*Verstehe: Dein Körper ist das Gefäß, die Leinwand für dieses Erleben... Du bist hier und **beobachtest** dieses Gefäß, diese Leinwand... Du bist nicht dieses Gefäß... Du bist der Beobachter... **Du nimmst wahr, beschreibst, beobachtest**... wie Wellen ans Ufer und wieder zurückbranden, beobachtest Du das Kommen und Gehen dessen, was sich vor Deinem inneren Auge abspielt... nicht mehr und nicht weniger... (30 Sekunden Pause)...*

Deine Atmung geht weiter ganz von allein... Die Luft fließt noch immer - ganz ohne Dein Zutun - in Dich hinein und aus Dir heraus...

Du atmest bis tief in die Zehen hinein... und bewegst diese... Du spürst Deine Beine, Dein Gesäß auf der Sitzfläche, die Aufrichtung Deiner Wirbelsäule... Dein Atem fließt ein.... und wieder aus...

Du beginnst, Deine Finger zu bewegen... Deine Schultern nach hinten zu kreisen... Du spannst Deine Ober- und Unterarme an, Deine Beine... und bewegst sanft Deinen Kopf... Kreise Deinen Nacken ein wenig... ganz liebevoll... erst in die eine, dann in die andere Richtung... Nimm noch einmal ein paar tiefe Atemzüge... atme tief ein... nimm neue Energie auf, atme in die Weite Deines Körpers hinein und atme dann - gerne mit einem Seufzer - aus...

*Leg abschließend Deine rechte Hand auf Deine linke Schulter und schenke Dir selbst ein Lächeln... klopfe drei Mal anerkennend mit der rechten Hand auf Deine linke Schulter und **bedanke Dich bei Dir selbst** für Deinen Mut und Deine Stärke. Du kannst stolz auf Dich sein - denn Du hast gerade etwas getan, wovor die meisten Menschen lieber weglaufen. Du warst im Auge Deines Sturmes und - hast ihn gehalten!*

Das *Training Deiner Triggerresistenz* ist das Sahnehäubchen im Bereich der **Werkzeuge auf Körperebene**! Du kannst diese Sequenz immer wieder durchlaufen und gerne auch die Sprechpausen länger halten, falls Du merken solltest, dass Du mehr Zeit benötigst.

Mit dieser Übung kannst Du **jeden Trigger konfrontieren** und ihm das Potential entziehen, Dich aus Deiner Mitte zu reißen. Durchläufst Du diese Übung oft genug, wird Dein System **automatisch lernen,** wie es auf hilfreiche Weise mit Triggern umgehen kann. Ein Transfer in den Alltagsbereich ist also sehr wahrscheinlich und wird Dich nicht nur gegen *Gaslighting* immunisieren, sondern gegen vielerlei Stress durch äußere Einflüsse!

Wir springen vom Körper in den Kopf...

E. „Das Denken neu lenken" - Gebrauchsanweisungen für den Kopf

Du hast in diesem Buch verschiedene Phänomene auf gedanklicher Ebene kennengelernt, die Empfänger tiefer in die *Gaslighting-*Dynamik ziehen und sie von ihrer eigenen Realitätswahrnehmung abschneiden. Dazu zählt die Beschäftigung mit verwirrenden **Nebelraketen** (S. 138 und S. 234), der *Monolog der inneren Beweisführung* (S. 121), der *Kampf der Wahrnehmungen* (S. 97, 102 und 225), sowie das **Infragestellen der eigenen Wahrnehmung** (S. 115 und 220 f.). Auch das **Interpretieren** von Verhaltensweisen des Senders (S. 296) und das **Konstruieren von Geschichten** (Gründe und Absichten des Senders, S. 298 f.) gehören zu diesen **gedanklichen Sackgassen.**

Empfänger bekommen diese schädlichen Veränderungen nicht mit. Dabei ist es ungemein wichtig, gedankliche Sackgassen zu erkennen und aktiv gegenzusteuern. Sonst führen sie durchweg zu Nachteilen für Empfänger: Eine Unmenge Energie wird in die **Klärung nicht zu lösender Themen** gesteckt und es kann eine allgemeine, **negative Verzerrung der Gedanken** auftreten.

1 Dich von destruktiven Gedanken lösen

Negative Gedanken über die eigene Person (Selbstbild), andere Menschen (Umwelt) und die Zukunft können nach dem **kognitiven Depressions-Modell** von *Aaron Beck*[42] (Kognitive Triade) zur Entstehung und Aufrechterhaltung depressiver Störungen führen. Für

Empfänger von *Gaslighting* besteht also das Risiko, durch „verzerrtes Denken" in eine Depression zu rutschen.

Das erste Werkzeug, um dem entgegenzuwirken, hast Du bereits auf S. 316 kennengelernt. Auch auf gedanklicher Ebene solltest Du **Deine Aufmerksamkeit sofort zu Dir zurückholen**, sobald Du feststellst, dass Deine Gedanken sich in Richtung Selbstvorwürfe, verurteilende Selbstkritik, Spekulation, Interpretation, mögliche Motive, offene Fragen oder Sichtweisen des Senders bewegen. Weshalb?

Weil diese Gedanken eine destruktive Wirkung haben und Deinen Fokus immer wieder zum Sender lenken. Praktisch geht es darum, die **Fähigkeit** zu erlernen, **Dich von auftauchenden Gedanken zu lösen**. Eine Form des Loslassens also. Diese Übung kann wunderbar mit dem *Leitfaden zur Gesprächsführung* (S. 235 f.) kombiniert werden.

Sprich Dir die nachfolgende Übung gerne wieder als Audio auf* und nutze sie konkret, um Deine Aufmerksamkeit immer wieder zu den für Dich wichtigen Themenbereichen zurückzuführen.

a.) Gedankliches Fokustraining - Gedanken loslassen

Such Dir einen Platz, wo Du aufrecht und bequem sitzen kannst. Stell sicher, dass alle möglichen Störquellen ausgeschaltet sind, schließe Deine Augen und nimm erstmal ein paar tiefe Atemzüge in Deinem eigenen Tempo... während Du tief einatmest, wirst Du Dir Deines Körpers vollumfänglich bewusst... beim Ausatmen entspannst Du alle Muskeln und lässt alles abfallen, was Dich noch belastet oder festhält (ca. 15 Sekunden Ruhe)...

Atme tief und regelmäßig in Deinem eigenen Tempo. Atme in Deine Zehen... Deine Füße... Waden... Knie und Oberschenkel... in Dein Gesäß... Deinen Unterleib... den unteren Rücken... den Bauch... den oberen Rücken... atme in Deine Flanken... Deine Schultern... Deinen Brustkorb... Deine Ober- und Unterarme und schließlich... in Deinen Nacken... Hals... Dein Gesicht... Deinen gesamten Kopfbereich... bis in den Scheitel... und mit jedem Ausatmen lässt Du wieder alle Anspannung aus Deinem Körper weichen... (15 Sekunden Ruhe).

Nimm Deinen Körper bewusst wahr... Deine Füße auf dem Boden, Deine aufrechte Wirbelsäule, Deine entspannten Schultern und... wie Dein Brustkorb sich im Rhythmus Deines Atems ganz von alleine hebt und senkt... (10 Sekunden Ruhe).

Deine Aufmerksamkeit wandert jetzt zu Deinen Nasenlöchern, wo Du beobachtest, wie Dein Atem in Deinen Körper ein- und wieder ausströmt... (10

Sekunden Ruhe). *Spüre und nimm wahr, wie die Atemluft Deine Nasenlöcher beim Einatmen leicht kühlt und beim Ausatmen leicht erwärmt. Du musst nichts weiter tun, als das Ein- und Ausströmen des Atems zu beobachten. Wenn Du möchtest, kannst Du Dir gerne vorstellen, dass Du - wie ein Türsteher - zwischen Deinen Nasenlöchern sitzt. Deine Aufgabe als Türsteher ist es, das Ein- und Ausströmen des Atems zu beobachten - nicht mehr und nicht weniger... (10 Sekunden Ruhe).*

Wenn Gedanken auftauchen und Deine Aufmerksamkeit auf sich ziehen, registrierst Du diese einfach als „Gedanken" und kehrst dann mit Deiner Aufmerksamkeit zurück zu Deinen Nasenlöchern... Du beobachtest einfach weiter, wie der Atem dort ein- und wieder ausströmt (10 Sekunden Ruhe).
*Es ist vollkommen normal, dass immer wieder Gedanken auftauchen. Du darfst also jeden Widerstand gegenüber Gedanken loslassen, denn es ist nicht möglich, **keine Gedanken** mehr zu haben. Du kannst aber entscheiden, **ob Du den auftauchenden Gedanken folgen** und ihnen Kraft geben möchtest - oder nicht.*

*In dieser Übung entscheidest Du Dich dafür, Gedanken keine Beachtung zu schenken, ihnen keine Kraft zu geben, sondern **immer wieder zu Deinen Nasenlöchern zurückzukehren**. An diesen festen Punkt, an dem es nur eins für Dich zu tun gibt: Zu beobachten, wie Dein Atem ganz von alleine ein- und wieder ausströmt...*
Verweile nun solange in dieser Übung, wie Du möchtest. Immer dann, wenn ein neuer Gedanke auftaucht - oder Gedanken über den Gedanken - registrierst Du dies einfach („ein Gedanke") und kehrst dann mit Deiner Aufmerksamkeit wieder zurück zu Deinen Nasenlöchern... (2-5 Minuten Ruhe).
*Verstehe: Deine Gedanken sind elektrische Impulse, die in Deinem Gehirn ausgelöst werden. Sie fahren wie Züge in den Bahnhof Deines Bewusstseins und halten dort. Du kannst nicht verhindern, dass diese Züge in Deinem Bewusstsein auftauchen. Doch Du kannst lernen, nicht „einzusteigen" - indem Du Dich immer wieder für den Bahnsteig entscheidest, an dem Du stehst. An dem es nichts weiter zu tun gibt, als einfach nur zu **beobachten**, wie diese Impulse auftauchen - um sie dann wieder loszulassen.*
*Du bist der Beobachter... **Du nimmst wahr, beobachtest**... und entscheidest, worauf Du Dich jetzt konzentrieren möchtest... Deine Nasenlöcher, Dein Atem... ein... und aus... sonst nichts... (30 Sekunden Pause)...*

Deine Atmung geht weiter ganz von allein... Die Luft fließt noch immer - ganz ohne Dein Zutun - in Dich hinein und aus Dir heraus...
Du atmest bis tief in die Zehen hinein... und bewegst diese... Du spürst

Das *gedankliche Fokustraining* ist ein Weg, um destruktivem Denken keine Kraft mehr zu geben. Bedenke: **Abschalten kannst Du derartige Gedanken nicht!** Wegschieben führt nicht selten dazu, dass diese Gedanken sogar noch **stärker** werden. Versuche eher, die Gedanken anzuerkennen (*„Ok, ich hab euch wahrgenommen, danke für die Info - jetzt dürft ihr leiser werden...“*) und Dir anschließend darüber klar zu werden, dass ein *„Ja“* zu den Gedanken **nicht** bedeutet, dass die Aussagen wahr sind.

Wenn Du beispielsweise denkst *„Ich bin an allem Schuld. Wieso habe ich nur XYZ gemacht...?“* kannst Du anerkennen: *„Ja, da ist definitiv ein Gedanke. Würde ich diesem Gedanken glauben, dann wäre ich an allem Schuld. Doch ich kann mich auch dafür entscheiden, es nicht zu glauben oder gar keine Meinung dazu zu haben. Ich lasse diesen Gedanken einfach da sein, beschäftige mich aber mit...“* und dann wählst Du etwas aus, dem Du Dich aktiv zuwenden möchtest - gedanklich oder durch Dein Tun, z.B. Musik hören, eine Sprache lernen, rausgehen, Malen, Yoga usw.

Wichtig: Irgendein kluger Wissenschaftler hat mal herausgefunden, dass ein Mensch pro Tag durchschnittlich **zwischen 60.000 und 70.000 Gedanken** denkt. Unser Gehirn produziert also Gedanken, wie eine Popcorn-Maschine Popcorn!

Weder können wir Gedanken verhindern, noch allen auftauchenden Gedanken gleichermaßen Beachtung schenken. Wir müssen **wählen**, mit welchen Gedanken wir uns intensiver beschäftigen wollen. In den meisten Fällen geht unsere Wahl **unbewusst** von statten. Den wenigsten Menschen ist klar, dass sie hier überhaupt eine Wahl haben!

Dabei ist diese Wahl sehr entscheidend. Denn **das, womit wir uns beschäftigen wird größer und gewinnt an Bedeutung.** Was wir **ignorieren oder nicht beachten, wird kleiner und verliert an Bedeutung.**

Dazu gibt es ein wunderbares Zitat, zu dem die Quellenangaben variieren (Talmud, chinesisches Sprichwort, Mahatma Gandhi):

*„Achte auf Deine **Gedanken**, denn sie werden **Worte**.*
*Achte auf Deine **Worte**, denn sie werden **Handlungen**.*
*Achte auf Deine **Handlungen**, denn sie werden **Gewohnheiten**.*
*Achte auf Deine **Gewohnheiten**, denn sie werden Dein **Charakter**.*
*Achte auf Deinen **Charakter**, denn er wird dein **Schicksal**."*

Prüfen wir das Zitat logisch, dann stellen wir fest, dass es zutrifft! Womit Du Dich gedanklich **beschäftigst**, erlangt Bedeutung und fließt in den Austausch mit Anderen ein (Deine **Worte**). Du **handelst** gemäß dessen, was Bedeutung für Dich hat und **gewöhnst** Dich an die Themen und Bedeutungen in Deinem Leben. Du wirst immer mehr zu dem **Menschen** (Charakter), der sein Leben an **diesen Themen** und **Bedeutungen ausrichtet.** Dein Leben wird genau davon gefüllt sein (Dein **Schicksal**).

Das bedeutet **nicht**, dass Du wiederkehrende Themen aus Deinem Leben ausklammern oder nicht beachten solltest. Sich wiederholende Themen sind ja vielmehr ein Anzeichen dafür, dass etwas bearbeitet werden möchte. Das darf dann auch geschehen.

Gleichermaßen solltest für Dich prüfen, ob Du auch jenen Dingen Beachtung schenkst, **die Du in Deinem Leben sehen und erleben möchtest** oder ob Du Dich gedanklich an eine negative Spirale nicht zu beantwortender Fragen und (Selbst-)Vorwürfe gewöhnt hast. Falls ja, darfst Du aktiv wählen, dies zu unterbrechen und zu verändern. Das geschieht, indem Du lernst, Dich von diesen Gedanken und Fragen zu lösen und einen Richtungswechsel vollziehst (S. 353).

Ein erfolgreicher Exit aus *Gaslighting* hängt - wie die Immunisierung - auch davon ab, **wie gut Du mit Deinem Verstand zusammenarbeitest.** Dazu musst Du **lernen, wie Dein Verstand funktioniert**, ihm aus gedanklichen Sackgassen **heraushelfen** und ihm das **Futter geben,** das er benötigt, um Dir als **hilfreiches Werkzeug** dienen zu können.

Während das *Fokustraining* Dir dabei helfen kann, Gedanken **keine Kraft** mehr zu geben, darfst Du im nächsten Abschnitt lernen, wie Du

Deinen Verstand zu neuen, **öffnenden** und **hilfreichen** Gedanken einladen und damit beginnen kannst, diesen **mehr Kraft** zu geben.

2 Richtungswechsel und Futter für gesundes Denken

Unser Gehirn möchte - wie ein Muskel - stimuliert werden. Tun wir das nicht, ist es „unzufrieden" und stimuliert sich selbst. Du darfst drei Mal raten, womit es das tut: Mit dem Bekannten, meist Negativen, das wir schon so oft durchgekaut haben. In der folgenden Übung geht es darum, Dein Denken **aktiv** und **bewusst** in **neue Räume** zu führen.

Generell halte ich nicht sehr viel von einfachen Affirmationen, weil sie die tieferen Schichten unseres Seins nicht erreichen. Etwas nur nachzusprechen oder zu wiederholen, ist in etwa so, wie ein Gedicht auswendig zu lernen, ohne den Inhalt zu fühlen - es bewirkt nichts.

Diese Übung soll durch gezielte Fragen neue Räume in tieferen Schichten aufstoßen, in denen Dein Denken (und Fühlen!) zu einer **neuen Form der Beschäftigung** eingeladen wird.

Du kannst Dir den Text wieder aufnehmen, nur mit den Fragen arbeiten oder eigene Fragen kreieren, die Dich in positive, neue Räume führen.

Lass Dir nach jeder Frage etwas Zeit (ca. 1-3 Minuten), um Deinen Gedanken und Gefühlen Raum zu geben, sich auf die Frage einzulassen. Es kann zudem hilfreich sein, wenn Du Stift und Block zur Hand hast, um aufkommende Impulse und Ideen festzuhalten.

a.) Neue Räume - Übung der öffnenden Fragen

Such Dir einen Platz, wo Du aufrecht und bequem sitzen kannst. Stell sicher, dass alle möglichen Störquellen ausgeschaltet sind, schließe Deine Augen und nimm erstmal ein paar tiefe Atemzüge in Deinem eigenen Tempo ...während Du tief einatmest, wirst Du Dir Deines Körpers vollumfänglich bewusst... beim Ausatmen entspannst Du alle Muskeln und lässt alles abfallen, was Dich noch belastet oder festhält (ca. 15 Sekunden Ruhe)...

Atme tief und regelmäßig in Deinem eigenen Tempo. Atme in Deine Zehen... Deine Füße... Waden... Knie und Oberschenkel... in Dein Gesäß... Deinen Unterleib... den unteren Rücken... den Bauch... den oberen Rücken... atme in Deine Flanken... Deine Schultern... Deinen Brustkorb... Deine Ober- und Unterarme und schließlich... in Deinen Nacken... Hals... Dein Gesicht...

Deinen gesamten Kopfbereich... bis in den Scheitel... und mit jedem Ausatmen lässt Du wieder alle Anspannung aus Deinem Körper weichen... (15 Sekunden Ruhe).

Nimm Deinen Körper bewusst wahr... Deine Füße auf dem Boden, Deine aufrechte Wirbelsäule, Deine entspannten Schultern und... wie Dein Brustkorb sich im Rhythmus Deines Atems ganz von alleine hebt und senkt... (10 Sekunden Ruhe).

In dieser Ruhe öffnest Du nun neue Räume für Dein Denken... Räume, in denen Deine Gedanken sich neu bewegen und die Richtung wechseln dürfen... Spreche jede der folgenden Fragen laut nach und lasse Dir nach jeder Frage etwa 1-3 min. Zeit, um Antworten nach oben kommen zu lassen, zu denken und zu fühlen... Falls negative Gedanken aufkommen oder Dein Verstand sich von der Frage entfernt, bedanke Dich für den Gedanken und bringe Deine Aufmerksamkeit zur Frage zurück. Lade Deinen Verstand dazu ein, mit der Frage zu spielen und sich auf diesen neuen Raum einzulassen...

„Was würde sich in meinem Denken ändern, wenn ich wüsste, dass ich niemals alles verstehen oder logisch durchdringen werde?"

„Wie ernst würde ich meine Gedanken nehmen, wenn ich wüsste, dass das, was sie über mich, mein Leben und meine Beziehungen aussagen, begrenzt und unvollständig wäre?"

„Was wäre, wenn ich frei wählen und immer wieder neu entscheiden könnte, was ich über mich selbst und das Leben denken und glauben möchte?"

„Wer wäre ich, wenn ich frei wählen könnte, wer ich sein möchte?"

„Wie würde ich aussehen, gehen, stehen? Welche Kleidung würde ich tragen und mich bewegen, wenn ich mein Leben frei und ohne Einschränkung gestalten könnte?"

„Was würde ich tun und ausprobieren, wenn ich nach Herzenslust meine Lebensumstände frei wählen und gestalten könnte - ohne dass es irgendwelche Konsequenzen gäbe?"

„Wer wäre ich dann und welchen bisher ungelebten Facetten würde ich Ausdruck verleihen - wenn ich frei wählen könnte?"

„Welche Themen würde ich endgültig gehen lassen, wenn ich wüsste, dass ich das könnte?"

„Wie würden meine Beziehungen aussehen, wenn ich alles sagen, fühlen und sein könnte... wenn ich nichts erbringen oder lösen müsste... wie würde sich das anfühlen?"

„Wie wäre es, wenn meine Wünsche und Bedürfnisse berechtigt wären?"

„Wie würde mein Leben aussehen, was würde sich ändern, wenn ich mit Sicherheit wüsste, dass ich goldrichtig bin - und zwar genau so unperfekt, wie ich jetzt bin?"

„Wie würde ich mich fühlen, wenn ich wüsste, dass es Menschen gibt, die nur darauf warten, dass ich mich ganz lebe, wahrhaftig zeige und ausdrücke?"

„Welche Schritte würde ich in meinem Leben gehen, wenn ich darauf vertrauen könnte, dass alles in mir ist, was ich dazu benötige?"

„Wie würde ich leben, wenn es keine Grenzen gäbe?"

„Wie würde es sich anfühlen, wenn alles, wonach ich mich sehne, bereits jetzt in mir wäre und nur darauf warten würde, freigelegt zu werden?"

Lass Dir nun etwas Zeit... fühle und sammle... Falls sich etwas in Deinem Bewusstsein zeigt, dass Du festhalten möchtest, öffne gerne kurz die Augen und schreibe es auf... (3 Minuten Ruhe).

Jetzt atmest Du bis tief in die Zehen hinein... Du bewegst sie... Du spürst Deine Beine, Dein Gesäß auf der Sitzfläche, die Aufrichtung Deiner Wirbelsäule... Dein Atem fließt ein.... und wieder aus...
Du beginnst, Deine Finger zu bewegen... Deine Schultern nach hinten zu kreisen... Du spannst Deine Ober- und Unterarme an, Deine Beine... und bewegst sanft Deinen Kopf... Kreise Deinen Nacken ein wenig... ganz liebevoll... erst in die eine, dann in die andere Richtung... Nimm noch einmal ein paar tiefe Atemzüge... atme tief ein... nimm neue Energie auf, atme in die Weite Deines Körpers hinein und atme dann - gerne mit einem Seufzer - aus...
*Schenke Dir abschließend selbst ein Lächeln... und **bedanke Dich bei Deinem denkenden Verstand** dafür, dass er sich auf diese neuen Räume und diese neue, hilfreiche Art des Denkens eingelassen hat. Danke ihm dafür, dass er dadurch begonnen hat, Dir wahrhaft zu dienen.*

Die *Übung der öffnenden Fragen* kann hervorragend mit dem *Fokustraining* kombiniert werden. Das *Fokustraining* hilft Dir, Dich von Gedanken zu lösen und die *öffnenden Fragen* schaffen neue Räume. Du lernst Deinen Verstand immer besser kennen und bringst ihm bei, Dir ein **hilfreicher Diener** zu sein .

Die *Übung der öffnenden Fragen* verändert bis zu einem gewissen Grad auch Dein **emotionales Erleben**. Indem Du auf andere Weise zu denken lernst, kannst Du Deine Gefühle **aktiv verändern**.

Dadurch wird der *Schichtsalat* aus Gedanken und Gefühlen (S.307 f.) unterbrochen und der Empfänger von *Gaslighting* dadurch entlastet.

Vielleicht fragst Du Dich jetzt:

? *„Sind denn alle Emotionen/Gefühle nur Ergebnisse von Gedanken?"*

Nein. Psychologen und Neurowissenschaftler haben hierzu jahrzehntelang kontrovers diskutiert und geforscht. Weil es den Rahmen des Buches bei weitem sprengen würde, kürze ich ab: Gefühle **können** ein **Ergebnis** von Gedanken sein (s.o.), aber genauso können wir **zuerst** ein Gefühl erleben, dem dann ein Gedanke folgt.

Tauchen Gefühle zuerst auf, nenne ich das ein **ursprüngliches Gefühl**. Kommt zuerst ein Gedanke, spreche ich von **künstlichen Gefühlen**. Sie werden zwar „echt" erlebt und gefühlt, aber erst durch einen Gedanken („künstlich") zum Leben erweckt.

Für eine lärmempfindliche Person kann eine stattfindende Gartenparty laut und belastend sein, weil Lärm als physikalischer Stressor auf diese Person einwirkt. Das **ursprüngliche Gefühl** könnte z.B. Nervosität sein (ohne einen vorauseilenden Gedanken). Würde dann ein Gedanke auftauchen, wie *„Ich kann an dieser Situation nichts ändern"*, könnte daraus das **künstliche Gefühl** von Hilflosigkeit, Ohnmacht oder Frustration hervorgehen.

Gedanken und Gefühle folgen immer rasch aufeinander. Es ist daher wirklich schwierig, mit Sicherheit zu sagen, was zuerst da war.

? *„Doch wie kann man dann ursprüngliche Gefühle von „künstlichen" unterscheiden?"*

Eigentlich könnte **jedes** Gefühl, das sich auf die Zukunft oder Vergangenheit bezieht, als „künstliches Gefühl" betrachtet werden. Der Verstand wandert gedanklich zu einem Ereignis auf der Zeitachse, das aktuell gar nicht stattfindet. Dieses Ereignis wird also nicht erlebt, sondern gedacht. Was dann gefühlt wird ist nicht primär ein Ergebnis der Situation, sondern ein Ergebnis der Gedanken.

Wenn der Gedanke an eine bevorstehende Präsentation „Angst macht", ist es nicht die Präsentation selbst, sondern das, was erwartet, befürchtet, erhofft wird. Was bei der **tatsächlichen** Präsentation erlebt wird, **könnte** etwas ganz anderes sein (z.B. Euphorie, Leidenschaft, Freude). Das ist der Fall, wenn man anschließend konstatieren kann: *„War gar nicht so schlimm!"*.

Leider münden vorauseilende, bewertende Gedanken aber oft in **sich selbst erfüllende Prophezeiungen**. Dabei lösen vorauseilende Gedanken (z.B. *„Ich werde scheitern!"*) bezüglich der Präsentation Gefühle von Angst aus. Diese Angst wird dann beispielsweise mit **Zweifeln an den eigenen Fähigkeiten** verknüpft oder es wird geglaubt, dass diese Angst wirklich etwas über die **Bedrohlichkeit der Situation** aussagt (was sein kann, aber nicht muss).

Die tatsächliche Präsentation wird dann mit der Brille dieser geglaubten **Vorerwartungen** wahrgenommen. Die Nervosität steigt, man fängt an zu zittern, zu stottern und - vergeigt die Präsentation **dadurch** vielleicht wirklich. So erfüllen sich Prophezeiungen selbst.

Es ist wichtig, über „künstlich erzeugte Gefühle" Bescheid zu wissen. Dennoch gilt: ***Was Du fühlst, bleibt das, was Du fühlst!***

Du solltest Deine Gefühle **immer** beachten und ernst nehmen! Egal, ob sie das Ergebnis von Gedanken sind oder nicht. **Jeder** Mensch erzeugt sein Empfinden auch durch Gedanken!

Vergiss nicht: Sender in einer *Gaslighting-Dynamik* schmettern Gefühle von Empfängern oft ab, indem sie deren Denken/Fühlen als verrückt oder krank darstellen (siehe S. 68 und 88 f.). Für einen Sender von *Gaslighting* ist es in 98% der Fälle die **Schuld des Empfängers**, wenn dieser verletzt, wütend oder traurig ist.

Für Dich gilt daher: Entscheide Dich **im Zweifelsfall immer dafür, Deine Gefühle als ursprüngliche Gefühle zu werten!**

Dieser Abschnitt soll Deine Gefühle nicht hinterfragen oder ihnen die Daseinsberechtigung absprechen. Die Tools zum Umgang mit Gedanken sollen den Grad Deiner **Selbstbestimmung** erhöhen!

Wenn Du bis hier verinnerlicht hast, dass Du mit Deinen Gedanken einen **Einfluss auf Deine Gefühlswelt** hast, ist das Wichtigste gelernt!

Je häufiger Du das *Fokustraining* umsetzt, umso mehr wirst Du Deine Gedanken und ihre **Beteiligung am Entstehen** von Gefühlen erkennen und regulieren können. Trainierst Du die *öffnenden Fragen*, wirst Du zunehmend auch Dein emotionales Erleben und Deine gedankliche Ausrichtung aktiv verändern können.

Diese beiden Übungen solltest Du Dir als „Gebrauchsanweisungen für den Verstand" zur Gewohnheit werden lassen.

F. Glaubenssätze ganzheitlich wandeln

Die Arbeit mit Deinen **Glaubenssätzen** findet nicht nur im Bereich der Gedanken statt. Glaubenssätze bestehen aus **Gedanken** und **verkapselten Gefühlen**, die zu einem früheren Zeitpunkt eingekapselt wurden und heute (meist) nicht mehr bewusst zugänglich sind.

Nehmen wir beispielsweise an, die Eltern eines sehr klugen Mädchens hätten sich durch dessen Intelligenz bedroht gefühlt und es deswegen wiederholt abgelehnt. Es wäre gut möglich, dass dieses Mädchen **Angst vor ihrer eigenen Intelligenz** entwickelt und den Glaubenssatz abspeichert hat: *„Wenn ich mein Potential zum Ausdruck bringe, werde ich abgelehnt!"*.

Unbewusst könnte das Mädchen als erwachsene Frau eine beruflich unterfordernde Position wählen, die sie zwar unglücklich macht, ihr aber die **unangenehme Unruhe** nimmt, die jedes Mal dann auftaucht, wenn sie an einen reizvollen Job oder an Karriere denkt.

Mit der Wahl einer unterfordernden Tätigkeit würde sie ihrem Glaubenssatz folgen und so die **Angst vor Ablehnung reduzieren**. Sie wäre sehr wahrscheinlich unzufrieden, würde sich aber *sicher* fühlen.

Viele Glaubenssätze sitzen tief, sind unbewusst und können unsere Entscheidungen, Handlungen und Reaktionen auf komplexe Art beeinflussen. Trotz **negativer Auswirkungen** halten wir oft an ihnen fest. Das liegt daran, dass derartige Glaubenssätze **alte, verkapselte (unangenehme) Gefühle unter Verschluss halten** und so das Gefühl von Sicherheit, Schutz und Kontrolle vermitteln. Solange sich unser Leben in den Grenzen eines Glaubenssatzes bewegt, ist mit wenig Überraschungen zu rechnen - weder positiv noch negativ.

1 Typische Glaubenssätze und ihre Entstehung

Bei Empfängern von *Gaslighting* finden sich meiner Erfahrung nach häufig ganz ähnliche Glaubenssätze, beispielsweise:

„Ich bin unfähig, eine gesunde Beziehung zu führen."

„Um Liebe empfangen zu dürfen, muss ich zuerst...“
„Ich habe es nicht anders verdient.“
„Es liegt an mir. Ich bin schuld.“
„Mit mir hält es niemand aus.“
„Ich bin falsch.“
„Ich bin kompliziert und anstrengend.“
„Mit mir stimmt etwas nicht.“
„Meine Bedürfnisse sind nicht so wichtig/unangemessen.“
„Ich bin zu viel.“
„Es ist meine Aufgabe, diese Beziehung/den Anderen zu retten.“
„Andere Menschen unterdrücken mich, egal, was ich tue.“
„Ich bin wertlos/unwichtig.“
„Es ist mein Schicksal, dass ich in dieser Situation bin.“
„Ich brauche diese Beziehung, um an mir zu arbeiten.“
„Mein Leben ist nur leidvoll.“
„Mit mir kann man es ja machen.“
„Keiner nimmt mich und meine Bedürfnisse wahr.“

Typische, unspezifischere Glaubenssätze, von denen jeder Mensch einige in sich trägt, könnten lauten:

„Ich bin nicht gut genug...“
„Das habe ich nicht verdient...“
„Das Leben ist hart...“
„Das wird so oder so nichts...“
„Ich werde betrogen...“
„Menschen sind böse...“
„Wenn ich mich zeige, werde ich verletzt...“
„Das war klar, dass mir das passiert...“
„Das Leben ist ungerecht...“

Wer sich ausgiebiger mit Glaubenssätzen beschäftigt, kann die ein oder andere Überraschung erleben. Manchmal wissen wir gar nicht, was wir **wirklich** zu glauben gelernt haben, weil wir im Alltag schon einige Wege gefunden haben, um die Glaubenssätze zu überlagern. Einige meiner Klienten staunten, als wir sehr unbewusste und versteckte Glaubenssätze erkennen und benennen konnten:

„An meiner Situation kann ich selbst gar nichts ändern...“
„Wenn ich entwürdigend behandelt werde, liegt es daran, dass ich etwas falsch gemacht habe...“
„Ich darf nicht wütend sein. Das ist verurteilenswert und verboten...“

„Ich muss anderen gegenüber immer wertschätzend sein (selbst wenn diese sich abwertend verhalten)..."
„Ich darf meine Wünsche und Meinung nur äußern, wenn ich Beweise dafür habe, dass sie berechtigt sind..."

Prüfe, welche Glaubenssätze Du in Bezug auf eine evtl. bestehende **Gaslighting-Dynamik** über Dich oder Beziehungen hast. Schreibe am besten direkt auf, falls jetzt etwas an die Oberfläche kommt.

Um die Auswirkungen von Glaubenssätzen greifbar zu machen, wenden wir uns Mareike (45 J.) zu. Sie hatte mehrere Paarbeziehungen erlebt, in denen sie abgewertet, manipuliert, invalidiert und emotional missbraucht wurde. Derartige Erfahrungen kannte sie bereits aus ihrer Kindheit. Sie hatte damals den Glaubenssatz abgespeichert: **„Ich und meine Gefühle sind es nicht wert, beachtet zu werden."** Die Beziehungen im Erwachsenenalter verfestigten diese Überzeugung und ein weiterer Glaubenssatz bildete sich: **„Für mich ist eine andere Form der Beziehung nicht möglich."**

Mareike sehnte sich nach einer gesunden und liebevollen Beziehung, doch ihre Glaubenssätze schossen ihr immer wieder dazwischen. Das führte dazu, dass sie sich auf Männer einließ, die **1.) sie und ihre Gefühle nicht achteten** und mit denen sie **2.) das bereits bekannte Beziehungsmuster erneut wiederholte.** So machte sie immer wieder dieselbe Erfahrung und konnte nie die Beziehung manifestieren, die sie sich eigentlich wünschte. Daraus schloss sie: **„Ich bin eine Versagerin! "** - ein globaler und vernichtender Glaubenssatz!

Mareike hatte keine Ahnung, dass sie diesen Glaubenssätzen folgte. Wäre ihr das bewusst gewesen, hätte sie diese **in Frage stellen** können. So wiederholte sich ein **Kreislauf** aus **unerfüllten Sehnsüchten, erlebter Zurückweisung, Trauer, Schmerz** und **Verzweiflung** immer wieder auf's Neue. Sie sehnte sich nach einem anderen Leben, doch ein Teil in ihr folgte den hartnäckigen Glaubenssätzen, wodurch eine Veränderung nach Mareike's Wünschen sabotiert wurde.

Immer wenn sie Schritte in Richtung ihrer Wünsche (lebenswerteres Leben, gesunde und liebevolle Beziehungen) ging, ploppten die Glaubenssätze (und verkapselten Ängste) auf, zogen sie ins **alte Fahrwasser** zurück und **sabotierten** ihre an sich gesunden Schritte. All das lief unbewusst in ihr ab. Mareike sah sich durch ihr Scheitern darin bestätigt, dass sie **wirklich** eine Versagerin sein musste.

Derartige Glaubenssätze sind deshalb so schwierig zu erkennen und zu durchbrechen, weil sie - wie der Name schon sagt - **tatsächlich geglaubt** werden. Über die Zeit werden sie zu einer gefühlten Wahrheit und wirken dadurch unerkannt im Untergrund. Der Glaubenssatz ist quasi **unsichtbar** und wird daher auch **nicht in Frage gestellt**. Wirkt der Glaubenssatz *„Ich bin ein Versager!"* in einer Person, dann fühlt und **verhält** sie sich **entsprechend** und produziert automatisch dazu **passende Ergebnisse**.

Zudem **erwartet** eine Person mit dem Glaubenssatz *„Ich bin ein Versager!"* auch Ergebnisse, die zu diesem Glaubenssatz passen. Hätte diese Person Erfolg, wäre es gut möglich, dass dies schlicht **übersehen** oder einem **anderen Grund zugeschrieben** wird.

Misserfolge passen ins Konzept von *„Ich bin ein Versager!"*. Der Glaubenssatz wirkt wie ein **Filter, der Misserfolge durchlässt, Erfolge aber nicht**. Sie werden vielleicht wahrgenommen, aber auf Glück, Zufall oder den Verdienst eines anderen Menschen zurückgeführt. Das führt dazu, dass Glaubenssätze sich für den *Gläubigen* selbst dann zu bewahrheiten scheinen, wenn die Fakten dagegensprechen.

Zusammengefasst bestätigen sich Glaubenssätze also dadurch, indem wir sie **glauben**, uns so **verhalten** und nur die Ergebnisse erwarten und sehen, die zu ihnen passen. Je häufiger wir diesen Kreislauf aus **Glauben - Handeln - Bestätigung** durchlaufen, umso mehr scheinen sie sich zu bewahrheiten und werden zu unserer Realität.

2 Was Du vor der Bearbeitung von Glaubenssätzen wissen musst...

Mit zunehmender Dauer bekommen Glaubenssätze den Geschmack von Ausschließlichkeit: Veränderungen werden für **immer unwahrscheinlicher** gehalten, die **Motivation** zur Arbeit an einer nachhaltigen Veränderung sinkt.

Ein weiteres Hindernis bei der Bearbeitung von Glaubenssätzen ist, **dass Veränderungen uns Angst machen**. Jenseits des Glaubenssatzes liegt unbekanntes Terrain, in das wir uns dann begeben müssten.

Mareike hatte beispielsweise **keine Referenz** für eine „gesunde Beziehung". Gleichwohl sie sich eine solche wünschte, hatte sie **Angst**, sich **konkret** darauf einzulassen. Sie wusste einfach nicht, wie sie sich dann verhalten sollte.

Sich etwas noch nie Dagewesenes zu wünschen ist eine Sache. Tatsächlich darauf **hinzuarbeiten**, die dafür notwendige **Ausdauer** aufzubringen, sich der **Unsicherheit** zu stellen und auch bei Rückschlägen den **Glauben an eine mögliche Veränderung** nicht zu verlieren, eine ganz andere. Eine „gesunde Beziehung" war für Mareike gleichbedeutend mit einer anstrengenden Reise in ein Land, dessen Kultur und Sprache sie nicht kennt.

Ein Teil in uns **fürchtet Veränderung** und möchte im sicheren Terrain bleiben. Dieser Teil ist erleichtert, wenn er sich am Glaubenssatz orientieren und diesem folgen kann. Dieser unsichere Teil sucht nach **Gründen** dafür, dass der Glaubenssatz **wahr** ist. Weil dann der angstvolle Vorstoß ins Unbekannte nicht gewagt werden muss. Dieser unsichere Teil darf verstanden werden. Doch - er kann unsere Entwicklung auch sabotieren.

Wir halten also unbewusst an Glaubenssätzen fest, weil uns das **Angst** und **Anstrengung** erspart. Im **Käfig der Glaubenssätze** leiden wir aber auch, weil unsere Wünsche, Sehnsüchte und Hoffnungen immer wieder enttäuscht werden und unerfüllt bleiben. Ein halb gelebtes Leben, dem irgendwie das Abenteuer, die Süße und Würze fehlt.

Bezüglich Deiner Glaubenssätze ist es wichtig, Verständnis für Deine eigene **Ambivalenz** aufzubringen: Du möchtest teilweise an Deinen Glaubenssätzen festhalten - das ist okay! Auf der anderen Seite wünschst Du Dir vielleicht ein anderes Leben. Und auch das ist okay! Sieh **beide Seiten** als einen **Teil von Dir** und nimm diesen scheinbaren Widerspruch an.

3 Ganzheitliche Arbeit mit Deinen Glaubenssätzen

Für die Arbeit mit Deinen Glaubenssätzen, schauen wir uns zuerst Deine **Wünsche** an. Sie helfen uns, den Glaubenssätzen auf die Spur zu kommen. Glaubenssätze zeigen sich - wie oben beschrieben - meistens dann, wenn wir uns in Richtung unserer bisher unerfüllten Wünsche bewegen. Wir dürfen also erwarten, dass sie aufploppen, sobald Du Dich mit Deinen Wünschen beschäftigst.

Im ersten Abschnitt der Übungssequenz, schreibe bitte Deine Wünsche auf. Sammle das, **was Du Dir wirklich, wirklich in Deinem Leben wünschst.**

Bei der Formulierung Deiner Wünsche solltest Du unbedingt die nachfolgenden **drei Punkte** beachten:

1. Dass **Du im Zentrum** Deines Wunsches stehst.

2. Dass der Wunsch **positiv formuliert** ist (anstatt: *„Ich möchte weniger Angst haben…"*, eher: *„Ich wünsche mir **mehr Gelassenheit** im Umgang mit…"*).

3. Dass Dein Wunsch **realistisch** ist (anstatt: *„Ich möchte **nie wieder traurig sein**…"*, eher: *„Ich wünsche mir, mit traurigen Momenten **besser umgehen** zu können…"*).

Zu 1.: Du kannst nur Dinge an und bei Dir ändern! Daher ist es wichtig, dass Du mit Deinen Wünschen **bei Dir bleibst**. Auch in Beziehungen, kannst Du immer nur **Deinen Teil** beitragen. Was der Andere damit anstellt oder einbringen möchte, ist nicht in Deinem Verantwortungsbereich. Anstatt *„Ich wünsche mir, dass **meine Mutter** empathischer wird"* wäre es also sinnvoller zu schauen, **was Dich daran stört** (vielleicht, dass Du damit nicht umgehen kannst) und dann zu formulieren: *„Ich wünsche mir, dass **ich** mit fehlender Empathie besser umgehen kann"*. In einer **Gaslighting-Dynamik** würdest Du anstatt: *„Ich wünsche mir, dass **mein Partner** mich nicht mehr manipuliert"* eher aufschreiben: *„Ich wünsche mir, dass **ich** resistenter gegenüber Manipulationsversuchen werde"*.

Zu 2.: Generell ist es hilfreicher, wenn wir durch Wünsche ausdrücken, wovon wir **mehr** in unserem Leben sehen wollen. Wenn wir uns darauf konzentrieren, etwas **aktuell Anwesendes** (z.B. Angst) **loszuwerden**, erzeugen wir **Widerstand** gegen uns selbst in der jetzigen Situation. Eine Selbstablehnung, die Stress erzeugt.

Zu 3.: Die Umsetzung vieler Wünsche scheitert daran, dass sie **unrealistisch** formuliert sind. Wir können zur menschlichen Existenz gehörende Zustände von Angst, Trauer oder Unsicherheit nicht eliminieren. Doch wir können einen besseren Umgang mit ihnen lernen. In Bezug auf die **Gaslighting-Dynamik** wäre es z.B. unrealistisch *„keine Verlustängste mehr haben"* zu wollen. Wir wählen Beziehungen ja, weil sie einen Wert für uns haben. Folglich haben wir auch immer Angst, wir könnten dieses Wert-volle wieder verlieren. Realistischer wäre die Formulierung: *„Ich wünsche mir die Entschlossenheit und Klarheit, der Angst vor Verlust weniger Kraft bei meinen Entscheidungen zu geben…"*.

Ok, let's get started...

a.) Deine Wünsche und Glaubenssätze erarbeiten

Nimm jetzt **zwei Blatt Papier** und einen **Stift** zur Hand. Lass nun Deine **Wünsche** an die Oberfläche kommen und schreibe sie auf das **erste Blatt**. Achte während des Aufschreibens direkt darauf, welche **Glaubenssätze** und **Gedanken** sich dabei zeigen. Diese hältst Du dann auf dem zweiten Blatt fest.

An einem Beispiel: Du sehnst Dich nach einer gleichberechtigten, gesunden Beziehung (Blatt Nr. 1). Plötzlich schießen Dir Zweifel ins Bewusstsein, dass das niemals geklappt hat und Du auch gar nicht weißt, wie das gehen soll. Frage Dich dann: *„Was glaube ich in Bezug auf diesen Wunsch und mich selbst?"* und vielleicht kommst Du dann zu dem Schluss: *„Eine gesunde, gleichberechtigte Beziehung ist für mich nicht lebbar!"* - Voilá, Du hast einen Glaubenssatz entdeckt! Schreibe diesen auf Blatt Nr. 2. Verfahre in diesem Stil weiter. Eruiere Deine Wünsche, Träume und Sehnsüchte. Und beobachte dann, was Du in Bezug darauf glaubst (und fühlst!). Notiere die für Dich jetzt wichtigsten Wünsche und Glaubenssätze. Zensiere Deine Glaubenssätze und Wünsche nicht! Auch wenn Du Dich vielleicht auf einer Ebene dafür schämst, was Du glaubst und ersehnst.

Du kannst auch noch eine Schicht tiefer gehen und herausfinden, was Dir in Bezug auf eine mögliche (positive) Veränderung wirklich Angst macht. Im obigen Beispiel vielleicht *„Ich habe Angst, mich wieder in eine destruktive Beziehung zu begeben, es nicht rechtzeitig zu merken und mich selbst zu verlieren"*.

Dahinter kann ein weiterer Glaubenssatz stecken, den Du wieder dadurch greifen kannst, indem Du Dich fragst: *„Was glaube ich über mich in Bezug auf diese Angst?"*. In diesem Fall vielleicht: *„Ich werde es niemals schaffen, in einer Beziehung bei mir zu bleiben und für mich einzustehen!"*.

Sammle Deine Glaubenssätze und schaue Deine dahinter befindlichen Ängste aufrichtig an. Die konkrete Veränderung ist der zweite Schritt. Der erste besteht in der **Annahme** dessen, was jetzt ist: *„Ja, das ist so - ein Teil in mir hat Angst, ich könnte mich verlieren und glaubt, dass ich es niemals schaffe, in Beziehungen bei mir zu bleiben"* oder: *„Ja, das ist so - ein Teil in mir glaubt, dass ich wertlos und schuldig bin"*.

Wenn Du das annimmst, was **ein Teil von Dir** glaubt und fühlt, öffnest Du zärtlich die **Verkapselung** der Glaubenssätze. Was bisher im Verborgenen fristen musste, darf endlich **atmen**. Ab diesem Moment musst Du vor Deinen eigenen Gefühlen nicht mehr davonlaufen. Es kann Ruhe in Dir einkehren.

Nachdem Du Deine Glaubenssätze **erkannt** hast, wollen wir sie im zweiten Schritt ein bisschen **lockern, hinterfragen** und ihnen so die Macht nehmen, während wir Deinen Wünschen mehr Wurzeln schenken.

Nach und nach kannst Du Dich so **von blockierenden Glaubenssätzen lösen**, die Dich bisher in einer destruktiven *Gaslighting-Konstellation* (oder anderen Lebensumständen) gehalten und so davon abgehalten haben, das zu leben, was Du wirklich willst.

Für die nachfolgende Übung benötigst Du **den aktuell wichtigsten Wunsch** von Blatt Nr. 1 und **Deinen dazu passenden Glaubenssatz** von Blatt Nr. 2. Die Übung ist so konzipiert, dass Du den von Dir vorab ausgewählten **Wunsch laut aussprichst** und an anderer Stelle **den dazu passenden, blockierenden Glaubenssatz**. Diese Übung solltest Du unbedingt als Audio für Dich selbst aufzuzeichnen! Dabei kannst Du die **Stellen mit dem Glaubenssatz leer lassen**, um sie auch für Deine anderen Glaubenssätze nutzen zu können.

Während der Übung wirst Du aufgefordert, Dir eine **Farbe** vorzustellen. Hier gibt es keine Vorgaben, kein richtig oder falsch. Lass einfach zu, dass sich intuitiv eine Farbe zeigt und arbeite dann mit dieser. Diese Übung ist anders und länger als die vorigen. Wir arbeiten hier mit **Gefühlen, Bildern** und **Eindrücken**, um die **tieferen Schichten** zu erreichen. Falls **Emotionen** an die Oberfläche kommen, **lass sie einfach zu**. Nimm Dir für die Übung und auch danach **ausreichend Zeit**, um sie wirken zu lassen.

b.) Den Wünschen Wurzeln geben und blockierende Glaubenssätze lösen

Such Dir einen Platz, wo Du aufrecht und bequem sitzen kannst. Stell sicher, dass alle möglichen Störquellen ausgeschaltet sind, schließe Deine Augen und nimm ein paar tiefe Atemzüge... während Du tief einatmest, wirst Du Dir Deines Körpers vollumfänglich bewusst... und beim Ausatmen entspannst Du alle Muskeln... lass alles abfallen, was Dich noch belastet oder festhält... (ca. 15 Sekunden Ruhe)...

Atme tief und regelmäßig in Deinem eigenen Tempo. Atme in Deine Zehen... Deine Füße... Waden... Knie und Oberschenkel... in Dein Gesäß... Deinen

Unterleib... den unteren Rücken... den Bauch... den oberen Rücken... atme in Deine Flanken... Deine Schultern... Deinen Brustkorb... Deine Ober- und Unterarme und schließlich... in Deinen Nacken... Deinen Hals... Dein Gesicht... und Deinen gesamten Kopfbereich... bis in den Scheitel... mit jedem Ausatmen lässt Du alle Anspannung aus Deinem Körper abfließen... (15 Sekunden Ruhe).

Du bist hier... nimm Deinen Körper bewusst wahr... Deine Füße auf dem Boden, Deine aufrechte Wirbelsäule, Deine entspannten Schultern... und spüre... wie Dein Brustkorb sich im Rhythmus Deines Atems ganz von alleine hebt und senkt... (10 Sekunden Ruhe).

In diese Ruhe wollen wir Deine Wünsche einladen... ihnen Raum geben... heute lädst Du einen ganz besonderen Herzenswunsch ein... etwas, wonach sich ein Teil in Dir - vielleicht schon sehr lange - sehnt... (Nimm nun Dein Blatt Nr. 1 zur Hand). Dieser Herzenswunsch, den Du heute in diesen Raum einladen möchtest, lautet:

„...................................." (lies Deinen Wunsch von Blatt Nr. 1 laut vor)

Sprich mir nach:

*„Es ist **mein** Wunsch, dass...." (spreche Deinen Wunsch noch einmal laut aus)*

Und noch einmal:
*„Ich **erlaube mir, zu wünschen,** dass..." (spreche den Wunsch noch einmal laut aus)*

Halte inne... und spüre, wie es sich anfühlt, diesen Herzenswunsch laut auszusprechen (5 Sekunden Ruhe)... ihm Raum zu geben... Lasse Deinem Wunsch jetzt Zeit, sich zu entfalten... Lass ihn aufgehen... wie eine Lotusblume, deren Blätter sich zart nach außen öffnen und deren Farbe und Duft sich ausbreiten und den Raum durchfluten... Stell Dir vor, wie diese Farbe Deiner Wahl, die Farbe dieser besonderen Lotusblume den Raum erfüllt und alles zärtlich einhüllt... Betrachte, wie Farbe und Duft Deines Herzenswunsches alles erfassen und durchleuchten... Lass nun Bilder an die Oberfläche kommen, von dem Moment, an dem dieser Herzenswunsch Gestalt annimmt (15 Sekunden Ruhe)... sieh Dich selbst in dieser Situation und betrachte Dich... wie siehst Du aus?... Wie gehst, stehst, sitzt oder bewegst Du Dich?... Welche Kleidung trägst Du?... Was strahlst Du aus?... Betrachte Dein

Gesicht... Sieh Dich selbst in dem Moment, indem Dein Herzenswunsch Gestalt annimmt... (10 Sekunden Ruhe)...

Strecke nun eine Hand direkt vor Dir aus... Greif nach den Sternen... greife nach diesem Moment... er ist jetzt... er ist hier... stell Dir vor, wie zwei goldene Flügeltüren an Deinem Herzen sind... und wie sie jetzt aufgehen... hol Dir jetzt diesen Moment... greife ihn mit Deiner Hand und ziehe ihn zu Dir... in Dein Herz, durch diese Tür... lege Deine Hand auf Dein Herz und die andere darüber... und spüre, wie Dein Herz mit diesem Moment anschwillt, auf die doppelte Größe... mehr noch... wie es sich ausdehnt... Es ist Dein Moment... dieser Moment gehört Dir...

Spüre in Deinen Körper hinein... fühle, wie Du Dich fühlst... wenn Dein Herzenswunsch in Deinem Herzen atmen darf... wenn er seinen Duft und seine Farbe im gesamten Raum verströmen darf... weil Du ihm die Erlaubnis erteilst... aufzugehen, wie eine Lotusblume in Deinem Herzen...

Genieße den Duft, die Bilder und Eindrücke die Dein Wunsch im Zentrum Deines Herzens, Deinem gesamten Körper und Raum verströmt... Sieh diese Farbe dieser Blume, Deines Herzenswunsches vor Dir, die alles einhüllt... fühle all die Gefühle und Empfindungen, die in Dein Universum einziehen, wenn Du Deinen Wünschen einen Platz in Deinem Herzen gibst... (20 Sekunden Ruhe)...

Nimm einige tiefe Atemzüge... und lausche: **Du kannst nur das in Dir spüren und fühlen, was bereits in Dir ist...** dieser Herzenswunsch ist ein Teil von Dir... er ist bereits erfüllt - in Dir... und genau deswegen darfst Du es für möglich halten, dass dieser Herzenswunsch aus Dir heraus, seine Wurzeln in Dein Leben wachsen lässt... sich in Dein Leben hinein entfaltet... weil Du ihm einen Platz in Deinem Herzen schenkst...

Du sprichst diesen Herzenswunsch in wenigen Augenblicken erneut aus... dieses Mal gibst Du diesem Wunsch aber die Kraft der Möglichkeit mit auf den Weg...

Sprich mir jetzt nach:

„Auch wenn ein Teil von mir es immer noch nicht glauben kann, so weiß ein anderer Teil in mir, dass mein Wunsch ... (setze hier Deinen Wunsch ein) **bereits jetzt Realität ist. Diese Realität fühle ich - in mir... Heute, hier und jetzt entscheide ich mich dafür, diesen Herzenswunsch zu pflegen und zu nähren... ganz einfach, indem ich mich immer wieder mit ihm verbinde, ihm einen Platz in meinem Herzen gebe und ihm erlaube, in mein Leben zu wachsen...“**

Nimm einen tiefen Atemzug... halte die Luft kurz an... und atme wieder aus... Spür Deine Füße auf dem Boden... Deine aufrechte Wirbelsäule... atme ein... und atme aus... stell Dir nun vor, wie starke Wurzeln von Deinen Füßen,

Deinen Beinen und Deinem Unterleib hinab in die Erde wachsen (15 Sekunden Ruhe)... spüre in das Zentrum Deines Wunsches - in Dein lebendiges Herz -... spüre in Deinen Brustkorb hinein... Sieh die Lotusblume Deines Wunsches im Zentrum Deines Herzens blühen... wie sie dort gleißend und leuchtend in ihrer ganz eigenen Farbe erstrahlt... Dein gesamter Körper, Dein System wird jetzt von dieser Farbe erfüllt und durchleuchtet... diese Farbe zieht bis in Deine Wurzeln... auch sie sind durchzogen von der Farbe Deines Herzenswunsches... stell Dir vor, wie diese farbigen Wurzeln ganz von allein immer tiefer und tiefer in die Erde wachsen (15 Sekunden Ruhe)...tiefer, tiefer und noch tiefer...

Tief verwurzelt... dieser Herzenswunsch in Dir... Du, tief verwurzelt in der Erde... untrennbar... Du und Deine Herzenswünsche... die gelebt werden wollen und dürfen...

Sprich mir nach:

„Heute, hier und jetzt entscheide ich mich dafür, meinen Wünschen Wurzeln zu geben... Ich erkenne, dass meine Wünsche zu mir gehören... Sie sind Ausdruck meines Wesens... und untrennbar mit mir verbunden... Ich nehme mich an - mit all meinen Wünschen... und mit all meinen Zweifeln... auch mit all dem, was immer wieder gegen meine Wünsche wirkt... Dafür entscheide ich mich jetzt."

Nimm nun das Blatt Nr. 2 mit dem passenden Glaubenssatz zur Hand... In wenigen Augenblicken sprichst Du eine erneute Einladung aus... Du lädst all Deine Zweifel, Ängste und Gedanken ein, indem Du den Glaubenssatz laut aussprichst...
Sprich mir jetzt laut nach:

„Es gibt einen Teil in mir, der zweifelt... einen Teil, der Angst vor dem Unbekannten hat... einen Teil, der mir immer wieder einredet, dass............. (sprich nun Deinen Glaubenssatz laut aus)."

Fühle in Deinen Körper... was macht dieser Glaubenssatz mit Dir und Deinem System?... Wie fühlt sich der Glaubenssatz an? (10 Sekunden Ruhe)... Welche Gedanken und Bilder entstehen?... Was rankt in Deinem Bewusstsein nach oben und haftet sich dort an, wenn Du Dir diesen Satz erneut sagst:

„.........................." (sprich Deinen Glaubenssatz erneut laut aus)

Lasse den Glaubenssatz in Dir wirken... und nimm wahr, was er mit Dir und Deinem System macht... Was fühlst und empfindest Du?... Welche Gedanken und Gefühle kommen nach oben?... Beobachte einfach... (10 Sekunden Ruhe)...

Vielleicht spürst Du eine Enge, vielleicht aber auch nicht... vielleicht eine Schwere, vielleicht aber auch nicht...

Du sprichst gleich erneut diesen einen Satz aus... jenen Satz, der mit dem Samen einer Erfahrung in Dir gepflanzt wurde und dort gewachsen ist... Du forderst diesen Glaubenssatz jetzt heraus... Du forderst ihn auf, an die Oberfläche zu kommen und sich zu zeigen... Mit der Kraft Deiner Entscheidung rufst Du ihn herbei und forderst ihn dazu auf, ins Licht zu treten... sichtbar zu werden... Du sprichst jetzt - laut und mit allem, was Du hast:

„.................................." (sprich Deinen Glaubenssatz laut und herausfordernd aus).

*Spür noch einmal in Dich hinein... Fühle, was dieser Satz mit Dir anzustellen vermag... Nimm all seine **rankenartigen Wucherungen** wahr... die bis in die tiefsten Schichten Deines Unterbewusstseins gewachsen sind... Spüre diesen Satz... spüre ihn ganz...*

*Betrachte all diese **flächendeckenden Wucherungen**, die dieser Glaubenssatz in Deinem System hinterlassen hat... **Deine Gedanken -** durchzogen von diesem wirren Durcheinander... **Deine Gefühle -** verschattet, beengt und blockiert... **Deine Sehnsüchte und Wünsche -** ummantelt von dichtem Geflecht... Kein Durchkommen...*

***Schau Dir an, was dieser Glaubenssatz bewirken kann...** und dann blicke ihm jetzt direkt in die Augen und sprich mir laut und klar nach:*

„Ich sehe dich!" - und nochmal...
„Ich sehe dich!" - und ein letztes Mal...
***„Ich sehe dich!...** Und ich akzeptiere dich... Ich sehe, dass du mich nur schützen wolltest... Ich öffne jetzt mein Herz für Dich... weil auch Du zu mir gehörst... ich sehe, dass Du mich einfach nur schützen wolltest"...*

Lass Dir jetzt etwas Zeit... (15 Sekunden Ruhe)

*All diese Ranken, die sich aus dem **Samen einer Erfahrung** gebildet haben... gewachsen über die Jahre... ein dichtes Geflecht, das sich - **schützend wie ein Mantel -** über Deine zartesten und verletzbarsten Schichten gelegt hat... und* *irgendwie bist Du berührt... weil Du auf einer Ebene zu verstehen beginnst...*

„Dieser blockierende Glaubenssatz wollte mich nur schützen... einfach nur vor Schaden bewahren"...

Du erkennst und verstehst... und ganz zärtlich öffnest Du in diesem Verstehen Dein Herz für diesen Glaubenssatz und alle Deine Glaubenssätze... Du öffnest die Türen Deines Herzens... und lässt diesen Glaubenssatz - mit all seinen Wucherungen - in Dein Herz... weil sie Dich einfach nur schützen wollten (15 Sekunden Ruhe)...

Du siehst, wie sich die Farbe Deines Herzenswunsches ganz sanft aus der Mitte Deines Herzens heraus ausbreitet... Du fühlst, wie die Farbe Deines Herzenswunsches alle Ranken Deines Glaubenssatzes erfasst und durchleuchtet... das gesamte Geflecht Deines Glaubenssatzes wird von gleißendem, farbigen Licht umarmt... Dieses Licht in dieser Farbe, das sich immer mehr und intensiver ausbreitet...

Egal, was Du jetzt gerade erlebst und fühlst... nimm Dir dafür einen Moment Zeit und lass es einfach geschehen (15 Sekunden Ruhe)...

In diesem Moment... jetzt... koexistieren Dein Wunsch und Dein Glaubenssatz... beide dürfen gleichzeitig anwesend sein... es ist nicht notwendig, gegen irgendetwas anzukämpfen... Du erkennst jetzt, dass dieser Teil in Dir, der immer wieder Zweifel, Ängste und Befürchtungen über Deine Wünsche gelegt hat, Dich einfach nur schützen wollte... und in diesem Bewusstsein kannst Du ihn sein lassen... ihm vielleicht sogar dankbar sein... denn - er hat es gut mit Dir gemeint... In dieser Dankbarkeit entscheidest Du, **diesem Glaubenssatz ab jetzt weniger Kraft** *zu geben...* **um Deinen Herzenswünschen die Möglichkeit zu geben, sich in Dein Leben hineinzuentfalten...** *Wende Dich jetzt an das Geflecht Deines Glaubenssatzes und sprich mir nach:*

„Ich danke Dir dafür, dass Du mich schützen wolltest... Ich erkenne, dass Du es immer nur gut mit mir gemeint hast... Ich habe verstanden, dass ich nicht gegen Dich ankämpfen muss... Heute, hier und jetzt entscheide ich mich dafür, die Waffen niederzulegen..."

Atme tief ein... spanne die Hände zu Fäusten... halte die Luft für einen Moment... und während Du jetzt kraftvoll ausatmest, öffne Deine Fäuste wieder und... **lass die Waffen fallen...** *Spür kurz nach (5 Sekunden Ruhe)...*

Sprich mir zum Abschluss noch einmal laut nach, setze ein Statement zur Bekräftigung:

„Jetzt in diesem Moment treffe ich die Entscheidung, den Möglichkeiten und Wünschen meines Herzens ab jetzt mehr Kraft zu geben, als allem, was ich bisher über mich selbst und das Leben geglaubt habe...

Ich löse, löse, löse... mich von der Vorstellung, dass das, was ich bisher geglaubt habe, die absolute Wahrheit ist...
Ich entscheide mich dafür, unentdeckte Möglichkeiten zu erforschen... Ich entscheide mich heute, hier und jetzt dafür, dass ich noch viel mehr bin und sein kann, als alles, was ich bisher geglaubt habe... Ab genau diesem Moment erlaube ich mir, meinen gedanklichen Käfig zu sprengen... indem ich mich immer wieder mit meinen Wünschen und dem Abenteuer der unentdeckten Möglichkeiten in der Mitte meines Herzens verbinde...

Ich öffne, öffne, öffne mich für Signale meines Systems, die mir anzeigen, wenn ein Glaubenssatz zu wirken beginnt... immer dann verbinde ich mich automatisch mit dem Zentrum meines Herzens und der Farbe meines Herzenswunsches... die sich ausbreitet, alles einfärbt und durchleuchtet...“

Nimm noch einmal einen tiefen Atemzug... halte den Atem kurz an, balle Deine Hände zu Fäusten... spanne Deinen kompletten Körper kurz an... und dann atme aus... öffne Deine Fäuste... und entspanne...

Fünf - Du spürst Deine Füße auf dem Boden...
Vier - Du fühlst, wie sich Dein Brustkorb hebt und senkt...
Drei - Du spürst den Untergrund auf dem Du sitzt...
Zwei - Du hörst die Geräusche um Dich herum...
Und eins - Du bist wieder komplett im Hier und Jetzt.

Öffne Deine Augen, bewege Deine Gliedmaßen, strecke und räkele Dich. Vielen Dank, dass Du dabei warst und - bis zum nächsten Mal.

Diese Übung benötigt Zeit. Es kann sein, dass Du im Nachhinein einige Notizen machen, für Deine Gefühle da sein möchtest oder Drang nach Bewegung hast. Gehe dem in jedem Fall nach!

Diese ganzheitliche Arbeit mit Glaubenssätzen darf gerne regelmäßig erfolgen. Der Transfer in den Alltag ist sehr wahrscheinlich. Du hast Deinem System in dieser Übung den Auftrag erteilt, Dich im Alltag über das einsetzende Wirken von Glaubenssätzen zu informieren und automatisch eine Verbindung zum Zentrum Deines Herzens herzustellen.

Es kann also sehr gut sein, dass Du im Alltag dadurch mehr Distanz zu Deinen Glaubenssätzen aufbaust und mehr *„aus dem Herzen heraus"* zu handeln beginnst.

Diese Übung ist sehr wertvoll, weil sie auch die tieferen Schichten Deines Seins berührt und einbezieht.

Ich würde mich freuen, wenn Du Dich auf die Übung einlassen kannst. Für all jene, die mit dieser Übung nichts anfangen können, gibt es auch noch die **rein kognitive Herangehensweise** bei der Arbeit mit Glaubenssätzen. Sie reicht nicht so tief, kann aber auch Wirkung zeigen und ergänzend zu der obigen Übung angewandt werden.

4 Ergänzende, kognitive Arbeit mit Glaubenssätzen

Hier hinterfragen wir die Glaubenssätze, indem wir **rational** auf das schauen, was bisher unterbewusst geglaubt wurde. Folge dem nachfolgenden Schema und notiere Deine Ergebnisse dazu auf.

a.) Schema zur rationalen Entkräftung von Glaubenssätzen

Wähle den aktuell relevantesten Glaubenssatz aus und frage Dich:

„Welche Erfahrungen und Erlebnisse passen <u>nicht</u> zu diesem Glaubenssatz?"
<u>„Wie gehe ich damit um</u>, wenn ich Erfahrungen mache, die <u>nicht</u> zu diesem Glaubenssatz passen?"

Modifiziere jetzt den Glaubenssatz so, dass Du **das Gegenteil für möglich zu halten beginnst**. Für den Glaubenssatz *„Ich bin ein Versager"* könnte das folgendermaßen aussehen:

„Ich bin ein Versager! Das ist es, was ich <u>bisher</u> geglaubt habe. Heute öffne ich mich dafür, dieser Überzeugung <u>weniger Kraft</u> zu geben. Ich entscheide mich dafür, es ab jetzt auch <u>für möglich zu halten, dass ich erfolgreich sein kann...</u>"

Diesen Satz nimmst Du mit in Deinen Alltag. Jedes Mal, wenn der Glaubenssatz auftaucht, setzt Du dann diesen **alternativen Satz** für Dich ein.

Taucht beispielsweise der Glaubenssatz auf, dass Du an einer Sache **nichts verändern kannst, keinen Einfluss hast**, sagst Du Dir:

„Daran kann ich nichts ändern! Das ist es, was ich <u>bisher</u> geglaubt habe. Heute öffne ich mich dafür, dieser Überzeugung <u>weniger Kraft</u> zu geben. Ich entscheide mich dafür, es ab jetzt auch <u>für möglich zu halten, dass ich durchaus etwas ändern kann...</u>"

Der Vorteil an diesem Vorgehen ist, dass Du nicht **gegen** die alten Glaubenssätze ankämpfst, sondern einfach entscheidest, auch **etwas anderes für möglich zu halten**. Dadurch wird der alte Glaubenssatz weicher und verliert seinen absolutistischen Charakter. Für den Anfang genügt das.

Im Laufe der Zeit kannst Du dann damit beginnen, Dich **gemäß der „neuen Möglichkeit"** zu verhalten. Das bedeutet, dass Du nicht nur für möglich hältst, etwas verändern zu können, sondern auch **tatsächlich Schritte** unternimmst. Versuche es einfach! Sei mutig, schau Deiner Angst in die Augen und experimentiere trotzdem!
Sei spielerisch!

Die **Arbeit mit Glaubenssätzen** lohnt sich! Wie bei allen Übungen sollte bei einer fachärztlichen Behandlung vor der Durchführung auf jeden Fall das Einverständnis des professionellen Behandelnden eingeholt werden.
Davon unabhängig kann es in der Arbeit mit Glaubenssätzen lohnend sein, sich persönlich von jemandem begleiten zu lassen.

G. Bewusste Arbeit mit Intuition und Emotionen

Eine bewusste Arbeit mit Intuition und Emotionen nimmt bei Empfängern von *Gaslighting* einen besonderen Stellenwert ein. Zentrales und erstes Übungselement ist das **Entladen**: Die Fähigkeit, die energetische Ladung Deiner Emotionen aus Deinem System auszuleiten und wieder in Balance zu bringen.
Die weitere Arbeit gliedert sich in **drei Schritte: Annahme, Reflektion** und die **emotionale Kartierung**. Wir steuern jene Knotenpunkte an, die für Empfänger von *Gaslighting* essentiell sind.

! Die **Annahme** eigener Emotionen und intuitiven Reaktionen stärkt
die Selbstsicherheit und **schützt vor Manipulation**.

Die anschließende **Reflektion** ist für Empfänger wichtig, um das
Gefühlte auf hilfreiche und klärende Weise zu **verstehen** und zum
Ausdruck bringen zu können. In diesem Buch hast Du schon
mehrmals erfahren, dass **impulsive Reaktionen** von Empfängern im
Rahmen einer *Gaslighting*-**Konstellation** nicht hilfreich sind.

Die **emotionale Kartierung** ist der letzte Schritt. Hier treten
Empfänger eine Reise in ihre emotionale Landschaft an und beginnen
über **Selbsterkenntnis** und -**annahme** nach und nach eine **emotionale
Landkarte** von sich selbst anzufertigen. Die eigenen Emotionen
dürfen hier **verstanden** und **geachtet, Tabus** und **Verbote gelöst**
werden, um ein inneres Klima von **Selbstakzeptanz** zu kreieren.

Dieser Prozess dauert das gesamte Leben und gilt nicht nur für
Empfänger von *Gaslighting*. Es ist für jeden Menschen hilfreich, sich
selbst zu kennen, zu verstehen und eigene Emotionen zu achten. Ganz
zu schweigen davon, der eigenen Intuition vertrauen zu lernen.

! Für Empfänger ist entscheidend, dass sie ein nachhaltiges
Bekenntnis zur Arbeit mit ihren Emotionen finden und dann - damit
beginnen. Im emotionalen Feld von Empfängern sind Veränderungen
nötig, wenn sie sich wirklich nachhaltig vor *Gaslighting* schützen
möchten. Wir starten mit - der Entladung.

1 Gefühle in Fluss bringen und ableiten

Viele Menschen haben **Angst vor ihren eigenen Emotionen**, weil sie
glauben, sich darin zu verlieren oder von der Ladung dieser Gefühle
überwältigt zu werden. Bei Empfängern von *Gaslighting* summiert sich
die emotionale Ladung oft wie in einem Sammelbecken. Diese
Stauung ist umso intensiver, wenn emotionale Mitteilungen wiederholt bestraft und ignoriert wurden oder ihnen die Berechtigung
abgesprochen wurde. Bei etlichen Empfängern finden sich dazu noch
Glaubenssätze (S. 358 ff.), durch die sie sich unbewusst **selbst**
! **verbieten**, das zu fühlen, was sie fühlen. Das Ergebnis: Die **Ablehnung
der eigenen Emotionen** und eine energetische Stauung, durch die
Blockaden entstehen.

! Mit der *Entladungsübung* schaffen wir ein **Ventil** für diese
emotionale Ladung. Emotionen dürfen wieder in Bewegung, ins
Fließen kommen und können sanft und liebevoll abgeleitet werden.

Die *Entladungsübung* ist eine **Klopftechnik**. Klopftechniken werden von der alternativen, energetischen Psychologie eingesetzt und haben ihre Ursprünge in der traditionellen chinesischen Medizin. Auf Basis der Energie-Meridiane werden verschiedene Akupunktur-Punkte sanft und liebevoll abgeklopft. Die Punkte stehen mit Organen, Organsystemen, Orten im zentralen Nervensystem und auch Emotionen in Verbindung.

Das Abklopfen kann emotionale Blockaden lösen und gestaute Emotionen wieder in den Fluss bringen.

Emotionale Stauungen und Blockaden verursachen Belastung, die sich dann als Unruhe, Schwere und übersteuertes Denken zeigen kann, z.B. in Form von kreisenden Gedanken, Überrationalisierung oder einem erhöhten Kontrollbedürfnis. Die *permanente Anspannung* von Empfängern, der *Monolog der inneren Beweisführung* (S. 121 ff.) und die umherschießenden Gedanken des verwirrenden *Schichtsalates* (S. 307 ff.) werden durch die Energie unterdrückter Emotionen gefüttert.

Nicht selten neigen Menschen mit derartigen Stauungen dazu, sich in die Erschöpfung zu denken - bis nichts mehr geht. Dabei lösen sie jedoch tatsächlich keine Probleme, sondern es werden (gedanklich) **neue** erschaffen. Oft braucht es kein gedankliches Verstehen oder Analysieren, sondern lediglich eine **Befreiung des Energie-Flusses** von dieser Stauung.

Mit der Klopfübung hilfst Du Dir selbst, in **Deine emotionale Mitte** zu kommen und Deinen überbeschäftigten Verstand zu entlasten. Kann sich das Aufgewirbelte durch regelmäßiges Klopfen setzen, tritt oft jene **Klarheit** hervor, die man sich schon lange herbeigesehnt (und im Kopf zu finden versucht) hat.

Klopfen schafft u.a. ein **neurochemisch verändertes Milieu** im Gehirn (eher freudiges, leichtes Empfinden), wodurch das Erleben verändert wird und ein direkter Einfluss auf die Emotionen genommen werden kann.

Im Laufe der Zeit sammeln wir automatisch **emotionalen Ballast**. Wird das emotionale System regelmäßig gereinigt, können bestehende Blockaden sanft gelöst und neue am Entstehen gehindert werden. Eine wichtige **Grundreinigung** also. Stell Dir vor, Du würdest über längere Zeit nicht abziehen, nachdem Du auf der Toilette warst. Keine schöne Vorstellung. Analog müssen wir auch in unserem emotionalen System mal „abziehen".

Die nachfolgende Klopfübung wird mit **Affirmationen** gekoppelt. Die Reinigung wird so mit einer neuen, hilfreichen Entscheidung bezüglich Deiner Emotionen (Annehmen und Loslassen) verbunden. Insgesamt **zehn** Körperpunkte werden der Reihe nach abgeklopft. Schließe dabei Deine Augen und **klopfe mindestens 15 Sekunden**, gerne aber auch länger - höre auf Dein Gefühl. Die Übung wird **im Stehen** durchgeführt (wichtig!).

Auch wenn die Affirmationen Dir (noch) schwer fallen - erlaube Dir dennoch, sie auszusprechen.

a.) Emotionales Entladen - Gestautes in Fluss bringen

Du stehst aufrecht, die Füße hüftbreit, Deine Wirbelsäule ist aufgerichtet, Deine Schultern sind entspannt. Du schließt Deine Augen und nimmst erst mal einen tiefen Atemzug... komm in Deinem Körper an, spür die Füße auf dem Boden... mach jetzt die Bewegung, die Du benötigst, um den Alltag abzuschütteln und ganz im Hier und Jetzt anzukommen... lass all das los, was Dich jetzt noch fest- oder zurückhält... dann nimm noch einmal einen tiefen Atemzug und... lass uns beginnen.

*Der **erste** Punkt, den wir klopfen, befindet sich circa **zwei bis drei Zentimeter unter Deinem rechten Rippenbogen. Hier sitzt Deine Leber** (Emotionen Wut und Ärger). Taste mit Deiner rechten Hand nach den schmaler werdenden Rippen des Brustkorbs. Da wo die Rippen enden ist „freie Fläche" (Haut, Muskeln, Fett) bis zum rechten Hüftknochen. Lege nun Deinen **Zeige-, Mittel, Ring- und kleinen Finger halbkreisförmig ca. zwei Zentimeter unterhalb der letzten Rippe** ab. Beginne dort, mit den **vier Fingern Deiner Hand ganz sanft (!) zu klopfen.***
Spüre nach, wie sich das anfühlt und bleibe dabei... diese Stelle sanft abzuklopfen... ganz behutsam... und dann sprich mir nach...

„Ich nehme mich an und lasse mich sein - mit all meiner Wut, meinem Ärger und meinen Aggressionen... Ich nehme mich an und lasse mich sein - mit all meiner Wut, meinem Ärger und meinen Aggressionen... auch mir selbst gegenüber... Ich nehme mich an und lasse mich sein - mit all meiner Wut, meinem Ärger und meinen Aggressionen...
Und ich nehme mich auch dann an und lasse mich sein, wenn ich all meine Wut, meinen Ärger und meine Aggressionen ziehen lasse - und genau dafür entscheide ich mich jetzt... Ich entscheide mich jetzt dafür, mich gelassen zu fühlen..."

Verweile dort so lange mit dem Klopfen, bis es sich „abgeschlossen" anfühlt... wenn Du so weit bist, nimm einen tiefen Atemzug und schließe den Punkt damit ab.

Für den **zweiten** Punkt benutzen wir dieselben vier Finger - dieses Mal nehmen wir beide Hände. Setze die vier Finger beider Hände jetzt auf der Mittellinie Deines Brustkorbs (unterhalb des Schlüsselbeines) ab. Klopfe mit beiden Händen nun sanft von innen nach außen und suche beidseitig eine Stelle die „reagiert". Beim Klopfen solltest Du einen leisen Mikroschmerz spüren, wie ein leichter Muskelkater. Wenn Du diese Stellen gefunden hast, bleibe hier und klopfe sanft und liebevoll... spüre in Dich hinein... und dann sprich mir nach

**„Ich nehme mich an und lasse mich sein - mit all meinen Ängsten... Ich nehme mich an und lasse mich sein - mit all meinen Ängsten... Ich nehme mich an und lasse mich sein - mit all meinen Ängsten...
Und ich nehme mich auch dann an und lasse mich sein, wenn ich meine Ängste los- und gehen lasse - und genau dafür entscheide ich mich jetzt... Ich entscheide mich jetzt dafür, mich sicher zu fühlen..."**

Verweile wieder so lange dort, bis es sich „abgeschlossen" anfühlt... dann nimm einen tiefen Atemzug und schließe hier ab.

Der **dritte** Punkt wird nur linksseitig mit Zeige- und Mittelfinger der rechten Hand geklopft. Wandere mit den Fingern von der linken Achsel nach vorne Richtung Brustkorb und suche auch hier nach einem Punkt, der „reagiert". Wenn Du ihn gefunden hast, wirst Du es spüren - ein leichter Mikroschmerz. Bei Frauen sitzt an diesem Punkt oft der BH-Bügel. Hier klopfst Du mit Zeige- und Mittelfinger... nimm wieder zuerst wahr und klopfe sanft weiter... dann sprich mir nach...

„Ich nehme mich an und lasse mich sein - mit meinem geringen Selbstwertgefühl... Ich nehme mich an und lasse mich sein - mit meinem geringen Selbstwertgefühl... Ich nehme mich an und lasse mich sein - mit meinem geringen Selbstwertgefühl... Und ich nehme mich auch dann an und lasse mich sein, wenn ich mich wertvoll fühle - und genau dafür entscheide ich mich jetzt..."

Klopfe so lange, bis Du mit einem tiefen Atemzug abschließen kannst...

Unser **vierter** Punkt befindet sich oberhalb des Kinns und unterhalb der Unterlippe, direkt in der kleinen Mulde, die sich dort befindet. Dort kannst Du gerne mit einem oder auch zwei Fingern einer Hand sanft zu klopfen beginnen... schließe die Augen und spüre in Dich hinein... und dann sprich mir nach...

„Ich nehme mich an und lasse mich sein - mit all meinen unterdrückten Gefühlen... Ich nehme mich an und lasse mich sein - mit all meinen unterdrückten Gefühlen... Ich nehme mich an und lasse mich sein - mit all meinen unterdrückten Gefühlen... Und ich nehme mich auch dann an und lasse mich sein, wenn ich diese Gefühle jetzt an die Oberfläche kommen lasse - und mir erlaube, sie loszulassen... und genau dafür entscheide ich mich jetzt...“

Bleibe, klopfe... so lange, bis Du zum Abschluss bereit bist... dann nimm einen tiefen Atemzug...

Nun wanderst Du mit dem Zeigefinger einer Hand zum **fünften** Punkt, der sich oberhalb der Oberlippe und direkt unterhalb der Nase wieder in einer kleinen Mulde befindet... Klopfe diese Stelle nun behutsam ab... spüre wieder in Deinen Körper... schließe Deine Augen... und sprich mir nach...

„Ich nehme mich an und lasse mich sein - mit all meinem Stress und meiner Anspannung... Ich nehme mich an und lasse mich sein - mit all meinem Stress und meiner Anspannung... Ich nehme mich an und lasse mich sein - mit all meinem Stress und meiner Anspannung... Und ich nehme mich auch dann an und lasse mich sein, wenn ich all diesen Stress und diese Anspannung loslasse... exakt dafür entscheide ich mich jetzt...“

Verweile so lange, bis Du so weit bist, dann nimm einen tiefen Atemzug und schließe ab.

Den **sechsten** Punkt klopfen wir wieder beidseitig mit je einem Finger. Die Punkte befinden sich direkt unterhalb Deiner Augen auf den Wangenknochen.

„Ich nehme mich an und lasse mich sein - mit all meinen Sorgen und Befürchtungen... Ich nehme mich an und lasse mich sein - mit all meinen Sorgen und Befürchtungen... Ich nehme mich an und lasse mich sein - mit all meinen Sorgen und Befürchtungen... Und ich nehme mich an und lasse mich sein, wenn ich meine Sorgen und Befürchtungen ziehen lasse... und genau dafür entscheide ich mich jetzt...“

Verweile wieder so lange, wie es sich richtig für Dich anfühlt und schließe diesen Punkt mit einem tiefen Atemzug ab.

Für den **siebten** *Punkt bewegen wir unsere Hände zu unseren Schläfenmulden. Viele Menschen massieren sich hier, wenn sie Kopfschmerzen haben (Kopfseiten auf Höhe der Augenbrauen). Klopfe hier sanft mit einem oder zwei Fingern und spüre in Dich hinein... nimm wahr, wie es sich anfühlt... dann sagst Du hier...*

„Ich nehme mich an und lasse mich sein - mit all meiner Frustration... Ich nehme mich an und lasse mich sein - mit all meiner Frustration... Ich nehme mich an und lasse mich sein - mit all meiner Frustration... Und ich nehme mich an und lasse mich sein, wenn ich mich dafür entscheide, all meinen Frust gehen zu lassen... und genau dafür entscheide ich mich jetzt...“

Spüre in diese Sätze und das Klopfen hinein... bleibe wieder so lange hier, bis Du das Gefühl hast, dass es „gut“ ist... dann nimm einen tiefen Atemzug...

Für den **achten** *Punkt bewege nun ein oder zwei Finger zwischen Deine Augenbrauen und wandere ca. einen Zentimeter nach oben. Klopfe diesen Punkt nun liebevoll und behutsam ab... Spüre wieder in Deinen Körper hinein... und dann sprich mir nach...*

„Ich nehme mich an und lasse mich sein - mit all meiner Unsicherheit... Ich nehme mich an und lasse mich sein - mit all meiner Unsicherheit... Ich nehme mich an und lasse mich sein - mit all meiner Unsicherheit... Und ich nehme mich an und lasse mich sein, wenn ich mich sicher fühle... Ich entscheide mich jetzt dafür, mich sicher zu fühlen...“

Verweile wieder so lange hier, bis Du bereit bist, mit einem tiefen Atemzug abzuschließen...

Richte Dich jetzt ganz bewusst auf. Stell Dir vor, wie der höchste Punkt Deines Scheitels von einem unsichtbaren Faden gerade nach oben gezogen wird... entspanne die Schultern und lege die Finger beider Hände links und rechts der Mittellinie Deines Scheitels ab... klopfe ein bisschen vor, zurück, nach außen, wieder nach innen... Suche nach einem ganz feinen Mikroschmerz und bleibe genau an dieser Stelle... klopfe hier unseren **neunten** *Punkt ab... spüre in Dich hinein... atme... und dann sprich mir nach...*

„Ich nehme mich an und lasse mich sein - wenn ich nicht im Vertrauen bin... wenn ich zweifle... Ich nehme mich an und lasse mich sein - wenn ich hadere, unsicher bin und zweifle... Ich nehme mich an und lasse mich sein - wenn ich

nicht im Vertrauen bin... wenn ich zweifle... Und ich nehme mich an und lasse mich sein... wenn ich im Vertrauen bin... Ich entscheide mich dafür, zu vertrauen - mir selbst, meinem Weg, meinem höheren Selbst, meiner Kraft, meiner Klarheit und Stärke! (Ergänze gerne, was Dir noch einfällt)... Das ist meine Entscheidung und dafür entscheide ich mich genau jetzt..."

Atme hier tief in Deinen Körper, entspanne... klopfe und verweile so lange, bis Du mit einem tiefen Atemzug abschließen kannst...

*Der **zehnte** und letzte Punkt liegt exakt in der Mitte Deiner Handfläche... hier klopfst Du nun gerne etwas stärker mit der Unterseite (Handkante) der rechten Faust in die linke Handfläche und dann umgekehrt mit der linken Faust in die rechte Handfläche... wechsle die Hände einfach - links, dann rechts und mache das in Deinem Tempo... werde gerne auch etwas schneller... entspanne Deine Schultern, bewege Dich gerne auch ein bisschen dabei... schließe Deine Augen... spüre in Deinen Körper... und dann sprich mir nach...*

„Ich nehme mich an und lasse mich sein - mit all meinen Emotionen... Ich nehme mich an und lasse mich sein - mit all meinen Emotionen... auch mit jenen, die ich nicht so gerne leiden mag... Ich nehme mich an und lasse mich sein - mit all meinen Emotionen... Das ist meine Entscheidung und dafür entscheide ich mich jetzt..."

Bleibe hier gerne etwas länger, fühle in die Sätze hinein und bring etwas mehr Kraft mit rein... bewege Dich gerne durch den Raum... bleibe auch hier so lange, bis Du mit einem tiefen Atemzug abschließt...

Umarme Dich zum Schluss noch einmal selbst... bedanke Dich bei Dir selbst dafür, dass Du es Deinen Emotionen erlaubt hast, ins Fließen zu kommen... danke Dir dafür, dass Du Dir die Zeit genommen hast, Dich selbst aktiv anzunehmen - mit all Deinen Emotionen...

2   Annahme Deiner Emotionen und Intuition - *„Ich sage ja..."*

Es gibt **zwei Widerhaken**, durch welche Manipulation in der Welt von Empfängern haften bleibt. Der erste Widerhaken ist **fehlendes Vertrauen in das eigene Erleben**: *„Ist das, was ich fühle **berechtigt**? Kann ich meinen Gefühlen, meiner Intuition vertrauen?"*

Der zweite Widerhaken ist **Angst**. Angst davor, für das eigene

Erleben bestraft, zurückgewiesen, in Frage gestellt oder abgelehnt zu werden. Angst davor, alleine zu sein, sich schuldig, falsch oder wertlos zu fühlen.

Nicht alle, aber viele Empfänger von *Gaslighting* misstrauen ihrem eigenen, **ursprünglichen** Erleben. Das *ursprüngliche Erleben* ist der **erste intuitive Moment** - noch **bevor** ein Gedanke auftaucht. Wir Menschen sind gedanklich sehr schnell. Unmittelbar tauchen Gedanken auf, die das ursprüngliche Erleben bewerten oder rational zu erklären versuchen (*„Das bedeutet...“*).

Das **ursprüngliche, intuitive Erleben** zeichnet sich durch zwei Merkmale aus: Es ist **unmittelbar** (schnell, ohne Gedanken präsent) und es ist **einfach** (keine *„wenn-dann-Schleife“*). Entweder es handelt sich um ein intuitives *„Ja“* oder ein intuitives *„Nein“*. That's it!

Ein **intuitives *„Ja“*** können wir ebenso körperlich fühlen (Weite im Brustraum, Entspannung, leichtes Körpergefühl) wie ein **intuitives *„Nein“***, das sich eher eng, schwer, bedrückend oder zusammenziehend anfühlt.

Für den Anfang wollen wir das **Wahrnehmen Deiner intuitiven Reaktion** auf einer **einfachen, neutralen Ebene** trainieren. Lies Dir die folgenden Sätze laut vor. Mach nach jedem Satz eine kurze Pause, lass den Satz wirken und beobachte, was zuerst nach oben kommt. Fühlt es sich eher nach einem *„Ja“* oder nach einem *„Nein“* an?

Achte auch darauf, wie Dein **Körper** auf diese Aussagen reagiert. Wenn analysierende oder bewertende Gedanken auftauchen, darfst Du das interessiert registrieren (*„Wow, so schnell kommt da ein Gedanke dazu!“*) und den Ausgangssatz so lange wiederholen, bis sich ein **intuitives *„Ja“*** oder ein **intuitives *„Nein“*** dazu einstellt.

Die **ersten Sätze** sind in **Gegensatzpaaren** angeordnet, so dass Du einen **Intuitionskontrast** spüren kannst. Es kann aber auch sein, dass Du zu beiden Aussagen ein *„Ja“* oder *„Nein“* spürst. Das ist ok. Es muss Dir nicht logisch erscheinen! Deiner Intuition ist es egal, dass z.B. *Freiheit* und *Sicherheit* für Deinen Verstand nicht zusammenzupassen scheinen.

Die letzten Sätze sind Fragen, bei denen Du intuitiv **ein Wort nach oben kommen** lässt und dann Deine körperlichen Reaktionen beobachtest.

In dieser Übung geht es nur darum, dass Du Deine **intuitive Reaktion** (wieder) **wahrzunehmen** lernst.

a.) Intuitionstraining - Deine intuitive Reaktion wahrnehmen

„Ich bin genau richtig dort, wo ich jetzt bin."
„Gerade jetzt wäre ich gerne an einem anderen Ort."

„Ich möchte mich demnächst mal wieder routinemäßig beim Arzt untersuchen lassen."
„Im Moment fühle ich mich kerngesund und pudelwohl."

„Ich möchte mich bewegen, tanzen, laufen oder springen."
„Gerade ist mir nach Ruhe und Entspannung."

„Für mich wäre ein Haus in den Bergen genau das richtige!"
„Am Meer zu leben wäre das Beste, was mir passieren könnte!"

„Ich bin gerne frei, ungebunden und unabhängig."
„Verbundenheit und Sicherheit in einer verlässlichen Gemeinschaft sind mir wichtig."

„Es gibt einen Menschen, bei dem ich mich unbedingt einmal wieder melden möchte und das ist......" (lass einen Namen nach oben kommen und spür nach).

„Was ich als nächstes in meinem Leben angehen möchte, ist.........." (lass etwas nach oben kommen und spür nach).

„Was ich mir am meisten in meinem Leben wünsche, ist.........." (lass einen Wunsch nach oben kommen und spür nach).

Die **Wahrnehmung Deiner intuitiven Reaktion** zu trainieren ist für Deine *Gaslighting*-**Immunisierung** sehr entscheidend! Denn um Deiner Intuition **vertrauen** zu können, musst Du sie zuerst **wahrnehmen**. Die gute Nachricht ist: Dieses Training ist sehr einfach und in nahezu jeder Situation des Alltags möglich. Lenke dazu lediglich Deine **Aufmerksamkeit** auf **Deine erste Reaktion** und beobachte, welche Signale Dein System Dir bezüglich einer Situation, einer Entscheidung oder Aussage schickt. Diese **intuitive Reaktion** nimmst Du bitte erst einmal an, **ohne** dass Du zu verstehen versuchst, weshalb Du nun so reagierst, wie Du es tust. Das ist der erste Schritt des Trainings.

Manchmal tauchen **intuitive Reaktionen** in Form von **Erkenntnissen** oder einer Gewissheit auf, für die sich rational keine Gründe finden lassen. Wenn wir beispielsweise von einer Finanzberatung Abstand nehmen, obwohl der Berater eine gute Reputation hat - weil wir *„kein gutes Gefühl"* haben (ein **intuitives** *„Nein"*). Oder wir wissen *„aus dem Bauch heraus"*, dass wir eine waghalsige Wander-Tour *„unbedingt machen müssen"* - obwohl Freunde und Familie uns davon abraten (ein **intuitives** *„Ja"*).

Es wird immer irgendwelche rationalen Gründe geben, die **gegen** Deine Intuition sprechen.

Nimm Deine **erste intuitive Reaktion trotzdem an, vertraue ihr** und starte behutsam damit, immer mehr auch **entsprechend zu handeln.**

Starte mit kleineren Entscheidungen und schaue was passiert, wenn Du immer mehr gemäß Deiner intuitiven Reaktion handelst.

Aus dem Nähkästchen: 2019 hatte ich eine wirklich schöne Begegnung mit einem netten Mann. Es sprach zuerst **offensichtlich** nichts dagegen, diese Begegnung zu vertiefen, doch in mir war ein **intuitives** *„Nein"*. Ohne zu wissen, weshalb, hörte ich darauf und blieb freundlich, aber zurückhaltend. Auf diese Zurückhaltung hin zeigte er sich auf einmal von einer ganz anderen Seite. Er begann damit, mich zu bedrängen, permanent zu kontaktieren und missachtete meine Grenzen. Damit war ich dann raus und - das war auch gut so. Ein ganzes Jahr später kontaktierte mich eine Frau, die sich als Ex-Freundin dieses Mannes entpuppte. Durch sie erfuhr ich, dass sie mit ihm seinerzeit zusammengewesen war, er wiederholt Affären gehabt und sie und andere Frauen um insgesamt 40.000 € erleichtert hatte.

Dies ist ein eindrückliches Beispiel dafür, dass unsere intuitive Reaktion sich der Informationen eines **Feldes** bedient, das wir **weder mit bloßem Auge sehen, noch mit dem Verstand fassen** oder **erklären** können. Manchmal ist es nur ein zartes *„da stimmt etwas nicht..."* und - **das genügt!**

Du kannst Deiner Intuition vertrauen. Sie arbeitet **immer** für Dich! Dabei geht es gar nicht so sehr darum, ob Du mit Deiner Intuition *„Recht hast"* oder nicht. Vielmehr geht es darum, dass Du Dir selbst und andere Menschen Dir zugestehen, dass Du **auf Deine eigene, innere Stimme hören** darfst. Wie in meinem Fall können Bekenntnisse zur eigenen Intuition sichtbar werden lassen, wen oder was Du wirklich vor Dir hast und in welcher Konstellation Du Dich befindest (auch wenn etwas anderes vorgegeben wird).

Wichtige Unterscheidung: Viele Menschen **verwechseln** die **Geschichte ihres Verstandes** mit ihrer **intuitiven Reaktion**. Ich bitte Dich hier, genau hinzuschauen. Die **Interpretation** der intuitiven Reaktion ist **nicht** die intuitive Reaktion selbst. Die intuitive Reaktion ist **unmittelbar, einfach** und bedarf **keiner Erklärung**! Im Gegensatz dazu sind die kreierten Geschichten und Interpretationen meistens **komplex**. Der Verstand erdenkt eine Story zur intuitiven Reaktion und kreiert Zusammenhänge. Aus diesen Gedanken und Schlüssen der Geschichte entstehen **weitere Gefühle**, die dann mit der intuitiven Reaktion verwechselt werden. Die Geschichten **können** zutreffend sein, müssen es aber nicht zwangsweise.

Anhand des Nähkästchen-Beispiels wäre die intuitive Reaktion das einfache *„Nein"* oder *„da stimmt was nicht!"*. Eine dazu passende Geschichte des Verstandes hätte lauten können: *„Das fühlt sich schlecht an, **weil dieser Mann mich belügt und benutzen will"**.* Diese Geschichte hätte natürlich ein **neues Gefühl** nach sich gezogen (vielleicht Angst), welches dann mit der intuitiven Reaktion hätte verwechselt werden können.

Versuche immer, **Deine intuitive Reaktion** (die keiner Erklärung bedarf) von den **gedanklichen Schlussfolgerungen** zu trennen, die Dein Verstand dazu fabriziert.
Das *Fokustraining* (S. 349) hilft Dir, auftauchende Gedanken zu erkennen und sie von Deiner intuitiven Reaktion zu unterscheiden.

Auch bei Deinen Emotionen ist die Unterscheidung zur Geschichte Deines Verstandes wichtig! Viele Empfänger glauben, dass ihr Erleben/ihre Gefühle **falsch** seien, weil sich die Geschichte des Verstandes als nicht zutreffend erweist. Oder weil sie gar keine rationale **Erklärung** für ihr Erleben finden.
Gefühle bedürfen erstmal **keiner** Erklärung: Du **fühlst, was Du fühlst.** Punkt. Ob die **Geschichte Deines Verstand** tatsächlich zutreffend ist, ist ein anderes Thema. Was Du **fühlst** und erlebst hat **immer** seine Berechtigung - **weil** Du es fühlst!
Unterscheide die Erklärung Deines Verstandes vom Erleben Deiner Gefühle und lerne zuerst, **Deine Gefühle anzunehmen,** ihnen ein *„Ja"* zu geben. Dieses initiale *„Ja"* schafft Raum für Dein Erleben. Du gibst so Deinen Emotionen die Erlaubnis, frei zirkulieren, atmen und Dir auch etwas mitteilen zu dürfen. Durch Dein initiales *„Ja"* öffnest Du Dich auch für die Möglichkeit, dass Deine Emotionen **Botschaften** für Dich haben könnten - und zwar ohne dass Du direkt wissen musst,

welche Botschaften das exakt sind. **Worüber** unsere Gefühle uns informieren möchten, können wir erst erfahren, **nachdem** wir sie angenommen, ihnen ein „Ja" gegeben haben.

Empfänger von *Gaslighting* verfangen sich hier oft. Sie glauben, die Botschaft ihrer Emotionen **unmittelbar** verstehen und erklären zu müssen. Wenn ihnen das nicht *plausibel* gelingt, geraten sie unter Druck, erleben Anspannung. Sie beginnen ihr Erleben in Frage zu stellen und werden so auch **beeinflussbar**.

Deine Emotionen müssen für andere Menschen **nicht** plausibel sein. Auf diesem Planeten tummeln sich über sieben Milliarden Menschen! **Jeder** hat eine **eigene Geschichte, individuelle Prägungen, Programmierungen** und **Empfindsamkeiten**.

Plausibel sind nur jene Emotionen, die wir teilen, **gemeinsam** haben, wie z.B. Angst beim Anblick eines wilden Tigers oder Trauer nach Trennung oder Verlust eines geliebten Menschen. Viele Emotionen sind so **individuell**, dass sie für andere nicht oder nur schwer nachvollziehbar sind. Das ist vollkommen normal!

Um ein aufkommendes Gefühl einordnen und **verstehen** zu können, muss es genauer betrachtet werden. Das geschieht durch die emotionale Kartierung im zweiten Schritt. Der **erste Schritt** lautet: **Annahme!** Genau das trainieren wir mit der folgenden Übung - wir geben den Gefühlen ein „Ja".

b.) Deinen Gefühlen ein „Ja" geben - Annehmen

Such Dir wieder einen Platz, wo Du aufrecht und bequem sitzen kannst. Stell sicher, dass alle möglichen Störquellen ausgeschaltet sind, schließe Deine Augen und nimm ein paar tiefe Atemzüge... während Du tief einatmest, wirst Du Dir Deines Körpers vollumfänglich bewusst... und beim Ausatmen entspannst Du alle Muskeln... lass alles abfallen, was Dich noch belastet oder festhält... (ca. 15 Sekunden Ruhe)...

Atme tief und regelmäßig in Deinem eigenen Tempo. Atme in Deine Zehen... Deine Füße... Waden... Knie und Oberschenkel... in Dein Gesäß... Deinen Unterleib... den unteren Rücken... den Bauch... den oberen Rücken... atme in Deine Flanken... Deine Schultern... Deinen Brustkorb... Deine Ober- und Unterarme und schließlich... in Deinen Nacken... Deinen Hals... Dein Gesicht... und Deinen gesamten Kopfbereich... bis in den Scheitel... mit jedem Ausatmen lässt Du alle Anspannung aus Deinem Körper abfließen... (15 Sekunden Ruhe).

Stell Dir nun vor, dass Du in einem bequemen Sessel in einem Kinosaal sitzt... Der Raum ist leicht abgedunkelt... und vor Dir ist eine große, leere Leinwand... Ganz intuitiv weißt Du, dass Du diese Leinwand mit Deinem Bewusstsein steuern kannst... Denke nun eine bestimmte Situation aus Deiner Vergangenheit, die Dir emotional Schwierigkeiten bereitet hat... Lass sie einfach an die Oberfläche kommen... Lass zu, dass sich Bilder zeigen... auf dieser Leinwand vor Dir... Kannst Du die Beteiligten sehen... siehst Du Dich selbst... Was geschieht in dieser Situation?... Was wird gesagt?... Was passiert? ... und - was fühlst Du?... Beobachte all Deine Gefühle aus diesem Sessel heraus... Lass sie einfach sein... ohne dass Du irgendwas mit ihnen tun musst... (20 Sekunden Ruhe)...

In diesem Sessel siehst Du den Film dieser Situation erneut... Doch dieses Mal gibst Du Deinen Gefühlen die Erlaubnis, sich einfach nur zu zeigen... Mehr noch... Du lädst sie dazu ein, zu atmen... Du gewährst ihnen, zu zirkulieren... indem Du ihnen ein „Ja" gibst... Vielleicht fordern Dich diese Gefühle heraus... vielleicht auch nicht... Doch Du weißt, dass es für Dich nichts weiter zu tun gibt, als Deinen Gefühlen ein „Ja" zu geben... Genau deswegen entscheidest Du Dich für dieses „Ja"... Vielleicht wünschst Du Dir bei einigen Gefühlen, sie mögen verschwinden... spürst einen Widerstand... und falls dem so sein sollte, dann gibst Du auch diesem Gefühl ein „Ja"...

Sprich mir laut nach und setze gleich Deine eigenen Gefühle ein... Wenn Du Wut fühlst, sagst Du „Wut", falls es Angst ist, sagst Du „Angst"... egal, welche Gefühle es sind, spreche sie laut aus und - gebe ihnen ein „Ja" - jetzt!

„Ich fühle... und ich gebe dem ein „Ja"!"
„Ich spüre... und ich gebe dem ein „Ja"!"
„Ich erlebe... und ich gebe dem ein „Ja"!"
„Ich empfinde... und ich gebe dem ein „Ja"!"

„Ja, ja, ja - zu allem, was ich fühle, sage ich „Ja!". Wenn ich Widerstand spüre, gebe ich auch diesem Gefühl ein „Ja"... und sage dann auch „Ja" zu den Gefühlen, die ich ablehne: „Ja"! Heute, hier und jetzt erlaube ich mir: Meine Gefühle dürfen sich zeigen... Ich bin ein lebendiges Wesen... ein fühlendes Wesen... mit einem verwundbaren und sensiblen Herzen... so viele Erfahrungen... so viele Erlebnisse... mein Herz hat eine Geschichte... vielleicht auch Narben... meine Seele hat eine Geschichte... ich darf all das fühlen...
Ab jetzt erlaube ich mir, alles zu fühlen, was gefühlt werden will...

***Ich löse, löse, löse** mich von der Vorstellung, dass meine Gefühle irgendeiner Rechtfertigung oder Erklärung bedürfen...*

Ich lösche, lösche, lösche alle Programme, die mir immer wieder einzureden versuchen, dass mein Fühlen und Erleben falsch sei, ich mich dafür erklären oder schuldig fühlen müsste...

Ich öffne, öffne, öffne den Raum in meinem Herzen, indem sich all das bewegen und atmen darf, was ich fühle und jemals gefühlt habe... Dafür entscheide ich mich jetzt!"

Nimm einen tiefen Atemzug... Atme ein... und wieder aus... Und nun spüre in Dich hinein... Nimm Dir jetzt einen Moment Zeit für Dich und Deine Gefühle... in diesem Raum... betrachte alles, was sich an Gefühlen in Dir zeigt und frei im Raum bewegt - ohne dass Du sonst irgendetwas tun müsstest... Gebe allem, auf Deine ganz eigene Weise ein „Ja" und halte diesen Raum dadurch offen... (min. 25 Sekunden Ruhe)...

Während Du diesen inneren Bewegungen folgst, realisierst Du, dass es nicht darum geht, mit Deinen Gefühlen etwas „tun" zu müssen... Dass es nicht darum geht, ein Gefühl gut oder schlecht zu finden... Du erkennst und verstehst, dass Deine Gefühle und Empfindungen sich einfach in Dir bewegen, in Dir atmen möchten... Auf der tiefst möglichen Ebene wird Dir jetzt bewusst, dass Deine Gefühle sich nur nach Deiner Erlaubnis, Deinem bedingungslosen „Ja" gesehnt haben... **wie Du selbst** wollen auch sie nur frei sein, wahrgenommen und gesehen werden... Nicht mehr und... nicht weniger...

Du atmest in diesen Raum... in die Bewegung Deiner Gefühle und Empfindungen hinein... atmest in ihr Kommen und Gehen... und währenddessen spürst Du, dass Dein „Ja" es Deinen Gefühlen ermöglicht, in Bewegung zu bleiben... sich zu zeigen... gefühlt zu werden... und dann wieder zu gehen... ganz von allein, ohne Dein Zutun...

Während Du weiter in diesem Raum atmest, erkennst Du die Lebendigkeit und Vielfalt in Deinen Gefühlen... Jetzt in diesem Moment fließt Dankbarkeit in Dein Herz... für diese bunte Vielfalt, die ein Teil von Dir ist... Dankbarkeit für Dich selbst, weil Du mit Deinem „Ja" die Türen zu Deiner eigenen Lebendigkeit geöffnet hast...

Atme bis tief in die Zehen hinein... bewege Deine Zehen... Du spürst Deine Beine, Dein Gesäß auf der Sitzfläche, die Aufrichtung Deiner Wirbelsäule... Dein Atem fließt ein.... und wieder aus...

Du beginnst, Deine Finger zu bewegen... Deine Schultern nach hinten zu kreisen... Du spannst Deine Ober- und Unterarme an, Deine Beine... und bewegst sanft Deinen Kopf... Kreise Deinen Nacken ein wenig... ganz liebevoll... erst in die eine, dann in die andere Richtung... Nimm noch einmal ein paar tiefe Atemzüge... atme tief ein... nimm neue Energie auf, atme in die Weite Deines Körpers hinein und atme dann - gerne mit einem Seufzer - aus...

Die eigenen Gefühle/Emotionen abzulehnen, ist sehr destruktiv. Es ist eine unbewusste Form der Selbstablehnung. Die **Selbstablehnung** (der eigenen Gefühle) verunsichert uns Menschen enorm und macht uns beeinflussbar für **alternative Vorschläge** und Einmischungen von Außen. Dann können Alternativrealität und Botschaften eines Senders potentiell sehr gut andocken. Die eigenen Gefühle anzunehmen, ist daher ein wichtiger Bestandteil der *Gaslighting-Immunisierung*.

Bette diese Übung in Deinen Alltag ein, um an einer grundsätzlich annehmenden Haltung gegenüber Deinen Gefühlen zu arbeiten.

Unsere Gefühle bringen auch Klarheit in unsere Entscheidungen. Sie geben unserem Leben Richtung und Orientierung, richtig? Das heißt, dass wir auch **verstehen** wollen, was unsere Gefühle uns mitteilen möchten. Doch verstehen ist nicht gleich verstehen.

3 Emotionale Kartierung - Botschaften Deiner Gefühle verstehen

Das Entschlüsseln unserer Emotionen fällt in einigen Situationen leicht. Wenn Du vor einer morschen Holzbrücke stehst und Angst erlebst, ist die Sachlage klar: Deine Angst möchte Dich davor **warnen**, über diese Brücke zu laufen. Denn Du könntest Dich verletzen oder zu Tode kommen. Das ist die Botschaft Deines Gefühls. Easy, oder?

Manche Situationen sind aber nicht so einfach: Weshalb erleben manche Menschen an der Kasse im Supermarkt oder bei einem Gespräch mit ihrem Partner Angst? Sind die Situationen bedrohlich? Was könnte hier verloren werden oder bedroht sein? Was wird befürchtet und - ist diese Befürchtung realistisch?

Es ist oft unklar, weshalb man **als Individuum** in spezifischen Situationen fühlt, was man fühlt. Welche Botschaft liegt hier hinter den Gefühlen? Die Antworten hierauf sind komplexer.

Wir betreten damit **individuelle emotionale Welten**, wo Prägungen, Empfindsamkeiten Werte und Wünsche auf unser emotionales Erleben einwirken. Hier hat jeder Mensch eine andere **emotionale Landkarte**, auf der die Gefühle eingeordnet werden wollen.

Hannelore beispielsweise erlebt in Gegenwart von Hunden sofort Beklemmungen, Herzrasen, Panik und Atemnot. Als Mädchen wurde sie einmal beim Spielen ganz plötzlich von einem bellenden Schäferhund angegriffen, umgeworfen und gebissen.

Bei Hannelore spielt eine Prägung mit in ihre **Angst** hinein.

Oder Mike, der sich nur schwer auf Menschen einlassen kann, schnell aus der Haut fährt und laut wird, sobald jemand eine andere Meinung vertritt. Als Junge wurde ihm immer wieder vermittelt, dass seine Wahrnehmung *„falsch",* sei - bis er sich als Jugendlicher voller **Wut** von der Familie abwandte und ein generelles **Misstrauen** gegenüber Menschen an den Tag zu legen begann.

Wir **alle** unterliegen Prägungen und Einflüssen und umso mehr wir unsere Geschichte verstehen, desto klarer zeichnet sich auch ab, wie unsere emotionale Landschaft beschaffen ist. Wir erhalten eine Landkarte unserer Emotionen, die uns immer mehr verstehen lässt, weshalb wir in spezifischen Situationen so fühlen und handeln, wie wir es tun. Hannelore könnte beispielsweise erkennen: *„Ahhh! Deshalb reagiere ich auf diesen Rehpinscher so intensiv mit Angst, obwohl er friedlich wirkt!"* und sich einem Hund gegebenenfalls sogar annähern. Mike würde vielleicht verstehen: *„Ich neige zu Misstrauen, um mich vor Manipulation zu schützen und werde intolerant und wütend, weil eine andere Meinung früher bedeutet hat, dass ich „falsch" bin."* Mike könnte mit dieser Erkenntnis besser prüfen, ob jemand ihn wirklich manipulieren möchte oder einfach nur seine Meinung äußert. Er könnte den Versuch wagen, sein Misstrauen bei einigen Menschen „leiser zu drehen", sich stufenweise mehr einlassen und generell daran arbeiten in anderen Meinungen keine Bedrohung mehr zu sehen.

Derartige Erkenntnisse können uns das Leben leichter machen und wirkliche **Transformationen** mit sich bringen.

Doch auch wenn wir unsere Emotionen in einen Zusammenhang bringen, verstehen und auf eine Prägung zurückführen können, bedeutet das nicht, dass sie deswegen „ungültig" sind! Diese Gefühle sind trotzdem erstmal **berechtigt** und - sie können - trotz Prägung - eine wichtige Botschaft für uns bereit halten.

Viele Empfänger von *Gaslighting* begehen hier **den kardinalen Fehler schlechthin**: Sie glauben, wenn sie sich ihre emotionalen Reaktionen mit ihrer Kindheit, ihren Erlebnissen und Prägungen erklären können, dann sei das Gefühl als solches nicht berechtigt und kehren sie unter den Teppich. Sie sagen sich: *„Das liegt nur an meiner Kindheit, dass ich da so reagiere..."*

Sie rationalisieren ihre Gefühle und kappen so die Verbindung zum eigenen Erleben. Es ist ungemein wichtig, die **Emotionen** erst einmal als solche anzunehmen und vor dem Hintergrund der eigenen Geschichte **ernst zu nehmen**. Beispielsweise durch ein **Statement** von unseren beiden Protagonisten:

Hannelore: *„Ich kann gut verstehen, dass ich mit **Angst** reagiere. Kein Wunder - bei dem, was ich erlebt habe..."*
Mike: *„Ich habe bei meiner Geschichte Verständnis dafür, dass ich generell eher **misstrauisch** bin und schnell **wütend** werde - das habe ich gelernt..."*

Damit würdigt man sich selbst und die Geschichte, die man nun einmal erlebt hat. Und **jeder** hat seine Geschichte!

Frage Dich selbst: Könnte es auch sein, dass Hannelore einmal **zurecht** Angst vor einem Hund hat? Wäre es möglich, dass sich ihre schnell einstellende Angst sogar als **hilfreich** erweisen könnte, wenn ihr ein aggressiver, unberechenbarer Hund begegnet?

Und könnte Mike's **Misstrauen** ihn nicht vielleicht tatsächlich vor Schaden bewahren? Wäre es nicht möglich, dass er dadurch weniger oft an Menschen gerät, die ihn übervorteilen und ausnutzen? Ist es denkbar, dass er durch die **Wut** seine eigenen Grenzen sehr genau spürt und klar machen kann, was ihm wichtig ist?

Die emotionalen **Sensitivitäten**, die wir aufgrund unserer Prägungen mitbringen, können sowohl nützliche, als auch schädliche Konsequenzen nach sich ziehen. Hannelore und Mike können ihre emotionalen Prägungen **nutzen**, indem sie sich über diese **bewusst** werden und daran arbeiten, sie in Balance zu bringen. Denn schadhaft werden derartige Prägungen nur dann, wenn sie als Selbstläufer unser Verhalten bestimmen.

Es kann daran gearbeitet werden, sie als Werkzeuge einzusetzen, ohne ihnen die Kontrolle zu überlassen. Es ist wichtig, dass wir hier Handlungsalternativen aufbauen: Wenn wir die Erfahrung machen, **dass wir etwas bewältigen können, dass bisher von Angst bestimmt war, verliert die Angst ihre Macht.** Aus einem bisher automatischen Verhalten wird eine bewusste Wahl: Hannelore streichelt einen Hund, Mike lässt sich ein. Dennoch könnten die Signale ihrer Angst ihnen auch dienen, um potentiell bedrohliche Situationen abzuwenden.

Es ist sehr wichtig, dass Du verstehst, dass eine Ablehnung Deiner Emotionen Dich **in keinem Fall** weiterbringt! Selbst wenn Du an einer

Veränderung arbeiten möchtest (z.B. lernen willst, einen Hund zu streicheln), muss erst einmal akzeptiert werden, dass diese Angst da ist. Sie verdient Dein „*Ja*".

Erklärungen für die eigenen Gefühle zu finden, sie in einem größeren **Zusammenhang zu verstehen**, bedeutet **nicht**, dass die Gefühle im Hier und Jetzt fehl am Platz wären oder abzulehnen sind. Ich möchte Dir an einem Beispiel zeigen, dass auch emotionale Projektionen eine **Botschaft** für uns haben können.

In einem Gespräch berichtete mir Leonie (35 J.) von **Misstrauen** gegenüber ihrem Partner. Er habe seiner ehemaligen Unternehmensberaterin einen Präsentkorb mit Dankesschreiben geschenkt. Leonie las mir die Karte vor und fragte, ob sie **zurecht** misstrauisch sei oder sich das nur einbilde. Das Dankesschreiben war neutral und freundlich formuliert, enthielt idealisierende Aussagen, die man als „Türöffner" für weiteren Kontakt deuten konnte. Diesen Eindruck teilte ich Leonie mit. Leonie hatte das Gefühl, dass ihr Partner Interesse an der Frau hatte und suchte nach Beweisen dafür, dass ihr Gefühl berechtigt war. Sie wollte ihrem Partner nicht zu unrecht bezichtigen. Eine an sich begrüßenswerte „Realitätsprüfung". Die Zeilen ließen aber nicht klar erkennen, ob eine weiterreichende Absicht hinter den Zeilen steckte.

Leonie stellte ihr Fühlen in Frage, weil sie wusste, dass sie sich ihr **Misstrauen als Schutzmechanismus** zugelegt hatte. In ihrer Kindheit und Jugend hatte sie oft Dinge und Situationen wahrgenommen, die ihr von den Eltern ausgeredet und anders dargestellt worden waren. In ihrer Wahrnehmung lange verunsichert, hatte sie irgendwann gelernt, auf Aussagen anderer Menschen mit Misstrauen zu reagieren.

Das war Leonie bewusst und sie fragte sich bezüglich des Partners: *„Projiziere ich hier nur meine alten Erfahrungen? Ist das mein altes Misstrauen? Hat das vielleicht mit der aktuellen Situation gar nichts zu tun?"*

Ich bin mir sicher, dass Du Dir selbst schon ähnliche Fragen gestellt hast. Da Sender von *Gaslighting* oft genau an dieser Stelle ansetzen (*Das liegt nur an Deiner Vergangenheit, das redest du dir ein!*"), sind Empfängern derartige Überlegungen **sehr vertraut**!

Was meinst Du? War das Misstrauen der Klientin **berechtigt** oder handelte es sich um eine **Projektion**?

Im weiteren Verlauf stellte sich heraus, dass Leonie schon einmal den Verdacht gehabt hatte, ihr Partner habe Kontakt zu einer anderen Frau. Damals hatte er dies abgestritten und beteuert, dass er keinen Kontakt habe. Später erfuhr Leonie, dass er sie belogen hatte. Er **hatte** Kontakt zu besagter Frau!

Ich stelle Dir die Frage erneut: War Leonie's Misstrauen im konkreten Fall nun **berechtigt** oder **projizierte** sie nur?

In jedem Fall war Leonie's Misstrauen **nachvollziehbar**, denn sie hatte bereits einmal die Erfahrung gemacht, dass sie ihrem Partner nicht vertrauen konnte.

Ob ihr Partner tatsächlich Interesse an der anderen Frau hatte, wissen wir nicht. Und wir dürfen verstehen: Dafür lassen sich auch keine endgültigen **Beweise** finden. Was wir wissen ist: **Der Partner war bereits einmal unaufrichtig** und hatte sie belogen. Was wir weiter wissen: Leonie hatte aufgrund ihrer Erfahrungen Schwierigkeiten, Menschen wirklich zu vertrauen.

Leonie wollte verstehen, was ihr Misstrauen ihr sagen wollte, welche **Botschaft** dieses Gefühl für sie hatte. Weil sie nicht wusste, was ihr Gefühl ihr sagen wollte, ob sie dem trauen konnte, wusste sie nicht, wie sie sich gegenüber ihrem Partner verhalten, wie sie sich entscheiden sollte. Ihr fehlte die Richtung und sie suchte nach Antworten.

Doch tatsächlich suchte sie die Antworten an der falschen Stelle. Sie stellte sich die falsche Frage. Leonie wollte wissen, ob der Partner tatsächlich Interesse an einer anderen Frau zeigte oder ob sie „falsch lag", ihr Misstrauen „falsch" war. Wie bereits beschrieben, lässt sich hierauf aber keine hilfreiche und beweisbare Antwort finden! Die richtige und hilfreiche Frage allerdings wäre gewesen:

?: *„Was möchte mir mein Misstrauen über die Situation sagen, in der ich mich - mit meiner Geschichte - befinde?"*

Leonie war in einem Schwarz-Weiß-Denken gefangen: Das Gefühl musste **entweder richtig** sein **oder falsch**. Die Möglichkeit, dass ihr Misstrauen als sensibler Schutzmechanismus **angesprungen** war, **weil** in ihrer Beziehung **etwas Grundlegendes** nicht stimmte, zog sie gar nicht in Betracht: Sie konnte (mit ihrer Geschichte) kein Vertrauen zu ihrem Partner aufbauen.

Sie war mit einem Menschen zusammen, dessen Verhalten ihr Misstrauen eher befeuerte, als ihr zu helfen, es in Vertrauen zu wandeln. Das war die **Botschaft**, die ihr Misstrauen für sie hatte.

Präsentkorb und Karte waren nur der Aufhänger für das in dieser Beziehung **permanent anwesende Misstrauen**.

Zuvor hatte Leonie Beziehungen gehabt, in denen sie **kein Misstrauen** erlebt hatte. Es war ihr also durchaus möglich, Vertrauen aufzubauen! Auf Nachfrage, was in diesen Beziehungen anders gewesen sei, gab sie an, dass die Partner **auf ihre Vertrauensprobleme rücksichtsvoll eingegangen seien** und sie nach und nach gelernt habe, zu vertrauen.

Für den potentiellen Informationsgehalt einer Emotion spielt es erstmal **keine Rolle**, ob es sich um ein **projiziertes Gefühl** handelt oder nicht. Ein Gefühl zeigt sich. Und das hat einen Grund. Punkt.

Viele Empfänger verfangen sich bei der Reflektion und Analyse ihrer Gefühle **im Außen**. Sie fragen: *„Was sagt mein Gefühl darüber aus, wie die Dinge sind?"*, aber die eigentlichen Fragen müssten lauten:

? *„Was sagt mir mein Gefühl **in Bezug auf mich selbst, meine Beziehung und meine Lebensumstände**? Was **passt gerade so gar nicht** oder was ist gerade **stimmig** für mich? Womit fühle ich mich **wohl/unwohl**?"*

Deine Geschichte und Prägungen gehören zu Dir! Du darfst in Deinem Leben Umstände schaffen, die Dir dienlich sind.

Was würdest Du tun, wenn Du einen Menschen lieben würdest, der aufgrund seiner Vergangenheit Schwierigkeiten mit Vertrauen hat? Wie würdest Du Dich verhalten, was würdest Du tun, dass er in der Beziehung mit Dir **Vertrauen fassen** kann?

Was glaubst Du: Wie kann in einer Beziehung Vertrauen wachsen, wenn ein Partner sich trotz des Wissens um bestehende Vertrauensprobleme so verhält, wie Leonie's Partner?

Leonie stellte ihr Misstrauen in Frage, weil sie glaubte, dass eine Projektion aus der Vergangenheit keine Botschaft für sie haben könne und „fehlerhaft" sein müsse. Tatsächlich sagte das Misstrauen auch **nichts darüber aus, ob der Partner nun wirklich anbandelte oder nicht**. Doch es zeigte ihr, dass in der aktuellen Beziehung für sie **keine optimalen Bedingungen** vorherrschten. **!**

Dazu musste sie aber zuerst ihre **eigene Geschichte annehmen** und sich zugestehen, dass sie **Misstrauen fühlen** durfte! Und dass sie gerade deshalb **aktiv gestaltend** entscheiden musste, was sie in ihrem Leben haben wollte und was nicht: Ihre Werte und Bedürfnisse.

Wir vereinbarten, dass Leonie ihre Werte und Bedürfnisse für eine Beziehung schriftlich vorbereitete und dem Partner in einer *Ich-Botschaft* mitteilte (*„So geht es mir… das brauche und wünsche ich mir…"*). Sie wollte ihren Partner auch wissen lassen, was sein Verhalten bei ihr bewirkte und sich darüber klar werden, ob sie in einer Beziehung sein wollte, in der sie sich nicht darauf verlassen konnte, dass ihr der Partner die Wahrheit sagte.

Leonie gelang es, **1.) sich und ihre Gefühle mitsamt ihrer Geschichte ernst zu nehmen,** sich **2.) als gleichberechtigte Partnerin in die Beziehung einzubringen** und **3.) die Entscheidung für oder gegen die Beziehung in die eigene Verantwortung zu nehmen.**

Vielleicht erkennst Du, wie wichtig es beim **Reflektieren** und **Verstehen** Deiner eigenen Gefühle ist, **Deine eigene Geschichte stehen zu lassen?** Was Du erlebt hast, hat Dich geprägt. Und Du trittst **mit** dieser Prägung in Beziehung zu Menschen. So wie diese **mit ihrer Prägung** zu Dir in Beziehung treten.
Sich selbst und **sein Gegenüber stehen zu lassen** ist der erste Schritt. Auf Basis dessen kann dann entschieden werden, ob die Partner gewillt sind, mit Rücksicht auf die wechselseitigen Prägungen **achtsam** miteinander umzugehen.
Diese gegenseitige Rücksichtnahme kann erst Einzug halten, wenn **Du** es Dir erlaubst, **rücksichtsvoll mit Dir selbst zu sein.**

Ich möchte ganz ehrlich mit Dir sein: Wir können von anderen Menschen **nicht** verlangen, sich zu verbiegen, zu verändern oder zu verstellen, nur dass unsere emotionalen Prägungen nicht angetriggert werden. Dann wären diese Menschen auch nicht mehr „echt".

Doch es gibt Menschen, die **aus Liebe** bereit sind, Deine Geschichte zu **berücksichtigen.** Jene, die bereit sind **zuzuhören** und trotz Schwierigkeiten am **Aufbau von Vertrauen** zu arbeiten.
Es sind jene Menschen, die Dir so begegnen, wie Du Dir selbst zu begegnen lernen darfst: In **Wertschätzung, Achtsamkeit** und **Würdigung Deiner individuellen Geschichte.** Glaube mir: Erst wenn **Du** damit **bei Dir** anfängst, werden diese Größen auch in Beziehung zu anderen Menschen einziehen können.

Um die Botschaften Deiner Gefühle verstehen zu können, müssen einige **Voraussetzungen** erfüllt sein. Neben einem **klaren Selbstbekenntnis** (*Das ist es, was ich fühle und fühlen darf!*) können wir folgende sieben Punkte zur Orientierung festhalten:

a.) Die Botschaften Deiner Gefühle - sieben Punkte

1. Botschaften von Emotionen können Dir Aufschluss darüber geben, **was in Dir, Deinem Leben aktuell stimmt/nicht stimmt** und ggf. der Anpassung bedarf.

2. Sie sind **wichtige Signalgeber!** Auch dann, wenn sie mit einer Prägung assoziiert sind und reaktiviert werden (= **Projektion**). **Kein Grund, sie abzulehnen!** Die Frage ist, **wodurch** sie aktiviert wurden und zu **was sie Dich jetzt veranlassen** möchten.

3. Die **wahre Botschaft Deiner Gefühle** ist immer individuell. Sie kann nur **vor dem Hintergrund Deiner eigenen Geschichte** vollständig verstanden werden (*Weshalb reagiere ich jetzt so?*)!

4. Erkenne und **nehme** Deine **Vergangenheit an**. Gib ihr ein *„Ja!“*.

5. Stelle Dir die **richtigen Fragen** zu den Botschaften Deiner Emotionen! Betrachte die Aspekte, die für Dich in Deinem Leben **bedeutsam** sind und frage Dich: *„Welche meiner Bedürfnisse/Ziele sind aktuell bedroht/unerfüllt?“* (Angst, Wut, Unsicherheit, Frustration usw.) oder *„Welche Bedürfnisse/Ziele sind jetzt befriedigt?“* (Freude, Zuneigung, Vertrauen, Liebe, Entspannung usw.).

6. **Unterscheide** zwischen **Emotion** und **Interpretation** der Emotion. Nimm die Emotion auf jeden Fall an! Die Interpretation kann zutreffen oder auch nicht. Misstrauen ist beispielsweise **kein Beweis** für Untreue des Partners, sondern ein Zeichen dafür, dass das wechselseitige Vertrauen Risse hat. Und das **vielleicht zurecht** (siehe Leonie).

7. **Nimm Deine Emotionen an** und bleibe bei Dir - auch wenn andere Menschen Deine Gefühle nicht verstehen (*„So empfinde ich eben!“*). Grenze Dich klar ab, sobald jemand versucht, Dir Gefühle aus- oder einzureden (*„Niemand schraubt in meiner Gefühlswelt herum! Das ist ein privater, intimer Bereich!“*).

Bei *Gaslighting* wird das emotionale Erleben von Empfängern per se als *„falsch, unangemessen, unlogisch, verrückt"* deklariert. Dies sind Beziehungen, in denen Manipulation zum Alltag gehört und in denen es an **Wertschätzung** und **Achtsamkeit** fehlt.

Verstehe bitte, wie wichtig ein **radikales Selbstbekenntnis** hinsichtlich Deiner Emotionen für Deine *Gaslighting*-**Immunisierung** ist! Es ist vollkommen irrelevant, ob Du mit Deinen Gefühlen „Recht hast" oder nicht! Du hast ein Recht zu fühlen, was Du fühlst und musst Dir einen Raum erarbeiten, in dem Dein Fühlen stehen bleiben und Du mit ihm in Beziehung treten darfst.

Die größte Hürde bezüglich der Entschlüsselung von Botschaften unserer Emotionen ist unser **Widerstand**. Entweder wollen wir das Gefühl selbst nicht fühlen und/oder die Botschaft der Emotion nicht hören. Viele Botschaften sind sehr **simpel**. Sie lauten z.B.: *„Das ist schön, davon will ich mehr!"*, *„Sorge dafür, dass das aufhört!"* oder *„Achtung, achtung! Jetzt mach den Mund auf!"*

Es kann sehr gut sein, dass wir diese Botschaften überhören oder umdeuten, weil sie uns **Angst** machen, wir die **Veränderung scheuen** oder den **Mut** nicht aufzubringen glauben. Wir überhören unsere Gefühle auch dann, wenn wir nicht bereit sind, der Wahrheit ins Gesicht zu schauen. Gerade das geschieht in *Gaslighting*-**Konstellationen** häufig! Es kann einige Zeit dauern, bis Empfänger in einer *Gaslighting*-**Konstellation** bereit sind, die Systematik voll zu begreifen und sich einzugestehen: *„Das funktioniert so nicht!"*

Bei Empfängern schreien die Gefühle oft sehr laut und drängen zur Veränderung. Doch ein anderer Teil des Empfängers möchte festhalten und so kann es geschehen, dass die ursprüngliche Botschaft der Emotion unbewusst **umgedeutet** wird.

Im Laufe der Zeit kann sich so eine emotionale Erklärungsschablone entwickeln, die auf **fehlerhaften Schlussfolgerungen** beruht. Diese hat dann mit den ursprünglichen Botschaften der Gefühle nur noch wenig zu tun hat und führt den Empfänger völlig auf den Holzweg - immer tiefer in die *Gaslighting*-**Dynamik**.

Dieses Buch kann Dich nicht bei der individuellen Entschlüsselung Deiner Emotionen begleiten. Zur Kartierung Deiner Emotionen empfehle ich einen persönlichen, vertrauenswürdigen Begleiter, der Dir helfen kann, die ursprünglichen Botschaften Deiner Gefühle zu finden und daran zu arbeiten, Deine Widerstände zu verstehen und achtsam zu lösen.

In der letzten Übung im Bereich der Emotionen kannst Du mit mir gemeinsam aber dafür sorgen, dass der **Weg für die Botschaften Deiner Gefühle frei** wird und Du gegebenenfalls auftauchende, klare Informationsimpulse Deiner Emotionen wieder mehr in Dein Bewusstsein lassen kannst. Führe die Übung bitte erst dann durch, wenn Du auch für jene Botschaften offen bist, die Dir vielleicht **nicht** gefallen werden. Auf der emotional-energetischen Ebene gibt es **keinen Kuhhandel**! Wir können uns zwar etwas vormachen und Dinge eine Zeit lang unter den Teppich kehren, doch deswegen sind sie nicht weg. Sie arbeiten weiter in unserem System und ziehen Ereignisse im Außen an, die uns dann über die Hügel unseres Teppichs stolpern lassen.

Lege für die Übung Zettel und Stift bereit. Notiere all jene Botschaften auf, die im Verlauf möglicherweise an die Oberfläche kommen. Vor Beginn der Übung suche nach einem Gefühl aus einer zurückliegenden oder aktuellen Situation. Eines, das Du nicht genau verstehst. Vielleicht eines, das immer wieder auftaucht und Dich belastet. Nimm die Situation erinnerst, in der das Gefühl aufgetaucht ist bitte gedanklich mit in die Übung. Sorge im Anschluss an die Übung dafür, dass Du ausreichend Zeit hast, um nachzuspüren und zu reflektieren, was diese Botschaften für Dich und Dein Verhalten konkret bedeuten könnten.

b.) Deine Gefühle und ihre Botschaften einladen

Such Dir wieder einen Platz, wo Du aufrecht und bequem sitzen kannst. Stell sicher, dass alle möglichen Störquellen ausgeschaltet sind, schließe Deine Augen und nimm ein paar tiefe Atemzüge... während Du tief einatmest, wirst Du Dir Deines Körpers vollumfänglich bewusst... und beim Ausatmen entspannst Du alle Muskeln... lass alles abfallen, was Dich noch belastet oder festhält (ca. 15 Sekunden Ruhe)...

Atme tief und regelmäßig in Deinem eigenen Tempo. Atme in Deine Zehen... Deine Füße... Waden... Oberschenkel und Knie... in Dein Gesäß... Deinen Unterleib... den unteren Rücken... den Bauch... den oberen Rücken... atme in Deine Flanken... Deine Schultern... Deinen Brustkorb... Deine Ober- und Unterarme und schließlich... in Deinen Nacken... Deinen Hals... Dein Gesicht... und Deinen gesamten Kopfbereich... bis in den Scheitel... mit jedem Ausatmen lässt Du alle Anspannung aus Deinem Körper abfließen... (15 Sekunden Ruhe).

In diese Ruhe lädst Du nun jenes Gefühl ein, dessen Botschaft Du gerne verstehen würdest... Falls möglich, begib Dich gedanklich erneut in die Situation, in der das Gefühl aufgetaucht ist... Atme ganz ruhig und gleichmäßig in Deinem eigenen Tempo weiter... Lass Bilder vor Deinem inneren Auge entstehen und betrachte, was in dieser Situation passiert ist (15 Sekunden Ruhe)... Spüre und fühle, was sich in Deinem System regt... Lass zu, dass dieses Gefühl sich erneut zeigt... erlaube es ihm, dass es sich in Deinem inneren Raum ausbreiten darf... Falls Du Widerstände gegen dieses Gefühl spürst, nimm sie einfach an... gib auch ihnen einen Platz in diesem Raum und lasse sie zirkulieren...

Falls Dein denkender Verstand bereits Gedanken, Erklärungen, Interpretationen und Geschichten über Dein Fühlen von sich gibt, bedanke Dich liebevoll für seine Bemühungen... stell Dir dann eine saftig-grüne Wiese vor und schicke Deinen Verstand dorthin, um für Dich die Grashalme zu zählen (5 Sekunden Ruhe)...
Während Dein Verstand auf der Wiese beschäftigt ist (1, 2, 3, 4...), kehrst Du wieder zur Wahrnehmung Deines Gefühls zurück, das Du in jener Situation hattest, die Du jetzt erneut deutlich vor Deinem inneren Auge siehst...

Gehe dann mit Deiner Aufmerksamkeit wieder zurück zu diesem Gefühl... Spüre hinein und betrachte dieses Gefühl... Das Gefühl, das Du in jener Situation hattest, die Du jetzt ganz deutlich vor Deinem inneren Auge sehen kannst (10 Sekunden Ruhe)... Fühle erneut, was sich in Deinem System regt... Lass zu, dass dieses Gefühl sich zeigt... erlaube es ihm, dass es sich in Deinem inneren, geschützten Raum ausbreiten darf... In diesem Raum, der alleine Dir und Deinen Gefühlen gehört...

In wenigen Momenten wird sich Dein Gefühl Dir in einer bestimmten Form zeigen... Ganz automatisch, ohne dass Du irgendetwas dafür tun musst... Ihr werdet euch gleich begegnen - von Angesicht zu Angesicht... Wenn dies gleich - in wenigen Momenten - geschieht, gibt es für Dich nichts weiter zu tun, als es einfach geschehen zu lassen... und in Deinem Rhythmus weiterzuatmen...

5... Du atmest kräftig ein und aus...
4... Sprich mir nach: „Ich lade dich ein, dich zu zeigen... Ich möchte dich sehen..."
3... Auch wenn ich seither lieber weggeschaut habe, bin ich jetzt bereit, Dir in die Augen zu blicken und zu verstehen..."
2... Nimm einen tiefen Atemzug, halte die Luft kurz an...
1... Atme aus... Jetzt...

Du siehst jetzt diese Form oder Gestalt vor Dir, die Dein Gefühl jetzt angenommen hat. Betrachte diese Gestalt Deines Gefühls... Wie sieht es aus? Welche Form, Farbe, Haltung und Ausstrahlung hat es?... Atme ganz normal weiter ein und aus... Schau einfach hin...

Auch wenn Widerstände oder Gedanken auftauchen, bleibst Du mit Deiner Aufmerksamkeit entschlossen bei der Betrachtung dieser Gefühlsgestalt vor Dir...

Und nun schau dieser Gestalt direkt in die Augen... öffne Dein Herz für diese Gestalt und blicke ihr mit dem Wunsch nach Verständnis in die Augen... Wie sehen diese Augen aus und wie blicken sie Dich an?... Was sagen diese Augen? Welche Geschichte erzählen diese Augen? (10 Sekunden Ruhe)...

Du wendest Dich jetzt direkt an diese Gestalt... Sprich mir nach...

„Ich sehe Dich!" und noch einmal...
„Ich sehe Dich!" und ein letztes Mal...
„Ich sehe Dich! Und ich möchte verstehen... wirklich verstehen... Es tut mir leid, dass ich so lange weggesehen und gehört habe... Du bist ein Teil von mir... Heute, hier und jetzt bin ich bereit, Deine Botschaften zu hören und in mein Herz zu lassen... Ich bin hier... um Dich in mein Herz zu lassen... auch wenn ich Widerstand spüre... auch wenn noch nicht alle Teile in mir bereit dafür sind... bitte ich Dich jetzt, zeige mir, was ich noch nicht verstanden habe... zeige mir, was jetzt verstanden werden möchte... zeige mir, welche Botschaft hinter all dem steckt... welche Botschaft verstanden werden will... aus der Kraft meines Herzens bitte ich Dich... zeige mir, was gesehen werden will..."

Atme tief ein... und direkt wieder aus... fokussiere Deine Aufmerksamkeit auf die Augen Deiner Gefühlsgestalt... lausche... sehe... öffne Dich... lass geschehen... (30 Sekunden Ruhe)... Mache Dir gegebenenfalls ein paar Notizen... Falls Du etwas mehr Zeit benötigst, pausiere die Aufnahme hier gern (20 Sekunden Ruhe)...

Bedanke Dich jetzt bei dieser Gefühlsgestalt... Du atmest ein... und wieder aus... und Du beginnst zu verstehen, dass diese Gefühlsgestalt schon sehr lange darauf gewartet hat, von Dir gehört zu werden... von Dir gesehen zu werden... auf einer tiefen Ebene erkennst Du, dass Deine Gefühle Boten sind, die immer für Dich arbeiten...

Du schließt die Übung jetzt mit einem Statement ab... sprich mir nach...

„Ab heute öffne ich ein neues Fenster... ein Bewusstseinsfenster in mir... durch das all die Botschaften meiner Gefühle gesehen und verstanden werden können... Ich öffne, öffne, öffne mich für all jene Bilder, Erkenntnisse und

Informationen aus meinem Inneren, die jetzt wichtig für mich und meine persönliche Entwicklung sind... Ich löse, löse, löse mich von der Vorstellung, dass meine Gefühle für mich bedrohlich sein könnten und treffe die kraftvolle Entscheidung, mich meinen Gefühlen gegenüber zu öffnen und sie in mein Bewusstsein zu lassen... Meine Gefühle gehören zu mir... Ab genau jetzt gebe ich ihnen einen festen Platz in meinem Herzen..."

Atme tief in Deinen Körper hinein... bis in die Zehen hinein... bewege Deine Zehen... Du spürst Deine Beine, Dein Gesäß auf der Sitzfläche, die Aufrichtung Deiner Wirbelsäule... Dein Atem fließt ein.... und wieder aus...
Du beginnst, Deine Finger zu bewegen... Deine Schultern nach hinten zu kreisen... Du spannst Deine Ober- und Unterarme an, Deine Beine... und bewegst sanft Deinen Kopf... Kreise Deinen Nacken ein wenig... ganz liebevoll... erst in die eine, dann in die andere Richtung... Nimm noch einmal ein paar tiefe Atemzüge... atme tief ein... nimm neue Energie auf, atme in die Weite Deines Körpers hinein und atme dann - gerne mit einem Seufzer - aus...

Bedanke Dich bei Dir selbst dafür, dass Du heute die kraftvolle Entscheidung getroffen hast, die Botschaften Deiner Gefühle wahrzunehmen, zu hören und zu sehen... Danke Dir für diesen mutigen Schritt, den Du dadurch heute auf Dich und Deine Gefühle zugegangen bist...

Wenn Du diese Übung einige Male durchführst, wirst Du spüren, wie sich die Beziehung zu Deinen Gefühlen und Dein Widerstand gegenüber ihnen verändert. Du wirst geübter darin werden, die Interpretationen Deines Verstandes als solche zu identifizieren und von den Botschaften Deiner Gefühle zu unterscheiden. Du wirst die Essenz der Botschaft besser erfassen.

Es kann sein, dass Du nach der Übung konkrete Ideen oder Impulse wahrnimmst, wie Du die Botschaft Deines Gefühls in eine Handlung umsetzen kannst. Nimm nicht gleich den Rotstift zur Hand, sondern sammle diese Impressionen und spiele mit den Ideen und Impulsen... *„Was wäre, wenn ich...?"* oder *„Welche Auswirkungen hätte es auf meine Gefühlswelt, wenn ich...?"* (setze die Ideen, Gedanken, Impulse ein, die aufkommen und spüre nach).

Für alle an einer weitreichenderen, emotionalen Kartierung interessierten Leser: Das Buch **Die Alchemie der Gefühle**[43] von *Prof. Dr. Daniel J. Siegel* kann empfohlen werden. Der Professor für Psychiatrie widmet sich in seinem Werk der Weiterentwicklung von **emotionaler** und sozialer Intelligenz, die er als *Mindsight* bezeichnet.

4 Beispielanalysen von Gefühlsbotschaften bei *Gaslighting*

In einer *Gaslighting*-**Konstellation** gibt es bei der Interpretation Deiner Emotionen spezifische Herausforderungen. Wir betrachten einige davon anhand der nachfolgenden Beispielanalysen. Mir ist es wichtig, dass Du bei der Analyse Deiner Gefühlsbotschaften nicht in die typischen Fallen trittst, sondern lernst, die für Dich hilfreichen und zielführenden Fragen zu stellen.

a.) Beispielanalyse Angst bei Gaslighting:

Der Sender wird **laut** und **aufbrausend**, weil Du eine Abwertung nicht einfach hingenommen, sondern (Deinem Gefühl folgend) wütend darauf reagiert hast. Der Sender äußert daraufhin barsch, Du hättest etwas *„falsch verstanden"*. **Angst** steigt in Dir auf. Du möchtest die Botschaft dieser Angst verstehen.

Die für Dich hilfreichen Fragen könnten lauten:
„Zu was möchte mich die Angst jetzt veranlassen?"
„Welche Botschaft hat die Angst jetzt für mich?"
„Was gilt es jetzt zu tun?"
„Wovor habe ich in dieser Konstellation wirklich, wirklich Angst?"
„Was löst in dieser Beziehung generell Angst aus?"
„Wenn ich meine Geschichte betrachte - zu welcher grundsätzlichen Veränderung könnte diese Angst mich veranlassen wollen?"

Konkret hast Du Angst vor der auf Dich zurollenden Welle aus Wut. Das wäre nachvollziehbar. Vermutlich möchtest Du die Situation verlassen, nicht in ihr sein. Vielleicht möchte Dich Deine Angst genau dazu veranlassen - diese Situation zu verlassen?

Vielleicht warst Du immer wieder in Konstellationen, in denen andere Menschen ihren Zorn und ihre Wut auf Dich entladen haben? Vielleicht kennst Du verbal-aggressive Ausbrüche sehr gut und reagierst entsprechend sensibel (oder Du reagierst gerade deshalb nicht, weil es Dir vertraut ist)? Diese Angst vor dem Hintergrund Deiner Geschichte zu verstehen, bedeutet, **nach innen** zu gehen. Welcher **Teil in Dir** bekommt gerade Angst? **Weshalb** bekommt er Angst? Was möchte er **nicht** mehr erleben und **was wünscht er sich** stattdessen? Zu was möchte dieser Teil, der Angst hat, veranlassen?

Die Antwort darauf könnte sein: *„Es gab immer wieder Situationen, in denen sich ein Teil in mir schutzlos ausgeliefert gefühlt hat. Dieser Teil in mir hat Angst davor, dass das immer so weiter geht und ich daran nichts ändern* *kann. Dieser Teil in mir wünscht sich **Schutz** vor derartigen Ausbrüchen, vielleicht jemanden, der sich schützend vor ihn stellt und sagt: An dieser Stelle ist jetzt Schluss!"*

Du merkst vielleicht, dass der Sender in dieser Antwort gar nicht vorkommt. Eben das ist damit gemeint, wenn wir davon sprechen, dass die Botschaft Deiner Gefühle nur in Bezug auf Dich und Deine Geschichte verstanden werden kann. **Bei der Antwort geht es nur um Dich!** Der Sender ist zwar beteiligt, aber es ist **etwas in Dir,** das Angst hat. Nur **Du** kannst dafür sorgen, dass Du diesen Teil in Dir verstehst und Dich entsprechend für ihn einsetzt. So verbesserst Du die innere Beziehung zu Dir selbst.

Andere Menschen haben durch ihr Verhalten immer eine Wirkung auf Dich. Dies berücksichtigend trägst **Du** die Verantwortung dafür, mit wem Du Dich umgibst, wen Du an Dich heran lässt und wem Du es gestattest, in Deinem Leben Raum einzunehmen.

Wenn ein Mensch Dir gegenüber immer wieder entwürdigend auftritt und Dein verwundbares Herz ignoriert, dann bist Du gefragt! Du hast ein fühlendes Herz! Wenn dieses Herz immer wieder getreten wird und **Du dies einfach zulässt** - dann **macht das Angst**!

Die wahre Ursache Deiner Angst ist also **nicht** das Verhalten dieses Menschen, sondern vielleicht die Tatsache, **dass Du Dich Menschen immer wieder aussetzt**, von denen Du weißt, dass sie Dich und Dein verwundbares Herz missachten. Vielleicht weil **Du glaubst, dem nichts entgegensetzen zu können** (oder zu dürfen).

Dann bestimmt Dich hier ein Glaubenssatz, der Dich davon abhält, Dich für Dich einzusetzen (S. 358 f.). Ob die Quelle Deiner Angst das Verhalten eines anderen Menschen ist oder aus der Überzeugung hervorgeht, dass Du dem nichts entgegenzusetzen hast, kannst Du ganz einfach für Dich prüfen, indem Du Dich fragst:

„Wenn ich zu 100% sicher wäre, dass ich in Bezug auf dieses Verhalten (Abwertung) klar sein, damit umgehen, mich abgrenzen könnte und wüsste, dass ich es dürfte, hätte ich dann immer noch Angst?"

Diese Fragen kannst Du mit jedem anderen Verhalten, jeder anderen Situation durchspielen, um den wahren Botschaften Deiner Gefühle auf die Spur zu kommen. Lass uns das noch einmal an einem spezifischen *Gaslighting*-**Beispiel** für Wut versuchen.

b.) Beispielanalyse Wut bei Gaslighting:

Der Sender verdreht die Darstellung einer von ihm verursachten Situation so, dass der schwarze Peter bei Dir landet und er frei von Verantwortung da steht: Du bist an allem Schuld! Klärungsversuche Deinerseits verlaufen im Sande und Du gibst irgendwann wütend auf.

Die Fragenfolge von oben wiederholend:

„Zu was möchte mich die Wut jetzt veranlassen?"
„Welche Botschaft hat die Wut jetzt für mich?"
„Was gilt es jetzt zu tun?"
„Was macht mich in dieser Konstellation wirklich, wirklich wütend?"
„Was löst in dieser Beziehung generell Wut aus?"
„Wenn ich meine Geschichte betrachte - zu welcher grundsätzlichen Veränderung könnte diese Wut jetzt gut sein?"

Welcher **Teil in Dir** wird wütend? **Weshalb** wird er wütend und **was wünscht er sich stattdessen?**

Ohne die genaue Geschichte dazu betrachten zu müssen, könnte die Antwort hierauf sein: *„Ein Teil in mir ist es leid, immer wieder bezichtigt und angeklagt zu werden. Dieser Teil in mir ist **wütend, weil er glaubt, sich immer wieder zur Wehr setzen** und **Dinge richtig stellen zu müssen**. Dieser Teil in mir wünscht sich **Ruhe** und **Frieden**. Er möchte sich nicht immer wieder mit anklagenden Aussagen, Schuldzuweisungen und sinnlosen Endlosdiskussionen beschäftigen müssen. Vielleicht sehnt dieser Teil sich nach jemandem, **der solche Gespräche direkt erkennt, unterbindet und die abgelegten Schuldpakete einfach liegen lässt."***

Sender wälzen sehr gerne die Verantwortung für ihr eigenes Verhalten auf andere ab. Du spielst dabei primär gar keine Rolle. Es geht vielmehr darum, sich selbst zu entlasten. Diese **Ent-lastung** geschieht durch **Verlagerung der Verantwortung nach Außen** (Externalisierung), d.h. ein anderer wird **be-lastet**. Rate mal, wer?

Deine konkrete Wut kann eine Reaktion darauf sein, dass Du etwas Be-lastendes zu Dir nimmst, was gar nicht zu Dir gehört. Du weißt mittlerweile, dass Sender standardmäßig Gespräche starten, die dem Auslagern von Schuldpaketen dienen. Vielleicht bist Du wütend darauf, dass Du Dich immer wieder auf derartige Gespräche einlässt? Möchtest Du ein Mensch sein, der solche Pakete immer wieder auf seine Schultern nimmt? Du bist gefragt - Deine Entscheidung!

Die permanente Übernahme von Themen anderer macht **wütend!** Die Übernahme startet bereits, wenn Du Dich ernsthaft auf derartige

Gespräche einlässt, Dich rechtfertigst, erklärst oder Dir anschließend im *Monolog der inneren Beweisführung* (S. 121 f.) weiter das Hirn zermarterst. Das macht wütend! Denn währenddessen vergeht kostbare Lebenszeit. Deine Lebenszeit! Ein Teil in Dir weiß das, ist es müde und hat auf dieses Spiel keine Lust mehr.

Die wahre Ursache Deiner Wut wäre also wiederum **nicht** das Verhalten des Senders. Deine Wut hämmert an Deine Tür, **weil Du Dir nicht erlaubst, Dich von derartigen Themen/Menschen klar zu distanzieren**. Vielleicht hält Dich irgendein Idealbild davon ab, dass Du unbedingt aufrecht erhalten möchtest (*„ein guter Mensch sein!"*) oder es gibt wiederum einen blockierenden Glaubenssatz (S. 358 f.).

Prüfe gerne erneut, ob es bei Deiner Wut um das Verhalten des Senders geht oder eher darum, dass Du bisher noch keinen anderen Umgang damit gefunden hast, indem Du Dich fragst:

„Wenn ich zu 100% sicher wäre, dass ich in Bezug auf dieses Verhalten (Verdrehung, Externalisierung, Nebelraketen) klar sein, damit umgehen, mich abgrenzen könnte und wüsste, dass ich es dürfte, wäre ich dann immer noch wütend?"

Vielleicht erkennst Du das Schema? Du reagierst in einer *Gaslighting*-**Konstellation** mit einem **Gefühl**, das (nicht immer) einen unmittelbaren **Handlungsauftrag** für Dich hat. Empfänger von *Gaslighting* übersehen zumeist, dass die erlebten Emotionen oft einen generellen Missstand in der Beziehung anzeigen! Die Botschaften der Gefühle wollen nicht selten darauf hinweisen, dass durch das Verbleiben in einer *Gaslighting*-**Konstellation** etwas grundsätzlich Wichtiges unmöglich wird: *Gaslighting* verlangt von Empfängern, dass sie ihre Sehnsüchte, Wünsche und Träume zurückstellen, verdrängen, unter den Teppich kehren, also darauf verzichten. Darunter leidet **die Beziehung zu Dir selbst** - zu all Deinen Anteilen.

Jeder Mensch benötigt individuell gute Bedingungen, um ein lebenswertes Leben zu kreieren. Das bedeutet, dass man nach innen gehen und zuhören lernen muss. Wie aber soll das funktionieren, wenn Du in einer Konstellation bist, die von Dir verlangt, genau darauf zu verzichten?

Es gibt nur einen Menschen, der dafür verantwortlich ist, dass sich die Bedingungen für Dich verbessern. Und das ist **der Mensch, der Dir abends die Zähne putzt!**

Einige Teile in Dir sind vielleicht noch nicht zu größeren Schritten bereit. Ignoriere deswegen bitte nicht die Botschaften Deiner Gefühle!

Nimm sie an und spiele so lange mit ihnen, bis Du irgendwann vielleicht bereit für eine reale Veränderung bist. Frage Dich:

? *„Wie könnte eine Veränderung konkret aussehen und erreicht werden, wenn es keine Grenzen für mich gäbe? Was würde ich wie verändern, wenn alle meine Teile bereit wären?"*

5 Immun gegen psychische Manipulation durch bewusste, emotionale Entwicklung?

Erwarte bitte nicht, dass ich die in diesem Abschnitt behandelten Themen komplett mit wissenschaftlichen Quellen nachweise. Alle Informationen und Übungen in diesem Buch sind **Angebote**, die Du bitte selbst für Dich prüfst und gegebenenfalls auch mit einem professionellen Begleiter (Arzt, Therapeut) vor Anwendung absprichst. Dieser letzte Abschnitt ist notwendig. Viele Empfänger von *Gaslighting* sind sich nicht darüber im Klaren, dass sie - wie jeder Mensch - einen **Einfluss auf ihre Emotionen** haben. Sie fühlen sich diversen Umständen und ihren Emotionen **ausgeliefert**. Sicher gibt es einige Situationen, die nicht oder nur schwer veränderbar sind. Sei es die Krankheit eines geliebten Angehörigen, Trennung, Tod oder plötzliche, existentiell bedrohliche Ereignisse. Das Leben kann uns herausfordern.

Dieser Abschnitt möchte Dich auch nicht dazu ermutigen, dem in der Coaching-Szene vorherrschenden *Hype des Positiven Denkens* zu folgen, alles durch eine (oberflächliche) rosarote Brille zu sehen, Dir dadurch selbst etwas vorzumachen und Gefühle wie Trauer, Wut, Eifersucht, Neid, vielleicht sogar Hass **auszublenden** und **ins Schattenreich zu verbannen**. Das hilft niemandem! Im Gegenteil. Ich glaube, dass wir durch ein derartiges Vorgehen unsere Authentizität und die Fähigkeit zu echtem Mitgefühl verlieren können.

Worüber wir gleichwohl sprechen sollten, ist die Auswirkung, die **Dein emotionaler Zustand** (und Dein Bewusstseinszustand) auf Dein Leben, Deine Beziehungen und Deine Immunität gegenüber *Gaslighting* (psychischer Manipulation) haben kann.

Ich möchte Dir in diesem Abschnitt näherungsweise aufzeigen, dass bewusste Entscheidungen einen **Einfluss auf Deinen emotionalen Zustand** und **Deine Schwingungsfrequenz** haben können.

Dazu möchte ich Dir exemplarisch eine Arbeit von *Dr. David Hawkins*[44] vorstellen.

Dr. David R. Hawkins[44] betrieb zu Lebzeiten eine psychiatrische Praxis in den USA und war Mitglied der *American Psychiatric Association*. Persönlich beschäftigte er sich intensiv mit Spiritualität. Nach einem Jahre langen Rückzug widmete er sich der spirituell-psychologischen Forschung und entwickelte u.a. die **Skala des Bewusstseins**[44]. Lass sie mal auf Dich wirken...

Die Bewusstseinsskala nach David R. Hawkins[44]

Ebene 1000 - Höchster irdisch erreichbarer Bewusstseinswert

700 - 1000: ERLEUCHTUNG, reines Bewusstsein, unbeschreibbar
Ebene 600: FRIEDEN, Glückseligkeit, Durchlichtung

Um Ebene 600 - Schwelle zu Stille und Frieden
Auflösung des persönlichen Egos/Karmas - Nichtdualität
Beginn der Verantwortungsübernahme für das kollektive Karma

Ebene 540: FREUDE, bedingungslose Liebe, Vergebung
Ebene 500: LIEBE, Verehrung, Schönheit, Dankbarkeit, Offenbarung

Um Ebene 500 - Schwelle zur Liebe
Nichtlinearität - Gewahrsein - Sowohl-als-auch-Denkmodell

Ebene 400: VERNUNFT, Verständnis, Abstraktion, Wissenschaft
Ebene 350: AKZEPTANZ, Enthusiasmus, Produktivität, Verzeihen, weltlicher Erfolg
Ebene 310: BEREITWILLIGKEIT, Optimismus, Intention
Ebene 250: NEUTRALITÄT, Zuversicht, Loslassen
Ebene 200: MUT, Zivilcourage, Bejahung, Lauterkeit

Um Ebene 200 - Schwelle zur Integrität
Homo sapiens vs. Homo spiritus
Selbstregulierende Individuation - Eigenverantwortung
Linearität - Wahrnehmung - Entweder-oder-Denkmodell

Ebene 175: STOLZ, Verachtung, Angeberei
Ebene 150: ÄRGER, Wut, Hass, Aggression
Ebene 125: VERLANGEN, Begierde, Selbstversklavung
Ebene 100: ANGST, Ängstlichkeit, Rückzug
Ebene 75: TRAUER, Scheitern, Kummer, Verzweiflung
Ebene 50: APATHIE, Hoffnungslosigkeit, Aufgabe
Ebene 30: SCHULD, Bosheit, Zerstörung
Ebene 20: SCHAM, Schande, Erniedrigung, Ausmerzung

Ebene 0 - Physischer Tod
Dualität - Irrtum - Mangelbewusstsein - Reaktives Sippenbewusstsein - Kriminalität

Die Skala zeigt, wie die Realität, die eigene Existenz auf den einzelnen Stufen erfahren wird. Zudem weisen die Stufen auf den Grad der vorhandenen Liebesfähigkeit hin.

Abb. 22: Bewusstseinsskala nach Dr. David Hakwins[44]

Hawkins postulierte die *17 Stufen des Bewusstseins* als Orientierung. Gemäß eigener Angaben wurde die Abfolge der Stufen an einer Stichprobe *kinesiologisch* getestet. Menschen können sich entlang dieser Stufen entwickeln, aber auch auf ihnen steckenbleiben.

Egal ob man nun an Schwingungsfrequenzen oder Bewusstseinsstufen glaubt - Du wirst der Aussage zustimmen, dass sich Freude *„besser anfühlt"* als Hass, oder? Grund genug, die *Skala des Bewusstseins* von *Hakwins* als Werkzeug hier mit aufzunehmen. Sie macht etwas sehr Abstraktes sichtbar und kann helfen, Deine aktuelle Stufe, Deine Motivation und Deine potentiellen Möglichkeiten zur Weiterentwicklung besser zu verstehen.

Diese Skala sollte Dich weder erschrecken, noch zur Selbstverurteilung oder spirituellem Leistungsdenken verleiten. Auch gibt es keinen Grund, vor Deinen Emotionen wegzulaufen. Sehr ehrgeizige Menschen fühlen sich durch die Skala vielleicht angetrieben und wollen *„besser sein"*, möglichst rasch eine höhere Stufe erreichen usw. Aber so ist die Skala nicht gemeint. Es geht um Standortbestimmung und Möglichkeiten zur natürlichen Weiterentwicklung.

Nach *Hawkins* befindet sich ein Mensch ab **Ebene 200 (Mut)**, auf einer **lebensbejahenden Stufe**, alle Stufen **darunter** (und die dazugehörigen Emotionen) werden als **destruktiv** erlebt. Diese Stufen sind deshalb nicht per se „schlecht". Ohnehin werden wir durch Krisen, Verluste oder noch zu erledigende Themen (Ängste, Traumata, Blockaden etc.), die auf der jeweiligen Stufe liegen können, auf diese zurückkatapultiert. Wir springen also mehr hin und her, als dass wir auf einer Stufe „wohnen".

Wir können auch gleichzeitig mehrere Stufen besuchen. Beispielsweise wenn wir beruflich erfolgreich, produktiv und zuversichtlich sind (Ebene 350 - Akzeptanz), gleichzeitig in persönlichen Beziehungen wiederholt Trauer, Angst und Verlangen erleben (Ebene 75 bis Ebene 125).

Du siehst also - es geht bei dieser Skala nicht darum, ein Guru zu werden oder Deine Emotionen auszublenden. Auch als vermeintlich Erleuchteter kannst Du Dich sehr schnell auf der Stufe von Ärger, Wut und Aggression wieder finden - so fern sich ein Thema zeigt. Oder Du gibst nach außen vor, **in Licht und Liebe** zu schwelgen, verhältst Dich anderen gegenüber aber **arrogant** und **verachtend**. Auf der Ebene der Energien gibt es keinen Kuhhandel!

Die *Skala des Bewusstseins* soll Dir **Orientierung** geben, Dich sensibilisieren und Dir helfen, Dein Verhalten aktiv so auszurichten, dass sich Dein Bewusstsein und emotionales Erleben auf einer lebensbejahende Stufe bewegt. Die folgenden Fragen können Dir helfen, die Arbeit mit der Skala aufzunehmen.

b.) Orientierungsfragen zur Arbeit mit der Skala des Bewusstseins

Wo stehst Du Deinem eigenen Empfinden nach aktuell?

Auf **welcher Stufe** hältst Du Dich **die meiste Zeit** auf?

Welche **Emotionen** erlebst Du **vorwiegend**?

In **welchen Lebensbereichen** (Beziehung, Beruf, Freundschaften, Spiritualität) findest Du Dich auf **welcher Stufe** wieder?

In welchen **Lebensbereichen** möchtest Du Dich **wohin bewegen**?

Welche Emotion in welchem Lebensbereich bereitet Dir aktuell **am meisten Schwierigkeiten?**

Was hält Dich hier (gedanklich, faktisch) vom Sprung auf eine andere Stufe **ab?**

Welche notwendigen Schritte **vermeidest** Du (aus Angst)?

Was könntest Du in einem Dich störenden Bereich **konkret tun**, um **Dein Erleben auf eine höhere Stufe** zu heben?

In welchem **Kontext** und mit **welchen Personen** erlebst Du eine **Absenkung/Steigerung Deines emotionalen Erlebens?** Was wird in Dir angetriggert und - wodurch?

Durch welche **Tätigkeiten, Gedanken** und **Themen** erlebst Du eine **Absenkung/Steigerung Deines emotionalen Befindens?**

In **welchem Lebensbereich** ploppt ein „unerledigtes Thema" durch welche Emotion (Ebene) immer wieder an die Oberfläche?

Welches **Verhalten** würde Dich aktuell auf eine **lebensbejahende Stufe** bringen?

Aus **welcher emotionalen Energie heraus** (welche Stufe) möchtest Du Deine Entscheidungen treffen?

Vielleicht merkst Du, dass es nicht um das Vermeiden von Gefühlen geht, sondern darum, **aktiv zu entscheiden, welches Verhalten** Dir von einer lebensverneinende auf eine **lebensbejahende Stufe** verhilft.

Mit der *Skala des Bewusstseins* kannst und solltest Du auch ganz bewusst **die Stufe wählen, von der aus Du Entscheidungen treffen möchtest.** Triffst Du sie von einer lebensverneinenden Stufe aus, kann das Ergebnis nicht lebensbejahend sein.

Gehe aktiv auf die Suche nach den **Themen, die Dich immer wieder auf eine niedrige Stufe ziehen.** Es ist nichts Negatives daran, wenn wir kurzzeitig auf einer **niedrigen Stufe** eine Emotion voll erleben! Ganz im Gegenteil - unsere **Hinwendung** und **bewusste Akzeptanz** kann dazu beitragen, dass ein Thema auf dieser Stufe gelockert und integriert wird. Mit dem Ergebnis, dass es uns nicht mehr so schnell einfängt und wir diese niedrige Stufe künftig **schneller wieder verlassen** können.

Jeder längere Aufenthalt auf einer Stufe über 200 erhöht nach *Hawkins* das persönliche Wohlbefinden (= lebensbejahende Emotionen). Je länger wir uns auf den oberen Stufen aufhalten können, umso besser für uns und unsere Mitmenschen. Das ist ein Prozess, bei dem wir auch immer wieder zurück fallen. Das ist kein Problem, wenn Du im Lauf der Zeit lernst, wie Du die tiefen Stufen wieder verlassen kannst.

Die Skala des Bewusstseins und die Stufen können sehr aufschlussreich sein und konkrete Veränderungsmöglichkeiten für Dich eröffnen.

Empfänger von *Gaslighting* dürfen hier beobachten und reflektieren, auf welche **emotionale Ebene** sie durch die *Gaslighting*-**Dynamik** und den Kontakt mit dem Sender gezogen werden. Was es mit ihnen macht, wenn sie ignoriert, entwertet, bestraft oder bevormundet werden.

Du kannst erneut einen Blick auf die Skala des Bewusstseins: Wo befindet sich ein Sender Deiner Meinung nach? Was treibt ihn an? Von **welcher vorherrschenden Emotion** wird er angetrieben? Das ist die Stufe, auf der auch **Du** landest, wenn Du emotional auf ihn reagierst und seine Einladungen annimmst. Weil Du dann auf die emotionale Ebene reagierst, auf der er sich befindet!

Akzeptiere bitte den Standort anderer Menschen auf der *Skala des Bewusstseins*! Mach Dir bewusst, dass Du nicht auf diese Ebene wechseln musst! Auch kannst Du einen anderen nicht dazu veranlassen, dass er die Stufe wechselt. Das wäre grenzüberschreitend.

Du kannst nur an **Deinem** emotionalen Erleben, **Deinen** Stufen und **Deinem** Wohlbefinden arbeiten. Und - **Du darfst!** Es darf Dir in Deinem Leben gut gehen! Möglicherweise erreichst Du irgendwann eine Stufe, auf der es Dich nicht mehr so stark antastet, was ein Sender sagt oder tut. Weil Du **mit jeder Stufe nach oben** ein bisschen **resistenter gegenüber Manipulation** werden wirst.

Die *Skala des Bewusstseins* zeigt, wie eng unser Bewusstsein mit unseren Gefühlen und unserer **Resistenz gegenüber psychischer Manipulation** verknüpft ist.

Eine **bewusste, emotionale Entwicklung** bedeutet, die aktive Veränderung unsere Emotionen zu erlernen und uns immer wieder bewusst dafür zu entscheiden. Sei es im Rahmen von *Gaslighting* oder in unserem Leben allgemein.

c.) Die aktive Veränderung Deiner Emotionen

1. **Realisiere**, wann Du Dich auf einer lebensverneinenden Stufe befindest.

2. **Standortbestimmung:** Prüfe, von **welcher Emotion** Dein Denken und Deine Wahrnehmung der Welt zu diesem Zeitpunkt dominiert wird (Emotionen der Ebenen 0 - 175). Auf welcher Ebene befindest Du Dich?

3. **Zielsetzung:** Triff eine realistische Entscheidung, **auf welche lebensbejahende Ebene Du** stattdessen **wechseln** möchtest (Emotionen ab Ebene 200). Aus welcher Warte **möchtest** Du die Welt wahrnehmen und **Entscheidungen treffen?**

4. **Planung der Umsetzung:** Frage Dich, **welches Verhalten** Deinerseits Dich diese Emotion fühlen lassen würde. **Durch welchen Schritt,** welchen Perspektivenwechsel könntest Du auf die lebensbejahende Ebene Deiner Zielsetzung gelangen?

5. **Umsetzung:** Nimm Deine Ängste bei der Hand und **tue es!**

6. **Entscheidungen:** Triff diese idealerweise dann, nachdem Du Dich auf eine lebensbejahende Stufe bewegt hast.

Durchlaufe diesen Zyklus immer und immer wieder. Dadurch erlernst Du die Fähigkeit, **Deine Emotionen aktiv zu beeinflussen.** Du entwickelst Dich emotional und im Bereich des Bewusstseins weiter und wirst im Laufe der Zeit immer besser in der Lage sein, lebensverneinende Ebenen schneller zu verlassen.

Wichtig: Falls Du merkst, dass Dich eine bestimmte Situation, ein Auslöser **immer wieder** auf eine lebensverneinende Ebene zieht, kann das auf ein **ungelöstes Thema**, ein Trauma, eine Kränkung auf dieser Ebene hindeuten. Je tiefer dieses Thema sitzt, umso notwendiger wird eine professionelle, therapeutische Begleitung.

Vorsicht: Selbst wenn es Dir immer besser gelingen sollte, auf einer lebensbejahenden Ebene zu bleiben, bedeutet das nicht, dass das Verhalten eines Senders dadurch „neutral" für Dich wird! Verweilt dieser auf seiner Stufe, bleibt es für Dich **fordernd** und **anstrengend**. Du musst anhaltend den Fokus darauf halten, Dich nicht auf eine **niedrigere Ebene** ziehen zu lassen (**Manipulationsversuchen nicht nachzugeben!**).

Trainiere Deine bewusste Wahl und den Wechsel auf eine lebensbejahende Ebene! Dadurch wirst Du zwangsweise **weniger anfällig für psychische Manipulation**. Denn wir sind vor allem dann anfällig für Manipulation, wenn wir uns auf einer lebensverneinenden Ebene befinden.

Je häufiger und länger Du auf einer Ebene ab 200 verweilst, umso weniger anfällig wirst Du dafür, auf Angebote eines Senders „einzusteigen". Wieso solltest Du auch? Irgendwann wirst Du dem Sender vielleicht mit **Akzeptanz** und **Verzeihen** (Ebene 350) begegnen. Hier geht es primär darum, dass das **für Dich** das gesündeste wäre. Aber auch das kann seine Zeit dauern!

Dein **Interesse an Machtkämpfen** und Deine **Bereitschaft, Dich zu verbiegen** wird abnehmen. Auf einer lebensbejahenden Ebene möchtest Du eine Beziehung nicht mehr *„um jeden Preis möglich machen"* - **Verlangen, Begierde, Selbstversklavung** (Ebene 125) gehören dann einer Ebene an, die Du manchmal noch besuchst, die aber ihre Zugkraft verloren hat.

Die *Skala des Bewusstseins* ist eine wunderbare Orientierung, um Deine Emotionen auf eine neue Ebene zu heben. Es geht hier um kein oberflächliches *„Ich bin so glücklich"*-Geplänkel, sondern um eine **nachhaltige, selbstfürsorgliche Arbeit mit Deinen Themen** und das **Erlernen einer aktiven Veränderung Deiner Emotionen.**

Zur vertieften Akzeptanz- und Integrationsarbeit von Themen auf den lebensverneinenden Ebenen kann die bereits erwähnte **Schattenarbeit** (S. 160 ff.) empfohlen werden. Das Buch *Ich bin ein Fehler, und ich liebe es: Der etwas andere Weg zu echter Selbstliebe*[19] von *Jeffrey Kastenmüller* kann hier erneut sehr empfohlen werden!

Abschließende Worte für Deinen weiteren Weg

Dieses Buch unternimmt mit seiner Fülle an Informationen den Versuch, *Gaslighting* in all seinen Facetten sichtbar und verständlich zu machen. *Gaslighting* ist eine „Hauptstraße", von der zahlreiche Seitenstraßen abzweigen. **Nicht alle** Abzweigungen sind für jeden gleichermaßen wichtig.

Habe daher bitte **nicht** den Anspruch, alles verstehen oder umsetzen zu müssen. *Exit Gaslighting* ist als individuelles Prozess-Buch gedacht. Du kannst Dir beim ersten Durchlesen einen Überblick verschaffen, die für Dich wichtigen Themen markieren und dann vertiefend mit ihnen arbeiten. Finde Deine **individuellen Seitenstraßen** und visiere sie nach dem ersten Lesen des Buches gezielt an, um mit und an ihnen zu arbeiten. Achte dabei auf **Dein individuelles Tempo** und überfordere Dich nicht!

Viele, zwischen den Zeilen versteckte Empfehlungen oder Übungen (z.B. *„Bleib bei Deiner eigenen Wahrnehmung"*) mögen einfach klingen, sind es aber nicht. Sie können sehr zeit- und arbeitsintensiv sein. Verlange nicht zu viel von Dir und gehe nachsichtig mit Dir um, wenn die Dinge nicht so laufen, wie Du es Dir vorstellst. Achte darauf, nicht in einen verbissenen Einzelkämpfer-Modus zu rutschen. **Viele der einfach klingenden Dinge sind es nicht - sie brauchen ihre Zeit!**

Dieses Buch kann keine persönliche und professionelle Begleitung durch einen qualifizierten Therapeuten ersetzen, sondern allenfalls **Impulse** setzen und Dich **inspirieren**! Zur Bearbeitung vieler, tiefer sitzender Themen bedarf es eines neutralen, stützenden Begleiters, der Dich durch Prozesse führen und ggf. auch den Raum für Dich halten kann. Das ist auch der Grund, weshalb auf Themen wie die *„Arbeit mit dem inneren Kind"* hier bewusst verzichtet wurde. Hier würde ich ganz klar eine professionelle therapeutische Begleitung empfehlen (z.B. durch einen Schematherapeuten). Es ist kein Zeichen von Schwäche, sich **Unterstützung** zu holen!

Ich selbst habe immer die Hilfe und Unterstützung von Begleitern gesucht, einen persönlichen Wandlungsprozess durchlaufen und mir dabei diverse Techniken angeeignet und diese über Jahre hinweg angewandt. Dabei musste ich mich auch immer wieder zu Geduld mit mir selbst und meinem Prozess disziplinieren. Gewisse Veränderungen bedürfen einer klaren Entscheidung und Absicht. Und ja, auch der Disziplin. Ungeduld und Unerbittlichkeit aber münden rasch in wenig hilfreiche Selbstvorwürfe. Versuche hier, eine **gesunde Balance** zu finden. Sei nachsichtig mit Dir. Versuche, Vertrauen in Deinen Prozess aufzubauen, der ein natürlicher sein darf. Sei **klar in Deiner Absicht** und - **habe Geduld.**

Diese Sätze können Dich vielleicht ab und an daran erinnern:

„Du kannst auch nicht schneller schlafen!"
„Ein Apfelbaum wächst nicht schneller, wenn Du ihn anschreist!"

Als Frau, die mehrere *Gaslighting*-**Konstellationen** durchlebt hat, möchte ich Dir sagen: Das **wahre Leben** findet jenseits von *Gaslighting* statt. Dieses Leben wirkt nicht greifbar, solange wir in einer toxischen Schleife hängen, die sich immer wieder **systematisch wiederholt.** Wir fühlen das wahre Leben nicht mehr und - das verursacht **Leid.**

Dieses Buch kann Dir nicht zeigen, wie dieses wahre Leben für Dich aussehen oder sich anfühlen wird. Denn das hängt davon ab, **wer Du bist, sein willst** und was durch Dich **er- und gelebt werden möchte.** Dieses Buch zeigt Dir die Systematik einer sich wiederholenden, destruktiven Schleife und *Wege aus dem Nebel der psychischen Manipulation.* Jenseits dessen liegt dieses wahre Leben. Wenn Du diesen Weg gehst, wird sich Dein wahres Leben nach und nach vor Dir entfalten.

Entscheide Dich immer wieder neu für **Dein wahres Leben:** Versuche, **Deine Werte**, Deine **Gaben** kennen- und leben zu lernen. Erlaube Dir die Zuversicht, Deine Wünsche und Träume zumindest für möglich zu halten. Auch und vor allem dann, wenn Du harte Zeiten erlebst, die Dir viel abverlangen.

Ein authentisches und erfülltes Leben ist möglich! Auch für Dich! Hätte mir vor zehn Jahren jemand gesagt, dass ich mich noch in diesem Leben „ganz bei mir" und im Vertrauen fühlen werde - ich hätte es nicht glauben können. Und doch ist es heute so. Jeden Tag ein bisschen mehr. Aus dieser Energie heraus habe ich dieses Buch für Dich geschrieben. Weil ich daran glaube, dass **Du** den Weg aus diesem Nebel gehen kannst und darum weiß, dass die göttliche Führung stets um uns ist, um uns den Weg zu weisen - wenn wir darum bitten.

In meiner Welt hat sich der Nebel nach und nach gelichtet. Dafür habe ich mich entschieden. Gelegentlich wabert ein Wölkchen vorbei und es tobt auch mal ein Sturm. Ja - es gibt immer wieder Herausforderungen! Chancen, um weiter zu wachsen, noch ein bisschen mehr zu vertrauen. Das hört nie auf.

Wenn das Zuhause in der eigenen Realitätswahrnehmung stabil steht, dann gibt es diesen Ort, wo wir die innere Klarheit anzapfen und uns mit uns verbinden können. Dieses Zuhause möchte gebaut und gestärkt werden. Der Mörtel für dieses Haus sind all jene lebensbejahenden Emotionen, denen wir in unserem Leben selbstbestimmt einen Platz geben dürfen.

Füttere Dein Leben mit Dingen, die Dir Freude bereiten, die Dein Herz zum klingen bringen, die Dich entspannen, fordern, die Dein Lebensfeuer entfachen! Egal, was sonst um Dich herum geschieht.

Triff immer wieder die von (Selbst-)mitgefühl getragene Entscheidung, eine gesunde Distanz zu jeglichen Manipulationsversuchen einzunehmen und bewahre Dich davor, Deine Energie in sinnlosen Endlosschleifen zu verpulvern, nur um dann auf einer lebensverneinenden Ebene zu landen.

Ich hoffe sehr, dass dieses Buch ein paar Orientierungslichter auf dem Weg in Deine Kraft, Klarheit und Authentizität zünden konnte.

Du bist **nicht** gebrochen!
Du bist **nicht** kaputt!
Du machst einen Unterschied!
Du bist wichtig!
Du bist **wert-voll**!
Du zählst!
Du bist geliebt!

Von Herzen,

Anhang

IV

A. Bookmaps zur Übersicht aller Inhalte

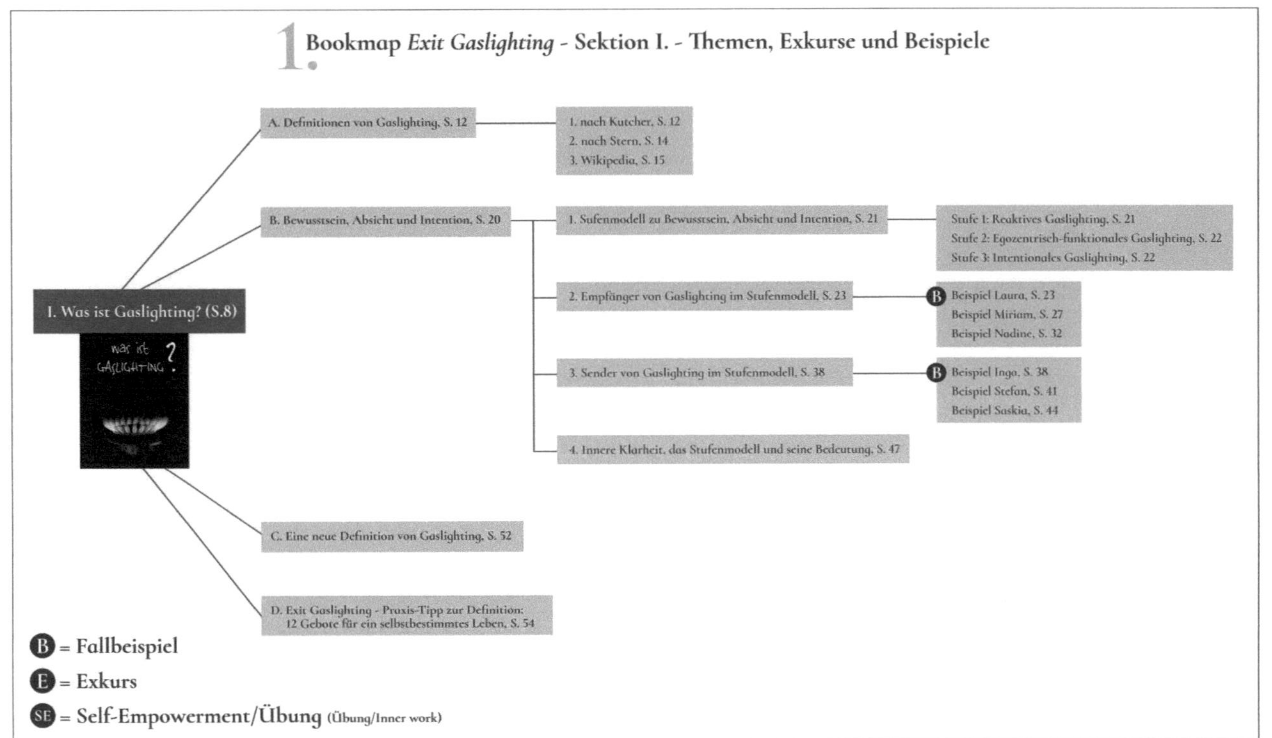

2. Bookmap *Exit Gaslighting* - Sektion II. - Themen, Exkurse und Beispiele

II. Makroprozesse von Gaslighting (S.60)

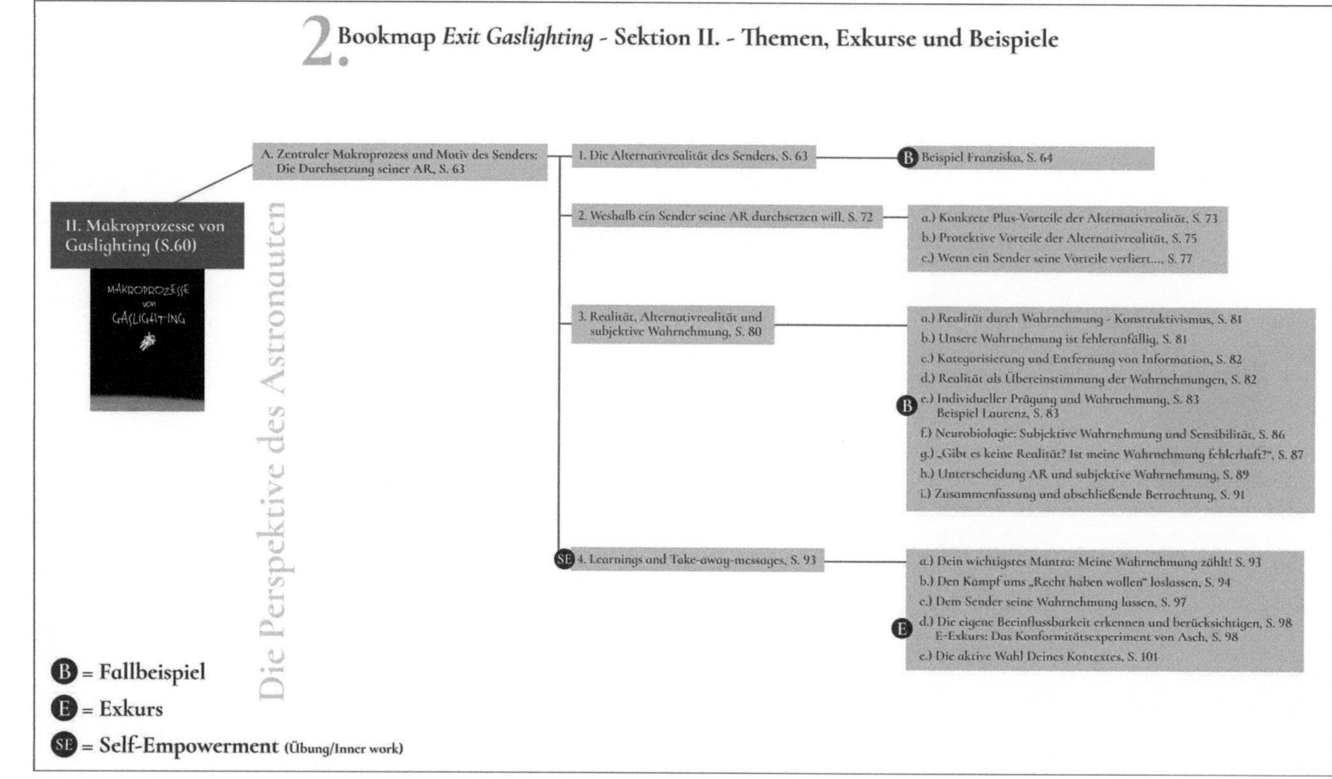

Die Perspektive des Astronauten

A. Zentraler Makroprozess und Motiv des Senders: Die Durchsetzung seiner AR, S. 63

1. Die Alternativrealität des Senders, S. 63
   - **B** Beispiel Franziska, S. 64

2. Weshalb ein Sender seine AR durchsetzen will, S. 72
   - a.) Konkrete Plus-Vorteile der Alternativrealität, S. 73
   - b.) Protektive Vorteile der Alternativrealität, S. 75
   - c.) Wenn ein Sender seine Vorteile verliert..., S. 77

3. Realität, Alternativrealität und subjektive Wahrnehmung, S. 80
   - a.) Realität durch Wahrnehmung - Konstruktivismus, S. 81
   - b.) Unsere Wahrnehmung ist fehleranfällig, S. 81
   - c.) Kategorisierung und Entfernung von Information, S. 82
   - d.) Realität als Übereinstimmung der Wahrnehmungen, S. 82
   - **B** e.) Individueller Prägung und Wahrnehmung, S. 83 Beispiel Laurenz, S. 83
   - f.) Neurobiologie: Subjektive Wahrnehmung und Sensibilität, S. 86
   - g.) „Gibt es keine Realität? Ist meine Wahrnehmung fehlerhaft?", S. 87
   - h.) Unterscheidung AR und subjektive Wahrnehmung, S. 89
   - i.) Zusammenfassung und abschließende Betrachtung, S. 91

SE 4. Learnings and Take-away-messages, S. 93
   - a.) Dein wichtigstes Mantra: Meine Wahrnehmung zählt! S. 93
   - b.) Den Kampf ums „Recht haben wollen" loslassen, S. 94
   - c.) Dem Sender seine Wahrnehmung lassen, S. 97
   - **E** d.) Die eigene Beeinflussbarkeit erkennen und berücksichtigen, S. 98 E-Exkurs: Das Konformitätsexperiment von Asch, S. 98
   - e.) Die aktive Wahl Deines Kontextes, S. 101

B = Fallbeispiel

E = Exkurs

SE = Self-Empowerment (Übung/Inner work)

3. Bookmap *Exit Gaslighting* - Sektion II. - Themen, Exkurse und Beispiele

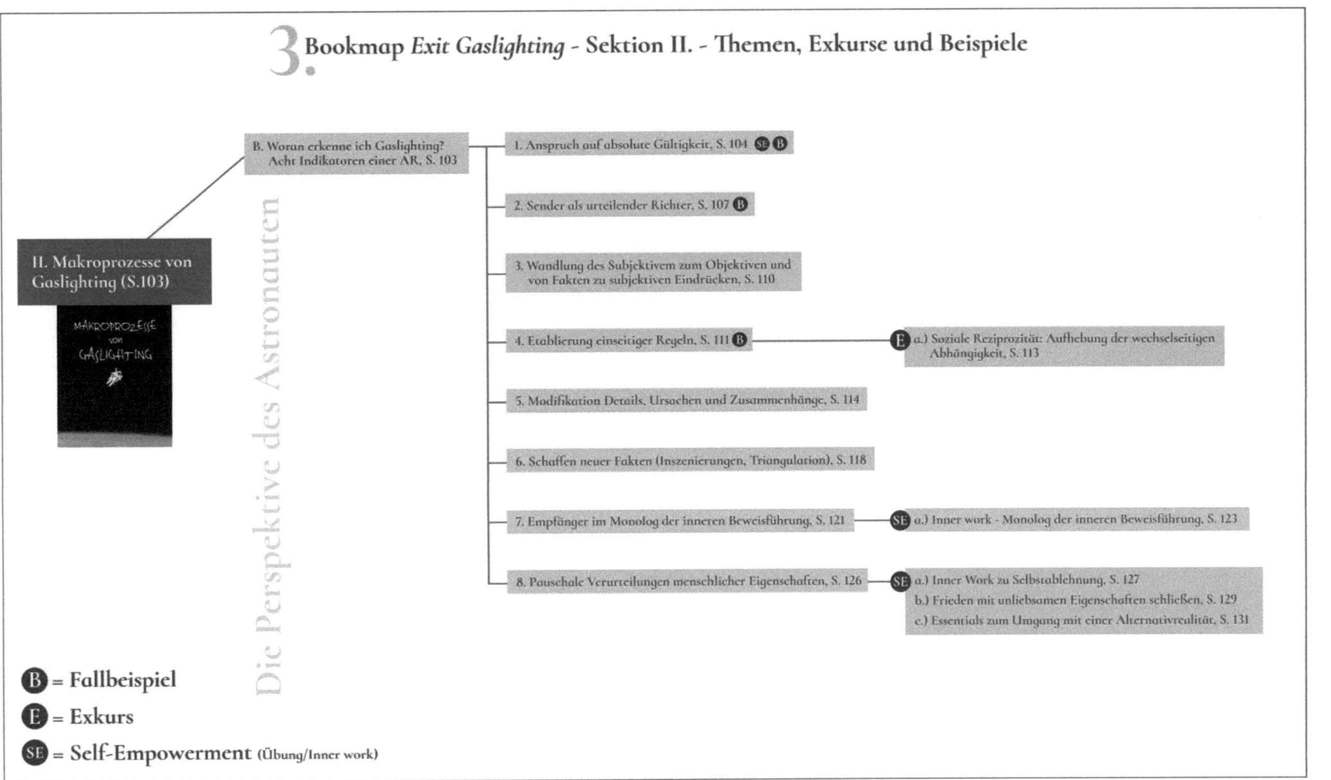

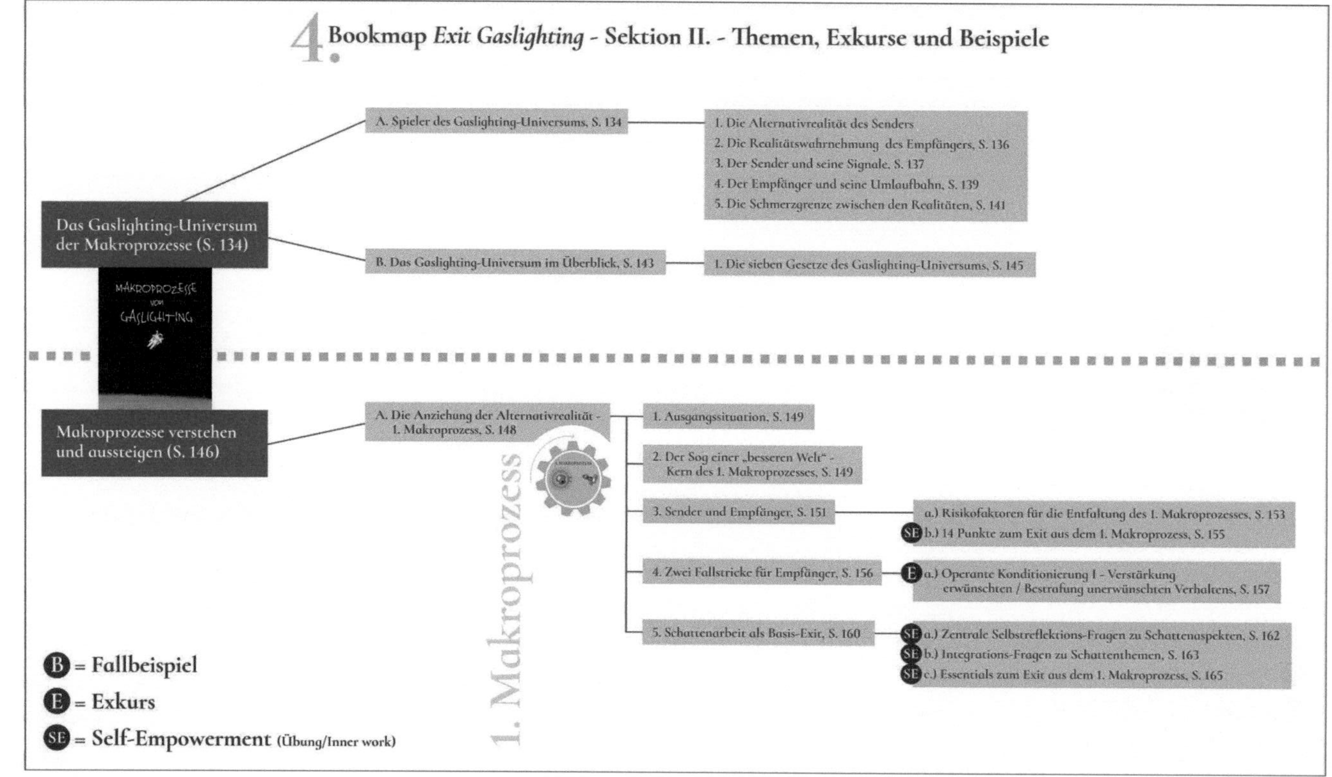

4. Bookmap Exit Gaslighting - Sektion II. - Themen, Exkurse und Beispiele

Das Gaslighting-Universum der Makroprozesse (S. 134)

MAKROPROZESSE VOM GASLIGHTING

Makroprozesse verstehen und aussteigen (S. 146)

A. Spieler des Gaslighting-Universums, S. 134
1. Die Alternativrealität des Senders
2. Die Realitätswahrnehmung des Empfängers, S. 136
3. Der Sender und seine Signale, S. 137
4. Der Empfänger und seine Umlaufbahn, S. 139
5. Die Schmerzgrenze zwischen den Realitäten, S. 141

B. Das Gaslighting-Universum im Überblick, S. 143
1. Die sieben Gesetze des Gaslighting-Universums, S. 145

A. Die Anziehung der Alternativrealität - 1. Makroprozess, S. 148
1. Ausgangssituation, S. 149
2. Der Sog einer „besseren Welt" - Kern des 1. Makroprozesses, S. 149
3. Sender und Empfänger, S. 151
a.) Risikofaktoren für die Entfaltung des 1. Makroprozesses, S. 153
SE b.) 14 Punkte zum Exit aus dem 1. Makroprozess, S. 155
4. Zwei Fallstricke für Empfänger, S. 156
E a.) Operante Konditionierung I - Verstärkung erwünschten / Bestrafung unerwünschten Verhaltens, S. 157
5. Schattenarbeit als Basis-Exit, S. 160
SE a.) Zentrale Selbstreflektions-Fragen zu Schattenaspekten, S. 162
SE b.) Integrations-Fragen zu Schattenthemen, S. 163
SE c.) Essentials zum Exit aus dem 1. Makroprozess, S. 165

1. Makroprozess

B = Fallbeispiel
E = Exkurs
SE = Self-Empowerment (Übung/Inner work)

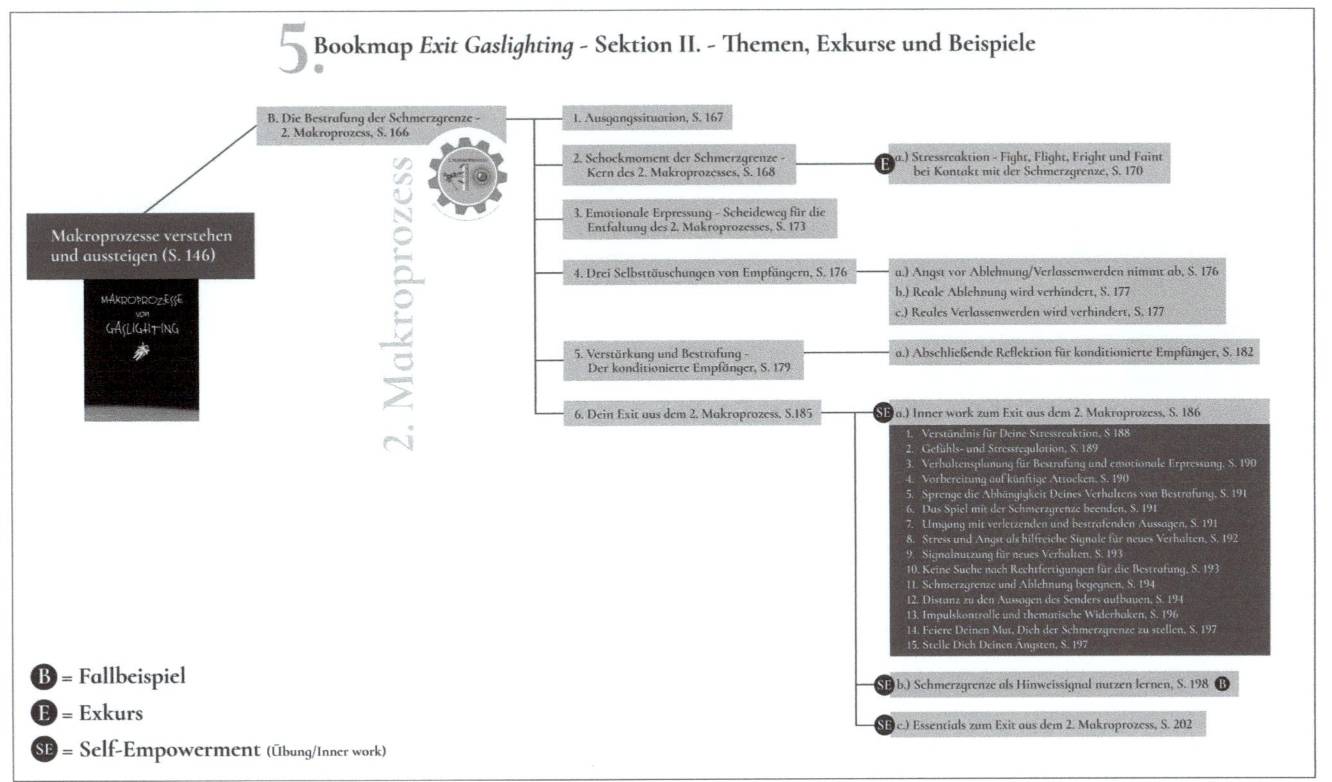

5. Bookmap Exit Gaslighting - Sektion II. - Themen, Exkurse und Beispiele
B. Die Bestrafung der Schmerzgrenze - 2. Makroprozess, S. 166
Makroprozesse verstehen und aussteigen (S. 146)
MAKROPROZESSE VON GASLIGHTING
2. Makroprozess
1. Ausgangssituation, S. 167
2. Schockmoment der Schmerzgrenze - Kern des 2. Makroprozesses, S. 168
E a.) Stressreaktion - Fight, Flight, Fright und Faint bei Kontakt mit der Schmerzgrenze, S. 170
3. Emotionale Erpressung - Scheideweg für die Entfaltung des 2. Makroprozesses, S. 173
4. Drei Selbsttäuschungen von Empfängern, S. 176
a.) Angst vor Ablehnung/Verlassenwerden nimmt ab, S. 176
b.) Reale Ablehnung wird verhindert, S. 177
c.) Reales Verlassenwerden wird verhindert, S. 177
5. Verstärkung und Bestrafung - Der konditionierte Empfänger, S. 179
a.) Abschließende Reflektion für konditionierte Empfänger, S. 182
6. Dein Exit aus dem 2. Makroprozess, S.185
SE a.) Inner work zum Exit aus dem 2. Makroprozess, S. 186
1. Verständnis für Deine Stressreaktion, S 188
2. Gefühls- und Stressregulation, S. 189
3. Verhaltensplanung für Bestrafung und emotionale Erpressung, S. 190
4. Vorbereitung auf künftige Attacken, S. 190
5. Sprenge die Abhängigkeit Deines Verhaltens von Bestrafung, S. 191
6. Das Spiel mit der Schmerzgrenze beenden, S. 191
7. Umgang mit verletzenden und bestrafenden Aussagen, S. 191
8. Stress und Angst als hilfreiche Signale für neues Verhalten, S. 192
9. Signalnutzung für neues Verhalten, S. 193
10. Keine Suche nach Rechtfertigungen für die Bestrafung, S. 193
11. Schmerzgrenze und Ablehnung begegnen, S. 194
12. Distanz zu den Aussagen des Senders aufbauen, S. 194
13. Impulskontrolle und thematische Widerhaken, S. 196
14. Feiere Deinen Mut, Dich der Schmerzgrenze zu stellen, S. 197
15. Stelle Dich Deinen Ängsten, S. 197
SE b.) Schmerzgrenze als Hinweissignal nutzen lernen, S. 198 B
SE c.) Essentials zum Exit aus dem 2. Makroprozess, S. 202
B = Fallbeispiel
E = Exkurs
SE = Self-Empowerment (Übung/Inner work)

6. Bookmap *Exit Gaslighting* - Sektion II. - Themen, Exkurse und Beispiele

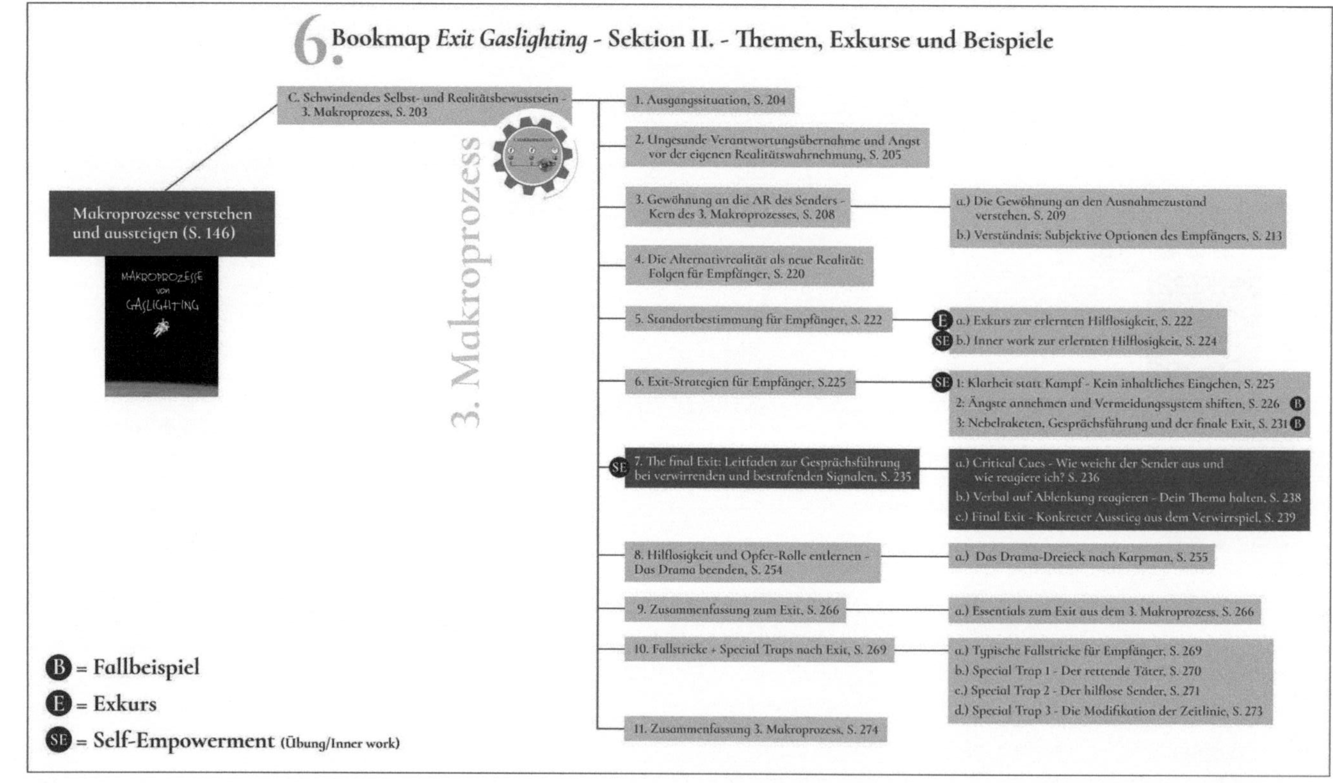

7. Bookmap *Exit Gaslighting* - Sektion II. - Themen, Exkurse und Beispiele

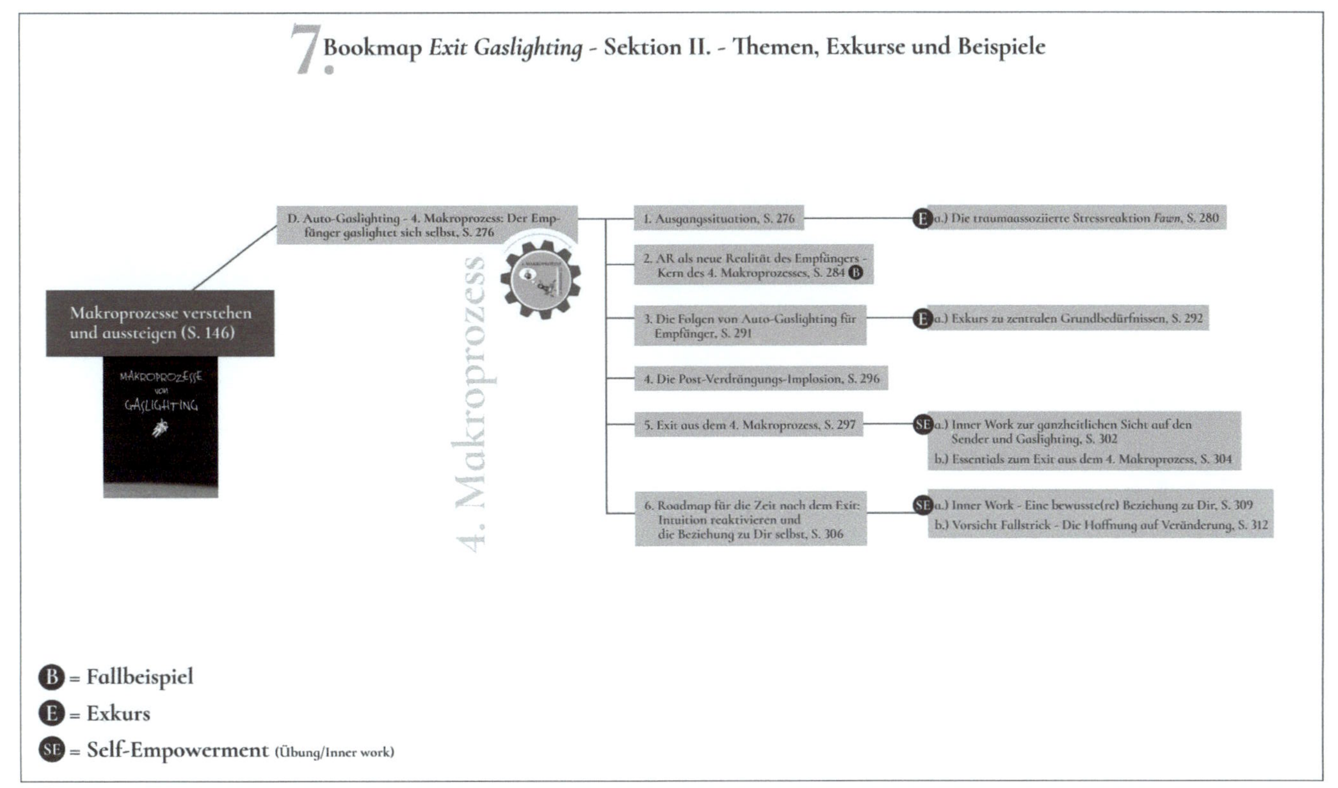

B = Fallbeispiel

E = Exkurs

SE = Self-Empowerment (Übung/Inner work)

8. Bookmap *Exit Gaslighting* - Sektion III. - Themen, Exkurse und Beispiele

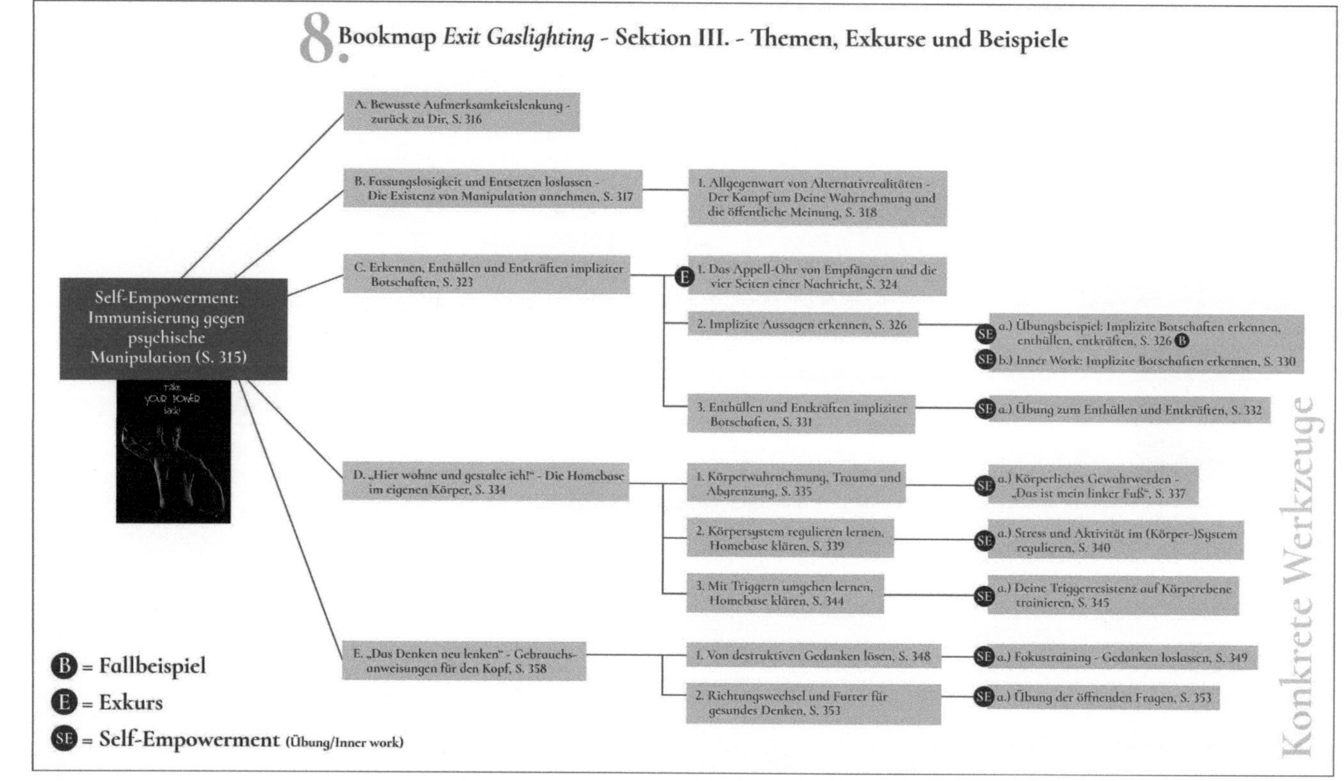

9. Bookmap *Exit Gaslighting* - Sektion III. - Themen, Exkurse und Beispiele

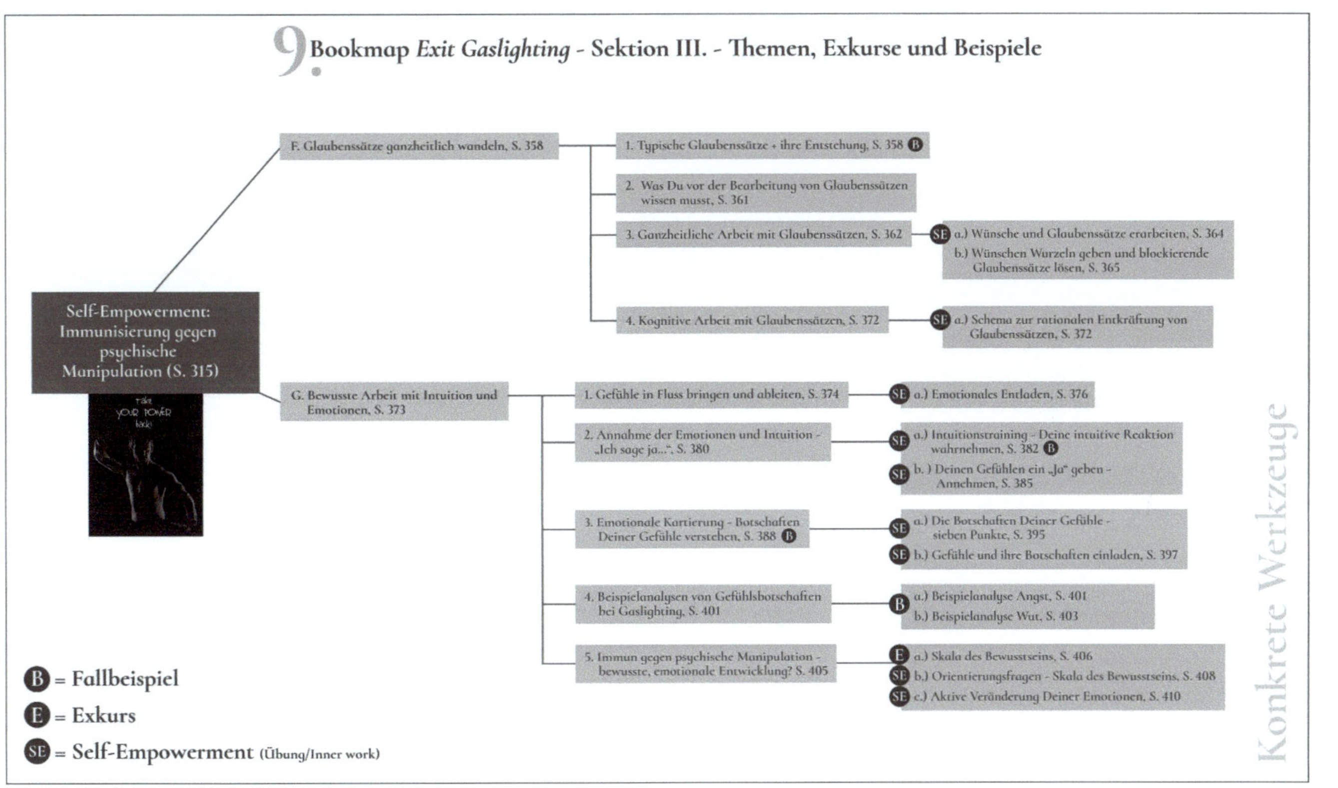

B. Literaturverzeichnis

[1] Dilling, Horst, Mombour, W, Schmidt, M. H & World Health Organization. 1991. *Internationale Klassifikation psychischer Störungen : ICD-10, Kapitel V (F, klinisch-diagnostische Leitlinien)*. Bern: Huber.

[2] Falkai, Peter und Wittchen, Hans-Ulrich. 2015. *Diagnostisches und statistisches Manual psychischer Störungen DSM-5*. 1. Auflage. Göttingen: Hogrefe.

[3] Hamilton, Patrick. 1975. *Gaslight: Victorian Thriller: Play in 3 Acts (2 Males, 3 Females)*. London: Constable and Company Ltd.

[4] Hornblow Jr. & Cukor G. 1944. *Gaslight*. USA: Metro-Goldwyn-Mayer.

[5] Kutcher, SP. *The gaslight syndrome*. Can J Psychiatry. 1982 Apr;27(3):224-7. doi: 10.1177/070674378202700310. PMID: 7093877.

[6] Weblink: https://robinstern.com/ *(Abruf am 21.06.2022)*

[7] Stern, Robin. 2007. *The gaslight effect: how to spot and survive the hidden manipulations other people use to control your life*. New York: Morgan Road Books.

[8] Weblink: https://de.wikipedia.org/wiki/Gaslighting *(Abruf am 21.06.2022)*

[9] Glasersfeld, E. von. 1997. *Radikaler Konstruktivismus. Ideen, Ergebnisse, Probleme.* Frankfurt a.M.: Suhrkamp.

[10] Bach, M. *Aufregung um die Farbe eines Kleides*. Ophthalmologe 112, 512–516 (2015). https://doi.org/10.1007/s00347-015-0064-0

[11] Spitzer, Manfred. 1996. *Geist im Netz. Modelle für Lernen, Denken und Handeln*. Heidelberg: Spektrum Akademischer Verlag.

[12] Hauck, E. und Bauer, D. 2021. *Cartoons*. München: Kunstmann-Verlag

[13] Asch, S.E. (1951) *Effects of Group Pressure on the Modification and Distortion of Judgments.* In Guetzknow, H., Ed., Groups, Leadership and Men, Pittsburgh, PA, Carnegie Press, 177-190.

[14] Weblink: https://de.wikipedia.org/wiki/Konformit%C3%A4tsexperiment_von_Asch (Abruf am 21.06.2022)

[15] Weblink: https://de.wikipedia.org/wiki/Reziprozit%C3%A4t_%28Soziologie%29 (Abruf am 22.06.2022)

[16] Watzlawick, Paul, Beavin, Janet H., Jackson, Don D. 1969. *Menschliche Kommunikation*. Bern, Stuttgart, Wien: Huber. S. 53

[17] Skinner, B. F. 1953. *Science and Human Behavior*. New York: The Free Press.

[18] Jung, C.G. 2021. *Aion - Beiträge zur Symbolik des Selbst*. GW Band 9/2. 5. Auflage. Ostfildern: Patmos Verlag.

[19] Kastenmüller, Jeffrey. 2021. *Ich bin ein Fehler, und ich liebe es: Der etwas andere Weg zu echter Selbstliebe*. Originalausgabe Edition. München: Integral.

[20] Cannon, W. B. 1915. *Bodily Changes in Pain, Hunger, Fear and Rage: An Account of Recent Researches into the Function of Emotional Excitement.* New York: Appleton.

[21] Bracha, Stefan H. 2004. *Freeze, flight, fight, fright, faint: Adaptationist perspectives on the acute stress response spectrum.* CNS Spectrums 9: 679-85.

[22] Rankin CH, Abrams T, Barry RJ, Bhatnagar S, Clayton DF, Colombo J et al (2009) *Habituation revisited: an updated and revised description of the behavioral characteristics of habituation.* Neurobiol Learn Mem 92:135–138. https://doi.org/10.1016/j.nlm.2008.09.012 - DOI - PubMed

[23] Seligman, M., Maier, S. 1967. *Failure to escape traumatic shock.* Journal of Experimental Psychology, 74: 1-9.

[24] Walsh, Neale Donald. 2008. *Gespräche mit Gott - Band 3: Kosmische Weisheit.* München: Goldman. S. 194/195.

[25] Karpman, Stephen. 1968. *Fairy tales and script drama analysis.* In: Transactional Analysis Bulletin 7 (26), S. 39-43

[26] Choy, Acey. (1990). *The winner's triangle.* Transactional Analysis Journal, 20. S. 40-46.

[27] Walker, Pete. 2019. *Posttraumatische Belastungsstörung - Vom Überleben zu neuem Leben: Ein praktischer Ratgeber zur Überwindung von Kindheitstraumata.* 1. Edition. Kandern: Narayana Verlag.

[28] Weblink: http://pete-walker.com/fourFs_TraumaTypologyComplexPTSD.htm *(Abruf am 21.06.2022)*

[29] Miller, Alice. 2012. *Das Drama des begabten Kindes und die Suche nach dem wahren Selbst.* 31. Edition. Berlin: Suhrkamp.

[30] Grawe, Klaus. 2000. *Psychologische Therapie.* Göttingen: Hogrefe.

[31] *Die Bibel nach der Übersetzung Martin Luthers.* 2017. Stuttgart: Deutsche Bibelgesellschaft.

[32] Farid, Atiya. 2006. *Das Alte Ägypten. Standardausgabe.* Erstauflage. Berlin: Farid Atiya Press. S. 29/30.

[33] Luther, Martin. 1982. *Ausgewählte Schriften, 2. Band.* Frankfurt: Insel-Verlag. S. 261.

[34] Weblink: https://www.history.com/this-day-in-history/secretary-of-state-colin-powell-speaks-at-un-invasion-of-iraq *(Abruf am 21.06.2022)*

[35] Bernays, Edward. 2011. *Propaganda: Die Kunst der Public Relations.* 3. Edition. Freiburg: Orange-press. S. 49.

[36] Chomsky, Noam. 2013. *Necessary Illusions: Thought Control in Democratic Societies (The CBC Massey Lectures).* 2nd Edition. Toronto: House of Anansi Press. S. 8.

[37] Schulz von Thun, Friedemann. 1981. *Miteinander reden. Band 1: Störungen und Klärungen. Psychologie der zwischenmenschlichen Kommunikation.* Reinbek: Rowohlt. S. 25 ff.

[38] Levine, Peter A. 2007. *Vom Trauma befreien. Wie Sie seelische und körperliche Blockaden lösen.* 9. Auflage. München: Kösel.

[39] Kabat-Zinn, Jon. 2013. *Full Catastrophe Living: Using the Wisdom of Your Body and Mind to Face Stress, Pain, and Illness.* Revised Edition. New York: Bantam Books S. 75-97.

[40] Jacobson, Edmund. 1990. *Entspannung als Therapie. Progressive Relaxation in Theorie und Praxis.* 7. Auflage. Stuttgart: Klett-Cotta.

[41] Franke, Rainer-Michael und Franke, Regina. 2016. *MET-Klopftherapie in der Praxis: Handbuch für Therapeuten und Coaches.* 1. Edition. Stuttgart: Haug.

[42] Beck, Aaron T., Rush, A. John, Shaw, Brian F. and Emery, Gary. 1979. *Cognitive Therapy of Depression.* New York: The Guilford Press.

[43] Siegel, Daniel J. 2010. *Die Alchemie der Gefühle: Mit einem Vorwort von Daniel Goleman - Wie die moderne Hirnforschung unser Seelenleben entschlüsselt - das Navigationssystem zu emotionaler Klarheit.* München: Kailash Verlag.

[44] Hawkins, David R. 2014. *Die Ebenen des Bewußtseins: Von der Kraft, die wir ausstrahlen.* Kirchzarten: VAK Verlags GmbH.

Besuchen Sie unsere Projekte auf:

https://www.exit-gaslighting.com

Die Webseite zum Buch *Exit Gaslighting*! Alle Käufer des Buches erhalten exklusiv über Eintragung in den Newsletter, Zugang zu ausgewählten Audio-Übungen des Self-Empowerment-Kapitels von *Exit Gaslighting*.

Wenn Sie die von der Autorin selbst aufgezeichneten **Audio-Übungen herunterladen** wollen, geben Sie folgenden Link in das Fenster ihres Browsers ein:

https://www.exit-gaslighting.com/buch_audio

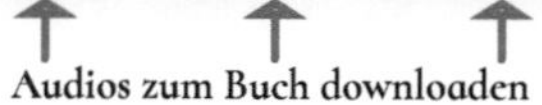

Audios zum Buch downloaden

Blogbeiträge: Das Thema Gaslighting ist mittlerweile in aller Munde. Auf unserer Webseite finden Sie über das Buch hinausgehende Beiträge, die zeigen, wie Gaslighting sich in verschiedenen Lebensbereichen zeigen kann.

Partnerprogramm: Sie kommen aus dem Bereich der Psychologie, sind Coach, Blogger/in oder Autor/in? Wenn Ihnen *Exit Gaslighting* geholfen hat & Sie das Buch gerne weiterempfehlen möchten, können Sie im Rahmen unseres Partnerprogrammes damit sogar etwas dazu verdienen. Falls Sie Interesse haben & mehr wissen möchten, schauen Sie sich gern auf unserer Partner-Seite um:

https://www.exit-gaslighting.com/das-exit-gaslighting-partnerprogramm

Gesunde, liebevolle Beziehungen zählen zu unseren zentralen Grundbedürfnissen. Sie machen uns glücklich, zufrieden und tragen zu unserer Gesundheit bei.

Eine gesunde & liebevolle Beziehung zu uns selbst, befähigt uns erst dazu, uns authentisch auf einen anderen Menschen zu beziehen.

Die Trance/Tiefenentspannung **Gesunde Verbundenheit mit Dir & Anderen** hilft Ihnen durch positive Suggestionen, eben jene gesunde Verbundenheit zu stärken.

Die in der Audio enthaltenen Suggestionen werden musikalisch von entspannenden 432 Hz-Frequenzen begleitet und umfassen u.a. die Bereiche:

Der eigenen Wahrnehmung vertrauen
Verbundenheit mit sich selbst
Emotionen ausgleichen
Mit Gedanken & Gefühlen im Hier und Jetzt sein
Entstrickung
Klarheit
Selbst-Bewusstsein & Selbst-Vertrauen
Positive Ausrichtung
Grenzen wahrnehmen, achten und ausdrücken

https://www.freieresleben.com/trance-und-tiefenentspannung/

Auch bei Thalia & Audible erhältlich